历史人物传奇系列

千古风流
纷繁事

中国历代
文人
群像

■ 李 楠
■ 张 蕊
——编著

中国文史出版社
CHINA CULTURAL AND HISTORICAL PRESS

图书在版编目（CIP）数据

千古风流纷繁事：中国历代文人群像：全2册/李楠，张蕊编著 . -- 北京：中国文史出版社，2018.7
ISBN978-7-5205-0495-9

Ⅰ . ①千… Ⅱ . ①李… ②张… Ⅲ . ①文人—列传—中国 Ⅳ . ① K825.4

中国版本图书馆 CIP 数据核字（2018）第 198880 号

责任编辑：殷旭

出版发行：中国文史出版社
网　　址：www. wenshipress. com
社　　址：北京市西城区太平桥大街 23 号　邮编：100811
电　　话：010-66173572　66168268　66192736（发行部）
传　　真：010-66192703
录　　排：沁雨心录排部
印　　装：廊坊市海涛印刷有限公司
经　　销：全国新华书店
开　　本：16 开
印　　张：40　　字数：480 千字
版　　次：2019 年 2 月北京第 1 版
印　　次：2019 年 2 月第 1 次印刷
定　　价：98. 00 元（全 2 册）

我国丰富灿烂的民族文化，是由千百年来多民族的中华儿女创造的，它不是一个时期或几个时期、一个人或几个少数人创造的。它是由历史的人民共同劳动的产物，人民在创造历史的同时也创造了文化。在民族文化创造大军中不仅有帝王将相，还有才子佳人；不仅有侠客、僧人，还有太监、才女；不仅有博大深邃的哲人，还有才华横溢的文人；可以说社会中的每一个人、每一阶层、每一类人都是文化创造的功臣。人民不仅是历史的创造者，也是文化的创造者。其中文人的出现，无疑使我们的文化更加丰富多彩。如果说社会是一块素绢，"文人"就是上面的花纹，他使人类社会摆脱野蛮状态而凸显人的意义。

综观文士的历史，可谓大浪淘沙，清者自清，浊者自浊：既有顶天立地的大丈夫，也充斥了规行矩步的真小人；既有经世致用的国家栋梁，也充斥了空谈心性的社会蛀虫；既有仁人志士的高风亮节，又多捐客讼棍的穷酸恶俗；既有李白的狂放、杜甫的真诚，又有张居正的机变、海青天的愚忠。志士风骨与奴才嘴脸，独立意愿与权力心结，天下情怀与小圈子意识，大地山河与风花雪月，道德文章与书画琴棋……鱼珠并陈，风尘缭乱。"仁以为己任"的天下书生们依违于进退之间，彷徨于公私之际，既挺起了民族的坚强脊梁，也造就了传统最腐臭的渊薮。

构成中国古代文士的主体是在各类学府就读的学生和参加科举考试的各类举子，如生监、秀才、举人等；还有从事各种文化活动的人，如教师、作家等。由于中国古代许多官员是儒生出身，有一定的文化素养，他们在社会上扮演着双重角色，一方面，他们是国家官员的一

部分；另一方面，他们又是社会文化的继承者，他们既能研读经史，又能参与国家管理，还能有出色的诗赋文章传世。

在两千多年的历史发展中，文士阶层尽管始终是文化的主要承担者，始终具有独立性、主体性与超越性，但他们在不同历史时期又有不同表现。

中国古代文士在社会政治生活中难以实现自己的乌托邦理想，当他们不得已而将这种理想转变为文学价值时，则大大地丰富了文学的价值维度。我们研究他们的文学价值观，对于丰富我们的精神世界、提高文学的品位，为人们保留一片纯洁无瑕的精神家园以栖息心灵，是具有重要意义的。

文人雅士的出现，无疑使我们的文化更加丰富多彩。文人与文学流派是指文学发展过程中，一定历史时期内出现的一批作家，由于审美观点一致和创作风格类似，自觉或不自觉地形成的文学集团和派别。儒者、文官、诗人三位一体，构成了中国古代士人的典型品格。古代士人在社会政治生活中难以实现自己的乌托邦理想，当他们不得已而将这种理想转变为文学价值时，则大大地丰富了文学的价值维度。本书通过对中国古代历朝文人雅士创作、生活或传奇故事的介绍，旨在为广大读者呈现一个生动、有趣的中国古代文人雅士形象。

第一章　中国古代文士概说

第二章 中国古代士人的形成与演变

第四章　秦汉魏晋时期的著名文士

第五章 三国两晋南北朝时期的著名文士

第六章 隋唐五代时期的著名文士

目录

第七章　宋元时期的著名文士

第八章　明清时期的著名文士

第九章　古代文士的生活百态

第十章　古代文士的逸事与典故

目录

第一章

中国古代文士概说

第一节 走近中国古代文人

古代文人的出现

在西周末期以前，中国文人并不存在，存在的是掌握文化知识的官员，通称为文官。这些文官是夏、商、西周王朝官府中官员的一部分，按孟子所讲是"仕者世禄"，因而他们的文化知识属于王朝官府并为王朝官府所用。从最早的甲骨文资料中，能看到文官的许多称谓，诸如"巫""卜""多卜""贞人""乍册""史"以及"大史""小史""东史""两史"等，这些都是不同的官名，分掌不同的职责。甲骨文中的"巫"字，是两个"工"字以直角交叉重叠，《说文解字》解释说，"工"与"矩"相通，"巫"即是操"矩"测天地的人。既然能操"矩"测天地，也就具有一定的技能和解释天地鬼神的知识。至于"卜""祝""贞人"等都与天地鬼神相联系，与"巫"同类。与"巫"的职能同等重要的还有"史"，"史"字是手中执一"中"，"中"为笔，表示记载。

由此可见西周末期以前王朝官府中文官所具有的两个特性。首先，"巫""史"与天地鬼神具有同构性，也就是说没有鬼神也就不会有"巫""史"。在迄今挖掘出的许多考古遗址中，敬鬼神事比比皆是。

1

最早的玉巫形象

《礼记·表记》说："殷人尊神，率民以侍神，先鬼而后礼。"在整个殷商时代，王朝官府都相应地存在着一大群"巫""史"文官。这些文官与鬼神相通，是鬼神在人间的代言人，因而也就掌握着文化知识。在那个生产力极为低下的年代，有了知识就有了权力，所以"巫""史"就有了第二个同构性，即与官的同构性。如夏朝的官名太史（掌管记事）、羲和（掌管历法）、瞽（掌管祭祀）等。商代的文官大体分为两类，一为"巫"，二为"史"，掌管着记事、占卜、祭祀、辞告鬼神的事务。西周的文官大体也与夏、商相同。因而，西周末期以前的文官具有的这两个特性，决定了他们只是王朝官府中的官员。他们手中的技能和知识是官员的职能，他们终身被王朝官府所豢养，不可能成为一个独立的文人群体。

自夏、商直到西周末期，这批被王朝官府豢养的文官，终于走到了他们世袭世禄的终点，遇到了乱世。司马迁在《史记·周本纪》中对这乱世的起因，总结为"王道衰微"，如"昭王之时，王道微缺"；穆王在位，"王道衰微"；"懿王之时，王室遂衰"。到了周夷王时，四方诸侯有的来朝，夷王朝不敢坐受朝拜，要"下堂而见诸侯"。这种诸侯强大、王室衰微的局面，成了天下大乱的主因。在夷王之后，出现个厉王，就是《国语》中记载的那个"防民之口甚于防川"，能使"国人莫敢言，道路以目"的残暴厉王。厉王之后，虽有宣王中兴，但紧接着又来了一位为宠美人而戏诸侯的昏君幽王，天下大乱由此而起。

西周末期而起的天下大乱所造成的结果就是——以往较为稳定的社会秩序整个地坍塌了。这场大乱并没有因周平王东迁而告结束，直到孔子生活的年代，仍然是"天下无道""礼崩乐坏"。自夏、商、西周以来，一直是"仕者世禄"的文官，被天下大乱无情地抛出了做官的轨道。司马迁说："幽、厉之后，周室微，陪臣执政，史不记时，君不告朔，故畴人子弟分散，或在诸侯，或在夷狄。"他自己的祖上就世代在周朝做史官，在天下大乱之中，"或在卫、或在赵、或在秦"，流落四方。

西周末期而起的天下大乱，不仅文官被抛出了王朝官府的"门槛"，连世袭的贵族也被抛进了平民阶层。《左传·昭公二十三年》记载，太史墨感叹地对赵简子说："三后之姓，于今为庶。"《国语·周语下》也说："天所崇之子孙，或在畎亩。"王室贵胄都成了种田人，可见当时社会的动荡是何等剧烈。

也就是在这剧烈的动荡中，中国文人诞生了。他们诞生在一个"天下无道""礼崩乐坏"的乱世，他们刚一诞生就发现自己成了"除脑袋中留有学识和智力之外"的一无所有者，用孟子的话来说就是"无恒产"的人。然而也就是这样的人，才是纯粹的文人。他们被抛出王朝官府流落到民间，也就从此与政治权力分离，从而第一次拥有了独立人格和独立思想，再也不依靠世袭世禄生存，有了行动的自由空间。而这些，原来的"巫""史"之类全不具备。虽然中国文人诞生于乱世，但由于他们具有了独立人格和独立思想，同时乱世给了他们自由的空间，很快就形成了一个独立的文人群体。

古代文人与文人集团

历代文人由于各自生活时代的不同、家庭出身的不同、生活经历的不同、遭遇程度的不同，决定了他们在文学创作方面内容和风格的不同。

文人以他们特有的天性，与劳苦大众为友，生活在社会的底层，体验着百姓的生活，诉说着百姓的痛苦，以此推动人类历史的前进。

　　文人以他们特有的性格，选择独特的创作形式，与当朝统治者对立。无论是积极入世者，如孔子等；还是消极避世者，如庄子等，他们始终是统治者的弃儿，终生不能得志。

　　就其整体而言，文人的思想是进步的，但生活是贫困的，地位是低下的；他们的性格是清高的，感情是丰富的，但遭遇是坎坷的，命运是悲惨的。

　　就其阶层而言，文人也有不同的处世方式：面对统治者，有的奴颜婢膝，有的铮铮铁骨，有的卖身投靠，有的视死如归，有的寻花问柳，有的洁身自好。文人的多样性决定他们了创作的多样化。

　　文人毕竟是人类社会的一个阶层，是民族文化的创造者。在中国古代，不同类型的文人集团，其活动领域是不尽相同的。一般地说，侍从文人集团和文人朋党主要活动于政治领域，学术派别主要活动于思想学术领域，文人社团和文学流派则主要是在文学领域一展风姿。但是，各种类型的文人集团都有一种共同的活动方式，这就是文学活动。文人集团的文学活动，与一般文学家个人的文学活动的主要区别，就在于它是一种集团的活动，具有集团性或群体性。集团的倾向总是比个人的活动更能代表和说明某一时代的风气。文人集团所具有的集团意识和集团心理，往往在某一时代率先开启一代文学风貌，影响了整整一代的文学创作和文学批评。

　　文人社团和文学流派的产生和活动，最能说明这一点。例如，明初以林鸿为首的闽中十子社，首标"诗必盛唐"的宗旨和摹拟古诗的路数，

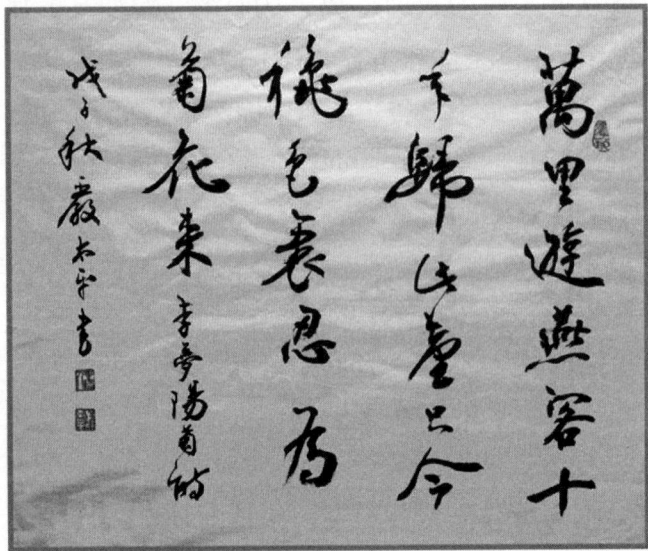

李梦阳书法作品

4

开启了有明一代拟古复古的文学风气。至于以李梦阳、何景明为首的"前七子"和以李攀龙、王世贞为首的"后七子"，更是拉帮结派，相互鼓吹，结成声势煊赫的复古派，统治文坛达百年之久。以方苞、刘大櫆、姚鼐为泰斗的桐城派，涉足于学术、诗歌、古文等领域，尤其以古文称雄一世，以致清代康熙以后除了桐城古文以外，几乎就没有什么值得称道的古文流派了。文学流派几乎成为文学风貌的象征，明清时期的文学发展就说明了这一点。

其实，侍从文人集团、文人朋党和学术派别对文学风貌的制约和影响，并不亚于文人社团和文学流派。如汉武帝金马门侍从与汉赋、"建安七子"与建安风骨、"上官体"与初唐诗风、"西昆体"与宋初诗风等，相互间都有着极为密切的关联。古语说："城中好高髻，四方高一尺"，宫廷的喜好风尚往往影响到全社会。侍从文人集团的文学倾向鲜明地代表了某一时期的文学风气，并使这种文学风气弥散于社会之中，成为一种社会风气。

历代的朋党之争，无不激发了某一历史时期文学的政治性和现实性，使写实精神和批判精神成为这一时期文学的突出特点。如东汉末年的"党锢之祸"之于汉末文学，唐代后期的"牛李党争"之于晚唐文学，明代末年的东林党争之于明末清初文学，无不如此。党争使文人更为关注现实政治问题，如东林党人所说的"家事、国事、天下事，事事关心"。他们迫不及待地要把自己的感受、认识和思考发为言说，以便造成强烈的社会影响。他们所能找到的最便捷的手段，莫过于文学创作了。因此，他们写诗、作文、创作戏曲与小说，无不融入了鲜明的现实精神和批判态度，把文学作为政治斗争的工具。这样一来，文学就有了强烈的实用精神和切实的实用功能。在文人朋党的鼓动下，这种文学的实用精神和实用功能成为一代时风。

和文人朋党不同，学术派别对文学风貌的制约和影响，不是把文学导向现实政治，而是为文学提供精神食粮。学术派别往往鼓荡起一股学术思潮，这股思潮和当时的社会风习、社会心理互为表里，汇聚成一股文化潮流，有力地裹挟着包括文学在内的精神文化，形成一种时代风气。如宋代理学的盛行对宋诗宋文的影响，明中后期王阳明心学以及泰州学派的风行对文学思潮、文学创作的影响，都是明显的例证。

值得特别提出的是集团文学所造成的从众现象，这是中国古代文学史上一种异常突出的文化现象。集团文学所造成的从众现象，可以分两个方面来看，即集团内部的从众现象和集团外部的从众现象。前者促进了集团规范的强化和集团的凝聚力，后者则促成一个时代的社会风气。集团内部的从众现象是集团规范和集团意识的必然产物。集团规范要求集团内部的成员维护集团利益，遵守集团法则，服从集团约束。集团意识则要求集团成员为了共同的目标团结一致，互帮互助。二者共同作用，是导致集团内部的从众现象的主要原因。

例如，建安七子的每个人在成为侍从文人集团的一员之前，即他们在依附曹氏政治集团之前，已经各自成名，个人有个人的文学风格了。曹丕在《典论·论文》中就评论道："王粲长于辞赋，徐干时有齐气"，"琳、瑀之章表书记，今之隽也。应玚和而不壮，刘桢壮而不密。孔融体气高妙，有过人者。然不能持论，理不胜辞，以至乎杂以嘲戏。"但是他们一旦加入侍从文人集团之后，正如曹植在《与杨德祖书》中所说的，就"不能飞骞绝迹，一举千里"了。他们只能按照曹氏政治集团的需要，去歌功颂德，充当"雍容侍从"的角色，来"并骋材力，效节明主"。所以，刘勰《文心雕龙·明诗篇》中概括建安诗歌的基本内容，说是"怜风月，狎池苑，述恩荣，叙酣宴"。

古代文人与文学流派

文学流派正式形成于中唐至北宋时期。中唐文坛的一个特殊现象，就是自觉结合的文人集团的出现。当时在文体革新的浪潮之中，产生了三大文学集团，即以韩愈为首的韩门弟子集团，以柳宗元、刘禹锡为代表的柳刘集团，以元稹、白居易为代表的元白集团。文人集团内部的文学活动十分频繁，朋友高会，酬唱赋诗，竞为新奇，务相喜可，蔚然成风。这些集团虽然没有后来的文学宗派或文人结社那样存有固定的形式、明确的纲领和有组织的活动，但其成员由于在社会地位、政治观点、文学倾向等方面的相似，便结成了亲密的关系，互相支持，互相影响，实际上成为一种不太固定、比较松散的文学群体。

以韩愈为中心的文学群体，旧称"韩门弟子"，包括欧阳詹、李观、张籍、李翱、李汉、皇甫湜、沈亚之、樊宗师等，都是一些出身地位较低、仕途

元稹像

不甚顺达的"文章之士"。他们思想上尊儒重道，文学上崇尚复古，在古文运动的旗帜下集结起来。李翱在《韩文公行状》说："自贞元末以至于兹，后进之士，其有志于古文者，莫不视公以为法。"说的就是这个集团。这个集团中，欧阳詹与李观是韩愈的同年进士，时人称为"同道而相上下者"；其余诸人则都从游于韩愈门下，成为韩愈所倡导的古文运动的积极实践者和热情鼓吹者。

柳宗元和刘禹锡等人结成的文人集团，有着鲜明的政治色彩，在"永贞革新"前后在政坛上颇为活跃，所以他们的文学活动与政治斗争的关系较为密切。"文者以明道"，"八音与政通，而文章与时高下"，既是他们明确的文学理论主张，也是他们信守的文学创作准则。

至于白居易和元稹则共同倡导了"新乐府运动"，参加者还有李绅、张籍、王建等人。他们大量地创作乐府诗，以"补察时政""泄导人情"，著称于世。"文章合为时而著，歌诗合为事而作"，与韩门弟子集团相比较，他们的文学创作更多地追求感时抒事，褒贬讽喻，在艺术上也力求通俗易懂，浅切晓畅。

中唐以后，不仅实体性的文人集团有了进一步的发展，以风格划分流派的尝试也更为进步了。唐末张为撰《诗人主客图》，以诗歌风格为标准，列白居易、孟云卿、李益、孟郊、鲍溶、武元衡六人为"主"，门下各有"上及室""入室""升堂""及门"等不同等第的"客"若干人。这种区判诗风、考诠流别的方法，显然继承了钟嵘《诗品》的传统。张为专论中晚唐诗人，力图以风格入手划分流派，实开后世文学流派理论之先声，所以宋人陈振孙《直斋书录解题》说："近世诗派之说，殆出于此。"清人李调元《诗人主客图序》也说："宋人诗派之说，实本于此。"

同时，还有以某一种风格情调和创作倾向为标准选录作品，结集刊行，如殷璠的《河岳英灵集》，主要收清雅幽远之诗，后人视为以王维、孟浩然为代表的王孟诗派的选集；元结的《箧中集》，收录沈千运等"无禄位""久贫贱"者的悲苦怨愤之作；五代后蜀赵承祚编《花间集》，专收浓艳香软之作，后人称作"花间词派"；宋初杨亿编《西昆酬唱集》，收录杨亿、钱惟演等15位宫廷诗人"更迭唱和，互相切劘"之作，诗风以浮华侈丽见长，史称"西昆诗派"。这些作品选集在某种意义上堪称流派作品集，尤其是《花间集》《西昆酬唱集》二集，既凸显了鲜明的文学风格，又奠基于某一作家群体，表现出风格与群体的融汇合一，难怪后世即以之为流派代称了。但就《花间集》《西昆酬唱集》本身而言，在当时勿宁只是将其视为一"体"，即同一种风格的。

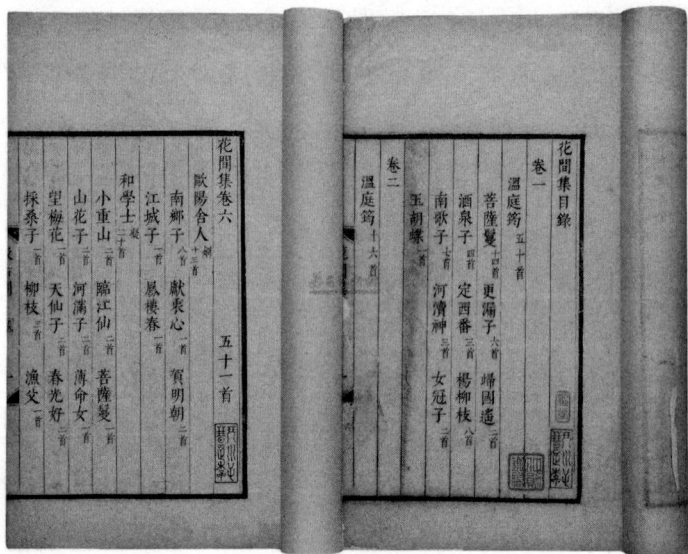

《花间集》书影

欧阳修《六一诗话》称："自《西昆集》出，时人争效之，诗体一变。"

文学流派的真正成熟，当以"江西诗派"为标志。宋陈振孙《直斋书录解题》卷十五云："诗派之说，本出于吕居仁，前辈多有议论。"清厉鹗《樊榭山房文集》卷二《查莲坡蔗塘未定稿序》亦云："自吕紫薇作江西诗派，谢皋羽序睦州诗派，而诗于是乎有派。"二者都指明文学流派始于吕本中定"江西诗派"。

北宋末年，吕本中作《江西诗社宗派图》，并编刊《江西诗派诗集》，第一次自觉地、明确地打出"江西诗派"的旗帜。"江西诗派"从纵向上沟通了文学风格的源与流，吕本中以黄庭坚为诗派盟主，别立同时的 25 位诗人皆以黄氏为祖；其后，方回在《瀛奎律髓》中倡"一祖三宗"之说，一祖为杜甫，三宗为黄庭坚、陈师道、陈与义。在横向上，"江西诗派"贯穿了文学风格与文人群体，诗派的成员师承关系甚密，诗风大体一致，构成了一个严谨的文学集团。更值得注意的是，"江西诗派"标举了共同的文学理论主张，黄庭坚独创"学杜""点铁成金""脱胎换骨""去陈反俗"等理论主张，陈师道在《后山诗话》、吕本中在《江西诗社宗派图序》和《紫薇诗话》中均加以阐释和发挥。这些理论主张，既是"江西诗派"创作实践的总结，也是他们创作实践的指南。

元明清时期是文学流派充分展开的时期，九派横流，各展风姿，如以陈子龙为代表的"云间派"、以吴伟业为代表的"太仓派"，以朱彝尊、厉鹗为代表的浙西派，以朴学、张惠言为代表的常州派，以方苞、刘大櫆、姚鼐为代表的桐城派等。这主要表现在流派组织的自觉性、流派构成的普遍性和流派研究的深入性三个方面。

总之，文学流派即是一种文人集团。作为这种集团的内在凝聚力的是文人的文学主张、创作倾向及审美趣味，归根结底是文人的主体人格。正是由于文人主体人格的互相吸引，方才结成了一定的文人集团；也正是由于文人集团的结合，方才强化了文人的群体人格。文学流派对文学发展也是一种促进，它对我国古代文化的分化组合起到一定的作用。

第二节　古代文人的前途与命运

古代文人的游说入仕之路

杜佑在《通典·选举典》中说：秦统一以前，"仕进之途，唯辟田与胜敌而已"。像管仲那样被鲍叔牙直接推荐给国君的，虽然在春秋战国时还能找出几个，但相比较文人群体而言，那真少得可怜。正是在这种无奈之下，春秋战国时的诸子文人们才纷纷走上了游说之路。

游说，顾名思义，是指文人们通过游说各国诸侯等当权者，得到赏识而进入仕途。文人的游说在当时被称作游说之士、谈说之士、言谈之士，或者干脆叫说客。这些称谓当中，重在一个"说"字。因而商鞅说："谈说之士资在于口。"张仪游说遭难，第一个想到的是"吾舌尚在否"。可见，口舌的言说是很重要的。不过，言说得好与坏、弱与强，能否打动国君的心思，引起他们的关注并最终被采纳，从而得到赏识，还是要靠头脑中的智慧和知识。所以，智慧和知识就成为文人游说的资本。

春秋战国时代，第一个踏上游说之路的文人，应该是秦国的百里奚。百里奚本为秦人，因家贫远奔齐国游说求仕，曾向齐国的人讨饭吃，后被齐大夫蹇叔收留。因有蹇叔的关系，百里奚"因而欲事齐君"，但不久齐国发生政变，百里奚被迫到周朝游说。周王之子颓喜爱牛，百里奚凭着养牛之技求得禄位。后王子颓欲用他为臣，可不久王子颓却被杀，不得已，百里奚又到虞国游说，但不见用。他自己说："臣知虞君不用臣，臣诚私利禄爵，且留。"百里奚如此渴望利禄爵位，后来终于当上秦国大夫，被秦穆公授予国政，终于富且贵矣。

当年春秋战国时诸子文人们对他们所处的时代非常反感。孔子说那个时代是"礼崩乐坏""天下无道"；墨子比孔子说得细致，是"国相攻""家相篡""人相贼""强相弱""众暴寡""富侮贫"。孟子比孔、墨二人晚生200多年，在他眼中，世道比孔、墨之时更加糟糕，所以当时的当政者无不在他的谴责之列："尧、舜既没，圣人之道衰，暴君代作。坏宫室以为污池，民无所安息。弃田以为园囿，使民不得食……世衰道微，邪说暴行有作；臣弑其君者有之，子弑其父者有之。"荀子生得晚，已到战国末期，社会动荡比孟子时更加剧烈，他竟在无奈之下，把一切都归于人性恶："人之性恶，其善者伪也。今人之性，生而有好利焉，顺是，故争夺生而辞让亡焉；生而有疾恶焉，顺是，故残贼生而忠信亡焉；生而有耳目之欲，有好声色焉，顺是，故淫乱生而礼义文理亡焉。然则从人之性，顺人之情，必出于争夺，合于犯分乱理而归于暴。"在他看来，人一出生本性就是坏的，这个时代还能好吗？

对于自己所处的时代这样反感，却还纷纷往游说入仕的路上跑，诸子文人当然就得找出理由来证明自己为什么要走上这条路。孔子就说自己是为了"复礼"，恢复西周的制度，"周监于二代，郁郁乎文哉！吾从周"，"如有用我者，吾其为东周乎"；墨子说是为了"欲求兴天下之利，除天下之害"；法家的商鞅说是为了"富国强兵"；孟子说是为了推行他的"仁政"和"王道"；荀子、韩非等诸子文人当然也各有说辞。这些诸子文人们处于那样的乱世，必会生出一种改造世道的决心，更何况他们还有一套治国的方略呢。之所以他们会一个个诸侯国、一个个国君游说下去，

孔庙与孔子塑像

是因为那个时代，他们面对的就是那样的诸侯和国君，不由他们选择。为了推行他们的治国方略，他们只得一个个地游说下去。这种先入仕之后再说的策略，或称为权宜之计，一旦他们入了仕掌了权，就可以推行他们的治国方略了。

文人的归隐之路

在中国传统文化中，隐逸是一种十分独特的文化形态。虽然隐逸文化从未占据过主流，但作为中国历史上一种奇异的文化现象，作为一种精神基因，隐逸思想曾传承和沉淀于历代不畅其志的士人的血脉之中。隐士虽"处江湖之远"，但隐逸思想所产生的社会影响力有时并不弱于"居庙堂之高"者。隐逸现象为我们描绘出了一幅中国古代文化的独特风景。

在中国古代，文人因各种原因走上隐居道路，或在某个阶段过着隐逸生活。不仅他们隐逸的动机与走上隐逸之路的情形多有不同，而且他们的隐逸心态和隐逸生活的方式也各不相同。

隐士起源的具体年月很难考证，但根据现有文献来看，在尧舜禹时代，隐士就出现了。据《辞海》的解释，"隐士"是"隐居不仕的人"。这里的"士"，是指知识分子，"不仕"就是远离政治，不出来做官。《南史·隐逸》云："隐士须含贞养素，文以艺业。不尔，则与夫樵者在山，何殊异也。"可见，隐士与那些默默无闻、终身在乡村的目不识丁的农民，或遁迹江湖飘忽不定经商的商贾，或居于崖顶岩穴砍柴的樵夫是有本质区别的。《易》曰："天地闭，贤人隐""遁世无闷""高尚其事"，可见，一般的"士"隐居也不足称为"隐士"，必须是有名的"士"，即"贤者"，"贤人隐"才能称为隐士。由此可知，隐士即"士"的一种。所谓的隐士其实专指那些具有相当才学和文化素养而不愿做官的人。

在中国古书中，隐者的名称很多，例如"逸民""隐士""处士""高士""徵君""避世之士""不宾之士"等。战国时期鲁仲连能替弱小国家排忧解难，《史记》称之为"高士"；商朝的伊尹有宰辅之才而杂于平民之间，《史记》称之为"处士"；周初的伯夷、叔齐等人

宋代李唐《采薇图》

认为周伐商是叛逆，不食周粟而死，孔子称之为"逸民"。汉代以后，隐士的概念逐渐明确，一般指那些不与当权者合作而又具有才学和一定社会影响的人。

中国古代的隐士，从其"隐"的境界和目的来看，有"真隐""假隐""半隐"；从"隐"的方式看，有"道隐""心隐""朝隐""林泉之隐""中隐""酒隐"和"壶天之隐"等。自古以来，"隐"的含义相当复杂，隐逸思想不断得到传承发展。

1. 孔子的"道隐"

"道隐"是中国隐逸文化的开端。孔子隐逸思想的核心是"邦有道则仕，邦无道则隐"。这种无道则隐、存身求仁、审时而动的主张，实质上就是"道隐"。道隐无形，既是无形，就不受拘泥。不论身在何处，只要有圆融宏大的人格，就不会拘泥于一时、一世、一人、一地，即以"独善其身"求得超越尘俗的精神解脱。孔子的隐逸思想要求在"邦有道则仕，邦无道则隐"的仕隐之间实现自己圆融的人格，隐是修身，仕是治国平天下，而二者的共同指向是由外在功业和内在修身构成的人格。

2. 庄子的"心隐"

《庄子·逍遥游》中说："之人也，物莫之伤，大浸稽天而不溺，大旱金石流，土山焦而不热。是其尘垢秕糠，将犹陶铸尧舜者也。孰肯以物为事？"庄子认为，隐不是伯夷、叔齐不食周粟而饿死首阳山的身隐、形隐，而是"大浸稽天"而不湿、"大旱金石流"而不热的心隐、神隐。隐的目的是为了拉开内心世界与现实世界的距离，获得一种超越性的自由体验。庄子之隐的精义是通过构建逍遥不羁的人格来否定污浊的现实，摆脱心为物役而异化。这是隐逸文化从绝世离索到混世葆真的明显改变。所谓"隐"，已不再强调地理或空间的环境，更注重的是隐者的心态和价值观念，隐也朝着直接根源即"心"的方向发展。

3. 东方朔的"朝隐"

《史记·滑稽列传第六十六》记载："武帝时，齐人有东方生名朔……据地歌曰：'陆沈于俗，避世金马门。宫殿中可以避世全身，何必深山之中，蒿庐之下。'"汉代东方朔提出了隐身"金马门"，将独立自由的人格巧妙融入宦游之中的"朝隐"。当我们翻读史书时就会发现，那些奔走于仕途的有识之士并不都能实现抱负，其缘由大多来自当时的朝政。但他们不甘心退出政界，不为权势富贵，也不为功名利禄，只因他们要在其中寻求即便狭小的平衡，坚持正义，这就是"朝隐"。"朝隐"实质上就是一种权变之术，从某种意义上来说，是"仕"的另一种表现和存在形式。可见，隐士们在本质上和士人的抱负理想以及齐家治国平天下的内心渴望是相似的。

东方朔像

4. 魏晋的"林泉之隐"

魏晋时期由于战乱频仍和门阀氏族的倾轧，加之道家思想的影响，很多文人选择了放浪形骸远离政治的生活方式，谈尚玄远的清谈风气由此形成。

六朝隐士之多，恐为历代之冠，避世之隐为其一大表现。最著名的当首推"竹林七贤"了。隐士表面上超脱，在意识形态上也表现出超脱，实则内心都有无穷的痛苦。阮籍的《咏怀》诗正是当时社会文人心态的一种写照，身在林泉以冷漠为反抗，是一种不得解脱的解脱。魏晋"隐逸文化"的另一个表现，就是出现了对隐居生活由衷赞美和吟咏的"隐逸诗"。西晋张载和左思的《留隐诗》就用了"招隐"二字。东晋大诗人陶渊明有"千古隐逸诗人"之称，他虽没有以"招隐"为题的诗篇，他的诗却达到了"隐逸诗"的巅峰。最有名的当然要数那篇题为《饮酒·第五》的诗：

> 结庐在人境，而无车马喧。
>
> 问君何能尔？心远地自偏。
>
> 采菊东篱下，悠然见南山。
>
> 山气日夕佳，飞鸟相与还。
>
> 此中有真意，欲辨已忘言。

这样的"隐逸诗"，真是到了超凡脱俗的地步。和"隐逸诗"同时流行起来的还有山水诗，这也是"隐逸文化"的一个表现。

魏晋士人欲做直臣而不能，欲做真正的隐士也不可得，但他们在这种痛苦中创造出了丰富的精神价值。山水诗、田园诗、咏怀诗、咏史诗的出现即是明证，这也标志着中国文学进入了自觉的时代。"林泉之隐"是抗言不羁、孤傲独立的士人精神的光辉显现，是孔子之隐的继承者。在后来的历史岁月里，其批判精神难得一见，它把中国隐逸文化推向光辉灿烂、非常成熟的阶段。

5. 白居易的"中隐"

唐代集权制度使隐逸的宽松度发挥到极致，使隐逸文化穷尽了自己所有的积极形式。"终南捷径"的出现正是集权政治体制成熟的表现，实际上是科举制度的隐性补充，它把当时科举遗漏的或者不愿通过科举入仕的人才积极收纳到统治体系内。如王维的仕隐齐一，其独特之处在于既做方内之人，又是皇羲上人；既执着于现实，又走向内心。

白居易像

隐逸文化自身迅速蜕变滑坡，由隐逸指向社会的积极面并转向内心。从终南捷径到王维的仕隐齐一，表面看是中国隐士最辉煌时期，但实际上抹杀了隐逸文化的积极意义。

白居易的"中隐"理论曾把隐士分为大、中、小三类。经历了人生忧患之后的白居易，在《中隐》一诗中却全然摒弃了仕途的进取，津津乐道于"不劳心与力""终岁无公事"的逍遥。朝廷党争的日趋白热化让他认识到"朝市太嚣喧""贵则多忧患"；另外，他认为小隐也太不现实："丘樊太冷落""贱即苦冻馁"。

于是，他选择了"隐在留司官"，过一种"非忙非闲、非贵非贱"的生活。他决定取舍的根本原因不在于三种隐士各自的社会意义和文化意义，而完全取决于三种隐逸模式对隐者的世俗的实用价值。这就是中唐多数隐士的选择。

"中隐"是中国传统隐逸观念的重大转折，是大隐、小隐之间的折中与调和，不再以"隐"作为实现独立和价值的途径。"中隐模式"虽承接了朝隐的路数，但又失掉了朝隐的游刃宦海而不失初心的权变之道，而沦为仅仅为了解决生计保命存身的投机行为，与隐逸文化的旨趣大相径庭。"中隐"使隐逸庸俗化，盛极一时的隐逸文化便开始走向衰落。

6. 苏轼的"酒隐"

说到酒，就不能不提起李白"酒隐安陆，蹉跎十年"，但把酒引入隐逸文化的还是苏轼。苏轼《酒隐赋》云"世事悠悠，浮云聚沤，昔日浚壑,今为崇丘,眇万事于一瞬,孰能兼忘而独游?爰有达人,泛观天地,不择山林,而能避世。引壶觞以自娱,期隐身于一醉……暂托物以排意,岂胸中而洞然,使其推虚破梦,则扰扰万绪起矣,乌足以名世而称贤者耶?"隐是道的境界,酒是道的精神滋补品。事实上,隐不在朝,亦不在野,唯在精神,酒隐是得其精髓者。苏轼的"酒隐"赋予了酒一种与"醉生梦死"相反的价值。在这里,苏轼质疑、颠覆着传统的价值观念,对功名仕途不复看重,对案牍劳形的俗吏生涯更深表厌倦,但他却不能抽身而退,而酒把虚幻与现实的鸿沟弥合起来,搭起了一座让人自由出入于精神与现实中的桥梁。这座桥梁不是把人引向泥潭,而是把人提升到了理想的云端。"酒隐"之圣的苏轼因此而走向了传统士大夫文化人格的顶峰。

可以说,宋代"酒隐"模式的出现是隐逸文化发展的结果,是对历代隐逸理论所作的总结。其发展到了十分精致的地步,对士人的心灵净化和治平功业起到了积极作用,算是隐逸文化的一个小中兴。

7. 明清的"壶天之隐"

壶中天地是精巧细腻的园林的别称,"壶天之隐"也往往是指隐居于园林中的隐士生活。自人类出现,大自然注定要染上人为的色彩,对于追求人与自然和谐共处的古代中国人而言,自然山水的美景不仅是其寄情抒怀的地方,而且可以通过其改造山水赋予其人文内涵。

中唐以来的"中隐"思想导致汉代以来的传统隐逸思想加以转变。对于士人们而言,"隐"已不再成为身体力行的实践行动,而是一种获得心理平衡的精神享乐,于是,园林便理所当然地成为这种精神享乐的载体。传统隐逸思想的转变,加之明清文化的向内开掘和精微细腻,从而出现了将园林与"壶中天地""须弥芥子"美学概念联系起来的所谓"壶天之隐"。壶中天地实际上相当于一个封闭的、精美的、微缩的园林天地的象征。

以"壶中天地"的园林作为隐居和精神的栖息地,隐逸则越来越走向狭窄。园林艺术就建筑文化层面讲,其功不可没,在这股风潮中,中国的园林文化逐渐趋向成熟。但从士人文化心态方面考察,所谓的"芥子纳须弥"，摄大千世界的全部意蕴于方寸之间，在一种虚幻的宏大气魄里体味盛世的辉煌，实为人格的萎缩、时代的萎缩。

总之，孔子的道隐、庄子的心隐、东方朔的朝隐、魏晋的林泉之隐以及白居易的中隐和苏轼的酒隐，其特点就是非暴力、不合作；间或指点江山、激扬文字，坚持清纯的文化理想，其精神实质就是人在无奈时既不反抗也不投降，只求保持心灵的自由。这或许多少有些精神胜利法的嫌疑，但民族精神的一脉正义与神圣庶几维系于此。

科举对古代文人的影响

据说，唐贞观年间，唐太宗李世民看新科进士从端门列队而出的时候，非常高兴地说："天下英雄入吾彀中矣！"彀中即指弓箭的射程之内。在他看来，科举制度就是使英雄就范的手段。1000多年以来的科举历史也表明唐太宗达到了目的，古往今来有许许多多读书人落入这一圈套中。在士人的眼中，"科名"二字便是世界的一切；在士人的心中，科举得第是最令人魂牵梦萦之事。因此在科场内外，便上演了一幕幕悲喜剧。科举，对于极少数运交华盖之士来说，意味着平步青云、紫蟒缠身，而对于大多数士子来说却是坠入十八层地狱，永世不见天日。科举如同一块巨大的磁石，把士子终身的注意力都吸引至磁场的周围，并在潜移默化中塑造了中国文人的价值取向、文化心态及性格特征。

元·刘祁《归潜志》第七卷中有诗云：

　　　三更灯火五更鸡，正是男儿立志时。

　　　十年寒窗无人问，一举成名天下知。

唐代颜真卿的《劝学》诗中也写道：

　　　三更灯火五更鸡，正是男儿读书时。

　　　黑发不知勤学早，白首方悔读书迟。

古代文人士子们寒窗苦读，为的就是科举及第，一举成名，这在当时被人们称之为"登龙门"。所以，自唐以后的整个封建时代，放榜都是轰动一时的大事。在唐代，每当发榜之后，便有曲江会、杏园宴、雁塔题名等活动，各种名目的喜庆宴会也接踵而来，新科进士们从金榜高悬，经"谢恩"、吏部铨叙、送往迎来的交际应酬，直到新科进士离京返乡，可以说无日不在宴中，无日不在乐中。甚至新科进士的曲江大会，有时连皇帝

古代科举考试

都会登紫云楼垂帘观看，达官贵人们也往往在这一天挑选乘龙快婿。

在唐诗中，有关放榜的吟咏极多，如韦庄《放榜日作》："一声金鼓辟金扉，三十仙才上翠微"。徐夤《放榜日》："喧喧车马欲朝天，人探东堂榜已悬"。黄滔《放榜日》："白马嘶风三十辔，朱门秉烛一千家"。中唐诗人孟郊有诗《登科后》曰："昔日龌龊不堪嗟，今朝放荡思无涯。春风得意马蹄疾，一日看尽长安花。"回想起"昔日"累试不第、穷愁潦倒的"龌龊"日子，此刻真是扬眉吐气，充满对美好未来的憧憬。此种心情的表露，真是没有比"春风得意马蹄疾"一语更为生动传神的了。杂剧《西厢记》描写的是唐代张生中状元后，崔莺莺遥闻他入赘于宰相之家，这一情节，显然不是作者凭空捏造的。新科进士为了求得政界应援，拉拢关系，而迅速授官升迁，也愿意选择与权门联姻这条路。

科举及第，大魁天下，自然是欢天喜地，风光备至，但古代科举的录取名额有限，这就注定得第者少，落第者多，那些占应第举子百分之九十七八的落第者，他们落第后内心的痛苦和哀伤、生活的困顿悲惨却无处诉说。唐代"诗圣"杜甫进士不第后，困居长安达10年之久，他四处投献诗文，"朝扣富儿门，暮随肥马尘。残杯与冷炙，到处潜悲辛。"（杜甫《奉赠韦左丞》）可是全无结果。另外，韩愈、孟郊、李商隐、李翱等诗人，都有过屡试不第的经历。"凭君莫话科举事，进士功成

古代科举龙门之路

身已枯"，正是他们一生的辛酸写照。

在唐诗中，以"落第""下第"为题材的诗篇几乎形成一大门类，那些悲切凄楚的词句，黯然神伤的感情，至今仍给人深切的感受，如赵嘏《下第后上李中丞》："落第逢人恸哭初，平生志业欲何如。鬓毛洒尽一枝桂，泪血滴来千里书。"罗邺《落第东归》："年年春色独怀羞，强向东风懒举头。莫道还家便容易，人间多少事堪愁。"邵谒《下第有感》："谁知失意时，痛于刃伤骨。身如石上草，根蒂浅难活。"有些士子虽然考了几十年，最终还算是中了个进士或举人，更多的则是考了一辈子始终名落孙山，抱恨终身。如晚唐号称"三罗"的著名诗人罗隐、罗邺、罗虬，都是终身屡试不第。罗隐原名罗横，也很有点恃才自傲的"横"气，然而10次应试皆不第，后愤然改名为"隐"，"早知世事长如此，自是孤寒不合来！"（罗隐《丁亥岁作》）所以，在他的诗集中，抒写落第悲愤的篇张也特别多。北宋著名词人柳永，早年出入花街柳巷，酒楼歌馆，填写了大量词曲，流传四方，"凡有井水饮处，即能歌柳词"。但考进士却落榜了，于是他填了一首《鹤冲天》：

黄金榜上，偶失龙头望。明代暂遗贤，如何向？未遂风云便，怎不恣狂荡！才子词人，自是白衣卿相。

烟花巷陌，依约丹青屏障。幸有意中人，堪寻访。且恁偎红依翠，风流事，平生畅。青春都一晌，忍把浮名，换了浅斟低唱！

落榜不仅未使他收敛放荡的浪子作风，反而更"恣狂荡"。当他再次考进士时，宋仁宗在审阅名次时特地画掉柳永之名，说："且去浅斟低唱，何要浮名！"此后，柳永遂自我解嘲地号称"奉旨填词柳三变"。

"唐宋八大家"之一的苏洵，天圣五年（1027年）19岁考进士落第，29岁再举进士又不第，38岁复如此，实在使他备受打击。深怀隐痛的苏洵自己虽然决心不再应试，但待两个儿子成年后，却还是带他们去汴京赶考，因为除此一途，别无晋身可能。后来，苏轼、苏辙兄弟都一举高中，苏洵感慨万分地赋诗云："莫道登科易，老夫如登天；莫道登科难，小儿如拾芥。"这中间既含有他因两个儿子争气的喜悦和骄傲，也包含着自己一生科场坎坷的辛酸，还表明以考试来选拔人才的局限性。

南宋第一大诗人陆游曾先后两次科场失意，后来的一次考试，他本为第一名，却被秦桧除名。直至秦桧死后，陆游才以其诗成名，人称"小李白"，由宋孝宗"赐进士出身"。难怪清代才子龚自珍会发出"不拘一格降人才"的呼声！

古代的大部分士子，在屡困科场后，不再应试，他们中有的穷困潦倒，终其一生；有的放浪江湖，空怀抱负；有的则移情别注，著书立说，还有的则选择了与朝廷为敌的起义造反之路。晚唐王仙芝和黄巢屡次应进士科不第，黄巢怀着失意的切肤之痛写下《赋菊》诗："待到秋来九月八，我花开后百花杀。冲天香阵透长安，满城尽带黄金甲。"起义后，黄巢曾发布檄文历数朝廷罪过，其中就有科举不公这一条。

古代科举铜雕

古代科举制形成了"学而优则仕"的格局，所以，士人们一旦学而优不能仕，又被剥夺了曾经享有的优于农工商阶层的免役特权，他们又无从事劳动自养、经商致富的能力，那么，他们就成了社会上最穷困潦倒、缺衣少食的阶层。政治上、经济上的没有出路，自然会导致其社会地位的大幅度下降，在一般人眼中，儒生即是没出息的无用之辈。在元代，人们按社会的尊敬程度，将社会上的各种职业分为十等：一官、二吏、三僧、四道、五医、六工、七匠、八娼、九儒、十丐。儒生的地位排在十列的第九等，居于工匠和娼妓之后，仅比乞丐高一等，由此有了"臭老九"这个称谓。虽然元朝儒生的处境比较特别，但自开科取士以来，读书人除了应试显达之外，别无他技，"四体不勤"，"五谷不分"，被社会所鄙视是很自然的事。

礼贤下士与文人命运

《吕氏春秋·察贤》说："魏文侯师卜子夏，友田子方，礼段干木，国治身逸。"诸侯以文人为师，这在以前是从未有过。魏文侯名斯（一说名都），是战国初年魏国的国君。魏文侯于公元前445—前396年在位。魏国是从晋国分出来的，就是韩赵魏三家异姓大夫瓜分晋国而出现的魏国。这样出现的诸侯相对于周王朝的册封，当然不是正统；而三家分晋，由一国而分成三国，每一家相较于其他诸侯国又为弱小，要想存在，首要就是增强实力，正如钱穆先生所言："魏文侯以大夫僭国，礼贤下士，以收人望，邀誉于诸侯，游士依以发迹，实开战国养士之风"。

关于魏文侯礼贤下士之说，史料多有记载，在《吕氏春秋》的另一篇《举难》中也有："文侯师子夏，友田子方，敬段干木，此名之所以过桓公也。"司马迁也说："文侯受子夏经艺，客段干木，过其间，未尝不轼也。"魏文侯以子夏为师学经艺，以田子方为友，还以礼客段干木，并经过段干木的乡里，没有一次不从车中起立，扶轼以示尊敬。这与孔子游说诸侯时的"累若丧家之狗"真有天壤之别。

文人与当政者的关系大变，变到文人对诸侯国君可以居高临下地讲话。这根本原因是因为那个剧烈兼并的时代，这样的时代才造就出这样礼贤下士的局面，而这样的局面却是充满功利性的。在诸侯国君一方，为了保住自己的统治同时也是为了保住整个家族性命，就必须招揽人才，使得国富兵强。在诸子文人这一方，正是由于诸侯国君这种功利性的目的，才为文人造就了一种功利性的契机：入仕致富的道路宽广了，施展才能的环境扩大了，有史以来第一次可以很气势地奔走在这条路上了。

魏文侯像

　　然而，既然是诸侯国君为文人创造的契机，当然这种契机还由诸侯国君掌握，礼贤下士只不过是一种手段而已。文人一旦被这种手段所掌握，他们也就成为王朝的一部分。且田氏篡齐后，齐威王与魏惠王的一段对话：魏惠王问曰："王亦有宝乎？"威王曰："无有。"魏王曰："若寡人国小也，尚有径寸之珠照车前后各十二乘者十二枚，奈何以万乘之国而无宝乎？"威王曰："寡人之所以为宝与王异。吾臣有檀子者，使守南城，则楚人不敢为寇东取，泗上十二诸侯皆来朝。吾臣有盼子者，使守高唐，则赵人不敢东渔于河。吾吏有黔夫者，使守徐州，则燕人祭北门，赵人祭西门，徙而从者七千余家。吾臣有种首者，使备盗贼，则道不拾遗。将发照千里，岂特十二乘哉！"文人一旦进入诸侯的王朝，在国君的眼里就等同于国君的私有宝物。既是国君的宝物，国君当然就有全部的占有权力。别说是文人的独立性，就是文人的性命，也掌握在国君的手里。你看商鞅等变法的文人大多没有好下场，这也正是由于礼贤下士中含有强烈的功利目的。功利目的使国君礼贤下士，礼贤下士也为了达到功利目的，文人在这种圈子中，其命运都不可预知。

文字狱：古代文人的灾难

文字狱是中国传统文化一个沉重的包袱，也是中国古代文人的深重灾难。所谓文字狱，就是因文字的缘故而被罗织罪名，构成所谓的犯罪。古代的文字狱案有两大特点：一是莫须有的罪名。仅仅依据诗文、著作、表笺里摘取的所谓"违碍"字句来定罪；二是刑罚残酷，对涉案人的处治轻则贬谪、坐牢，重则斩首、灭族。

文字狱作为中国封建时代的重要历史现象，它一再重复出现，它的每次发生，大抵都有较为特殊的历史背景，也受到某些偶然因素的支配。倘若以时间顺序来看，它的出现具有某种不平衡性，即使是在文字狱猖獗的宋、明、清三朝，其发生和发展也是因人而异，因时因事而异，差距甚大。

中国文祸的惨烈与封建皇帝的暴虐残酷有密切的关系，与此同时，也与中国汉字的特点、汉语文言的表述有一定的干系。汉字有形体、声音、意义三个要素。汉字字形构成的方法是"象形""指事""会意""形声"。后人在字形上找害人的把柄，往往是滥用拆字方法，如明太祖朱元璋硬把形声字"殊"说成会意字"歹朱"。此外，汉字文意的表述，一是显示，一是暗示。史书重在显示，而诗文意在暗示。显示要用文字的字面义，暗示则多用文字的比喻义。比喻义不及字面义明确，字面义不如比喻义空灵。通常，写史书用字面义，一触犯禁忌，就容易发觉；而作文赋诗用比喻义，即使触犯禁忌，也不会马上觉察，但一旦有所悟，便会到处猜疑，弄得字里行间"草木皆兵"。由于汉字结构特殊，内涵广博，外延丰富，高度精练，统治者正是利用这些原因，超水平发挥其罪人之术，以使人们匍匐于他们的极权统治。文字狱成为其进行思想文化统治及实行愚民政策恶辣的一手。

考察历史，文字狱往往起火于史学界，燎原于文学界。在文学里，诗歌则是文祸的重灾区。我国诗赋原本即有"比兴美刺""发愤抒情"的传统，自与封建专制统治有所抵触，而且因为写诗赋词，总得用比喻、拟人、双关之类的形象说法，同一个比喻可以得出不同的以致相反的解释，这些形象的方法又同文字影射有相互交叉之处，因为文字影射是用"指桑骂槐"的手段，进行形象的暗示。于是那些先定罪名后找文字把柄的人，便在诗赋的语言上捕风捉影，找寻那些似是而非的弦外之音，构陷罪名。

从周秦时的诽谤案开始，文字狱的名目越来越繁，花样越出越奇，罗织也越来越细密。

在宋代，秦桧曾两度拜相，秉国枢长达19年。此人阴鸷险毒，为著名权奸，他力主和议，推行了一条卖国投降路线，对于主战派及政敌，等等，动辄以文字狱相排陷，或以文字狱造成的恐怖气氛来达到他的目的。受此祸害的，《仅妹史·高宗本纪》中就录载有数十人。难怪清代史学家赵翼在《廿二史札记》中谈到秦桧文字之祸时，开首就说："秦桧赞成和议，自以为巧，唯恐人议己，遂起文字狱，以倾陷善类。因而附势干进之徒，承望风旨，但有一言一字稍涉异讳者，无不争先造讦，于是流毒遍天下。"

明太祖朱元璋出生微寒，又当过和尚，讨过饭，参加过农民起义军（当时被蔑视为"盗贼"），在夺取政权的过程中，曾十分重视文人，收揽豪隽，征聘名贤，一时韬光韫德之士幡然就道。可当其一旦登上皇帝的宝座，操天下生杀之柄，遂大肆戮杀功臣，又大兴文字之狱，以此来加强君主集权。关于明初文字狱的起因，清人赵翼认为："是时文字之祸，起于一言。时帝意右文，诸勋臣不平。上语之曰：'乱世用武，世治宜文，非偏也。'诸臣曰：'但文人善讥讪，如张九四厚礼文儒，

秦桧跪像

及请撰名，’则曰‘士诚’。上曰：‘此名亦美。’曰：《孟子》有‘士诚小人也’之句。彼安知之。”上由此览天下章奏，动生疑忌，而文字之祸起云。”（《廿二史札记·明初文字之祸》）将朱元璋兴文字狱归咎于勋臣的挑唆，不足凭信，但也透露出一个真情，即文化程度不高的朱元璋惯于捕风捉影，怀疑文人讥讪，乃是明初密织文网的直接原因。其实何止于此，他的杀戮功臣和屡兴文字之狱，就在于扫清统治障碍，也为仁慈柔弱的太子朱标和皇太孙朱允炆的嗣位铺平道路，于是在洪武十七年至二十九年，文字狱出现了狂潮。

清代乃是少数民族贵族入主中原之朝代，爱新觉罗氏的统治，一方面承继和发展了明代（尤其是明初）的绝对君主专制；另一方面又加入了残酷而又病态的民族歧视和民族压迫政策，使封建专制主义文化统治达到了登峰造极的地步。他们“惧人民之犹思故明，惧骨肉之相为诽谤，惧臣子之不复畏法”（蔡东藩《清代史论》卷六）。

据《清稗类钞》记载，雍正微服出游，在一家书店里翻阅书籍，当时“微风拂拂，吹书页上下不已”，有个书生见状顺口高吟：“清风不识字，何必来翻书。”雍正“旋下诏杀之”。另有记载称，这是车鼎丰的诗句。鼎丰与弟鼎贲小饮，干杯后把酒杯翻转，见杯底有“成化年造”字样，于是吟道“大明天下今重见”，鼎贲接口说“且把壶儿搁一边”。雍正认为“壶”“胡”同音，“壶儿”就是“胡儿”，车氏兄弟因此问斩。

流传最广的说法是，这两句出自徐述夔《一柱楼编年诗》。传闻徐幼负才名，自认为是状元的料，后来却科举不利，满腹牢骚。他所建一柱楼挂紫牡丹图，题诗曰：“夺朱非正色，异种也称王。”夏天晒书，风吹书页，愤然道：“清风不识字，何必乱翻书！”见酒杯底儿上有万历年号，便说：“复杯又见明天子，且把壶儿搁半边。”晚上听到老鼠啮咬衣服，恨得直骂：“毁我衣冠皆鼠辈，捣尔巢穴在明朝。”这些言行被举报之后，乾隆大怒，下令将已死的徐及其子怀祖剖棺戮尸，孙子、校编诗集者被处斩，江苏藩司等一批官员被革职。又查出沈德潜曾替徐作传，称赞其品行文章，并且“夺朱非正色”两句正是沈诗《咏黑牡丹》中的句子，于是已经死掉的沈德潜也跟着倒了大霉。

在清代前期，即顺、康、雍、乾四朝，现已得知，发生了100多起文字狱案，其特点是：顺治朝初平天下，主要打击思念前明者；康熙、雍正时，打击对象主要是汉族上层分子和政府官员，旨在镇压反清力量和排除政府内的异己势力；而到乾隆年间，又将矛头指向下层知识分子及平民百姓，同时也株连到各级官员，打击面也越来越宽。清代的文字狱，其凶虐，其株连，以及造成的恐怖气氛对当时社会及后代的影响，都大大超过了历代，形成了中国文字狱史上最黑暗、最野蛮、最残酷的一幕，是对中国古代文人的残暴虐杀。

第三节　古代士人的构成及其分化

古代士人的构成

士人既是文化的继承者，更是文化的传播者。他们大多学贯古今，爱好广泛，并且有以天下为己任的胸襟。因此，士人这种只有在中国才有的独特身份，在中国古代的发展中，起着不容忽视的重要作用。

所谓士人，就是指对中国古代知识分子的一种称谓。士人，也叫儒生、文人。在春秋战国时期，士有着非常广泛的含义，主要包括以下几种。

（1）指青年男子。《诗经·卫风·氓》："于嗟女兮，无与士耽！"《郑风·女曰鸡鸣》："女曰鸡鸣，士曰昧旦。"孔颖达疏："士者，男子之大号。"所以，士女可以并称。《诗经》中不少爱情诗所提到的士就是指青年男子。

（2）军士，多指甲士。先秦时期，士所担任的职业主要为武士与各类职事官。春秋以前，战争多为车战，当时的每辆战车上都会配有

古代士人形象

甲士，《司马法》上说："长毂一乘，甲士三人。"驭手站在战车上的中间位置，左右两边分别有一名执弓矢或长矛，古代的甲士，就是指武士。每辆战车后面跟随许多步兵，所以，武士也算得上是冲锋陷阵的基层军官。

（3）各级贵族的通称。《尚书·多士》："用告商王士。"又"尔殷遗多士。"不过"士"更多的是指宗法分封制下的一个等级。按照分封制度，天子、诸侯、卿大夫都要把自己的庶子或宗族兄弟以另立小宗支庶的办法逐层分封出去，士便处于这一宗法贵族等级系列的最末一等。

汉人贾谊说："古者圣王制为列等，内有公、卿、大夫、士，外有公、侯、伯、子、男……等级分明而天子加焉。"（《新书·阶级》）士又分为上士、中士、下士三等。许多士在王室和基层行政机构中担任各类职事官。据《周礼》记载，直接为王室服务的职事官达几十种之多，在诸侯公室中服务的士也为数不少。还有许多士在卿大夫的采邑内担任各种官职，其中地位较高者为邑宰、家臣，职责是管理采邑内的各种事务。

所以顾炎武在《日知录》卷七"士何事"条中总结说：春秋以前的士，"大抵皆有职之人"。

古代士人的等级分化

造成士人等级分化的原因，从根本上讲是宗法分封制和等级制松动的结果，具体原因有以下几点。

第一，社会发展与变革对智能、知识的需求急剧增长。为了富国强兵，各国都程度不同地进行改革，削弱世卿世禄制，提倡"选练举贤，任官使能"的用人方针，形成了"礼士""贵士""重士"的社会风尚，这就为士冲破等级制的束缚、施展才干创造了良好的环境。

第二，私学兴起，打破了传统官学的教育模式，使新型文士脱颖而出。周代的教育制度是"学在官府"，只有士及贵族子弟享有受教育的权利，学校的培养目标是巩固贵族宗法等级制，在春秋社会大变革中，"学在官府"的局面也发生了变化，私人可以讲学办教育。在孔子以前已有私人讲学的现象，孔子则把私人讲学推向新阶段。在孔子弟子中有各类人才，有的入仕做官；有的经商致富；也有的从事教育学术活动，在社会上产生了广泛的影响。

战国时期，士人在获得较多的人身自由的同时，思想也得到了解放，他们打破了思想禁区，竞相宣传自己的思想见解和政治主张，出现了儒、墨、道、法、阴阳、名、兵等众多的思想流派，并互相驳难，各立新说，形成了百家争鸣的局面，将我国思想文化的发展推向了高峰。战国特定的历史环境，为士人提供了施展才华的大舞台。战国士人中涌现出一批杰出的政治家、思想家、军事家、文学家，他们为我国思想、文化、科技的发展做出了不可磨灭的贡献。

秦统一中国后，士人的情况发生了很大变化。此时，皇权凌驾于整个社会之上，并支配整个社会。专制的皇权与思想文化多样的发展不可避免地要发生冲突。为解决这一矛盾，历代封建统治者采用各种手段规范、束缚文人的思想和行动。秦始皇的"焚书坑儒"和汉武帝的"罢黜百家，独尊儒术"以及隋唐以后的科举取士制度，都是用不同形式对士人进行控制。历代统治者

秦始皇像

还采取许多措施对士人进行防范，如汉初禁止游士活动，明清大兴文字狱等。与战国相比，秦汉以后文人的自由大大缩小了。

中国古代士人的构成极为复杂。士人并非独立阶级，而是位于官和民之间，他们在文化传播与活化社会关系方面起到承上启下的积极作用。士人复杂的内部构成和士人多样化的社会职业不仅使他们的生活水平和生活方式存在较大差异，就是其品德、性格也存在很大的差异。士人中有正气凛然、胸怀坦荡的正人君子；有思想深邃、博闻多识的智囊人物；也有风流倜傥、多愁善感的才子佳人。当然，士人中也有一些为了荣华富贵出卖灵魂、丧失人性的败类。

因此，有关人士对中国古代士人及其社会生活的研究，将有助于我们对中国社会及中国古代文化的深入了解。

第四节　士人阶层的产生与士人特性

士人阶层的产生

在先秦典籍中，士这一称谓有多种含义。在一般用语中，士通常指男子，作为一个贵族阶层，士一般都在各级政权中任职。《说文解字》以"事"训"士"，即指士的社会角色而言。据《礼记·王制》载："天子之下有三公、九卿、二十七大夫、八十一元士。""元士"即士，因其供职于王室，社会地位要高于诸侯的士（元士的地位相当于小诸侯附庸），故称"元士"。大的诸侯国有卿 3 人、下大夫 5 人，上士 27 人，等等。由此可知，士在各级政权中都充当着重要角色。

为了使士能胜任其职，西周统治者对士人阶层的教育和选拔十分重视，他们从小要在官学中受教育。西周的官学，在天子曰辟雍，在诸侯曰泮宫，地方上还设有乡校，称为庠序。在任命士人官职时，要经过严格考选："命乡论秀士，升之司徒，曰选士。司徒论选士之秀者而升之学，曰俊士。升于司徒者不征于乡，升于学者不征于司徒，曰造士……大乐正论造士之秀者以告于王而升诸司马，曰进士。司马辨论官材，论进士之贤者以告于王而定其论，论定然后官之。"士所受教育的内容，据《礼记·王制》和《周礼·地官·司徒》载，乃为礼、乐、射、御、书、数，即所谓"六艺"。因而西周的士实为彼时文化的主要传承者，同时又是宗法法制奴隶社会的主要维护者。

西周的士虽然是文化的承担者，但他们在中国文化发展史上却没有留下什么值得重视的贡献。这是由于他们作为一个贵族阶层被纳入一个严密的社会等级秩序中，在政治上有稳固的地位，在经济上有可靠的收入。这就使他们将维护现存制度当作自己的主要使命，而在文化上极少有创造性与进取性。他们所承担的礼乐文化是周初统治者制定的（相传周公制礼作乐，固不足尽信，但礼乐文化乃周初统治者在殷商文化遗产的基础上创造而成，则无可怀疑），对此他们并没有更多的补充，只是守成而已。因此，在西周士人阶层没有独立的文化意识，文化传统与政治传统是和谐地统一在一起的。

最初士人阶层的主要成分是破落贵族。社会的动荡和权力的重新分配使许多贵族降身为民，他们失去了昔日的政治地位和经济来源，

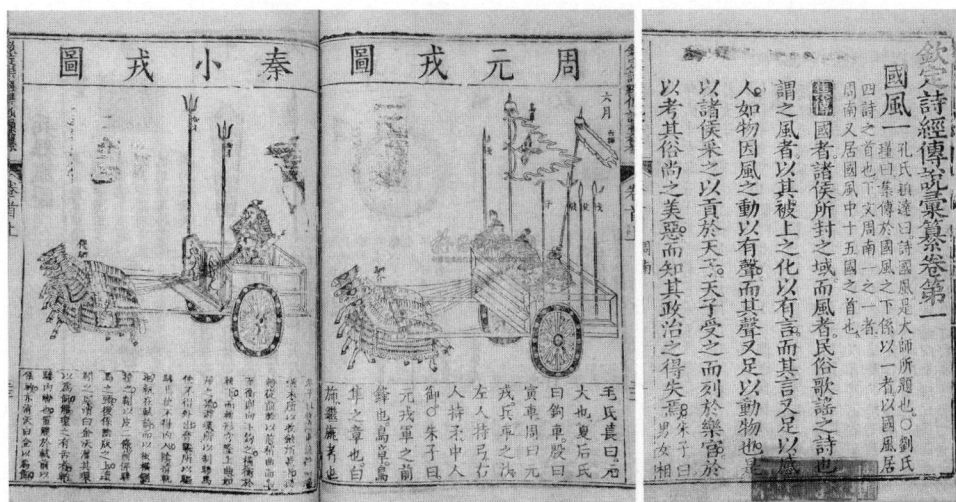

《钦定诗经传说汇纂》书影

31

唯一所有只是文化知识了。对于贵族的破落,在《诗经》中有大量记载。

大量贵族降身为民,但他们毕竟不同于一般庶民阶层,因为他们有文化知识,于是"四民"之说就出现了。《管子·小匡》云:"士农工商四民者,国之石民也……"此既是说士人与农、工、商等三民一样,在政治经济地位上同属于"民"的范围,又说明他们是"民"中一个特殊的阶层。《国语·楚语下》云:"士庶人不过其祖。"这句话是说士人阶层和其他庶民在当时"礼"的规定中地位相近,在祭祀活动中已没有西周士人的特权。遍观先秦典籍,士人在春秋时期已成为庶民中的一个特殊阶层,当是不争的事实。

这些由破落贵族组成的社会阶层产生以后,第一项伟大的贡献就是促进了私学的勃兴。在宗法制稳固的西周,教育由官方把持,基本上只是贵族子弟才有受教育的机会。到了春秋之时,那些流散民间、博学多才的士人或为生计,或为某种政治伦理目的,纷纷授徒讲学,于是私学便蔚然成风。由于私学的兴起,庶人子弟也有机会接受文化知识而跻身于士人阶层。到了战国时期,私学更盛,诸子几乎人人收徒,士人阶层的人数也就急剧增加,成为当时一股举足轻重的社会力量。

士人阶层的独立性与主体意识

以往对中国古代士人阶层的研究也存在着一种片面性,那就是过于纠缠其依附性而忽视其独立性。其实相对独立性恰恰是古代士人阶层,特别是先秦士人的一大特征,不了解这一点就根本无法解释士人何以能够成为中国古代文化的主要承担者,无法解释他们何以能够产生乌托邦精神,从而也就无法真正理解中国古代文化精神的内在特征。那么,什么是士人的独立性呢?这是指他们是一种在一定程度上外在于社会政治系统的势力,并且具有规范社会的主体意识。相对于西周的士而言,他们这种独立性是极为明显的。士人的独立性主要表现在两个方面:选择的自由性与对君主的规范意识。

西周的士作为宗法制度的一个固定的贵族阶层是没有选择人生道路的权利的,他们只是被选择的对象。新兴的士人阶层则不仅为君主所选择，而且也选择君主。孔子说："……危邦不入，乱邦不居。天下有道则见，无道则隐。邦有道，贫且贱焉，耻也；邦无道，富且贵焉，耻也。"（《论语·泰伯》）孟子说："士之托于诸侯，非礼也。"（《孟子·万章章句下》）

古代君主的"争士"之风对士人影响最大的不在政治层面上，更重要的是使士人阶层对自身价值有了充分认识，产生出自尊自重的主体精神。这种主体精神表现在他们中那些杰出分子所具有的向上规范君主，向下教化百姓，重新安排社会、建构社会价值的崇高志向上。这正是士人阶层独立性的充分展现。中国历代士人那种自强不息、以天下为己任的精神和救世意识都是对先秦士人独立意识与主体精神的继承与发扬。

士人中那些才智过人、胸怀大志者是不甘心仅仅借出仕以自养的。他们的志向是为王者之师，通过规范君主、塑造君主来推行自己的社会价值观。在君主面前，他们从不卑躬屈膝，他们甚至认为士人的价值高于君主的价值。

当然，不管是士人的高目标追求，还是君主的礼贤下士，在根本上都是以统治者的利益为前提的。只有在离开士人的支持君主就无法很好地维持其统治的条件下，他们才会看重士人。春秋战国之时正具备了这样的条件，因此，此时士人阶层的独立意识也就得到高扬。到了天下一统、社会稳定的时候，君主对士人就换了一副面孔，他们对士人的倚重和利用也就以"恩赐"而非"礼敬"的形式出现了。至于那些不堪实用的文学之士，君主们则以"倡优蓄之"的态度来对待。在这种情况下士人们再不敢公然以王者之师自居了，也不敢再讲士贵于君的话头，有大量士人就依附于君权，安心于功名利禄了。但那些在先秦士人独立精神影响下，依然怀有乌托邦意识的杰出之士，却还是以规范君主、教化百姓、安排社会秩序为己任，只是在方式上不再像先秦士人那样直露而已。

社会的动荡，多元化的政治格局以及君主对士人的需求都是使士人获得相对独立性和主体性的先决条件，但这些还都不能构成充分条件。士人能成为一个独立的阶层，能形成一个整体，这当然不是任何外在原因所能决定的，在他们自身必有某种共同性起着关键作用。这种共同性便是文化。

士人的自我意识与使命感

中国古代士人在形成一个独立的阶层后，他们在借助自己所学的文化知识去干预社会的同时，也要时刻谨记反观自身的行为是否有过错，因此，这便形成了他们的自我意识。士人的自我意识一旦形成，就意味着这个阶层的自觉——认识到自身的存在、特点以及肩负的历史使命。当然，其中还包括士人对自身的不断批判。

士人阶层虽有其整体上的独立性，但具体到个体士人身上就颇有不同了。他们在各方面都存在着个性与差异。士人的自我意识在其最浅层的意义上就是对这种差异性的认识。在先秦诸子中，有许多人都对士人的形态和类别进行过描述。《墨子·杂守》将士人分为谋士、勇士、巧士、使士，这是依据士人的特长及可能胜任的工作而分的。《庄子·刻意》将士分为山谷之士、平世之士、朝廷之士、江海之士、导引之士，这是依据士人所追求的目标而分的。

孔子像

诸子对士人的分类一方面反映了士人阶层对自身构成状态的自觉反省；另一方面也表现出他们的自我规范、自我批判的意识。在上述分类中，大多含有一种阶值判断，士人应该如何、不应如何，应遵循怎样的处世准则，他们都有明确的倾向性。一般说来，先秦诸子各自都有自己对士人理想人格的标准，都表现着士人阶层自我规范的意识。

就拿儒家来说，孔子是儒家的领军人物，他的价值观几乎对中国文化精神造成极为深远的影响力，历朝历代的封建统治者对其百般推崇。

"道"的本义就是道路。《说文解字》释云："道，所行道也，一达谓之道。"春秋时，这个概念被引申为人或自然所遵循的法则，如稍早于孔子的郑国大夫子产说："天道远，人道迩，非所及也，何以知之？""天道"即自然的法则，"人道"即人间的法则。在这里"道"已具有了某种哲学意味。但其中尚没有更复杂的内涵。到了春秋末年，老子与孔子分别赋予"道"以新义，老子顺"天道"的逻辑演进，将"道"置于天地之上，成了万事万物的根本；孔子则顺"人道"的逻辑演进，将"道"具体化为儒家士人社会人生价值观的代名词。可以说，孔子之"道"是士人阶层用以规范社会、规范自身的价值准则之一。

儒家士人提倡道德理想主义有另一个原因，那就是不得已。士人阶层安排社会秩序的动机是他们刻骨铭心的价值关怀，这是他们的独立性、主体性所决定的。但作为一个知识阶层，他们却根本找不到直接干预社会政治的有效方式，这就出现了目的与手段之间的矛盾。他们只好在自己的唯一凭借——精神文化上找出路。道家的自然主义价值追求、儒家的道德理想主义主张，都是在这一矛盾中被逼出来的。

以上分析可以说明，"仁"是只有"悬浮"于统治集团与黎民百姓之间的士人阶层才够提出来的价值范畴。在孔子这里，这一范畴是用以约束士人自己的。近年来论者多采取"融仁入礼"之说，以为"仁"是"礼"的内容，这自然并非毫无根据，然就其本来意义而言，"仁"只能解释为儒家士人的自我规范，它体现的是士人阶层的自觉。总之，士人阶层的自我意识与自我规范以及历史使命感促使他们建立起一套价值观念体系，他们的目的是从自我修持入手去重新安排处于混乱中的社会现实。至于他们的自我规范以及对君主的规范被后世那些聪明的统治者巧妙地转化为规范人民的手段，成为占统治地位的意识形态，则是他们做梦也没有想到的。

第二章

中国古代士人的形成与演变

第一节 春秋战国士人的形成与分化

士人的出现背景

春秋战国是中国古代史上第一次出现在统一格局之后的"乱"世。周王朝自西周初年以来的严密统治开始被打破，士阶层的崛起和活跃，更是这一时期历史的重大变化和重要收获。可以毫不夸张地说，由于士人阶层的崛起与活跃，遂使这一时期的政治、思想和文化增加了更为丰富的内容，也因此使这一时期的历史从整体上增加了深度和魅力。

1. 士人崛起的历史因缘

中国古史辨学派创始人顾颉刚先生曾断定"吾国古代之士，皆武士也"，意思是我国的士人都来源于武士。这是一个大体可信的事实。

从春秋时期的金文中，经常能够看到"诸士""士庶子"等字眼。这里所谓的"士"，一是指担任官职的人；二是指由最先的普通官官职逐渐演变为官爵，这是"士"字语义在先秦时代的发展体现；三是指有才能之人的通称。这三种语义在西周至战国之际的金文中也可找到实证。

与"士"字语义的演进相类似，"士"在西周至春秋末年的历史变迁中，其社会身份和社会地位也发生了巨大的变化。据《周礼·天官·冢宰》记载，当时在周工室中供职的士就有宫正、宫伯等几十种之多，而《周礼·地官·司徒》中记载的"士"在基层行政机构中的职务名称就更数不胜数了。除了上述两项以外，还有一部分"士"是担任卿大夫的邑宰与家臣，这也是"于史有征"的历史依据。

西周的统治者对待士人，从最初的教育培养到后来的选拔任用都是一步步慢慢形成制度化的，且都由王朝统治者全权包办。换句话说，作为教育培养机构的"辟雍""泮宫"都是周王朝政治机体中必不可少的有机构成部分，它所培养出的人才也是通过"论定，然后官之"，直接成为王室或诸侯国中方方面面的职事官吏的。由此可见，从周代初年到春秋中期，士人的培养和任用，从头至尾都是官办的。然而，进入春秋末年，士人培养和任用的官办局面开始被打破。很显然，产生这一变化的原因首先来自于政治。

由于周王朝自周平王宜臼元年（公元前770年）东迁以后即开始式微，而从鲁僖公九年（公元前651年）齐桓公大会诸侯于葵丘确立霸主地位起，到鲁哀公十六年（公元前473年）越国北上灭吴建立霸权终，这近200年间诸侯的数番攘夺更使周王朝的统治渐趋于名存实亡了。这一旧有政治格局和统治秩序的崩析和瓦解给当时整个社会造成的影响是相当复杂的，而它带给士人的则首先是原有制度化的士人培养和任用方式的被迫中断，官学培养下的士人地位明显开始下降，官学的命运也差不多走到了尽头。

周王朝到了末期，王室的影响力已经很小了，以致士人与宗法秩序及王朝政治逐渐出现脱节现象，这是春秋末年时期，士人获得新发展的重要转折时期，而士人自身所具备的文化知识及技艺涵养又是士人崛起和兴盛的重要因素。倘若缺乏这一要素，面对时代的变化，士人所做出的很可能会是另外一种选择。很可能沦为永远只为王室与贵族服务的资本或工具。在春秋战国时期，这样的历史际遇，却成了奏响士人生存新时代的序曲。如果省略若干过于冗长与琐碎的历史细节，从大的角度看问题，我们就很容易发现这一历史巨变对于士人的巨大意义。这不仅仅是促使当时的士人游离出旧有的等级秩序和从过去的氏族血缘桎梏中解脱出来，而更具决定意义的是：士人从身份的自由向思想和精神的自由发生转变。当时，他们有能力自由地选择居住地，自由地选择从事的职业，同时也有能力自由地建构自己的思想学说与宣传自己的思想学说。

总的来说，在春秋末年之前，士人所具有、所擅长的知识和修养不过是公式化了的，直到春秋末年之后，士人具备的知识和修养才真正回归自身。士人学会了用自己的思想和学说维持生存，也同时以此作为自己的精神创造与价值追求的安身立命之所，这是春秋末年士人生命历程中的一个重要转折点。

2. 士人道统的确立

春秋末年士阶层的独立和崛起，其作为一个不容忽视的历史事件，不仅改变了往日士人自身的形象，同时也因此而产生了广泛的社会世俗影响，特别是一向被认为是四体不勤、五谷不分、不事生产的文士的地位变化和影响尤其引人注目，竟发生所谓"中章、胥己仕。而中牟之民弃田圃而随文学者邑之半"的巨大轰动效应。据《吕氏春秋·知度》载，这一事件发生于越襄子（公元前 474—前 425 年）生活的时代。此后，中牟人宁越弃农从学，"十五岁而周威公事之"，以"鄙人"之身、布衣之士，终于靠做学问而成为王侯的老师。此类事件在当时的发生或许还不至于太过普遍，但它无论如何也是"信而有征"、极有说服力的例子。由这一事实来看，士人在脱离了原来的封建附属地位，由随贵族之后而成为四民之首以后，其独立性明显增强，自由度明显扩大，随之，社会影响力也日渐扩大起来。士人影响力的扩大，一方面来自他们由社会地位独立而带来的能动作用的发挥；另一方面也与新的历史格局下新的社会和政治需要有关。这后者往往在很大程度上制约着前者，并决定着前者的运行、变化及发展方向。

应该说，自春秋五霸开始，列国间的争霸战争就已经奏响了诸侯争夺天下的序曲。随着战事的频繁和争夺的日渐深入，人才问题越来越成为霸主间争胜的关键，所谓"争天下者，必先争人""尚贤者，政之本也"的观念正是那个时代诸侯对人才渴求的反映。此时诸侯的日趋坐大标志着他们已由过去周王朝的政治派出机构渐渐演变成为一个个相对独立的政体组织，机构的复杂和严密使其对职事官僚的需求远超过从前，这一点成为士人渐受诸侯们青睐的一个重要原因。此外，因为士人既有知识技能，又有思想见解，其在诸侯的内政外交方面常常能够发挥他人所不能发挥的作用，这又使诸侯们不得不加倍重视士人，利用士人的特有才能，为诸侯安邦和争胜增加筹码。所以，时至战国初年，在各诸侯国中，礼贤下士普遍形成风气，布衣卿相也是屡见不鲜的事实，其中著名者如魏文侯之重用乐羊、吴起、李克、西门豹、翟角，并且"师卜子夏，友田子方，礼段干木"，如此，等等。各国君主的招贤纳士，或直接委士人以政治重任，或养士以立楷模于国人，其尊士重士的方式虽不甚相同，但希望因此而收到政治利益、获得政治效果却不能不说是各国诸侯们的一致目的。

春秋战国时期的各国统治者为了各自的政治目的，需要士人的切实合作，希望士人也力所能及地配合这种要求，对此他们表现出相当一致的倾向性。而对不予合作的士人，有些执政者也不免提出严厉的批评和训诫，如鲁国的阳虎就曾批评孔子的"怀其宝而迷其邦""好从事而亟失时"为不仁、不知，以敦促孔子尽快出仕为官，为当局政治献策尽力。有的执政者对"不业"的士人竟赤裸裸地以杀戮相威胁，如赵威后问齐使云："于陵子仲尚存率民而出于无用者，何为至今不杀？"这位被孟子称之为齐国士人"巨擘"

雕像吴起

的陈仲子，因有高名而坚持不与统治当局合作，所以深为握生杀之权的统治当局所深深忌恨了。由此我们就不难看出这一时期的政治对士人的需求程度和统治者对士人的需求心理了。很显然，春秋战国时代的政治家对士人的需求和任用，已与周王朝在此之前给予士人的待遇大不相同了。再者，进入春秋末年以后，不仅各国诸侯在对待士人的态度和待遇方面与周王朝的工具性使用不同，而且士人对其自身的社会定位及存在价值的认定也与以前大不相同。这主要表现在，士人随着自身社会身份和地位的改变而开始自觉地将拥有的知识和技能独立化乃至本体化。也就是说，他们开始以自己的立场为立场，以自己的思想为思想，凭着自己的知识、学问和思想与当下政治清醒地保持着某种距离，并有意和政治家形成某种程度的制约和对峙。这就是颜斶之所以敢于同齐宣王争尊、子思之所以敢于对鲁缪公友而不师深表不满的原因之所在。后世史家常将此称之为道统的确立。

毋庸置疑，士人道统的确立是春秋战国时期发生的一件新事、大事，它的出现使此期士人具有了确定自身立场的能力，也因此成为此期士人处理自身与政治关系的一个新起点。对于这一点，各国诸侯也普遍有所认识，统治者的普遍尊贤重士就是一个很好的证明。政治家在新形势下比以往更需要士人的支持与合作，而士人却具有了比以往任何时候都更为自觉的自我立场。这样，在人与当下政治之间既有可能合作、又有可能保持独立的基础上，士人与政治才具有了形成真正意义上的关系的前提和可能。在这种情况下，士人可以恃道以拒势，有了足以安身立命的真正资本；而政治家在寻求士人的政治合作方面却增加了更大的难度。这就是春秋战国时代士人与政治关系发展中面临的新问题。

从上层走向民间

中国的历史上，兼负"社会良心"与"知识载体"双重任务的一群人，被称之为"士"或"士人"。他们产生于西周末年国家机器大震荡之际，在礼崩乐坏的春秋战国时代，他们无不以道自任，大展风采。自然，他们所理解的道是很不相同的，不同的价值取向使他们的处世态度各呈异彩。这种辉煌虽然早熟，却几乎映照了民主革命前的整个中国历史。

1.脱离国家机器

中国的"士"，本来是贵族中地位低下的一群体，在国家机器中担任基层事务性的工作，靠俸禄为生的。

《孟子·万章下》中北宫铸向孟子问周室盛时分配爵禄的情况，孟子尽自己所知做了回答，其中难免有整饬化、理想化的成分，但它仍然是我们了解周代士人境遇的较原始而又最重要的史料。

从周至秦汉，下层小吏，其收入与农夫的收入是相当的，"禄足以代其耕"而已。明乎此，也就明白了周代士的经济地位和政治地位。"下士与庶人在官者同禄"，也就是说，下士虽为贵族阶级，但其经济地位已与"庶人在官者"也就是农夫没有多少差别了。"庶人在官者"最高的收入相当于上农夫，可养9人，下士应该与此相当。中士倍之，可养18人；上士又倍之，可养36人。他们所担任的官职，由其秩禄决定，下士当与"庶人在官者"相近，也就相当于秦汉的三老一级，中士、上士略高些，也不过相当于秦汉的县丞、县尉这一级，远达不到县令长一级。当然，周不是郡县制，我们用这种比照，不过是要说明周代士的政治地位罢了。

西周末年，这部国家机器便遭到巨大的震荡。事有凑巧，期间发生了古人视为灾祸的日蚀。此时有人借日蚀之事，写下抨击朝政、抒发愤懑的诗篇，这就是载于《诗经·小雅》的《十月之交》。此诗的作者然已不可考，他的身份，传说是"大夫"，这是极可能的。国家机器的震荡，往往来自于统治者的不自律，特别是高层统治者，周幽王的史实，本诗的控诉，又一次揭示这规律。另外，这种震荡又使得统治集团的有识之士（特别是该集团下层的有识之士）彷徨、痛苦、思索，终于清醒，于是呼喊、倾诉、抨击、揭讦，然后付诸行动，或为补苴罅漏而辛劳，知其不可为而为之；或弃朝廷如敝屣，遗职位似草芥，实行"胜利大逃亡"。此诗的作者，就其对统治集团腐败内幕的熟谙程度来看，就其敢斥责担任卿士的皇父"胡为我作，不即我谋"

来看，应该是有大夫职位的人物。他的痛苦是极其深广的，他的抨击是极其猛烈的，他不仅对皇父冷嘲热讽，他甚至直呼周幽王的宠后为"艳妻"，应该说，这种决裂是深刻的。国家机器的震荡给这些有识之士带来强烈的震撼之后，又促使他们萌发自觉意识，这恐怕是醉生梦死的腐败集团始料未及的。

2. 逐渐走向民间

周幽王时代，士（以及大夫）脱离国家机器而出逃的局面是相当严重的，同是毛诗小序称之为"大夫刺幽王"的《四月》诗结尾两章说：

> 匪鹑匪鸢，　　（尽管非雕也非鸢）
>
> 翰飞戾天。　　（仍要振翅摩青天）
>
> 匪鳣匪鲔，　　（那怕非鳣也非鲟）
>
> 潜逃于渊。　　（还得潜水逃深渊）
>
> 山有蕨薇，　　（蕨菜、薇菜山上有）
>
> 隰有杞桋。　　（枸杞、赤楝洼地长）
>
> 君子作歌，　　（君子写了这支歌）
>
> 维以告哀！　　（要把哀痛唱一唱）

此诗写得非常沉痛，即使不是哀鸟，也要上天，即使不是游鱼，也要入渊，极言出逃之心坚决。今人有理解为"不是飞鸟故不能上天，不是游鱼故不能入渊"的，恐不恰当。郑笺说："非雕鸢能高飞，非鲤鲔能处渊，皆惊骇辟（避）害尔。喻民性安土重迁，今而逃走，亦畏乱政故。"此说还略近一些。但是，作为士大夫，能逃到什么地方呢？习惯性的思维使得浮上他们脑海中的是商纣王时代采薇的伯夷和叔齐。末章提到的蕨菜、薇菜、枸杞，都是可食之物，赤楝之下，则似可栖息。逃隐之意，十分清楚。郑笺说："此言草木尚各得其所，人反不得其所，伤之也。"似不解此层意思。

自周幽王以后至战国之际，逃隐者不乏其人。

著名的哲学家老子，据《史记》本传所载，原为周守藏宝之史，"居周久之，见周之衰，乃遂去"。为关令尹喜所强，留下五千余字的著作而去，"莫知其所终"，为"隐君子"。《庄子·养生主》言："老聃死，秦佚吊之。则尚有人知其行止。"

《论语》中记载了不少与孔子同时代的隐者。如"晨门者""荷蓧者""长沮、桀溺""荷蒉丈人"。这些人是否原来是周王或诸侯之士，当然不得而知。但从他们的谈吐来看，都是有文化素养的人。值得注意的是：他们不是

《论语》书影

隐居深山林内不食人间烟火的伯夷、叔齐型的人物了，而多数是从事体力劳动（特别是农业劳动）并以此为生的人。"晨门者"是管城门开关的小吏；"荷蒉者"是挑土的（蒉是草筐，用来装土块的）；"长沮、桀溺"是种田的；其时正"耦而耕"（长沮、桀溺当然不可能是他们的名字，金履祥《论语系注考证》说："其一人长而沮洳，一人桀然高大而涂足，因以名之也。"可备一说）；"荷蓧丈人"是耘田的；"晨门者"可以说是开创了隐于朝市的先河，其他人则是隐于劳作农耕了。在他们以体力谋食之路的时候，其身体所受的磨炼，观念转变所受的痛苦，是可想而知的。但这条路走到底，也就安之若素，如鱼得水，乐在其中了。这是真正意义的"走向民间"。

从依附中摆脱出来，达到自觉、自主、自立，是一条极其艰辛的路，然而舍此无从获得新生，这是一个阶层的新生，也是一种学风的新生。这里，生活上的自立是最基本的（虽然不是最重要的）一环。伯夷、叔齐作为中国历史上最早的和平的"反体制"人物，只能依靠采薇为生，而终至饿死首阳山，除了显示其人格力量博得千载的赞誉之外，并不能带来新的阶层或新的学风。其原因自然有多种，但生活上无自立之方不能不说是致命的一条。西周末年至战国之际诸多逃隐者所选

择的道路就不同了，他们第一步要解决的问题是活下去，而活下去最简单的方法就是靠体力去耕作，于是出现了"长沮、桀溺"之类的隐者。生活中有许多道理是极简单的，而明白这简单的道理并付诸实行所带来的变化有时却是难以想象的巨大。尽管孔子不以这些人的生活态度为然，但正是这些人催化产生了新的士的阶层，催化产生了新一代的学风。他们由于生活上的自立，方能保持思想上的自觉、处世上的自立、人格上的自立。他们对孔子的批评，反映了他们与国政决裂之深刻。

另外，部分儒者赖以生存的办法，不见得比隐者光彩。这些儒者，春夏沿街乞食，秋冬为人治丧。因为背弃劳作的本业，所以为墨子所讥讽。

《孟子·离娄下》写了有一妻一妾的齐人"卒之东郭墦间，之祭者，乞其余；不足，又顾而之他。此其为餍足之道也"。《荀子·非十二子》说："偷儒惮事，无廉耻而耆饮食，必曰君子固不用力，是子游氏之贱儒也。"孟、荀都是儒家，他们也说有这样一批好吃懒做，不以为耻、反以为荣的人物，可见《墨子》所说不全为攻击之论。

《庄子》中甚至说有靠偷挖古坟为生的儒者，是调侃之词，还是实有其事，不得而知。《外物篇》文云：儒以诗礼发冢。大儒胪传曰："东方作矣，事之若何？"小儒曰："未解裙襦，口中有珠。《诗》固有之，曰：'青青之麦，生于陵陂；生不布施，死何含珠？'"接其鬓，压其颠，而以金椎控其颐，徐别其颊，无伤口中珠。这段话翻译过来就是说：儒生们按《诗》《礼》挖掘坟墓。有学问的人在上面对下面说："太阳出来了！事情办得怎么样了？"学问浅陋的人在下面说："裙子与短袄还没有解开——口里面含着珠子！《诗经》里本来就提到过这样的事，说：'麦苗绿油油，长在山坡上；生前不给予别人施舍，死后还含着宝珠做什么？'"学问浅陋的人捏住尸体的鬓角，用一个手指按住他的胡须，用金椎固定住他的面颊，慢慢地撬开脸的两侧，一点都没有损伤到尸体口中的珠子。

儒者以经商而致富的，便是子贡了。《史记·仲尼子弟列传》说："子贡好废举（囤积），与时转货资……常相鲁卫，家累千金。"像子贡这样又能经商又能做官的儒者，历史上是不多见的。秦汉以后由于轻商思想占了统治地位，士人大多耻言经商。这使得他们丧失了一条经济上自立的路，也限制了他们的眼界。

墨者大多是依靠手工业技术为生的。随着西周统治的衰微，原来控制在贵族手里的手工业也就逐渐解放出来，独立手工业者的队伍迅速扩大，以适

子贡像

应人们对手工业产品需求的增长。在这个背景之下，墨者的生活之资比较有保证，自立性也比较易于维持。墨子本人就是能工巧匠。据《墨子·公输》记载，墨子善于制造守城的器械，而公输般善于制造攻城的器械，二人作守与攻的演示，公输般拿出九种攻城器械，墨子拿出九种守城器械相对抗，结果是墨子赢了。《淮南子·齐俗》还说："鲁般、墨子以木为鸢而飞之，三日不集（落于树上）。"但是，从社会地位来说，墨子被看作"贱人"。墨子并不否定自己地位低微，而只是强调"贱人"同样可以为治理天下做出贡献。

战国时期士人的类分

从战国时期的有关文献中可以看到，以"士"作为中心组成的称谓与专用名词有很多，据粗略统计都高达上百种之多。如此多的称谓，不仅表明了士阶层的复杂情况，也足以表明士人的行迹遍及社会的方方面面。为了区分不同的士，当时的人便开始对士进行分类。《墨子·杂守》把士分为"谋士""勇士""巧士""伎士"。《商君书·算地》把士分为"谈说之士""处士""勇士""技艺之士""商贾之士"。

《庄子·徐无鬼》把士分为"知士""辩士""察士""招进之士""中民之士""筋力之士""勇敢之士""兵举之士""枯槁之士""法律之士""礼教之士""仁义之士"等。

根据战国时期士的特点、社会地位等，大体可将其分成以下七大类。

1. 武士

西周、春秋时期，士的组成已很复杂，其主要部分是武士。到了战国，仍然如此。武士是相对于文士而讲的，其中又分几种类别。

第一类是国家的武装力量，泛称为"士""士卒""武士""兵士""士兵""军士""农战之士""三军之士""列阵之士"等。由于技能、职掌、兵种以及国别等不同，又有各式各样的称谓，如"选士""练士""锐士""精士""良士"，他们是按一定标准和要求挑选和训练的兵士。《荀子·议兵》中记述了魏国选士的条件："魏氏之武卒，以度取之，衣三属之甲，操十二石之弩，负服矢五十个，置戈其上，冠轴带剑，赢三日之粮，日中而趋百里。"

第二类是侠士。典籍中称之为"侠""节侠士""游侠"。这些人的特点是见义勇为，为知己者死。在先秦法家看来，侠客的行为与国家法禁多相抵触，"侠以武犯禁"。《史记·游侠列传》云："自秦以前，匹夫之侠，湮灭不见，余甚恨之。"其实，散记于史籍的仍不少，如田光、荆轲、高渐离、聂政等都属于侠士。另外"烈士"有时也指侠士。《韩非子·诡使》说："好名义，不求仕进者，世谓烈士。"《庄子·至乐》说："烈士为天下见善矣，未足以活身。"这些烈士即侠士。有时"勇士"也指侠士，《战国策·韩策二》说："聂政，勇敢士也。"聂政是典型的侠士。

第三类是"力士"，指力气大而勇悍之士。《韩非子·外储说右下》里记载过这样一件事：有一位叫少室周者，因力气大而为赵襄主的"骖乘"（即御车人）。一次少室周与一个叫徐子的人"角力"，结果自己败了，于是请求赵襄主启用徐子以代替自己。另一说，是少室周与力士牛子耕角力，不胜，而请求以牛子耕代己。战国时期的大力士多

聂政刺秦王砖雕

半被权贵聘为近身随从和卫士，甚至为高官。秦武王时期，"力士任鄙、乌获、孟说皆至大官"。

2. 文士

《韩诗外传》中说："君子避三端：避文士之笔端，避武士之锋端，避辩士之舌端。"这里把"操笔杆的"称为文士，其实文化人，包括辩士，皆可称为文士。有关文士的特点与文士的不同类型，墨子曾做过划分，他说贤良之士"厚乎德行，辩乎言谈，博乎道术"。德行、言谈、道术应该说是对文士的类分。战国史籍中有关文士的各种称谓不下三四十种，大体可归入如下几类。

第一类可称之为道德型。这一类的士把道德修养作为奋斗目标，因此当时有不少人从道德品质意义上给士下定义或概括士的特点和本质。如孔子说："士志于道。"《吕氏春秋·正名》记载尹文与齐王的对话："尹文曰：'今有人于此，事亲则孝，事君则忠，交友则信，居乡则悌。有此四行者，可谓士乎！'齐王曰：'此真所谓士已。'"对道德之士的称呼有"通士""公士""直士""悫士""志士""善士""信士""廉士""劲士""正士"等。

其中的"廉士"指重名节、不苟取之士。《庄子·刻意》："众人重利，廉士重名。"匡章称陈仲子为"廉士"，赵歧《孟子注》："陈仲子，齐一介之士，穷不苟求者。"孟子从另一标准出发则认为陈仲子算不上廉士。《荀子·儒效》说："行法至坚，不以私欲乱所闻，如是，则可谓劲士矣。"《管子·桓公问》说："人有非上之所过，谓之正士。"

第二类可谓之为智能型。这些人重在知识和学以致用，他们不是完全不讲道德，但不以此为主，有的为了达到某种目的置道德于不顾。这一类士的称谓有"文学之士""文学""学士""法士""辩士""游士""游宦之士""察士""巧士""博士"等。

其中的"辩士"又称"弘辩之士""辩说之士""辩知之士"等，这些人以口才好、善辩为其特点。他们口若悬河，爱辩论、多计谋。《管子·禁藏》所说："阴内辩士，使图其计。"《战国策》记录了这些人的活动。表示智能之士的称谓，还有"智士""贤能之士""策士""有能之士""任举之士""倾危之士"等。

第三类是隐士。这类士因种种原因不为官。他们虽不出仕，并不是不知时事，他们不乏评论时政得失的言论，甚至提出系统的理论，成为一家之言。有些隐士在社会上具有很高的声望，君主贵人派使臣再三延聘，拒不受命。也有些隐士是一时的，隐居只不过是静观待机之术。与"隐士"相同或相近的，还有如下称呼"居士""处士""山谷之士""江海之士""岩穴之士""贵生之士""高士""闲居之士"等，均属隐士之列。这些人并非绝对远离尘世，不问世态炎凉，其中有些人还颇为关心社会、时政，不断发出"高论怨诽"，或心中蕴藏着老谋深算，等待当权者的造访。

3. 吏士

有些低级官吏称之为"士"，具体有以下几种情况。

第一种是司法官的属吏称"士"。《孟子·告子下》："管夷吾举于士。"汉赵歧注曰："士，狱官。"《梁惠王下》载："士师不能治士，则如之何？""士师"为高级司法官，"士"则为较低级的属官。《周礼》有"士师"，其下有"乡士""遂士"等，孟子所说的"不能治士"之士可能指的就是"乡士""遂士"。

第二种是指基层临民的官吏。这种士有其治所，如《墨子·天志中》载："庶人竭力从事，未得次（恣）己而为政，有士政之"，"不暇治其官府"。《管子·八观》中把"里尉"称之为"士"。

第三种泛指各种属吏。《礼记·祭法》中说："庶士，庶人无庙。"汉赵歧注曰："庶士，府吏之属。"

4. 技艺之士

所谓技艺之士，就是指拥有一技之长或专门技能的人，也就是指手工业者。《商君书·算地》说："技艺之士，资在于手。"《韩非子·显学》说："今商官、技艺之士，亦不垦而食。""商官"指商人用钱买官爵者，如《五蠹》所说："官爵可买则商工不卑也矣。"

5. 商贾之士

所谓商贾之士，就是指经营工商业的人。例如管仲、鲍叔牙早些年间就曾以经商为生，春秋末期的范蠡更是士人经商致富的典型人物。孔子的弟子子贡不但是士人，更是一名成功的大商人。战国时期的白圭同样是著名的士兼商人。到了战国时期，又有了"商贾之士"的说法，《商君书·算地》说："商贾之士，资在于身。"

管仲像

6. 方术之士

所谓方术之士，就是指卜、巫、相面、看风水以及求仙药之类的士人。例如，"梁有唐举，相人之形状颜色，而知其吉凶、妖祥"。秦始皇统一全国之后，"悉召文学方术士甚众，欲以兴太平。方士欲练以求奇药"。

7. 其他

除以上类型之士外，还有一些难以归类的称呼，如：

（1）"勇士"。又称"勇敢士""勇力之士""磔勇之士"等。这些人以勇敢有力为特点："勇士，资在于气。"勇士有时指士卒，有时指刺客、侠士，有的则为私人的打手。在法家看来，勇士与国家的法禁是对立的，主张禁绝。

（2）"烈士"。尚志而又贤贞勇敢之士。《韩非子·诡使》说："好名义，不求仕进者，世谓之烈士。"《忠孝》说："世之所谓烈士者，虽众独行，取异于人，为恬淡之学而理恍惚之言。"《庄子·至乐》："烈士为天下见善，未足以活身。"《秋水》又说："白刃交于前，视死若生者，烈士之勇也。"

（3）"豪士"。又称"豪杰之士""豪杰"。豪放任侠，才能出众之士。其中既有武士，又有文士，或文武兼备。《韩非子·说林下》载："夫越破吴，豪士死，锐卒尽。"这里的豪士为武士。《商君书·农战》载："是故豪杰皆可变业，务学诗、书。"这些豪杰以文为主。《战国策·赵策三》："赵国豪杰之士，多在君（平原君）之右。"其中文武均有。还有些豪杰以藐视权贵为其特点，《韩非子·诡使》说："贱爵禄，不挠上者，谓之杰。"有的人非常重视豪杰之士的作用，《孟子·尽心上》说："豪杰之士，虽无文王犹兴。"

（4）"厮养士"。砍柴养马从事杂务之士，这种士的社会地位是很低下的。

（5）"车士"。以力挽车之人。《战国策·燕策二》："车士之引车也，三人不能行，索二人，五人而车因行矣。"

（6）"都士"。居住在国都之士。《战国策·中山策》："中山君飨都士。"

通过以上的类分可知，"士"成分之复杂和社会分布面之广，"士"是社会中最活跃的一个阶层。

总的来说，春秋战国时期士的成分非常繁杂，因此，不可以把"士"与"文人""知识分子"等同起来，士人中只有其中一部分属于"文人"或"知识分子"，如"文士""方术士"，因为他们主要依靠精神产品、智力与社会进行交换；对于其他类型的士人则应根据具体情况进行具体分析。

知识官僚的出现

春秋战国时期，身负才华的士人多半选择入仕为官，但是，士人在做官前和做官后的日常经济情况可谓十分悬殊。这时候，士人在决定入仕做官的途中也会适当地经营一些产业，然而，当他们入仕成功后，基本上都能获得比较可观的收入。这时候的知识官僚与社会结构变得更加活跃，已经与原始社会有着根本的区别。

1. 入仕之路

士子求学主要目的是为了入仕，即"学而优则仕"。《墨子·尚贤上》说："士者所以为辅相承嗣也。"孟子说："士之失位也，犹诸侯之失国家也。""士之仕也，犹农夫之耕也。"所以士中的多数是"仰禄"而生。士人入仕虽然未必都是为了谋生，但确实是谋生的基本手段，正如孟子所说："仕非为贫也，而有时乎为贫。"战国时期官僚制的推行，也为士人入仕开辟了道路。士人为入仕展开了激烈的竞争。

入仕之路有这么几种："选举""立功仕进""对策或献策""推荐""招聘""由舍人而入仕""行贿入仕"等，其中推荐入仕是当时最流行的方式。据说魏文侯的名臣吴起、西门豹、乐羊等士由翟璜推荐，卜子夏、田子方、段干木等则由魏成子推荐。著名的军事家孙膑是通过田忌的推荐而被齐威王拜为军师。淳于髡在齐，"一日而见七人（士）于宣王"。

2. 士人日常的经济状况

士人入仕前的生活状况与入仕之后，特别是充任高级官吏之后，有着天壤之别。入仕前虽然也有一部分士人相当富足，但多数是清贫的。士人分布在社会各个角落，因此他们没有统一的或大体相近的经济生活条件。相反，他们的经济生活条件悬殊甚大。这里只论述士人入仕之前的情况。

非富贵士人入仕之前，一共有这么几种类型："自耕之士""无田无业之士""工商之士""官府杂吏之士""贫士"等。其中的"贫士"是春秋战国时期最多的士人类型。据说当时社会上有一批士人相当贫困，说不清他们以什么为业，典籍中泛称之为"贫士""穷士"。《荀子·大略》说："子夏贫，衣若悬鹑。"《史记·范雎列传》载："范雎者，魏人也，字叔。游说诸侯，欲事魏王，家贫无以自资，得乃事魏中大夫须贾。"《战国策·秦策三》载范雎语："臣东鄙之贱人也。"庄子是著名的穷士，身着带补丁的粗布衣服。冯谖对孟尝君说：闻君妊士，以贫身归于君。"惠施也是"穷人"出身，说客汗明对春申君说："今仆之不肖，陋于州部，堀穴穷巷，沈湾鄙俗之日久矣……"虞卿也是一介穷士，"蹑跷担簦"，游说诸侯。苏秦对自己的家境穷困的窘状做过绘声绘色的描述："家贫亲老，无罢车驽马，桑轮蓬箧嬴脯，负书担橐，触尘埃，蒙霜露，越漳、河，足重茧，日百而舍。"张仪到了"贫无行"的地步。陈仲子穷困到"为人灌园"。

3. 升官致富

关于求富之路，太史公曾引过如下一句谚语做了比较："用贫求富，农不如工，工不如商，刺绣文不如倚市门。"其实还应加上如下一句话："倚市门不如走仕途。"如下几段材料很能说明问题。

其一：吕不韦问他父亲："耕田之利几倍？"曰："十倍。"又问："珠玉之赢几倍？"曰："百倍。"又问："立主定国之赢几倍？"曰："无数。"吕不韦由此得出结论："今力田疾作，不定暖衣余食；今建国立君，泽可以遗世。"魏公子牟对穰侯说："君知夫官不与势期而势自至乎？势不与富期而富自至乎？富不与贵期而贵自至乎？"苏秦说："夫权藉者，万物之率也。"第一条材料说明，从政治中得到的利益是不能用经济方式计算的。第二条材料说明，有了权，财富便不期而至。第三条材料说明，权是统帅，有权自然就会有财富。这都说明一个共同的问题，即仕途是获得资财的最主要途径。

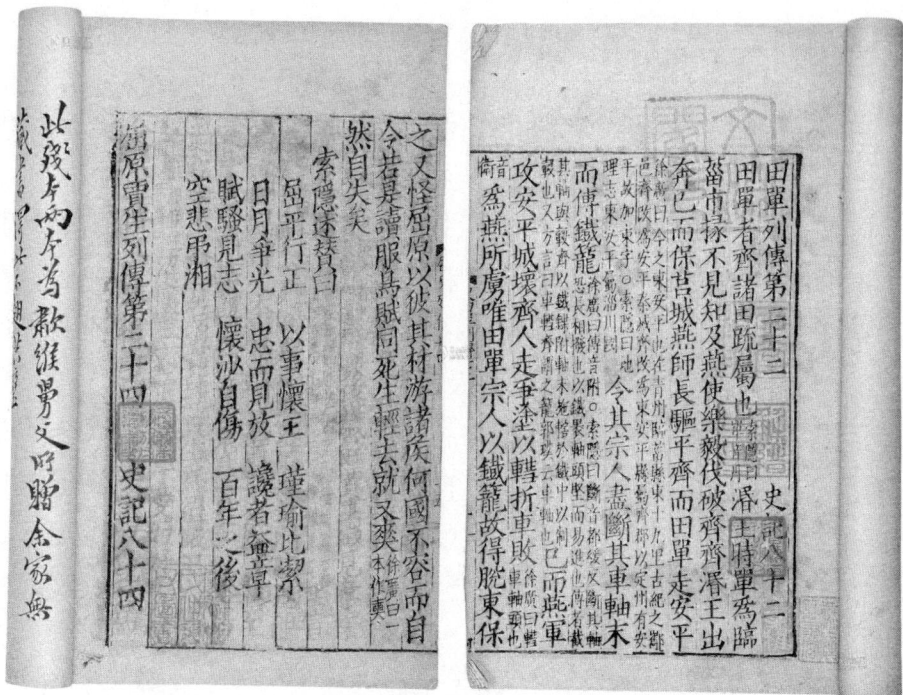

《史记》书影

　　其二：战国时期有许多士人因入仕而成为巨富，有的还成为封君，富贵程度达到人臣之极。贫困只能穿草鞋的穷士虞卿游说而得赵王欢心，平步青云，拜为上卿，封万户侯。出身低微的姚贾在秦出谋有功，"秦王大悦，贾封万户，以为上卿"。苏秦曾穷困潦倒到"嬴滕履跻，负书担橐，形容枯槁，面目黧黑"，父母兄嫂不理睬。待到游说成功，衣锦还乡，父母张乐设饮，远迎三十里。嫂子匍匐伏在地，跪而不起。苏秦问其嫂曰："嫂何前倨而后卑也？"嫂曰："以季子位尊而金多也。"苏秦感叹道："贫穷则父母不子，富贵则亲戚畏惧。人生世上，势位富贵，何可忽乎哉！"入仕，官运亨通，穷困的士子一夜之间就可成为巨富。所以，入仕而求产业，便成为众多士子竞相追逐的道路。

　　当时还有一批名士，多半是思想家，以其著述和特殊的见解与行为闻名于世。这些人有的步入仕途，靠俸禄为生，另当别论；有的未入仕，但与统治者有千丝万缕的联系。君主和权贵的馈赠成为他们重要的经济来源。

等级制与士的分化

中国古代社会的等级有两个显著特点，一是多元性；二是成员的流动性。这两个特点发端于战国。

所谓多元，指等级体系不止一个，而是两个以上。战国的等级制度于史有阙。不过从一些片段的记载看，爵制仍普遍实行于各国。秦有"官爵"和"军爵"。官爵情况不清楚，待考；军爵即人所共知的二十等爵。由于全民皆兵，爵又普及于民，如长平之战增兵时，秦"赐民爵一级"。当然，社会上也还有一部分人未进入爵制，这些人不是更自由，而是更卑下、低贱，更不自由。从一些零星材料看，等级也是相当复杂的。比如卿，又分"上卿"和"亚卿"。大夫区分更多，据《荀子》《吕氏春秋》《韩非子》《战国策》《管子》《孙膑兵法》等书记载，有"上大夫""中大夫""下大夫""长大夫""国大夫""公大夫""五大夫""属大夫""州大夫""都大夫""五校大夫""偏卒大夫""五属大夫""列大夫""散大夫"等，这些"大夫"之称，有的指爵，有的指职，可见其繁杂。有关山东各国的爵制材料更为零散，但可以肯定，各国都有系统的爵制度。例如楚国一位廷理（掌司法的官）立功，楚王"乃益爵二级"。《墨子·号令》谈到战争期间，某国令、丞、尉的下属有十人逃亡，"令、丞、尉夺爵各二级"。韩上党守冯亭降赵，赵除重赏冯亭外，"诸吏皆益爵三级，民能相集者，赐家六金"。《史记·赵世家》记载略有不同，其文为"吏民皆益爵三级"。《战国策》所言"益爵"仅限于"诸吏"，《赵世家》则包括民。从史源上看，《赵世家》抄于《战国策》。但是，并不能因此而否定爵制未曾实行于黎民。《墨子·号令》谈到，男子守城有功，"爵人二级"，战争期间肯干贡献粮食者，战争结束后，"欲为吏者许之，其不欲为吏，而欲以受赐，赏爵禄"。这虽不足证赵国有民爵，但可证山东之国有民爵。另外，山东之国有关"爵禄可以货得者，可亡也"；"官爵可买则商工不卑也矣"；"金玉货财商贾之人，不论志行而有爵禄"；"上卖官爵"等记载，说明爵位可以买卖，也是有民爵的证据之一。

战国等级制的一个重大发展是实行民爵。《盐铁论·险固》引《传》曰："庶人之有爵禄，非升平之兴，盖自战国始也。"此说大体是不错的。

所谓流动性，是指获得各种爵位的人不是永久享受，可因种种原因上下浮动。

在多元的等级制和成员的流动中，士是最活跃的一部分。

1. 上下交汇

春秋时期之前，士作为一个社会等级，是非常稳定的，古人云："士之子恒为士。"意思就是说，士人的孩子也是士人。直到战国时期，士还具有等级的含义，但逐渐向社会上的一个阶层发生转变。这个阶层就作为上（统治者、官吏和剥削者）与下（被统治者、民、被剥削者）交流、转换的中间纽带。

贵族的妃妾所生之子无疑是士人发生转变的一个重要因素。纵横捭阖的张仪就是"魏氏余子"。所谓"余子"，就是指妾室生的孩子。范雎原本也是"梁余子"；商鞅更是"卫之诸庶孽公子也"；韩非出身于"韩之诸公子"；于陵子仲同样是贵族家庭妾室所生的孩子，这种例子比比皆是。总而言之，贵族、官宦的"庶孽"或"后裔"大部分落入士这一阶层。目前我们尽管没有办法做出具体统计，但这类人的数目是相当可观的，例如齐靖郭君田婴有40多个"余子"，其"庶孽"之多可想而知。这些"庶孽"沦落的第一站就是士。

下层人可以上升为士。这种情况早在春秋时已出现，到了战国更为普遍。《墨子·尚贤上》说："虽在农与工肆之人，有能则举之。"所谓"举之"，首先指选拔为士。有些从学的人第一步是通过学而为士，宁越是由学而士、由士而为公侯师的典型。从春秋后期，特别是孔子之后，私人办学之风大盛，那些老师广招生徒，数以十计、百计，甚至有上千生徒。他们都是士的后备军或即是士。

士处于上与下的交汇地带。上下之间的对流量越大，士的队伍就会更加壮大。战国之际，士的队伍发展迅猛的原因就在于此。除此之外，士的发展几乎能够与官僚队伍的发展成正比。士身为官僚队伍的后补人员，一旦官僚队伍得以扩大，士的队伍自然也会扩大。战国时期官僚制度的盛行为士队伍的发展提供了一个契机。

2."士大夫"和"士庶民"

"士大夫"和"士庶民"这两个概念足可以作为士之上下的幅度和范围。

士大夫主要包含如下两方面内容。

其一，指居官与有职位的人。《周礼·考工记》云："坐而论道谓之王公，作而行之谓之士大夫。"用现代话说，士大夫是职能官。《墨子·三辩》批评"士大夫倦于听治"，这里泛指一切官吏。《战国策·秦策二》载："诸士大夫皆贺。"这里的士大夫指楚朝廷之臣与王之左右。《荀子·王霸》云："农分田而耕，贾分货而贩，百工分事而劝，士大夫分职而听。"这里指一切居官在职之人。《强国》记载秦国官吏情况：士大夫"出于其门，入于公门，出于公门，归于其家，无有私事也"，泛指所有官吏。《君道》又讲："论德而定次，量能而授官，皆使人载其事而各得其所宜。上贤使之为三公，次贤使之为诸侯，下贤使之为大夫，是所以显设之也。"士大夫指诸侯以下的官吏，文官称士大夫，武官也称士大夫。《荀子·议兵》载："将死鼓，御死辔，百吏死职，士大夫死行列。"《吴子·励士》："于是（魏）武侯设座庙廷，为三行，飨士大夫。"

其二，主要指具有一定社会地位的文人。齐国的孟尝君失势后，门客纷纷离散，这些门客在《史记·孟尝君列传》中称为"士"，在《战国策·齐策四》记述这一事件的时候又称之为"士大夫"。《韩非子·诡使》载："今士大夫不羞污泥丑辱而宦。"意思就是说没有德行的"士大夫"也能担任官职。在这里，士大夫和官宦是两个定义，"士大夫"就是指文人。《荀子·富国》载："上好功则国贫，上好利则国贫，士大夫众则国贫，工商众则国贫。"这里的"士大夫"也包括官吏，但主要还是指文人。

所谓"士大夫"，一方面指在位官僚；另一方面也指不在位的知识分子，也可两者兼指。"士大夫"在中国历史上形成一个特殊的团体，他们属于知识分子和官僚相结合的产物，可谓是两者的胶着体。

"士民""士庶人"这两个概念的盛行，反映了士人与民众的交融。在社会的变动时期，有很大一部分的士人下降到与普通百姓地位无异的境况，就是指所谓的"布衣之士""匹夫之士"。所谓"布衣"，原本指用布做的衣服，当时是普通百姓穿的衣服，所以，一般民众又被称之为"布衣"。不过在某些记载中，士民似乎又比一般庶人地位略高一些。《吕氏春秋·怀宠》载："士民黔首益行义矣。"黔首指庶人、民，这里把士民与黔首并提，说明士民与黔首地位虽相近，但仍有细微差异，或许有一定道理，但从战国众多史料看，士民绝不仅仅指士。

士民、士庶人构成一个独立的词组，反映了士与民的混合。这种混合又说明了士与民可以相互转化。

春秋战国时期，士在社会各阶级、各等级关系中处于交汇处。一方面，上下交流一般地都要通过士这个阶层。权贵下降、沉沦的第一步是掉到士的行列中，下层上升首先需要步入士的行列。另一方面，士本身又可与社会各阶级、各阶层交流，上者可以为王侯将相的坐上客，下者又可与仆隶为伍。士在社会各个角落都留下了足迹，所以，士的存在以及活动，使社会各阶级、各等级之间的距离缩短了，并在不同阶级、不同等级之间架设了一个对流渠道。士的社会地位与职业千差万别，在差别中又有统一性，即知识、道德和勇力。这些东西是无形的，但在社会生活中又无所不在、无所不需。士正凭借这些无形的东西才能游于社会各个角落。由于士可上可下，显贵者下降为士，庶民又可上升为士，这样一来，在社会的等级与阶级之间便增加了一层润滑剂，其主要凭借的是知识、道德和勇力，而不是经济。

学术流派的处世之道

先秦的各个学术流派，无不关注于政治问题，只是表现形态千差万别而已。而在先秦，政治问题和社会问题合二为一，因此各个流派，无不涉及于处世之道。约略言之，有如下数种。

1. 道家贵柔处世

道家从其深厚的历史沧桑感出发，贵柔、贵下，以为柔方能克刚，下才可致上。这是可贵的逆向思维的思想火光。《老子》书中，常见这类智慧的语句。

从柔弱是生命之基，坚强是死亡之微，从攻坚者莫若水等逐步抽象出来，达到了"无有入无间"（无有之物可穿透无隙之坚）这样的认识，确实是精彩的。又：故贵以贱为本，高以下为基。（第39章）

天下之至柔，驰骋天下之至坚。无有入无间。（第43章）

大国者下流，天下之定，天下之牝。牝常以静胜牡，以静为下。故大国的下小国，则取小国。小国以下大国，则取大国。故或下以取，或下而取。（第61章）

江海所以能为百谷王者，以其善下之，故能为百谷王。是以欲上民（居人民之上），必以言下之；欲先民（居人民之先），必以身后之。是以圣人处上而民不重（不以为负重），处前而民不害（不以为妨碍）。是以天下乐摧而不厌。（第66章）

既然高以下为基，所以国与国之间，能自下者胜；君与民之间，君能自下则胜，君不能自下则败。这是说的君王南面之术，然而于处世也不无启发。贵柔用于军事，则有"哀兵必胜"的思想：故抗兵相加，哀者胜矣。（第69章）

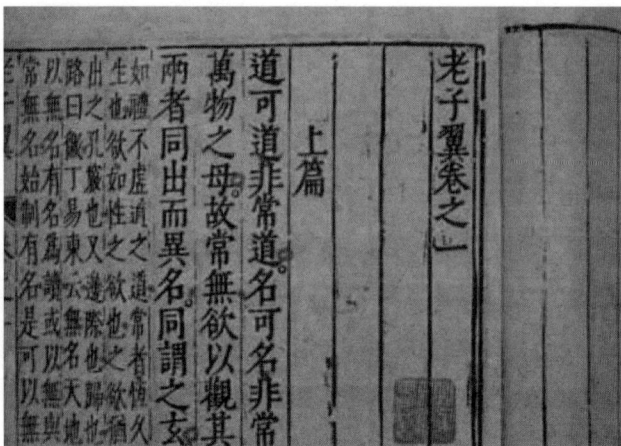

《道德经》书影

人之生也柔弱，其死也坚强。万物草木之生也柔脆，其死也枯槁。故坚强者死之徒，柔弱者生之徒。（第76章）

天下莫柔弱于水，而攻坚强者莫之能胜，其无以易之。弱之胜强，柔之胜刚，天下莫不知，莫能行。（第78章）

老子本人如何处世，我们已不得而知。但能发抒如此深邃的思想的人，可能是活得相当从容的，当然，这也不妨碍他心底埋藏着巨大的忧愤。后人认为老子这样的人，应该是"适来，夫子时也；适去，夫子顺也。安时而处顺，哀乐不能入也"，鲁迅先生的小说《出关》，就多处写老子"好像一段呆木头"。但是，深沉的睿智一定是用火热的情感熬成的，所以老子必有其感人之处，以至许多人为他的死而落泪，这也是事有必至的。老子，是一个有血有肉的人。诚然，近代、现代的中国，经过极其激烈的社会变更，又蒙受"文革"的扫荡，然后又急剧地转入竞争的商业时代，"中庸"早已被看成一件破衬衣，久已被扔到垃圾箱中了。但是，如果我们能磨去这一思想外表上的泥垢，也许能发现它的合理内核，有助于医治中国人好走极端的毛病。

2. 儒家中庸处世

自然，在儒家看来，中庸首先是一种治政之道，《礼记·中庸》论："舜其大知（读智）也与！舜好问而好察迩言，隐恶而扬善，执其两端，用其中于民，其所以为舜乎！"舜好作调查研究，好考察鄙俗之言，对这类言论能隐其恶而扬其善，执其两端而作折中，取其中的用之于治民，不走极端。不消沉，对于治理国家来说，自然是以折中为稳健，走极端是伴随着巨大危险的。

中庸，也是儒家的处世之道。

《礼记·中庸》又说：子曰："回（颜回）之为人也，择乎中庸，得一善，则拳拳服庸而弗失之矣。"颜回是孔子最得意的弟子了，孔子赞扬他得到了中庸。可见，要得到中庸之道也是不容易的。我们今天以为中庸便是凡事取中间，庸庸碌碌过日子，恐怕是庸俗化的理解了。颜回并不是这样一个俗人。在儒家看来，获得中庸之道是必须有殉道精神的，《中庸》甚至说只有圣者才能做得到。

子曰："素（当作索）隐行怪，后世有述焉，吾弗为之矣。君子遵道而行，半途而废，吾弗能已矣。君子依乎中庸，遁世不见知而不悔，唯圣者能之。"不深求隐僻之理，不故作诡异之行的眩人耳目而载入史册，而只是一味遵正道而前行，绝不半途而废，甚至到了遁离俗世不被理解也仍不后悔的境地，这自然只有圣人才能做得到。这就是"依乎中庸"。

那么，一般的百姓所谓"匹夫愚妇"是否就不能得此"君子之道"了呢？也不尽然。这个道是极其广博的，所以"匹夫愚妇"也可知其一端；但它又是极其深微的，所以圣人也有不能理解的地方。

3.墨子兼爱处世

墨子主张兼爱，热心救世，人所共知。儒家讲仁，"仁者，爱人"。但他们是有亲疏厚薄的差等的。墨家讲兼爱，却是没有差等的。墨者夷子就说过"爱无差等"（见《孟子·滕文公上》）。而且，墨子是把兼爱作为治理天下的根本办法的，和儒家把"仁"首先作为修养来对待也大不相同。

《墨子·公输》中对墨子的非攻兼爱、急公好义的苦行精神有非常具体的描述，这是人所共知的。但楚王放弃攻宋以后，文章还有几句话，颇能道出墨子的特点，却常为选本所删。这几句话是：

子墨子归，过宋，天雨，庇其闾中，守闾者不内（同纳）也。故曰：治于神者，众人不知其功。争于明者，众人知之。

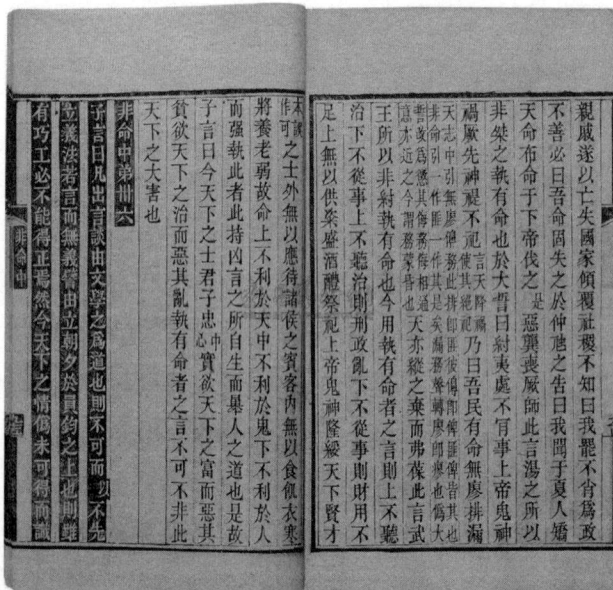

《墨子》书影

墨子用平民身份完成了劝止楚王攻宋的艰巨工作之后回来，跨过宋国遇雨，想到里门中避雨，竟被守里门的人拒绝。他们不知道墨子给他们带来大福音。所以墨子感叹说："在明显之处给争的，众人都知道；在神妙之处弥争的，众人却不知道。"《群书治要》引《尸子·贵言》有"圣人治于神，愚人争于明也"之语。墨子作出巨大的牺牲，成就了救人救世的佛业，不为人所知而仍旧孜孜苦行，没有宗教家的极其博大的爱心是做不到的。墨子的"明鬼"，我们似乎也可以从这个角度来理解。至于"尚俭"，不用论，本来就有宗教的色彩。

墨派是有严密组织的。所谓巨子，大概就是各个支部的负责人。其著名者，首推禽滑釐，次为宋钘。宋钘以为"人之情寡欲"（见《荀子·正论》），也是带有宗教苦行色彩的说法。

4. 屈原孤忠

春秋战国时期，从孔子到李斯，游士们都没有把故土视为祖国的观念，而把整个中华大地上所有的诸侯国都看作可以服务的对象。也就是说，尽管中华大地政治上分裂为许多国家，但游士们所指的是大一统的中华文化观，所以不以出仕他国为意，也不在乎依托他国兵力讨伐故国。在这个背景下，我们来看屈原，就觉得颇为奇特了。

屈原忠于楚国，不愿游于他国，宁愿自沉汨罗。说者以为其原因是他为"楚之同姓"，即是同一血统。但与卫同姓的商鞅不是自愿服务于秦吗？个中原因，恐怕与楚文化与中原各国文化相比有较大的独立性有关，也与屈原个人的秉性有关。

屈原的故土是一种什么境况呢？是昏君、嬖后、谗臣专政，是"生民浑噩播迁"。没有人理解他，更没有人帮助他。于是"没为《渔父》之辞，以抒其孤忠之感"。《渔父》文章不长，却清楚地显示了处乱世的两种不同态度。

屈原是"宁为玉碎，不为瓦全"，渔父是"内方外圆，与物推移"，各有其境界。屈原不是不明白用渔父的处世态度可以活得轻松些。但是，由于他深处于矛盾的一端，恨浊世之强烈，所以只能选择葬身鱼腹以保其清白之路，大概也借此以警醒世人。

春秋战国时期的学人集团

春秋战国时期，随着私学的发展与师生关系的密切，出现了许多学人集团。这种集团以宗师为核心，有一批弟子在其左右，以共同的利益互相支持，甚至还有一定的纪律约束等。因其以学术为基本纽带，所以可称之为学人集团。例如，孔子与他的弟子就是一个庞大的学人集团。

　　这些学人集团在社会上有相当影响。学生投到门下多半是想学成而入仕，介绍学生入仕似乎也成为老师的职责之一。《论语》中记载孔子"使漆雕开仕"。子路是大弟子，也可充任推荐人，"子路使子羔为费宰"。墨子以介绍学生出仕鼓励他们努力学习，他对弟子说："姑学乎，吾将仕子。"见于记载的，曾仕滕绰于齐，仕公尚过于越，仕曹公子于宋，仕高石子于卫。被仕的还有耕柱、魏越等。学生也可以请求先生介绍出仕，墨子的弟子就有"责仕于墨子"者。被仕弟子对先生仍保持师生关系，要将俸禄的一部分奉献给先生，这在墨家有明确规定。如果出仕弟子表现不好，先生不仅要批评，如孔子批评冉有为季氏聚敛，号召其弟子"鸣鼓攻之可也"。有的还要召回来以示警告，在墨家中有此规定。介绍弟子出仕，并对出仕表现进行监督，反映了集团内部有一定约束关系。

　　学人集团似乎还有经济利益共享的成分。这在墨家是十分明显的，其他集团似乎也有。孔子曾资助过学生。孟子、田骈等在稷下学宫为先生，齐国君主给他们的俸禄和馈赠的资财，便由师生共同享用。这些

墨子雕像

集团在行动上也有一致性。老师到哪里，弟子大体上也跟随到哪里，至少有一部分弟子相从。

学人集团在社会上有很高的地位，影响很大，成为社会上一支具有独立意义的力量，有时敢同君主发生争执和进行理论上的对抗。

第二节　秦汉士人的重新定位与发展

变乱中的转折

秦朝建立后，大一统的封建中央集权制得以建立，"焚书坑儒"运动彻底结束了士人意气风发的时代。在秦末的农民战争之中，在汉初的无为而治之下，新一代的士在苦苦地寻求新的定位，新一代集权制的代表者——汉代君王也在调整与士的关系。于是，添加了天人感应内容的儒学占有了官方的位置，士人取得了对道统的部分解释权，寻找到新的基本定位。

中国的士人，要适应中央集权的统治并在这统治机器中找到自己的位置，有赖于对统治机器的适应调整，更有赖于士人对本身历史地位的认识和自我品性的重建。这一切，是在秦末汉初的社会大变乱中逐步转折的。一直到董仲舒的出现，才代表这个转折的成功。

秦始皇的暴政，秦二世的昏聩，酿成了陈胜吴广农民大起义。农民起义又引发了各路诸侯并起割据的态势，这又是士活跃驰骋的好时机了。据《史记·儒林列传》所说，"陈涉之王也，而鲁诸儒持孔氏之礼器往归陈王。于是孔甲为陈涉博士，率与涉俱死"。孔甲是孔子的第八代孙，与陈涉俱死于陈地，时年刚17岁。受过儒家思想熏陶极深的孔甲尚且如此，其他的士人就更加不用说了，他们无不游走于各路诸侯之间，致力于建功立业。

萧何像

在这场逐鹿战争中，士的举足轻重的作用又显示出来了。将门之后的项羽虽拥雄兵，但有一范增而不能用，终于失败。颇有泼皮无赖性格的刘邦，因善于"将将"，谋臣如张良、萧何、曹参，战将如周勃、樊哙、郦商、夏侯婴、灌婴等，均能发挥其才智而彪炳史册，特别是大胆起用韩信，终于夺得了政权。

值得注意的是，这时期的士，都不标榜自得道统，而以出谋划策、各为其主为务。其中原因大约有三：一是秦既无道，则不言而喻起兵反对者便是有道，不必再作论证；而秦灭后的各路诸侯之争，特别是楚汉之争，则谁都无法扛出道统的旗帜。这点连项羽本人也明白。他对刘邦说："天下匈匈数岁者，徒以吾两人耳。愿与汉王挑战决雌雄，毋徒苦天下之民父子为也。"（均见《史记·项羽本纪》）想用两人决斗的办法来解决问题。刘邦说"吾宁斗智，不能斗力"。则仍要把天下人民拖入为他个人的战乱之中。二是自秦二世元年（公元前209年）至汉高祖五年（公元前202年）八年之间，战乱频仍。首先要解决的是军事上的筹划策略等问题，而不是道统有无的问题。三是士人们目睹焚书坑儒的惨剧，不想再侈谈道统，而宁愿多考虑如何选择自己的位置。

这个时期的士，颇带有点游民性，有那么一点无赖劲头。比如郦食其，"好读书，家贫落魄，无心为衣食业，为里监门史。然县中贤豪不敢役，县中皆谓之狂生"。好读书，大儒，没有几分泼皮劲是不行的，"狂生"就狂在这里。他看准了刘邦能成大事，去投靠他。而刘邦不喜欢儒，看到戴儒冠来求见的人，就脱下他的儒冠，把小便尿到里面，郦食其见刘邦时，穿着儒衣，戴着甚为矜持庄重的侧注冠，像个大儒的样子。刘邦不愿见他，说是"方以天下为事，未暇见儒人也"。郦食其瞋目按剑对传话的人大声喝道："你父亲是高阳（郦的籍贯）的酒鬼，哪里是什么儒生！"这时郦食其已经60多岁了，而仍以显示无赖气为荣。刘邦此时正"倨床（坐在床边）使两女子洗足"，就这样来见郦食其，更是一副游民相。郦食其此后为刘邦建立了许多功业，最辉煌的是凭三寸不烂之舌下齐70余城。但韩信仍旧袭齐，齐王以为郦食其欺骗他，说："你能阻止汉军前进，我让你活下去；不然，我就烹了你！"郦食其毫不畏惧，说："你父亲不为你去说？"豪气中仍满含无赖气。郦食其就这样为刘邦献身了。无赖气与豪爽气，有时候真是同一件事物的两个侧面。

又如蒯通（本名彻，史宗避武帝讳而改），则更有战国纵横家之风。他曾劝韩信背叛刘邦而自立，与刘、项成鼎足三分之势。韩信不听，终于被吕后斩于长乐锺室。于是刘邦下诏捕蒯通，蒯通来后，对他教韩信叛刘之事供认不讳，说："那小子不用我的计策，所以招来三族的大祸。如果那小子用我的计策，陛下怎么能夷他三族？"刘邦下令"烹之"，蒯通大喊冤枉，振振有词。所说无不切近于理，而盗跖之狗吠尧之比，既骂韩信为盗跖，又捧刘邦为尧，再贬自己为狗，不可不说无赖气十足。蒯通的获保首领，也许是这股无赖气很合刘邦的胃口。

刘邦的掌权，是中国历史上第一次游民掌权。游民掌权如不迅速贵族化（不是指生活，而是指统治模式），就很容易陷于内讧而趋于崩溃。这个时候，叔孙通的本领就显示出来了。

叔孙通是个大滑头儒生，秦时为传治博士。陈胜攻下陈之后，秦二世召集博士诸生来问情况。博士诸生30余人说是造反，应发兵击之。叔孙通却说秦的统治坚如铁桶，哪里有人敢造反呢！现在闹事的不过是些小偷罢了，地方官便足以对付了。秦二世把那些说是造反的都送去治罪，说是小偷闹事的便算了。赐给叔孙通帛20匹，衣一套，拜为

刘邦像

博士。叔孙通回到住处，诸生有人责怪他一味拍马，叔孙通说："你不懂，我差点儿不能脱离虎口！"就马上逃跑了。几经转折，叔孙通跟上了刘邦。叔孙通穿儒服，刘邦甚讨厌；他立即改穿楚国做的短衣，讨得刘邦的喜欢。叔孙通是带着百余名弟子投奔刘邦的，但他向刘邦推荐的都是游民头子，弟子们很有怒言，叔孙通说："现在是争天下的时候，你们能打仗吗？所以先推荐斩将搴旗之士。你们暂且等待。我不会忘记你们的。"到了刘邦登上皇帝宝座的时候，军臣饮酒争功，有的醉了，"夫乱儒者难与进取，可与守成。臣愿征（召）鲁诸生，与臣弟子共起朝仪"。刘邦担心不能适应这些烦琐的礼仪，叔孙通说礼是依时世人情而损益的，现在要搞的一套是折中古礼与秦仪而成的。于是他征召鲁诸生 30 人，刘邦左右愿学的和他自己的弟子百余人，先排练一个多月，然后请刘邦去看，并让刘邦行他本人应行的礼节，刘邦觉得他做得来。于是下令群臣学习。到了高祖七年十月，长乐宫落成，诸侯群臣行朝岁之礼的时候，一切礼仪便按叔孙通所定的来执行，"自诸侯王以下莫不振恐肃敬……无敢喧哗失礼者"，刘邦说："吾乃今日知为皇帝之贵也。"叔孙通至此时才推荐他的弟子，刘邦都任命为郎。至此，他的弟子都说："叔孙生（先生）诚圣人也，知当世之要务。"叔孙通确实是很懂得因时应变，趋利避害的。以后叔孙通又阻止刘邦易太子，私下告诉孝惠帝改正礼仪上失误的办法（见《史记》本传），则在大滑头后面也有一定的价值原则。就叔孙通本人而言，他在变乱中的转折是十分成功的。就士的品格的重建而言，则叔孙通只是开了一个头。

另一个士人刘敬（本姓娄，因决策有功而赐姓刘），以明察事理而对刘邦许多重大决定有大帮助，如改变刘邦定都洛阳的初衷而定都于关中，因此时汉无盛德可言，与周都洛阳是务求心德致人不可并提，宜凭险以自固；又如断言匈奴有奇兵，不可击，宜和亲，"冒顿在，固为子婿；死，则外孙为单于。岂尝闻外孙敢与大父抗礼者哉？兵可无战以渐臣（臣伏）义"。（《史记》本传）堪称奇策；再如建言六国旧贵族及地方豪杰名家徙关中，既便控制，又可备胡，且富实关中，收一石三鸟，弱末强本之效。

汉初君王与士人在大目标一致之下的撞击、摩擦、整合中，各自有所转折，而以士人的转折为主要方面。士已抛去以道自任的旗帜，而完全以臣的身份，从国家长远利益出发去辅助君王，士的地位就这样初步确定了下来。迫于士的不可替代的贡献，君王也需要士的服务，与秦朝建立之时只要士"学习法律避禁"大相径庭。

汉初迫于形势，部分地恢复了分封制，诸侯国有相当的实权。有的诸侯王有养士之风，如刘安"招致宾客方术之士数千人"（《汉书》本传），这又为士提供了一个类似春秋战国的活动空间，成为士为转折过程中的暂息地带。

刘宗政权是建立在秦王暴政及连年战乱所造成的废墟上的，治国者并无什么天纵之才，唯一的办法就是少生事，因为少生事就少出错；而以农民为主体的中国社会的自然运转却自有其活力，可以"无为而无不为"。汉初用以指导施政的就是这黄老之学。黄老之学有较大的宽容度，这又给士的转折留下了暂息的时间。

就士的整个群体而言，前已惩于焚书坑儒的悲剧，近又有为刘邦筹划大计的良好表现，现在又有可以暂息的时间与空间，所以整个转折过程不曾伴随大痛苦。但这不等于说士人就没有个人悲剧。贾谊的自伤而没，晁错的衣朝衣而斩，皆通于事势，而不得尽其才。

士的转折，除了品性的重建之外，还有经济地位上的改变。春秋战国时代的士，是以"无恒产"为其特征的（不排斥部分士可以有其产业），游说诸侯是其主要的活动方式，所以称之为"游士"。汉以后的士，则大多有恒产（不排斥有无产的寒士），以得到荐举（汉）或通过科举（隋唐以后）而进入官场为主要活动方式，这种方式彻底消除了士做君王的师、友的超越感。

文臣的基本定位

士既已失去了成为君主的师友的可能性，一旦进入政坛，其身份只能是臣。高度的中央集权制中，君主的权力几乎是毫无制约的，臣下为趋利避害的人类本性所驱动，很容易滑向谄谀。因此可以说，佞臣是高度中央集权制下命定的、无可避免的产物，更不必说希冀顺风之辈了。此辈产生，原不在于君王贤明与否。中国历史上，贤君之下，佞臣仍然层出不穷，其原因就在于高度的中央集权制。既然君王在个人的喜怒好恶之间便可以决定某人的生死荣辱，臣下又哪能不随风顺意以求平安，甚或阿谀奉承以求富贵的呢？敢于批逆鳞而直谏的，又哪能不如凤毛麟角之难见呢？秦的高度中央集权，对于中国的大一统，确实是影响深远的，但其负面，如对先秦民主风气的摧残，却也是遗毒无穷的。

汉代在政治制度上基本是承袭秦，有"汉承秦制"之说。所以汉代的谀臣也不弱于秦代，而且有的谀得颇有匠心。虞丘寿王（虞丘，亦作吾丘，复姓；寿王，名）就表演得特别精彩，可以说堪称一绝了。公元前116年，殷墟出土了一个青铜鼎，被献到甘泉宫来。群臣都向汉武帝祝贺说："陛下得周鼎。"身为侍中的虞丘寿王却偏说不是周鼎。汉武帝听说了，找他来问道："朕得周鼎，群臣皆以为周鼎，而寿王独以为非，何也？寿王有说则生，无说则死。"明明是周鼎，寿王却说不是，这是欺君，罪当死。寿王为什么要这么说呢？原来，他已准备好利用这个机会对汉武帝大拍其马。据《汉书》本传所载，这位工于拍马的寿王却治事无方。此前，他曾任东郡都尉，因他曾在汉武帝之前把治国方略说得头头是道，所以他任都尉时东郡不再置太守，太守由他兼任。但他搞得"职事并废，盗贼从横"。这固然有其客观原因，"是时，军旅数发，年岁不熟"，导致"多盗贼"，而他本人的能力也颇可怀疑。更可指责的是，他明见社会危机的存在，却借宝鼎曲意称盛德，社会良心何在？

汉武帝极为信任的丞相公孙弘，是顺风阿旨、颇能作伪的人物。他年轻时为狱吏，有罪而免。家贫，以牧猪为业。到40多岁时，学《春秋》杂说。60岁时以贤良被征召，为博士。出使匈奴，办事不合武帝之意，病免归家。后来又以文学（也就是懂儒学）被举荐。当时太

汉武帝像

常令征召的儒士达一的对策，太常令把它排在下等。武帝看到对策，超拔为第一。于是公孙弘再次为博士。从此官运亨通。《史记》本传说：

> 每朝会议，开陈其端，令人主自择、不肯面折廷争。于是天子察其行敦厚，辩论有余，习文法吏事，而又缘饰以儒术，上大说（读悦）之。二岁中，至左内史。弘奏事，有不可，不廷辩之。尝与主爵都尉汲黯请间（待君王有空私下奏事），汲黯先发之，弘推其后，天子常说（读悦），所言皆听，以此日益亲贵。尝与公卿约议，至上前，倍（读背）其约以顺上旨。汲黯廷诘弘曰："齐人（公孙弘是齐地人）多诈而无情实，始与臣等建此议，今皆倍之，不忠。"上问弘。弘谢（回答）曰："夫知臣者以臣为忠，不知臣者以臣为不忠。"上然弘言。左右幸臣每毁弘，上益厚遇之。

"习文法吏事，而又缘饰以儒术"，很适合武帝对大臣业务素质

上的要求；遇事只罗列各方面的情况供君王选择而不面折廷争，与同僚商量好向君王建议某事，而到君王前却退缩在后，甚至背弃约定而随顺君意，这种为正直之人所不取的品格却很投合武帝的需求。

公孙弘的节俭是出了名的，盖的是布被，吃的是糙米饭，肉只上一道。汲黯曾公开指责公孙弘诈伪，说："弘位在三公（此时弘为御史大夫），俸禄甚多，然为布被，此诈也。"

后来武帝让他当了丞相。在他以前，当丞相的都有列侯的爵位，而公孙弘无爵。武帝便在他任丞相后封其为平津侯。公孙弘任丞相后，适应着武帝举贤良的政策，起客官、开东阁，延揽贤人，与参谋议。他的俸禄，都供应故人和所喜欢的宾客，家无余财。一副好士疏财的样子，博得不少赞誉。

但是，"弘为人意忌，外宽内深"。凡是与他有隙的，他表面上与相友善，暗地里却大加报复。主父偃的被杀，董仲舒的被徙，都是公孙弘的主意。真是工于心计。

这样一位被武帝极为倚重的丞相，对国家大计有过什么卓越的贡献没有？史书未见记载，倒是《汉书·吾丘寿王传》中记载了他一个极可笑的建议。当时"盗贼"甚多，公孙弘建议禁止人民挟弓弩。因为如果有 10 个强盗拉弓待发，则 100 名吏卒也不敢上前，所以贼势越来越盛。如果禁止人民挟弓弩，则强盗只能拿着短兵器，短兵相接，人多的就获胜。用众多吏卒去捕捉少数的盗贼，自然可得。这样，便没有人去做盗贼了。他甚至说禁挟弓弩，便是"刑错（措而不用）之道"。仿佛天下之所以有动乱，仅仅是因为有了弓箭。这个极可笑的建议，自然经不住吾丘一驳。值得注意的是，提此建于节操胆识，恐怕也谈不上。《史记·汲黯列传》说淮南王刘安谋反时，所怕的是汲黯，因为他"好直谏，守节死义，难惑以非"，至于要说动丞相公孙弘，"如发蒙振荡耳"。

雄才大略的汉武帝御前，谀者如吾丘，伪者如公孙弘，还远不是什么大奸之人，便可知高度集权制对士人精神的摧残与阉割了。

面对高度中央集权的代表人物——皇帝，士所有的仅仅是一种人格力量，这种力量来自于对公认的（包括君王）价值原则的坚守。敢于高扬这种人格力量而立于朝廷之上的，在汉武帝时期，就是汲黯了。

汲黯性褊狭，是其短处，《史记》本传说："黯为人性倨，少礼，而折，不能容人之过。合己者善待之，不合己者不能忍见，士亦以此不附焉。"然而，他洁身自好，自守甚坚，"好学游侠，任气节，内行惰絜（后作洁），好直谏，数犯主之颜色"。汉武帝招文学儒者，嘴上嚷着要施仁义，汲黯敢于当面说："陛下内多欲而外施仁义，奈何欲效唐虞之治乎！"刺到武帝的痛处，弄得武帝作不了声，大怒，变了脸色宣布罢朝。公卿都为汲黯害怕，群臣中也有数落汲黯的，汲黯却说："天子置公卿辅弼之臣，宁令（哪能）从谀承意，陷主于不义乎？且已在其位，纵爱身，奈辱朝廷何！"表示了固守共同价值原则的决心。当时汉武帝正用公孙弘以尊儒术，用张汤以深文法。汲黯与这两人都发生过冲突，当面斥责公孙弘等"怀诈饰智以阿人主取容"，怒骂张汤等刀笔吏"专深文巧诋，陷人于罪，使不得反其真，以胜为功""必汤也，今天下重足而立，侧目而视矣"。这固然与他学黄老之言、好清静有关，但也不能说没有对人性护持的成分。匈奴浑邪王率众来投诚，汉武帝决定派车二万乘去迎接。但没有钱，向老百姓借马，老百姓有的把马藏匿起来，马匹不够数。武帝大怒，要斩长安令。汲黯说："长安令无罪，独斩黯，民乃肯出马！且匈奴畔其主而降汉，汉徐以县次传之（一县

汲黯像

一县地用驿车运送），何至天下骚动、罢敝中国而以事夷狄之人乎！"说得武帝无言对答。浑邪王及其部众来后，商人与他们做生意，犯了不得将兵器和铁卖给胡人之法律而被判死罪的达 500 多人。汲黯是凭本人的人格力量而自立于专制朝廷的典范。具有这种人格力量的士在历史上是极罕见的。

董仲舒则是作为道统的阐释者而得心自立的。他对道统的阐释，影响着之后的历代王朝；他的道路，也给后代善于思考的睿智之士以启迪。

董仲舒如何能成为道统的阐释者？这里有必要回溯一下秦末汉初统治者对道统的把握。如前所说，秦始皇是以贵族首领的身份而统一中国的，他当然自以为政治和道统兼于一身。但在人民心目中，他很快就成为"无道"之君，其政权失去了合法性。秦末的农民及各路诸侯的起义，在反秦这一点上，他们都各自以为占有道统，不需要也没有精力和时间来阐释。刘项争夺天下之战，则谁也无法自以为占有道统。刘邦在位时间不长，而且他是游民出身，来不及考虑道统问题。以后是吕后专政，不适宜谈道统问题。已发展成为统治思想的清静无为的黄老之学，又使得汉文帝、景帝不必深思道统问题。随着国力的增强，变"无为"为"有为"，就落在汉武帝肩上。这个时候，考虑道统问题也是历史提出来的任务了。另外，汉初就从政治、哲学、历史等方面提出一个共同的课题：研究"天人之际"的关系。到武帝时代已过了七八十年了，必须有一个回答。这是一个牵涉到道统的问题。

汉代人气象博大，风格浑厚，混政治、历史、哲学、宗教、科学等为一体，天人关系问题就是包罗这么多学科在内的大问题，要给它一个根本性的回答当然是很困难的。《黄帝内经》是就人体的构造和养生来回答天人关系问题的，如说："天有四时五行，以生长收藏，以生寒暑燥湿风。人有五藏，化五气，以生喜怒悲忧恐。"司马迁的《史记》是就历史来回答天人关系问题的，他的《报任安书》说他写书的目的是"亦欲以究天人之际，通古今之变，成一家之言"。《史记·秦楚之际月表》把刘邦的胜利归之于天："此乃传之所谓大圣乎？岂非天哉！岂非天哉！非大圣孰能当此受命而帝者乎！"是其研究天人关系的一例。董仲舒则是就政治、伦理来回答天人关系问题的，他充分发挥了天人感应的学说。

董仲舒是以治《春秋》而为博士的。他认为《春秋》有许多天人感应的记录，对今天很有启示。

今天来看，这个模式是唯心的、神学的。在一些人看来，是可笑的、可谴责的。但是，历史告诉我们，这个模式却是从汉武帝开始的整个中国封建社会的基本模式，是高度中央集权的封建制下适合中国国情的最佳模式。以后历代王朝只是在这个模式上做一些加减和具体的演化工作而已。这个基本模式并没有发生根本性的变化。

历史书常说汉武帝采用董仲舒的建议独尊儒术，其实更应该注意的是：汉武帝采用董仲舒的建议找到了这一政统、道统相兼的基本模式。秦王朝没有找到这个模式，所以迅速崩溃了。汉王朝找到这个模式，所以成功了。

董仲舒此前曾为江都王相，此后曾为膠西王相。这两个诸侯王都骄恣异常，做他们的相是很难办的。汉代诸侯王的相，身肩矛盾着的双重任务：一方面，相是代表天子（即中央政权）去行使监督诸侯王的职能的；另一方面，相既隶属于诸侯王，其职责自然应忠于诸侯王并为他服务。汉代天子与诸侯王各有各的利益，控制与反控制的斗争连绵不绝，诸侯王的相就处在斗争的旋涡之中，立在矛盾的焦点之上，不仅其地位，而且其生命都时时岌岌可危，

董仲舒像

任何一方都可以置他于死地。做暴戾的诸侯王之相，其危险性倍增。但董仲舒都熬过来了，安然无恙，《汉书》本传说他"凡相两国，辄事骄王，正身以率下，数上书谏争，教令国中，所居而治"。他为江都王相时，江都易王是汉武帝之兄，骄而好勇。董仲舒用礼义匡正他，终于得到他的敬重。有一次，易王对董仲舒说："越王勾践和大夫泄庸、文种、范蠡商量伐吴，终于达到目的。孔子说殷有三个仁人，我以为越也有三个仁人。齐桓公决疑于管仲，我决疑于先生。"这话是颇含深意的，先说用兵，后说请董仲舒决疑。董仲舒回答得非常妥当。他说："我愚陋，不足以回答这样的大问题。我听说：古时鲁君问柳下惠：'我要伐齐，怎么样？'柳下惠说：'不行。'回来后有忧色，说：'我听说伐国之事不和仁人商量，鲁君怎么来问我这件事？'仅仅是被问到，尚且感到羞耻，何况设诈谋去讨伐吴国？由此言之，越本来就没有一个仁人。仁人是正其义不谋其利，明其道不计其功的。所以孔子的门下，五尺高的童子也羞于称说五霸，因为他们崇尚诈伪武力而贬抑仁义。五霸比其他诸侯还好一些，但如跟三王比，那就像斌碔去比美玉一样。"这里说的都是历史，而实际作用是打消易王可能由尚武好勇而发展到用兵的念头。董仲舒去做胶西王的相，是被公孙弘排斥的结果。公孙弘也是治《春秋》的，但学问不如董仲舒，然而却善于观察时势而随机应变，官位极高。董仲舒认为弘"从谀"，弘嫉妒董，便通过汉武帝任命董为胶西王相，想利用胶西王之手来杀董。胶西王也是汉武帝之兄，特别纵恣。2000石俸禄的相来后，用汉天子的法令来治理，胶西王就想法找他的过错告发他，找不到过错的，便用欺诈的办法药死他。相如果按照胶西王的小法来治理，则汉天子又要依法来办他的罪。因此，胶西虽然是个小诸侯国，而所杀所伤的相却非常多。董仲舒到胶西为相，胶西王听说董是大儒，对他还比较好。董仍然担心时间久了会莫名其妙地坠入罪网，想法托病免官。董仲舒此后一直家居，朝廷如有大事讨论，就派使者或廷尉张汤到他家中来询问，他的回答都有明晰的法度。

董仲舒所以能经历惊涛骇浪而不遭灭顶之灾，除了他能察微知著、及早抽身外，还有一个重要的潜在的原因，那就是"为人廉直"（《汉书》本传语）。董仲舒的廉直，是建立在对仁义的独特领悟上的。董仲舒本人的经历说明：要向君王说明天意，阐述道统的士，本人必须有良好的修养。

董仲舒提出的模式和他本人所走的道路，表示士经过艰难的转折后找到了比较合适的新的定位。

东汉后期士人的觉醒

东汉后期，由于汉代长期推行的倚重士人和重视教育的政策，士已形成了一个人数颇为众多的阶层。

据说汉桓帝时仅太学诸生已有三万余人，这么多的士人，绝大多数以出仕为目的，而政府中的职位是很有限的，这不能满足士人的需求，供需矛盾非常突出。另外，汉代取士，用的是推举的办法，推举的基础是乡曲之誉，但实际上许多名额被达官贵人的亲友所占据，能够凭乡曲之誉而上选的名额已所剩无几。

河南尹田歆对他的外甥说："今当举六孝廉，多得贵戚书命，不宜相违，欲用一名士以报国家，尔助我求之。"（《后汉书·种暠传》）河南尹手中所有的六个孝廉名额，贵戚已致书要用五个来走后门，河南尹无法违拒，剩下一个名额，河南尹托其外甥求名士，不为其外甥所知

汉桓帝像

的士人也是无法入选的。这种情况在当时是相当普遍的。为了竞逐这所剩无几的名额，士人就必须要出合与大礼而背于人情的矫激奇诡之行的引人瞩目，博取乡曲的称誉，方能脱颖而出。这种矫激之行，本来不过是一种集体无意识的极端表现，不见得就是自我意识的觉醒。此风漫淫既深，一些人便以掠取声誉为目的了。

东汉前期的周泽，以习《公羊》，隐居教授学生，门徒常达数百人而征举。到永平十年（67年）拜太常，为人"果敢直言，数有据争"。永平十二年（69年），让他行使司徒的职责，但他"性简，忽威仪，颇失宰相之望"，要之，是能力不副，数月便又降为太常。他曾卧疾于斋宫之中，妻子哀怜他又老又病，到斋宫探望。他竟大发火，说妻子干犯斋禁，抓她到诏狱中，让她认罪。其行诡激如是。当时的人写了一首民谣："生世不谐，做太常妻。一岁三百六十日，三百五十九日斋，一日不斋醉如泥。"

诡激之风，以后愈演愈烈。东汉后期的冯良，出身孤微，做县中小吏，三十岁时做县尉的随从。奉命去迎接督邮，上路之后，心中慨然，耻为贱役，就坏车杀马，毁裂衣冠，遁逃至犍为，跟从杜抚学习。他的妻儿到家找他，不见影踪。后来见到草丛中有破车死马、腐烂的衣裳，以为他已被虎狼盗贼所害，发表制服。十几年后，他忽然回到乡里，这时他俨然是另一个人了，"志行高整，非礼不动"，对待妻儿就如君对臣一样，生活情趣索然，但在当时的风气之下，"乡党以为仪表"。安帝延光二年（123年）征聘，冯良到近县送礼致谢而还，是以邀誉为目的了。

追求声誉，虽然不见得就是自我的觉醒，但是，它促使人去认识自我的价值，去树立自己的风范，去展现自己的睿智。也许可以说，追求声誉，是自我觉醒的催化剂。

顺帝永建二年（127年），征辟樊英，樊英借口有病推辞。顺帝命令郡县用车子送他来京城，樊英不得已，到京后又称病不肯起。顺帝命人强舆抬入殿，犹不以礼屈。顺帝大怒，对樊英曰："朕能生君，能杀君；能贵君，能贱君；能富君，能贫君。君何以慢朕命？"樊英回答说："臣受命于天。生尽其命，天也；死不得其命，亦天也。陛下焉能生臣，焉能杀臣！臣见暴君如见仇雠，立其朝犹不肯，可得而贵乎？虽在布衣之列，环堵之中，显然自得，不易万乘之尊，又可得而贱乎？陛下焉能贵臣，焉能贱臣，臣非礼之禄，虽万钟不受；若申其志，虽箪食不厌。陛下焉能富臣，焉能贫臣！"帝不能屈，而敬其名，使出就太医养疾，月致羊酒。庶民而敢于称"受命于天"，以与帝王颉颃，不能不说是自我意识的振起。

第三节　魏晋士人与名士风流

建安名士

　　魏晋名士在中国历史上是一道极为亮丽的风景线。尽管他们的种种离经叛道行为为后代的众多正统文人所不齿，并对其冠以"清谈误国""放荡不羁"等种种骂名，但是，他们的独树一帜、真率自然的人格魅力及其洒脱的生活方式，还是给后代文人树立了永远难以企及与复原的范本，也给后世的人们留下了独属于那个时代的"放纵"历史。

　　建安（196—220 年）是东汉最后一个皇帝汉献帝刘协的年号，历时 25 年。这是历史学上的"建安"时代。但文学史上所说的建安时期往往从黄巾起义（184 年）开始算起，一直延续到魏明帝景初末年（239 年）为止，总共有 50 多年的时间。这是一个具有一定独立意义的文人活动和独特性质的历史时期。

　　建安时期是一个历史转折时期，从大一统的汉代到长期分裂战乱的时期，建安是天下统一时代的结束和天下分裂的开始时期。与这紧密关联的，是儒家经学一统天下的学术时期的结束，道家、法家、名家等诸子之学兴起，形成新的思想解放、各家争议的时代，因此这个时代为以后玄学的发展和佛学的立足与发展奠定了基础，创造了条件。儒家经学的衰落，同时导致人们信仰的失落，尤其是东汉末年信奉儒家伦理的党人集体拯救汉朝的失败，并且惨遭杀害，士人开始了艰苦而漫长的新人格的探索，而这个过程本身促进了士人从群体自觉转向个体的自觉，开始了个性张扬的新时代。此际的名士，其标准与人格范型都明显有东汉名士的历史遗传，同时产生着深刻的变化，并对后代名士具有很大的影响。

建安名士，人数很多，由于各人的历史渊源不同，人生轨迹不同，遭际相异，加之身处历史过渡时期，因此他们的人格模式与行为方式也有很大的差异。在"建安"的历史舞台上，活跃的名士有孔融、边让、祢衡、诸葛亮、荀彧、曹植、王粲、刘桢等，其中最有名的当属"建安七子"。

"建安七子"又号"邺中七子"，是指东汉末年汉献帝年间的七位文学家：孔融、陈琳、王粲、徐干、阮瑀、应玚、刘桢。同时代曹

"建安七子"塑像

丕的《典论·论文》首次将他们相提并论，七子与"三曹"往往被视作三国时期文学成就的代表。

"建安七子"与"三曹"构成建安作家的主力，对诗、赋、散文的发展，都曾做过贡献。王粲在诗赋上的成就高于其他六人。刘勰《文心雕龙·才略》提到："仲宣溢才，捷而能密，文多兼善，辞少瑕累，摘其诗赋，则七子之冠冕乎。"王粲的哀思最能表现在作品上，其"七哀诗"与"登楼赋"，最能代表建安文学的精神。王粲《七哀诗》吟道："出门无所见，白骨蔽平原。路有饥妇人，抱子弃草间。"把在乱世的经历见闻，融入于作品之中，留下最真实的记录。

七人当中，除孔融外，其他六人都依附于曹操父子旗下。建安二十二年（217年）冬天，北方发生疫病，当时为魏世子的曹丕在第二年给吴质的信中说："亲故多罗其灾，徐、陈、应、刘一时俱逝"。除孔融、阮瑀早死外，建安七子之中剩余的五人竟然全部死于这次传染病。曹植《说疫气》描述了当时疫病流行的惨状说："建安二十二年，疠气流行，家家有僵尸之痛，室室有号泣之哀。或阖门而殪，或覆族而丧。"

"七子"以写五言诗为主。五言诗是直到东汉后期才兴盛起来的新诗体，桓、灵两帝时期"古诗"的出现，标志着五言诗已经初步成熟。而"七子"的优秀五言之作，写得情采无限，变化多致，使五言诗在艺术上更臻于精美。如徐干的《室思》就比同一题材的《青青河畔草》或《冉冉孤生竹》写得细腻深厚。而陈琳《饮马长城窟行》、阮瑀《驾出北郭门行》等都作于汉末战乱发生之前，其写作时间不一定比"古诗"晚，他们在五言诗发展史上的重要性就更加值得重视。

"七子"的生活，基本上可分为前后两个时期。前期他们在汉末的社会大战乱中，尽管社会地位和生活经历都有所不同，但一般都没能逃脱颠沛困顿的命运。后期他们先后依附于曹操，孔融任过少府、王粲任过侍中这样的高级官职，其余也都是曹氏父子的近臣。不过，孔融后来与曹操发生冲突，被杀。由于七人归附曹操的时间先后不同，所以各人的前后期不存在一个统一的界限。

竹林共游

竹林名士就是历史上有名的"竹林七贤"，他们是嵇康、阮籍、山涛、向秀、刘伶、阮咸和王戎七位名士的合称。这个名称的来历，一直有争议，一般根据东晋史学家袁宏的《名士传》而习称（《世说新语·文学》注引），尽管后来人对此尚有不同看法，但可以肯定在东晋时已经这样叫开了。东晋文学家，玄言诗代表作家孙绰作《道贤论》直接将七位高僧比附"竹林七贤"，著名隐士戴逵作《竹林七贤论》，可见当时"竹林七贤"之名已经被普遍接受。

从"竹林七贤"所处的历史实际看，虽然他们生活的时代与"正始名士"基本相同，但是稍后的社会情势却是变化很大，因此他们与"正始名士"的思想观念、人格特征有着非常明显的不同，而"七贤"本身也是一个很复杂的组成，七人的出身、地位、与曹马的关系以及各人的价值观、政治态度、人格等都有明显差异。他们是正始名士与后代名士之间的转折点，对西晋乃至以后各代的文人都有很深刻的影响。

影响深远的七贤"竹林之游"的确切时间已经难以从现存文献中准确把握了，一般认为应该在正始年间，缩小一点说，当在正始晚期。

"竹林七贤"绣像

因为正始元年，王戎才六岁，向秀也仅 13 岁。因此，"竹林之游"的时间段不会很长。"高平陵政变"后不久，阮籍立即被司马氏征聘，山涛不久也去找司马师要求做官了。也就是说，"竹林之游"终止了。

"竹林七贤"的出现有时代的必然和事件的偶然。他们中的阮籍与嵇康虽然早已名满天下，但是正始名士的势力正如日中天，他们还不是士林最耀眼的星星，也不是统治核心人物最为关注的对象，因此还可以做一段时间的边缘人物，做局外人。到了嘉平元年（即正始十年），司马懿剪灭曹爽，"天下名士减半"，司马懿立即"命"阮籍为其从事中郎。嘉平三年，司马懿死，其子师接任，又命阮籍继任从事中郎之职。嘉平四年，山涛去找司马师，不久举秀才，除郎中，随即成为司马氏的心腹。显然，在正始后期，统治核心间的斗争正处于白热化，没有精力来关心夺权以外的事，阮籍、嵇康他们有时间和条件作"逍遥"的"竹林之游"。

江左名士与江左十贤

东晋建都建康（今南京），偏安江左，因此东晋名士历史上常称"江左名士"。

偏安一隅的东晋王朝虽然内忧外患不断，但是却也绵延百年（317—420 年），成为魏晋南北朝历时最久的朝代，也是文人艺术创造最辉煌的时代。宗白华先生曾有一段精彩的经典性论述："汉末魏晋六朝是中国政治上最混乱、社会上最苦痛的时代，然而却是精神史上极自由、极解放，最富于智慧、最浓于热情的一个时代……这晋人的美，是这全时代的最高峰。"这里所说，其实主要应该指的是东晋。

东晋可以说是名士的时代。建安名士、正始名士、竹林名士、中朝名士，自然也在他们那个时代风光无限，但是结局完美者绝少，而结局不错的又往往有些人格方面的很大缺憾。东晋则明显不同。除了晋末基本上军阀左右朝政外，名士们是国家的柱石、朝廷的重臣，也是士林民间追捧的对象。整个社会崇尚名士之风，欣赏名士风度，到处洋溢着名士的玄远飘逸和潇洒自由。这个时代也是名士最多的时代，

顾恺之《洛神赋图》（局部）

人数之多，历代罕有其比。而且名士的"普及"也是达到了空前绝后的程度：上自皇帝（如简文帝）下至一般文士（如罗含），无论文臣（如王导、谢安）还是武将（如谢玄），不管是僧侣（如支遁、慧远）还是道徒（如王羲之等），几乎遍及社会各个阶层、各种职业，各种各样的人里都有名士。

江左十贤，是东晋后期的代表人物，一时翘楚，在后世亦有很大声名。这十人分别为：谢玄、王献之、桓伊、顾恺之、王徽之、谢道韫、戴逵、袁山松、羊昙、张玄之。

谢玄出生于陈郡谢氏家族，其家在谢玄时代已经成为江左高门，号称"诗酒风流"。谢玄生父为安西将军谢奕，母亲阮容，乃阮籍、阮咸族人。王献之自幼聪明好学，在书法上专攻草书隶书，也擅长绘画。他自小跟随父亲练习书法，胸有大志，后期兼取张芝，自创新体。他以行书和草书闻名，但是楷书和隶书亦有深厚功底。王献之亦善画，张彦远在《历代名画记》中目其画为"中品下"。桓伊文武全才，忠肝义胆，雅好音律，一时无匹，才艺伎俩，无人匹及。御宴高歌，清越慷慨，肝胆照人，青溪畔吹笛，风流俊爽，千古传颂。顾恺之擅诗词文赋，尤精绘画。擅肖像、历史人物、道释、禽兽、山水等题材。王徽之（338—386年），字子猷，东晋名士、书法家，书圣王羲之第五子，王献之之兄。曾历任车骑参军、大司马参军、黄门侍郎，但生性高傲，放诞不拘，对公务并不热忱，时常东游西逛，后来索性辞官，住在山阴（今浙江省绍兴市）。其书法有"徽之得其（王羲之）势"的评价，后世传帖《承嫂病不减帖》《新月帖》等。谢道韫长于诗文，刘孝标注《世说新语·言语》引《妇人集》说：谢道韫有文才，所著诗、赋、诔、讼，传于世。她的作品《隋书·经籍志》载有诗集两卷，已经亡佚。戴逵（326—396年），东晋著名美术家、雕塑家。字安道，谯郡铚县（今安徽濉溪）人，居会稽剡县（今浙江绍兴嵊州市）。他是顾恺之时代另一有名画家，南渡的北方士族。晚年长期住在会稽一带。戴逵终生不仕，初就学于名儒范宣，博学多才，善鼓琴，工人物、山水，坚拒太宰武陵王召其鼓琴之命，王徽之曾雪夜访之，到门未入，孝武帝时累征不就。著《戴逵集》9卷，已散佚。羊昙是谢安的外甥，很受谢安器重。谢安生病还京时曾过西州门。谢安死后，羊昙一年多不举乐，行不过西州路。有一天吃醉了酒，沿路唱歌，不觉到了西州门。左右提醒他，他悲伤不已，以马鞭敲门，诵曹植诗："生存华屋处，零落归山丘。"恸哭而去。后将羊昙醉后过西州恸哭而去的事用为感旧兴悲之典。袁山松（？—401年）陈郡阳夏（今河南太康）人。博学有文章，为吴郡（今江苏苏州）太守。性情秀远，擅长音乐，曾改作旧歌《行路难》，酒酣高歌，听者无不下泪，时人号为一绝。张玄之，一作张玄。少以学显，历任吏部尚书，出为冠军将军、吴兴太守，世称张吴兴。与谢玄齐名，有"南北二玄"之说。

第四节　唐宋时期士人的生存与发展

唐代文人的主要特征

1. 远大的政治抱负

唐代文人远大的政治抱负，是在当时整个社会上重视官阶爵禄的新风尚的影响下，孕育和发展起来的。

《新唐书·柳冲传》说到，在唐代以前，汉魏北朝旧贵族"尚婚娅"，强调婚姻门阀关系；东晋南朝贵族"尚人物"，以风格品评相标榜；入主中原的少数民族贵族"尚贵戚"，重视血缘关系。公元618年，以李唐为首的关中贵族取得全国政权以后，整个社会上"尚冠冕"，以重视官阶爵禄的新风尚，打破了历史上传统势力和陈腐观念。从而使渴望建功立业，获取官阶爵禄，实现政治抱负，成为唐代文人最高荣誉之所在。这种新的社会风尚，是怎样形成的呢？从唐代文人基本队伍的构成及其所代表的阶级利益中，可以得到比较明确的答案。

我国封建社会一定时期的地主阶级，主要分为世族地主、庶族地主等。世族地主，又称士族、豪族，在政治上具有"官有世胄，谱有世官"的垄断官位，在经济上享有免赋免役的封建特权，是封建社会中保守、反动的势力。庶族地主，又称寒门，却没有或很少有这些特权，因而具有革新政治的愿望。波澜壮阔的隋末农民大起义，以疾风暴雨的气势，沉重地打击了魏晋南北朝以来占有田庄、奴婢、部曲的世族地主的经济力量，为庶族地主阶层登上政治舞台创造了有利的条件。李姓皇族原来是同鲜卑族有血缘关系的陇西新贵，与居住在华山以东地区的王、崔、卢、李、郑等世族之间存在着尖锐的矛盾。当唐太宗下令重修《氏族志》时，就遭到代表世族利益的顽固派的反对。高士廉等仍然定崔姓为第一，皇族李姓为第三。唐太宗不得不出面干预。他表示：我与山东崔、卢、李、郑，旧既无嫌，为其世代衰微，全无冠盖，犹自云士大夫，何以重之？我今特定姓族者，欲崇今朝冠冕，不需论数世以前，止取今日官爵高下作等级。遂以崔干为第三等。（《旧唐书·高俭传》）唐太宗规定用本朝的官职品级代替旧有的门第身份，作为划分氏族等级的标准，正是为了贬抑世族。唐太宗死后，在昭陵陪葬的大墓群中，被赐姓李的唐初功臣，占据了比其他皇族还要显赫的位置和规模。唐太宗的这一系列措施表明，在唐代庶族地主与世族地主重新分割政治权力的斗争中，李姓皇族是与庶族地主站在一起的。庶族地主阶层因受到皇族的支持，在政治上空前活跃起来。唐高宗李治时，宰相李义府因耻于其家世代无名，建议再次修订《氏族志》，进一步规定：皇朝得五品官者，皆升士流；兵卒以军功至五品者，尽入书限。武则天执政时，也破格任用了一批庶族地主中的人物。这表明庶族地主阶层已经形成一种新的政治力量，登上了历史舞台。

庶族地主阶层由于自身社会地位不高，生活上都经历过不同程度的波折，因而比世族地主阶层更为熟悉社会情况和人民生活，思想感情、精神面貌也更为充实而有生气。他们一登上政治舞台，就表现了革新政治的精神。在唐代开国以后100多年的岁月中，他们在皇帝的支持下，演绎了一出出威武雄壮的活

唐太宗像

剧。对内，他们推行均田制。把国家掌握的官田、无主地和荒地分配给一部分无地或少地的农民，并对地主豪族过多占有土地加以限制，使租佃剥削方式的庄园地主经济，逐渐代替了奴役部曲剥削的豪门地主经济。租庸调法的实行，又使广大人民的赋税和徭役负担有所减轻。在400年的分裂动乱以后建立起来的李唐王朝，迅速出现了经济空前繁荣的局面："左右藏库，财物山积，不可胜较。四方丰稔，百姓殷富，管户一千余万，米一斗三四文，丁壮之人，不识兵器。路不拾遗，行者不囊粮"（《开天传信记》）。对外，唐王朝开疆拓土，国威远扬，在极盛期势力所及的范围，北至蒙古，南至印度支那，东北至朝鲜半岛，西北至葱岭以西的中亚。在广泛的国际交流中，丝绸之路上送来了西域、中亚、南亚、印度的哲学、科学、礼俗、艺术，东海水路上送来了日本、朝鲜的遣唐使、留学生、学问僧。

是的，"关中之人雄，故尚冠冕"。在这个经济文化走上坡路，整个社会处于欣欣向荣的封建鼎盛时期中，从布衣到卿相，再也不是人们的狂言和梦想。那些得风气之先的唐代文人，怎能不欢呼雀跃，力图在政治上和学术文化上大展宏图呢？

2. 强烈的科举仕途欲望

对唐代大多数文人来说，"不由吏部而仕进者几希矣"，"虽有化俗之方,安边之画,不由是而稍进,万不有一得焉"（韩愈《上宰相书》）。任凭你有多么远大的抱负，宏伟的方略，如果不通过科举考试以谋取官职，那就什么也办不到。这就是摆在他们面前的活生生的现实。因此，唐代文人的科举仕途欲望，比哪一个朝代都要强烈。

唐朝开国以后继承和发展隋代的科举制度，就是要打破曹魏以来因实行九品官人法而造成的世族豪门对政权的世袭垄断，以吸收当时日益强大的庶族地主阶层的文人参加政权，从而扩大它的统治基础。因此，当唐太宗在端门见新进士缀行而出时，高兴地说："天下英雄人吾彀中矣！"据统计，唐玄宗开元元年至二十二年（713—741年），共有宰相27人，其中科举出身的就有18人。从唐德宗贞元时起，及第进士大量进入中高级官僚的行列。唐宪宗以后，进士在宰相和高级官僚中占据了绝对优势，终唐没有再发生变化，进士科稳定地成为高级官吏的主要来源。这样一来，使得争取科举及第，成为获得政治地位或保持世袭门第的重要途径。唐代整个社会都驰逐于科场，争名于进士。而文人阶层更形成了许多特殊的社会风尚。

3. 繁荣的诗歌创作活动

在有唐一代，文人诗歌创作活动的繁荣，热情的高涨，在整个中国历史上也是空前绝后的。由于所有文人都在用全力作诗，涌现出2000多位诗人。其中具有独特艺术风格的，有百人之多，形成一个重要文学流派的，也不下20余人。李白、杜甫、白居易等伟大诗人，不仅在中国诗坛上继往开来，而且在世界文化史上也享有崇高的声誉。这些如群星璀璨的诗坛巨子，创作了近五万首辉煌的诗篇，思想内容博大精深，艺术形式完备成熟，艺术风格争奇斗艳，为中国和世界文化宝库增添了灿烂夺目的瑰宝。

宋代严羽在《沧浪诗话·诗评》中说："或问唐诗何以胜我朝？唐以诗取士，故多专门之学，我朝之诗所以不及也。"由于诗歌是盛唐以后进士考试的一门最重要的科目，因而科举仕途欲望极为强烈的唐代文人们，要想步入仕途，就必须学习作诗。诗歌既是傲视上层社会的资本，可以博取帝王贵族的赏识；又是成名的捷径。因此，唐代全部文人无一不是诗人。

在这个特定的历史阶段中，在这种独特的社会风气影响下，唐代文人阶层形成了许多特殊的社会风尚。

4. 仕途失意后的隐逸情趣

在中华民族传统的文化心理结构中，其核心是儒道互补。体现在知识分子的人生理想上，所谓"道"，即"穷则独善其身"，即道家的隐逸情趣结合儒家的"孔颜乐处"。历代那些潜居避世的隐士，或处山林，或在草野，俱以不求闻达、不入仕途为其特征，体现了民族文化心理结构的这一层面。《新唐书·隐逸传》分析了古代和唐代隐逸之士的具体情况，将古代的隐者分为三等。第一等的隐者"身藏而德不晦"，虽自放草野，但名声甚大，就连身为万乘之尊的皇帝也去聘请他们。第二等隐者则怀抱经纶之志而无由施展，志行高洁而不肯同流合污，虽然有时也不拒绝出仕，但视爵禄若浮云，"泛然受，悠然辞，使人君常有所慕企"。第三等的隐者，自认其才不能为时所用，故视隐处山林为赏心乐事，"逃丘园而不返，使人常高其风而不敢加訾焉"。唐代，贤人多在其位，所以那些隐者便"足崖壑而志城阙"，把隐居作为入仕的一种重要手段，以致"假隐自名，以诡禄仕，肩相摩于道，至号终南、嵩少为仕途捷径，高尚之节丧焉"，大多属于第三等隐者。这段分析，比较概括地阐明了中国古代隐逸之士的不同类型。但唐代文人的隐逸情趣，就不是一句话所能概括得了的。

隐逸之风作为民族传统的文化心理结构的一个层面，并非始于唐代。先秦诸子百家尤其是儒道两家的思想中，已经出现了这种趋势。儒家正是以"有道则见，无道则隐"（《论语·泰伯》），作为依违仕隐之间的原则。道家更是主张逍遥于天地之间，走隐居遗世的道路。因而，"兼济天下"与"独善其身"成为后世文人互补的人生道路，"身在江湖"而"心存魏阙"也成为中国古代知识分子的常规心理。

唐代统治者在宗教和文化上，对儒、道、释三家思想兼收并蓄，这对文人思想的活跃是有利的条件。随着庶族地主阶层登上政治舞台，文人们吸取了儒家思想中积极入世的精神，产生了远大的政治抱负，焕发了建功立业的强烈欲望。但政治的挫折和仕途的艰难，也使得文人们在思想上糅合儒家的"乐天安命"、道家的"知足不辱"和佛家的"四大皆空"，产生了隐逸思想。再加上唐代社会安定，经济繁荣，给文人们提供了悠闲生活的物质条件。对那些求仕困难的文人，由隐而仕，往往成为"终南捷径"；对那些有高官厚禄的文人，由仕而隐，既不影响生计，甚至可以边仕边隐，名利双收。因此，对唐代文人的隐逸情趣，应该考察其历史条件与实际情形，做具体的历史分析。

5. 丰富的生活情趣

唐代文人虽然身为文人，却不甘心做那种皓首穷经、心如枯木的迂腐学究。由于受道教思想的影响，他们以生为乐，以长寿为大乐，以成仙永生为极乐，不仅要以超尘脱俗、高雅飘逸赢得清名，而且力求活得自在,活得舒服,尽情享受人世间的生活乐趣。同时,在盛唐时代,随着中外经济、文化的交流,从丝绸之路上引进了异国的礼俗、服装、音乐、美术。胡酒、胡姬、胡帽、胡乐,成为长安城中盛极一时的风尚。李白《送裴十八图南归嵩山二首》其一云:

> 何处可为别? 长安青绮门。
>
> 胡姬招素手, 延客醉金樽。

异族文化和生活习惯的引进吸收,使中国传统的文化乃至日常生活的饮食、服饰,都发生了明显的变化。他们对异族文化和生活习俗无所畏惧无所顾忌地引进和吸取,从而使精神生活大大地丰富了。中唐以后,即使在藩镇割据、兵祸连年的情况下,整个社会经济仍然处于上升阶段。通过科举考试进入社会上层的文人们,"自贞元侈于游宴,其后或侈于书法、图画,或侈于博弈,或侈于卜祝,或侈于服食"(李肇《国史补》)。车马宴游取代了兵车弓刀的边塞征战,浅斟低唱代替了致君尧舜的深切呼唤。"文以载道""诗以采风"的倡导者们,虽然标榜儒家教义,却也沉浸在吟诗、作画、郊游、赏花、观舞、听乐等各种生活爱好之中。当李商隐站在长安乐游原上,发出了"夕阳无限好,只是近黄昏"的沉重感叹时,大唐帝国的前景已经越来越暗淡了。

敏感的文人们,在时代的暴风雨即将来临的时候,由于深感回天无术,便进一步沉浸在各种生活爱好之中,寻求精神的寄托。唐太宗带宰相及翰林院直学士春游梨园,到渭水边游览

李商隐像

祭祀，夏天游葡萄园，秋天登慈恩寺塔，饮菊花酒，冬幸新丰，历白鹿观，上骊山。武则天在洛阳，也曾率领文武百官到城南龙门游览香山寺。唐玄宗更于每年十月，照例率杨氏姊妹前往华清宫游览。路上，"杨氏五家，队各为一色衣以相别，五家合队，灿若云锦"（《资治通鉴》卷二一六）。整个冬天即在那里避寒，直到第二年春时才回长安。朝廷也鼓励群臣出游，每月的"旬假"，群臣"例得寻胜地宴乐"。某年八月中秋夜，苏颋与李义在禁中值宿，当时长天无云，清光如昼，"诸学士玩月，备文酒之宴"。苏颋对月饮酒，高兴地说："清光可爱，何用灯烛？"刘栖楚担任京兆尹时，也让属下文士各自处理完本分公事，在"晴天美景，恣意游赏，勿致拘束"。每年正月晦日、三月上巳、九月重阳三大节，皇帝与群臣学士游览城东南曲江，更是长安城中的盛事。

社会变革对下层士人的冲击

唐宋时期，下层士人的发展趋势从整体上看，在政治上，出路日渐狭窄，活动空间减少，对皇权的依赖性加强；在经济上，需要独立谋生的人越来越多，物质生活渐趋贫困；在思想上，独立自由的空间减少，完全纳入到政府所掌控的思想体系之中。思想的高度统一，导致逐步丧失其活力。

这唐宋时期是中国古代社会发生重大变革的历史阶段，无论是政治、经济、文化，还是社会观念等方面，都表现出迥然不同的特色。下层士人作为时代的敏感群体，任何方面的变革，都会对他们的生存状态产生影响。

1. 社会结构的变化

唐宋时期是由世俗贵族社会向平民社会转化的重要历史阶段，汉魏以来形成的门阀贵族阶层逐步退出社会各个层面，社会走向平民化。这一社会变革给下层士人带来很大影响：一是下层士人数量激增，阶层力量迅猛发展壮大。由于门阀势力的消解，打破了门阀士族对士阶层的垄断，士庶阶层之间的界限被打破，各阶层之间流动加快。下层士人作为平民百姓与官僚士大夫之间交汇点和缓冲地带，自然首当其冲地受到冲击。门阀贵族子弟由于丧失入仕的优越性和特权保障，一部分被挡在仕途之外，成为普通下层士人；而一些中小地主子弟，甚至是普通富裕百姓子弟，通过接受教育，参加科举，加入到士阶层之中，但多数只能进入下层士人行列。二者交汇于下层士人之处，无疑会增加下层士人的数量。二是部分下层士人丧失家族经济的依赖，经济状况渐趋贫困。门阀大族家族的解体，使社会构成单位由大家族逐步走向个体小家庭，社会组成单位缩小。大家族的解体带来一些下层士人经济状况的变化。唐朝门阀子弟出身的下层士人有家族做经济后盾，在经济上表现出强态。他们多数无须自己独立面对经济生活、自谋职业、养家糊口，而过着一种相对优越的生活。至宋代，个体小家庭成为社会主要构成成分。下层士人多数来源于这些小家庭，家庭承载力十分薄弱。他们无力支付下层士人长期学习和科举的费用，丧失了经济上的依附。所以，他们需要自谋职业，解决生活问题。但自身的原因和社会为他们提供知识转化为财富的渠道又相当狭窄，一些下层士人的经济状况遂陷入窘境。三是下层士人社会基础扩大，来源更加广泛。由于门阀贵族丧失了对文化教育的垄断，汉魏以来形成的浓厚的家学体系被打破，教育走向社会化。更多的平民子弟能够接受教育，参加科举成为可能。唐朝门阀贵族子弟多接受家学教育，官学时设时废，尤其是地方官学不甚发达，教育的社会化程度比较低。至宋时，官学发展到县学，各种形式的学校蓬勃发展，教育完全实现社会化。这就意味着各阶层的平民子弟都有机会接受教育，参加科举，从而扩大了下层士人的社会基础。四是下层士人逐步在基层社会发挥作用，寻找到新的社会结合点。门阀贵族逐步丧失了对地方基层社会的控制，为下层士人在基层社会发挥作用提供了空间，从而形成一股新的社会力量。

2. 中央集权向君主集权转变

唐宋时期是中国古代的政治权力由中央集权时代向君主集权时代的转变时期。这一转变对下层士人的冲击是政治出路日渐狭窄，政治活动空间萎缩。君主加强权力的重要措施就是控制官吏的选拔和使用权。在唐朝，地方州郡长官和藩镇有权辟署僚官，这就意味着下层士人入仕为官的途径比较多，在入仕途径上还有选择的空间，入仕相对容易。尤其是地方州郡和节度使有自己征辟僚属的权力，为下层士人提供了比较宽泛的入仕渠道。至宋时，一切都发生了改变。一方面是鉴于唐末以来地方割据政权利用辟署僚官的权力，扩充自己势力，称雄一方的教训，宋朝统治者将官吏选拔权完全收归中央，实际上是掌控在君主一人手中，这就将下层士人通过地方政权入仕的出路堵死；另一方面是完善科举制度，使其成为官吏选拔的主要渠道。宋朝政府实行一系列完善发展科举制度的措施，使其更加公正、公平，增加科举的吸引力。它将士人中优秀部分吸收到官僚机构中，成为现行政策的既得利益者，服从统治。同时，又实行特奏名制度，对那些逸出者进行羁縻和笼络，实现对这些落第者思想和行为的控制。科举制度的发展与完善对于下层士人来说是双刃剑，一面是科举的相对公平与公正使他们有更多的机会及第，进入官僚机构；另一面则是随着科举逐步成为主要选官渠道，下层士人的政治出路则变得日益狭窄。君主集权的加强，对于下层士人而言，正如韩愈所说："天下一君，四海一国。舍乎此则夷狄矣，去父母之邦矣。故士之行道者，不得于朝，则山林而已矣。"唐宋时期的政治活动空间开始萎缩。

唐宋下层士人的生存困惑

唐宋下层士人面临着诸多生存困惑，具体来说有以下几个方面。

1. 仕途上的困惑

在儒家的生存理念中，"仕而优则学，学而优则仕"，"学"与"仕"是互为表里的。"仕"既是"学"的外在目标，也是士理所应当、唯一合理的社会出路与自我价值实现的方式。然而现实社会中，"学"与"仕"的联系不是必然的，多数下层士人穷尽毕生精力去"学"，竟无法达到"仕"之目的，二者之间的背离极大地困扰着下层士人。在中国古代士人的生存历程中，始终贯穿着两种无法摆脱的内在矛盾，并成为 2000 年来一直困扰士人心灵的两个情结：一是"道"与"势"之间的矛盾；二是"求知"与"失遇"之间的矛盾。对于大多数下层士人而言，真正关系到生存的不是"道"与"势"的问题，而是"求知"与"失遇"的问题。在宋朝流行的俗语中，人生四大悲之一就是"落第举子心"。落第举子所悲的是"失遇"，是人生梦想的破灭。"失遇"不只是落第举子一生永难释怀的情结，也是整个下层士人的共同的遭遇和困惑。

在中国传统理念中，求知是为了什么？当官。这是中国古代知识分子甚至是整个社会的共识。"仕"被士人视为最基本的职业。但是，官僚选拔是一种精英选拔制度，而非大众化的。尤其是官僚体制承载能力的有限和日渐壅滞，大多数士子都被摒弃在仕途的大门之外。这就注定多数想以此为业的下层士人失业，继而产生困惑感。

造成这种困惑的原因是多方面的，其一是当政者的主观意愿。唐宋时期，由于打破门阀贵族对入仕途径的垄断，当政者欲扩大官吏选拔基础，将更多的人纳入到思想控制体系，所以，极力鼓吹"书中自有颜如玉，书中自有黄金屋"，鼓励各阶层子弟加入到读书、科举的行列。并不断完善科举制度，为每个士子都描绘出一幅美好蓝图，使每个士子看到希望，这就使下层士人在数量上迅猛增加。政府将无数读书人吸引到这一领域，政府选拔官吏可挑选的对象增加。但严格地控制着出口，自然会造成严重的淤积。想当官的人快速增加，而官位数量的有限和缓慢增长，二者之间的矛盾是不可避免的，而且还是自身无法解决的。下层士人数量上的严重过剩，无疑会造成相互之间竞争的加剧，入仕变得更加艰难。生存压力增加，困惑加剧。

2. 制度上的困惑

唐宋时期统治者大力兴办教育，使越来越多的平民子弟接受了教育。但所有的教育都围绕着培养官僚接班人这一目的展开，教育目的单一，教育内容也十分狭隘。教育完全成为一种政治行为，将教育牢牢地与政治捆绑在一辆战车上。这样做的直接后果是在这种教育制度下培养的人才，除了会做官之外，无任何一技之长。这些人一旦无法

古代科举考试

入仕，回归社会后，社会本身也不能为这些士子提供其他更为广阔、合理的社会出路。他们就真正地失业了，成为"知识游民"，生存就面临危机和困惑。最后是思想观念上的原因，这里包括社会观念和个人观念。在儒家传统理念中，"劳心者治人，劳力者治于人"。士人是"劳心者"，应该高高在上，是人上人。全社会对读书的认识也是"万般皆下品，唯有读书高"。这种大的社会环境，使每个读书人很难有一个平和的心态，对读书抱以平常之心。读书后，他们就认为自己高人一等，不愿将自己与其他普通百姓视为同等。一旦无法实现入仕愿望，他们就不能像其他社会阶层那样，扎扎实实地生活在各个层面。他们不安于现状，又无力改变，痛苦和困惑就成为必然。

3. 经济上的困惑

造成唐宋时期下层士人经济困惑的原因是多方面的，首先是家庭依赖的丧失。这在前文分析唐宋时期社会变革对下层士人的冲击时已经提及。其次是下层士人个人生存本领的缺失。士作为四民之首，实质上是一种文化身份而非职业，在现实社会生活中，与这种文化身份相称的纯文化性质的职业较少。尤其是他们所建立的知识体系是以"道德伦理"为核心的文化知识体系，与生活技能无任何关联，这也弱化了其最基本的治生能力。下层士人在生存本领严重缺失的情况下，经济上的困惑就是无法避免的。最后是传统观念的影响。在儒家的社会价值观念中，始终强调着"重义轻利"。在这种价值观念支配下，很多下层士人从内心深处对一些以"利"为主要目的的生存手段产生敌对心理。这群生存能力相对低下的社会群体只好选择所谓的"安贫乐道"，选择这种解诙式的生存方式，内心充满无奈和困惑。

唐宋时期下层士人经济状况有渐趋贫困之趋势，但究竟贫穷到什么程度，值得思考。范仲淹曾说："士人家鲜不穷窘，男不得婚，女不得嫁，丧不得葬者，比比有之。"这里恐怕有很大的夸张成分。唐宋时期下层士人的贫穷应该是相对而言，与魏晋时期士族相比，当然显得十分贫寒。即使宋朝与唐朝的下层士人相比，生活质量都明显地下降。但与其他普通百姓相比，则要优越得多。在中国古代社会，能够读得起书的人，绝不是穷人。张仲礼先生在《中国绅士》中分析中国绅士经济状况时曾说："所谓穷绅士是指家境贫寒，但仍可能优于贫困的百姓。"这不仅适合于近代的绅士，也同样适合于唐宋时期的下层士人。

4. 理论上的困惑

士自生成之日起，儒家先贤们就不断地在理论上为士人悬设了诸多行为标准，试图规范他们的行为。在儒家思想理论体系中，士的理想追求应该是以道义为己任。孔子认为，士人应该将道作为自己安身立命之本，"志于道，据于德，依于仁，游于艺"。"君子谋道不谋食。"应该"笃信好学，守死善道"。为了道的践行，"志士仁人，无求生以害仁，有杀身以成仁"，应具有不惜一切的无畏精神。孟子认为："士穷不失义，达不离道。穷不失义，故士得己焉；达不离道，故民不失望焉。""无恒产而有恒心，唯士为能。"然而，所有这一切毕竟都是理论上的规定，是告诉士人应该如何去做。实际上，这些理想的实现不仅取决于士人的追求，更取决于现实的社会环境。士人的理想实现程度与君主权力密切相关，即所谓"道"与"势"的关系。

二者关系并非对等，而是互为消长。但"道"多数时间处于一种被动状态和弱势，应视君主权力而定。孔子也清醒地意识到这个问题，他给士人找到一条退路，即所谓的"天下有道则见，无道则隐"，"邦有道，则仕；邦无道，则可卷而怀之"。即由"外王"转为"内圣"，加强自身修养，要"非礼勿视，非礼勿言，非礼勿动"。通过道的原则约束自身，做到将外在的规定内化为自觉要求，以缓和"道"与"势"的冲突。

儒家这种理论在唐宋时期遭遇尴尬，此时的中国政治开始由中央集权向君主集权转化，君主权力日益膨胀，士人政治活动空间萎缩，"道"与"势"已经严重失衡。士人阶层整体的思想都完全被纳入到君主为他们所规范的思想体系之中，丧失了精神的独立性。"道"成为"势"的附庸，士的身份开始由为帝师、为帝友向为帝臣、为帝奴转化。面对如此境地，士人阶层对儒家理论开始产生困惑，尤其是政治出路日渐狭窄的下层士人，"仕"对于他们而言只是可望而不可即的梦想，那么，实现"道"就更无从谈起。在他们的人生旅途中，只剩下自我修炼式的"隐"或"卷而怀之"了。儒家"内圣"而"外王"的自我价值实现理念失去存在的途径，对于众多下层士人而言，只有"内圣"之路，而无"外王"之道。自幼习读和崇尚的儒家之道无彰显之处，甚至出现严重的缺失，使很多下层士人对儒家的理论产生困惑和怀疑。尤其是这种困惑在社会变革中进一步深化，直接影响着下层士人的人生观和价值观。他们对儒家理论由崇信转为怀疑，甚至是嘲讽和批判。如南宋太学生曾作《劝行乐表》云："周公欺我，愿焚《酒诰》于通衢；孔子空言，请束《孝经》于高阁。"在这种看似调侃和玩笑中，蕴含着他们对儒家先贤存在的价值和人生价值观的怀疑，也是他们对人生的感悟和困惑。

下层士人的游历生活

游历是唐、五代时期很多下层士人生活的重要组成部分，游历时间的长短则视个人情况而定。因为路途遥远，交通不便，一些举子落

第后，为了节省时间，更好地准备参加明年的考试，便客居他乡，温课备战。这些人主要是客居在京城或离京城较近的地区。这些客居他乡的举子多数生活得都很艰难，如唐孙樵在他的《寓居对》中描写他落第后在长安寓居时生活写道：

长安寓居，阖户讽书。悴如冻灰，癯如槁柴，志枯气索，怏怏不乐。一旦有曾识面者，排户入室，咤骇唧唧，且曰：愈耶饿耶？何自残耶？对曰：樵天付穷骨，宜安守拙，无何提笔，入贡士列，抉文倒魄，读书烂舌，十试泽宫，十黜省司，知己日懈，朋徒分离。矧远来关东，橐装锁空，一入长安，十年屡穷。长日猛赤，饿肠火迫，满眼花黑，晡西方食。暮雪严冽，入夜断骨，穴衾败褐，到晓方活。

久试不第，十年长安的寓居生活，知己朋友疏远，囊空如洗，饥寒交迫，以致"悴如冻灰，癯如槁柴"，活脱脱一个落魄潦倒的穷书生形象。这种情况不止孙樵一个人，晚唐诗人曹邺在《下第寄知己》诗中也曾慨叹：

举头望青天，白日头上没。
归来通济里，开户山鼠出。
中庭广寂寥，但见薇与蕨。
无虑数尺躯，委作泉下骨。
唯愁揽清镜，不见昨日发。

曹邺从桂林来京赴考，屡试不第，只好寓居长安。他居住的通济里在长安城南，已接近终南山，地处偏僻，远离闹市。他的居处寂寥，整日与薇蕨为伴。家无长物，山鼠进进

出出，可见其孤独与穷困。及第后想起这段经历，他痛心地说道："僻居城南隅，颜子须泣血。沉埋若九泉，谁肯开口说。"

他认为他的困苦连颜渊都无法忍受。杜荀鹤也曾有此经历，他在《长安冬日》写道：

> 近腊饶风雪，闲房冻坐时。
>
> 书生教到此，天意转难知。
>
> 吟苦猿三叫，形枯柏一枝。
>
> 还应公道在，未忍与山期。

寒冷的腊月，风雪交加，空房冷屋，书生独坐，令人心寒。

一些举子为了解决生活问题，寄住在各地寺院中。《唐摭言》卷七记载：

> 王播少孤贫，尝客扬州惠昭寺木兰院，随僧斋飧。诸僧厌怠，播至，已饭矣。韦令公昭度少贫窭，常依左街僧录净光大师，随僧斋粥。徐商相公尝于中条山万固寺泉，入院读书。家庙碑云："随僧洗钵。"

也有一些落第举子寄住在亲友家，寄人篱下，看人眼色度日。

这种经历刻骨铭心，成为士人难以忘怀的伤痛。韩愈在回忆其困居长安经历时就深切地感叹道：

> 仆在京城八九年，无所取资，日求于人，以度时月。当时行之不觉也，今而思之，如痛定之人思当痛之时，不知何能自处也。

他们选择留在他乡，既是一种无奈，也是对未来还抱有一定的幻想，正如杜荀鹤所梦想的"还应公道在，未忍与山期"，总是盼望着有朝一日能飞黄腾达。

如钱塘人章碣的《下第有怀》中写道：

> 故乡朝夕有人还，欲作家书下笔难。
>
> 灭烛何曾妨夜坐，倾壶不独为春寒。
>
> 迁来莺语虽堪听，落了杨花也怕看。
>
> 但使他年遇公道，月轮长在桂珊珊。

他们盼望着有一天能够"遇公道"，实现自己月中折桂的心愿。正是科举这条无形枷锁将他们牢牢锁住，为此耗尽青春年华。真是"赚得英雄尽白头"。

　　唐、五代下层士人选择客居是长期游历，还有一部分是短期游历。下层士人漫游的目的多种多样，为延誉而游，为求宦而游，为求学而游，为求丐而游，等等，很多都是不得已而为之。当然也有一些人出于雅兴，为游览山水而游。这构成唐、五代下层士人独特的游历现象，唐朝人自己将这种现象称之为"壮游"。

　　唐、五代的下层士人游历所至，除京城及附近外，还有其他一些地区。例如：于武陵，杜曲人，"大中时，尝举进士，不称意，携书与琴，往来商洛、巴蜀间"；韦夐"开元中举进士下第，游蜀"；"代国公郭元振，开元中下第，自晋之汾"；"明经赵瑜，鲁人，累举不第，困厄甚。因游泰山，祈死于岳庙"；"咸通初，有进士张绰者，下第后多游江淮间"；"秀才权同休，元和中落第，旅游苏湖间"；范阳卢献卿，唐大中举进士，"连年不中第。荡游衡湘"；豆卢署，"贞元六年举进士下第。将游信安，以文谒郡守郑式瞻"；"唐处士周顗洪儒奥学，偶不中第，旅浙西"。仅此数例，游踪即已遍及商洛、巴蜀、晋汾、齐鲁、江淮、苏湖、浙西、衡湘等地。由此亦可想见，唐代下层士人

洪迈塑像

游历人数之多与范围之广。究其根本，皆为利往。正如郑仁表《题沧浪峡榜》所云：

> 分峡东西路正长，行人名利火燃汤。
>
> 路傍著板沧浪峡，真是将闲搅撩忙。

这种动荡不安给下层士人生活带来严重的影响。

唐代下层士人不仅常年流落在外，甚至还有一些人客死异乡。如晚唐颇富诗名的来鹏，凡十上不得第，"时遭广明庚子之乱，鹏避地游荆襄，艰难险阻，南返。中和，客死于维扬逆旅，主人贤，收葬之"。诸王之孙李洞，昭宗时凡三上不第，"果失意流落，往来寓蜀而卒"。范阳卢献卿，"连年不中第。荡游衡湘，至郴而病""旬日而殁，郴守为葬之近郊，果以初夏，皆符所梦者"。

洪迈《容斋随笔》五笔卷二《唐曹因墓铭》记南宋江西信州一个村庄，出土一块唐碑，"乃妇人为夫所作"。写道：

> 惟公三举不第，居家以礼义自许。
>
> 及卒于长安之道，朝廷公卿，
>
> 乡邻耆旧，无不太息。

一幅幅凄惨的举子行役图，多少举子就是在水驿、城楼之间辗转往返中度过青春，迎来白发，甚至客死异乡，真实再现着举子哀婉凄凉的生活。

宋代下层士人的游学生活

宋代由于科举制度本身的变化，下层士人无须游历，免除了一些客居漂泊之苦。但多数的宋朝下层士人在科举之前，也都有或长或短的游学经历。

宋代是以经学为主流文化的时代，经学的师承性要求每个读书人都有自己的老师。一些下层士人出于科举或其他需求，不辞辛苦，千里迢迢寻觅名师，成为他们生活中一段重要的经历。如神宗时期的英德人石汝砺"自以生长岭峤，局于闻见，乃踰岭而之江西，从闻人游，久而有得"。邵武人吴说"闻泰山孙复以《春秋》教授弟子，徂徕石介师事之,遂不远千里赢粮跣足走京师,从二人游"。邵武人莫说"自闽陬数千里外,裹粮跣足至京师,从泰山游,已而从徂徕游,讲明道学"。

　　宋代下层士人游学时间视个人情况而定,因为这阶段的学习不是基础知识的学习,而是处于提高阶段,所以,一般不需要太长时间。多则十几年,少则一年,甚至是几个月。另外,家庭经济实力减弱,无力支付常年在外求学的费用。而且,更多的下层士人还要承担一些家庭的经济责任,所以,他们不可能像唐朝下层士人那样常年在外游历。《春渚记闻》卷十中的一则记事能够形象地说明这一问题:

　　朝奉郎军器监军丞徐建常,余姊丈也,建安人。其父宣义公,故农家子。后以市药为生,性好施惠,遇人有急难,如在己也。贫乏求济,倾资与之不吝焉……是岁,建常生。至年十四始令从其姊丈陈庸器读书,且嘱之曰:"吾待汝十年游学,若至期不第,即还代我掌药肆也。"建常十八岁考中上舍高等,二十四果于李常宁榜中登科,如公约也。

　　徐建常的家庭给他的期限是从求学到及第十年时间,否则就不能再考,必须回家从业。这里虽然有家庭对徐建常的有意约束,但也说

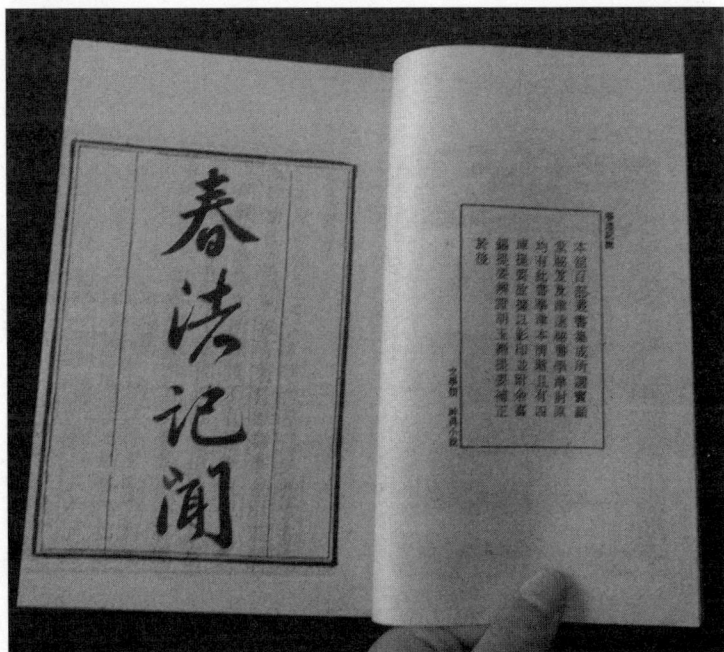

《春渚记闻》书影

明没有相对殷实的家庭经济做后盾，想在外游历，常年科考也是不可能的。

那么，宋朝下层士人在外期间生活状况如何呢？我们基本可以用一个词来概括——清贫。宋代下层士人从师学习多数属于个人行为，他们需要自己解决生活问题，所以会出现自带干粮求学的现象，由此不难推测他们在京师的状况也很清贫。

还有一些在书院求学的下层士人，他们的生活状况比师从个人的要好一些，无须自己操劳，生活基本有保障。但这毕竟只是求学的下层士人中的少数，多数求学的下层士人都要经历几年清苦的游学生活。

第五节　明清士人的趣味流变

士人形象的变化

中国独具特色并延续千年之久的士人到明清时期，已经悄然发生了很多改变。明末时期士人与小市民阶层的亲近，以及清代深受西学影响的士人在天文历学方面的突破等，这些变化一方面受到了当时朝代风气的影响；另一方面也标志着士人即将走向衰落。

自南宋以后到晚明时期，东南地区的都市文化中士人文化与市民文化交融的色彩越来越浓厚。据《客座赘语》说，明代嘉靖以前士风还比较正统，文人墨士谈吐高雅，举止彬彬有礼；而此后则士风日见浇漓，衣巾士人谈吐俚鄙如村巷之人。这不只是少数纨绔子弟离经叛道的问题，而是东南文人当中普遍存在的现象。

当我们阅读"三言""二拍"或《笑府》《笑林》一类文学作品时，不大容易把这些东西与我们心目中峨冠博带、道貌岸然的文人士大夫形象联系起来；相反，却很容易把这些作品的作者与读者想象成一帮不学无术、趣味鄙俗的小市民。然而事实上这些文人士大夫们却是近古社会文化中的精英阶层。自明代中期以来，江南的文人士大夫已成为一种与朝廷和正统观念相抗衡的具有一定独立性的政治与文化势力。其中最典型的当然要数东林、复社党人。尽管作为政治派别，东林、复社的势力与影响尚属有限，然而这些党人代表的是一个相当大的文化圈层。他们在政治上持不妥协的理想主义立场，人格上注重标举个人的节操，争意气的热心更甚于争是非，这在明代中后期蔚成风气，甚至连大臣触怒了皇帝而当廷被裸衣杖责都被视为荣耀。至于在生活方式、趣味与个人气质等方面更是推崇那种不同于官方和习俗的独特个性。晚明时期江南文人士大夫对市民趣味尤其是鄙俗趣味的兴趣，从某种意义上说，正显示了其悖离正统文化的精神。

正当文人士大夫们整日沉湎于都市声色的娱乐中不可自拔，又混迹市井生活的时候，商人及市井小民们却逐渐有意识地学习文人士大夫阶层的趣味与生活方式。当代著名的历史学家余英时先生在《中国近世宗教伦理与商人精神》一书中说道："明清时期的商人与士人阶级有着密切的联系。这一方面表现为一部分士人'弃儒就商'，加入了商人阶层；另一方面则是商人的'儒意'，即对儒家学说与道德的向往。"其实，这个时期的商人、市民感

《三言二拍》书影

103

兴趣的不仅仅是"儒意"，而且包括能够体现士大夫文化与趣味的各个方面。经济繁荣的长江下游地区同时也是文化繁荣的地区，这同商人介入文化活动是分不开的。商人、市民们的附庸风雅使得士大夫的趣味，如书画、古董的鉴赏收藏等活动流行了起来，并加强了士人与市民社会的联系。像董其昌以及同时代的其他许多文人画家，如吴门画派、虞山画派的不少人都成为商人们追逐的目标，以致有人说明代的文人作每一幅画都是在制作商品。总之这个时期的儒与商、士人与市民在文化上开始杂糅了起来。凌濛初的人物形象中最有魅力的东西就是那种折射出时代文化色彩的儒商杂糅性格。从这个意义上讲，"二拍"是一卷体现晚明时期文化特色的人物画廊。

士人阶层发展到宋元以后，其生活方式逐渐发生了显著的变化，士人和市井社会的关系从旁观者的角度变得日益密切起来。这种关系建立的前提当然首先是与商业化了的都市生活环境息息相关，换句话说，士人的生活环境和普通市民的关系逐渐密切。与此同时，在这种物质生活联系的基础上，士人与市民的趣味也慢慢开始互相靠拢。

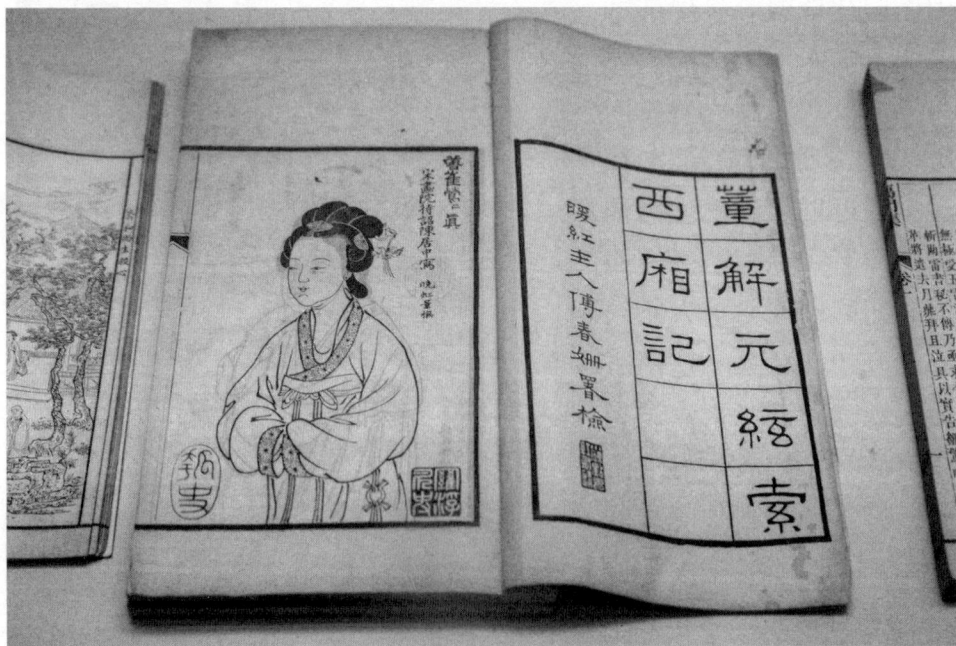

《西厢记》书影

士人与市民关系的拉近，也逐渐影响到文人叙事和通俗叙事艺术之间关系的演变。上面提到的《莺莺传》后来走进市民艺术中演变为《西厢记》就是一个经典范例。需要留意的是，这个叙事文本的演变对于认识文人叙事兴趣的演变规律是有一定帮助的。从士人文化的角度分析，《西厢记》的一个重要改动就是故事中的士人形象——主人翁张生的态度。在董解元的《西厢记》中，张生的态度已经产生了根本的转变。体现这种转变的一个重要的标志就是故事结局中两人关系发展趋势的逆转，由《莺莺传》的始乱终弃转变为大团圆。这种转变产生的原因当然与故事接受者文化背景的变化有关。《西厢记》与《莺莺传》的一个重要差异在于，后者是文人创作、为文人欣赏的文学作品，而前者则是以城市市民为主要受众的戏曲。从市民的角度来看，张生在为自己的无情辩解时表现出的那种无动于衷的旁观者式的理智和冷漠是令人无法接受的。把《西厢记》放在元以后的诸多杂剧中就可以明白为什么结尾要改成大团圆了：杂剧中即使是悲剧，结局也总是要设法翻转成令人满意的大团圆。这个道理似乎很简单：对于一般市民来说，去勾栏瓦舍观看戏曲演出当然是一种娱乐活动，一种满足自己的情感需要的娱乐活动。元稹《莺莺传》中张生那种对男女性爱情感的不负责任和冷漠超然，以及因此而造成的故事最后那种不知所终的失落萧索，从当时文人士大夫趣味来看，即使不是人人都会欣赏，但至少是他们可以理解和承认的；而这种趣味显然不能令寻求情感宣泄或慰藉的一般市民观众满意。也就是说，《莺莺传》中的张生形象体现的是比较典型的士人趣味；而《西厢记》中的张生则更接近市民的趣味。就这种转化本身来看，这个故事似乎在演变过程中逐渐脱离了原先文人传奇的士人艺术背景。

士人在叙事小说中的退席

鲁迅把清代小说分为四派，即拟古派、讽刺派、人情派和侠义派。在这四派中，拟古派的代表作是《聊斋志异》；讽刺派除了晚清的谴责小说外，《儒林外史》"几乎是唯一的作品"；而人情派小说在《红楼梦》之后接踵而来主要是形形色色的续作，直到晚清"《红楼梦》才谈厌了……于是便用了《红楼梦》的笔调，去写优伶和妓女之事情，场面又为之一变"。侠义派小说则包括从清中叶的《施公案》等公案小说到后来的《儿女英雄传》乃至晚清的《七侠五义》等五花八门的侠义小说。当然，这一时期的小说不仅限于以上四类，还有继承《水浒传》风格的英雄传奇和承《三国演义》余绪的历史演义等不少其他类型的小说。但就形成这一时期特点、产生了具有较高艺术水准的代表作的小说流派而言，鲁迅所归纳的四种小说流派大体上反映了这一时期小说创作和传播的主导趋势。

在以上四种小说流派中，前三种代表作都出现在明朝时期，而侠义派则在清中叶以后才逐渐兴盛起来。这种时间顺序究竟有什么意义呢？从叙事内容中所体现的社会文化背景关系上分析，《聊斋志异》的故事范围广而叙述复杂多样，而《儒林外史》和《红楼梦》这两部书则都是从士人的角度出发，并以士人阶层为主要表现对象的写实类叙事作品。从中可知，这两部书中描写的士人阶层的社会地位与价值观念已经日渐衰微。同时还应留意到，在这两部书问世以来的近百年间，这类写实性的世情小说再也没有出现过重要作品。

明代的世情小说当以描写市井社会的《金瓶梅》为最。《金瓶梅》的作者兰陵笑笑生到底是谁，至今无定论。前人有种种传说，如"嘉靖间大名士""世庙一巨公"等，而后又有多方面考证，例如王世贞说、李开先说、贾三近说以及屠隆说等。绝大多数的说法似乎都偏向于《金瓶梅》的作者是具有一定社会地位与才华横溢的文人形象。

然而，在《儒林外史》及《红楼梦》以后，叙事艺术有向公案与侠义故事的潮流转向。这类故事与《儒林外史》《红楼梦》相比，写实兴趣急速消退。与此同时，从故事的文化背景还可看出，士人在这些故事中的地位好像变得没那么重要了。当人们因"有憾于《红楼梦》"而转向"揄扬勇侠，赞美粗豪"时，事实上意味着在《儒林外史》《红楼梦》乃至才子佳人小说中作为作者关注中心的士人社会已然默默退场。

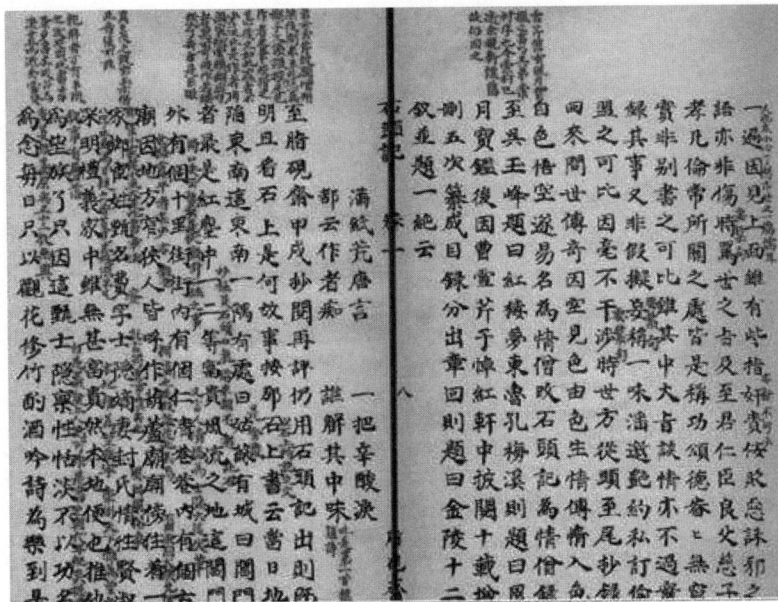

《脂砚斋评红楼梦》书影

　　士人阶层所处的社会环境在这一时期的叙事中日渐失去其重要性，这当然不能笼统地理解为这一时期中国的社会结构已经发生根本改变，以致士人阶层在现实生活中彻底失去原先的地位。实际上，这一时期的中国社会仍然是一个传统意义上的社会，清初以来，随着科举制度与捐纳制度的逐渐发展，作为官僚士大夫文化背景的整个士人阶层急速扩张，简单来说，在整个社会结构中，不管是就人口比例来说，还是就在社会生活中的作用而言，是士人阶层都变得比之前更加重要了。然而，从另一个角度来看，这个日益庞大的士人阶层也在慢慢走向衰落。

清初士人的西学风尚

　　随着清初士人与西学多渠道的广泛接触，"西学"或"天学"这门自晚明兴起的新异之学，在清初几成时髦之学。流风所及，上至名公巨卿，如龚鼎孳、魏裔介、李光地（1642—1718 年）等；下及布衣学者，如王锡阐（1628—1682 年）、薛凤祚、梅文鼎等。既有站在时代前列的启蒙学者顾炎武、王夫之、黄宗羲，也有立足于儒家学统的理学名士陆世仪（1611—1672 年）、陆陇其等。尽管他们对西学的认知有较大的差异，然而西学成为清初士人谈论与研讨的一个重要对象，已是不争的事实。如一位清初学者所描述："近有西洋学，与中国所谈加巧密，虽小异而未偿不大同，世以郯子比之，闽浙传其学者甚多。"

面对西学东渐这股强有力的异质文化冲击波，相当一部分清初士人的学术视野被吸引过去了。而当他们关注西方实学的目光与当朝统治者的西学趣尚，因缘际会于同一时空，清初士林汇聚一股西学流风，自然不足为怪。

清初风靡一时的西学风尚，最突出的表现在于兴起了一股比较与研究中西天文历学之风，它几乎遍及整个学界。受西方科学传人的刺激，天文历学即已成为明末实学派倡导经世致用的专门之学，即如方中通所言"自太西氏人而天学为专门"，而崇祯朝由西法改历激发的中西历法之争，更使天文历学在中国学术界的地位日益为人瞩目。承明末之势，清初学者往往兼治历算，而治历者又必谈西学。正如梁启超所概述："自《崇祯历书》刊行后，治历学者骤盛。若黄梨洲及其弟晦木，若毛西河，若阎百诗，皆有撰述。"而"其问专以历算名家者"则有薛凤祚、揭暄、方中通、杜知耕（1681 年著《数学钥》，1700 年著《几何论约》）等学者。

揭暄塑像

第三章

先秦时期的著名文士

第一节　春秋时期的著名文士

老　子

老子（生卒不详），姓李，名耳，字聃，因而人称老聃。楚国苦县（今河面鹿邑县）后乡曲仁里人（一说为今安徽涡阳人）。曾做过周王室管理藏书的史官，后来隐居不仕，不知所终。我国古代著名的哲学家、思想家，道家学派的创始人。在我国民间，老子被称为太上老君、道德真君，关于他有很多神话传说。

老子一生中最大的成就是开创了道家学派，并为后人留下了一部5000余言的《老子》。《老子》分《道经》《德经》，合称《道德经》。在此书中，老子详细阐述了他的"无为"思想，认为"为无为，则无不治"，对后世产生了深远的影响，汉代黄老之术就是对"无为而治"的直接继承。

关于老子的身世有着非常美丽的传说，尤其是他的降生，充满着一段传奇的神话。传说他的母亲是感受了从天而降的神灵所化之气而怀孕，一怀就是整整81年。一天，他的母亲正坐在李树下歇息，忽听得天上仙乐奏鸣，四周香风阵阵，便觉左腋一阵剧痛，随之从腋下生

混元之祖太清之尊
五千玄言启牯乾坤

老子

老子像

出一个鹤发童颜，顶有日光，身滋白血，面凝金色，耳有三孔，美眉广颡的小孩。孩子一生下来就走了九步，步落之处，莲花绽起。他左手指天，右手指地，说：“天上地下，唯我独尊，我当开扬无上道法，普度一切芸芸众生。”他还指着面前的李树说，“这就是我的姓。”当他的母亲带他去洗澡时，九条神龙飞驾而来，化作九条巨鲤，吸水为他喷浴。虽然这段传说像女娲以五彩石补天，精卫以衔木而填沧海那样的虚幻神话，但不得不说老子的确是一位非凡的传奇之人。

老子从小就勤于用脑。独自一人时，他常常面对浩瀚天穹和河中的流水久久沉思，似乎在揣摩着大自然的奥秘。

有一次，老子与一群小伙伴在一棵大树下玩耍。老子看到大树上写着一个“楝”字，就对小朋友说，这是一棵楝树，而在大树另一侧的小朋友则说这是槐树。两人为此发生了争执。后来，两个人围着大树转了一圈，才发现树的一侧虽然写着“楝”字，但另一侧写的却是“槐”字，实际上是一棵楝槐连理树。通过这件事，老子懂得了看问题要全面、不能以偏概全的道理。

老子十分喜欢家乡的小河，在他看来，小河不仅默默流淌，日夜不息，滋润着两岸的土地，而且能够包容忍让，碰到有东西阻碍，便悄然绕道离去，从不嫌弃污浊和阴暗。有时候它是涓涓细流，柔弱无比，可一旦到了洪水季节，它又像脱缰的野马，浩浩荡荡，气吞万里，无坚不摧。正所谓“天下莫柔弱于水，而攻坚强者莫之能胜”。家乡的小河就像一本读不完的书，使老子获益匪浅。它那“善利万物而不争”

的禀性，对老子后来哲学思想的形成，产生了重大的影响。

少年时期，经族人介绍，老子拜著名学者商容为师。一次，他听说老师得了重病，便前去探望。据说当时商容问了老子三个极富哲理性的问题。

商容首先问："不论什么人，经过故乡时都要下车，你知道这是为什么吗？"老子答："这是表示人不论如何发达显贵，都不应忘记家乡、忘记根本。"商容点了点头，表示赞许，又问："人从高大的树木旁边经过时，都要弯腰鞠躬，这又是为什么？"老子说："在高大的树下弯腰，是表示敬老的意思。"

紧接着，商容又问了第三个难度更大的问题。他先张开嘴让老子看，然后问："我的舌头在吗？"老子答："在。"又问："我的牙齿还在吗？"老子摇了摇头："没有了。"商容接着问道："知道这是为什么吗？"老子略加思索回答："舌头还存在，是因为它柔弱；牙齿掉光了，那是因为它太刚强。"商容见老子聪明过人，十分满意。他进一步教导说："要记住，水虽是至柔之物，但滴水却能穿石；舌头虽然没有牙齿坚硬，但却能以柔克刚。最柔软的东西里，蕴藏着人们很难发现的巨大力量，这种力量甚至能够穿透世上最坚硬的东西。现在我已经把天下最根本的道理都告诉你了，再也没有什么东西可以教你了。"

随着人品和学识的不断长进，

老子像碑

老子的名气也越来越大。鲁襄公二十二年（公元前551年）前后，因朝廷史官空缺，老子被选中担任了守藏史，相当于周王室典籍图书档案馆的馆长。因为这一便利条件，老子得以博览群书。除历代文诰、档案资料、诗以外，他还读了《军志》《建言》《易》《尚书》等大量的图书文献，成为一名精通周礼理论和制度的学者。作为史官，老子还承担记录一切重大政治活动的职责。

当时，周王室由甘氏一族的甘简公执政，他与族人甘成公、甘景公不和。鲁昭公六年（公元前536年），大概是因为记事不合甘简公的意，老子被免去了史官之职。被免职后，老子出游鲁国。

鲁昭公十二年（公元前530年），甘平公登基，老子被召回守藏室继续任职。鲁昭公二十二年（公元前520年），周王室内乱再起，王子朝杀掉王子猛（周悼王），自立为王。五年后，王子朝被众诸侯赶下台，携带大批周朝典籍逃往楚国。老子因此被追究失职之责，再次被免去守藏室吏之职，老子遂返回阔别多年的故乡。

在故乡，老子目睹了连年战火带来的灾难：土地荒芜，满目疮痍，民不聊生。这使他更加痛恨朝政的腐败，对"仁义"的看法彻底动摇，毅然与周礼决裂。从此，老子把对现行制度的批判以及救世方略的思考，升华为对宇宙生成及万物本原的探索，成为先秦伟大的思想家、哲学家及道家学派的创始人。

据说老子离开函谷关进入秦国后，遍游秦国各地的名山大川，最后隐居于扶风一带讲学，传播他的道家思想，并终老于扶风。由于老子学识渊博，待人宽厚，深受当地百姓爱戴，所以他死后前来吊唁的人非常多。因老子曾在槐里讲学，百姓们为了怀念他，将他葬于槐里，就是现在陕西省周至县东南的终南山麓。

老子主张以"无为"达到"无不为"，复归人的本性，走向"自然"这一最高境界。相传老子应关尹之请写下《道德经》后，出函谷关，向西归隐而去。

本来，老子的思想已开始向隐居修养、追求无名发展，恰好此时周王室的一场内乱又使他得以由仕途中解脱。周王室发生内乱，景王崩，王子朝叛变，在守藏室中带走了大批周朝的典籍逃奔到楚国。此事波及到李耳，李耳于是辞去守藏室史官之职，离开周都，准备从此隐居。

行至函谷关时，令尹喜请求道："先生要隐居了，请尽力写一部书吧。"于是老子写成了一部书，这就是《老子》。

《老子》一书是老子思想的结晶。全书采取韵文体，约5000字，分上下两篇，共八十一章。其中阐释了老子的社会政治思想、朴素辩证法思想，重点阐释了老子的唯心主义思想体系的核心——"道"。而这个"道"是世界万物的本源，他从天人同构，身国一理的思路出发，从个人的身心修养中寻找治国之道。老子身处礼崩乐坏、人欲横流的末世，针对当权者唯利是图、穷奢极欲的妄为、躁进，他从清静无为的养身体验中得出了天道无为的结论，崇尚一种民风质朴的"小国寡民"的政治体制。老子既讲究积极的进取之道，肯定人的"功成名就"，又告诫人们要超越狭隘的占有欲，倡导"身退，天之道也。"老子既讲"自然""无欲""柔弱""处下"，也倡导"柔弱胜刚强"，认为"强行者有志"。由于老子丰厚的生活阅历，使他创造的道家学说具有很强的生命力，不同的人都能在其中找到自己人生的智慧所在。

"柔弱胜刚强"是老子长期以来思考的结果。《老子》的七十八章对"柔弱胜刚强"做了阐释："天下柔弱莫过于水，而攻坚强者莫之能胜，以其无以易之。弱之胜强，柔之胜刚，天下莫不知，莫能行。"第七十六章由水到人，到草木，说人活着的时候柔弱，死了变得坚强。万物草木活着的时候柔

老子塑像

脆，死了变得枯燥。所以坚强的东西属于死亡一类，柔弱的东西属于生存一类。由于看到树木强大会折断，从而推断军队强大就会灭亡。

在老子看来，柔弱具有一种强大的生命力，不是虚弱，不是脆弱，而是柔韧，有一种不断发展、成长的动力，必定能战胜"强大"。因为，"强大"也就意味着已在走向死亡——物壮则老。

像水那样柔弱，那样趋下，那样平而后止；像水那样深沉平静，那样不求报答，正是为了"胜刚""胜强"。用《管子·明法解》的话说："国君擅生杀，制群臣，富天下，威势尊显。"

可谓雄强阳刚之至。要保持住刚强，不是立足于正面，而是立足于反面；不是运用刚强，而是保持阴、柔、弱、雌、厚。所以老子一方面委婉地暗示君人者："天下之至柔（水与气），驰骋于天下之至坚，出入无有，入于无间"（第43章）；另外老子则明确地提倡："知其雄，守其雌"，"知其荣，守其辱"，"知其白，守其黑"（第28章），即自知刚强，却始终保持柔弱。

"以柔弱胜刚强"，是《老子》的决胜之道，既是为人处世之道，又是治国之道，是老子辩证法思想的集中体现。

左丘明

左丘明（公元前556—前451年），姓左丘，名明。汉族，春秋末期鲁国都君庄（今山东省肥城市石横镇东衡鱼村）人。相传为春秋末期曾任鲁国史官，是中国古代伟大的史学家、文学家、思想家、军事家。左丘明博览天文、地理、文学、历史等大量古籍，学识渊博。任鲁国左史官，在任时尽职尽责，德才兼备，为时人所崇拜。左丘明是中国传统史学的创始人，被誉为"文宗史圣""经臣史祖"。孔子、司马迁均尊左丘明为"君子"。历代帝王多有敕封：唐封经师；宋封瑕丘伯和中都伯；明封先儒和先贤。

左丘明的祖父倚相是楚国左史。公元前506年，周天子率领诸侯讨伐楚国，为保存典籍，倚相带领子孙离开楚国来到鲁国，定居肥城石横衡鱼村。为使子孙后代不忘先人，他把姓氏定为老祖宗封地营丘的"丘"字。倚相把典籍献给了鲁国，以便保存下去。他的儿子亦通晓史事，被任命为鲁国的太史，后来左丘明又继承了他父亲的职位，继任鲁国的太史官。左丘明历经30余年写就的《左氏春秋传》，史称《左传》，是中国第一部叙事完整的历史著作，也是一部有着极高成就的文学著作。

为了著述历史，左丘明曾与孔子一同前往周室，在周太史那里查阅档案，回鲁后孔子便写了文字简明的《春秋》，而左丘明则写成了内容浩繁的《左传》。鲁国是周公的封地，相传周公治礼作乐，鲁国保存了前代的多种礼乐制度和文献，所以鲁国一向有"礼乐之邦"的美称。西周灭亡后，周室文化在西方荡然无存，却在东方鲁国保留得相当完整。当时鲁国的各种文献和档案资料，属于太史职掌收藏，左丘明既然为鲁国的太史，自然也就掌握了春秋时代中原最丰富的文献资源。因此，左丘明能够写出《左传》这样一部规模空前的史学巨著也就不难理解了。《左传》的编撰，是左丘明史官生涯中最大的成就，其在中国思想史、史学史、文学史和学术史上都占有重要地位。

《左氏春秋》，简称《左传》，多以史实解释《春秋》，起自鲁隐公元年（公元前722年），迄于鲁哀公二十七年（公元前468年），以记事为主，兼载言论，叙述详明，文字生动简洁，全面反映了当时的社会历史面貌，既是重要的儒家经

左丘明像

典，又是中国第一部完整的编年体史书，在文学上也有很高的成就。又著《国语》，分别记载西周末年至春秋时期（约公元前967年—前453年）周王室及鲁齐晋郑楚吴越诸国史实，偏重记述君臣言论，为中国最早的国别体史书。，亦编修国史，日夜操劳，历时30余年，一部纵贯200余年、18万余字的《春秋左氏传》定稿。其历史、文学、科技、军事价值不可估量，为历代史学家和文人所推崇。

左丘明晚年时眼睛出了毛病，不得不辞官回乡，不久就双目失明了。强烈的历史使命感使他振作起来，将几十年来的所见所闻，各诸侯的要闻和君臣容易得失的话记述下来，汇集成著名的历史名著《国语》。《国语》是中国最早的一部国别史，与《左传》一起成为珠联璧合的历史文化巨著，被誉为"百家文字之宗、万世古文之祖"。公元前451年前后，左丘明因病去世，并安葬于故乡肥城石横镇衡鱼村东北处。

左丘明很重视礼的作用。他认为礼是治理国家、安定社会、造福人民的依据和手段，也是"君子"必须遵行的规范；作为一个君子，首先要把礼和义放在最重要的地位，"君子动则思礼，行则思义，不为利回，不为义疚"（《左传·昭公三十一年》）。意思是：一思考问题就要想到礼，一做事就要考虑到义，不为利而丧失意志，不为义而感到内疚。体现礼的众多礼节也要和义结合，对失礼行为持坚决批评的态度。

受重礼思想的影响，左丘明特别重视个人的

左丘明塑像

品德修养。这些修养包括忠、孝、信、义、让等。他认为忠是一个人最美好的品德，忠的首要含义是忠于国君：楚国的子囊在国君死后还不忘给他增加好名声，在自己将要死的时候不忘保卫祖国，他认为这就是忠；鬻拳曾用兵器威逼楚文王纳谏，自认犯了罪而砍断双脚，他认为这也是忠。对君王要忠，对父母就要孝。郑庄公因母亲帮助弟弟谋反，将母亲软禁起来发誓永不相见，颍考叔帮助郑庄公母子和解，左丘明对颍考叔大加赞叹，说他能爱自己的母亲，并且把这种爱也传递给庄公，是"纯孝"。信是君子的一个道德标准，它不仅表现在个人品德上，还体现在国家之间，如果国家之间的结盟不是建立在信的基础上，即使结盟也没有任何意义。一个品德高尚的君子，除了讲信，还要讲义。卫大夫石碏大义灭亲，将参与叛乱的儿子正法，左丘明给予高度评价，称其为"纯臣"。让，就是谦让，是礼的重要组成部分。如果一个国家能够形成一种上下谦让的良好社会风气，那么这个国家就能长治久安。另外，君子还要从善不从恶，知道善不可以丢、恶不可以长，做到从善如流。对于那些践踏忠孝信义、品行恶劣的人，左丘明表示深恶痛绝。

左丘明认为国君也必须注重品德修养：国君要治理好国家，首先自己要贤明，做到秉正无私、心胸博大、知人善任；治理国家，还必须把德政和刑罚结合起来，用德政来治理百姓、用刑罚来纠正邪恶，这样百姓才能安居乐业、邪恶才能消除。

左丘明认为在军事上也同样要重视德和义的作用：主张战前必须做好充分的准备，否则就不要出师。这些准备包括：度德，即考虑自己的德能否争取到民众的拥护；量力，即正确估测敌我力量的对比；亲亲，即努力团结自己的亲人，以得到最大限度的支持；征辞，即要有开战的充足理由；察有罪，即考察有罪过的征伐目标。

孔 子

孔子（公元前 551—前 479 年），子姓，孔氏，名丘，字仲尼。春秋末期鲁国陬邑人（今山东曲阜），祖籍宋国栗邑（今河南夏邑）。

孔子是中国古代著名思想家、教育家，他开创了私人讲学的风气，倡导仁、义、礼、智、信，是儒家学派创始人。

在中国历史上，孔子是具有划时代意义的人物。孔子曾受业于老子，带领部分弟子周游列国14年，晚年修订"六经"，即《诗》《书》《礼》《乐》《易》《春秋》。他以布衣之身闻名于世。他早年为了立足于世，于礼上多下功夫，提出了"克己复礼，仁也"的主张。他开办教育，并抱经世济民之志而游说诸侯各国，以其人格魅力和感召力浇铸了中华民族的品格。相传孔子有门人3000人，高足70人。孔子去世后，其弟子及其再传弟子把孔子及其弟子的言行语录和思想记录下来，整理编成儒家经典《论语》。

孔子在古代被尊奉为"天纵之圣""天之木铎"，是当时社会上的最博学者之一，被后世统治者尊为孔圣人、至圣、至圣先师、大成至圣文宣王先师、万世师表。其儒家思想对中国和世界都有深远的影响，孔子被列为"世界十大文化名人"之首。随着孔子影响力的扩大，祭祀孔子的"祭孔大典"也一度成为和中国祖先神祭祀同等级别的"大祀"。

孔子的曾祖父是宋国人孔防叔。防叔生了伯夏，伯夏生了叔梁纥。据说孔子是叔梁纥与姓颜的女子野合生下的。孔子一生下来，头顶中

孔子出生图

间低，四边高，很像尼丘山，他的父母便给他起名为丘，字仲尼。

孔子出世时，中国历史正处于春秋后期的社会大变动时期。当时，中国社会正处在从奴隶社会向封建社会转型的过程中。旧的制度日益瓦解，而新的制度还没有建立起来，整个社会处在动荡不安之中。

在孔子的出生地鲁国，这种旧制度崩溃的迹象更加明显。鲁国曾是著名的"礼乐之邦"，而此时已处在"礼崩乐坏"的状态中。正是这种逆境激发了孔子好学向上的志向，他15岁便确立了学习的志向，从此便如饥似渴地学习。孔子博学、好闻、审思、明辨的精神在早年就可见一斑，曾向老子请教过礼制，跟苌弘学习过音乐。

孔子是中国历史上对于士人品格塑造影响最大的第一位平民教育家，也是世界上第一个私人办教育的人。他从事教育事业之时中国社会正处在大混乱的时期，也是意识形态中百家争鸣的开端，故其对于中国历史的发展以及中华民族意识形态特征的形成产生了难以估量的深远影响。

可以说，春秋诸子的争鸣，孔子传道是其开端。与其同时的老子虽然深刻，但其对于社会现实没有热情关注，也没有产生什么影响。而其他各家都是在孔子之后出现的，多数是针对孔子的儒家思想而发的，因此可以说孔子是引发百家争鸣的先导者。

《淮南子·要略》篇说："孔子修成康之道，述周公之训，以教七十子。使服其衣冠，修其篇籍，故儒者之学生焉。墨子学儒者之业，受孔子之术，以为其礼烦扰而不悦，厚葬靡财而贫民，久服伤生而害事，故背周道而用夏政。"所言正是这种情况。

孔子少年丧父，家境寒素，自幼好学礼乐，身材魁梧，仪表堂堂，十几岁时便得到鲁国上层贵族的注意，并取得了一定的社会声望。17岁时，他已开始教学生。但似乎只是开始尝试，还没有正式公开招生。

孔子访学时，老子在周任守藏室史，即负责保存收藏历史档案和资料的官员。孔子参观学习周礼，当然要和老子接触。在《史记·老子韩非列传》中也有一段关于孔子访学拜见老子的记载，可以看出这两位文化巨匠接触时相互倾慕的情景。

关于此次进修访学的时间，大约在孔子弱冠之后，即 20 多岁的时候，更具体的时间难以确定。从此，孔子的私人办学开始起步，弟子的数量也开始多起来。据推测，孔子收取十束修为学费当是从这时候开始，否则他的生活便没有经济基础作保障。

20 岁到 30 岁，孔子的办学处在发展阶段，学生数量不会太多。到 30 岁这一年，由于邻近大国齐国君臣的来访，使孔子的地位和知名度再度提高。

孔子 35 岁时，鲁国发生内乱，孔子到齐国避难，开始钻研音乐，这也是其提高礼乐修养的重要条件。《史记·孔子世家》中说："孔子适齐，为高昭子家臣，欲以通乎景公。与齐太师语乐，闻韶音，学之，三月不知肉味。齐人称之。"后来齐景公问政，并有意重用孔子，因晏婴提出异议而止。晏婴之所以提出异议，并不是出于嫉贤妒能，而是孔子那一套在当时错综复杂的国际环境下不切合实际，难以实行。

孔子在齐国逗留一段时间后返回鲁国，但鲁国内部依旧很混乱，出仕环境更差，因此他便专心从事教育事业，从而使事业得到很大发展，达到巅峰状态。这一时段持续约 20 年，即大约从 35 岁到 55 岁。这是人生的壮年时期，是最成熟、最有经验也最有精力的黄金时段。而最巅峰状态大约是在 40 岁以后出现的，用孔子的话说，就是"四十而不惑"，出仕无望，又执

孔子

着于自己的理想，想要通过教育子弟这种曲折的方法来实现自己本身无法实现的政治理想，于是大力办学，培养了一大批弟子门人。孔子弟子中的主要人物，在这时期大部分已经投到其门下。

鲁定公九年（公元前 501 年），"定公以孔子为中都宰，一年，四方皆则之。由中都宰为司空，由司空为大司寇"。到鲁定公十四年（公元前 496 年），孔子已经 56 岁，由大司寇行摄相事。其后不久，便"堕三都"，杀少正卯，利用刚刚到手三个月的最高司法长官的权利杀害了与自己政见不同的文化名人。可以说，孔子的这一做法很恶劣，开了文化专制的先河。

杀少正卯不久，鲁国国君接受齐国赠送的女乐而荒怠政事，孔子便辞职离开鲁国到邻接的卫国去，从此开始了长达 14 年的流亡生活。在流亡过程中，一批年龄较大的学生一直跟随他到处流浪。70 岁时，孔子才得以返回故乡，3 年后去世。

由此可知，孔子一生办学的经历大致如下：17 岁是他教学生涯的起点，20 岁左右到东周进修访学是其进一步提高的关键，回到鲁国后便开始向社会公开招生，真正开始了私人教育事业。35 岁到 55 岁这 20 年是其教育事业的巅峰时期，学生人数众多，远近皆至。56 岁到 70 岁这段时间周游列国，广泛传播自己的学说和主张，是其思想大散播时期。70 岁回到鲁国，度过其人生的最后时光，是其教育生涯的总结时期。

孔子一生中有大部分时间是从事传道、授业、解惑的工作。他首创私学，进行授学，打破了"学在官府"的旧制度，突破了王宫贵族对知识的垄断，促进了文化在民间的传播。

孔子提倡"学以致用"，他的教学目的，在于培养为实行"礼治"和"仁政"所需的人才，把"学"与"道"联系起来。孔子创造了一套卓有成效的教育方法。"因材施教"是孔子的一条重要的教学原则，即针对每个学生的个性和优缺点，循循善诱，尽量发挥其长处。在教学方法上，孔子重视启发式的教育方法，要求学生举一反三，由此及彼地进行推理和分析，这样就培养了学生的自觉性和独立思考能力。

此外，孔子还总结了一套正确的学习原则，譬如"学而知之"的唯物主义认识论，"知之为知之，不知为不知"的老老实实的学习态度，以及"不耻下问"的敬学态度等。

孔子对学生的影响，一部分是通过言传，而更多的、更为深刻的则是身教。他的勤奋好学，他对真理、对理想、对完美人格的追求，他的正直、谦虚、有礼和对国家的忠诚与对百姓的关心，都深深地感染着他的学生和后人。

孔子弟子中在德行方面表现突出的有颜渊、闵子骞、冉伯牛、仲弓；在语言方面表现突出的有宰我、子贡；办理政事能力较强的有冉有、子路；熟悉古代文献的有子游、子夏。在孔子的弟子中，有不少人都干出了一番事业和成就，对于当时的政治，尤其是对于孔子思想的继承和传播，对于儒家的形成和发展，起了决定性的作用。

孔子不仅博学多识，而且毕生致力于为政和为人之道。他主张"学而优则仕"，希望依靠自己的广博学识走上从政道路。然而，仕途的大门却迟迟没有向他敞开，直到人过中年之后，他才获得了从政的机会。

孔子由于对鲁国大夫季氏专权感到不满，于是逃到齐国，曾一度得到齐景公的垂青。

孔子圣迹图之一

齐景公问他治国之道，孔子答："君君，臣臣，父父，子子。"也就是说，君臣父子都应该按照传统的礼制和道德规范行事，不可越轨。然而孔子的才华遭到齐国大臣的忌妒，不但大臣晏婴不赞同他的政治主张，而且其他大臣甚至也想谋害他。孔子得不到齐景公的重用，只好告辞了，就回到了鲁国。

而在周敬王十八年（公元前502年），孔子由于拒绝叛臣阳虎的拉拢，取得了国君鲁定公和执政大臣季恒子的信任。第二年，51岁的孔子被任命为"中都宰"——中都地方的长官。他干得很出色，一年之后，被提升为"司空"——主管建筑与道路等事务的长官；不久又升为"司寇"——掌管司法的长官，兼理外交事务。从此，孔子的仕途前景一片光明。

周敬王二十年（公元前500年），齐鲁两国在夹谷会盟。在举行会盟仪式时，齐国妄图侮辱鲁国，奏起了边疆地区的音乐，还让侏儒和小丑上台耍笑逗乐。孔子识破了齐国的险恶用心，义正词严地用当时通行的礼法责备对方，并把小丑和侏儒处以腰斩的酷刑，保全了鲁国的尊严，使齐国的阴谋没有得逞。这次外交胜利不但提高了鲁国的地位，而且孔子的政治声誉也因此而鹊起。

孔子参政以后，便建议打击割据势力，从而使鲁国的政治大有起色，这可吓坏了邻国齐国。齐国怕鲁国重用孔子后国力强大难以控制，于是想方设法搞破坏。他们知道鲁定公和季恒子都是好色之徒，便使用美人计，给鲁国送来了80名美女、30辆华丽的马车，从那以后，鲁定公和季恒子从此便沉湎于酒色，再也不过问政事了。孔子感到自己不能继续施展政治抱负，于是便辞职离开了鲁国，开始周游列国。

孔子离开鲁国后，在外漂泊了14年，先后到过卫、匡、蒲、曹、宋、郑、陈、蔡、晋、楚的边境，并反复进出卫国。

卫国是孔子周游列国的第一个国家。卫灵公开始很尊重他，按照孔子在鲁国的俸禄标准发给他粟六万斗，但并没给他什么官职，也没让他参与政事。孔子在卫国住了约十个月之后，因有人在卫灵公面前进谗言，卫灵公对孔子起了疑心，派人公开监视孔子的行动，于是孔

孔子圣迹图之二

子带弟子离开卫国，打算去陈国。

孔子一行路过匡城时，因为被误认为是曾经骚扰过匡地的阳虎一伙，被人围困了五日。一场虚惊过后，孔子离开匡城，想去晋国。刚到了蒲地，又碰上卫国贵族公叔氏叛乱，再次被围。逃脱之后，孔子又返回了卫国，卫灵公听说孔子师徒从蒲地返回，非常高兴，亲自出城迎接。孔子此后在卫国住了两年。

但年迈的卫灵公此时对于治理国家并不起劲，虽然尊敬孔子，却无意让他参政，只是偶尔让夫人召见召见他。孔子对此很失望，感到久居无益，两年后就又离开了卫国。

这次，孔子一行辗转经过曹国、宋国、郑国，来到陈国，在陈国住了三年。吴国攻打陈国，弱小的陈国无力自保，局势危险，孔子只好带着弟子离开陈国。

在经过陈、蔡两国交界处时，正赶上吴、楚两国交兵，孔子师徒又被乱军包围，可孔子还每天坚持教学，照样谈笑风生。他教育弟子："君子固穷，小人穷斯滥矣！"意思是说，君子即使处于贫困的境地，也不会改变操守，要是小人遭遇此事，就要越轨胡来了。另外，他还派口才出众的子贡去同楚军交涉，终于在楚军保护下，死里逃生。

楚昭王想重用孔子，但遭到满朝文武大臣的极力反对。国相子西认为，孔子有实现周公事业的想法，如果给他封官加地，再加上贤能弟子的辅佐，将会对楚国构成威胁。楚昭王就此打消了念头。孔子只得离开楚国，回头北返。

最后孔子又回到卫国。这一次，他在卫国住得时间比较长。虽然他本人因不满蒯聩与卫出公二人不遵父子之道，拒绝当官，但他的弟子则有的在卫国身居高位，有的则回鲁国做了大官。年迈的孔子身居异乡，越来越想念自己的家国。在卫国居住五年之后，他终于回到阔别 14 年之久的鲁国。

孔子晚年能顺利归鲁，得益于他的弟子们。鲁哀公七年（公元前488 年），吴与鲁在于鄫会盟，鲁国被迫进献厚礼，吴国还要求鲁国的执政大臣季康子去朝见，幸亏子贡从中交涉，才免受羞辱。第二年，吴国攻打鲁国，又是以有苦为首的 700 勇士誓死抵抗，才打退吴兵。鲁哀公十一年（公元前484 年），冉求率领“季氏之甲”击退齐军，立了战功，深得季康子赏识。冉求极力向季康子推荐孔子。季康子便派人带了重礼迎孔子回国。

孔子回鲁以后，鲁哀公和季康子以“国老”之礼相待，并向他求教治国之道。但季康子的施政方法却与孔子的政治思想完全不同。季康子对鲁国盗贼众多表示担忧，向孔子求教如何治“盗”，孔子却说：“如果你自己没有贪欲，那么即使给予奖赏也不会去偷盗。”这实际是讽刺季康子的穷奢极欲。

鲁哀公十四年（公元前481 年），齐国发生了一件大事，国相田常杀死了齐国君王简公。以下犯上，以臣弑君，这是孔子最不能容忍的大逆不道之举。于是他便拜见了鲁哀公，请求出兵伐齐。但鲁哀公却回答说：“齐强鲁弱，怎么能去讨伐呢？”让他去找执政的季康子商量。但是季氏由于在政治见解上与孔子不和，又经常受到孔子的批评和讽刺，当然不会理睬孔子。

孔子由于一再在仕途上遭受冷遇，所以在晚年便把全部精力用在文化教育事业上，努力搜集和整理古代文献，作为教授弟子的课本。

孔子时期，周室衰微，礼乐败坏，《诗》《书》等典籍残缺不全。孔子追溯夏、商、周三代的礼仪制度，重新编成《书传》，上起唐尧、虞舜之时，下至秦穆公时期，按历史顺序排列史事。考察了夏、殷以来礼制增减的情况后，孔子说："从此之后，即使过了百代，礼制的增减情况都可以把握，不外乎是文采和质朴的交替变化。周朝借鉴夏、殷两朝的礼制而确定自己的礼仪制度，真是丰富多彩啊。我遵从周朝的礼制。"《书传》《礼记》都是孔子编订的。

古代留传下来的《诗》有上千篇，孔子删去重复的部分，选取可以用于礼仪教化的篇章，共305篇，所以《诗经》又称"诗三百"。孔子将这些诗全部配乐，礼乐制度从此才得以称述，六艺齐全。在编著《诗》时，孔子阐述了他的文学观念："《诗》三百，一言以蔽之，曰：思无邪。"这既符合当时统治阶级的正统思想，又规定了中国整个封建社会的文学创作方向，此外，他还提出"兴、观、群、怨"的诗学理论，阐释了文学的社会功能，对后世具有很大的启发作用。

孔子晚年喜好《易》经，反复研读，以致"韦编三绝"，就是把串竹简的皮绳都磨断了三次。作为《易》的组成部分的"十翼"，即解释经文的传文，据说就与孔子有关。

《春秋》本是鲁国的编年史，孔子对其进行订正。据说在写作《春秋》时，孔子该写就写，该删就删，连子夏等人都不能插嘴。孔子说："后世人知道我孔丘是因为《春秋》，而怪罪我孔丘也是因为《春秋》。"在先秦时代所有的学派和学者当中，孔子在保存、整理古代文献方面，做出的贡献最大。他对保存中华民族的古代文化遗产，具有不朽的功绩。这些文献，如《诗》《书》《礼》《乐》，后来都被孔子作为教学内容传授给弟子们。

然而厄运并没有放过他。孔子69岁那年，他的独生子孔鲤死了，老来丧子，乃是一大哀事。次年，孔子最喜爱的弟子颜渊也死了，孔子悲痛不已。再下一年，在卫国当官的子路在宫廷斗争中被株连，惨死于卫国政变。

独子和两个心爱的弟子相继死去，使孔子在感情上遭到重大打击，他在子路遇害的次年，就在悲痛中病倒了，从此一病不起。一天，他强撑着，拄着拐杖到户外散心，正好子贡来看望他。孔子深情地说："赐，你怎么来得这么晚啊？"接着又叹息着唱道："泰山就要崩塌了！梁柱就要折断了！哲人就要凋谢了！"一边唱一边潸然泪下。接着，他又对子贡说："天下失去常道已经很久了，没有人能遵循我的主张。夏人死后棺木停放在东面的台阶，周人死后棺木停放在西面的台阶，殷人死后棺木停放在厅堂的两柱之间。昨天傍晚，我梦到自己坐在两柱之间受人祭奠，我本来就是殷人啊。"鲁哀公十六年（公元前479年）四月，孔子与世长辞，终年73岁。

孔子无论生前死后，其崇拜者都不计其数。他的弟子子贡将他比成"不可逾越的日月"，儒家后学荀子更将他与古代的"三王"并称。

孔子逝世后，鲁哀公将孔子故居改建为庙，收藏孔子生前用过的衣冠、琴、车和书简等。相传鲁国每年按时到孔子墓地供奉祭祀，儒生们也在孔子墓地讲习礼仪，举行乡饮、大射等仪式。

除去焚书坑儒的秦朝，孔子在整个封建社会都备受推崇。尤其是到了汉朝，汉武帝"罢黜百家，独尊儒术"，以"五经"立于学官，儒家思想成了钦定的正统思想，作为儒家党派创始人的孔子的地位远

孔子圣迹图之三

远超过诸子，甚至被尊为"素王"。西汉史学家司马迁评价孔子时说："天下的君王乃至贤人实在太多了，活着的时候都很荣耀显赫，一旦死去就消失得无影无踪了。而孔子只是个平民，可他的名声和学说却流传了十几代，学者们仍然推崇他为宗师。从天子到诸侯，凡是讲论六经道艺的人，都把孔子的学说当作判断和衡量的最高准则，孔子可以说是至高无上的圣人了！"

陈 亢

陈亢（公元前511—前430年），妫姓，字子亢，一字子禽，春秋末年陈国人。齐大夫陈子车的弟弟，孔子的弟子，在孔子77位弟子中名列第68位。北宋大中祥符元年（1008年），宋真宗赠封孔子为"玄圣文宣王"，陈亢同时被赠封为"南顿侯"。明嘉靖九年（1530年），明世宗封孔子为"至圣先师"，陈亢被陪祀于孔庙。

陈亢原名妫亢，是陈胡公妫满的第20世孙。后来因为陈国不断遭受外敌入侵，为避免战乱而避难于卫国的河阳，以陈为姓，史称为陈亢。陈亢死后，其子陈德与陈瑶率领陈亢弟子20余人到陈国都城治丧，葬其于今太康县城北10余公里的来凤岗。陈德守墓，后来就定居下来；陈瑶则子继父业，在陈国故地定居下来。故陈德被称为太康县陈氏的始祖，而陈瑶被称为淮阳陈州陈楼陈氏的始祖。

陈亢曾做过单父邑宰。他遵循的是无为而治。明代学者顾龙裳写有《公堂清燕》诗："缅想鸣琴治邑时，雍容雅化坐无为"，就是写陈亢在卫国当官的时候，专施德化不用刑罚、公堂抚琴、无为而治的情景。

陈亢的哥哥子车在卫国因病去世，他嫂子与家大夫商量要举办殉葬礼，对陈亢说："您哥哥不幸去世，我们准备为他举行隆重的殉葬礼。"陈亢说："殉葬并不合乎周礼。真要殉葬的话，用你们两个人才比较合适。因为哥哥在世时，是奉养你们的啊。"一句话说得嫂子和家大夫竟再也不敢提"殉葬"的话了。

陈亢勤学好问，善于思考，不管对什么事情都有一种怀疑精神，尤其是对孔子的言谈举止、学说思想，乃至人格人品。比如，孔子曾携弟子周游列国，他怀疑其目的，不知道孔子到每个国家去游说，到底是为了从政来实现自己的政治抱负呢，还是希望对人家有所贡献。为此，他常常偷偷地研究孔子、揣摩孔子。

后来，陈亢发现不知什么原因，孔子之子孔鲤的学问明显优于自己。陈亢认为自己聪明好学、敏而好问在同学中是出了名的，而且为了获取更多的知识，自己常不离孔子左右。孔鲤学问高，只能说明一个问题，那就是孔子私下里对孔鲤进行了个别教育。可是，此事是否属实，陈亢也拿不准，便偷偷地去问孔鲤。

孔鲤说："父亲主张因材施教，可他绝对不会因为我是他的儿子而有所偏袒。不过，我们父子间的两次闲谈倒涉及一些学问上的问题。记得有一次，我从外面回来，看见父亲一个人站在庭院里，便恭恭敬敬地从他老人家身边走过。父亲叫住我，问我最近一段时间都读了哪些书？有没有研究过《诗》的学问？我说没有。父亲告诫我说，'不学诗，无以言'。《诗》的学问包罗万象，不学《诗》，知识就不渊博，连写文章、言谈都很困难。于是，我便退回去学《诗》。过了几天，我有事经过中庭，又碰到了父亲。他问我学过《周礼》没有，我说没有。他说，'不学《礼》，无以立。'周礼代表了中国文化最基本的精神内涵，不懂得礼这方面的学问，不足以立身呀！听了父亲的话，我感触很深，于是便退回去学《周礼》。从父亲那儿，

陈亢像

我只听到这两件事，别的就没有什么了。"

陈亢非常高兴，回到家对夫人说："为了能揣摩透老师，我只问了伯鱼一个问题，没想到却了解到三点：一是必须学习《诗》，这样才能更全面地了解世界，掌握更多的知识；二是必须学习《周礼》，这样才能安身立命，有所作为；三是知道先生是位真圣人，他对弟子绝无二心，对自己儿子采取疏远的态度，丝毫没有偏袒之意。"

曾　子

曾子（公元前505—前435年），名参，字子舆，春秋末年鲁国南武城人（山东嘉祥县）。中国著名的思想家，孔子的晚期弟子之一，与其父曾点同师孔子。儒家学派的重要代表人物，在儒学发展史上占有重要的地位，被后世尊奉为"宗圣"，配享孔庙。

鲁哀公元年（公元前494年），曾参常随父学诗书，有"伏案苦读"之说。鲁哀公三年（公元前492年），"躬耕于泰山之下，遇大雨雪旬日不得归，因思父母，而作梁山之歌"。

鲁哀公五年（公元前490），16岁的曾参拜孔子为师，他勤奋好学，颇得孔子真传。

鲁哀公十三年（公元前482年），孔子的高才弟子颜回病故，曾参就成了孔子学说的主要继承人。

鲁哀公十六年（公元前479年），孔子去世，曾参以父礼守孔子墓。孔子临终将其孙（孔鲤之遗孤）子思托付于曾参。

鲁哀公十九年（公元前476年），孔门弟子子夏、子游、子张认为有若面貌很像孔子，要把有若当孔子来侍奉，强叫曾参同意。曾参拒绝说："不可以这样做。老师的德行像长江的水洗过，像秋天的阳光晒过，清净洁白，无以复加，怎么只求面貌相似呢？"

鲁悼公三十二年（公元前435年），一天夜里，病危中的曾子突然想起身下铺着一领华美的席子，那是鲁大夫季孙氏送给他的。他认为，自己一生没做到大夫，不应铺大夫的席子，于是就招呼儿子们把席子换下来。没等换上的席子铺好，他就去世了，终年71岁。

曾子主张以孝恕忠信为核心的儒家思想，他的修齐治平的政治观，内省、慎独的修养观，以孝为本的孝道观至今仍具有极其宝贵的社会意义和实用价值。曾子参与编写了《论语》，著写了《大学》《孝经》《曾子十篇》等作品。

曾子著作《大学》，开宗明义提出了三纲——明明德、亲民、止于至善，八目——格物、致知、正心、诚意、修身、齐家、治国、平天下。"古之欲明明德于天下者，先治其国；欲治其国者，先齐其家；欲齐其家者，先修其身；欲修其身者，先正其心；欲正其

曾子像

心者，先诚其意；欲诚其意者，先致其知。致知在格物。格物而后知至，知至而后意诚；意诚而后心正，心正而后身修，身修而后家齐，家齐而后国治，国治而后天下平。"构成了一套完整的封建伦理道德的政治哲学体系。

曾子虽有从政经历，但综观其一生，仍然是一个孔子式的知识分子形象。其根源在于他那尽守礼约、躬守孝道、不苟同权贵的思想品格。

"曾子避席"出自《孝经》，是一个非常著名的故事。曾子有一次在孔子身边侍坐，孔子就问他："以前的圣贤之王有至高无上的德行，精要奥妙的理论，用来教导天下之人，人们就能和睦相处，君王和臣下之间也没有不满，你知道它们是什么吗？"曾子听了，明白老师孔子是要指点他最深刻的道理，于是立刻从坐着的席子上站起来，走到席子外面，恭恭敬敬地回答道："我不够聪明，哪里能知道，还请老师把这些道理教给我。"

曾子性格内向，长于内省，提出"君子慎独"及"吾日三省吾身"

等不朽名言。他是历史上一个有名的孝子，笃行仁孝，提倡忠恕。关于他的孝，历来有很多故事。曾参对父亲非常地孝顺，从来不会违抗父亲的任何决定，有时对于父亲蛮不讲理甚至动粗都尽量顺受。有一次，曾参在瓜田里干活，不知道为什么走了神，不小心把一棵长得很好很肥壮的瓜苗给弄断了。他的父亲曾皙性情暴躁，一见之下，怒火冲天，抄起一根粗木棒照着曾参背脊上就是一棍子。可是曾参这个书呆子，竟然不闪不避，扎扎实实挨了一棍，一下子扑倒在地上，不省人事。过了好半天，他才缓过劲，迷迷糊糊醒过来，背上火烧火燎地疼。尽管如此，还是挣扎着跑去问候他的父亲，说："不孝子惹父亲大人生气了，您老人家教训我，可曾用力过猛，伤了您的手？"问候完毕，又回自己屋里，继续若无其事地弹琴唱歌，以此表明自己一点怨恨也没有。

这件事很快就传了出去，大家都说曾参真是个至孝之人，宁愿自己受伤，也不愿忤逆父亲。后来孔子也听说了，却对此不以为然，还吩咐其他弟子，如果曾参来了，就别让他进来。其他弟子虽然奇怪，可一看孔子的脸色，谁也不敢询问。果然没两天，曾参来了。哪知道刚走到门口，就被关在门外，不准进去。曾参百思不得其解，不知道自己做错了什么。只好千方百计托人传话，希望孔子能解开他心中的疑惑。孔子说："从前舜也是个大孝子，可不是曾参这样的。舜的父亲也

曾子雕像

经常打他，如果他爹用小棍子打，舜就不闪不避，随他打几下；如果他爹用大木棒打他，他就跑得远远的，躲开暴怒中的父亲。现在曾参明明看见大木棒砸下来也不躲避，存心用自己的血肉之躯去承受那蛮不讲理的暴怒。他自己倒觉得自己这样是孝顺，也不想想，万一他老爹那一棍子把他打死了，那他老爹岂不是要背负杀子的恶名？天下还有比陷父亲于不义更不孝的吗？"

曾参听了别人的转述，恍然大悟。这才明白自己这种做法其实是极端错误的，几乎酿成大错。凡事必须有一个度，如果不能很好地把握这个度，就有可能把好事变成坏事。曾参至孝，本来是一件好事，但是他开始却没有把握住所谓"孝"的标准和度，以为一味地逆来顺受就是"孝"，结果几乎铸成大错。孔子的智慧就在于懂得凡事不能过火，一旦过火就会犯错，这其实也是孔子中庸之道的一个体现。

《二十四孝》中也有一则曾子啮指痛心的故事。曾子少年时家贫，常入山打柴。一天，家里来了客人，母亲不知所措，就用牙咬自己的手指。曾参忽然觉得心疼，知道母亲在呼唤自己，便背着柴迅速返回家中，跪问缘故。母亲说："有客人忽然到来，我咬手指盼你回来。"曾参于是接见客人，以礼相待。

《二十四孝》之曾子啮指痛心

133

这就是古代著名的"二十四孝"中的"啮指痛心"。曾子是著名的孝子，因此对母亲传出的资讯有着很强的感知力。后人也以诗颂之："母指方才啮，儿心痛不禁。负薪归未晚，骨肉至情深。"

墨 子

墨子（生卒年不详），名翟，春秋末期、战国初期宋国人，一说鲁阳人，一说滕国人。墨子是宋国贵族目夷的后代，生前担任宋国大夫。他是墨家学派的创始人，也是战国时期著名的思想家、教育家、科学家、军事家。

墨子是中国历史上唯一一个农民出身的哲学家，创立了墨家学说。墨家在先秦时期影响很大，与儒家并称"显学"。在当时的百家争鸣，有"非儒即墨"之称。墨子还是一位科学家，创立了以几何学、物理学、光学为突出成就的一整套科学理论。

作为一个平民，墨子在少年时代做过牧童，学过木工。据说他制作守城器械的本领比公输班还要高明。他自称是"鄙人"，被人称为"布衣之士"。作为没落的贵族后裔，他自然也受到必不可少的文化教育，《史记》记载墨子曾做过宋国大夫。墨子是一个有相当文化知识，又比较接近工农小生产者的士人，自诩说"上无君上之事，下无耕农之难"。

墨子成年后，决心出去拜访天下名师，学习治国之道。墨子穿着草鞋，步行天下，开始在各地游学。墨子曾从师于儒者，学习孔子的儒学，称道尧舜大禹，学习《诗》《书》《春秋》等儒家典籍。但墨子批评儒者对待天帝、鬼神和命运的不正确态度，以及厚葬久丧和奢靡礼乐，认为儒家所讲的都是些华而不实的废话，"故背周道而行夏政"。其实墨子基本上认同、认可儒家的价值理念，只是在具体走向上以不同的诠释构建起自己的理论体系。

墨子最终舍掉了儒学，另立新说，在各地聚众讲学，以激烈的言辞抨击儒家和各诸侯国的暴政。大批的手工业者和下层士人开始追随墨子，逐步形成了自己的墨家学派，成为儒家的主要反对派。墨家是一个宣扬仁政的学派。在代表新型地主阶级利益的法家崛起以前，墨家是先秦时期和儒家相对立的最大的一个学派，并列为"显学"。

墨子一生的活动主要在两方面：一是广收弟子，积极宣传自己的学说；二是不遗余力的反对兼并战争。为宣传自己的主张，墨子广收门徒，一般的亲信弟子达到数百人之多，形成了声势浩大的墨家学派。

墨子在宋昭公时曾做过宋国大夫。但以后地位下降，接近劳动者。墨子的行迹很广，东到齐，北到郑、卫，并打算到越国，但终未成行。墨子曾阻止鲁阳文君攻打郑国，说服鲁班而止楚攻宋。墨子多次访问楚国，献书给楚惠王。楚惠王打算以书社封墨子，但墨子最终没有接受。后来他又拒绝了楚王赐给他的封地，离开了楚国。越王邀请墨子做官，并许给他以五百里的封地。墨子以"听我的劝告，按我讲的道理办事"作为前往条件，而不计较封地与爵禄，目的是为了实现自己的政治抱负和思想主张，遭到越王拒绝。墨子晚年来到齐国，企图劝止项子牛讨伐鲁国，但没有成功。

《墨子》一书是墨子的弟子及其再传弟子对墨子言行的记录。

《墨子》分两大部分：一部分是记载墨子言行，阐述墨子思想，主要反映了前期墨家的思想；另一部分《经上》《经下》《经说上》《经说下》《大取》《小取》六篇，一般称作《墨辩》或《墨经》，着重阐述墨家的认识论和逻辑思想，还包含许多自然科学的内容，反映了后期墨家的思想。其中还包含许多自然科学的内容，特别是天文学、几何光学和静力学。

《墨子》内容广博，包括

墨子像

了政治、军事、哲学、伦理、逻辑、科技等方面，是研究墨子及其后学的重要史料。

在《墨子·鲁问》中，墨翟提出了墨家的十大主张，即"兼爱""非攻""尚贤""尚同""尊天""事鬼""非乐""非命""节用""节葬"。他认为，要根据不同国家的不同情况，有针对性地选择十大主张中最适合的方案。如"国家昏乱"，就选用"尚贤""尚同"；国家贫弱，就选用"节用""节葬"，等等。

1. 兼爱非攻。所谓兼爱，包含平等与博爱的意思。墨子要求君臣、父子、兄弟都要在平等的基础上相互友爱，"爱人若爱其身"，并认为社会上出现强执弱、富侮贫、贵傲贱的现象，是因天下人不相爱所致。他反对战争，要求和平。

2. 天志明鬼。所谓天志就是天有意志，天爱民，君主若违天意就要受天之罚，反之，则会得天之赏。

3. 尚同尚贤。尚同是要求百姓与天子皆上同于天志，上下一心，实行义政。尚贤则包括选举贤者为官吏，选举贤者为天子国君。墨子认为，国君必须选举国中贤者，而百姓理应在公共行政上对国君有所服从。墨子要求上面了解下情，因为只有这样才能赏善罚恶。墨子要求君上能尚贤使能，提出"官无常贵，民无终贱"的主张。

4. 节用节葬。节用是墨家非常强调的一种观点，他们抨击君主、贵族的奢侈浪费，尤其反对儒家看重的久丧厚葬之俗，认为久丧厚葬无益于社会。认为君主、贵族都应像古代三代圣王一样，过着清廉俭朴的生活。墨子要求墨者在这方面也能身体力行。

5. 非乐非命。墨子极其反对音乐，甚至有一次出行时，听说车是在向朝歌方向走，立马掉头。他认为音乐虽然动听，但是会影响农民耕种，妇女纺织，大臣处理政务，上不合圣王行事的原则，下不合人民的利益，所以反对音乐。墨子一方面肯定天有意志，能赏善罚恶，借助外在的人格神服务于他的"兼爱"；另一方面又否定儒家提倡的天命，主张"非命"。认为认得寿夭，贫富和天下的安危，治乱都不是由"命"决定的，只要通过人的积极努力，就可以达到富、贵、安、治的目标。墨子反对儒家所说的"生死有命，富贵在天"，认为这种说法"繁饰有命以叫众愚朴之人"。墨子看到这种思想对人的创造力的消磨与损伤，所以提出非命。

在墨家整个思想体系中，军事思想占有重要位置。《墨子》军事思想是处于弱者地位的自卫学说，其主要内容有二：一是非攻，反对攻伐掠夺的不义之战；二是救守，支持防守诛讨的正义之战。

《墨子·贵义》，有这样一段话，墨子说："世间万事万物没有比义更珍贵的了。现在对人说：'送给你帽子和鞋，但是要砍断你的手脚，你会同意吗？'那人一定不会同意的。为什么呢？那是因为鞋帽不如手足珍贵。又说：'送给你天下，但要杀死你，你会同意吗？'那人也一定不会同意。为什么呢？那是因为天下不如性命珍贵啊。为了争辩一句话而互相残杀，那是因为把义看得比自己的性命还要珍贵啊！所以说：世间万事万物没有比义更珍贵的了。"

根据《庄子·天下》的记载，墨子把治理洪水的大禹作为崇拜的偶像，遂带着门人穿俭朴的衣服，吃粗茶淡饭，日日夜夜辛苦地劳动。同时，墨子又特别提倡"义"，主张"万事莫贵于义"，人们的一切言论和行动，都要服从于义。他批评一般的人只是在嘴上说仁义道德，但在实际上却不能做到，而他本人则勇于行义，四处奔走，以阻止不义的战争。

墨子行义，最著名的故事就是止楚攻宋。这个故事记载在《墨子·鲁问》中。他听说楚国要利用云梯去侵略宋国，就急急忙忙地亲自跑到楚国去，跑得脚底起

墨子塑像

了泡，出了血，他就把自己的衣服撕下一块裹着脚走。这样奔走了十天十夜，终于到了楚国的都城郢都。

墨子先去见为楚王造云梯的公输般，对公输般说："北方有个人侮辱了我，你帮我杀了他吧。"公输般很不高兴。墨子又说："我会付给你十两金作为报酬。"公输般生气地说："杀人这种不义的事情我不做。"于是墨子质问道："听说你为楚王制作了云梯来攻打宋国。宋国的百姓犯了什么过错？去伤害那些无辜的百姓，这不也是不义的事情吗？"公输般说："不行呀，我已经答应楚王了。"墨子就要求公输般带他去见楚王，公输般答应了。

墨子在楚王面前，墨子很诚恳地说："楚国土地很大，方圆5000里，地大物博；宋国土地不过500里，土地并不好，物产也不丰富。大王为什么有了华贵的车马，还要去偷人家的破车呢？为什么要扔了自己绣花绸袍，去偷人家的一件旧短褂子呢？"

楚王虽然觉得墨子说得有道理，但还是不肯放弃攻打宋国的打算。公输般也认为用云梯攻城很有把握。墨子直截了当地说："你能攻，我能守，你也占不了便宜。"他解下了身上系着的皮带，在地下围着当作城墙，再拿几块小木板当作攻城的工具，叫公输般来演习一下，比一比本领。

公输般采用一种方法攻城，墨子就能找出相应的守城方法。公输般用了九套攻法，把攻城的方法都使完了，没能攻下城来，可是墨子还有好些守城的高招没有使出来。公输般呆住了，但是心里还不服气，他说："我想出了办法来对付你，不过现在不说。"墨子微微一笑说："我知道你想怎样来对付我，不过我也不说。"

楚王听两人说话像打哑谜一样，莫名其妙，问墨子说："你们究竟在说什么？"墨子说："公输般的意思很清楚，不过是想把我杀掉，以为杀了我，宋国就没有人帮助他们守城了。其实他打错了主意。我来到楚国之前，早已派了禽滑釐等300个徒弟守住宋城，他们每一个人都学会了我的守城办法。即使把我杀了，楚国也是占不到任何便宜的。"楚王听了墨子一番话，又亲眼看到墨子守城的本领，知道要打胜宋国没有希望，只好说："先生的话说得对，我决定不进攻宋国了。"这样，一场战争就被墨子阻止了。

墨子所做的这些事，完全是为了实践自己的主张，带有一种为"义"而奋斗的献身精神。他心中的"义"就是制止战争，让百姓安居乐业。他一生都坚持这样做，不求名，不求利，自甘清苦，只求"义"的实现。因此，他的事迹被后人广为传颂、景仰。

墨家对后世的影响则不怎么明显，但在当时却是对社会影响非常大的思想流派，而其对于后世的影响是通过儒家体现的，故不为人所注意。墨家学派在战国中后期影响非常大，可以与儒家学派平分秋色。

墨翟是墨家的代表人物。墨家是从儒家分离出来自立门户的一个派别。《淮南子·要略》说："墨子学儒者之业，受孔子之术，以为其礼烦扰而不悦，厚葬靡财而贫民，久服伤生而害事，故背周道而用夏政。"这种说法基本符合事实。

既然是从儒家分裂出来的学派，与儒家便必定有许多联系和一致之处。如二者都主张积极入仕，都提倡和平，反对战争，都主张尽伦理责任。儒家主张对于人之爱有远近亲疏之别，因为这种爱建立在当时宗法制的社会现实之上，又符合人性的最基本要求，故有深远的影响，提倡礼乐，三年之丧；墨家则主张兼爱，对一切人平等地爱，反对礼乐，提倡节用节葬。对于儒家与墨家的区别，冯友兰先生有一段很精辟的论述：

孔子对于西周的传统制度、礼乐文献，怀有同情的了解，力求以论理的言辞论证它们是合理的，正当的；墨子则相反，认为它们不正当，不合用，力求用简单一些，而且在他看来有用一些的东西代替之。简言之，孔子是古代文化的辩护者……墨子则是它的批判者。孔子是文雅的君子，墨子是战斗的传教士。（《中国哲学简史》）墨子的生平籍贯难以确考，学术界有争论。但从《墨子》及其他文献中可以大体看出这一学派的精神风貌。如前文所述，春秋战国之交士的身份发生变化，由低等贵族而降为平民，不再凭借自己的身份吃饭，而是靠知识、才能、技艺维持生计。靠学问、知识谋生的士成为文士，靠武艺、力气谋生的是武士。文士主要是儒，武士则是侠。孔子及其弟子属于文士，墨子及其弟子则是以文士为主而兼有侠的性质。

有的学者认为，墨家学派的成员多出身于游侠。墨家学派有很严格的组织纪律，带有浓厚的宗教性质。《淮南子·泰族训》说：墨子服役者百八十人，皆会使赴火蹈刃，死不还踵，化之所致也。可见这一团体的成员很有战斗性和侠义精神。这一团体的首领叫"钜子"，对下属成员有绝对的权威，甚至有生杀大权。墨子是墨家学派的第一任钜子。从有首领，有章程规矩及下级绝对服从上级等方面来看，墨家学派确实有宗教帮会的性质，冯友兰先生关于"传教士"的评价是很准确的。

第二节　战国时期的著名文士

列　子

列子（生卒不详），名御寇，又作列圄寇、列圉寇，生活时代大约在老子的弟子尹喜之后、庄子之前，是战国时期著名的道家学派思想家。列子一生安于贫寒，不求名利，不进官场，隐居郑地 40 年，潜心著述 20 篇，10 万多字。列子死后，他的后学根据各自的所见所闻，把列子的有关思想、言行收集起来，编辑为《列子》一书。到了唐代，《列子》被尊作《冲虚真经》，成为道教信徒必读的经典之一。

1. 列子射箭

据说列子善于射箭。有一次，他为伯昏无人表演射箭。他拉满弓的时候，胳膊肘上还能纹丝不动地放一杯水；当他发箭时，一箭连着一箭，且箭箭射中靶心。此时的列子，就像木偶一般屹立不动。

伯昏无人说："你这种射法，是有心于射箭的射法，并非无心于射箭的射法。假如我同你一起登上高山，站在高耸的石崖上，面临着百丈深渊，你还能射箭吗？"

于是伯昏无人就带着列子登上了高山，站在高耸的石崖边上，面对着百丈深渊。然后伯昏无人背对着深渊，向后退行，双脚有一大半悬在石崖之外。他向列子拱了拱手，请列子朝前走来，而列子早已经吓得趴在地上，冷汗一直流到了脚后跟。

伯昏无人说："那些精神境界达到高远的人，上可以窥测于苍天，下可以潜行于黄泉，他们逍遥自在地奔驰于四面八方，而神色不变。而你现在却头晕目眩，恐惧万分，在这种情况下，你要想射中目标，大概是太困难了吧！"

列子由此得到了很深的感悟。

2. 列子与看相人

传说郑国有一位看相十分灵验的巫师叫季成，他能够通过观察一个人的相貌，预测这个人的生死存亡、祸福寿夭，并能准确地推断事情发生的年、月、日，应验如神。郑国人见了季成，都纷纷躲开，担心他的预测会给自己带来沉重的心理负担。

而列子见了季成后，却对他崇拜得五体投地。列子回去告诉他的老师壶子，说："以前我以为老师您的道行最高深，想不到现在却有比您的道行更高深的人了。"接着他就把季成的看相本领详细地描述了一番。

列子像

壶子听后很不以为然，说："我过去教给你的只是大道的皮毛，还不是大道的精髓，而你还自以为真的得道了。你用你学到的皮毛知识与世俗人相互辩论、相互抗争，自然会流露出你的真实情况。所以季成一眼就能把你看穿，就能预测你未来的命运。你把季成叫来，让他给我看看相。"

第二天，列子就陪着季成来见壶子。季成从壶子家中出来后，对列子说："大事不好了，你的老师快要死了，他活不到十天了！我看到他临死前的各种奇怪征兆，他的神色就像水湿过的灰烬一样毫无生机。"

列子听了以后，伤心极了，哭得眼泪都沾湿了衣襟。他赶紧回去把季成的话告诉了壶子。

壶子一听，不仅一点也不伤心，反而狡黠地笑了，说："刚才我让他看到的是阴静死寂的神情，我的表情茫茫然一动不动，他大概以为我没有生机了，让他明天再来。"

由于壶子每次装出的神情都不同，使季成无法把握到他的真实情况，结果在以后的几天里季成一会儿说壶子还有一线生机，一会儿又坦率地承认自己观相不准。

最后一次，季成进了壶子的家，还没有来得及站稳，就惊慌失措地跑了。壶子对列子说："你去把他给我追回来！"列子慌慌张张地追出去，而季成早已跑得无影无踪了。列子回来对季成说："他跑得好快，连个影子也看不见了。"

壶子说："刚才我让他看到的不是我的本来面目，我对他虚与委蛇、随机应变，顺着他的变化而变化，让他根本无法捉摸，所以他只好逃走了。"

列子听了这番话以后，这才深深感到自己根本没有学到大道的精髓。从此以后，他回到自己的家中，整整三年没有再出过门。

3. 拒绝权臣资助

列子的生活非常贫穷，常常饿得面黄肌瘦。有人看到这一情形，就对郑国的权臣子阳说："列御寇先生是一位有道之士，他现在居住在您的国家里却穷困无比，别人会说您不能礼贤下士的。"

子阳听到有人反映这个情况后，为了不落下一个坏名声，便派人送去了许多粮食。列子见到了送粮人送粮食而来，反复表示感谢，但拒绝接受粮食。送粮人无奈，只得把粮食又带了回去。

对此他妻子非常生气地对他说："我听说当有道之士的妻子，生活是非常快乐的。然而我跟着您，却一直挨饿受冻。现在总算有人送来了粮食，而您却又不要。难道我命中注定要跟着您受苦吗？"列子笑着解释，说："子阳并不了解我。因为有人在他面前讲了我几句好话，所以他就派人给我们送来了粮食。如果将来有人在他的面前再说我几句坏话，他照样会相信而治我的罪，依我看，还是不要他的粮食为好。"

此后不久，郑国发生动乱，子阳被杀。列子因为与子阳没有任何关系，所以躲过了这一劫。

4. 列子与其《列子》

列子是道家学派的杰出代表人物，先秦天下十豪之一，著名的思想家、哲学家、文学家、教育家。他创立了先秦哲学学派贵虚学派（列子学），是介于老子与庄子之间道家学派承前启后的重要传承人物。

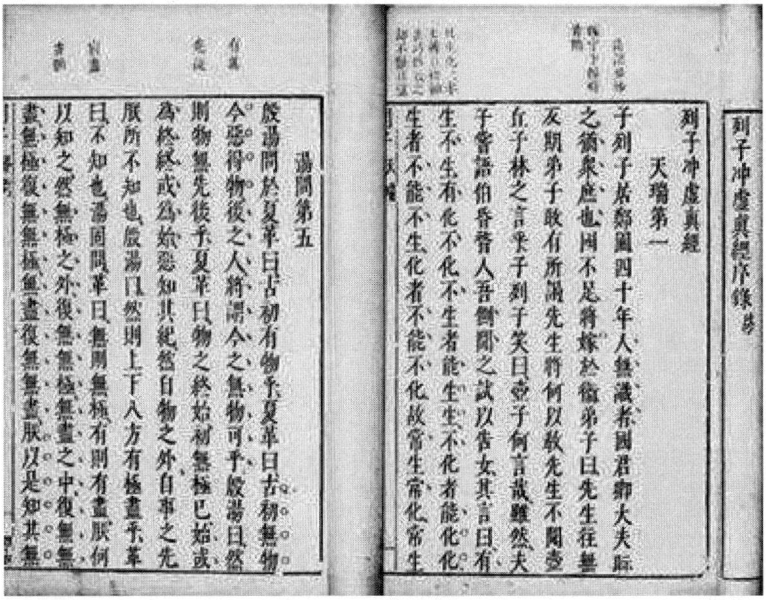

《列子》书影

著有《列子》一书，其学说本于黄帝、老子，归同于老、庄，对后世哲学、美学、文学、科技、养生、乐曲、宗教影响非常深远。

《列子》又名《冲虚经》，列子也由此被称为"冲虚真人"。原有20篇，10万多字。经过秦祸，刘向整理《列子》时存者仅为8篇。西汉时仍盛行，西晋遭永嘉之乱，渡江后始残缺，其后经由张湛搜罗整理加以补全。今存《天瑞》《仲尼》《汤问》《杨朱》《说符》《黄帝》《周穆王》《力命》八篇，其余篇章均已失传。其中寓言故事百余篇，如《黄帝神游》《愚公移山》《夸父追日》《杞人忧天》等，都选自此书，篇篇珠玉，读来妙趣横生，隽永味长，发人深思。

《列子》一书深刻反映了夏末周初交替与春秋战国社会文化生活的各个方面，可以说是一篇恢宏的史诗，当时的哲学、神话、音乐、军事、文化以及世态人情、民俗风习等，在其中都有形象的表现。《列子》保存了神话传说、音乐史、杂技史等众多珍贵的先秦史料，是先秦散文的代表作之一。

列子贵虚尚玄，修道炼成御风之术，能够御风而行，常在春天乘风而游八荒。庄子《逍遥游》中描述列子乘风而行的情景"泠然善也，旬有五日而后返。"他驾风行到哪里，哪里就枯木逢春，重现生机。飘然飞行，逍遥自在，其轻松自得，令人羡慕。

孟 子

孟子（约公元前372—前289年），名轲，字子舆，战国时期邹国（今山东邹城市）人。伟大的思想家、教育家，是战国时代继孔子之后的又一个儒家大师。他的学说与孔子的思想被后人合称为"孔孟之道"，成为延续封建统治几千年的精神支柱。

据说，孟子的成长与他的母亲有很大的关系。孟子的父亲在孟子很小的时候就去世了，母子二人相依为命。孟母虽然没有太多文化，但却非常重视孟子的教育。

开始，孟子家毗邻一片小树林，树林旁边是一块墓地。孟轲经常看到埋葬死者时举行的丧葬仪式，仪式结束后，孟轲就和小朋友们在墓地做丧葬之类的游戏。他们有的挖坑，有的用黏土捏假死人，有的扮作吹鼓手嘀嘀嗒嗒地吹打，还有的装作孝子孝妇跪在土堆前哭哭啼啼，游戏做得像模像样，招来附近的很多人来观看。孟母听说了，把孟轲叫到面前，结结实实地把他教训了一通，并说，孟家世代以读书为业，只是到了祖父才家道中落，被迫从富庶的鲁国搬到这里。虽说父亲早亡，但孟轲也不能以此为借口就放松了对自己的要求，每天和一帮无事可做的小孩待在一起做一些无聊的游戏，不是孟轲应该做的事情。孟轲听了母亲的话，十分惭愧，发誓刻苦读书，将来做一个有出息的人。

为了给孟轲提供一个更好的学习环境，孟母咬咬牙，把家搬到了城里。不料，新居靠近集市，门前整日人来人往，吆喝声、马蹄声、人们的谈话声不绝于耳。孟轲每天坐在窗前读书，看着熙来攘往的人群和大街上热闹的叫卖，他终于坐不住了。一天，趁母亲不在家，孟轲悄悄溜出家门。在集市上，孟轲结识了一群新伙伴，从此，大家常在一起做扮商人做买卖之类的游戏，孟轲能言善辩，他扮的顾客常常以最低的价钱拿到"商人"们手里质量最优的货物，伙伴们都佩服孟轲的口才，孟轲非常得意，常以此作为炫耀的资本。

孟母知道了，没有再责打孟轲，她认为这儿也不是合适的居处，于是，狠狠心又一次作出搬家的决定。这次，她把家搬到学宫旁边。远离了喧嚣的闹市，孟轲的心一下子平静了许多，他坐在家里读书，有时一读就是一整天。孟母看在眼里，乐

孟子像

在心头，她庆幸自己的决定正确，虽说生活艰难，但这儿的环境对孟轲的学习与成长极有好处。

孟轲是个聪慧的孩子，看到学宫里的孩子跟着老师演习祭祀和揖让进退等各种礼节，他就默默地记在心里，回家以后照着样子仔细演练。孟母十分高兴，此后，她更加节衣缩食，终于将孟轲送进了学宫。在学宫里，孟轲接受了孔子思想的系统教育，并在以后的岁月中潜心研究孔子及儒家经典，传承和发展了儒家学说。

后世人们根据上面的故事归纳出"孟母三迁"这个成语，以此作为对孟母的褒扬，也用"孟母择邻"来表示慈母严格要求子女，教子有方。

孟子一生的经历，也很像孔子，过着长期的私人讲学的生活，中年以后怀着政治抱负，带着学生周游列国。随从的学生最盛的时候，是"后车数十乘，从者数百人"。他也是到处受到当权人物的款待。他到了哪一国，都无所顾忌地批评国君，甚至责备得国君"顾左右而言他"，而他的政治主张却不被接受。孟子晚年回到故乡，从事教育和著述。他说："得天下英才而教育之"是最快乐的事。孟子的弟子虽没有孔子那么多，但是战国时期著名的教育家。他的学说不符合他所周游的那些国家的需要。于是就回到家乡与万章等人整理《经》《书经》，阐发孔丘的思想学说，后辑成《孟子》一书。

孟子的思想都反映在《孟子》一书中。《孟子》共七篇，是记述孟轲言行的语录体散文集，由孟子本人和弟子共同完成。在先秦诸子中，《孟子》与《庄子》是文学性最强的。《孟子》不仅从逻辑上说明道理，而且具有强烈的感情色彩。它善于用比喻说理，有时是短小的比喻，有时是完整的小故事、寓言，如"揠苗助长""五十步笑百步""再作冯妇"等，都成为后世常见的成语。另外，孟子关于如何理解古诗和个人修养的一些见解，对后代文学批评也产生了重要的影响，他说，读古人之诗，要"知人论世"，要"以意逆志"，都是很精辟的见解，是后世文学批评中重要的原则。

《孟子》一书不仅是儒家的重要学术著作，也是我国古代极富特色的散文专集。其文气势充沛，感情洋溢，逻辑严密；既滔滔雄辩，又从容不迫，用形象化的事物与语言，说明了复杂的道理，代表了传统散文写作的最高峰，对后世散文家韩愈、柳宗元、苏轼等影响很大。

孟子的主要哲学思想，是他的"性善论"，这是孟子谈人生和谈政治的理论根据，在他的思想体系中是一个中心环节。

孟子以"性善论"作为人们修养品德和行王道仁政的理论根据，认为仁、义、礼、智等伦理道德的要求源于人的本性本心，有伦理学意义，同时"性善论"认为通过学习人人可以成为尧舜那样的君子，又强调了教育的可能性，具有很大的教育意义。

孟子继承和发展了孔子的德治思想，发展为仁政学说，成为其政治思想的核心。孟子的政治论，是以仁政为内容的王道，其本质是为封建统治阶级服务的。他把"亲亲""长长"的原则运用于政治，以缓和阶级矛盾，维护封建统治阶级的长远利益。

孟子还根据战国时期的经验，总结各国治乱兴亡的规律，提出了一个富有民主性精华的著名命题："民为贵，社稷次之，君为轻"，认为如何对待人民这一问题，对于国家的治乱兴亡，具有极端的重要性。孟子十分重视民心的向背，通过大量历史事例反复阐述这是关乎得天下与失天下的关键问题。

庄 子

庄子（公元前369—前286年），名周，宋国蒙城（今河南省商丘县东北）人。庄子是中国历史上著名的思想家，也是道家学派的主要创始人之一。他写有《庄子》一书，他的思想对中国传统的哲学、文学、宗教、艺术都产生了巨大而深远的影响。

庄子自幼家贫，长大后曾做过漆园小吏。庄子最崇尚的是老子的道家之学，虽然他学识渊博，但却生不逢时，因此，最后连个漆园小吏也不愿做，便辞官归隐了。

辞官后的庄子生活窘迫，常有断炊之虞，不得不向人借米度日。庄子是一个交游很广的人，在社会上的名气很大。有一次他去拜访魏王，尽管事前刻意准备了一番，但也只是穿着带有补丁的粗麻衣服，仅仅整理一下腰带、绑绑鞋子而已。魏王见到他这副模样，也觉得他太寒酸了。

由于对时代和社会有切肤的感受，所以庄子始终抱着与统治者不合作的态度。楚威王听说庄子才识渊博，便有意拜他为相，专门派使者带上丰厚的钱财去聘请他。但庄子见后哈哈大笑，对使者说："我听说楚国有一只神龟，已经死了三千年，楚王仍然将其包好藏在庙堂之上。你说，是做个死龟，留下骨架让人供奉好呢，还是活着隐居于污泥之中好呢？"使者说："那当然是活着好啦。"庄子说："那么你可以回去禀告楚王，我宁可活在隐居于污泥之中。"

后来楚王再次派使者带着重金劝说庄子出来做官。庄子对使者说："楚王带来的重金确实很诱人，许给我的官位也很尊贵。但是你见过太庙里的祭品牛吗？它活着的时候身披彩绸、吃上好的饲料，而一旦进了太庙，就算想离开做个普通的牛，也难能办得到吧？"所以他又一次拒绝了楚王的聘请。

庄子像

庄子不仅视权贵如粪土，而且极度厌恶那些有权力欲的人。他和惠施原是好朋友，当惠施在大梁为相时，庄子前去拜访他。然而惠施事前听人说，庄子是冲着他的相位来的，十分担心庄子有取而代之的意思，因此派人在国中整整搜查了三天三夜，想捉拿庄子。看到惠施这副势利相，庄子真是又好气又好笑，便向惠施讲了一个故事：一种名叫宛雏的南方鸟，从南海出发飞往北海，一路上非梧桐不栖，非练实不食，非甘泉不饮。鹞鹰得到一只腐烂的死鼠，十分得意，正要享用时，宛雏从它的头上飞过。鹓鹰以为宛雏要与自己争食死鼠，惊恐地"哎呀"了一声，紧紧地把死鼠捂住。其实，宛雏之志岂在死鼠呢。在这个故事里，庄子用宛雏表示自己的高洁，以鹓鹰和死鼠比喻惠施担心自己的相位。

一次，庄子和惠施在濠梁之上观鱼。庄子说："你看那些水中的鱼游得多快乐啊！"惠施说："你又不是鱼，你怎么会知道鱼的快乐呢？"庄子反驳他说："你又不是我，你怎么知道我不知鱼的快乐呢？"

庄子向往那种能达到忘却是非、挣脱名利枷锁、不受任何世俗牵累、精神自由快乐的人生境界。他把这样的人称为"至人"，并说："至人神矣，人泽焚而不能热，河汉冱而不能寒，疾雷破山，飘风振海而不能惊。若然者，乘云气，骑日月，而游乎四海之外。死生无变于己，而况利害之端乎！"

由于庄子继承和发展了老子的道家思想，后来的道家把老子与庄子并称为"老庄"。在道教中，庄子被奉为真人，他写的《庄子》也被奉为道教经典。到了唐天宝六年（747年），庄子被诏封为"南华真人"，《庄子》诏号为《南华真经》。

《庄子》一书，现存33篇，其中内篇7，外篇15，杂篇11。《庄子》一书不但反映了庄周的哲学思想，而且显示了他卓越的文学才华。《庄子》的出现，标志着在战国时代，中国的哲学思想和文学语言，已经发展到非常玄远、高深的水平，是中国古代典籍中的瑰宝。因此，庄子不但是中国哲学史上一位著名的思想家，同时也是中国文学史上一位杰出的文学家。无论在哲学思想方面，还是文学语言方面，他都给予了中国历代的思想家和文学家以深刻的、巨大的影响，在中国思想史、文学史上都有极重要的地位。

《庄子》一书，文字汪洋恣肆，意象雄浑飞越，想象奇特丰富，情致滋润旷达，给人以超凡脱俗与崇高美妙的感受，在中国的文学史上独树一帜。他的文章体制已脱离语录体形式，标志着先秦散文已经发展到成熟的阶段，可以说，《庄子》代表了先秦散文最高成就。

庄子的想象力极为丰富，语言运用自如，灵活多变，能把一些微

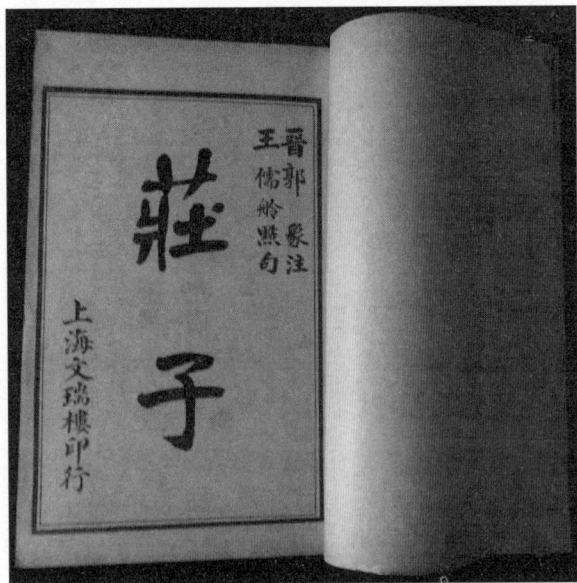

《庄子》书影

妙难言的哲理说得引人入胜。他的作品被人称之为"文学的哲学，哲学的文学"。庄子的散文极具浪漫主义风格，在先秦诸子中独具风格，大量采用并虚构寓言故事，想象奇特，形象生动。此外，还善于运用各种譬喻，活泼风趣，睿智深刻，极有独创性。

庄子对于社会道德虚伪进行深刻犀利的揭露和批判，他认为儒家提倡的"仁义"是统治者的遮羞布，掩盖了许多罪恶。最著名的论断便是"窃钩者诛，窃国者为诸侯。诸侯之门，而仁义存焉"。小偷被杀头，窃国大盗却当上诸侯，只要当上诸侯，所做的一切便都是仁义，因为他们掌握着国家的话语权，用最通俗的话说，就是"谁官大谁嘴大""胜者王侯败者贼"。

庄子的生存智慧和精神世界为中国士人能够摆脱儒家伦理责任的束缚，在理想与现实的矛盾中寻找缝隙而心安理得地生活，提供了最为广阔的自由空间。庄子思想是中国士人隐逸的理论根据和自我解脱的良方。这种思想比儒家的"穷则独善其身"更有意义。以后的中国文人便可以在仕与隐，在社会责任与适性逍遥中进行自由选择，再也不必为不能尽社会伦理责任而痛心疾首。这也是通常所说的"儒道互补"的一种表现。

荀 子

荀子（公元前313—前238年），名况，字卿。赵国猗氏（今运城临猗）人。著名思想家、文学家、政治家，儒家代表人物之一。西汉时因避汉宣帝刘询讳，且"荀"与"孙"二字古音相通，故改称孙卿。曾三次出任齐国稷下学官的祭酒，后为楚兰陵（今山东兰陵）令。荀子于 50 岁时游学于齐，至襄王时代"最为老师"，"三为祭酒"。后来被逸而适楚，春申君任为兰陵令。春申君死而荀卿废，家居兰陵。在此期间，他曾入秦，称秦国"治之至也"。后又到过赵国，与临武君议兵于赵孝成王面前。最后老死于楚国。

《史记》记载李斯"乃从荀卿学帝王之术"，荀子的"帝王之术"，通过李斯后来的实践体现出来。北宋苏轼在《荀卿论》中说："荀卿明王道，述礼乐，而李斯以其学乱天下。"

此外，荀子还是第一个使用赋的名称和用问答体写赋的人，同屈原一起被称为"辞赋之祖"。

荀子在儒学体系中的地位，可以从以下三个方面加以理解。

1.荀学具有学术批判精神，具备兼容并包的意识，体现了战国百家争鸣走向学术交融的历史趋势。无论从哪个角度考察，《荀子》的学术史、思想史价值都应该给予发掘。

2.荀子对儒学经典的传授居功甚伟。汉代儒学，不仅"礼学"出自荀学，"经学"乃至于"春秋学"都与荀学有关。清儒汪中著《荀卿子通论》认为"荀卿之学，出于孔氏，而尤有功于诸经"，并对荀子的"传经"作了详细考证，为经学史研究的学者所基本同意。当代大儒徐复观也曾高度评价荀子在经学史上的地位。

3.荀子密切关注现实世界

荀子像

的变化，充满事功精神。荀子讲学于齐、仕宦于楚、议兵于赵、议政于燕、论风俗于秦，对当时社会的影响不在孔孟之下。孔子不入秦，荀子却对秦政、秦俗多予褒奖，而同时批评其"无儒"。这说明他在坚持儒学的基本信念的前提之下，还在努力争取扩大儒家的政治空间。俯仰于政治与学术之间，荀子所体现的务实精神，应该是汉代儒宗董仲舒的取法对象。他们都为儒学适应时代环境、进而寻求新的发展做出了贡献。

荀况是新兴地主阶级的思想家，学问渊博，在继承前期儒家学说的基础上，又吸收了各家的长处加以综合、改造，建立起自己的思想体系，发展了古代唯物主义传统。现存的《荀子》32篇，大部分是荀子自己的著作，涉及哲学、逻辑、政治、道德许多方面的内容。在自然观方面，他反对信仰天命鬼神，肯定自然规律是不以人的意志为转移的。《荀子·天论》："天道有常，不为尧存，不为桀亡。"是说不应该由自然主宰人，而应该由人来主宰自然，同时也应顺应自然规律。在人性问题上，他提出"性恶论"，主张人性有"性"和"伪"两部分，性（本性）是恶的动物本能，伪（人为）是善的礼乐教化，否认天赋的道德观念。强调后天环境和教育对人的影响；在政治思想上，他坚持儒家的礼治原则，同时重视人的物质需求，主张发展经济和礼治法治相结合。在认识论上，他承认人的思维能反映现实。但有轻视感官作用的倾向。在有名的《劝学篇》中，他集中论述了他关于学习的见解。文中强调"学"的重要性，认为博学并时常检查、反省自己则能"知明而行无过"，同时指出学习必须联系实际，学以致用，学习态度应当精诚专一，坚持不懈。他非常重视教师在教学中的地位和作用，认为国家要兴旺，就必须看重教师，同时对教师提出严格要求，认为教师如果不给学生做出榜样，学生是不能躬行实践的。他还提出了"水则载舟，水则覆舟"的论点。后来蒙恬、李斯、韩非等皆为荀子弟子。

荀子的文章论题鲜明，结构严谨，说理透彻，有很强的逻辑性。语言丰富多彩，善于比喻，排比偶句很多，有他特有的风格，素有"诸子大成"的美称。他的文章已有语录体发展成为标题论文，标志着我国古代说理文趋于成熟。对后世说理文章有一定影响。《荀子》中的五篇短赋，开创了以赋为名的文学体裁；他采用当时民歌形式写的《成相篇》，文字通俗易懂，运用说唱形式来表达自己的政治、学术思想，对后世也有一定影响。

先秦儒家学者中，孔子出入于为学和为仕，孟子驻心于穷独和达兼，站在道统立场上关注政统使他们在不同时代保持了大体上的一致性。到了荀子，由于时代的发展，政治需要士人更切实的帮助与合作，所以我们看到，荀子虽然较孔、孟的生活视野和理论视野开阔了不少，但却更自觉地尽情折中于原则与需要，甚至纳道义入历史现实，显示出远超乎孔、孟之上的更加明确具体的政治取向。

建设往往要以清理和批判开路，思想的建设尤其如此。与孔子拒邪说、孟子辟杨墨相类似，处于战国末年的荀子，其价值系统的建构也是在清理、批判和改造前人思想成果的基础上着手进行的。我们只要对他的《非十二子》稍加研究，就不难看出这一点。在《非十二子》中，荀子对六家"持之有故""言之成理"，但"足以欺惑愚众"的学派逐一进行了批判，他说它嚣、魏牟"纵情性，安恣睢，禽兽行，不足以合文通治"；陈仲、史䲡"忍情性，綦谿利跂，苟以分异人为高，不足以合大众、明大分"；墨翟、宋钘"不知壹天下、建国家之权称，上功用、大俭约而侵差等，曾不足以容辨异、具君臣"；慎到、田骈"尚法而无法，下修而好作，上则听取于上，下则取从于俗，终日言成文典，反纠察之，则偶然无所归宿，不可以经国定分"；惠施、邓析"不法先王，不是礼义，而好治怪说，玩琦辞，甚察而不急，辩而无用，多事而寡功，不可以为治纲纪"；子思、孟轲"略法先王而不知其统"，"案往旧造说，谓之五行，甚僻违而无类，幽隐而无说，闭约而无解"。十二子分属六个不同的思想流派，彼此之间的思想差距其实很大，这一点荀子本人是相当清楚的。但是问题在于，不管十二子究竟各持什么思想主张，而在荀子看来，其缺陷无一不在对现实政治缺乏直接的促进作用，所谓"不足以合文通治""不足以合大众、明大分""不足以容辨异、具君臣""不可以经国定分""不可以为治纲纪"云云，事实上都是针对这一点而言的。

当然，荀子既有所非，也就必有所是，只有这样才能真正显示批判的意义。所以，他在全面抨击十二子之后，就果敢地抬出了他所肯定的人物孔子和子弓。话说得很明白，他对孔子、子弓之所以持肯定态度，就在于他们能够"总方略，齐言行，壹统类"。所谓"总方略"就是总括治理国家的方针和策略，"齐言行"就是统一人们的言论和行为，"壹统类"就是统一治国的政纲政纪。孔子、子弓到底是不是像荀子所指陈的那样，这恐怕应该归属为另外一个层面上的问题，而我们倒是从荀子对孔子和子弓的评价中看出了荀子本人的希望和理想。从现实政治的角度着眼。并设身处地地为政治的操作运行评事论人、出谋划策，事实上构成了荀子理论展开的基点和内在依据，他的所谓"宗原应变"其实是把应现实之变放在相当优先的位置上来考虑了。正是由此出发，荀子才得以大胆从容地组织材料，一步步展开他关于价值理论和价值系统的总体建构。我们在本节开始首先指出这一点，正是试图由此有效地进入荀子的价值世界。

在先秦士人，特别是在先秦儒家学者思想中，道与势之间始终存在着内在冲突与紧张。因此，如何处理二者之间的关系、摆布二者之间的位置，也就成了包括孔孟和荀子在内的所有儒家大师怎么也绕不过去的问题。孔子倡言"士志于道"，他主张"君子谋道不谋食""君子忧道不忧贫"，甚至要求士人"笃信善学，守死善道"，要士"危邦不入，乱邦不居。天下有道则见，无道则隐"。应该说，孔子视道为一种高远的理想，这一理想是孔子从以往历史文化中锤炼和提升出来的，它力图超越具体的世俗利益，对社会具有裁定和衡量的意义，因此它也成为决定士人人生价值取向的根本依据。孟子论道在士人人生中的意义，更有超孔子而上之者，他说："士穷不失义，达不离道。穷不失义，故士得己焉；达不离道，故民不失望焉。"他对士人的要求是："天下有道，以道殉身；天下无道，以身殉道。"在持道和具体利益之间的权衡上，他明确宣布："未闻以道殉乎人者。"他认为

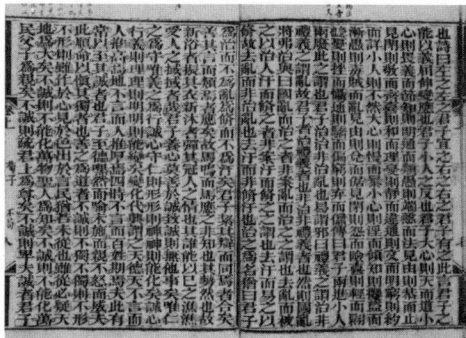

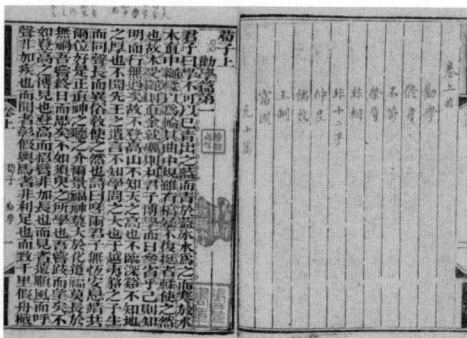

《荀子》书影

士人应该："乐其道而忘人之势，故王公不致敬尽礼，则不得亟见之。见且由不得亟，而况得而臣之乎？"他甚至号召士人："说大人，则藐之，勿视其巍巍然。堂高数仞，榱题数尺，我得志，弗为也。食前方丈，侍妾数百人，我得志，弗为也。般乐饮酒，驰骋田猎，后车千乘，我得志，弗为也。在彼者，皆我所不为也；在我者，皆古之制也，吾何畏彼哉？"明确区划出道与势的界限，并表现出以道抑势、道尊于势的鲜明的价值取向。

与孔孟所持"道"的高远与超越相比，荀子的"道"则显得具体多了，也实际多了。他说："道者，非天之道，非地之道，人之所以道也，君子之所道也。""道也者何也？曰：礼义辞让忠信是也。""道也者，治之经理也。""道者何也？曰：君之所道也。"在这诸多有关"道"的定义性解释中，我们不难看出，荀子不仅赋予"道"以更多的人间性，而且现实政治功用也堂而皇之成为"道"的内涵。在《解蔽》篇中，荀子曾论及"知道"和"不知道"的区别，他说："心不知道，则不可道而可非道。人孰欲得恣而守其所不可以禁其所可？以其不可道之心取人，则必合于不道人而不合于道人。以其不可道之心与不道人论道人，乱之本也。"他又说："心知道然后可道。可道然后能守道以禁非道，以其可道之心取人，则合于道人而不合于不道之人。以其可道之心与道人论非道，治之要也。"在荀子看来，"知道"和"不知道"对于个体来说虽只是自己的体会，只是"心"中的思忖，但由此导致的政治结果却完全不同。所以，我们认为对于国家治乱的政治计较倒是荀子道论中关注之所在。也正是在这个意义上，荀子才反复强调"道存国存，道亡国亡"这一道理的。

余英时先生说："荀子对'道尊于势'的观念似不及孟子所持之坚。但他并没有丧失儒家的基本立场，故仍以儒者之所以可贵即在于其所持之道。"这个说法大致是准确的。但是，也应该看到，由孔子文化关怀到荀子政治参与的明显变化，还是显示出了孔孟与荀子之间的区别。这种区别的一个重要标志，就是孔、孟和荀子虽然共同言"道"，但彼此赋予"道"的内涵已有明显不同，孔孟的"道"中包含着更多的文化批判因素，而荀子则更看重士对现实政治的参与效果。正因为如此，《尧问》篇中才记载下荀门弟子对"孙卿不及孔子"提问的辩白。也许真的因为时势的变化导致荀子面对现实不得不"明哲保身"，其实这个"明哲保身"的选择本身正恰恰昭示出道势紧张之局由孔、孟到荀子的彼涨此消。士人理想在新的政治形势下又产生出新形态，这种新形态我们是可以从荀子身上找到一二根据的。

先秦儒家很早就以倡礼而著称和闻名，曾学孔子之术的墨翟当年就是因为"其礼烦扰而不说"，最终"背周道而用夏政"的。然而在孔、孟、荀三人中，荀子不仅在论礼方面是用力最勤的一位（据不完全统计，《荀子》全书"礼"字出现已超过 300 次），而且也是赋予礼以新含义最多的一位。

毫无疑问，孔子是中国古代礼学的第一位大师。面对春秋末年礼坏乐崩的时代变局，孔子力倡"克己复礼"，企图从文化总结和文化批判入手以诊断社会和疗救社会。他虽然也曾为政治建设提过建议，有所谓"为政以礼""为政先礼"等说法，但他似乎最终也未能把文化的礼与现实政治之间的接榫真正弄个明白，到头来，对后人产生影响最大的只是他反复强调的礼在个体人格培养中的作用和意义，如他说的"不学礼，无以立""兴于诗，立于礼，成于乐""非礼勿视，非礼勿听，非礼勿言，非礼勿动""君子博学于文，约之以礼"等，都表明了这一点。在孔子那里，个体的道德增进和道德自律是改善和推动整体社会包括政治的唯一办法。孟子虽然也谈及礼，但礼在孟子思想中基本上没有形成系统，孟子除了说过像"辞让之心，礼之端也""仁、义、礼、智，非由外铄我也，我固有之也""礼，门也"等几句稍有分量的话之外，其他则多为泛泛之论。事实上，孟子仅仅把礼作为他对人的文化本性界定中的一个因素而已。

与孔、孟相比，礼在荀子思想中却具有举足轻重的意义。一方面，荀子认为礼是个体人生的最高准则。他说："学至乎礼而止矣，夫是之谓道德之极。""礼者，人道之极也。"他认为："凡治气、养心之术，莫径由礼。"䄂故隆礼，虽未明，法士也。礼是个体人生必须恪守的最高准则，所以它也几乎同时成为一种外在的社会约束和规范，所谓："礼者，节之准也。"持准以衡之则礼义备，"礼义备而君子归之"。个体人生因此才能上一个档次，也因此才能获得真正的意义。另一方面，荀子又认为礼是为政治国的最高准则。个体的人因为有了礼的规范和框定，才有可能由小人而成就士、君子和圣人。而一个国家的治理也同样需要礼的范导和框定，"人无礼则不生，事无礼则不成，国家无礼则不宁。""国无礼则不正，礼之所以正国也。""为政不以礼，政不行矣，""治民不以礼，动斯陷矣"。在荀子看来，礼不仅具有理论上的重要性，而且同时也具有可操作性，它"譬之犹衡之于轻重也，犹绳墨之于曲直也，犹规矩之于方圆也，既错之而人莫之能诬也"例，足以使"贵贱有等，长幼有差，贫富轻重皆有称者也"。从而区划出人的等级差别。不仅如此，"取人之道，参之以礼""朝廷必将隆礼义而审贵贱"，君主朝廷甚至都可以直接把礼作为"取人"和"审贵贱"的工具。这样一来，礼就被赋予分类标准和检测尺度的双重意义。当然，按荀子的解释，以礼对社会人等予以分类和检测，目的无非是为了息争以达至"公平""贵公正而贱鄙争"，"故公平者，听之以衡也"。而公平、公正才是保证国家步入治局的前提。

屈　原

　　屈原（公元前340—前278年），芈姓，屈氏，名平，字原；又自云名正则，字灵均。出生于楚国丹阳秭归（今湖北宜昌）。战国时期著名的文学家、政治家，伟大的爱国者。

屈原是中国历史上第一位伟大的爱国诗人，中国浪漫主义文学的奠基人，"楚辞"的创立者和代表作家，开辟了"香草美人"的传统，被誉为"辞赋之祖""中华诗祖"。屈原作品的出现，标志着中国诗歌进入了一个由集体歌唱到个人独创的新时代。以屈原作品为主体的《楚辞》是中国浪漫主义文学的源头之一，与《诗经》并称"风骚"，对后世诗歌产生了深远影响。

屈原出身于楚国贵族。从小受过良好的教育。屈原从小就非常聪明，读书很多又十分勤奋，他有着惊人的记忆力，能过目不忘，口才也很好。更重要的是，他十分关心天下大事，有理想，有远见。西汉史学家司马迁在《史记·屈原贾生列传》中称赞他年轻时"博闻强志，明于治乱，娴于辞令"。

屈原年轻时，家道已萧条冷落，和楚王的亲属关系也已经比较疏远。但他毕竟跟楚王同姓，再加上才华横溢，又有良好的口才，因而有条件在楚王左右侍奉。22岁时，屈原由文学侍臣擢升为左徒，从而跻身于楚国高级领导集团之中。左图是仅次于最高令尹的官职。屈原所处的时代是战国后期，正是诸侯国之间的战争最激烈的时候。经过商鞅变法后的秦国实力最强，而楚国也是一个大国。出身贵族的屈原怀抱着一腔改革内政、振兴楚国的热忱，渴望实现自己的"美政"主张，由强盛的祖国来统一六国。据《史记》记载，他"博

屈原像

闻强志，明于治乱"，非常善于外交辞令，掌管着楚国的内政外交，在当时楚国的政治舞台上是一个非常杰出的人才。他的主张是制定宪令，并联齐抗秦，在秦国特别强大的情势下，这是一个明智的策略。

但当时楚国内部小人横行。《史记》上说，有一次，怀王命他草拟法令，稿子还未写好，一个素来嫉妒他的同僚上官大夫看见了，就想夺过去看。这是一个尚未决定好的国家机密，屈原如何肯给，上官大夫因此怀恨在心，就在楚怀王面前搬弄是非，说每次法令颁布出来，屈原总是夸口说，要是没有他，谁也办不了。怀王听信此言后，就疏远了屈原。

后来秦派张仪出使楚国，张仪勾结和贿赂了楚怀王的小儿子子兰、宠妃郑袖，破坏了齐楚联盟。后来屈原被派往齐国联盟，但无功而返。怀王虽恨张仪入骨，但当张仪再到楚国来时，怀王却听信了郑袖的话，竟然放了张仪。刚从齐国回来的屈原问怀王为什么不杀了张仪，反而听信谗言？怀王追悔莫及。怀王二十四年（公元前305年），昏庸的怀王后来竟与秦国联姻。屈原联齐抗秦的政治主张失败了。大概就在这个时候，屈原被第一次放逐，地点是汉北，即汉水上游，在今湖北一带。

怀王二十八年（公元前301年），秦伐楚，占领八城，诱骗怀王到秦国会盟。以子兰为代表的贵族集团怕失去秦国的欢心，力劝怀王赴约。屈原等人认为秦国是虎狼之国，不可信，不可前去。但怀王在子兰的怂恿下，还是去了。结果一去就因不肯割地，被扣留不放，三年后，竟死在了秦国。

襄王继位后，子兰继续当权，使上官大夫再次在襄王面前进谗言，襄王"怒而迁之"，屈原遭到了第二次流放，被放逐于江南。路途艰险，环境恶劣，诗人的身心受到了巨大的创伤。在放逐途中，他一刻也没有忘记要返回故都郢，写下了"鸟飞返故乡兮，狐死必首丘"（意思是：鸟终究要飞还故乡，狐狸死了头要朝着它的出生地）的诗句。

襄王二十一年（公元前278年），秦将白起攻破楚都郢。次年，秦兵大至，攻陷楚国巫郡，情势危急。漂泊了多年也不愿离开故土的屈原，在农历五月初来到了长沙东北的汨罗江边，自沉于江中。

传说屈原被楚王放逐后，心情抑郁，久久不能释怀，他不能理解国难当头，楚王为什么不想办法重震国威，而还要亲小人、远贤臣呢？

一天，脸色憔悴、容貌枯槁的屈原来到汨罗江畔。他在岸上边走边吟诗，任江风吹乱披散的头发，撩起敞开的衣襟。他的举动引起江上一个渔夫的注意，渔夫将船靠了岸，见到他就关切地询问："您不就是三闾大夫吗？怎么会落魄到这般地步呢？"

屈原说："老人家，您别再叫我三闾大夫了，如今，我只是一个囚犯，一个被楚王放逐的囚犯！那些奸佞小人整日陪着楚王喝酒作乐，哪管国家的安危！他们个个只顾保全自己的身家性命，哪管百姓的死活！我的禀性、抱负与他们不同，他们就排挤我，让楚王罢我的官、革我的职，把我放逐到这儿来。老人家，整个世界混浊不堪，只有我一个人是清白的呀！众人皆醉我独醒，老天哪，谁能告诉我，楚国的出路到底在哪里？"

渔夫劝慰他说："圣人做事并不拘泥刻板，聪明人心胸开阔，能够同世道一起前进。世界是混浊的，你为什么不随波逐流呢？世上的人都烂醉如泥，你为什么不也跟着喝个痛快呢？为什么还要固执地坚守自己的美德，以致被放逐呢？"

望着奔流不息的江水，屈原大声说："不，绝不！我宁可投入长河，葬身鱼腹之中，也绝不让洁净的身体蒙受俗世的尘埃！"于是他写下《怀沙》这首诗，就怀抱一块大石跳进了汨罗江。

每年的端午节是我国的传统节日，有吃粽子、赛龙舟的风俗，相传就是为了祭奠和纪念屈原。

屈原不但是一位伟大的爱国者，还是一位优秀的文学家。他继承并发展了中国有史以来至战国时代南方文化的优良传统，创立了新诗体——楚辞。这种诗体有着浓厚的地域文化色彩，用绮丽的文辞，蕴含复杂的思想，表达丰富的思想情感，洋溢着浓厚的神话色彩和浪漫主义色彩。屈原的作品有《离骚》《九章》《九歌》《天问》等。其中最重要的代表作品是《离骚》。全诗370多句，2400余字，是在楚国民间歌谣的基础上创建的一种新诗体。它是屈原在政治上遭受挫折后，对过去和未来的思考，也是他自己这个崇高而痛苦的灵魂的自传。屈原开创的楚辞，与《诗经》共同构成了中国诗歌乃至整个中国文学的两大源头，对后世文学产生了无穷的影响。

屈原作品的风貌和《诗经》明显不同，这与长江流域的民风和黄河流域的民风不同有关。当时，北方早已进入宗法社会，而楚地尚有氏族社会的遗风，民性强悍，思想活泼，不为礼法所拘。所以，抒写男女情思、志士爱国是如此直切，而使用的材料，又是如此丰富，什么都可以奔入笔底。写人神之恋，写狂怪之士，写远古历史传说，写与天神鬼怪游观，一切神都具有民间普通的人性，神也不过是超出常人的人而已。它们使作品显得色泽艳丽，情思馥郁，气势奔放。这样的作品，表现了与北方文学不同的特色。从体制上看，屈原以前的诗歌，不管是《诗经》或南方民歌，大多是短篇，而屈原发展为鸿篇巨制。《离骚》一篇就有2400多字。在表现手法上，屈原把赋、比、兴巧妙地糅合成一体，大量运用"香草美人"的比兴手法，把抽象的品德、意识和复杂的现实关系生动形象地表现出来。在语言形式上，

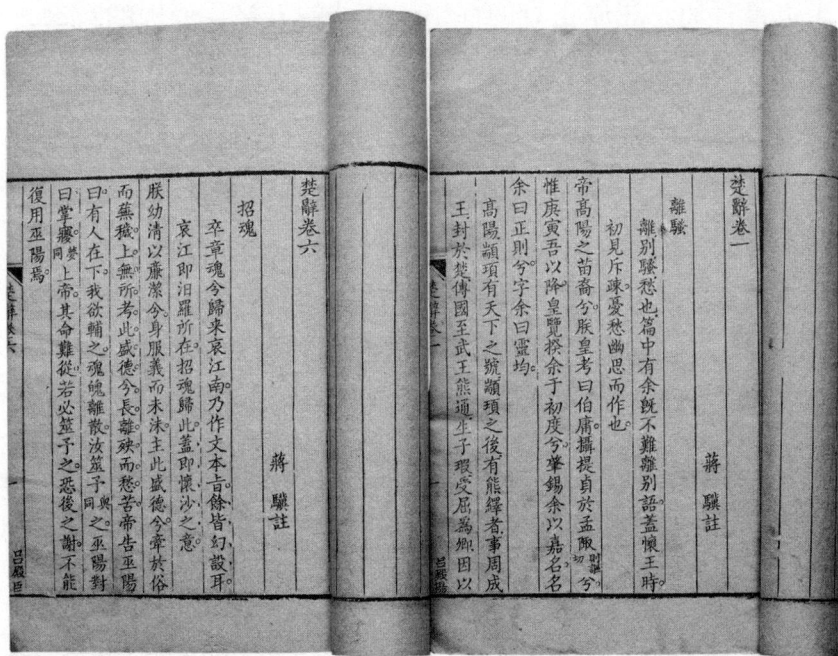

《楚辞》书影

屈原作品突破了《诗经》以四字句为主的格局，每句五、六、七、八、九字不等，也有三字、十字句的，句法参差错落，灵活多变；句中句尾多用"兮"字，以及"之""于""乎""夫""而"等虚字，用来协调音节，造成起伏跌宕、一唱三叹的韵致。总之，他的作品从内容到形式都有巨大的创造性。

屈原作品想象最为丰富，辞采十分瑰丽。《离骚》中大量运用神话传说，把日月风云，都调集到诗篇中来，使辞采非常绚烂，他还突出地描写了三次求女的故事，以表达自己执兼比兴。他善于用美人、香草，以喻君子；恶木秽草，以喻小人，通过比兴手法把君王信谗、奸佞当道、爱国志士报国无门的情景，写得淋漓尽致。

屈原的作品充满了积极的浪漫主义精神。其主要表现是他将对理想的热烈追求融入了艺术的想象和神奇的意境之中。风调激楚，是屈原楚辞风格。屈原由于受宵小的排挤陷害，使曾经对他十分信任并依靠他变法图强的楚怀王，对他产生怀疑以致疏远放逐；楚襄王当政后，更为昏庸，朝政日益腐败，楚国面临亡国的危机，而对屈原这样的爱国志士迫害有加。屈原正直的性格，高洁的人格，爱国的行动，反倒都成了罪过。他将自己满腔愤激的情绪，发而为诗，形成了激楚的情调。这种激楚的情调，在《九章》中表现得十分强烈。

作为一个伟大的诗人，屈原的出现，不仅标志着中国诗歌进入了一个由集体歌唱到个人独创的新时代，而且他所开创的新诗体——楚辞，突破了《诗经》的表现形式，极大地丰富了诗歌的表现力，为中国古代的诗歌创作开辟了一片新天地。

韩 非

韩非（约公元前280—前233年），战国时期韩国新郑（今河南郑州新郑市）人。先秦法家思想集大成者，政治理论家。他总结前人的思想，提出了一整套法、术、势相结合的法治理论。

公元前246年，嬴政还是秦国国君的时候，一个大臣送给他一册竹简。嬴政展开一看，是几篇关于怎样治理国家的文章，他被那些精彩的论述吸引住了，饭也顾不上吃，一口气把它读完，然后叹息一声说："我从来没有读过这么好的文章，如果我能见到作者，和他交个朋友，就是死了也甘心啊！"

这个让秦始皇如此仰慕的人就是韩非，子是对他的尊称。韩非是战国时期韩国的公子，著名的思想家，法家学派的代表人物。当时思想界出现了百家争鸣的局面，儒家和法家都是很有影响力的学派，两家的思想分歧很大，经常发生激烈的争论。儒生们认为，人类最

韩非浮雕像

理想的时代是古代，按古人的方法治理国家，天下才会太平。一天，一个头戴高帽的儒生来找韩非辩论，他问韩非："尧、舜、禹、文王、武王的时代都是太平盛世，为什么不按先王的方法治国呢？"韩非说："上古时期，猛兽很多，有巢氏教人们住在树上，但是到了夏朝，如果有人再住在树上，人们就要笑话他了。"

接着韩非又给儒生讲了一个故事："宋国有一个农夫，看见一只野兔撞死在一个树桩上，他把野兔捡回去美美地吃了一顿，从此他就不再种田了，每天守在树桩旁等着野兔来撞死，结果野兔没有捡到，田地也荒废了。"讲完故事，韩非说："时代变了，治国的方法也应该改变，否则不是和那个农夫一样傻吗？"

当时的秦国非常强大，不停地发动战争，想吞并其他国家。韩国和秦国相邻，面对秦国的威胁，韩国从国君到百姓都感到很不安。看到这种情况，韩非多次向韩王提议进行政治改革。韩王每次听完韩非的理论，都会大大赞扬一番，但却从来不按他的方法去做。

　　嬴政读了韩非的文章，非常想见到他。大臣李斯说："韩非是韩国的公子，我和他一起在荀子门下读过书。大王要见他，只要派使者去韩国把他召来就是了。"

　　嬴政大喜，立即派使者去韩国请韩非。韩王这才意识到韩非的价值，他不舍得把这么好的人才送给秦国，就拒绝了嬴政的要求。嬴政立刻派出十万大军包围了韩国的都城宜阳。韩王害怕了，只好交出韩非。嬴政见到韩非，非常高兴，一连几天谁也不见，单独和韩非在一起，听他阐述政治见解。嬴政经常向韩非请教一些多年没有想明白的问题，韩非的见解常常让他茅塞顿开。

　　李斯见嬴政如此重视韩非，心里嫉妒起来。他知道自己的才能不如韩非，韩非在秦国时间长了，地位肯定会超过自己，要保住自己的地位，唯一的办法就是除掉韩非。一天，李斯对嬴政说："韩非是韩国的公子，心里终究是向着韩国的，如今大王要兼并诸侯，韩非恐怕不会真心实意为秦国着想。"

　　嬴政觉得李斯说得有道理，就想把韩非送回韩国。李斯又说韩非是很有才能的人，如果把他送回去肯定对秦国不利，要杜绝后患，最好把韩非杀了。嬴政不想杀韩非，也不想放他回去，就把他关了起来。韩非想找嬴政申辩，但李斯百般阻挠，不让他见嬴政。在韩非绝望之际，李斯派人给韩非送来一碗毒酒，韩非就在狱中服毒自尽了。韩非死后，嬴政用他的法制思想治理国家，使秦国越来越强大，最后吞并六国，统一了天下。

　　韩非将商鞅的"法"、申不害的"术"和慎到的"势"集于一身，是法家思想的集大成者。《韩非子》是后人收集整理韩非所著的文章而编纂成的著作，共55篇，10万余字。在体裁上，有论说体、辩难体、问答体、经传体、故事体、解注体、上书体七种。辩难体与经传体为韩非首创。该书呈现了韩非极为重视唯物主义与效益主义思想，积极倡导君主专制主义理论，目的是为专制君主提供富国强兵的思想。

　　韩非子继承和总结了战国时期法家的思想和实践，提出了君主专制中央集权的法家实践理论。他主张"事在四方，要在中央；圣人执要，四方来效"(《韩非子·物权》),国家的大权,要集中在君主("圣人")一人手里,君主必须有权有势,才能治理天下,"万乘之主,千乘之君,所以制天下而征诸侯者,以其威势也"(《韩非子·人主》)。为此,君主应该使用各种手段清除世袭的奴隶主贵族,"散其党""夺其辅"(《韩非子·主道》);同时,选拔一批经过实践锻炼的封建官吏来取代他们,"宰相必起于州部,猛将必发于卒伍"(《韩非子·显学》)。韩非子还主张改革和实行法治,要求"废先王之教"(《韩非子·问田》),"以法为教"(《韩非子·五蠹》)。他强调制定了"法",就要严格执行,任何人也不能例外,做到"法不阿贵""刑过不避大臣,赏善不遗匹夫"(《韩非子·有度》)。他还认为只有实行严刑重罚,人民才会顺从,社会才能安定,封建统治才能巩固。韩非的这些主张,反映了新兴封建地主阶级的利益和要求,为结束诸侯割据,建立统一的中央集权的封建国家,提供了理论依据。

改革图治,变法图强,是韩非思想中的一大重要内容。他继承了商鞅"治世不一道,便国不法古"的思想传统,提出了"不期修古,不法常可"的观点,主张"世异则事异","事异则备变"(《五蠹》)。

韩非子注意研究历史,认为历史是不断发展进步的。他认为如果当今之世还赞美"尧、舜、汤、武之道""必为新圣笑矣"。因此他主张"不期修古,不法常可""世异则事异""事异则备变"(《韩

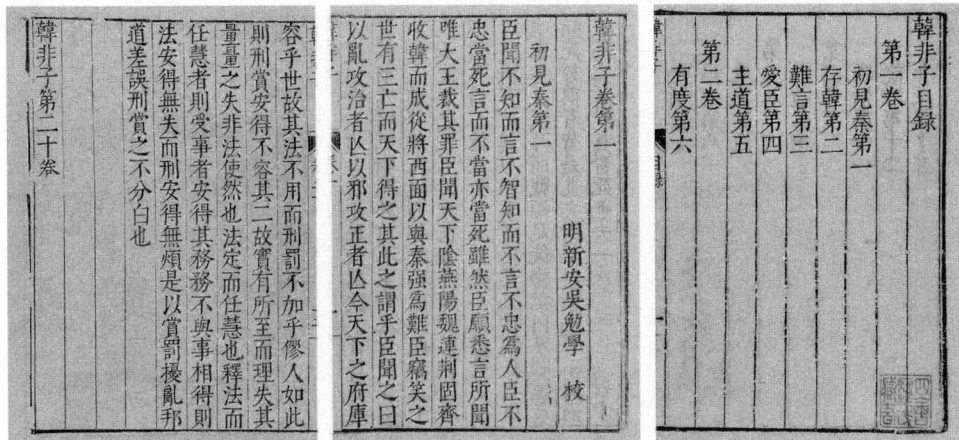

《韩非子》书影

非子·五蠹》），要根据今天的实际来制定政策。他的历史观，为当时地主阶级的改革提供了理论根据。

韩非子著作总结了前期法家的经验，形成了以法为中心的法、术、势相结合的政治思想体系。尤可称道的是，韩非子第一次明确提出了"法不阿贵"的思想，主张"刑过不避大臣，赏善不遗匹夫"。这是对中国法治思想的重大贡献，对于清除贵族特权、维护法律尊严，产生了积极的影响。

韩非子的文章构思精巧，描写大胆，语言幽默，于平实中见奇妙，具有耐人寻味、警策世人的艺术风格。韩非子的文章构思精巧，描写大胆，语言幽默，于平实中见奇妙，具有耐人寻味、警策世人的艺术效果。韩非子的文章说理精密，文锋犀利，议论透辟，推证事理，切中要害。韩非子还善于用大量浅显的寓言故事和丰富的历史知识作为论证资料，说明抽象的道理，形象化地体现他的法家思想和他对社会人生的深刻认识。在他的文章中出现的很多寓言故事，因其丰富的内涵，生动的故事，成为脍炙人口的成语典故，至今为人们广泛运用。

商　鞅

商鞅（约公元前395—前338年），战国时期政治家、改革家、思想家，法家代表人物。卫国（今河南省安阳市内黄县梁庄镇）人。卫国国君的后裔，姬姓，公孙氏，故又称卫鞅、公孙鞅。后因在河西之战中立功获封商于十五邑，号为商君，故称之为商鞅。

众所周知，秦国是靠商鞅变法才重新走上强国之路的。众人也相应地推知，商鞅是一位主张法治的改革家，但是却少有人知道他原来是一位儒门出身的士人。

商鞅投奔到秦国，通过秦孝公的内侍宠臣景监的关系，曾三次用不同的道术进说秦孝公：第一次用的是"帝道"；第二次用的是"王道"；第三次用的是"霸道"。这里的"帝道"和"王道"，便是儒家师传的托名"五帝""三王"的以仁义道德手段的治国安邦之术。

然而无论是"帝道"还是"王道"，都引不起孝公的兴趣。虽这两次进言商鞅都说得头头是道，攀谈的时间也不算短，可坐在商鞅对面的秦孝公就是提不起精神，"时时睡，弗听"。下来后，孝公更是气恼地责备景监："你推荐的客人真是无知，根本就不堪使用！"惹得景监也不停地埋怨商鞅。

不过商鞅并不慌张，原来他前两次进说都是试探性的，或许他早就预料到秦孝公会有这样的反应，因而他徐徐地对景监说："请您再安排一次我与君上的见面，我已知道如何说动他了。"

果然，第三次会见下来，孝公便高兴地对景监说："你推荐的客人不错，我完全可以和他说到一起去。"景监赶忙把这个消息告诉给商鞅。商鞅实话对他说，他这次讲的是"霸道"，即春秋五霸使用的富国强兵、谋取霸业的治术。看来，孝公已有意任用他了，下一次谈话，他将更知道如何中孝公之意了。

往后的接见都是孝公主动安排的。那时人们居住的房屋里还没有常见的桌椅板凳之类，屋子的地面上铺上席子和皮褥，大家都席地而坐。所谓"坐"，不过如同以后跪的姿势：两膝着地，两小腿朝后，而臀部坐于脚后跟之上，孝公就这样与商鞅膝盖对膝盖地坐着交谈。商鞅细细地为孝公剖析他的致秦富强的治术和宏图，孝公专心致志地听着，不知不觉，竟将自己的

商鞅塑像

两个膝盖移到靠商鞅一面的席子前边。如是一连几日，毫不生厌。

就这样，商鞅迈出了自己成功的第一步。这一步的迈出应当首先得益于他的机敏和识时务，同时也来自于他在学术上的兼收并蓄，否则，他死守着自己最初从儒门那里学来的一套"帝道"或"王道"，他可能早就被打发回老家了。所谓机遇，也只是白瞎！

商鞅向秦孝公所谈的一套"霸道"，后人将它归之于法家的治术。其实儒法两家，在开始并不那么水火不容。早期的法家，多数都与儒门有些瓜葛，或者是从儒家阵营中分出的，如李悝、商鞅皆是。商鞅之所以要另学一套"刑名之术"，或另外总结出一套如春秋霸主那样求取霸业的治术，其目的不外乎就是要适应当时各国纷争，以富强德而不被世人所重，最终只落个像瓠瓜那样"系而不食"的结果。要参与社会要在当世建功立业，就只有调整自己，走与儒门祖师爷孔子正统教导的一套不同的道路。这条路，他是认准了。

后来，商鞅为答复景监向他提出的"你到底用什么方法使得我们的国君对你那样感兴趣"的问题时说："我开始劝说君上行帝王之道，并说这可以使秦国的治绩盖过禹、汤、文、武、周公时的三代治世，然而君上回答我说：'那样的治世太遥远了，我不能等待。一个聪明的君主，应当现实地考虑到在自己的有生之年能够做出成绩来，好使自己扬名天下，怎能寂寞地期待数十百年以后才得以实现的帝王之业呢？'所以我改用强国之术说君，才说得他十分高兴。不过此类强国之术所达到的成就比起开创盛世来，可就有些差距了。"事情很清楚，是秦孝公宁愿求取现实的富国强兵的霸业，而不愿"邑邑待数十百年以成帝王"的态度，决定了商鞅在术业上的选择。秦孝公的这种心态，认真地说，也是由当时的社会环境决定的。在当时绝大多数国家的统治者身上，恐怕都存在着秦孝公的这种心态。

另一位也曾在魏国施展过才能，又在楚国担任令尹（楚的最高行政长官）的吴起一生的选择更多。他本是卫国人，第一个拜从的师父是曾参。这是一位在孔门72弟子中以德行和善于反躬自省著称的先生。按照曾子的训导，首先应当遵守的是孝道，但吴起为了求仕，一直在外游学，以致母亲死了也没顾得归家。曾子知道此事后大为反感，一怒之下，与吴起断绝了关系。于是吴起到了鲁国，改学兵法，以其谋略一度任为鲁将。但因人进谗，他又为鲁君谢绝，不得已来到魏国，担任魏文侯的将。据说他在魏国再拜子夏为师，但从他的行政及驭兵方法来看，他所崇尚的仍是执刑赏那一套。他待士兵如亲子，与最下级的士兵同衣食，行军不坐车，宁肯背着干粮与士卒同行。有在战斗中受伤化脓的伤员，吴起甚至亲自为之吸吮伤口。这使得士兵都乐于为之效死。吴起指挥的大小数十次战斗，没有一次遭到败绩的。然而他仍然遭到他人的谗毁，继文侯之后继位的魏武侯开始疏远吴起。最终，吴起选择了使他的事业达于顶峰的楚国。他在那里厉行与李悝变法同样性质的改革，明申法令，节财练兵。加上他的用兵才能，使楚国在短时间内，就"南平百越北并陈、蔡，却三晋，西伐秦"，强大到使诸侯畏惧的地步。

综观吴起的一生，不仅在术业上多有所转移，而且不忌讳不断地转移已建功立业的地点，选择最适宜于施展自己才能的地方。虽说战国时期人员流动是个特点，但像吴起那样不断孜孜以求地在四处谋取仕进者，还是少的。这一点无疑也给了商鞅以很大的启发。他选择秦国也不是偶然的，因为他早就说过"良禽择木而栖"的话。

商鞅和吴起一样，都是卫国人，只是他的出身更高贵些，属于"卫之诸庶孽公子"，所以他本名叫卫鞅，又称公孙鞅。"公孙"即表明其贵族的家庭出身。"商鞅"的称呼，乃是因为他在秦国被封于商的缘故。可能经过战国初期的社会分化，王公贵族的诸庶出子弟已不再享有许多特权了，故而年轻的卫鞅也不得不投入士的行列，自学些本事，以求出路。

商鞅到秦国后，很快就向孝公提出一系列致秦富强的建议。

这些建议，有的直接就是给秦孝公的上奏，有的则是用论文的方式，对某些问题进行详细的阐释。它们都保留在商鞅留给后人的文化遗产——《商君书》里面。

秦孝公六年（公元前356年），在秦的国都栎阳（今陕西临潼县东北），新被任命为左庶长（时为军政长官，相当于各国的卿）的商鞅发布了如下新法。

1. "令民为什伍，使相牧司连坐"。即将全国人民编入户籍，五家为一伍，十家为一什，使互相监视。一家犯罪，其余各家连坐。

2. 严禁藏匿犯罪的"奸人"："不告奸者腰斩，告奸者与斩敌首者同赏匿奸者与降敌者同罚。"

3. 鼓励大家庭分居。对不实行分居的有两个成年男子以上的大家庭，采取加倍征收赋税的方法进行惩罚。

4. 奖励军功。对立有军功者，根据其杀敌的首级数赐以不同的爵位（为此，秦制定了 20 等军功爵作为辅助措施）。同时，对私斗者进行惩罚，使"各以轻重被刑大小"。

5. 奖励农业，对努力生产，"耕织致粟帛多者"，"复其身"——除其本身徭役。

6. 惩罚商贾，把他们与农村中的"怠而贫者"同列，罚没他们的家庭为官奴婢。

7. 令宗室（秦公家族）贵族中无军功者，不得再列入宗室的簿籍，不再享有相应的爵禄。

8. 按照新制定的爵位制度，明确各等级的尊卑，享有取得相应级别的田宅、奴隶及服用标志其身份的衣服器用的权利："有功者显荣，无功者虽富无所芬华。"

八项新法，互为关联，一下子震惊了秦国全体臣民。

为了让秦民相信新法的必定施行，商鞅在正式颁布命令前，搞了个取信于民的演习。他命人在都城的南门口竖立起一根高三丈的木杆，同时张贴告示，募过往行人有能将此木移至城北门者，予以赏金十金。商鞅亲自坐在南门的闹市口等着人应募。然而围观的人虽多，却没有一人敢出来动这根木头的。因为大家都感到事情十分蹊跷，不知道这里面有什么名堂。见此情形，商鞅下令把赏金增至五十金。终于，有一位勇夫忍不住站出来，在众目睽睽之下移动了这根木头。商鞅大喜，当即如数赏给了他五十金。这件事很快就在秦国传开，人们都知道了秦国政坛上升起的这颗新星，并且知道新任的庶长是一位出言必信的官员。

　　秦孝公十年（公元前 352 年），因新法的初步成功，商鞅被升为大良造。这是新制定的 20 等秦爵中的第 16 级，是时秦国尚未设立丞相一职，取得大良造爵位的官员，实际职务已相当于丞相兼将军。又过了两年，即孝公十二年（公元前 350 年），乘着第一次试验的成功，商鞅又颁布了他的第二次变法令。

　　新的变法条款是在秦的新都咸阳颁发的。迁都的时间也在这同一年。但是在迁都之前，秦已在咸阳建好了城楼宫殿，特别是按照商鞅的意思，还在宫廷外建筑了一座高大的门阙，谓之"冀阙"。这种建筑是商鞅的发明，基本形状是在两个高台上架设楼观，观下两台中央为通道，门在两旁。它的主要用途是用来发布朝廷的法令、文告等，后世称之为"象魏"。商鞅的第二次变法条例就挂在上面——当时公布法律已不采用铸刑鼎的方式了。不用说，此建筑本身即表现了商鞅的法治精神。

　　这次颁布的新法只有四条：

　　1. 令民父子兄弟同室内息者为禁；

　　2. 集小乡邑聚为县，置令、丞，凡三十一县；

　　3. 为田开阡陌封疆，而赋税平；

　　4. 平斗桶权衡丈尺。

　　第一条是对前次变法中"民有二男以上不分异者倍其赋"的补充和发展，原来虽不提倡但仍允许存在的大家庭制度，现在被明令禁止。第二、第三、第四条皆出于加强中央集权和对财政经济管理的考虑：重新划分全国为 31 县，是为了加强对地方行政的管理；开阡陌封疆，是要将原来井田上的界限打开，按照国家新确立的对个体家庭的授田数，将土地重新分配给个体家庭，以达到均平赋税的目的；统一度（丈尺）量（斗桶）衡（权衡），则是为着国家分配土地上和征收各种赋税的需要。这些内容，显然都是对上次变法的深化或完善。

　　第二次变法令的施行，遇到的阻碍少多了。贵族们尽管心里怨恨，

记录商鞅变法后耕作景象的石刻

但公开跳出来反对的却很少。只有一个例外，那就是上次已被施以劓刑的公子虔，又因反对而对他施以劓刑（割去鼻子）。

商鞅凭着自己铁的手腕，依靠孝公的支持，终于使新法在秦国的黄土地上扎下了根。两次变法，使秦国的面貌发生了根本变化。司马迁在《史记》中记载到，新法"行之十年，秦民大悦，道不拾遗，山无盗贼，家给人足，民勇于公战，怯于私斗，乡邑大治"。从前说新法不便的，现在也改口赞扬新法的好处了。自然，商鞅在秦国乃至在各诸侯国中的威信也树立起来。

商鞅为秦的强大立下了汗马功劳，亦相应地受到孝公的嘉奖，他被封予商（今陕西商县东南）、于（今河南内乡县东）两地15处城邑，号为"商君"。驷马高车，仆从如云。在博取高官厚禄这一方面，他可以说是攀登到了士大夫所能达到的顶峰。

俗话说，物极必反，荣盛则衰。商鞅没有想到，在他走过20多年仕途，并且经历了人生最辉煌的一段路程之后，他会最终落得个身首异处的悲惨下场。公元前338年（秦惠文王元年），仍是在商鞅发布第二次变法令的咸阳闹市，已被秦国士兵抓住杀死的商鞅复被当众处以车裂的极刑。他的家属亦尽数被斩首示众（因被判处灭族）。市民观者如林，然而一个个都表情木然，没有一人表现出同情怜悯的神色。商鞅之死，在秦人中间并未引起过多的反响。或许人们早习惯于在商鞅制定的严密法网下生活，不可能也不愿意对上面的任何变化发表议论。

倒是在以后的政治家和史家的笔下，对商鞅之死及其是非功过议论不休。因为商鞅前后主宰秦国政治20余年，不能不对秦国，乃至整个战国历产生巨大影响。

战国以后，为商鞅说好话的人虽不多，但仍有像桑弘羊、诸葛亮、王安石这样一些在历史上有影响的政界人物站在他一边。其中，诸葛亮挟刑赏以治蜀，他赞扬商鞅"长于理法"，自是从自身角度考虑的。王安石则本人就是一位大改革家，他自然要为他的改革者前辈争历史地位了。他的一首诗如此歌咏道："今人未可非商鞅，商鞅能令政必行。"可谓旗帜鲜明。

另一种占压倒优势的舆论主要是从汉代开始的，太史公司马迁是这种舆论的代表。他虽然也提到了商鞅的治绩，但在对商鞅的总的评价中却如此写道："商君，其天资刻薄人也。迹其欲干孝公以帝王术，挟持浮说，非其质也。且所因由嬖臣，及得用，刑公子虔，欺魏将印，不师赵良之言，亦足以发明商君之少恩矣。余尝读商君《开塞》《耕战》书，与其人行事相类。卒受恶名于秦，有以也夫。"

司马迁说商鞅天生就是个刻薄人，他最初游说秦孝公所用的"帝王之术"，并非出自他的内心（即商鞅本不是个讲仁义之人），其担任秦的执政后所做的一切，才真正表现了他寡仁少恩的本性。包括他的著作，都体现了他为人尖刻的特点。他最终背上恶名，遭受极刑是必然的。

与太史公相类似的议论主要来自同时代的以董仲舒为首的一派儒生，其中以桓宽《盐铁论》所举的"贤良文学"们的意见为典型。他们说："商鞅弃道而用权，废德而任力，峭法盛刑，以虐民为俗。"他最终遭到车裂和灭族的刑罚，是"斯人自杀，非人杀之也"。

这两种评价如此对立，似乎很难统一。

然而仔细分析起来，两说却又有相通之处，至少它们所谈到的商鞅的那些具体作为，都是双方承认的事实。如言商鞅变法致秦富强这一点，就是在司马迁的笔下也是不曾否认的；而对商鞅严刑峻法的深刻，实亦人们的共识。所异者，双方看问题的角度不同，评判是非的标准不同。韩非等人偏重于从功利主义的角度评价商鞅的是非功过，而司马迁及其他儒者则更多地强调个人的道德行为，如此而已。

苏 秦

苏秦（？—公元前 284 年），字季子，洛阳人。战国时期著名的纵横家、外交家与谋略家。苏秦生活的年代是中国历史上一个较为特殊的时期，战争的烽烟笼罩着华夏大地，齐、楚、燕、赵、韩、魏、秦等诸侯并起，纷争天下。习武者，希望驰骋疆场建功立业；学文者，则苦读诗书，四方游说，梦想为君王所用。年轻的苏秦正是属于后者。

苏秦是一位东周洛阳出身的"鄙人"，他家住在洛阳乘轩里，兄弟五人，以他最少，故字之曰"季子"。或许是家里人多地少的缘故，年少的苏秦没分得一份田产，可又不愿去做买卖，便学了那时许多贫士的榜样，跑到颍川阳城（今河南登封）的嵩山脚下拜了一位叫鬼谷子的高人为师，打算学一些谋取仕进的方法。

他认为学得差不多了，便告别师父去闯世界。他环顾天下，看到没有一个国家强得过秦国，觉得那里是自己求取富贵的理想之地，便于公元前 337 年只身西行，向新继位的秦惠王进行游说："大王统治的秦国，西有巴、蜀、汉中的富饶，北有胡地出产的狐貉和代地出产的马匹为用，南有巫山和黔中的险阻，东有崤山、函谷关为塞。土地肥美，人民富庶，战车万乘，精兵百万，沃野千里，真可谓'天府之国'。凭着大王的贤德，加上人民的众多，将士的用命，兵法的教习，可以兼并诸侯，吞并天下，功盖五帝。望大王早举宏图，我苏秦愿为大王效劳。"

苏秦对秦惠王的一番吹捧意在勾起秦人更大规模实行兼并的野心，好让他在秦的连横外交中施展些身手。但是他忘了秦国刚刚经历了一场动乱。在这前一年，秦惠王诛杀了商鞅，脑子里还未抹去对外来辩士的不信任。任苏秦说得天花乱坠，惠王就是不动心，反而一个劲儿地谦虚道："我听说过，羽毛不丰满的鸟儿不可以高飞，法令未完备的国家不可以行诛罚，道德不纯厚的国家难以役使人民，政教未及理顺的国家更不可以烦劳大臣。今先生不远千里而来赐教于我，我想这计划还是留待他日吧。"

尽管苏秦还在唠叨，惠王已不愿再搭理他。他在秦国逗留了好多天，继续给秦王上奏了无数封书信，都不见采纳。他身上的黑貂皮袍穿破了，黄金百斤已打发完了，连旅费也快用尽了，实在无法，他只得离开秦国，返回老家。一路上，他的裹腿坏了，趿拉着两只破鞋，挑着行李书箱，形容枯槁，面目黧黑，见了人一脸的羞愧。回到家，妻子不愿理睬他，照常织自己的布；嫂子不张罗给他做饭；父母也不同他说话，他感慨极了，长叹一声道："妻子不以我为夫，嫂子不拿我当小叔看待，父母不认我做儿子，这都是我自己不争气造成的呵！"

他暗自发愤，连夜翻检书箧，最后在藏书中发现了一部《太公阴符》，是专讲权谋的，便拿了它仔细把读，反复地进行揣摩。夜深睡意袭来，他操起锥子往自己腿上刺去，血流至足，以此方法驱除睡意。他从心底发誓："做一个士人，岂有游说人主而不能博取金玉锦绣及卿相高位的！"

他揣摩了整整一年，终于悟出了一套切合实际的纵横之术。为此，他十分自信地说："凭着这些，我可以完全有把握说动当世的人君了！"

这次，他没有再去西游秦国，而是选择了三晋中实力稍

苏秦像

强的赵国。他说赵的宗旨正好与前次相反，是要鼓动赵国带头抵御秦国。那时秦国人进攻的主要矛头尚未对准赵国，赵肃侯对于抗秦并不感到十分迫切。苏秦见到赵肃侯后，首先向肃侯夸耀了一番赵的富庶，接着就谈到秦赵间势不两立的道理。他分析说：野心勃勃的秦国是绝不会坐视赵的强大的，然而秦之所以未能直接举兵伐赵者，乃是因为有南面的韩、魏二国做赵的屏障，一旦韩、魏被蚕食，或力不支而降于秦，秦兵便很快会"渡河逾漳，据番吾（今河北磁县境，属赵），兵必战于邯郸之下矣"。

这一番分析立即引起赵肃侯的关切。苏秦接着说："我为大王计划，最好的办法莫过于联络韩、魏、齐、楚、燕各国，使大家合纵相亲，共同对付秦国。可由大王倡导，使天下统兵将帅会于洹水之上，举行刑白马的盟誓，制定如下盟约：'秦攻楚，则齐、魏各出精兵助楚，韩国断绝秦的粮道，赵渡黄河及漳水拦击秦兵，燕国把守住常山以北。秦攻韩、魏，则楚国断绝秦的后路，齐出精兵助之，赵亦渡河、漳击秦，燕国把守住云中（郡名，治今内蒙古托克托东北）。秦攻齐，楚国也同样断它的后路，韩国把守住城皋（今河南荥阳汜水镇），魏国阻塞住黄河以北的道路，赵渡河、漳、博关（今河北蠡县南），燕亦派精兵佐之。秦攻燕，则赵把守住常山，楚出兵武关（今陕西丹凤东南），齐渡渤海，韩、魏二国出兵助之。秦攻赵，则韩出兵宜阳，楚出兵武关，魏出兵河外（今河南陕县以西），齐渡过清河（在齐、赵两国间），燕亦出精兵佐之。有诸侯不赴约者，就以五国兵共同讨伐之。'这样，以六国的合纵对付秦国，不仅秦兵不敢再出函谷关以害诸侯，赵国亦可乘机成就霸王之业了！"

他停顿了一下，望了望已有些动心的赵肃侯，继续鼓动道："只要大王真正听信我的建议，那么燕国必会献给赵国毛皮及狗马的产地，齐国也将送给大王鱼盐的产地，楚将送上橘柚的果园，韩、魏、中山都会有封地献上。这是过去'五霸'和商汤、武王追求的事业，我让大王拱手而得到它们，王以为如何？"

赵王终于被他说动，站起来向他拜谢道："我的阅历不深，未尝

苏秦六国封相衣锦荣归图

听到过关系国家根本的大计，今天尊敬的客人既有意存活天下和安定诸侯，我愿举国跟从先生。"于是给苏秦配备 100 辆华丽的车子，让他带上千镒黄金、玉璧百双、锦绣千匹，去邀约各国诸侯。

有了赵国做后盾，苏秦很顺利地穿梭游说于各国之间。他到每一个地方都先吹捧一番那个国家的富庶和君主的贤明，然后指出如果屈从于秦，将招致如此这般的羞辱和祸患，最终使得被他的激将法激起脾气的列国君主都纷纷表示愿"奉社稷以从""敬以国从"。

这帮君主有燕文侯、韩宣王、魏襄王、楚威王和齐宣王，他们都一致推举苏秦为合纵盟约的纵长，还都授予他自己国家的相印，使他一人而身兼六国的宰相，真是让他十足地威风。

作为合纵发起国的赵国也受到各国的推崇，虽未曾有哪个国家献给赵肃侯土地，却也都敬重他二三分。肃侯不忘苏秦的功劳，便封他做了武安君。

苏秦大功告成，北返赵国，有意路过家乡洛阳。因为兼了六国宰相，各路诸侯都派了使臣前来为他送行，使他的车队随从多得超过了王者。已沦为小邦之君的周显王闻知车队到来，赶紧派人前往郊外慰劳，为他清扫道路。苏秦一家也忙碌起来，父母亲自为他打扫屋子，张乐设宴，众兄嫂及妻子皆匍匐道旁，拜迎苏秦，都不敢瞧他一眼。

苏秦笑着对嫂子说："嫂子，为何您从前那样傲慢而今却又谦卑起来了呢？"

嫂子说："因为小叔您今天位尊而又多金了呀！"

苏秦不禁大为感叹："唉！人贫穷了，连父母都不拿你当儿子；富贵了，哪位亲戚都怕你。人生世上，权势、地位和财富，岂是可以忽略的！"

公元前 287 年，苏秦游说完各个诸侯后，六国达成合纵联盟，团结一致。苏秦被任命为从约长（合纵联盟的联盟长），并且担任了六国的国相，同时佩戴六国相印。赵国大将李兑为主帅，组成反秦联军，屯于成皋（今河南荥阳西北）一带，扬言大举攻秦。然而，合纵的六国各有各的打算，无法形成合力。秦国则采取连横措施，以致虚张声势的反秦联军，徒劳地鼓噪一阵以后，便无声无息地散伙了。但是，这次行动对秦国还是产生了一定的震慑作用，"秦兵不敢窥函谷关十五年"。

合纵成功后，苏秦自楚北上，向赵王复命，途经洛阳。车马行李、各诸侯送行的使者颇多，气派比得上帝王。周显王听到这个消息感到害怕，便为他清扫道路，并派人到郊外犒劳。苏秦的家人也匍匐在地，不敢仰视。回到赵国后，苏秦被赵国封为武安君。后来，秦国派使臣犀首欺骗齐国和魏国，和它们联合攻打赵国，打算破坏合纵联盟。齐、魏攻打赵国，赵王就责备苏秦。苏秦害怕，便请求出使燕国，发誓一定报复齐国。苏秦离开赵国以后，合纵盟约便瓦解了。

苏秦到了燕国，向燕昭王进献"疲齐复仇"之计，然后到齐国长期潜伏，充当间谍的角色。公元前 284 年，燕国联合秦、韩、赵、魏，由乐毅为统帅，共同伐齐，齐国险些灭亡。齐缗王发现苏秦是燕国的间谍，将他车裂处死。

张　仪

张仪（公元前？—前 309 年），魏国安邑（今山西万荣）张仪村人。

魏国贵族后裔，战国时期著名的纵横家、外交家和谋略家。

张仪是魏国贵族的后代，与苏秦同出鬼谷先生的门下。两人在一起学习的时候，苏秦常常感到自己不如张仪。

张仪学成告别先生以后，前往楚国从事游说。不幸很长一段时间都没有找到入仕的机会，也没能见到楚王，弄得他很狼狈，连生计也都快断绝了。

一天，他偶然参加楚国令尹（宰相）举行的招待各地士人的宴饮。招待会开完以后，令尹发现丢失了一只玉璧。清查中，令尹门人怀疑到张仪头上，说这人又穷又没品行，必定趁此机会将大人的玉璧偷去了，不由分说，便将张仪抓来拷问，打了他数百大板。张仪被打得奄奄一息，却始终不服。门人见问不出所以然，只好将他放回。

一天，有人告诉张仪，他要好的同学苏秦正在赵国掌权，何不去求他帮助通融一个职位呢？张仪于是前往赵国求见苏秦。

苏秦知他前来，预先告诫门人不得引他进见，同时也不得放他离去。一连过了好几天，苏秦才宣布召见他，可是却又故意坐在高堂上，让他坐在堂下，赐给他奴仆的饮食，还拿话讥讽他道："老兄不是很有才学么，怎么现在穷困潦倒到这个地步？非是我苏秦不为你说话而让你富贵，你实在是不值得收留的呀！"

张仪原以为同学的情分会给自己带来些帮助，没想到反而受到侮辱。他由羞愧转致恼怒，下决心要出这一口恶气。考虑到当今诸侯唯

张仪塑像

有秦国能让赵国（包括让苏秦）吃到苦头，便踏上了赴函谷关的道路。

其实苏秦并不是无情无义的人，他用的是激将法，以便促成张仪到秦国去谋取更大的发展。待张仪走后，他便召来自己的亲信，向他交代说："张仪乃当今贤士，不过因为贫穷找不到仕进之途。我恐他贪图小利而不图进取，故召他来给他些气受，目的是要激起他奋进。你可替我悄悄地给他些资助。"这人便准备了些金钱和车马，扮作客人，随张仪同行，一路上供给他费用，并帮他在秦国上下打点，直到他见到秦惠王，被任为秦的客卿。

当张仪对前来向他告辞的客人表示感激与挽留之情时，客人才告诉他，这一切全出于苏秦的安排。

苏秦这样安排也还有一个用意，即希望张仪为秦任用后，能影响秦的外交，不要举兵伐赵，以免破坏他的纵约。张仪感于苏秦的厚意，也确实做出了不"谋赵"的许诺。但实际上，张仪虽不谋赵而谋夺取别国的地盘，包括拉拢一些国家，使之先服事于秦以孤立其他各国，也同样是在破坏苏秦的纵约。他被秦任用本来就是建立在他为秦实行分化瓦解各国联盟的外交基础上的。不久，苏秦的合纵盟约趋于解体，以"连横"外交著称的秦相张仪（张于公元前328年被任为秦的大良造）成了历史舞台上新的风云人物。

张仪在任上所做的两件主要事情，一件是"令魏国先事秦而诸侯效之"。这件事情，张仪主要依靠了秦的武力做后盾而比较容易地做到了；另一件事情，即拆散齐楚联盟和削弱楚国，则全是凭借着自己的辩才与计谋达到目的的。

当时除秦国以外，势力最强的莫过于齐，其次便是楚国了。使秦国感到不安的是，这两个国家在国际事务中往往结成统一战线，共同对付秦国，因此拆散齐楚之间的联盟成了秦国外交的首要任务。公元前312年，张仪以秦国使者的身份来到楚国，向楚怀王游说道：

"敝国国王最喜欢的人莫过于大王了，最讨厌的则莫过于齐王。现在我们秦国想要讨伐齐国，但是贵国却在跟齐国通好，这使我们很为难。大王如果能断绝和齐的交往，封锁住齐楚间的关口，我愿让秦王割让给大王商于（今河南淅川县西南）一带600里的土地，还可以叫秦国的姑娘嫁给大王为妾，两家约为兄弟之国。"

贪图便宜的楚怀王十分高兴地答应了张仪的要求，他厚赏张仪，还让张仪兼任了楚国的宰相。随后，便一面下令闭关绝齐；一面派了一位将军做使者，随同张仪前往秦国接受土地。

张仪同楚使到了秦国，还未来得及下车朝见秦王，便当着使者的面，装着失足从车上掉下来，一连三个月都称病不朝。割地的事情只好高高挂起。楚王听见这个消息，以为张仪怪楚国与齐的关系尚未断得干净，就派了一位勇士到齐国去，无缘无故地把齐王臭骂了一通。齐王大怒，干脆转向秦国，与秦国订立了共同对付楚国的盟约。这时，张仪才出来接见楚国使臣，他正儿八经地对楚使说："现在，我将自己的封地6里，从某地到某地，敬献给楚王。"

"我听说秦献给我们大王的是商于之地600里，不是6里！"楚使十分惊讶。

"是您听错了吧！我张仪不过是个小人物，哪来600里的封邑呢？"

使者无奈，只好回国报告实情。楚怀王气得七窍生烟，当即下令起兵伐秦。那秦国已经得到齐国的支持，便放心地开关迎敌。交战的结果，楚国被打得大败，损失士兵八万余众及统兵将领屈匄，还丢失了旧都丹阳（今陕西、河南两省间的丹江以北处）和汉中郡（治南郑，在今陕西汉中东）。气急败坏的楚王下令增兵伐秦，双方又战于兰田，楚又大败，最终只好以割让两城的条件与秦讲和。

楚怀王恨死了张仪，刚好这时秦又派人来约以武关（今陕西丹凤东南）外之地换取楚的黔中郡（今湘、鄂、川、黔交界处一带），怀王说："不愿换地，只愿秦将张仪交出来，我可以白白奉送黔中之地。"那秦惠王也是个贪婪之辈，竟然产生了将张仪送给楚的念头，可是又碍于情面不好对张仪启齿。张仪看出了秦王的心思，便自请前往。秦王对他说："楚王恨你负约，岂能甘心于你？"张仪却有自己的主意。原来，他在楚国的时候，结识了楚的上官大夫靳尚，靳尚作为楚怀王宠妃郑袖的亲信，对郑袖言听计从，张仪相信通过他们的活动会保自己无虞的。

果然，当张仪前往楚国被怀王投进监狱后，靳尚便受张仪的指使找到郑袖，对她说："夫人可知自己将要被大王疏远了吗？"

"为什么呢？"

"因为秦王十分喜欢张仪，一定要将他赎出来，现正考虑送给楚国上庸（今湖北竹山县西南）一带六县的土地，还准备送给怀王美女，包括让秦宫中善于歌舞的宫女作为陪嫁。怀王既贪得秦国的土地，势必重视与秦的关系，那么秦围送来的美女也将被怀王所尊宠。如果这种情况发生，夫人岂不是要被疏远了么！为夫人计，不如早些劝大王把张仪放出去，以阻止秦国计划的施行。"

郑袖害怕了，于是日夜在怀王面前进言，说处死张仪如何地对楚不利。年老昏庸的楚王最终被郑袖说动，竟将张仪从狱中放出，厚待之如故。

人们还记得，张仪刚在秦国被任为相国时，曾给当初诬他为盗贼的楚国令尹写过一封信，说道："当初我到你家喝酒，并不曾偷盗你家的玉璧，可是却受到你无情的笞辱。从今以后，我倒要真的来盗取你们楚国的城池了，请好生看守好你的国家吧！"事情的发展，果真让楚国损兵失地，吃尽了张仪的苦头。自那以后，楚国便急剧地衰落下去。然则楚国的衰亡，竟起于一介匹夫张仪的冤冤相报，岂不悲夫！

这年，张仪又曾出使楚国、韩国、齐国、赵国、燕国，游说各国诸侯与秦国友好。返回途中，秦惠文王病死，秦武王继位。秦武王素来讨厌张仪，许多大臣也鄙夷张仪的为人，说："张仪无信，左右卖国以取容。秦国再重用他，必为天下所耻笑。"

秦武王元年（公元前310年），张仪被迫离开秦国，前往魏国。张仪出任魏国相国一年以后，于秦武王二年（公元前309年）死在了魏国。

第四章

秦汉魏晋时期的著名文士

第一节　秦代的著名文士

李　斯

李斯（约公元前 280—前 208 年），秦朝丞相，楚国上蔡（今河南上蔡县西南）人，中国历史上著名的政治家、文学家和书法家。

李斯协助秦始皇统一天下后，李斯参与制定了秦朝的法律和完善了秦朝的制度，力排众议主张实行郡县制、废除分封制，提出并且主持了文字、车轨、货币、度量衡的统一。李斯政治主张的实施对中国和世界产生了深远的影响，奠定了中国 2000 多年政治制度的基本格局。李斯贡献巨大，但是他不仅害死了韩非，还被赵高所逼把胡亥推上了皇位，最后反被赵高所害。

李斯生于战国末年，年轻时做过掌管文书的小吏。司马迁在《史记·李斯列传》中记载了这样一件事：有一次，他看到厕所里吃粪便的老鼠，遇人或狗到厕所来，它们都赶快逃走；但在米仓看到的老鼠，一只只吃得又大又肥，优哉游哉地在米堆中嬉戏交配，没有人或狗带来的威胁和惊恐。于是，他发出了这样的感慨："人之贤不肖，譬如鼠矣，在所自处耳！"他认为人无所谓能干不能干，聪明才智本来就差不多，富贵与贫贱，全看自己是否能抓住机会和选择环境。在战国时期人人争名逐利的情况下，李斯也是不甘寂寞，想干出一番事业来。为了达到飞黄腾达的目的，李斯辞去小吏，到齐国求学，拜荀卿为师。荀卿是当时著名的儒学大师，他是打着孔子的旗号讲学的，但是，他不像孟子那样墨守成规，而是从当时的政治形势出发，对孔子的儒学进行了发挥和改造，因而很适合新兴地主阶级的需要。荀子的思想很接近法家的主张，也是研究如何治理国家的学问，即所谓的"帝王之术"。李斯学完之后，反复思考应该到哪个地方才能显露才干，得到荣华富贵呢？经过对各国情况的分析和比较，他认为楚王无所作为，其他各国也在走下坡路，决定到秦国去。

临行之前，荀卿问李斯为什么要到秦国去，李斯回答说："干事业都有一个时机问题，现在各国都在争雄，这正是立功成名的好机会。秦国雄心勃勃，想奋力一统天下，到那里可以大干一场。人生在世，卑贱是最大的耻辱，穷困是莫大的悲哀。一个人总处于卑贱穷困的地位，那是会令人讥笑的。不爱名利，无所作为，并不是读书人的想法。所以，我要到秦国去。"李斯告别了老师，到秦国去实现自己的愿望了。

李斯到了秦国以后，很快就得到秦相吕不韦的器重，当上了秦国的小官，有了接近秦王的机会。一次，他对秦王说："凡是干成事业的人，都必须要抓住时机。过去秦穆公时虽然很强，但未能完成统一大业，原因是时机还不成熟。自秦孝公以来，周天子彻底衰落下来，各诸侯国之间连年战争，秦国才乘机强大起来。现在秦国力量强大，大王贤德，消灭六国如同扫除灶上的灰尘那样容易，现在是完成帝业，统一天下的最好时机，千万不能错过。"

李斯的见解是正确的，秦王还听取了他离间各国君臣之计"诸侯名士可以下财者（接受其贿赂），厚遗结之；不肯者利剑刺之，离其君臣之计，秦王乃使良将随其后"对于六国，他还提出了"先灭韩，以恐他国"的吞并顺序。于是他得到了秦王的赏识，因而被提拔为长史。李斯劝秦王派人持金玉去各国收买、贿赂，离间六国的君臣，果然也收到了效果，他又被封为客卿。

正当秦王下决心统一六国的时候，韩国怕被秦国灭掉，派水工郑国到秦鼓动修建水渠，目的是想削弱秦国的人力和物力，牵制秦的东进。后来，郑国修渠的目的暴露了。这时，东方各国也纷纷派间谍来到秦国做宾客，群臣对外来的客卿议论很大，对秦王说："各国来秦国的人，大抵是为了他们自己国家的利益来秦国做破坏工作的，请大王下令驱逐一切来客。"秦王下了逐客令，李斯也在被逐之列。

李斯给秦王写了一封信，劝秦王不要逐客，这就是有名的《谏逐客书》。他说："我听说群臣议论逐客，这是错误的。从前秦穆公求贤人，从西方的戎请来由余，从东方的楚国请来百里奚，从宋国迎来蹇叔，任用从晋国来的丕豹、公孙支。秦穆公任用了这五个人，兼并了二十国，称霸西戎。秦孝公重用商鞅，实行新法，移风易俗，国家富强，打败楚、魏，扩地千里，秦国强大起来。秦惠王用张仪的计谋，拆散了六国的合纵抗秦，迫使各国服从秦国。秦昭王得到范雎，削弱贵戚力量，加强了王权，蚕食诸侯，秦成帝业。这四代王都是由于任用客卿，对秦国才做出了贡献。客卿有什么对不起秦国的呢？如果这四位君王也下令逐客，只会使国家没有富利之实，秦国也没有强大之名。"

李斯还说，秦王的珍珠、宝玉都不产于秦国，美女、好马、财宝也都是来自东方各国。如果只是秦国有的东西才要的话，那么许多好东西也就没有了。李斯还在信中反问：为什么这些东西可用而客就要逐，看起来大王只是看重了一些东西，而对人才却不能重用，其结果是加强了各国的力量，

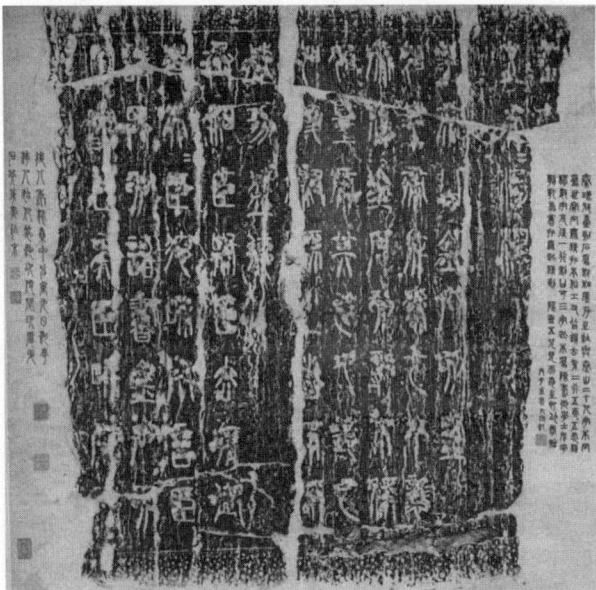

李斯小篆作品

却不利于秦国的统一大业。李斯的这封上书，不仅情词恳切，而且确实反映了秦国历史和现状的实际情况，代表了当时有识之士的见解。因此，这篇《谏逐客书》成为历史名作。

秦王明辨是非，果断地采纳了李斯的建议，立即取消了逐客令，李斯仍然受到重用，被封为廷尉。

在取消逐客令不久，魏国大梁人尉缭也来到了秦国。当时的形势是，秦王已经除掉内部的反对派吕不韦等，大权进一步集中，积极向外扩张，东方各国都个个自危。尉缭向秦王建议说：当前，以秦国的力量消灭东方各国是毫无问题的。但是，如果各个诸侯国联合起来，合纵抗秦，结果就很难说了。因此，不要吝惜财物，向各国掌权的"豪臣"行贿，破坏他们的联合，只用 30 万金，就可以达到兼并各个诸侯国的目的。秦王采纳了尉缭的计谋，在同各国进行斗争的过程中，不少是用此策而取得胜利的。当然，秦国的反间计是以武力为后盾的，正如李斯所讲："不肯者，利剑刺之。"

秦国坚持接纳、使用客卿的政策，对其经济、政治、军事、文化的迅速发展，都做出了积极的贡献。如秦始皇时代的客卿就有茅焦、尉缭等。李斯的《谏逐客书》，对秦网罗天下人才是有功绩的。

秦国在李斯和其他大臣的谋划之下，历时 20 余年，逐步吞并了韩、赵、魏、燕、楚、齐六个国家，于公元前 221 年完成了统一大业。而李斯因功业显赫，累官至廷尉，位列九卿。

"国无法不立"，一个国家必须以严明的法纪作为立国的基础。李斯作为法家学派的代表人物，在帮助秦始皇建立封建国家结构时，特别注重法律制度的制定。严刑峻法成为秦国政治的主要特点，这既促进了一个统一国家的建立，也因为过于残酷激起了广大人民的强烈反抗。

秦始皇刚刚统一六国，在强化中央集权机构之后，对于辽阔的国土如何治理，已是摆在秦王朝面前的中心议题。以丞相王绾为代表的一批大臣主张承袭周制，分封诸子为王。李斯力排众议。他举例论证说，周文王、周武王曾经大封子弟同姓，后来封国之间日渐疏远，以至相互攻伐如同寇仇，结果周天子也难以禁止。如今天下统一，并已普遍设置郡县。对皇帝诸子及功臣，只要让他们坐食赋税并加重赏赐就足够了。这样，天下无异心，才是长治久安之本。如果重新分封诸侯，就会削弱皇帝的权力，使国家陷于四分五裂的局面。

秦始皇听从了李斯的建议，当即命李斯负责规划疆土，定明法制，以颁天下。

李斯遵照秦始皇的旨意，下令臣属，绘制了大秦帝国疆域图；依据山川走势、地理方位把全国划分为 36 郡，直属中央管辖，一郡下设数县，从而设置了从地方到中央一体化的国家制。与此相适应，他还在参考六国官制的基础上，提出了一整套机构的设置方案。他这一套完善的区域划分和机构设置方案令秦始皇赞叹不已，从李斯之议，不立子弟为王，分全国为 36 郡，郡以下设县、乡、亭、里，组织十分严密，构成一部完整的统治机器。郡县制，开中国历史的先例，意义重大，影响深远。其中有不少制度，不但为汉唐以后各封建王朝所采用，而且一直延续至今。

李斯进一步辅佐始皇策划、制定了一系列诏命和法令：为防止百姓反叛，令民间原有的和缴获六国的大量武器全部上缴，不准私留；为防止豪富大户聚众造反，令各地 12 万户以上的豪门大户迅速迁居国都咸阳；为防止六国旧部死灰复燃、东山再起，令全国险要地方，凡城堡、关塞及原来六国构筑的堤防等，统统毁灭。

秦始皇二十六年（公元前 221 年），李斯提出了统一全国文字的建议，秦始皇当即批准实行。这种统一的文字，史称"小篆"。

不久，秦始皇采纳李斯的建议，规定把秦半两钱作为国家统一货币。

接着，他又颁布诏书，以秦国的度量衡为基础，制定新的度量制度，并把这份诏书刻在官府制作的度量器上，发往全国各地。此外，李斯还建议始皇修驰道、定车轨，使咸阳作为全国政治、经济、军事、交通的核心地位更加巩固。

分封制、郡县制论争后，秦始皇对李斯信任有加，并擢至右丞相，李斯遂成为一人之下、万人之上的权贵。

随着政治上的统一，势必要求思想、理论上的统一。李斯为使舆论一律，所采取的措施难免荒唐：（1）除去秦国史籍和医药、卜筮、种树等书外，将民间所藏的《诗》《书》和诸子学说等，皆送交郡中焚毁；令下30日不烧，黥面罚作筑城苦役。（2）有敢谈论《诗》《书》者处以弃市（杀之于市）重刑。（3）以古非今者，举族连坐。（4）官吏知情不报者，与之同罪。（5）凡欲求学者，以吏为师，研习法令。秦始皇准奏李斯实行了这几条措施。秦始皇三十五年（公元前212年），李斯默许秦始皇将犯禁的460名儒生坑杀在了咸阳。

始皇三十七年（公元前210年）初，李斯、胡亥（始皇少子）和中车府令赵高从始皇出游。七月，始皇病死沙丘平台（在今河北广宗县）。李斯怕天下有变，于是秘不发丧，始皇的棺材载在大车中运往咸阳，外人都不知道秦始皇已经死去的消息。

得幸于胡亥的赵高，深恨大臣蒙毅曾治其罪，便前去说服胡亥伪造诏书，以始皇之命诛扶苏（始皇长子），立胡亥为太子，并说如果不与丞相李斯谋，恐怕事情不能成功。胡亥心然其计。赵高便去找李斯谋划，李斯一开始不同意。赵高威胁说："如果长子扶苏继位，必用蒙恬（蒙毅之兄）为丞相，你终将会不怀通侯之印而归乡里，这是很明白的事了！"李斯自以为才智与威望不及蒙恬，扶苏继位于己不利，便同意了赵高的阴谋，立胡亥为太子。胡亥又派人赐扶苏、蒙恬死。胡亥继皇帝位后是为二世皇帝。

在胡亥的残酷统治下，民不堪其苦，纷纷起义。胡亥面对危机，不是引咎自责，而是多次大声责备李斯："居三公位，如何令盗如此！"李斯万分恐惧，不知道该如何作答。但是李斯本性贪图爵禄，力图自保，于是便向胡亥提出"独断于上""行督责之术""灭仁义之途""绝谏说之辩"的策略。胡亥十分高兴，于是督责益严，誉课税重者为明吏，杀人众者为忠臣，刑者相伴于道，死人眦积于市。

李斯虽然阿胡亥之意以讨欢心，但仍处危境之中。赵高当时已经掌握实权，也图谋害死李斯。赵高设下圈套，跟李斯说："关东群盗多，今上急欲发徭，治阿房宫，聚狗马无用之物。臣欲谏，为位贱，此真君侯之事，君何不谏？"李斯不知是计，便说："吾欲言之久矣，今时上不坐朝廷，常居深宫。吾所言者，不可传也。欲见，无闲。"赵高当即表示愿为效劳。

一日，胡亥正与宫女寻欢作乐，赵高却使人告诉李斯说胡亥现在很闲，可以奏事。李斯便至宫门，要求拜见。如此者三，胡亥大怒，骂道："吾常多闲日，丞相不来；吾方燕私，丞相辄来请事。"赵高趁机进言："夫沙丘之谋，丞相与焉。今陛下已立为帝，而丞相贵不益，此其意亦望裂地而王矣。"并言李斯子李由与陈胜相勾结。胡亥信以为真，使人查李由。李斯得知后怒而上书，极言赵高之短。胡亥非常依赖赵高，害怕李斯杀了他，便将此事告诉了赵高。赵高说："丞相所患者独高。"于是，胡亥先撤李斯丞相之职，降为郎中令，继而以谋反之罪使赵高治之。赵高搜捕李斯的宗族宾客，经严刑拷打，李斯被迫招供。李斯上书自陈，述说自己的冤屈，赵高以囚徒不得上书为由，弃之不奏。赵高还使自己的宾客 10 多人，诈为御史、侍中，轮番对李斯进行残酷审讯，李斯均以实对。后来胡亥暗中使人查李斯，李斯以为还是赵高派的人，便以之前的话应对。于是胡亥下令将李斯腰斩，并夷其三族。

伏 生

伏生（公元前 260—前 161 年），又称伏胜，字子贱。汉国济南（今山东滨州市邹平县韩店镇苏家村）人。曾为秦博士。

在秦始皇焚书坑儒前后，政治恐怖，学术完全被扼杀。而在这种野蛮残酷的镇压过程中，依然有胆识过人的学者能够见机行事，急流勇退，不但保全住自身，而且还冒着杀头的危险保存古籍，这便是传授今文《尚书》的伏生。

伏生很有远见卓识，他的一生肯定富有传奇色彩，只因为年代久远我们无法确切知道罢了。司马迁在《儒学列传》中提到过五经八经师。八人中数伏生资历最老，他是秦朝的博士。在那个残酷镇压知识分子的年代，能够全身而退，回乡隐居，肯定经过一些波折。从藏书的时间来推测，他是在焚书坑儒发生之前离开咸阳的。这就更突出了他的先见之明。

当朝廷宣布禁止私人保存《诗》《书》时，伏生冒着杀头灭门的危险而把一部《尚书》藏在墙壁中。后来天下大乱，伏生逃亡离家。等到天下基本平定，朝廷取消私人藏书的禁令后，伏生才敢扒开墙壁，从里面把书拿出来，结果发现少了几十篇，只剩下二十九29篇。于是便用此书来传授《尚书》之学。

汉代废除"挟书者族"这一法律是在惠帝四年（公元前191年），伏生将书抠出来，开始传授当在此后不久。汉文帝继位是在公元前179年，召伏生是在文帝九年（公元前171年）时，此时已经90多岁。以此逆推，伏生生年当在公元前261左右，比秦始皇年龄还要大。

焚书坑儒是在秦始皇三十四年（公元前213年），伏生当时已经近50岁。可能在此之前他便是博士，想办法退隐回家的。

自此迄后世，《尚书》之为学，伏生实为传授的渊源。最开始的两个学生是济南张生和欧阳生。以后伏生弟子又据他对《尚书》的解释，编成《尚书大传》一书，属"外传"之体。后人评伏生传书之功曰："汉无伏生，则《尚书》不传；传而无伏生，亦不明其义。"西汉思想文化界，是今文经学的天下，在文、景、武、昭、宣诸帝统治时期，立于学官的五经十四博士皆为今文经学派，其中《尚书》一经所立欧阳生、大夏侯（胜）、小夏侯（建）三博士，

伏生像

悉出于伏生门下。由于伏生对传授《尚书》的特殊功绩，后世今文经学家将其与在汉武帝时期提倡"罢黜百家，独尊儒术"的董仲舒相提并论，合称"董伏"。济南伏氏，自伏生至东汉献帝皇后伏寿，在秦汉时期，历400余年，世传经学，号为"伏不斗"。伏生与他的今文《尚书》对中国儒家经学文化影响至为深远。《尚书》学后来发展成三家，即欧阳生的"欧阳氏学"，夏侯胜的"大夏侯氏学"，夏侯建的"小夏侯氏学"。

伏生授经图

伏生在给学生讲解《尚书》时，遇到一个棘手的问题，即汉朝初年的年轻人学习的文字是隶书，而伏生从墙壁里抠出来的《尚书》是用篆字写的。学生们无法阅读原文，给教书带来极大困难。伏生便不辞辛苦，用隶书将这些从火中抢救出来的29篇《尚书》认真抄写一遍。这便扫除了学生的文字障碍。

其实，伏生这样做本来是很简单的道理，就是为教学方便。是为了减轻文字教学的压力。不料，这一偶然随意的做法却开创了一个全新的学术时代。

因这种做法很方便，其他学者纷纷仿效，都把古文经书抄写成隶书然后教学。于是人们便称其为"今文经学"。在整个汉代，尤其是到西汉后期和东汉，学术界出现了"古今文经学"之争，今文经学的始作俑者便是伏生。

应当指出，古今文之争主要是指对于经书意义的解释，并不是指用什么书体书写。但不同的解释却与不同的书体书写有关系，用今文即隶书书写者已脱离字形对于字义的直观效果，而篆书即古文书写者则有这种方便。董仲舒独尊儒术的思想已经被统治者所采纳，儒家思想已经成为统治思想，这样，为统治阶级代言的学者们便千方百计利用经学来为统治者的现实政策服务，为统治者得到天下、统治天下以及一切政策寻找经学上的根据，采用实用主义的态度，对经学的所谓微言大义进行新的解释。有时一句话便可解释成上万言，有许多完全脱离开字词的本义随便发挥，再和当时逐渐兴起的谶言结合起来，造出许多带有迷信色彩的谎言。因其对于经学进行新的解释，故称这派人为今文经学。

这时，一些有良知的知识分子便站出来，追寻经书的本义，揭穿今文经学的虚伪，探讨经书的本来意义，回归到文字本身上去寻找帮助，于是这批人特别重视文字学，许慎《说文解字》的成书便与这种学术氛围有关系。但今文经学由于受到统治者重视而被朝廷列为正统，属于官方语言。所以在当时今文经学占统治地位。后来，随着黄巾起义烧起的战火，今文经学很快土崩瓦解，而古文经学反而对后世产生深远的影响。汉末著名大学者马融及其弟子郑玄便都是古文经学家。

郦食其

郦食其（？—公元前 203 年），陈留县高阳乡人。

秦汉之交，士人在长期遭受压迫后，又得到施展才能的机会。各种士人纷纷登上历史舞台进行表演。郦食其便是其中很有特点的一位。

在刘邦打败项羽后，一直到武帝时期，儒家学派依然没有受到重视，但已经没有被活埋的恐惧了，属于复苏期。

汉代初期，儒家学派依然没有受到重视。因此属于儒家学派的士人基本上隐在乡间观察时机，以极其坚韧的毅力传授知识，培养后进，随时企图登上历史舞台。而不属于这一学派的知识分子们则已经来到前台，参加了新政权的建设。最突出的是郦食其、陆贾、盖公和贾谊四个人。当时，虽经秦王朝的历史阶段，但距战国未远，战国时期纵横家及策士的遗风尚有相当影响。

郦食其少年时家境贫寒，喜好读书，因生逢乱世，没有用场，弄得一贫如洗，失魂落魄。实在无法谋生，便为街道当了一名看门人，挣点微薄的工资来填饱一家人的肚皮。他为人狂放，一般人都不放在眼里，镇里的官员们谁也不敢轻视他，更不敢得罪他，都称他为狂生。

陈涉、项羽先后起兵反抗强秦，各路大军不断路过高阳。郦食其见机会来到，当然不情愿庸庸碌碌混过一生，便时刻注意着每一支军队的举动行为及其大将的情况。

后来，沛公刘邦将要路过这里。刘邦身边的一个骑兵恰巧是郦食其的邻居，顺道回家探亲。郦食其早就探听到刘邦在这一时期的所作所为，便亲自到那位骑兵家中，对他说："我听说沛公虽然傲慢却平易近人，有很多大谋略，此人真是我所愿意跟从的。不要让别人占了先手。如果您见到沛公，就说：'我们街道有个郦生，六十多岁了，身高八尺，人们都称他为狂生。他自己却说不是狂生。'"

郦食其雕像

那位骑兵说："沛公不喜欢儒生，各位客卿有戴着儒冠来的，沛公就摘下他的冠倒过来放地上，往里边撒尿。与人谈话，经常大骂，您不可以用儒生的身份来游说他。"

郦食其请求他说："我就想这么办，兄弟给我说一声。"

那位骑兵还真办事，真的跟刘邦说了。所以便发生下面的故事：

沛公至高阳传舍，使人召郦生。郦生至，入谒，沛公方倨床使两女子洗足，而见郦生。郦生入，则长揖不拜，曰："足下欲助秦攻诸侯乎？且欲率诸侯破秦也？"沛公骂曰："竖儒！夫天下同苦秦久矣，故诸侯相率而攻秦，何谓助秦攻诸侯乎？"郦生曰："必聚徒合义兵诛无道秦，不宜倨见长者。"于是沛公辍洗，起摄衣，延郦生上坐。郦生因言六国纵横时，沛公喜，赐郦生食。

从刘邦"竖儒"的话可知，郦食其的打扮真的是儒生，可能是因为两个美人正在给刘邦洗脚无法站起来，因此刘邦还没有把郦食其的冠摘下来放地上往里面小便，够幸运的了。但一边让女人洗脚一边接待来人，也显得太傲慢，根本没有把来人放在眼里。郦食其简单的几句话，便争得了面子，受到刘邦的高度重视。这也正是刘邦最大的长处，即能够纠正自己的错误而采纳别人的意见。

其后，郦食其为刘邦出谋划策，使刘邦在错综复杂的形势下处处取得主动。在楚汉相争最激烈紧张的时候，郦食其为刘邦去游说齐王田广，齐王属下70多城降汉。韩信听说郦食其没费吹灰之力，坐在车上跑了一趟，凭三寸不烂之舌便取得了齐国70余座城池，心中很不服气，就乘夜幕的掩护，带兵越过平原偷偷地袭击齐国。齐王田广听说汉兵已到，认为是郦食其出卖了自己，便对郦食其说："如果你能阻止汉军进攻的话，我让你活着，若不然的话，我就要烹杀了你！"郦生说："干大事业的人不拘小节，有大德的人也不怕别人责备。老子不会替你再去游说韩信！"这样，齐王便烹杀了郦食其，带兵向东逃跑而去。

李白在《梁甫吟》中道："君不见高阳酒徒起草中，高揖山东隆准公。入门不拜骋雄辩，两女辍洗来趋风。东下齐城七十二，指挥楚汉如转蓬。

狂客落魄尚如此，何况壮士当群雄。"说的就是郦食其的故事。

在汉朝的开国谋士中，郦食其稳健不如萧何，战略眼光不如张良，机智不如陈平。但他纵酒使气，疏阔狂放，跟刘邦很对脾气，很可能是刘邦最喜欢的一个。他不仅富于谋略，而且敢作敢为，勇于冒险，以非凡的政治远见和卓越的军事见解，为刘邦成就大业做出了无可替代的贡献。

第二节 西汉时期的著名文士

陆 贾

陆贾（约公元前 240—前 170 年），汉初楚国人，西汉思想家、政治家、外交家。

陆贾是楚人，刘邦经营天下时，以客卿身份跟随左右，并以能言善辩著称。曾多次出使诸侯，为汉高祖收服南越王立下汗马功劳，对安定汉初局势做出极大的贡献。

陆贾是汉代第一位力倡儒学的思想家，他针对汉初特定的时代和政治需要，以儒家为本、融汇黄老道家及法家思想，提出"行仁义、法先圣，礼法结合、无为而治"，为西汉前期的统治思想奠定了一个基本模式。刘邦统一天下当上皇帝，很讨厌读书人，不爱听文绉绉的话。但经常陪伴他的陆贾却不顾这些，时不时地就在刘邦面前谈论《诗》《书》。因为经常陪伴在刘邦的身边，而且为其办成许多大事，因此陆贾在感情上与刘邦比较亲密，所以才不怕其斥骂。他用历史事实说明在马上可以得到天下，却不能在马上治理天下，第一个提出"逆取而顺守"的策略，并为刘邦建立新王朝提出总的纲领，这就是以仁义道德治理国家。

汉大中大夫

陆贾像

从《新语》的全部内容来看，陆贾基本上属于儒家学派，因其书虽然是综合儒、道两家学说的精华，但相对来看，儒家思想更突出一些。综观全书，是以儒家思想为主，而以道家为辅的思想体系，较早地体现了儒道互补的精神。

如果我们仔细思考西汉初年的政治情况，以及汉武帝"罢黜百家，独尊儒术"这一国策的制定，就会发现陆贾的活动及《新语》的历史作用。

孝惠帝时，吕后专权，想要封诸吕为王，猜忌善辩大臣，陆贾估量自己无能扭转这种局面，便装病回家隐居，静观时局变化。他选一块好的地方，让五个儿子耕种田地。他把自己多年积蓄的金钱分给儿子作资本，每个儿子200金。他本人则优哉游哉，过起了闲适舒心的生活。

因及时离开政治斗争的旋涡，故吕后在封诸吕为王的过程中，他既没有受到吕后集团的猜忌，也没有受到舆论的谴责，真是个智者。

惠帝年少，性格软弱，吕后专横，诸吕紧锣密鼓地准备抢班夺权，要谋取天下。宰相陈平非常忧虑，但计无所出，急得如热锅上的蚂蚁，极其烦恼。在这关键时刻，陆贾前去求见，并为其划策说："天下安，注意相，天下危，注意将。"请陈平和当时在世的老一辈大将绛侯周勃搞好关系，如果二人团结一致，便可以应付各种复杂局面。

陆贾又亲自出面在暗中去联络其他公卿大臣，为陈平和周勃后来一举粉碎诸吕的阴谋，安定刘氏天下起了重要作用。文帝得立，陆贾也有大功。后来再度出使南越，使南越主动去掉皇帝之号，听命于汉朝。

陆贾最后寿终正寝，结局很完美，真是个智者。

"逆取顺守"是非常深刻的思想，即夺取政权可以不择手段，可以用暴力，但要保守政权则必须实行仁政，必须顺应民心，顺应历史潮流，这对于中国后来历史的发展产生了重要影响。贾谊在《过秦论》中著名的结论"仁义不施，而攻守之势异也"，便与陆贾提出的靠马上可以得天下，而靠马上不可以治理天下的思想如出一辙。

儒家力倡"人主天下之仪表也，主倡而臣和，主先而臣随"，强调君主在国家政治、道德生活中必须起到表率作用，认为国家的命运与君主的道德修养水平密切相关。陆贾继承了先秦儒家的这套德化理论，认为秦亡就是因为不施仁义、专任刑罚，骄奢靡丽以及重用赵高等奸佞之臣所致，因此他认为汉家王朝要想不重蹈秦亡之覆辙，就必须反秦道而行之："行仁义而轻刑罚；闭利门而尚德义；锄奸臣而求贤圣"，定下了带有强烈儒学色彩的三大为政原则。

同时，为了使儒家学说更加适应汉初政治统治的需要，他在坚持儒家基本思想倾向的同时，已经公开地从道家、阴阳家、法家等诸子各家中吸取合理的思想资料以充实儒家的思想体系，开启了汉代儒学重构的先河。

陆贾的"夫道莫大于无为"的思想来源于道家黄老之学。陆贾的无为并不是由作为宇宙本根的道的无为推演出来的，而是从秦王朝骤亡教训中总结出来的，是与秦始皇的滥用刑罚的有为相对立的。他用道家的思想原则把法家和儒家思想进行了改造和糅合，使得道家的"无为而治"思想更加贴近实际，更能解决问题。

陆贾（右）和赵佗塑像

陆贾并不排斥有为，他认为如果没有人为的努力，社会就不能进步；既然圣人都有为，那么君子当然也要有为；有为不是妄为，而必须以道为准。主张对一切凡人力所能为、又必须为的事，均应该尽力而为之。

在陆贾的思想中，无为和有为是有机的统一，是治道的一体两面，以有为求无为，在有为的基础上，达到无为的最高境界，即要求君王积极有为，依仗自身修养制定出一套社会秩序，然后将这套政治社会秩序落实在实际生活中，制礼定乐，教化天下。

陆贾同时也改进了法学，他批评秦"法治"太过，主张"文武并用，德刑相济"，减废秦法，但仍然坚持治国必须依靠"法治"，只不过"法治"不再是治国之本，而是治国之末。陆贾还进一步提出减免赋税徭役，让利于民。要与民休息，不干民，不扰民，不加赋，做到"国不兴无事之功，家不藏无用之器，稀力役而省贡献"。

在历史观方面，陆贾继承了法家韩非的观点，把人类社会的发展分为先圣、中圣、后圣三个不同的历史时期。陆贾不仅意识到了人类物质文明的进步，而且还接触到了国家和法律的起源。陆贾在继承与发挥法家理论基础上形成的这种权变学说，表达了汉初地主阶级在夺取政权后积极巩固和发展封建统治的新制度的愿望，具有积极的意义。

总之，陆贾不仅为儒学在汉初的复兴立下了汗马功劳，并且为儒学在汉代的发展指出了方向，因此他是上承孟子、荀子，下启贾谊、董仲舒的汉代重要儒家人物，他的思想是由先秦儒学发展到董仲舒的今文经学的一个中间环节。这种天人感应说，在汉代肇端于陆贾。陆贾和贾谊的这些天人感应的思想，后来被董仲舒发展成天人合一的神学目的论。

曹 参

曹参（？—公元前190年），字敬伯，沛（今江苏沛县）人。西汉开国功臣，是继萧何后的汉代第二位相国，史称"曹相国"。公元前209年（秦二世元年），跟随刘邦在沛县起兵反秦，身经百战，屡建战功，攻下二国和122个县。刘邦称帝后，对有功之臣，论功行赏，曹参功居第二，赐爵平阳侯，汉惠帝时官至丞相，一遵萧何约束，有"萧规曹随"之称。

从汉朝建国到文帝末年这半个多世纪里，统治者所奉行的基本是黄老之术，所采取的是与民休息的政策。这一政策的实施，与前文提到的陆贾有一定的关系。但更主要的功劳则应当属于留下"萧规曹随"这一成语的曹参。而启发曹参采取这种政策的则是一个几乎被历史完全埋没的人。我们只能从司马迁的《史记》中找到一点蛛丝马迹。那是在刘邦平定天下，

曹参像

曹参被派到最难统治的齐国故地去做宰相时的事。

汉朝建国后，刘邦根据当时的实际情况，采取郡国制。即封一些兄弟子侄为诸侯王，分散到全国各地去，其他绝大部分领土依旧实行郡县制。这样，刘氏诸侯国和皇帝直接统治的郡县形成一种犬牙交错的情况。诸侯国实际上起着拱卫中央的作用。

曹参到齐国做相，便马上遇到了实际问题，这就是面对刚刚脱离战争苦海、满目疮痍的齐国，处在贫困交加艰难处境下的百姓，应当采用什么样的办法来进行统治。曹参以前只是沛县监狱里的小吏，恐怕也就是主管监狱文书之类的一般办事员，根本没有管理一个国家或地区的经验。于是，曹参便召集当地的学者名流，广泛征求意见。

曹参是汉朝初年继萧何之后的著名贤相，有很强的责任心，还有一定的民主作风。他广泛地征求当地众多儒生的建议，结果众说纷纭，令他无所适从。当听说胶西地区有个盖公，善治黄老之学，便派人带重金前去请。

可以说，作为一国地方的行政长官，曹参能够如此敬业，忠于职守，虚怀若谷地听取意见，难能可贵。也可以想象，儒生的意见虽不一致，但肯定也有一些较好的建议。而曹参听说外地有位盖公，便派人去请，表现出求贤若渴的精神。当盖公提出"治道贵清静而民自定"这一总的指导方针时，他如醍醐灌顶，大彻大悟，马上采纳，并将自己府中的正房倒出来让给盖公，以表示对盖公的尊敬和礼遇，表现出礼贤下士的可贵精神。

其后九年，曹参一直运用这一原则来治理齐国，使齐国大治，政治清明、百姓富庶，曹参的大名也传遍天下。

萧何一死，曹参立即准备进京当宰相。别人觉得有些奇怪，数日后，朝廷果然有专门使臣来迎接曹参入朝。曹参上任后，继续用治理齐国的经验，按照盖公提出的与民休养生息的方法来治理整个天下。每日下朝后，便在家饮酒。从来不提出什么新的主张。

时间一长，大臣们便议论纷纷，连皇帝都有些沉不住气了。惠帝见曹参如此，以为是轻视自己，但又不好意思亲自去问，便命曹参的儿子太中大夫曹窋私下里询问曹参这样做的道理，劝谏其勤勉职守。但告诫曹窋不要露出这是皇帝的意思。

曹窋回家后，找个机会从容不迫地向父亲透露皇帝的意思，结果不但没有奏效，反而被曹参打了几板子，并被严肃训斥道："赶快进宫去侍奉皇帝，天下大事不是你所应当议论的。"惠帝听说后，很不高兴。于是至朝时，惠

曹参像

帝让参曰："与窋胡治乎？乃者我使谏君也。"参免冠谢曰："陛下
自察圣武孰与高帝？"上曰："朕乃安敢望先帝乎？"曰："陛下观
臣能孰与萧何贤？"上曰："君似不及也。"参曰："陛下言之是也。
且高帝与萧何定天下，法令既明，今陛下垂拱，参等守职，遵而勿失，
不亦可乎？"惠帝曰："善！君休矣！"（《史记·曹相国世家》）
惠帝见曹窋被打，只好自己亲自出面。早朝时责备曹参。经过和曹参
的对话，惠帝明白了曹参的良苦用心，于是心情非常轻松，表态说："好！
相国不用再说了。"

可以说，曹参的说法和做法都是非常明智的。这就保持了政策的
连续性和相对稳定性。因此受到百姓的热烈拥护和高度赞美。

曹参执政的成功虽然有多方面的因素，但最根本的原因还是采纳
盖公的建议。而汉初前后长达半个世纪的清静无为，与民休息的国策，
与盖公的这句话也有重要关系。真可谓是"一言兴邦"。

贾　谊

贾谊（公元前200—前168年），字太傅，洛阳（今河南省洛阳市东）
人。西汉初年著名的政论家、文学家。18岁即有才名，年轻时由河南
郡守吴公推荐，20余岁被文帝召为博士。不到一年被破格提为太中大夫。
但是在23岁时，因遭群臣忌恨，被贬为长沙王的太傅。后被召回长安，
为梁怀王太傅。梁怀王坠马而死后，贾谊深自歉疚，直至33岁忧伤而
死。其著作主要有散文和辞赋两类。散文如《过秦论》《论积贮疏》《陈
政事疏》等都很有名；辞赋以《吊屈原赋》《鹏鸟赋》最著名。

贾谊是中国古代文人中怀才不遇的典型人物，后代很多文人墨客
经常吟咏到他。王勃的《滕王阁序》中写道："屈贾谊于长沙，非无
圣主；窜梁鸿于海曲，岂乏明时。"中唐诗人刘长卿《长沙过贾谊宅》
便是专咏贾谊的。苏轼还专门写了一篇《贾谊论》。那么，贾谊的命
运到底如何？

其实，贾谊在古代知识分子中算是幸运的。贾谊是洛阳人，18岁
时便能够吟诵《诗经》和《尚书》。在当时战乱刚刚结束，文化教育

还相当落后的时代，这是非常了不起的。因为《诗经》《尚书》等已经近半个世纪没有专门学校教授，只有像伏生、辕固生那样老一代的学者才会。像贾谊这样的年轻人能掌握这种知识的可谓是凤毛麟角。因此，贾谊在洛阳非常出名，太守吴公很赏识他，将他提拔到自己门下，当了一名幕僚。

这位太守是李斯同乡，从李斯那里学到很多经验，颇有才干。由于治理洛阳政绩突出而被提拔到京师任廷尉之职。水涨船高，贾谊也跟着借光。吴太守将他推荐给汉文帝，贾谊被提拔到朝廷当上博士。当年贾谊仅仅20岁，便来到权力中心，来到皇帝身边，成为可以参与国家最高领导层事务的人，可以直接和皇帝对话。

汉代的博士官员不是学术职称，而是带有顾问性质的官署设施，与后来的翰林院类似，是皇帝制定政策和决策的参谋部。其中大部分成员是熟谙世故的老儒，贾谊是其中最年轻的人。

置身于这样一个国家顶级知识群体当中，贾谊的学问和见识增长迅速。而且，他有年龄优势，思维敏捷，在回答一些有关国计民生或政治外交及典章制度问题时，往往引经据典，回答准确，令许多老儒生刮目相看。不久，贾谊便被破格提拔为太中大夫，成为近侍，可以随时见到皇帝，官秩比千石，春风得意。

因为受到皇帝的信任和重用，贾谊更竭尽心智，为国家尽忠。

贾谊像

他有敏锐的才思、杰出的文学才华、超前的政治感觉，再加上处在统治阶级最高层的圈子里，可以高屋建瓴地观察到社会出现的各种问题，预见到社会发展的趋势，因此他成为汉初最重要的政论家。

贾谊的《过秦论》气势磅礴，在当时产生巨大影响，"仁义不施，而攻守之势异也"的结论具有震撼人心的力量，成为警醒古今统治者的洪钟巨响。《陈政事疏》中贾谊痛心疾首地说道："臣窃为事势，可为痛哭者一，可为流涕者二，可为长叹息者六。"他在汉初表面繁荣平静的社会现象的背后，看出了潜伏的社会危机。出于对皇帝对国家的负责，他呼吁皇帝和大臣早做准备，将这些危机消灭在萌芽状态，可以减少一些震荡。如削减藩镇势力，加强军事力量，抵制或解决外来民族的入侵特别是匈奴的骚扰问题，都成为后来的社会问题。

贾谊的这些话，使许多朝廷老臣不舒服，但还没有太强烈的反应。当贾谊提出改制时，矛盾便一下子白热化了。

所谓的改制，是每一个封建政权建立后都要进行的。秦始皇统一全国后，按照阴阳五行家提出的五德终始说，认为秦是水德，服色尚黑。

五行观念对中国文化影响甚大。"五行"便是水、木、金、火、土五种物质。这五种物质相生相克，没有一个绝对的主宰。其相生的顺序是土生金、金生水、水生木、木生火、火生土。其相克的顺序正好与此相反，即土克水、水克火，火克金、金克木、木克土。而与金、木、水、火、土相对应的还有许多东西。如"五色""五音""四季""四方"，等等。与之相对应的五色是：土为黄色，木为青色，火为赤色，金为白色，水为黑色。每个朝代都因为自己本朝"德"的属性来确定崇尚的颜色。秦朝为水德，自然崇尚黑色。又根据五行相克的原理，土能克水，汉朝取代秦朝，当然应该是土德，这样，崇尚的颜色就应当是黄色。

到文帝时，汉朝建国已经20多年，因为政权不稳，故还没有实行改制。贾谊提出改制的建议，是很正常的。汉文帝马上同意，并拟定提拔贾谊为公卿，具体负责这项工作。汉文帝的态度也是正常的。但这些正常都无法阻止不正常的情况发生。

贾谊塑像

以绛侯周勃、灌婴、东阳侯张相如、御史大夫冯敬为主要代表的一批老臣对改制反应强烈，态度极其坚决。他们攻击贾谊说："洛阳贾谊这小子，年轻初学，刚刚读了几本书，就要擅自掌握大权，把朝廷都搞乱了。"与汉文帝产生尖锐的对立。

形势一下子紧张起来。周勃、灌婴等老臣与贾谊已处在尖锐对立的位置上，水火不相容。汉文帝经过一番痛苦的思索和选择后，为了缓和矛盾，便把贾谊贬谪到长沙，当长沙王太傅。

在赴长沙途中，贾谊在湘江边上缅怀100年前投江的屈原，想到自己政治上的失败，百感交集，写下《吊屈原赋》。到长沙三年，秋天的某一天，一只猫头鹰飞到他的院子里，他觉得这是不祥之兆，便写了一篇《鵩鸟赋》，抒发人生无常的感慨。这两篇赋都带兮字调，是楚辞向汉赋转变的产物，后世称之为"骚体赋"，是赋发展史上很重要的一个阶段。

汉文帝本来就是在无奈的情况下才把贾谊贬出京师的。后汉文帝将贾谊召回长安，在宣室中接见他，并虚心向他请教一些问题，但所问都是神仙之事。贾谊一一作答，内心很痛苦。李商隐《贾生》一诗便是针对此事而发。诗曰："宣室求贤访逐臣，贾生才调更绝伦。可怜夜半虚前席，不问苍生问鬼神。"

其后，任命贾谊为梁怀王太傅。梁怀王是文帝最小的儿子，爱好读书，颇受宠爱，因此让贾谊来教导他。

不久，文帝又封其他儿子为王，贾谊认为这样做容易引起内部争夺，屡次劝谏，文帝不听，贾谊闷闷不乐。后来，梁怀王骑马摔下而死，贾谊认为是自己失职，郁闷而终，年仅33岁。

贾谊现象很有意义，如前文所示，他成为后世文人经常思考的一个问题。"贾谊""贾生""洛阳才子"在后世的诗文中经常可以看到。那么，我们到底应当如何来看待这件事呢？

宋代文豪苏轼曾写一篇《贾谊论》，认为贾谊被贬是因为志大才大而量小，见识短，文帝贬谪他是为了缓解矛盾，不使之白热化。贾谊应当与那些老臣搞好关系，忍耐一些年，情况就会有变化。此说确实有一些道理，但未说到关键处，即封建专制制度本身是扼杀人才的关键。在这种制度下，知识阶层的怀才不遇就是绝对的，怀才能遇则是相对的，有条件的，很少的。按道理苏轼应当有器量有见识吧，可他一生遭际又如何呢？陈师道在纪念他的诗中写道："一代苏长公，四海名未已。投荒忘岁月，积毁高城垒。"可见其一生被贬谪谗毁的程度。

西汉初年，儒生陆贾与叔孙通等人便在总结秦亡教训的基础上，提出了用儒家治国的设想，但因当时尚有干戈、四海未平，高祖刘邦并未来得及把他们的设想付诸政治实践便去世了。实际上，在西汉初期真正将儒家学说推到政治前台的是汉文帝时的著名儒者——贾谊。他以清醒的历史意识和敏锐的现实眼光，冲破文帝时甚嚣尘上的道家、黄老之学的束缚，不顾当朝元老旧臣的诽谤与排挤，接过陆贾与叔孙通等人的行仁义、法先圣、制礼仪、别尊卑的儒家主张，为汉家王朝制定了仁与礼相结合的政治蓝图，引起了当时的最高统治者——汉文帝的重视，在历史上留下了深刻的影响。

董仲舒

董仲舒（公元前179—前104年），西汉广川（河北景县广川镇大董故庄村）人，思想家、政治家、教育家，唯心主义哲学家和今文经学大师。

董仲舒出生于家有大批藏书的大地主阶级家庭。汉武帝元光元年（公元前134年），董仲舒任江都易王刘非国相10年；元朔四年（公元前125年），任胶西王刘端国相，四年后辞职回家。

此后，居家著书，朝廷每有大议，令使者及廷尉就其家而问之，仍受武帝尊重。董仲舒以《公羊春秋》为依据，将周代以来的宗教天道观和阴阳、五行学说结合起来，吸收法家、道家、阴阳家思想，建立了一个新的思想体系，成为汉代的官方统治哲学，对当时社会所提出的一系列哲学、政治、社会、历史问题，给予了较为系统的回答。

董仲舒像

董仲舒在30岁时，开始招收了大批学生，精心讲授。他讲学，在课堂上挂上一副帷幔，他在帷幔里面讲，学生在帷幔外面听。同时，他还经常叫他的得意门生吕步舒等转相传授。由于董仲舒广招门生，宣扬儒家经典，他的声誉也日益扩大，在汉景帝时当了博士，掌管经学讲授。

汉武帝继位后，让各地推荐贤良文学之士，董仲舒被推举参加策问。

汉武帝连续对董仲舒进行了三次策问，基本内容是天人关系问题，所以称为"天人三策"。第一次策问，汉武帝问的主要是巩固统治的根本道理；第二次策问，武帝主要是问治理国家的政术；第三次策问主要是天人感应的问题。

董仲舒在对策中，详细阐述了天人感应，论述了神权与君权的关系，并提出了"罢黜百家，独尊儒术"的建议。董仲舒对策后，被武帝派到江都易王刘非那里当国相。刘非是武帝的哥哥，此人粗暴、蛮横，一介武夫，但因为董仲舒当时声望很高，是举国知名的大儒，所以对董仲舒非常尊重。而且刘非把董仲舒比作辅助齐桓公称霸诸侯的管仲，也就是希望董仲舒要像管仲辅助齐桓公一样来辅助自己，以篡夺中央政权。但董仲舒是主张"春秋大一统"的，因此，对于刘非的发问，他借古喻今进行了规劝，指出"所谓仁人，是'正其道不谋其利，修其理不急其功'（端正自己奉行的道义而不谋求眼前的小利，修养自己信奉的理念而不急于取得成果）的仁。致力于以德教化民众而使社会风气大变，才是仁的最高境界！所以孔子的弟子即便是小孩也羞于提到五霸，因为五霸是先行欺诈后行仁义。只是耍手段而已，所以不足以被真正有道义的人提及。"暗示刘非不要称霸。董仲舒为江都易王相六年，搞了不少祈雨止涝之类的活动。

汉武帝建元六年（公元前135年），皇帝祭祖的地方长陵高园殿、辽东高庙发生了大火，董仲舒认为这是宣扬天人感应的好机会，于是带病坚持起草了一份奏章，以两次火灾说明上天已经对汉武帝发怒。结果奏章还没上，正巧主父偃到董仲舒家做客，看见奏章，因嫉妒董仲舒之才，就把奏章草稿偷走，交给了汉武帝。武帝看后大怒，决定将董仲舒斩首。后怜其才，又下诏赦免，但江都王相却被罢免，从此，董仲舒不敢再说灾异之事，而是干起了老本行，从事教学活动，又教了10年的《公羊春秋》。汉武帝元朔四年（前125年），公孙弘又推荐董仲舒做胶西王刘端的国相。刘端也是汉武帝的哥哥，他比刘非更凶残、蛮横，过去不少做过他国相的人都被杀掉，或毒死。因董仲舒是知名的大儒，刘端对他还比较尊重。

董仲舒一直提心吊胆，小心谨慎，唯恐时间长了遭到不测，遂于四年后以年老有病为由，辞职回家。从此以后，也就结束了他的仕禄生涯。董仲舒晚年对什么事情都不过问，只是埋头读书、著作。

虽然他辞去了官职，但朝廷有大事，还常派人到他家向他请教，董仲舒都有很明确的看法。后来，张汤把询问董仲舒的部分材料，整理为《春秋决狱》一书。董仲舒虽然养病在家，但仍十分关心朝政大事，甚至在临终之前，还写奏章给汉武帝，坚决反对盐铁官营的政策。

汉武帝太初元年（公元前104年），董仲舒于家中病卒，葬于西汉京师长安西郊，有一次汉武帝经过他的墓地，为了表彰其对汉王朝的贡献，特下马致意。由此，董仲舒的墓地，又名为"下马陵"。

董仲舒以《公羊春秋》为依据，将周代以来的宗教天道观和阴阳、五行学说结合起来，吸收法家、道家、阴阳家思想，建立了一个新的思想体系，成为汉代的官方统治哲学，对当时社会所提出的一系列哲学、政治、社会、历史问题，给予了较为系统的回答。

董仲舒就根据《公羊春秋》的记载，提出了"大一统"论。他在《天人三策》中说："《春秋》所主张的大一统，是天地的常理，适合古

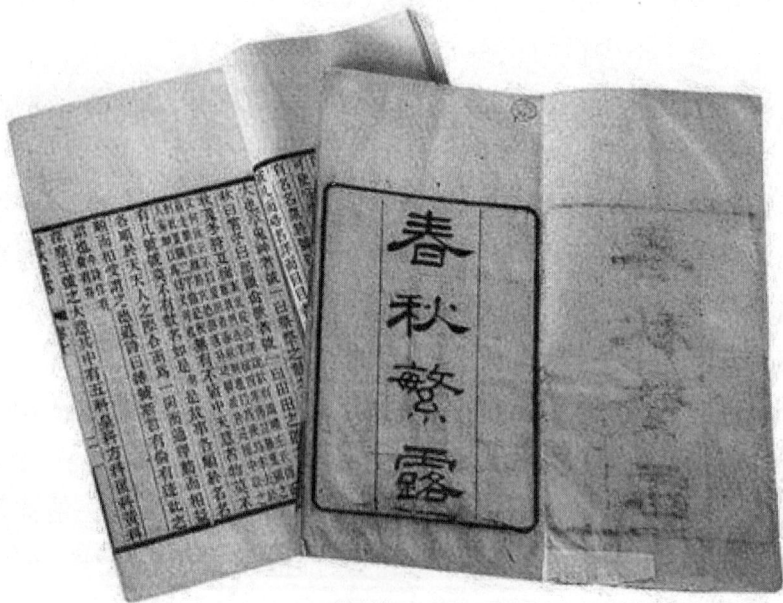

《春秋繁露》书影

今任何时代的道理。"在汉武帝采纳了董仲舒思想要大一统的建议之后，施行了"罢黜百家，独尊儒术"政策，将儒学作为正统思想，从此汉代思想界树起了儒学的权威，产生了中国特有的经学以及经学传统。汉代立五经博士，明经取士，形成经学思潮，董仲舒被视为"儒者宗"，使儒学成为中国社会正统思想，影响长达 2000 多年。其学以儒家宗法思想为中心，杂以阴阳五行说，把神权、君权、父权、夫权贯穿在一起，形成帝制神学体系。

董仲舒"天人感应"论，是以社会、政治来说的。他把《春秋》中所记载的自然现象，都用来解释社会政治衰败的结症。他认为，人君为政应"法天"行"德政"，"为政而宜于民"；否则，"天"就会降下种种"灾异"以"谴告"人君。如果这时人君仍不知悔改，"天"就会使人君失去天下。

西汉王朝统治人民虽然奉行黄老的"无为而治"的思想，实质上仍因袭秦制，以严刑峻法统治人民。武帝好法术、刑名，重用酷吏，以严刑峻法来加强统治，给人民带来了极大的灾难和痛苦。为了社会秩序的稳定，为了封建统治的长治久安，董仲舒认为要缩小贫富差别，协调各种社会矛盾，提出"调均"的主张。他还上书汉武帝"限制私人占有土地的数额的主张，限制豪强兼并土地，不允许官吏与百姓争抢利益，盐业、金属业都有百姓自己掌控，除去奴婢制度、擅自斩杀的威严，降低赋税，减少徭役，让人民休养生息，减少民力消耗"。

董仲舒的著作很多，有 100 多篇文章、辞赋传世，尚存的有《天人三策》《士不遇赋》《春秋繁露》及严可均《全汉文》辑录的文章两卷。

司马相如

司马相如（约公元前 179—前 118 年），字长卿。蜀郡成都人，祖籍左冯翊夏阳（今陕西韩城南）侨居蓬州（今四川蓬安）。西汉辞赋家，中国文学史上杰出的代表。

司马相如幼年时，父母怕他有灾，所以给他取了小名"犬子"。

长卿读书时，知道了蔺相如的故事，为了表示对蔺相如的仰慕之意，便更名为相如。

公元前144年，蜀中"锦城丝管日纷纷，半入江风半入云"，在这样一个歌舞升平之地，司马相如僻居的槐树街绿竹巷却是个清静的所在。回乡已经数月，35岁的司马相如依然一贫如洗，不免有些郁郁。

想当年，他20岁出头，诗书满腹，又剑术超群，独闯长安，在汉景帝手下为武骑常侍。可景帝不好辞赋，司马相如有志难申。多亏在公元前150年遇到梁孝王刘武。两人一见如故，于是他随梁孝王到了河南商丘，在梁园度过了两年优游的生活。梁孝王赞他才情高华，不仅以礼相待，还赐给他一把名叫"绿绮"的古琴，琴上面刻有"桐梓合精"（即桐木和梓木的精华）四个字，是当时不可多得的名贵乐器。

那段日子里，司马相如精心写了一篇《子虚赋》，描述诸侯游猎的盛况，辞藻华丽，极尽雕琢之能事。他靠着这篇文章出了名。只可惜，梁孝王却突然魂归九天，门客四散。司马相如无可奈何，只得黯然回到了故乡成都。此时，他的父母已经双亡，家业败落。

这一日，同窗老友、临邛县令王吉造访。原来，临邛首富卓王孙喜好附庸风雅，听说司马相如曾在朝中为官，文采非凡，就托王吉送来请柬，盛宴相邀。

面对众宾的祝酒，司马相如频频起身，向大家拱手答礼，只见他嘴唇翕动，却没有说出一句话。原来司马相如自小略带口吃，不善高谈阔论。王吉眼见他一副窘态，立即起来圆场："我有一个不情之请，素闻司马兄雅善音律，当此良辰美景，何不抚琴一曲，以助雅兴？"卓王孙立刻同意："我家中藏有古琴，愿献与司马先生弹奏。"王吉说："不必不必，司马兄向来琴剑随身，车上有琴囊，可以马上取来。"司马相如不好推辞，就端坐案前，静气凝神，抚琴调弦。这"绿绮"琴已被司马相如操练多年，自然别有韵味。

《凤求凰》剧照卓王孙之女卓文君也喜好琴艺，她在后堂听到这翩若惊鸿、婉若游龙的琴声乐韵，不禁心中一动：这分明是一曲久已失传的《凤求凰》！卓文君估计，今天在场的听众，不会有别人懂得其中的精妙与琴音外男子的求偶之意。她感觉脸颊发烫，这弹琴的男子会是怎样的一个人呢？

接下来英俊潇洒的男子和美丽富有的少女做出了在那个时代惊世骇俗的决定——私奔。

卓文君跟着司马相如到了成都，本以为这位郎君风流倜傥，又曾在朝中为官，定会有些财产，哪知他家徒四壁，而自己从家里仓促逃出，没有多带金帛。无可奈何之际，只得把随身首饰拿去换粮。数月后，衣饰都快卖完了。

司马相如眼见妻子受苦，也觉得无限凄凉。卓文君便对他说："你这样穷，我们今天凑合明天对付也不是长久之计，不如再回临邛，我去向家里借些钱财，也好营谋生计。"司马相如答应了。

到了临邛，二人听人说，女儿私奔后，卓王孙几乎气死。现在女儿过得穷苦，有人去劝他帮忙周济。卓王孙却盛怒不从，说是女儿不守妇道，不忍杀她，就叫她自己饿死算了。

司马相如暗想，卓王孙如此无情，文君也不便去借钱。大丈夫能屈能伸，我如今穷途末路，也不能死要面子活受罪，索性就在他家门

琴台故里

口开个小酒店，让他看不过去。

司马相如将身边仅有的车马变卖，作为资本，租借房屋，备办器具，择日开店。店中雇了两三个酒保，他也改穿短脚裤，一派劳动者模样，还吩咐卓文君准备卖酒。

小酒店开张那天，门庭若市，热闹非凡，晌午时分便人头攒动，酒楼内外，水泄不通。有进酒楼来喝酒的，有在酒楼外往里瞅的，要瞅瞅大美人卓文君怎么卖酒，还要瞅瞅大文人司马相如怎么收账。夫妇俩也无所畏惧，笑口揽客，琴瑟和鸣，生意红红火火。

卓王孙见此情势，也只得屈服，给了夫妻两人百名家童，又陪嫁了无数钱财。司马相如乐呵呵地将酒店一关，带着美人与钱财回到成都，做起富翁来。

公元前138年的一天夜里，雅好辞赋的汉武帝偶然读到《子虚赋》，击节叫好，大为欣赏，却不知是谁写的，不禁暗自叹息："可惜寡人没有和此人生在同一个时代！"这时，替武帝管理猎狗的太监杨得意恰好在旁伺候，他告诉武帝，这篇《子虚赋》是他的同乡司马相如所写，且此人尚在人世。武帝一听，又惊又喜，立即传旨，召司马相如入宫。这个对文人来说渴求已久的机会，终于降临到了司马相如头上。

公元前137年，汉武帝读到了司马相如新写的《上林赋》，大喜，然后拜司马相如为郎官。

除了写得一手好文章之外，司马相如为官期间最大的贡献其实是开发西南。他为官第三年，正赶上中郎将唐蒙在修治西南蜀道，由于工程艰巨，征集民工过多，又杀了西南夷首领，巴蜀人民惊恐不安，引发骚乱。汉武帝闻听奏报，决定派司马相如去责备唐蒙，并让他写一篇文告，向巴蜀人民做一番解释。

于是，司马相如写下了一篇温情脉脉的文章，号召巴蜀百姓要"急国家之难"，晓之以理，动之以情，又代表皇帝给了地方很多恩惠，招抚工作进行得十分顺利。

回到长安，司马相如向武帝提出意见：应该在邛（今西昌）、榨（今雅安）一带恢复设置郡县，这对西南蜀道的开通更有效。武帝采纳了他的建议，并亲派司马相如负责这件事。再次到蜀后，司马相如雷厉风行地拆除旧关，架设桥梁，开辟道路，造福了西南一方。

司马相如虽然写了不少歌颂帝王的辞赋，但实际上，他为官不善逢迎。一方面是因为他结婚后很有钱，不需要追慕官爵；另一方面是因为他口吃，不善言辞，又有糖尿病。他不愿意同公卿们一起商讨国家大事，总是借病在家闲待着。

公元前 118 年的冬天，奇冷无比。司马相如有一种不祥的预感，觉得自己似乎再难走出这奇寒的冬天。于是，他抱病撰写了《封禅书》，希望武帝体会到他的一片忠心。

写完《封禅书》的最后一个字，司马相如彻底垮了下来，他真的筋疲力尽、心力交瘁了。此时，皇宫之中，武帝好像想起什么似的，问："很久未见司马先生了，不知他近况如何？是否又有新作？"老乡杨得意答："听说司马先生病体沉重，恐怕已难以再写什么东西了。""快！快去把他的文章全部取回来，如果不这样做，以后就散失了。"皇帝派出的大臣回来时，带来了司马相如的死讯，还有那篇耗掉他最后心血的《封禅书》。

对司马相如的人品和文品，后世一直毁誉参半，他和卓文君的浪漫爱情，也曾遭到质疑。有传说称，司马相如显达之后，想要纳妾，据史书记载，"卓文君作《白头吟》以自绝，相如乃止"。《白头吟》中写道："皑如山上雪，皎若云间月。闻君有两意，故来相决绝。"后人考证认为，此诗为民间作品。多年之后，人们发现了一篇传为卓文君所作的《司马相如诔》，以朴实无华而又情真意切的文字，概括了司马相如的一生。可见二人爱情之坚贞。

还有人说，司马相如文品不高，谱写洋洋洒洒、歌功颂德的《子虚赋》《上林赋》，靠吹捧成了御用文人；遗作《封禅书》，也使得汉武帝耗费大量人力、物力去进行封禅活动。不过，客观地讲，司马相如谏说论事，虽铺张扬厉，但无一不宗旨严正，有所讽喻，司马迁认为："此与《诗》之风谏何异？"这是很高的评价了。

司马相如是中国文化史文学史上杰出的代表，是西汉盛世汉武帝时期伟大的文学家、杰出的政治家。他被班固、刘勰称为"辞宗"，被林文轩、王应麟、王世贞等学者称为"赋圣"。同时，司马相如出使西南夷，将西南夷民族团结统一于大汉疆域，被称之为"安边功臣"，名垂青史。司马相如与卓文君不拘封建礼教的束缚，追求自由、幸福的爱情婚姻的果敢行为，远在公元前就演绎了自由恋爱的爱情经典，被誉为"世界十大经典爱情之首"，闻名中外。后人则根据他二人的爱情故事，谱得琴曲《凤求凰》流传至今。唐代人张祜则有《司马相如琴歌》一首，曰："凤兮凤兮非无凰，山重水阔不可量。梧桐结阴在朝阳，濯羽弱水鸣高翔。"

鲁迅的《汉文学史纲要》中把司马相如和司马迁二人放在一个专节里加以评述，指出："武帝时文人，赋莫若司马相如，文莫若司马迁。"

司马迁

司马迁（公元前145或公元前135—前87年），字子长，夏阳（今陕西韩城）人。西汉杰出的史学家、文学家、思想家，所著《史记》是我国历史上的第一部通史，同时也是一部伟大的文学著作，它对后世文学的发展有着巨大而深远的影响。

司马迁的父亲司马谈任汉太史令，是一位学问渊博、目光远大的史官。司马迁受父亲的影响，从小就怀有雄心壮志。

司马迁早年师从董仲舒和孔安国，20岁后漫游各地，考察逸闻逸事，搜集史料。公元前110年，司马迁奉命从四川回到京城，看望病重的父亲。司马谈拉着他的手哭着说："我们的祖先是周朝的史官，远祖掌管天文历法，已成累世家学，后一度衰落。你如能再做太史令，那就可以继续祖先的事业了……"司马迁泪流满面，低着头对父亲说："儿虽不才，但一定会把祖先和您所谈论的内容记录下来，好好继承先辈的事业。"不久，司马谈就死去了。三年后，司马迁果然继承父职做了太史令。他废寝忘食，刻苦攻读，为写《史记》做了充分的准备。

然而正当司马迁雄心勃勃、发奋写书的时候，祸从天降，他因"李陵事件"讲了一些实话，而惨遭宫刑。受了这样的奇耻大辱，他悲愤欲绝。

但是，为完成父亲嘱托的事业，给后人留下信史，司马迁决定活下去，发愤著书。

两年后，司马迁受赦出狱，喜怒无常的汉武帝又召他做中书令。有一天，司马迁正在家中写《史记》，突然看见大儿子司马临怒气冲冲地闯进来，说："爹爹，你看我从市上揭来的揭帖。"司马迁接过一看，只见上面写着：

　　鱼跃龙门变成龙
　　还看鲤鱼雌与雄
　　假若非雄也非雌
　　跃上龙门也非龙

司马迁像

原来，这是朝里与司马迁为敌的李二师一伙人干的。后来，司马迁的朋友们知道了这件事，都竭力反对他应召。他们说："你这个德才兼备的司马迁，为何非要进宫做'闺阁之臣'，甘受此辱？"司马迁强忍心中的剧痛说："不进宫怎知宫廷秘史？不和帝王将相打交道，怎知他们灵魂善恶？不应召，史书又怎样去写？"

后来，司马迁进了宫，做了中书令。但他知道，他写的这本实记实录的《史记》，必然会遭到汉武帝的反对。因此他早就做了应对，完稿后他同时准备了几份：一是手稿，后来汉武帝追查，他便将手稿呈交上去，果不出所料，手稿被汉武帝烧毁了；二是副稿，由才智非凡的女儿司马英抄写，以便"藏之名山，传之后人"；三是腹稿，他每写一篇，都命外孙杨恽（司马英的儿子）学懂背熟，以确保信史传给后人。祖孙三代，继承祖辈写史的大业，精心保存《史记》，才让这部不朽的著作流传了下来。

《史记》原名《太史公书》，是中国第一部纪传体通史，被公认为是中国史书的典范。《史记》全书130篇，52.65万余字，包括12本纪、30世家、70列传、10表、8书。该书记载了从上古传说中的黄帝时期，到汉武帝元狩元年，长达3000多年的历史，是"二十五史"之首。

《史记》分本纪、表、书、世家、列传五部分。其中本纪和列传是主体。它以历史上的帝王等政治中心人物为史书编撰的主线，各种体例分工明确，其中，"本纪""世家""列传"三部分，占全书的大部分篇幅，都是以写人物为中心来记载历史的，由此，司马迁创立了史书新体例"纪传体"。

《史记》取材相当广泛。当时社会上流传的《世本》《国语》《秦记》《楚汉春秋》、诸子百家等著作和国家的文书档案，以及实地调查获取的材料，都是司马迁写作《史记》的重要材料来源。特别可贵的是，司马迁对搜集的材料做了认真的分析和选择，淘汰了一些无稽之谈，如不列没有实据的三皇，以五帝作为本纪开篇，对一些不能弄清楚的问题，或者采用阙疑的态度，或者记载各种不同的说法。由于取材广泛，修史态度严肃认真，所以，《史记》记事翔实，内容丰富。

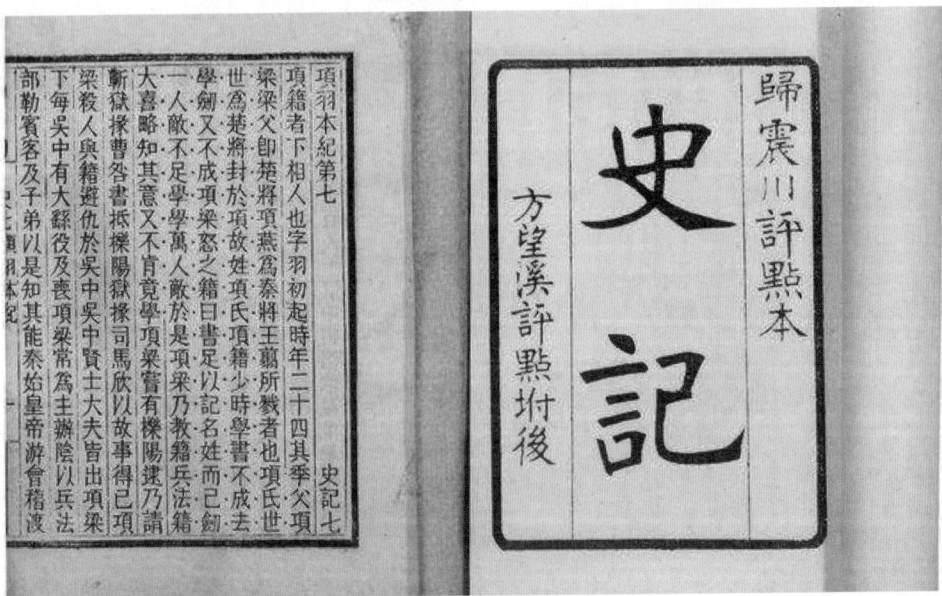

《史记》书影

《史记》具有独特的叙事艺术，非常注重对事件因果关系的更深层次的探究，综合前代的各种史书，成一家之言，纵向以12本纪和10表为代表，叙写了西汉中期以前的各个历史时代，横向以8书、30世家和70列传为代表，统摄各个阶层、各个民族、各个领域和行业，形成纵横交错的舒适结构。

《史记》还被认为是一部优秀的文学著作，在中国文学史上有重要地位，被鲁迅誉为"史家之绝唱，无韵之《离骚》"，有很高的文学价值。《史记》中的人物形象各具风貌，各有性格，同时，他们身上还表现出许多带有普遍性的东西，即得到社会广泛认可、并对后代产生深远影响的某些共性，这是《史记》在刻画人物方面取得的重要成就，最容易引起读者的共鸣。

《史记》对后世的影响极为巨大，被称为"实录、信史"，被列为前"四史"之首，与《资治通鉴》并称为史学"双璧"。因此司马迁被后世尊称为史迁、史圣。与司马光并称"史界两司马"与司马相如合称"文章西汉两司马"。

司马迁的人生遭遇是不幸的，他的命运是悲剧性的，他为众多悲剧人物立传，寄寓自己深切的同情。他赞扬弃小义、雪大耻，名垂后世的伍子胥，塑造出一位烈丈夫形象。他笔下的虞卿、范雎、蔡泽、魏豹、彭越等人，或在穷愁中著书立说，或历经磨难而愈加坚强，或身被刑戮而自负其材，欲有所用。所述这些苦难的经历都带有悲剧性，其中暗含了自己的人生感慨。

李延年

李延年（？—约公元前104年），中山人（今河北省定州市），音乐家。汉武帝宠妃李夫人的哥哥。代表作《佳人曲》。

李家世代为倡，李延年与其妹李夫人以乐舞为职业的艺人，能歌善舞，容貌喜人。

李延年年轻时因犯法而被处腐刑，在宫里主管皇帝的猎犬的地方做事。其"性知音，善歌舞"，按《汉书》说法，在李夫人得宠前，他的歌声便颇受武帝喜爱；而按《史记》的说法，李延年是李夫人得宠后才引起汉武帝的注意。但可以明确的是，李延年的妹妹受封为夫人后，李延年荣宠一时，被封为乐府协律督尉，负责乐府的管理工作，"佩两千石印授，而与上卧起"，荣宠一时。

李夫人是由平阳公主引荐给武帝的。李延年的歌唱得很好，"每为新声变曲，围者莫不感动"。《汉书》记载，元封年间（公元前110—前105年），李延年在武帝前演唱《佳人曲》："北方有佳人，绝世而独立，一顾倾人城，再顾倾人国，宁不知倾城与倾国，佳人难再得。"汉武帝听完后叹息曰："善！世岂有此人乎？"平阳公主说："延年有个妹妹就是这样的人。"于是武帝便召见延年的妹妹，果真"妙丽善舞"，其妹因此歌得幸，后来被武帝立为夫人，李夫人所生之子便是昌邑哀王（刘髆）。

太初年间，李夫人早卒，李家渐渐失宠。李延年的弟弟李季奸乱后宫，汉武帝下诏族李延年和李季兄弟宗族。

当时其兄李广利正在攻打大宛未归，未受李季牵连。但李广利第一次出征没有粮草无功而返，汉武帝令其不得入玉门关，第二年重整装备攻下大宛，太初四年归来后被武帝封为海西侯。征和三年（公元前90年），李广利出征匈奴前与丞相刘屈氂密谋推立刘髆为太子被人告发，汉武帝勃然大怒，腰斩刘屈氂，刘妻枭首于市，族尽李广利家族。

李延年像

李广利投降匈奴，后被杀。

就这样，李家被族两次，尽灭。

李延年不但善歌，且长于音乐创作，他的作曲水平很高，技法新颖高超，且思维活跃，他曾为司马相如等文人所写的词配曲，又善于将旧曲翻新，他利用张骞从西域带回《摩诃兜勒》编为 28 首"鼓吹新声"，用来作为乐府仪仗之乐，是我国历史文献上最早明确标有作者姓名及乐曲曲名，用外来音乐进行加工创作的音乐家。他为汉武帝作《郊祀歌》19 首，用于皇家祭祀乐舞。

李延年把乐府所搜集的大量民间乐歌进行加工整理，并编配新曲，广为流传，对当时民间乐舞的发展起了很大的推动作用。可以说，李延年对汉代音乐风格的形成及我国后来音乐的发展，做出了卓越的贡献。

扬 雄

扬雄（公元前 53—18 年），一作"杨雄"，字子云。西汉蜀郡成都（今四川成都郫县友爱镇）人。西汉官吏、学者。

扬雄，本姓杨，因其特自标新，易姓为扬。扬雄家族世代以耕种养蚕为职业。从扬季到扬雄，五代只有一子单传，所以扬雄在蜀地没有别的亲族。

扬雄小时候好学，不研究章句，通晓字词解释而已，博览群书无所不读。为人平易宽和，口吃不能快速讲话，静默爱沉思，清静无为，没有什么嗜好欲望，不追逐富贵，不担忧贫贱，不故意修炼品性来在世上求取声名。家产不超过十金，穷得没有一石余粮，却很安然。自身胸怀博大，不是圣哲的书不喜欢；不合己意，即使能富贵也不干。却很喜欢辞赋。

汉武帝时，蜀地有才子司马相如，作赋很壮丽典雅，扬雄心中佩服他，每次作赋，常把他作为榜样模仿。又惊讶屈原文才超过相如，却至于不被容纳，作《离骚》，自己投江而死，为他的文章感到悲伤，读时没有不流泪的。认为君子时势顺利就大有作为，时势

扬雄像

不顺就像龙蛇蛰伏，机遇好不好是命，何必自己投水呢！便写了一篇文章，常常摘取《离骚》中的句子而反驳它，从竖山投到江水中来哀悼屈原，名为《反离骚》；又依《离骚》重作一篇，名叫《广骚》；又依《惜诵》以下到《怀沙》作一卷，名叫《畔牢愁》。

后来，大司马车骑将军王音召扬雄为门下史。后经蜀人杨庄推荐，汉成帝命他随侍左右。

元延二年（公元前11年）正月，扬雄与成帝前往甘泉宫，作《甘泉赋》讽刺成帝铺张。十二月又作《羽猎赋》仍然以劝谏为主题。被封黄门郎，与王莽、刘歆等为同僚。前10年扬雄作《长杨赋》，继续对成帝铺张奢侈提出批评。

扬雄后来认为辞赋为"雕虫篆刻"，"壮夫不为"，转而研究哲学。仿《论语》作《法言》，模仿《易经》作《太玄》。提出以"玄"作为宇宙万物根源之学说。有人笑他，于是他写了一篇《解嘲》。为了宽慰自己，又写了一篇《逐贫赋》。在所著的《太玄》中，扬雄提出以"玄"作为宇宙根源的学说，强调如实地认识自然现象的必要，并认为"有生者必有死，有死者必有终"，驳斥了神仙方术的迷信。在社会伦理方面，批判老庄"绝仁弃义"的观点，重视儒家学说，认为"人之性的善恶混，修其善则为善人，修其恶则为恶人"（《法言·修事》）。

王莽当政时，刘歆、甄丰都做了上公，王莽既是假借符命自立，即位之后想禁绝这种做法来使前事得到神化，而甄丰的儿子甄寻、刘歆的儿子刘棻又奏献符瑞之事。王莽杀了甄丰父子，流放刘棻到四裔，供词所牵连到的，立即收系不必奏请。当时扬雄在天禄阁上校书，办案的使者来了，要抓扬雄，扬雄怕不能逃脱，便从阁上跳下，差点死了。王莽听到后说："扬雄一向不参与其事，为什么在此案中？"暗中查问其原因，原来刘棻曾跟扬雄学写过奇字，扬雄不知情。下诏不追究他。然而京师为此评道："因寂寞，自投合；因清静，作符命。"

扬雄因病免职，又召为大夫。家境一向贫寒，爱喝酒，人很少到其家。当时有多事的人带着酒菜跟他学习，钜鹿侯芭常跟扬雄一起居住，学了《太玄》《法言》。刘歆也曾看到，对扬雄说："白白使自己受苦！现在学者有利禄，还不能通晓《易》，何况《玄》？我怕后人用它来盖酱瓿了。"扬雄笑而不答。在天凤五年（18年）去世，侯芭为他建坟，守丧三年。

当时大司空王邑、纳言严尤听说扬雄死了，对桓谭说："您曾称赞扬雄的书，难道能流传后世吗？"桓谭说："一定能够流传。但您和桓谭看不到。凡人轻视近的重视远的，亲眼见扬子云地位容貌不能动人，便轻视其书。从前老聃作虚无之论两篇，轻仁义，驳礼学，但后世喜欢它的还认为超过《五经》，从汉文帝、景帝及司马迁都有这话。现在扬子的书文义最深，论述不违背圣人，如果遇到当时君主，

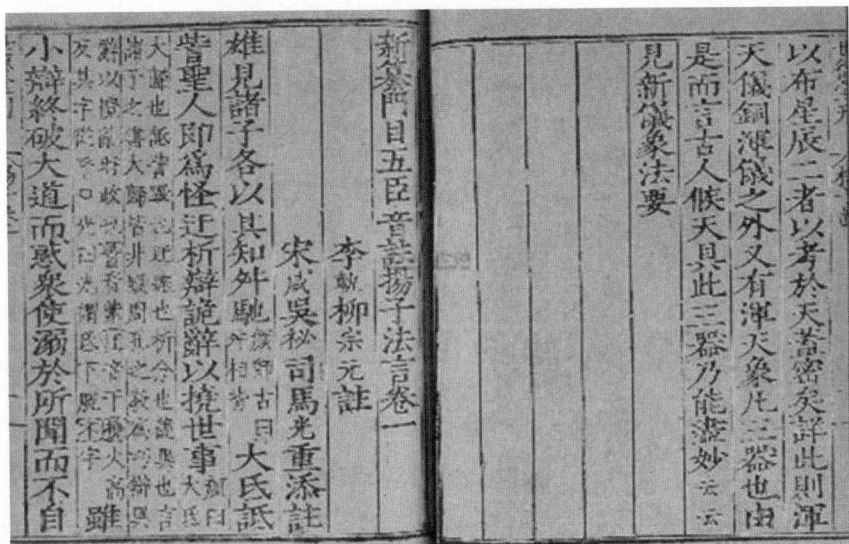

扬雄《法言》书影

221

再经贤知阅读，被他们称道，便必定超过诸子了。"诸儒有的嘲笑扬雄不是圣人却作经，好比春秋吴楚君主僭越称王，应该是灭族绝后之罪。从扬雄死后到现在四十多年，他的《法言》大行于世，但《太玄》到底未得彰显。

扬雄在散文方面也有一定的成就。如《谏不受单于朝书》便是一篇优秀的政论文，笔力劲练，语言朴实，气势流畅，说理透辟。他的《法言》刻意模仿《论语》，在文学技巧上继承了先秦诸子的一些优点，语约义丰，对唐代古文家发生过积极影响，如韩愈"所敬者，司马迁、扬雄"（柳宗元《答韦珩示韩愈相推以文墨事书》）。此外，他是"连珠体"的创立人，自他之后，继作者甚多。

在散文方面，扬雄称得上是位模仿大师。如他模拟《易经》作《太玄》，模拟《论语》作《法言》等。后来扬雄主张一切言论应以"五经"为准，以为"辞赋非贤人君子诗赋之正"，鄙薄辞赋，谓为"雕虫篆刻，壮夫不为"，转而研究玄学。如在《法言》中，他主张文学应当宗经、征圣，以儒家著作为典范，这对刘勰的《文心雕龙》颇有影响。扬雄还著有语言学著作《方言》，是研究西汉语言的重要资料。

第三节　东汉时期的著名文士

王　充

王充（公元27—约97年），字仲任，会稽上虞（今浙江绍兴上虞）人。东汉时期杰出的唯物主义思想家。

王充的祖父、父亲在钱塘"以贾贩为事"，10岁左右时，父亲去世，他成了孤儿。王充自幼聪明好学，青年时期曾到京师洛阳入太学，拜班彪为师。"家贫无书，常游洛阳市肆，阅所卖书，一见辄能诵忆，遂博通众流百家之言。"

　　王充一生在政治上很不得志，相传曾做过几任州、县的官吏，但都没什么实权，多系幕僚性质。因为他嫉恨俗恶的社会风气，常常因为和权贵发生矛盾而自动辞职。因此，每次仕进都为期极短。他把毕生的精力投入著书立说，居贫贱而不倦。他一生撰写了《论衡》《政务》和《养性》等著作，其中《论衡》一书流传至今。

　　王充的著述活动也不是一帆风顺的，经常遭到社会舆论的非难。以致他的学说一旦问世，便被视为异端学说，甚至遭到禁锢。王充冲破重重阻力，坚持著述。他在《论衡》一书中系统地清算和批判了神秘主义的思想体系，确立了唯物主义思想，难能可贵。

　　汉代的唯心主义神学，鼓吹天是至高无上的神，像人一样具有感情和意志，大肆宣传君权神授和"天人相与"的天人感应说。宣扬"天子受命于天"，"承天意以从事"；天神能赏善惩恶；君主的喜怒，操行好坏和政治得失都会感动天神做出相应的报答，而自然界的变异和灾害就是天神对君主的警告和惩罚。王充针锋相对地指出：天是自然，而不是神。他说，天和地一样，是客观存在的平正无边的物质实体，它有自己的运行规律。日月星辰也都是自然物质，"系于天，随天四时转行"。天和人不一样，没有口眼，没有欲望，没有意识。

　　在王充生活的时代，各种鬼神迷信泛滥。王充在《论衡》中对各种迷信活动及其禁忌，尤其是对"人死为鬼"的谬论进行了深刻的批判。

王充雕像

他很风趣地说，从古到今，死者亿万，大大超过了现在活着的人，如果人死为鬼，那么，道路之上岂不一步一鬼吗？王充认为人是由阴阳之气构成的，"阴气主为骨肉，阳气主为精神"，"精神本以血气为主，血气常附形体"，二者不可分离。他指出："天下无独燃之火，世间安得有无体独知之精！"也就是说，精神不能离开人的形体而存在，世间根本不存在死人的灵魂。

王充在《论衡》一书中还否定了圣人"神而先知"，"圣贤所言皆无非"。为了适应封建专制主义中央集权的统治需要，汉代的唯心主义神学极力推崇古代的圣人，说圣人是天神生的，"能知天地鬼神""人事成败"和"古往今来"。王充虽然也承认孔子是圣人，并且也不反对孔子所提倡的封建伦理道德。但他批判了圣人"前知千岁，后知万岁"，有独见之明，不学自知的唯心主义先验论。他认为圣人只不过是比一般人聪明一些，而聪明又是来自于学习。

《论衡》极具战斗性，它涉及自然科学、哲学、伦理学、宗教和社会生活等诸多方面，阐明了以唯物主义为基本特征的世界观。全书共85篇（现存84篇），分30卷，约30万字。《论衡》是王充从33

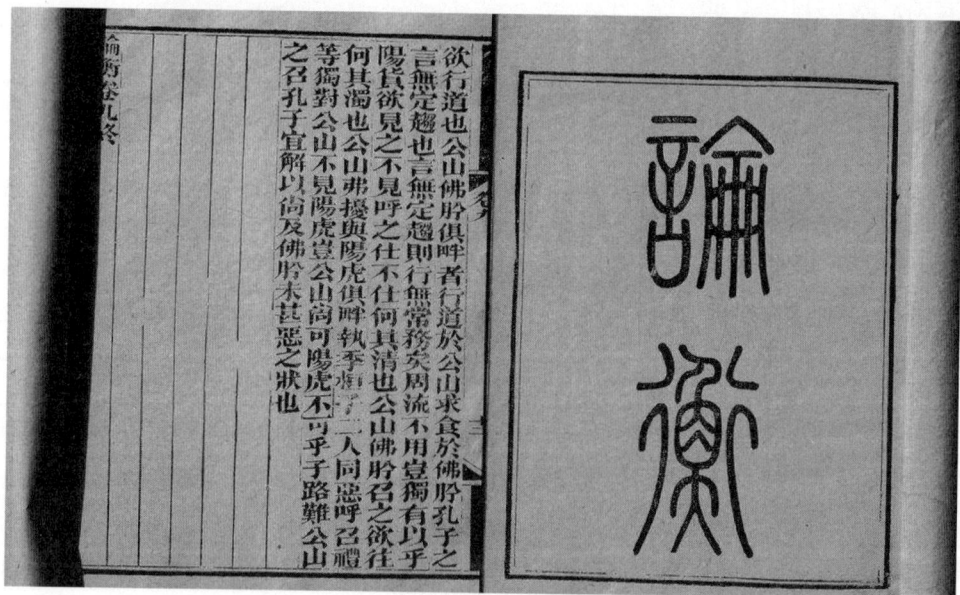

《论衡》书影

岁开始，前后用了 30 多年的时间，直到临终才写成的，是他毕生心血的凝结，是中国传统文化中的宝贵财富。

　　王充是东汉时期杰出的思想家，唯物主义哲学家。整个东汉 200 年间，称得上思想家的，仅有三位：王充、王符、仲长统。王符（85—162 年），字节信，著有《潜夫论》，对东汉前期各种社会病端进了抨击，其议论恺切明理，温柔敦厚；仲长统（180—220 年），字公理，著有《昌言》，对东汉后期的社会百病进行了剖析，其见解危言峻发，振聋发聩。王充则著《论衡》一书，对当时社会的许多学术问题，特别是社会的颓风陋俗进行了针砭，许多观点鞭辟入里，石破天惊。《论衡》也可以说是我国古代的一部"百科全书"。就物理学来说，王充对运动、力、热、静电、磁、雷电、声等现象都有观察，书中记载了他的观点。他还解释了人与自然的关系。王充把人的发声，比喻为鱼引起水的波动；把声的传播，比喻为水波的传播。他的看法与我们今天声学的结论是一致的：声是物体振动产生的，声要靠一定的物质来传播。欧洲人波义耳认识到空气是传播声音的媒介，是 17 世纪的事，比王充晚 1600 年。

　　范晔《后汉书》将三人立为合传，后世学者更誉之为"汉世三杰"。三家中，王充的年辈最长，著作最早，在许多观点上，王充对后二家的影响是十分明显的，王充是三家中最杰出，也最有影响的思想家。

班　固

　　班固（32—92 年），字孟坚，汉族，扶风安陵人（今陕西咸阳东北）。史学家班彪之子，班昭之兄。东汉官吏、史学家、文学家。

　　班固的祖先于秦汉之际在北方从事畜牧业致富。后来世代从政，并受儒学熏陶。曾祖父况，举孝廉为郎，成帝时为越骑校尉；况女被成帝选入宫中为婕妤；大伯祖父伯，受儒学，以"沈湎于酒"谏成帝，官至水衡都尉；二伯祖父斿，博学，官至右曹中郎将，曾与刘向校理秘书；祖父稚，官至广平相，被王莽排挤而为延陵园郎；父亲班彪，曾在光武帝时徐县令，后来专心于史籍研究，编写《史记·后传》数十篇，

班固像

是东汉著名的史学家。

班固自幼聪慧，9岁能诵读赋，13岁时得到当时学者王充的赏识，建武二十三年（47年）前后入洛阳太学，博览群书，穷究九流百家之言。建武三十年（54年），其父班彪卒，自太学返回乡里。居忧时，在班彪续补《史记》之作《后传》基础上开始编写《汉书》，至汉章帝建初中基本完成。

永平元年（58年）班固向当时辅政的东平王上书，受到东平王的重视。

永平五年（62年）有人向朝廷上书告发班固"私改作国史"。皇帝下诏收捕，班固被抓，书籍也被查抄。幸得其弟班超上书申说班固著述之意，地方官也将其书稿送到朝廷。汉明帝了解情况后，很欣赏班固的才学，召他到校书部，任命他为兰台令史（兰台是汉朝收藏图书之处），掌管和校定图书。明帝时，曾任兰台令史（中央档案典籍管理员），秩俸为二千石，与陈宗、尹敏、孟异共同撰成《世祖本纪》，升迁为郎，负责校定秘书。又与人共同记述功臣、平林、新市、公孙述事迹，作列传、载记28篇奏上。

章帝时，班固职位很低，先任郎官。建初三年（78年）升为玄武司马，是守卫玄武门的郎官中的下级官吏。由于章帝喜好儒术文学，赏识班固的才能，因此多次召他入宫廷侍读。章帝出巡，常随侍左右。奉献所作赋颂。对于朝廷大事，也常奉命发表意见，与公卿大臣讨论，曾参加论议对西域和匈奴的政策。

建初四年（79年），章帝效法西汉宣帝石渠阁故事，在白虎观召集当代名儒讨论五经同异，并亲自裁决。其目的是广泛动员古文学派的力量，促进儒家思想与谶纬神学紧密结合，加强儒家思想在思想领域的统治地位。在这次会议上，班固以史官兼任记录，奉命把讨论结果整理成《白虎通德论》，又称《白虎通义》。

章帝后期，班固辞官回乡为母亲服丧。

汉和帝永元元年（89年），大将军窦宪奉旨远征匈奴，班固被任为中护军随行，参与谋议。窦宪大败北单于，登上燕然山（今蒙古境内的杭爱山），命班固撰写了著名的《燕然山铭文》，刻石记功而还。班固与窦宪本有世交之谊，入窦宪幕府后，主持笔墨之事，关系更为亲密。永元四年，窦宪在政争中失败自杀，洛阳令对班固积有宿怨，借机罗织罪名，捕班固入狱。同年死于狱中，终年61岁。此时所著书，八"表"及"天文志"均未完成。

班固著汉书未完成而卒，和帝命其妹班昭就东观藏书阁所存资料，续写固之遗作，然尚未毕便卒。同郡马续，乃班昭之门人，博览古今，帝乃召其补成七"表"及"天文志"。

作为史学家，《汉书》是继《史记》之后中国古代又一部重要史书，"前四史"之一；作为辞赋家，班固是"汉赋四大家"之一，《两都赋》开创了京都赋的范例，列入《文选》第一篇；同时，班固还是经学理论家，他编辑撰成的《白虎通义》，集当时经学之大成，使谶纬神学理论化、法典化。

《汉书》是继《史记》之后中国古代又一部重要的史书，开创了纪传体断代史的新体例，与《史记》《后汉书》《三国志》并称为"前四史"。全书记述了上起汉高祖元年（公元前206年），下至新朝王莽地皇四年（23年），共230年的史事。《汉书》在构书体系上取得了重大突破，规矩法度清晰、体例整齐合理，更易使人效法，开启了官方修史的端绪。

《汉书》也是一部重要的文学作品，它是继《史记》以后出现的

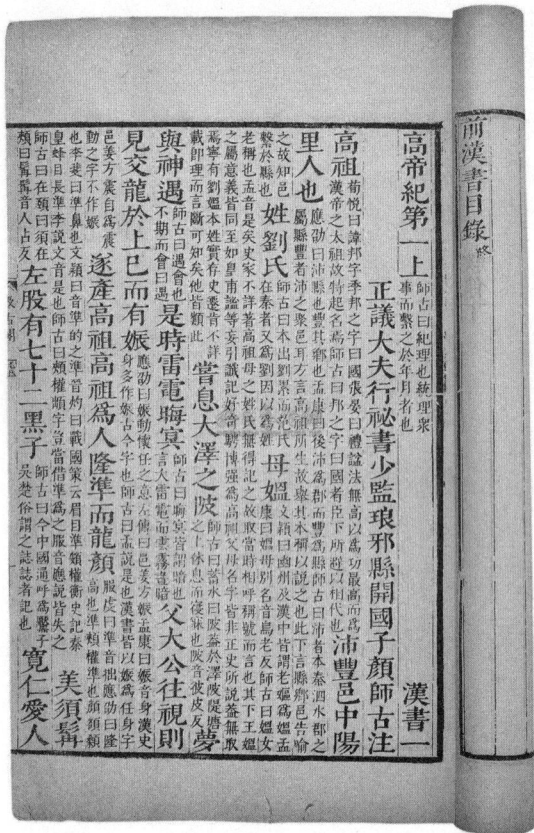

《汉书》书影

又一部史传文学典范之作，通过叙述西汉盛世各类人物的事迹，全面地展现了西汉盛世的繁荣景象和时代精神风貌，在叙事写人方面取得了重大成就。艺术特色上，《汉书》重视规矩绳墨，行文谨严有法，在平铺直叙过程中寓含褒贬、预示吉凶，分寸掌握得非常准确，形成了和《史记》迥然有别的风格。

在正史中专列《地理志》是从班固的《汉书·地理志》开始的，班固的地理观及其《汉书·地理志》模式被后世的正史地理志、全国总志、地方志仿效，对中国古代地理学的发展产生了深远影响。同时班固也完成了首例沿革地理著作，对后世沿革地理学的蓬勃发展起了促进作用。此外，《汉书》还记载了当时大量的自然和人文地理资料，尤其集中在其中的《地理志》以及《沟洫志》和《西域列传》等篇目中，是研究汉代地理的珍贵材料。

《汉书·艺文志》考证了各学术别派的源流，著录了西汉时国家所收藏的各类书籍，是我国现存最早的一部图书目录，在中国学术史上有极高的价值。它继承了《七略》六分法的分类体系，开创了史志目录这一体列，后世修史，必设"艺文""经籍"类，对我国古典目录学的发展有重要贡献。

除《汉书》外，班固还是一个出色的赋作家，他的创作活动主要表现在身体力行地提倡散体大赋上，其代表作《两都赋》，是以都洛、都雍（即长安）为题材的作品中规模宏大、别具特色、成就突出、影响最大的一篇，开创了京都赋的范例，直接影响了张衡《二京赋》以及左思《三都赋》的创作，被萧统《文选》列为第一篇。

在表现手法上，以往的散体大赋，都遵从"劝百讽一"的表现原则，《两都赋》一改传统表现方法中劝与讽篇幅相差悬殊的结构模式，其下篇《东都赋》通篇是讽喻、诱导，表现出较为进步的京都观。这是对赋的艺术表现和篇章结构关系的重大突破，也推动了汉代文学思想的发展。此外，班固为窦宪出征匈奴纪功而作的《封燕然山铭》，典重华美，历来传诵，并成为常用的典故。

班固是东汉较早创作五、七言诗的文人，他对这两种新兴诗体持认同态度，并进行了有益的尝试。班固很大程度上是以史学家的笔法写五、七言诗，都以叙事为主，写得质实朴素。其五言诗《咏史》，虽"质木无文"，却是现存最早完整的文人五言诗，也是诗歌史上第一首真正意义上的咏史诗，开启"咏史"这一诗题。

班固在《汉书·艺文志》，把小说家列于诸子略十家的最后，诸子略共4324篇，小说就占了1380篇，是篇数最多的一家，这是小说见于史家著录的开始。班固认为"小说本是街谈巷语，由小说家采集记录，成为一家之言"，明确地指出小说起自民间传说，这是史家和目录学家对小说所作的具有权威性的解释和评价，规范和影响着后世对小说的认知和写作，两千年来发挥着难以估量的功能价值。

班固著作颇丰，除《汉书》和《白虎通义》外，还有《典引》《应讥》及诗、赋、铭、诔、颂、书、文、记、论、议、六言等40多篇，《隋书·经籍志》有《班固集》17卷，已散佚。明·张溥辑有《班兰台集》，今人丁福保辑有《班孟坚集》。

班 昭

人们都知道，我国二十五史中有一部《汉书》。这部史书是我国第一部纪、表、志、传各体例完备的断代史，作者是东汉时期的班固。据史料记载，这部书中的"八表"是其妹班昭所作。

千秋绝艳图·班昭

班昭（约45—约117年），又名姬，字惠班，扶风安陵（今陕西咸阳东北）人。她14岁时嫁给曹寿为妻。曹寿字世叔，所以《后汉书》中称她为曹世叔妻。曹世叔早逝，班昭由于学识广博，才智高超而格外受时人尊重，汉和帝刘肇曾多次召她入宫，让皇后和宫中贵人们都拜她做老师，称她为"曹大家"。

班昭家历代为仕宦、学者，她的祖姑班婕妤是汉成帝时有名的才女，曾有《自悼赋》《捣素赋》《怨歌行》流传于世。父亲班彪与堂伯父班嗣都是西汉末年名噪一时的儒学大师，父亲班彪晚年致力于史籍研究，著述甚丰。哥哥班固秉承父志，充分吸收《史记》纪传体的成果，"究西都之首末，穷刘氏之废兴"，著《汉书》20余年。可惜，书未著完，班固就死在狱中。

汉和帝十分重视《汉书》的撰著，深思熟虑后，决定由班昭来撰写"八表"，续成这部伟大著作。当时，朝中虽然不乏能文善赋的大家，但刘肇还没有发现有哪一个人能够像班昭那样博闻强识，博学多才，其深厚的史学功底更是无人能敌。为了完成哥哥未竟的事业，班昭奉诏进到东观藏书阁，勤奋批阅，广积史实，驰骋笔墨，利用东观藏书颇丰的有利条件，经过几十载的艰苦，终于完成了《汉书》的撰著。

《汉书》问世以后，书中许多"典章制度，人多不晓；古方奇字，人所不习；古今异言，方言俗语，人或未通；礼乐歌诗，修短有节，不可以循例读之"，使人茫然不解；还有些字生僻少见，有的兼有假借，所以，很多阅读《汉书》的人感觉生涩吃力，自叹力不从心。他们迫切希望能有一位学贯古今的老师，引导着他们把这本书读通、读懂、读透。同乡马融就是抱着这样的想法来到东观藏书阁，成了班昭的第一个学生。马融每天恭恭敬敬地跪在班昭面前，聆听班昭的教诲。通过班昭耐心的讲解，马融终于领会了《汉书》的精髓。

班昭一生，除了续写《汉书》外，还创作了《东征赋》《大雀赋》《针缕赋》《蝉赋》等优秀的作品，一直流传至今。

但使她青史留名的另一个原因，是她曾著《女诫》七篇。虽然班昭写《女诫》的初衷只是为了教育自己待字闺中的女儿们要遵守妇道，但文章写出了天下父母想表达却苦于学识短浅表达不清的愿望。因此，《女诫》一出，立刻引起轰动，大家争相传抄，以此作为训诫子女的蓝本。

蔡　邕

蔡邕（133—192年），字伯喈。陈留郡圉县（今河南省开封市圉镇）人。东汉时期著名文学家、书法家，才女蔡文姬之父。

蔡邕早年拒朝廷征召之命，后被征辟为司徒掾属，任河平长、郎中、议郎等职，曾参与续写《东观汉记》及刻印熹平石经。后因罪被流放朔方，几经周折，避难江南12年。董卓掌权时，强召蔡邕为祭酒。三日之内，历任侍御史、治书侍御史、尚书、侍中、左中郎将等职，封高阳乡侯，世称"蔡中郎"。董卓被诛杀后，蔡邕因在王允座上感叹而被下狱，不久便死于狱中。

蔡邕精通音律，才华横溢，师事著名学者胡广。除通经史、善辞赋之外，又精于书法，擅篆、隶书，尤以隶书造诣最深，有"蔡邕书骨气洞达，爽爽有神力"的评价。所创"飞白"书体，对后世影响甚大。唐张怀瓘《书断》评蔡邕飞白书"妙有绝伦，动合神功"。他生平藏书多至万余卷，晚年仍存4000卷。有文集20卷，早佚。明人张溥辑有《蔡中郎集》，《全后汉文》对其著作也多有收录。

蔡邕是汉代最后一位辞赋大家。其所作赋绝大多数为小赋，取材多样，切近生活，语言清新，往往直抒胸臆，富于世态人情，很有艺术的感染力。其代表作品为《述行赋》。全赋短小精悍，感情沉痛，

蔡邕像

批判深刻，情辞俱佳，是汉末抒情小赋的力作。他小赋的题材多样，他甚至用以表现男女情爱，风格大胆而直率。《青衣赋》就是相当感人的作品。在这篇言情小赋中，他真实地袒露了对一位出身微贱的美女的爱情，以真挚的感情，表现了人情与封建礼法的矛盾撞击。

蔡邕的散文长于碑记，工整黄雅，多用排偶，旧时颇受推重。

蔡邕诗歌现流传有400多首。但由于当时战乱连年，没有保存原稿流传下来，均由其女蔡琰凭借惊人的记忆力默写而来。

熹平四年（175年），蔡邕有感于经籍距圣人著述的时间久远，文字错误多，被俗儒牵强附会，贻误学子。于是与五官中郎将堂溪典、光禄大夫杨赐、谏议大夫马日磾、议郎张驯、韩说、太史令单飏等任，奏请正定《六经》的文字。灵帝予以批准，蔡邕于是用红笔亲自写在碑上，让工人刻好立在太学的门外，这就是中国第一部石经"熹平石经"（又称汉石经、一体石经）。后来的儒者学生，都以此为标准经文。碑新立时，来观看及摹写的，一天之内，车子就有1000多辆，街道也因此堵塞。

蔡邕是个多才多艺的人物，他能诗善赋，工于隶书，关于他的传说是很多的。但是蔡邕妙识音律的故事，恐怕知道的人不多。

在汉献帝继位以前，因为战乱，蔡邕历经12年颠沛流离的生活，历经各种不幸。献帝继位后，蔡邕回到故乡陈留，立刻受到了亲朋好友的盛情接待，他们为他设宴接风，重叙旧情，有的干脆登门拜望。

有一天，蔡邕的好朋友吴明请他到家中小聚，还找了几位老朋友相陪。蔡邕如约前往，在很远的地方便听到了琴声，那琴声婉转悠扬，十分动人。可是等到蔡邕慢慢走至门前，正要踏入门内时，琴声忽然变了，由一片祥和转入阴沉抑郁，继而变得杀气腾腾。蔡邕一听大惊，12年的不幸遭遇使他养成了很高的警惕性，他想："主人盛情邀请，再以美妙的琴声召唤我；可我走至近前，琴声里却露出一片杀气，气势逼人，夺路而来，这中间有什么缘故吗？"他越想越觉不妙，不由得拔腿便走。

蔡邕刚走不远，恰好遇到吴明请来相陪的朋友。这朋友见蔡邕神色紧张，疾步如飞，不知有什么紧要事，连忙拦住问道："先生为什么不吃饭就走呢？您是今日的贵客，您走了我们还陪谁呢？"

蔡邕推说有急事要办，坚持要走。这朋友好言相劝："什么急事，也不差这一顿饭工夫，都走到门口了不进去，这算怎么回事呢？要不先生把事交给我办！"蔡邕仍是不从，两人推推搡搡之间，吴明走出来，一把拉住蔡邕说："快进快进！朋友们都到齐了。"那朋友也推着蔡邕往里走。

蔡邕无可奈何地走进屋内，主人安排他坐在首席上，大家争相向他敬酒敬菜，都为他摆脱磨难，重返故里而庆贺。说到伤心处，吴明竟落下泪来，其他客人也是一片伤感。

蔡邕见大家对自己诚心诚意，不由得为刚才自己多疑而羞愧。正巧吴明想起刚才的事，顺口问道："小弟一直恭候先生大驾，而您却过门不入，不肯进屋，这是为什么？"

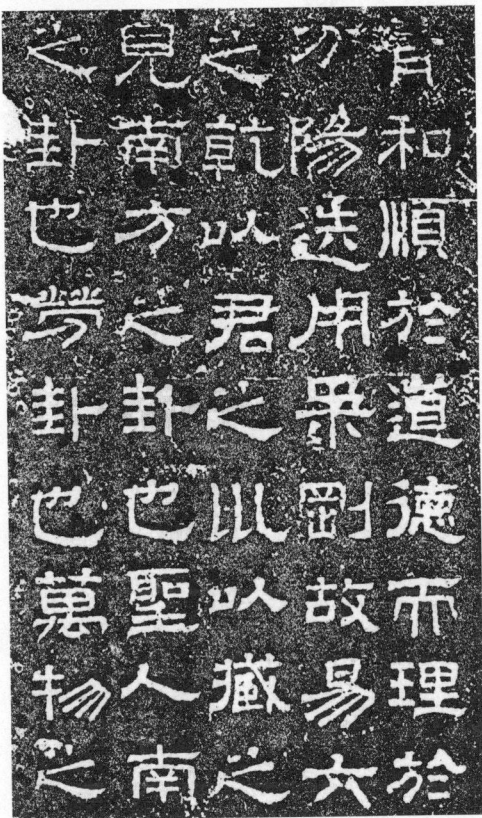

蔡邕书法《熹平石经》

蔡邕很坦率地答道："历经磨难的人，对身边发生的一切都比较敏感。适才正欲进屋，却闻琴声里一派凶杀之气，恐怕有什么不测，故此掉头就走，不敢登门。"

吴明和客人一听十分惊奇，他们不能相信蔡邕竟能从琴声中听出杀气。这时吴明的弟弟站起来解释道："适才我弹琴时看见一只螳螂躲在一只蝉的后面想捕捉它，但蝉欲飞起，我恐怕螳螂扑空，心下猛动，满心希望螳螂扑快些。想不到这一线杀机竟流露于琴声中，先生慧耳听音，不想竟能听出，先生真不愧为妙识音律的大家。刚才我令先生受惊了，失礼！失礼！"

吴明和其他客人这才恍然大悟，心中顿生敬意。蔡邕妙识音律的故事于是便广为传开了。

蔡 琰

蔡琰（生卒不详），字文姬，又字昭姬。东汉陈留郡圉县（今河南开封杞县）人。东汉大文学家蔡邕的女儿。蔡琰同时擅长文学、音乐、书法。《隋书·经籍志》著录有《蔡文姬集》一卷，但已经失传。现在能看到的蔡文姬作品只有《悲愤诗》二首和《胡笳十八拍》。

蔡文姬为人博学多才而又精通音律，早期嫁给河东卫仲道，卫仲道早亡，二人又没有子嗣，于是蔡琰回到自己家里。

兴平二年（195年），中原先后有董卓、李傕等作乱关中，匈奴趁机劫掠，蔡琰被匈奴左贤王掳走。蔡琰在北方生活了有12年之久，并生下两个孩子。

建安十一年（207年），曹操向来喜爱文学、书法，常与蔡琰的父亲蔡邕有文学、书法上的交流。曹操见蔡邕没有子嗣，用金璧从匈奴那里将蔡琰赎回来，并将蔡琰嫁给董祀。

而后董祀犯了死罪，蔡琰去找曹操给董祀求情。当时曹操正在宴请公卿名士，对满堂宾客说："蔡邕的女儿在外面，今天让大家见一见。"蔡琰披散着头发光着脚，叩头请罪，说话条理清晰，情感酸楚哀痛，满堂宾客都为之动容。但曹操却说："可是降罪的文书已经发出去了，怎么办？"蔡琰说："你马厩里的好马成千上万，勇猛的士卒不可胜数，还吝惜一匹快马来拯救一条垂死的生命吗？"曹操终于被蔡文姬感动，赦免了董祀。

相传，当蔡文姬为董祀求情时，曹操看到蔡文姬在严冬季节，蓬首跣足，心中大为不忍，命人取过头巾鞋袜为她换上，让她在董祀未归来之前，留居在自己家中。在一次闲谈中，曹操表示出很羡慕蔡文姬家中原来的藏书。蔡文姬告诉他原来家中所藏的 4000 卷书，几经战乱，已全部遗失时，曹操流露出深深的失望，当听到蔡文姬还能背出 400 篇时，又大喜过望，于是蔡文姬凭记忆默写出 400 篇文章，文无遗误，可见蔡文姬才情之高。

蔡琰回家后伤感悲愤之余作《悲愤诗》二首。此后再无蔡琰相关记载，卒年不详。

两首《悲愤诗》，一首为五言体，一首为骚体。其中五言的那首共 108 句，侧重于"感伤乱离"，是一首以情纬事的叙事诗，是中国诗歌史上第一首文人创作的自传体长篇叙事诗。清代诗论家张玉谷曾作诗称赞蔡琰的五言诗："文姬才欲压文君，《悲愤》长篇洵大文。老杜固宗曹七步，办香可也及钗裙。"大意是说蔡琰的才华压倒了汉

清代画家李坚绘《文姬思汉图》

代才女卓文君，曹植和杜甫的五言叙事诗也是受到了蔡琰的影响。

骚体《悲愤诗》由于旨在抒情，首尾两节对被俘入胡和别子归汉的经历都比较简略，中间大篇幅自然风景用以渲染蔡琰离乡背井的悲痛心情，在这些对景物和人情的描述中，蔡琰极言它们与她故乡中土的差异，以此形容自己在这与中土迥异的环境下心情之沉痛悲愤。

蔡琰精通音律。九岁时，父亲蔡邕夜间弹琴，突然断了一根弦，蔡琰说："是第二根弦断了。"蔡邕说："你这不过是偶然说中罢了。"于是故意弄断一根问她，蔡琰说是第四根。蔡文姬辨琴的故事在三字经中也有出现。

《胡笳十八拍》是中国古乐府琴曲歌词，长达 1297 字，是一首由18 首歌曲组合的声乐套曲。原载于宋郭茂倩《乐府诗集》卷五十九以及朱熹《楚辞后语》卷三，两本文字小有出入。相传求是蔡文姬以胡笳音色融入古琴中而作成，是一曲感人肺腑的千古绝唱。欣赏此诗，不要作为一般的书面文学来阅读，而应想到是蔡文姬这位不幸的女子在自弹自唱，琴声正随着她的心意在流淌。随着琴声、歌声，我们似见她正行走在一条由屈辱与痛苦铺成的长路上……

明朝人陆时雍在《诗镜总论》中说："东京风格颓下，蔡文姬才气英英。读《胡笳吟》，可令惊蓬坐振，沙砾自飞，真是激烈人怀抱。"

蔡琰的父亲蔡邕是一位大书法家，创造了八分字体。蔡琰本人对书法也很擅长，韩愈曾说："中郎（蔡邕）有女能传业。"蔡琰曾在曹操的要求下默写古籍，说自己不管是真书还是草书都可以写。

张 芝

张芝（？—约 192 年），字伯英。瓜州县（今属甘肃酒泉市）人。东汉书法家，被誉为"草圣"，与钟繇、王羲之和王献之并称"书中四贤"。

张芝擅长草书中的章草，将古代当时字字区别、笔画分离的草法，改为上下牵连富于变化的新写法，富有独创性，在当时影响很大。书迹今无墨迹传世，仅北宋《淳化阁帖》中收有他的《八月帖》等刻帖。

张芝出身官宦家庭。祖父张享曾任过汉阳（今天水）太守，父亲张奂更是声名显赫，官至为护匈奴中郎将、度辽将军、大司农等，屡立功勋。张芝的母亲是大家闺秀，淑慧贤良，张芝就在这样一个家庭里长大成人。

张芝为张奂长子，年轻时就很有操节，虽出身宦门，而无纨绔气，勤奋好学，潜心书法。当朝太尉认为他将来不是文宗，就是将表，屡次征召他出来做官，皆严词拒绝，故有"张有道"之称。张芝正是这样淡泊名利，苦苦求索，方才攀上了中国书法艺术的第一座高峰。

张芝所创的"一笔书"，"字之体势一笔而成"，"如行云流水，拔茅连茹，上下牵连，或借上字之下而为下字之上，奇形离合，数意兼包"。这是张怀瓘在《书断》中对一笔书的精辟概括，同时高度评价张芝的草书"劲骨丰肌，德冠诸贤之首"，从而成为"草书之首"。张芝的草书给中国书法艺术带来了无与伦比的生机，一时名噪天下，学者如云。王羲之对张芝推崇备至，师法多年，始终认为自己的草书不及张芝。

张芝的草书影响了整个中国书法的发展，为书坛带来了无与伦比的生机。像张芝这样造诣全面的书法巨匠，在整部中国书法史上也是罕见的，不愧"草圣"的崇高称号。他的季弟张昶也是当时著名的书法家，精善章草，时人称为"亚圣"。

张芝获得"草圣"的殊荣绝非偶然，这同他的处世哲学和治学态度有密切关系。他"临池学书，池水尽墨"的刻苦磨砺精神，成为中国书法界尽人皆知的一大掌故。王羲之曾钦敬地说张芝"临池学书，池水皆墨，好之绝伦，吾弗如也"。

张芝自小酷爱书法艺术，他常常惊叹秦篆的古茂，感慨汉隶的稳健，发誓要通过勤学苦练，成为一代书法大家。张芝特别喜爱当时流行的"章草"，练习"章草"达到了痴迷的程度。

据记载，张芝家附近有一个大池塘，池塘里的水一年四季清澈见底，塘中的游鱼和砂石清晰可辨。池塘边有一块废弃的青石板，不知是什么年代的物什。张芝每天早早起来，就趴在这块大青石上读帖，有时兴起，用毛笔蘸了水还在这青石板上练习书法。久而久之，青石板竟然被他磨得非常平滑。

张芝的字进步很快，可是因为家境贫寒，张芝买不起当时市面上出售的那种专供书写的质量很好的纸张，理想又不能放弃，那么，怎样来解决这个矛盾呢？

为了节省纸张，张芝常常拿树枝在地上练习，或者蘸了水在桌子上、木板上写。有一天，张芝坐在池塘边的青石板边读帖边在石板上摹写，写着写着，竟涂到了衣襟上。看着衣襟上那块未干的水渍，张芝蓦地发现，身上穿的这件白色长罩衫可以用来练字。他异常兴奋，急忙脱下罩衫，平铺到青石板上，又取来毛笔和砚台，砚好墨，兴致勃勃地写起字来。不大会儿，雪白的衣襟上便写满了字，这些字龙飞凤舞，笔力纵横，上下字之间的笔势自然牵连相通，写得既有章法，又有气势。

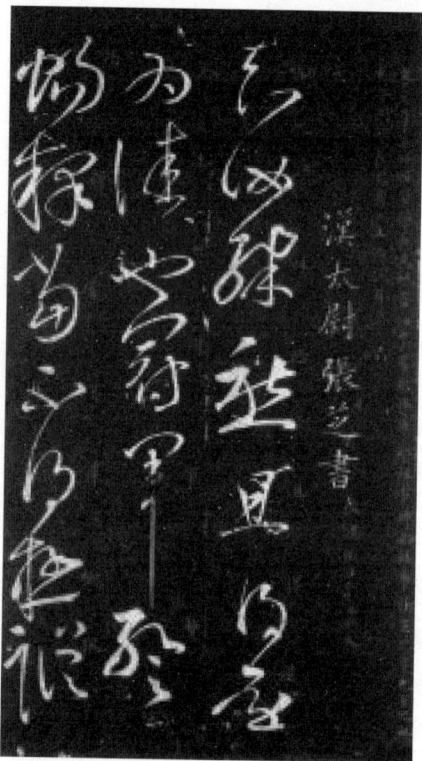

张芝狂草书法

张芝停笔审视一番，非常满意，便把衣服翻转，在长衫的后片上写起来。他越写兴致越高，后来，索性连两只袖子也铺开弄平当纸写。

张芝抖动着这件写满"章草"的长罩衫，按捺不住满心的喜悦。今后，他可以堂而皇之地用毛笔蘸了墨汁在衣服上写，再也不用为练字的纸而发愁了。可是，没有了衣服，怎么回家呢？如果大着胆子穿着写满字的罩衫回去，父母亲生气了又该怎么办呢？张芝坐在池塘边发呆，清清的池水倒映出他瘦弱的身影。"有了！"张芝一弯腰，把长衫浸泡在池水里，立刻，长衫上的墨迹将池水染黑了一大片。

从此，张芝每天把写满字的衣服

拿到池塘里来洗，有时，母亲还找出家中一些不用的布帛供张芝练习之用。由于张芝每天在池塘中洗练字的布帛、衣物、砚台，时间久了，池塘里的水都变黑了。

"功夫不负有心人"，张芝的刻苦终于换来人们的赞誉，他的字融进了对生活的感悟，体势连绵，富于变化，为东汉末年书法爱好者争相临摹。然而，张芝并不就此满足。他潜心研究前代书法家们的作品，在此基础上创造出一种易于辨认、易于书写的新的字体——"今草"。

张芝的"今草"对后世书法家影响很大，到晋代尤为盛行，是为"晋草"。为了褒扬张芝勤学苦练的精神，人们称练习书法为"临池"。

祢 衡

祢衡（173—198年），字正平，平原郡（今山东临邑）人（《山东通志》载祢衡为今乐陵人）。东汉末年名士，文学家。

祢衡少年时代就表现出过人的才气，记忆力非常好，过目不忘，善写文章，长于辩论。但是，他的坏脾气似乎也是天生的，急躁、傲慢、怪诞，动不动就开口骂人，因而得罪了不少人。这么一个人物，又生活在天下动乱、军阀割据专权的东汉末年，所以他的悲剧命运也就注定了。

建安初年，汉献帝接受曹操的建议，把都城迁到了许都（今许昌）。为了寻求发展的机会，祢衡从荆州来到人文荟萃的许都后，为求进用，曾写好了一封自荐书，打算毛遂自荐，但因为看不起任何人，结果自荐书装在口袋里，字迹都磨损得看不清楚了，也没派上用场。当时许都是东汉王朝的都城，名流云集，人才济济，当世名士有很多都集中在这里，但自视甚高又不愿同流合污的祢衡一个也看不上眼。有人劝他结交司空掾陈群和司马朗，他却很刻薄地挖苦说："我怎么能跟杀猪卖酒的人在一起！"又劝他参拜尚书令荀彧和荡寇将军赵稚长，他回答道："荀某白长了一副好相貌，如果吊丧，可借他的面孔用一下；赵某是酒囊饭袋，只好叫他去监厨请客。"后来，祢衡终于结交了两位朋友，一位是孔子的后代孔融，另一位是官宦子弟杨修。可能是才气学问相当并且气味相投的原因，他们三位不仅比较谈得来，而且相互之间还曾有过肉麻的吹捧，如孔融称祢衡是"颜回不死"，祢衡称孔融是"仲尼复生"。

孔融于是把祢衡推荐给曹操，希望曹操能够任用祢衡。谁知祢衡却不领情。他不但托病不见曹操，而且出言不逊，把曹操臭骂了一顿。曹操正当招揽人才的时候，比较注意自己的言行和形象，尽量保持宽容爱才的名声，因此虽然恼怒，也不好加害。曹操知道祢衡善击鼓，就召他为击鼓的小吏。一日大宴宾客，曹操让祢衡击鼓助兴，想借此污辱祢衡，没想到这个才子在换装束（有专门的鼓吏衣帽）的时候，竟当着众宾客的面把衣服脱得精光，使宾主讨了场大没趣。曹操对孔融说："祢衡这个小子，我要杀他，不过像宰一只麻雀或老鼠一样罢了！只是想到此人一向有些虚名，杀了他，远近的人会说我无容人之量。"于是想了个借刀杀人的法子，强行把祢衡押送到荆州，送给荆州牧刘表。

刘表及荆州人士早就知道祢衡的大名，对他的才学十分佩服，所以对他并不歧视，相反还礼节周到，把他奉为上宾。刘表让祢衡掌管文书，"文章言议，非衡不定"，也就是荆州官府所有的文件材料，都要请祢衡过目审定，在工作上可以说对他放手使用，十分信任。但祢衡这个才子的致命弱点是目空一切。有一次他外出，刚好有份文件要马上起草，刘表于是叫来其他秘书，让他们共同起草。他们"极其才思"，好不容易把文件写好了，谁知祢衡一回来，拿起文件草草看了一下，就说写得太臭，然后把它撕得粉碎，掷于地下，接着他便要来纸笔，手不停挥地重新写了一篇交给刘表。他写的这份文件因"辞义可观"，甚得刘表好感，但却把别的秘书得罪光了！他不但经常说其他秘书的坏话，而且渐渐地连刘表也不放在眼里，说起话来总是隐含讥刺。刘表本来就心胸狭窄，自然不能容忍祢衡的放肆和无礼。但他也不愿担恶名，就把祢衡打发到江夏太守黄祖那里去了。

刘表把祢衡转送给黄祖，是因为他知道黄祖性情暴躁，其用意显然也是借刀杀人。祢衡初到江夏，黄祖对他也很优待，也让他做秘书，负责文件起草。祢衡开头颇为卖力，工作干得相当不错，凡经他起草的文稿，"轻重疏密，各得体宜"，不仅写得十分得体，而且许多话是黄祖想说而说不出的，因而甚得黄祖爱赏。有一次，黄祖看了祢衡起草的文件材料，拉着他的手说："处士，此正得祖意，如祖腹中之所欲言也。"祢衡和黄祖的长子、章陵太守黄射是要好的朋友，祢衡只要稍微收敛一下锋芒，稍微克制一下过强的个性，对周围的人稍微礼貌些，黄祖虽然是个急性子，但总不会无缘无故乱杀人吧？然而让人扼腕的是：有一次黄祖在战船上设宴会，祢衡的老毛病又犯了，竟当着众宾客的面，尽说些刻薄无礼的话！黄祖呵斥他，他还骂黄祖："你这个死老头，你少啰唆！"当着这么多的人面，黄祖哪能忍下这口气，于是命人把祢衡拖走，吩咐将他狠狠地杖打一顿。祢衡还是怒骂不已，黄祖于是下令把他杀掉。黄祖手下的人对祢衡早就憋了一肚子气，得到命令，黄祖的主簿便立时把他杀了。时为建安元年（196年），祢衡仅26岁。

祢衡的死使人感到惋惜，他太傲慢了，又生活在一个群雄逐鹿杀人如同儿戏的时代。如果隐逸山林或躲匿民间也可全身而退。但在游走于朝廷庙堂之上，如同游走在刀刃之上的年代，祢衡目空一切、心高气傲、出言不逊、狂傲无礼，他的死也被注定。

祢衡墓

第五章

三国两晋南北朝时期的著名文士

第一节　三国时期的著名文士

孔　融

孔融（153—208年），字文举，山东曲阜人。因曾经在北海做官，又称"孔北海"。东汉末期的著名学士。

孔融是孔子的二十世孙，泰山都尉孔宙的儿子。孔融从小聪明过人，尤其长于辞令，小小年纪，已在社会上享有盛名。孔融同时还是一个懂礼貌、讲谦让的人，《孔融让梨》的故事可谓家喻户晓，被作为中国传统美德的典范，世人代代传颂。

孔融小时候，都城洛阳的行政长官李元礼是一位十分有名的学者。日常拜访他的人很多，如果来访者是无名之辈，守门的人照例是不通报的。

年仅10岁的孔融很想见见这位大学者。一天，他来到李元礼的官府门前，请守门人通报李元礼。但守门人见对方只是一个孩子，就打算随便把孔融打发走。孔融灵机一动，对守门人说："我是李先生的亲戚，他一定会见我的。"

守门人一听说是李元礼的亲戚，不敢怠慢，马上通报主人。谁知李元礼听到守门人的通报后，却倍感奇怪，因为自己并没有这样一位亲戚，不过还是决定见见他。

李元礼见到孔融，就好奇地问他说："请问你和我有什么亲戚关系呢？"

孔融不紧不慢地回答道："我是孔子的后代，你是老子的后代。天下的人都知道孔子曾向老子请教过关于礼节的问题，他们是师生关系，所以说我和你也是世交呀！"

孔融所说的，在中国历史上确有其事。与孔子同时代的哲学家老子本名叫李聃，是道家学派的创始人。孔子当年碰到自己不懂的问题，就自称学生，谦虚地向李聃请教。

李元礼的家里当时有很多宾客在座，大家对年仅10岁的孔融竟能如此博学和随机应变感到惊奇，李元礼更是为能结交这样一位神童做亲戚感到十分骄傲。

正在这时，一个叫陈韪的人来拜访李元礼。陈韪是一位颇有些名气的学者，官拜上大夫，平时十分高傲，自以为是，目中无人。在座的宾客将孔融刚才的表现告诉他。谁知陈韪却不以为然，当着孔融的面随口说道："小时了了，大未必佳。"意思

孔融像

是说，小时候虽然很聪明，长大了却未必能够成才。聪明的孔融立即反驳道："我想陈先生小的时候，一定是很聪明的。"言下之意是说陈韪现在是一个庸才。陈韪被孔融这句话噎住了，半天说不出话来，涨得一脸通红。

孔融长大后，东汉已经衰落，国家出现分裂，历史上的"三国时期"即将开始。孔融秉承了祖先孔子"兼济天下"的抱负，在言行及写作中常常流露出对时局的担忧和不满，引起了当权者的不满，最终被曹操所杀害。

孔融对陈韪的傲慢，巧妙回击，成功地运用了"逆推法"，利用对方的原话反过去再说给对方。虽是针锋相对，但是又不直接说破，绵里藏针反映出了孔融敏捷的思辩能力。

孔融在北海做官时，召王修为主簿。王修为人正直，从不贪赃枉法，在北海为官期间有口皆碑，后来被举荐为孝廉。但是王修想把这个名额让给邴原，邴原也是个非常孝顺，非常有学问的人才。孔融听到这个消息后，感到非常震惊，对王修的举动十分地不理解，于是就去找王修谈话。孔融对王修说："我已经知道了，邴原是个很贤德的人才，他的人品和才华大家有目共睹，你把孝廉的名额让给他也十分地可敬啊！以前高阳氏颛顼担任部落联盟首领的时候，有八个才子，尧不能任用，而则加以保举。邴原可以说十分贤德，他既然是个有才能的人，就不愁没有出人头地的机会，也不会因为没有地位就患得患失，你就把举荐邴原的机会留给后来的贤才，你看这样可以吗？"可是王修再次拒绝了。孔融见王修十分地执着，就继续对他说："在官府中当官应该廉洁清正，能够忍受种种苦难和意想不到的考验，要有智谋，遇到事情要能够随机应变，处乱而不惊，不能犯错误，要教化百姓不知疲倦，遇到困难要想尽办法渡过，不能随便放弃。我非常欣赏你的功劳，欣赏你的美德，所以才提拔你在官府中做官，难道你能够推辞吗？"后来郡中有人造反叛乱，杀人放火，百姓受到骚扰而无法安心生活，官府也惶惶不可终日，于是王修就连夜跑到孔融的住处前来帮助孔融对付叛军。叛乱者刚刚行动，孔融就对他的手下和左右文臣武将说：

"这个时候，能够冒险前来帮助我的只会有王修一个人，我不会看错他的。"孔融的话音刚落，王修就急匆匆地带人赶到了。王修的到来令所有的人十分高兴，军心大振，众人一鼓作气将叛贼剿灭，王修也成了剿灭叛乱的最大功臣，得到了朝廷的奖赏和孔融的赞扬。

从此之后，孔融对王修更加地信任，两个人的交情也越来越深。每当孔融有危险的时候，王修虽然已经不在任上，但是他仍然会带着人前去帮助孔融，有时候甚至冒着生命危险也在所不惜，孔融因此经常能够躲避灾祸，逢凶化吉。

王修有古代君子的谦谦之风。他不重名利。而孔融为了举荐王修做官，从另一个方面向王修阐述了为官的重要性：做官并不仅仅意味着地位荣耀更要肩负着造福于民的重大使命。

孔融是东汉末年一代名儒，继蔡邕为文章宗师，亦擅诗歌。魏文帝曹丕十分欣赏孔融文辞，在他死后曾悬赏征募他的文章，把孔融与王粲、陈琳、徐干、阮瑀、应玚、刘桢六位文学家相提并论，列为"建安七子"。评价"孔融体气高妙，有过人者；然不能持论，理不胜辞，至于杂以嘲戏。及其所善，扬（扬雄）、班（班固）俦也"。

据《后汉书》载，孔融有诗、颂、碑文、论议、六言、策文、表、檄、教令、书记共 25 篇。但这为数有限的遗文，后世又有所散佚，大多只是片段流传，其中诗歌仅存八首。

孔融的文章以议论为主，内容大抵为伸张教化，宣扬仁政，荐贤举能，评论人物，多针对时政直抒己见，颇露锋芒，个性鲜明。在艺术上，文句整饬，辞采典雅富赡，引古论今，比喻精妙，气势充沛。现存作品只有散文和诗，孔融散文的特色是以文笔的犀利诙谐见长。

总体来看，他的散文讲究辞藻的华美和字句的对称，具有浓重的骈俪气息，这是孔融有别于同时其他作家的地方。同时人们指出他的文章"体气高妙"，"奋笔直书，以气运词"（刘师培《中古文学史讲义》），这又体现了建安时期文学创作的共同风尚。与散文相比较，孔融的诗歌显得逊色。

孔融还曾作《郡国姓名离合诗》，分扣"鲁国孔融文举"六字，

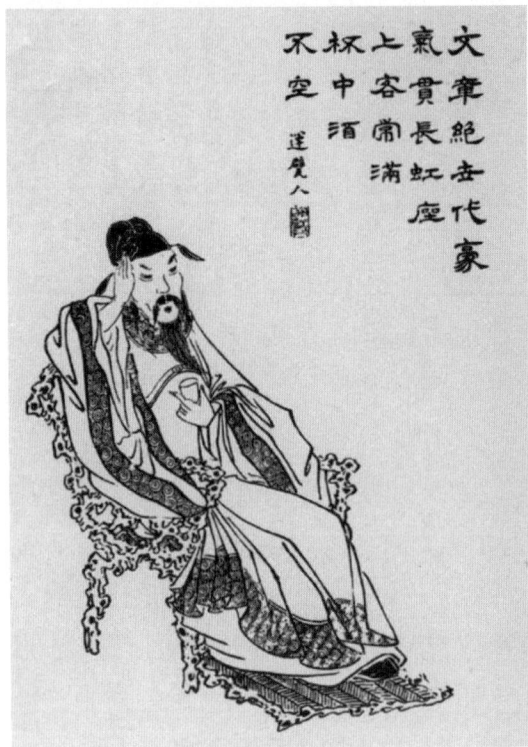

文章绝去代豪
气贯长虹座
上容常满
杯中酒
不空
莲觉人

孔融像

在灯谜界被尊为文人诗谜的开山作。

孔融在文学创作上取得了很高的成就，《隋书·经籍志》著录其集 9 卷，在东汉作家中仅次于班固（17 卷）、崔骃（十卷）、张衡（11 卷）、李固（12 卷）、蔡邕（12 卷）数人。其风格也颇慷慨任气，他是建安文学的代表作家与"建安风骨"的重要开创者。

身处汉魏之际，又生于圣人之族，孔融自然更多地带上了汉末党人名士的风度；时移世易，天下已非旧日，孔融仍以旧习陈规应时，难免触处抵牾，而自己也在不知不觉中染上新时代的气息，并在盛气激情激荡下，不经意地发出了与传统迥然不同的声音，成为魏晋的新声，对后代产生着深刻的影响。孔融的过渡性人格，很突出，也很典型。

其一，才异议殊。孔融是个很特别的人。他早年即以"异才"著名。孔融还好学博览，《后汉书》本传言其"性好学，博涉多该览"。说明他涉猎广泛，才气高盛，视点高远，重大略小，而思维方式在于通览大体，而非精细。这种才能特点在他以后的生涯中多有表现。例如为北海相，所举皆合大要，无所瑕疵，但所行均无所成，可见其宜乎言大议而不宜务实事。孔融之博览群书熟识典故，在他的作品中有突出的表现。孔融特别喜欢用典故，不仅因为熟读典籍，博览群书，而且也因喜好扬才露己，一泄其自负之气。自然，孔融的言论大体与汉末的清议相关性更为密切，与后来的清谈内容与方式距离远些，但是清议实际就是清谈的前驱，尤其是他那独持异论、论辩灵动的特点实为清谈先驱。

其二，志高才疏。孔融的志向很高远，《后汉书》本传言其"负其高气，志在靖难，而才疏意广"。这是很符合他的实际的。孔融有相当深的正统思想，又深受汉末党人影响，他的志向是在匡复汉室，这很不实际却是当时许多士大夫的共同理想。为此，他在董卓手下常常大发忠君憎奸的议论，以致董卓派他到黄巾军活动最活跃的地方去任北海相；他刚至许昌不久，就向献帝建议在京城附近划出一片地方直属皇帝管辖，以分曹操势力；当他发现曹操之意并不在于复汉，而是在于移鼎，就处处与曹操为敌，扰乱他的施政，讥讽他的行为。可以肯定，与曹氏阵营里的大多数人不同，孔融始终是以恢复汉室作为使命的。但他是个善于大发奇论而不谙实务的人。任北海相期间，他似乎动作很大，也很堂皇，但根本不切实际，毫无建树，一败再败，连自己的妻子儿女都成了俘虏。

其三，刚直纯正。虽然魏晋南北朝史称儒学衰微，但是曾经统治几百年的思想意识早已扎根，在人们的"集体无意识"中沉淀下来，成为人们的行为习惯，尤其是汉王朝刚刚崩塌的时候，欲拯救者不乏其人。孔融与汉末名士声气相通，多所交游，还在十六岁那年私藏被通缉的党人张俭。他又是圣人后裔，世沐祖泽。私藏张俭事发后，与兄孔褒争着担当其罪，以致郡县不能决。在北海相任上，"立学校，表显儒术，荐举贤良郑玄、彭璆、邴原等"。（《后汉书》本传）在朝廷议论大多引述《春秋》大义。他反对曹操主要的也是在于尊汉忠君，并不是当时曹操对他有什么不恭。所以说孔融的思想及立场基本上属于儒家，在道学、杂学流行的建安时期是比较纯正的。我们可以说，孔融的刚直纯正，既是对汉末清流党人的继承，也是魏晋名士自身的人格特质，对后代影响至深至远。

其四，流宕不检。文人多有不拘小节的特点，而孔融在这方面偏至流宕不检，发言举止随心所欲，不计后果。他出身名门，少即知名，且确实秉性聪慧，又在党人名士盛行于天下时渐渐长大，深染清流名士风习，这些就是孔融"流宕不检"的主要原因。他在时势已经发生巨大变化之后，依然保持着这种风度，在董卓与曹操之下，他们或许考虑孔融在士林的巨大影响力，而孔融自己的言行尚未对执政者构成致命威胁，一次又一次的有惊无险，也使他产生了错觉，以为无论如何他至少不会有生命之忧，以致依然故我，我行我素，直至被杀。孔融少年时，不仅有"异才"，也喜好游戏。一次在他去李膺家，得到众人称赏后，被晚到的陈炜泼了一盆冷水："人小时了了者，大亦未必奇也。"孔融立即回击道："即如所言，君之幼时，岂实慧乎！"（《三国志·崔骃传》裴松之注引《续后汉书》）

其五，使性任情。鲁迅曾经就孔融因反对曹操禁酒等事而被杀，发表了如下的议论："曹操是个办事的人，所以不得不这样做；孔融是旁观的人，所以容易说些自由的话。""说话自由"正是孔融这样的名士习惯。

其六，离经叛道。孔融因为纯情而使性，常常有违反常规甚至本心本意之举，特别是情绪激烈之时，发言举止都大异常态常理，因此时而有离经叛道之迹。

孔融，作为汉末党人名士与魏晋名士之间的过渡性人物，他的人格特征确实具有继承与开新的双重性。他基本的思想主要还是倾向于儒家的，但是其名士性格又喜欢潇洒自然的风致。至性纯情，使他古风犹存，也使他在巨大冲击下发生激变，成为激烈反对传统的急先锋，为魏晋名士的进一步拓展打下了基础。

曹 操

曹操（155—220 年），字孟德，一名吉利，小字阿瞒，沛国谯（今安徽亳州）人。东汉末年杰出的政治家、军事家、文学家、书法家。三国中曹魏政权的缔造者，其子曹丕称帝后，追尊为武皇帝，庙号太祖。曹操精兵法，善诗歌，抒发自己的政治抱负，并反映汉末人民的苦难生活，气魄雄伟，慷慨悲凉；散文亦清峻整洁，开启并繁荣了建安文学，给后人留下了宝贵的精神财富，史称"建安风骨"。鲁迅评价其为"改造文章的祖师"。同时曹操也擅长书法，尤工章草，唐朝张怀瓘在《书

《断》中评其为"妙品"。

东汉末年，天下大乱，曹操以汉天子的名义征讨四方，对内消灭二袁、吕布、刘表、马超、韩遂等割据势力，对外降服南匈奴、乌桓、鲜卑等，统一了中国北方，并实行一系列政策恢复经济生产和社会秩序，扩大屯田、兴修水利、奖励农桑、重视手工业、安置流亡人口、实行"租调制"，从而使中原社会渐趋稳定、经济出现转机。黄河流域在曹操统治下，政治渐见清明，经济逐步恢复，阶级压迫稍有减轻，社会风气有所好转。曹操在汉朝的名义下所采取的一些措施具有积极作用。

曹操对文学、书法、音乐等都有深湛的修养。他的文学成就，主要表现在当今诗歌上，散文也很有特点。

曹操的诗歌，今存20多篇，全部是乐府诗体。内容大体上可分三类：一类是关涉时事的；一类是以表述理想为主的；一类是游仙诗。

与时事有某种关联的作品有《薤露行》《蒿里行》《苦寒行》《步出夏门行》等。《薤露行》《蒿里行》二诗，作于建安初年。前一篇反映何进谋诛宦官事败，董卓入洛阳作乱；后一篇写关东各州郡兴兵讨卓，又各怀野心，互相杀伐，在内容上紧相承接。诗篇以简练的语言，高度概括地写出了这一段历史过程，因此被誉为"汉末实录，真诗史也"（钟惺《古诗归》）。尤其可贵的是，在《蒿里行》诗中他以同情的笔调，写出

曹操像

了广大人民在战乱中所罹的深重苦难："铠甲生虮虱，万姓以死亡，白骨露于野，千里无鸡鸣，生民百遗一，念之断人肠。"《苦寒行》作于建安十一年，诗篇描写冬日太行山区的酷寒、荒芜、险峻，形象生动，同时也写出了诗人内心的复杂感受。《步出夏门行》作于建安十二年征三郡乌桓时。该诗包括"艳"（前奏）及四解。"艳"着重写了诗人出征时的复杂心情。一解"观沧海"，写进军途经碣石时的观感；二解"冬十月"、三解"土不同"，写归途中见闻；四解"龟虽寿"，写取得了这场重要战役胜利后的思想活动。其中"观沧海"描写大海景象，"秋风萧瑟，洪波涌起，日月之行，若出其中；星汉灿烂，若出其里"，气势磅礴，格调雄放，映衬出诗人包容宇宙、吞吐日月的阔大胸怀。"龟虽寿"以一系列生动的比喻，表达诗人对人生及事业的看法："老骥伏枥，志在千里，烈士暮年，壮心不已"。这是诗人贯彻终生的积极进取精神的真实表白。

以表述理想为主的诗歌有《度关山》《对酒》《短歌行》等。前两篇写政治理想。他设想的太平盛世是儒法兼采、恩威并用的贤君良臣政治。这在汉末社会大破坏的现实背景下，无疑是具有进步意义的。《短歌行》的主题是求贤，以"山不厌高，海不厌深，周公吐哺，天下归心"等诗句，抒发求贤若渴，广纳人才，以冀成其大业心情。

在艺术风格上，曹操诗歌朴实无华、不尚藻饰。它们以感情深挚、气韵沉雄取胜。在诗歌情调上，则以慷慨悲凉为其特色。慷慨悲凉，这本来是建安文学的共同基调，不过在曹操的诗中，它表现得最为典型，最为突出。在诗歌体裁上，曹操的乐府诗并不照搬汉乐府成规，而是有所发展。如《薤露行》《蒿里行》，在汉乐府中都是挽歌，他却运用旧题抒写了全新的内容。曹操开创了以乐府写时事的传统，影响深远。建安作家以及从南北朝直到唐代的许多诗人，他们拟作的大量乐府诗，都可以说是这一传统的继承和发扬。

曹操在文学上的功绩，还表现在他对建安文学所起的建设性作用上，建安文学能够在长期战乱、社会残破的背景下得以勃兴，同他的重视和推动是分不开的。刘勰在论述建安文学繁荣原因时，就曾指出"魏武以相王之尊，雅爱诗章"（《文心雕龙时序》）。事实上，建安时期的主要作家，无不同他有密切关系。曹丕、曹植是他的儿子，"七子"及蔡琰等，也都托庇于他的荫护。可以说，"邺下文人集团"就是在他提供的物质条件基础上形成的；而他们的创作，也是在他的倡导影响下进行的。

此外，曹操还有不少其他文章传世，例如《请追增郭嘉封邑表》《让县自明本志令》《与王修书》《祀故太尉桥玄文》等，文字质朴，感情流露，流畅率真。

曹操著述，据清姚振宗《三国艺文志》考证，有《魏武帝集》30卷录1卷、《兵书》13卷等10余种，然多已亡佚，今存者唯《孙子注》。明代张溥辑散见诗、文等145篇为《魏武帝集》，收入《汉魏六朝百三家集》中。丁福保《汉魏六朝名家集》中也有《魏武帝集》，所收作品略多于张溥辑本。1959年，中华书局据丁福保本，稍加整理补充，增入《孙子注》，又附入《魏志·武帝纪》《曹操年表》等，重新排印为《曹操集》。

曹操是一代书法家鲜为人知，这主要是曹操传世的书法作品较少的缘故。历史上见过曹操书法作品的人，无不赞其书作有"金花细落，遍地玲珑；荆玉分辉，瑶若璀粲""笔墨雄浑，雄逸绝论"之大美。西晋文学家张华在《博物志》中称："汉世，安平崔瑗、瑗子寔、弘农张芝、芝弟昶并善草书，而太祖亚之。"

南朝的书法评论家梁瘐肩在其《书品》中，把古代名人的书法作品分为：上、中、下三品，每品又分作上、中、下，共九品；他把曹操的书法作品列入中中之品。唐代书法家兼评论家张玉瓘，按历代书法家的艺术成就，把它们划分为神、妙、能三类：杰立特出者为神，运用精美者为妙，离俗不谬者为能；他在书法评论专著《书断》中称曹操的书法作品为妙品。由此看来，曹操的书法作品虽不能列为神品、上品，但在全国名书法家中是数得着的。

有史料记载，他除常与当时出名的书法家钟繇、梁鹄、邯郸淳、韦诞、孙子荆等人切磋书艺外，还特把喜爱的秘书令梁鹄的字挂在帐中，细细揣摩、欣赏；有时夜间睡不着，便起来慢慢品味、琢磨钉满墙的梁鹄的字。不仅如此，魏宫的牌匾他都让梁鹄写，可以说仰俯皆是。他与梁鹄之间还有一段鲜为人知的故事：梁鹄倾其一生至力于书法事业，当曹操得知梁鹄为借读大书法家蔡邕留给韦诞的一部论笔法的专著遭拒后，便又气又恨，呕血不止时，他遂将自己专用的五灵丹拿给梁鹄服用。

曹操虽善书，大概因忙于战事、政事，没有机会写，所以他流传于世的墨迹很少。

宋郑樵在所著《通志·金石略》中，仅收录曹操书写的一篇《大飨碑》；明杨慎在《丹铅总录》中，也只是说到元朝时还有曹操书写的《贺捷表》；清叶奕苞在《金石录》中说，曹操在武昌"黄鹤楼"侧曾写有特大、凛凛有生气、正书的"涌月台"三字。现留存于世的只有两个字了，即曹操在征汉中时，写在石门南褒河一块大石上的"衮雪"二字，现已迁入汉中博物馆内。亳州《曹操地下运兵道》处所见到的"衮雪"二字，系依拓本刻写；上边两个隶书小字落款"魏王"，因系直题，又模糊不清，乃后人仿题的。

曹操喜爱坟典和六艺之学。在统一北方的混战中，就注意对图书的保护和收求。建安五年（200年）他击败袁绍后，下令"尽收其辎重图书珍宝"。任魏公后，设置了掌管典籍的官吏，广收在战乱中散佚的东汉官府和民间藏书，"采辍遗亡"，藏在中外三阁和秘书省。还请蔡邕之女蔡文姬讲其藏书之事，蔡文姬"缮书送之，文无遗误"。

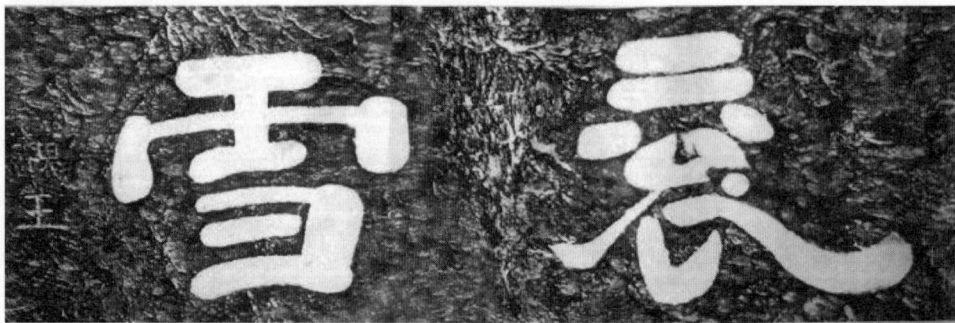

曹操题衮雪

由于他重视国家的文化建设，逐步建立了魏国的国家藏书。

诸葛亮

诸葛亮（181—234 年），字孔明，号卧龙（也作伏龙），徐州琅琊阳都（今山东临沂市沂南县）人，三国时期蜀汉丞相、杰出的政治家、军事家、散文家、书法家。诸葛亮在后世受到极大尊崇，成为后世忠臣楷模、智慧化身。成都、宝鸡、汉中、南阳等地有武侯祠，杜甫作《蜀相》赞诸葛亮。

他早年随叔父诸葛玄到荆州，诸葛玄死后，诸葛亮就在襄阳隆中隐居。后刘备三顾茅庐请出诸葛亮，联孙抗曹，于赤壁之战大败曹军。形成三国鼎足之势，又夺占荆州。建安十六年（211 年），攻取益州。继又击败曹军，夺得汉中。蜀章武元年（221 年），刘备在成都建立蜀汉政权，诸葛亮被任命为丞相，主持朝政。蜀后主刘禅继位，诸葛亮被封为武乡侯，领益州牧。勤勉谨慎，大小政事必亲自处理，赏罚严明，与东吴联盟，改善和西南各族的关系，实行屯田，加强战备。前后六次北伐中原，多以粮尽无功。终因积劳成疾，于蜀建兴十二年（234年）病逝于五丈原（今陕西宝鸡岐山境内），享年54 岁。刘禅追谥其为忠武侯，后世常以武侯、诸葛武侯尊称诸葛亮。东晋政权因其军事才能特追封他为武兴王。

诸葛亮一生为匡扶蜀

诸葛亮像

汉政权，呕心沥血，"鞠躬尽瘁、死而后已"，是中国传统文化中忠臣与智者的代表人物。

1. 政治

诸葛亮作为蜀汉的丞相，安抚百姓、遵守礼制、约束官员、慎用权力，对人开诚布公、胸怀坦诚。为国尽忠效力的即使是自己的仇人也加以赏赐，玩忽职守犯法的就算是他的亲信也给予处罚，只要诚心认罪伏法就是再重的罪也给予宽大处理，巧言令色逃避责任就是再轻的过错也要从严治理，再小的善良和功劳都给予褒奖，再小过错都予以处罚。他处理事务简练实际，能从根本上解决问题，不计较虚名而重视实际，贪慕虚荣的事他都不做；终于使蜀国上下的人都害怕却敬仰他，使用严刑峻法却没有人有怨言，这是因为他用心端正坦诚而对人的劝诫又十分明确正当的缘故。可以说他是治理国家的优秀人才，其才能可以与管仲、萧何相媲美。

2. 经济

诸葛亮在汉中休士劝农期间，利用了汉中的经济条件，因地制宜地采取了一系列发展生产的得力措施，使北伐军资基本上就地得到了解决，诸葛亮死后，蜀汉军撤退，魏军还在蜀营中"获其图书、粮谷甚众"。这正说明了诸葛亮休士劝农，实行军屯耕战的效果。当地人民生活好了，就可以招来更多的人口，使地广人稀的汉中重新得到发展，逐步到达人多、粮多的良性循环，使百姓"安其居，乐其业"。

经诸葛亮"踵迹增筑"的"山河堰"等水利工程至今还是汉中地区灌溉面积最大的水利工程。据李仪祉先生考察而知，"山河堰尚灌褒城田8000余亩，灌南郑县田3.06万余亩，灌酒县7000余亩，共4.6万余亩"。汉中市的六大名池，至今仍被利用。据考古调查统计，全区至今尚保留有汉以来的古堰70多处，一些堰渠经历代使用维修，一直沿用至今。同时各地在继承和学习古代开发利用水利资源经验的基础上，又不断增修了大批塘、库、陂池等水利设施。仅勉县就增修了能蓄10万立方米的水库37个；塘与陂池达300多个；冬水田至今仍有5万多亩。

上述实事说明，汉中盆地古代农田水利设施至今所产生的实际效用和不断改进利用，与诸葛亮当年在汉中休上劝农时，开拓农田、兴修水利、发展生产的丰功伟绩是分不开的。

3. 军事

诸葛亮作为军事家在历代兵家也得到了较高的认可。司马懿在诸葛亮死后，看到诸葛亮

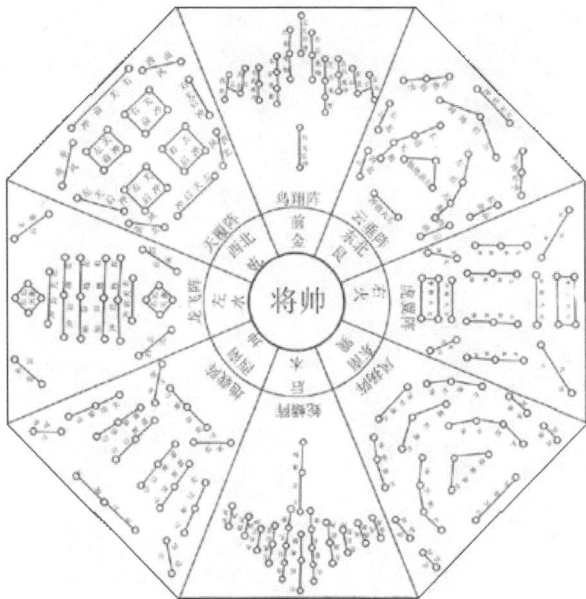

八阵图

的营垒，称赞其为"天下奇才"。唐太宗与李靖在《唐太宗李卫公问对》中多次提到诸葛亮的治军之法与八阵图，给予了极高的评价，并且表明陈寿在《三国志》中对诸葛亮的评价是"史官鲜克知兵，不能纪其实迹焉"。唐朝时亦将诸葛亮评选为武庙十哲之一，与张良、韩信、白起等九位历代兵家享同等地位。诸葛亮亦作诸多军事著述，如《南征》《北伐》《北出》等，对中国军事界有一定的贡献。诸葛亮在技术发明上亦有灵巧的表现，如改良连弩。诸葛亮亦推演了兵法，作八阵图，直至唐代将领李靖仍然十分推崇。

4. 科技

诸葛亮曾发明木牛流马、孔明锁、孔明灯等。他改造的连弩，叫作诸葛连弩，可一弩十矢俱发。

5. 文学

《前出师表》，是中国三国时代蜀汉丞相诸葛亮写给后主的一篇表。当时为建兴五年（227年），蜀汉已从刘备殂亡的震荡中恢复过来，外结孙吴，内定南中，励清吏政，兵精粮足；诸葛亮认为已有能力北伐中原，实现刘备匡复汉室。表文表达了诸葛亮审慎勤恳、以伐魏兴汉

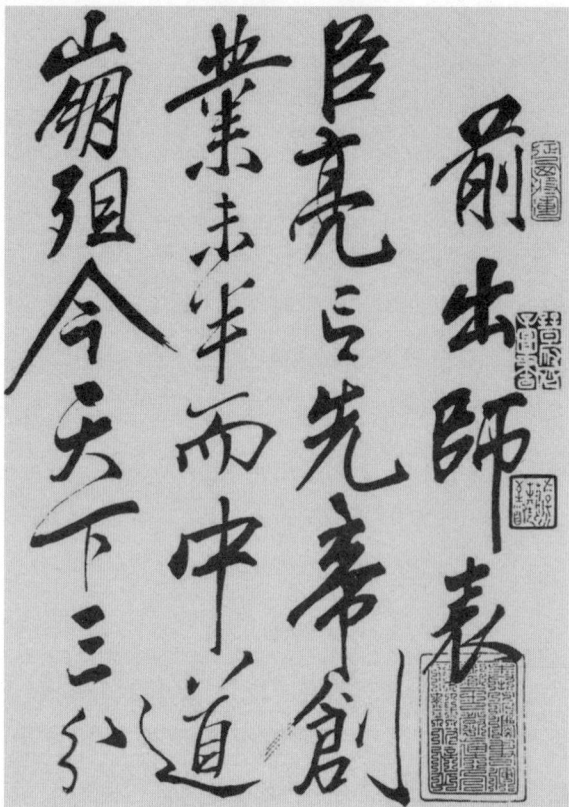

《前出师表》（传为岳飞所书）

为己任的忠贞之志和诲诚后主不忘先帝遗愿的孜孜之意，情感真挚，文笔酣畅，是古代散文中的杰出作品。

《后出师表》，是三国时蜀汉建兴六年（228年）十一月诸葛亮二次伐魏前给蜀后主上的表章，为了与建兴五年春第一次北伐前所上表疏区别，后人题曰《后出师表》，此表始见于《三国志·蜀志·诸葛亮传》裴松之注引习凿齿《汉晋春秋》，习氏谓"此表，亮集所无，出张俨默记"，于是，自清代始，出现了关于此表真伪问题的争辩，至今莫诀。

《诫子书》是诸葛亮临终前写给8岁儿子诸葛瞻的一封家书，成为后世历代学子修身立志的名篇。它可以看作诸葛亮对其一生的总结。诸葛亮也是一位品格高洁才学渊博的父亲，对儿子的殷殷教诲与无限期望尽在言中。通过这些智慧理性、简练谨严的文字，将普天下为人父者的爱子之情表达得如此深切。后人留存有多篇《诫子书》。

除上述作品外，诸葛亮还有《草庐对》《诫外甥书》《便宜十六策》《将苑》（又名《心书》）等著作。诸葛亮的著作编成《诸葛亮集》，又名《诸葛氏集》。

6. 书法

诸葛亮所处的时代，正是中国书法艺术趋向成熟的时代。诸葛亮喜爱书法，在青少年时代就进行过刻苦的训练，能写多种字体，篆书、八分、草书都写得很出色。

诸葛亮在政务和军事活动中，也常有练习书法。《常德府志》记载："卧龙墨池在沅江县西三十里卧龙寺内。俗传汉诸葛武侯涤墨于此寺，因名。"诸葛亮在常德一带活动的时间，是在赤壁大战之后，战事十分紧张频繁，他却不忘练习书法。

7. 绘画

唐朝张彦远在《历代名画记》中写道："诸葛武侯父子皆长于画。"张彦远还在其《论画》一书中，记载了当时绘画收藏与销售的情况。他说："今分为三古以定贵贱，以汉、魏三国为上古，则赵岐、刘褒、蔡邕、张衡、曹髦、杨修、桓范、徐邈、曹不兴、诸葛亮之流是也。"

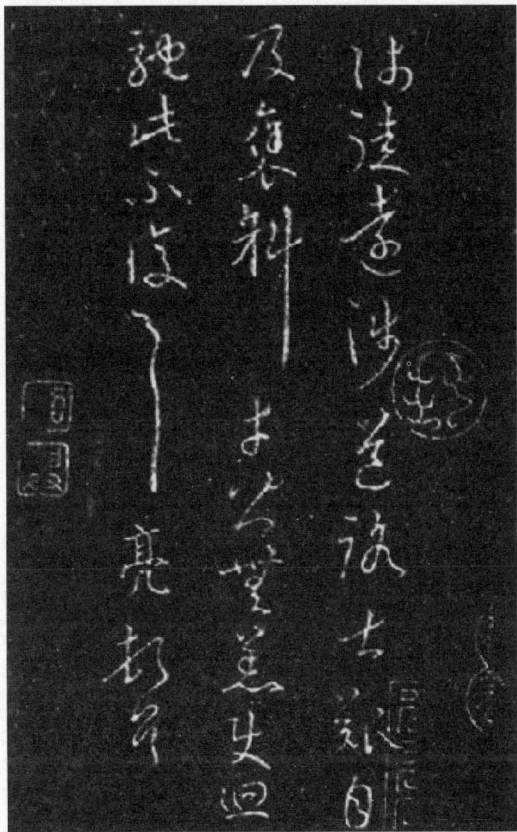

诸葛亮墨迹拓本（传）

张彦远记述当时一些近代画家如阎立本、吴道子等人绘画作品的售价："屏风一片值金二万，坎者售一万五千"，"一扇值金一万。"并说汉魏三国（即上古）画家的作品，在唐代已是"有国有家之重宝"，"为希代之珍"。从张彦远的记述中，可以大致看到诸葛亮在中国美术史上的历史地位和艺术成就。

东晋史学家常璩的《华阳国志》记载："南中，其俗征巫鬼，好诅盟，投石结草，官常以诅盟要之。诸葛亮乃为夷作图谱，先画天地日月君长城府，次画神龙，龙生夷及牛马驼羊。后画部主吏，乘马幡盖，巡行安恤。又画夷牵牛负酒赍金宝诣之之象，以赐夷，夷甚重之。"从以上记载可以看出，诸葛亮的确具有非凡的绘画才能。他的画作既

257

取材于现实生活（如南中少数民族的生活）又有神奇而丰富的想象（如神龙等），而且构图宏伟，场面博大。

8. 音乐

诸葛亮精通音律，喜欢操琴吟唱。陈寿《三国志·诸葛亮传》记载："玄卒，亮躬耕陇亩，好为梁父吟。"习凿齿《襄阳耆旧记》："襄阳有孔明故宅……宅西面山临水，孔明常登之，鼓瑟为《梁父吟》，因名此山为乐山。"当然还有卧龙吟，真是千古绝唱，《中兴书目》记载："《琴经》一卷，诸葛亮撰述制琴之始及七弦之音，十三徽取象之意。"谢希夷《琴论》也记有："诸葛亮作《梁父吟》。"《舆地志》记载："定军山武侯庙内有石琴一，拂之，声甚清越，相传武侯所遗。"从以上记载就足以看出：诸葛亮在音乐方面有着很全面的修养和很高的艺术成就。他既长于声乐——会吟唱；又长于器乐——善操琴；同时他还进行乐曲和歌词的创作，而且还会制作乐器——制七弦琴和石琴。不仅如此，他还写有一部音乐理论专著——《琴经》。

曹 植

曹植（192—232 年）字子建，沛国谯（今安徽省亳州市）人。三国曹魏著名文学家，建安文学代表人物。魏武帝曹操之子，魏文帝曹丕之弟，生前曾为陈王，去世后谥号"思"，因此又称陈思王。后人因他文学上的造诣而将他与曹操、曹丕合称为"三曹"，南朝宋文学家谢灵运更有"天下才有一石，曹子建独占八斗"的评价。王士祯尝论汉魏以来 2000 年间诗家堪称"仙才"者，认为只有曹植、李白、苏轼三人。

曹植生于黄巾起义不久，长于战火纷飞的年代。13 岁之前，一直跟随其父于军旅之中，亲历曹操的雄才大略与丰功伟绩，也在东西南北的游历中丰富了见识。他自幼聪颖好学，又有良好的受教育条件，10 岁就能诵读诗论辞赋数十万言，又爱好民间文学，熟识乐府与俳优小说。他在兄弟中才能最为突出，起初曹操以为他是"最可定大事"的人。13—29 岁，他定居在曹操的大本营邺城，那是他一生中最为舒适愉快的时期。作为贵公子，依恃着曹操的宠爱，凭借着自己的高才，生活也相对安定，过着斗鸡走马、游宴驰猎的贵游生活。吟诗作赋，多为游宴应酬文字；浅唱蹈舞，主在嬉戏娱乐。建安二十五年（220年），曹丕继位，对曹植等兄弟常怀猜忌，并连续不断地进行迫害。先杀害了他的党羽丁翼兄弟，又经常改换他的封地，并派人严加看管，名为王侯实同囚犯。曹植只好整天以酒为伴，以泪洗面，作诗以抒愤，发文以见志。公元226年，曹丕病逝，曹叡继位，即魏明帝。曹叡对他仍

曹植像

严加防范和限制，处境并没有根本好转。曹植在文、明二世的12年中，曾被迁封过多次，最后的封地在陈郡，在抑郁中度过了自己最后的生命旅程。

曹植虽不乐以文学创作名世，但是历史上他却因作品数量之多与质量之高，成为建安时期最重要的文学家，有集30卷。

曹冲死后，其实曹植最得其父曹操的宠爱，曹操也曾一度欲废曹丕而立其为王世子，得曹丕之嫉恨也在情理之中。若不是一些大臣的竭力反对，曹植真的就被立为世子了，曹丕与其弟曹植的斗争也就从这时代开始了。最为不值的是，曹植根本就没有跟曹丕争夺帝位的想法。有一次，曹操出兵打仗，曹植、曹丕都来送行，临别时，曹植高声朗读了为曹操所写的华美篇章，大家十分赞赏。曹丕见状怅然若失，吴质对他耳语说："王当行，流涕可也。"于是曹丕当即泪流满面，感动得曹操也唏嘘不已。还有一次，曹操欲派曹植带兵出征。带兵出

征是掌握军权的象征，是曹操重点培养的征兆。结果曹植在出征前酩酊大醉，曹操派人来传曹植，连催几次，曹植仍昏睡不醒，曹操一气之下取消了曹植带兵的决定。看来，曹植只配当个不拘小节的人，难以担当足智多谋的政治家。

1. 高才

曹植的高才，在当时以及后世都是极著名的。"才高八斗"的称誉，藐视世人的谢灵运的倾心钦佩，唐宋以下许多大诗人的远慕，这些足见其"高才"之光。今人徐公持氏言曹植"集古今智慧、文武才能、雅俗技巧于一身，不诬'天人'之称"。确实，曹植具有多方面的才能，虽然不一定文武兼备。以其文学才能而言，他的诗、赋、文各体均为建安成就最高者，也超越了前人。他的诗数量大（据统计有90多首），无论其前还是同代人都没有过如此大量写诗的；质量高，其艺术成就更是对我国诗歌发展做出了巨大的贡献。如果说曹操、曹丕主要在运用乐府这种形式抒情写意，而曹植乐府与"古诗"，民歌与文人诗兼长，是乐府文人化与古诗通俗化的重要实践者。他的诗，主要是四言与五言，但还探索性地创作了楚辞体、六言体、三七言体、六五言体以及各种杂言体诗。曹植的诗歌不仅体式多样，题材也丰富，社会生活与个人生活的各方面在他手下都是诗歌的好材料，这种拓展就有大才的气度。

在政治上，曹植是一位悲剧人物，然而政治上的悲剧客观上促成了他在歌创作上的卓越成就。曹植的创作以建安二十五年为界，分前后两期。前期诗歌主要是歌唱他的理想和抱负，洋溢着乐观、浪漫的情调，对前途充满信心，如《白马篇》赞赏幽并游侠儿的高超武艺和爱国精神，寄托了诗人对建功立业的渴望和憧憬；后期的诗歌则主要表达由理想和现实的矛盾所激起的悲愤，如《赠白马王彪》在抒情中穿插以叙事写景，将诗人备受迫害的感情凝聚起来，痛斥小人挑拨曹丕与他们的手足之情，对任城王的暴卒表示深切的悼念。《七哀》则以思妇自喻，切切哀虑兄弟异路之情，命意曲折，感情凄婉，含蓄蕴藉。曹植是第一位大力写作五言诗的文人。他现存诗歌90余首，其中有60多首是五言诗。他的诗歌，既体现了《诗经》"哀而不伤"的庄雅，又蕴含着《楚辞》窈窕深邃的奇谲；既继承了汉乐府反映现实的笔力，又保留了《古诗十九首》温丽悲远的情调。曹植的诗又有自己鲜明独特的风格，完成了乐府民歌向文人诗的转变。"这是一个时代的事业，却通过了曹植才获得完成"。曹植是建安文学之集大成者，对于后世的影响很大。在两晋南北朝时期，他被推尊到文章典范的地位。曹植诗歌的艺术特点可以概括为：骨气奇高，辞采华茂，情兼雅怨，体被文质。

2. 纯情

曹植是纯情的文学家。他的情犹如赤子孩童，天真无邪，纯洁无瑕，没有一点社会污染。他眼中心中，是非善恶截然两极，判然分明："烈士多悲心，小人偷自闲。"（《杂诗》）他后期颠沛流离的生活明明是他亲兄迫害所致，身边的仆人属官公然对他大不敬，他还以为是这些人品行低劣，与兄长感情疏远他也以为是这些人从中作梗，根本想不到自己的兄长会如此不容他。他品评人物，也总是觉得别人都是纯洁无垢："如冰之清，如玉之洁。"（《光禄大夫荀侯诔》）他称颂的鸟也都是纯净的："惟夫蝉之清素兮，潜厥类乎太阴。""皎皎贞素，侔夷节兮。帝臣是戴，尚其洁兮。"（《蝉赋》）"饥食苕华，渴饮清露。异于俦匹，众鸟是惊。"（《鹊》）"嗟皓丽之素鸟兮，含奇气之淑祥。"（《白鹤赋》）因为他纯情，因此感情特别丰富细腻。他对妇女寄予深挚的同情。《弃妇篇》中对无法把握自己命运以致无依无靠的弃妇表达了真挚的同情；《出妇赋》以一个被另求新欢的丈夫中途抛弃的妇女控诉无情的不终；《闺情》《静思赋》等，替幽居女子抒愤；《七哀诗》代替思妇抒怨发叹；《妾薄命》更是以民间女子身份抨击魏明帝大量征发民间少女以供荒淫生活的事实。这种同情之作，在妇女题材比较多的时代也是很突出的。

3. 使性

曹植的行为举止一任自己个性，这也是非常突出的。他非常厌恶礼教，因为礼教就是用各种规范制度限制人的自由，也就是限制人的个性。曹植的使性，是相当彻底的，是有力度的，刚性的。屈原作有《橘颂》以明志，曹植也作有《橘赋》以明性："禀太阳之烈气，嘉呆日之休光。体天然之素分，不迁徙于殊方。播万里而遥植，列铜爵之园庭。背山川之暖气，处玄朔之肃清。"这是一个与世俗相异，具刚烈性情，坚定不移的形象。他的使性有着自己的人生原则，有着自己的人格准则。

4. 简放

曹植的简易疏放也是很突出的，《三国志》本传言其"性简易，不治威仪"，"任性而行，不自彫励，饮酒不节"。所谓的简易疏放，其实与其纯情与使性有着密切的联系，言行处事一任自己好恶，不作细究深思，与世俗的"三思而行"、计虑利害得失不同。曹植的简放，与其贵公子的地位与身份有关，也与他逸群之才有关，与当时社会风气关系也很大。更重要的是，这是他纯情与使性的性格所决定的。他的简放表现很多，如无节制地饮酒。建安文人饮酒成风，这是历史事实，有曹操的禁酒之令与孔融的言行等等为证。作为曹氏集团的中心人物之一，甚至可能成为第二代领导核心的人物，饮酒无度显然是不妥当的，不应该的。

5. 壮志

曹植一生念念不忘建功立业，至死未变，这在历史上也是很有名的。这固然有时代的原因。建安直承东汉，汉末名士忘身救汉的精神与之距离不远；儒家"三不朽"思想对文人的影响依然存在；曹植的前辈和同辈都在努力建立不朽的功业。这些应该是曹植立志不朽的外部原因。其自身的性格也是重要因素。他具有刚烈不易的个性，因此当他早年立下宏愿，在百折不挠的个性力量支持下，很难因时势的变化而改易。曹植的志向高远。他未冠时所作的《登台赋》云："虽桓文之为盛兮，岂足方乎圣明。"将齐桓公、汉文帝这样的史有定论的伟人都不足其观，可见其胸襟眼界之伟。从他所写的大量对古代帝王赞颂之作看，他眼中的盛世应该是传说中的圣明之君的统治。

无论对曹植的远大而坚定的志向作何评价，他具有儒家的"不朽"之念是肯定的，这似乎与后来的名士大不相同。实际上，后来的名士们虽然追求逍遥自在的人生境界，但是对苍生，对家族的责任并不是

顾恺之《洛神赋图卷》中的曹植形象

如一些人所认为的那样全然没有，而是因时势的变化而发生了变异。

曹植爱好甚至可以说追求华美的审美意识，在当时属于少数派，但是到西晋就成为时代风尚。爱美之心，人皆有之，而付之以行为，并成为人格特征的，那就是魏晋名士的风度。曹植的形象，后代的名士们相当仰慕，因此其影响之大就不待多言了。

嵇 康

嵇康（224—263年，一作223—262年），字叔夜。谯国铚县（今安徽省濉溪县）人。三国时期曹魏思想家、音乐家、文学家。

嵇康为曹魏宗室的女婿，娶曹操曾孙女长乐亭主为妻。官至中散大夫，世称"嵇中散"。后隐居不仕，屡拒为官。后因得罪钟会，遭其构陷，而被司马昭处死。

嵇康与阮籍等竹林名士共倡玄学新风，主张"越名教而任自然""审贵贱而通物情"，为"竹林七贤"的精神领袖，袁宏称其为"竹林名士"之一。他的事迹与遭遇对于后世的时代风气与价值取向有着巨大影响。嵇康工诗善文，其作品风格清俊。他注重养生，曾著《养生论》。有《嵇康集》传世。他的作品反映出时代思想，并且给后世思想界、文学界带来许多启发。

稽康通晓音律，尤爱弹琴，著有音乐理论著作《琴赋》《声无哀乐论》。他主张声音的本质是"和"，合于天地是音乐的最高境界，认为喜怒哀乐从本质上讲并不是音乐的感情而是人的情感。稽康作有《风入松》，相传《孤馆遇神》亦为稽康所作。作有《长清》《短清》《长侧》《短侧》四首琴曲，被称作"稽氏四弄"，与蔡邕的"蔡氏五弄"合称"九弄"。隋炀帝曾将弹奏"九弄"作为取仕条件。

稽康的文学创作，主要包括诗歌和散文。其诗现存50多首，。有

稽康像

四言、五言、七言和杂言，而以四言成就较高。何焯《文选评》称："四言不为《风》《雅》所羁，直写胸中语，此叔夜高于潘、陆也。"他的四言诗是继曹操之后一批成功之作。

稽康的诗，以表现其追求自然、高蹈独立、厌弃功名富贵的人生观为主要内容。其中《幽愤诗》自述平生的遭遇和理想抱负，对自己无辜受冤表示极大愤慨。诗末说："采薇山阿，散发岩岫。永啸常吟，颐性养寿。"表示对自由生活的向往。这首诗词锋爽利，语气清峻，可与其《与山巨源绝交书》合读。其四言《赠秀才入军》诗共18章，内容是想象其兄稽喜在军中的生活，但那洒脱的情趣却是属于稽康的。

嵇康诗的风格，刘勰《文心雕龙》评为："嵇志清峻。"又说："叔夜俊侠，故兴高而采烈。"突出了嵇康诗风与其人格性情之间的密切关系。嵇康《与山巨源绝交书》自称"刚肠疾恶，轻肆直言，遇事便发"，他的诗亦如此。钟嵘《诗品》评其诗为"峻切"，也是相同的意思。

嵇康擅长书法，工于草书。其墨迹"精光照人，气格凌云"，被列为草书妙品。后人称其书法"如抱琴半醉，酣歌高眠，又若众鸟时集，群乌乍散"。

嵇康善丹青，唐张彦远《历代名画记》载其时有嵇康《巢由洗耳图》《狮子击象图》传世，俱已失佚。

据《晋书》本传载：常修养性服食之事，弹琴咏诗，自足于怀。他的哥哥嵇喜在《嵇康传》中说："长大而好老庄之业，恬静无欲，性好服食，常采御上药。善属文论，弹琴咏诗，自足于怀抱之中……超然独达，遂放世事，纵意于尘埃之表。"（《三国志·王粲传》注引《嵇康传》）

嵇康毕竟生活在名教之网仍然坚牢的年代，司马氏集团也需要名教遮掩其弑君篡权的行径。而名教本身就是对自然的束缚和规范，在这样的情况下，嵇康的任自然必然与统治者提倡的名教产生矛盾。

他认为只要气静神虚，体亮心达，就没有虚荣，不存欲念，也就能越名教而任自然。只要越名任心，世俗的是非就不会放在心上，内心就能保持平静。但事实上，真正的任自然是不可能泯灭是非的。相反，是非之心会更分明。因为任自然就是不矫情，不伪饰，而生活本身就有是非之分、好恶之别的，故任自然的结果，必然会自然而然地产生是非之心、好恶之情。而人一旦有了是非、好恶，心情必然会因此而激动，内心也就不会平静。

平心而论，嵇康所说的"七不堪"，确实是他自然情性的真实流露，一个崇尚自然，追求内心平静的人如何能忍受如此多的繁文缛礼？问题是这心情的本身就与名教格格不入，再加上他情绪的激烈，语势的激荡，这"七不堪"，会让人感到他似乎是在有意扬己之孤傲高洁，而显露世俗礼法的虚伪污浊，这就不能不引起统治者的警惕了。而他"非汤武而薄周孔"的言论是惊世骇俗的。

魏晋之际，司马懿父子残酷诛伐异己，其用心之恶毒狡诈，手段之卑鄙残忍，世所罕见。嵇康因公开反对司马氏，并且又得罪了钟会，于是被诬以罪名判了死刑。

临刑那天，嵇康被押往洛阳东市，3000名太学生上书司马昭，请求朝廷赦免嵇康，并愿拜嵇康为师。可是司马昭不答应。嵇康神色自若，从容地看看日影，估计离行刑的时间还早，便向监刑官要了一张七弦琴，在生命的最后时刻弹奏了一曲悲歌《广陵散》。

《广陵散》是我国古代一首著名的琴曲，相传这首曲子描写了王陵、母丘伦等人在广陵败散的情事。它失传久已，嵇康是如何会弹这首古曲的呢？据说，嵇康以前在洛阳西面一带游历时，有一夜住宿在华阳亭，夜晚，风清月高，嵇康拿出琴来演奏，优美的琴声与大自然和谐地融为一体。一位鹤发童颜的老者忽然来访，自称是古人，与嵇康谈论音乐，言辞清丽明辩。嵇康被老人的才学所折服，倒地便拜。于是，老人用嵇康的琴弹奏了一支古曲，他告诉嵇康，这就是失传已久的古曲《广陵散》。虽然它美轮美奂，但却很少有人能够理解它的精髓，所以几千年来，也极少人能听到它，亲自演奏者更是少之又少。当晚，老人把《广陵散》古曲传给嵇康，并叫他发誓不再传授给别人，也不

宋摹顾恺之《斫琴图》中的嵇康形象

要说出他的姓名。

一曲弹罢，嵇康仰天叹息说："当年袁孝尼曾想跟我学《广陵散》，我不肯教。今天，我嵇康一死，《广陵散》从此就不传了！"说完，俯首就戮，年仅40岁。

嵇康之所以为司马氏所不容，更直接的原因恐怕是性格方面的。

嵇康尽管思想上摆脱羁绊的倾向非常强烈，但实际行动上却是很谨慎的，王戎与嵇康居于山阳20年，未曾见到他有喜怒之色（据《晋书本传》）。然而这种冷静，只不过是热水瓶的外壳罢了，他的内心是滚烫的。他很明白他的"刚肠疾恶，轻肆直言，遇事便发"（见《与山巨源绝交书》）的秉性是会惹祸的。

嵇康性巧，极好打铁。家里园子中有大柳树，非常茂盛，他还特地引进流水绕树一圈以时时滋润它。每到夏天，嵇康便在这柳树下打铁，好不惬意。

反复无常的钟会，此时已投靠了司马氏而得到青睐。他听过嵇康的高名，去拜访他。钟会本来是名公子，又以才能得到贵幸，他乘肥马、穿丽服，宾从如云，来到嵇康家。嵇康正箕踞（张开两腿坐着，形如簸箕，是轻慢的姿态）着打铁。钟会来了，他不行接见之礼，仍然锻铁不辍，旁若无人，大概是表示轻蔑吧。两人好长时间不谈一句话。临走，嵇康问："何所闻而来？何所见而去？"钟会答："闻所闻而来，见所见而去。"钟会深感受到侮辱，记恨心中。

嵇康有个朋友叫吕安。此人对嵇康非常敬仰，每想起嵇康，即使在千里之外，也即刻赶车前来。嵇康与他关系甚好。吕安为人，"志量开旷，有拔俗风气"（《世说新语·简傲》注引《晋阳秋》）。谁知他的哥哥吕巽奸淫了吕安的妻子徐氏，而诬陷吕安不孝，使得吕安下狱。吕巽原来和嵇康也有较深的交往。吕家兄弟的矛盾，嵇康曾作调停。吕安本要告发他的哥哥，是嵇康阻止了他，他也相信他的哥哥不至于如此逼迫自己。而吕巽自己也以全家父子六人发誓，不会告发弟弟。嵇康这样做，是为了吕氏一门的平安与面子。谁知吕巽竟然包藏如此祸心。嵇康深感悲愤，写信给吕巽表示绝交，说："都（吕安

字）之含忍足下，实由吾言。今都获罪，吾为负之。吾之负都，由足
下之负吾也。怅然失图，复何言哉！”（《与吕长悌绝交书》，长悌，
吕巽字）吕安在狱中，说嵇康可以证明他的清白。嵇康出于大义，为
吕安辩诬。吕安也是刚烈之人，有济世的志向和才能，这也是司马氏
所难容的。由于吕安案的牵连，嵇康也入狱了。

积愤已久的钟会，趁此时机，劝司马氏杀嵇康。《晋书·嵇康传》
说：

（钟会）及是言于文帝（司马昭）曰：“嵇康，卧龙也，不可起。
公无忧天下，顾以康为虑耳。”因谮“康欲助毋丘俭，赖山涛不听，
昔齐戮华士，鲁诛少正卯，诚以害时乱教，故圣贤去之。康、安等言
论放荡，非毁典谟，帝王者所不宜容。宜因衅除之，以凉风俗。”

据此记载，则钟会明知嵇康（还有吕安）并无死罪，只是利用这
个突破点来杀掉他们罢了。他们是把嵇康看作一个政治上的对手来处
理的，说他是“卧龙”还不够，还要造谣说他打算参加毋丘俭的造反，
只是被山涛劝阻了。

司马氏讨厌嵇康之心，则从他说“每非汤武而薄周孔”（《与山
巨源绝交书》）时便已埋下了。当时王肃、皇甫谧等人为替司马氏篡
位制造礼教上的根据，便大谈汤、武革命。嵇康的话，无疑是很引起
他们的反感的。

司马氏的厌恶，钟会的嫉恨，纺织起一张罪恶的黑网。

嵇康能够冲决名教的罗网，却无法冲决政治的黑网。然而，他的
身体虽落黑网无法摆脱，他的精神却视此黑网如蔑如。

嵇康入狱时，有太学生3000人上书，请求拜他为师，还有许多豪
俊跟着入狱。公道自在人心。

嵇康刚直不阿的品格和视死如归的气概千百年来为中国知识分子
所敬仰，他的悲剧成了无数志士仁人抒怀的题材。南宋女词人李清照
在《咏史》诗中说：“两汉本继绍，新室如赘疣。所以嵇中散，至死
薄殷周。”从这个意义上说，嵇康虽死犹生。

第二节 两晋时期的著名文士

阮 籍

阮籍（210—263 年），字嗣宗。陈留（今属河南）尉氏人。三国魏诗人。竹林七贤之一，是建安七子之一阮瑀的儿子。曾任步兵校尉，世称阮步兵。崇奉老庄之学，政治上则采谨慎避祸的态度。阮籍是"正始之音"的代表，著有《咏怀》《大人先生传》等。

阮籍 3 岁丧父，家境清苦，勤学而成才。阮籍在政治上本有济世之志，曾登广武城，观楚、汉古战场，慨叹"时无英雄，使竖子成名！"当时明帝曹叡已亡，由曹爽、司马懿夹辅曹芳，二人明争暗斗，政局十分险恶。曹爽曾召阮籍为参军，他托病辞官归里。正始十年（249 年），曹爽被司马懿所杀，司马氏独专朝政。司马氏杀戮异己，被株连者很多。阮籍本来在政治上倾向于曹魏皇室，对司马氏集团怀有不满，但同时又感到世事已不可为，于是他采取不涉是非、明哲保身的态度，或者闭门读书，或者登山临水，或者酣醉不醒，或者缄口不言。钟会是司马氏的心腹，曾多次探问阮籍对时事的看法，阮籍都用酣醉的办法获免。司马昭本人也曾数次同他谈话，试探他的政见，他总是以发言玄远、口不臧否人物来应付过去，使司马昭不得不说"阮嗣宗至慎"。司马昭还想与阮籍联姻，阮籍竟大醉 60 天，使事情无法进行。不过在有些情况下，阮籍迫于司马氏的淫威，也不得不应酬敷衍。他接受司马氏授予的官职，先后做过司马氏父子三人的从事中郎，当过散骑常侍、步兵校尉等，因此后人称之为"阮步兵"。他还被迫为司马昭自封晋公、备九锡写过"劝进文"因此，司马氏对他采取容忍态度，对他放浪佯狂、违背礼法的各种行为不加追究，最后得以终其天年。

据《晋书》本传载："籍容貌环杰，志气宏放，傲然独得，任性不羁，而喜怒不形于色。或闭户视书，累月不出；或登临山水，径日忘归。博览群书，尤好《庄》《老》。嗜酒，能啸，善弹琴。当其得意，忽忘形骸。"

一方面是"任性不羁"；另一方面又要"喜怒不形于色"，这矛盾的两个方面是如何统一在阮籍身上的呢？只要认真考察阮籍的一生行事，不难发现，"任性不羁"是指他的生活态度，而"喜怒不形于色"是指他政治态度的谨慎。可以说，他是以生活上的狂放来掩饰自己一颗惶恐不安的心。

阮籍是痛苦的，造成他痛苦的一个原因是他任性不羁的性格与以名教治国的现实社会有着深深的矛盾。《世说新语·任诞》说：

阮籍嫂尝还家，籍见，与别。或讥之（因礼有叔嫂不通问之说）。籍曰："礼岂为我辈设也？"

又载：邻家少妇有美色，当垆沽酒。籍尝诣饮，醉，便卧其侧。籍既不自嫌，其夫察之，亦不疑也。

《世说新语·任诞》引王隐《晋书》说："籍邻家处子有才色，未嫁而卒。籍与无亲，生不相识，往哭，尽哀而去。"

阮籍像

《晋书》本传还载有他守母丧的情景：阮籍母死时，阮籍正与人围棋，听说阮母死了，对奕者要求停止下棋，阮籍不肯，坚决要求决一胜负。下完棋，他立即饮酒二斗，大声痛哭，吐血数升。到举行葬礼时，阮籍吃一只蒸猪肚，喝二升酒，而后与母亲尸体诀别，连说："完了！完了！"接着一声长号，又吐血数升。他守丧尽哀，形体消瘦骨立，几至灭性。裴楷去吊丧，阮籍头发披散，箕踞而坐，醉眼直视，毫不理睬，裴楷吊丧完毕自动离去。有人问："凡吊丧者，主哭，客乃为礼。籍既不哭，君何为哭？"裴楷回答："阮籍既方外之士，故不崇礼典。我俗中之士，故以轨仪自居。"阮籍能为青白眼，见到礼俗之士，以白眼对之。嵇喜来吊丧，他作白眼，惹得嵇喜不悦而退。其弟嵇康带着酒，挟着琴来吊了，阮籍非常高兴，便用青眼看他。阮籍的不拘礼法，及对礼法之士的深深厌恶激起了礼法之士的忌恨，他们便寻找一切机会加害于他。

任性不羁的阮籍内心的压抑和苦闷可想而知，佯狂、酗饮其实就成了他发泄苦闷的手段，也借以躲避迫害。《晋书》本传载：晋文帝开始想为武帝向阮籍求婚（与阮籍做儿女亲家，以此笼络他），阮籍不愿意，又不好拒绝，便大醉60日，文帝因没机会开口而作罢。但既身在官场中，他不可能事事都用沉醉来逃避。果然，在魏晋禅让的丑剧中，他沉沉大醉也没能逃脱充写劝进表的角色。《晋书》本传载："会帝让九锡，公卿将劝进，伎籍为其辞。籍沉醉忘作，临诣府，伎取之，见籍方据案醉眠。伎者以告，籍便书案，使写之。"

纵酒、沉醉可以躲避生活中一般的麻烦事，司马氏也还可宽容他，但遇到了关系到政权的大事（如写劝进表），他是躲不过的。为此，近人余嘉锡对他做了尖锐的批评："嗣宗佯狂玩世，志求苟免，知囊括之无咎，故纵酒以自全。然不免草劝进之文词，为司马昭之狎客，智虽足多，行固无取。"

在思想上，阮籍崇奉老庄。这一方面是鉴于当时险恶的政治形势，他需要采取谦退冲虚的处世态度，道家思想正好可以做他的精神依托；另一方面也是受了当时盛行的玄学的影响。阮籍也是魏晋玄学中的重要人物。他曾写过两篇著名的论文《通老论》《达庄论》。不过阮籍并非纯宗道家，他对儒学也并不一概排斥，如他在《乐论》一文中就充分肯定孔子制礼作乐对于"移风易俗"的必要性，认为"礼定其象，乐平其心，礼治其外，乐化其内，礼乐正而天下平"。

阮籍的论说文，都是阐述其哲学观念的，比较全面地反映了他的

阮籍像

思想，如《通老论》《达庄论》《通易论》《乐论》等。这些论说文，都是采用"答客问"的辩难式写法，主人公则是"阮子""阮先生"或"先生"。所以读者从这些文章中，可以看到作者为自己塑造的玄学家形象。文章注重结构上的逻辑层次，一般都首尾照应，论证逐层深入，善于作抽象的、本质的分析，体现了魏晋时期思辩方式的进步。它们的语言风格比较朴素凝重，不尚华饰，稍有骈化的痕迹。

阮籍是建安以来第一个全力创作五言诗的人，其《咏怀诗》把82首五言诗连在一起，编成一部庞大的组诗，并塑造了一个悲愤诗人的艺术形象，这本身就是一个极有意义的创举，一个显著的成就，在五言诗的发展史上奠定了基础，开创了新的境界，做出了巨大的贡献，对后世作家产生了重大影响。如晋左思、张载、陶潜（《饮酒》），南北朝刘宋的鲍照，北周的庾信，唐陈子昂（《感遇》）、李白（《古风》）等人诗篇都是以抒情言志，广泛涉及现实生活，具有深厚思想内容的五言长诗，无不是对阮籍《咏怀诗》的继承和发展。

阮籍的《咏怀诗》或隐晦寓意，或直抒心迹，表现了诗人深沉的人生悲哀，充满浓郁的哀伤情调和生命意识，无不给人以"陶性灵，发幽思"的人生启悟。阮籍的诗形象得展现了魏晋之际一代知识分子痛苦、抗争、苦闷、绝望的心路历程，具有深刻的思想意义和认识价值。对五言诗的发展做出了重要的贡献，创造了抒情组诗的阮籍的《咏怀诗》以其独特的艺术风格和美学情调出现在中国诗坛上，当时就引起了强烈反响。阮籍之后，诗人争先仿效其作，影响极为深广。后人给予"忧时悯乱，兴寄无端，而骏放之致，沉挚之词，诚足以睥睨八荒，牢笼万有"的极高评价，是当之无愧的新形式，开后代左思《咏史》组诗，陶渊明《饮酒》组诗的先河。

山 涛

山涛（205—283 年），字巨源。河内郡怀县（今河南武陟西）人。三国至西晋时期名士、政治家，"竹林七贤"之一。

山涛早年孤贫，喜好老庄学说，与嵇康、阮籍等交游。40 岁时，才任郡主簿。大将军司马师执政时，山涛被举为秀才，累迁尚书吏部郎。西晋建立后，升任大鸿胪。历任侍中、吏部尚书、太子少傅、左仆射等职。他每选用官吏，皆先秉承晋武帝意旨，且亲作评论，时人称之为"山公启事"。曾多次以老病辞官，皆不准。太康三年（282 年），升为司徒，以老病归家。次年去世，享年 79，谥号"康"。

山涛以他的"介然不群，性好《庄》《老》"（《晋书》本传》），与嵇康、阮籍成为竹林之友，但他是积极入世的，《晋书》本传记载：山涛入仕前很贫困，他对妻子韩氏说："忍饥寒，我后当作三公，但不知卿堪公夫人不耳！"可见官至三公是他的人生追求，而早期的竹林之游不过是他隐身自晦的一种方式。

山涛入世很深，心机很

山涛像

重。他本是司马氏的姻亲（山涛的祖姑为司马懿岳母），而司马懿曾封为宣王，他完全可以通过亲戚关系进入政权机构的，但在政局不稳定的情况下，他决不轻率地作出选择。当初司马懿和曹爽同受魏明帝遗诏，共同辅助少主齐王芳。后曹爽专权，并通过天子下诏转宣王（司马懿）为太傅，以此削弱司马氏的力量。双方权力斗争日趋激烈，但政局尚未明朗化，山涛采取观望的态度。到正始八年（247年），曹爽势力表面上达到顶峰，而司马懿则以退为进，表面上屈处劣势，却在暗中积极谋划，积聚力量，阴养死士3000，伺机反扑。眼看时机成熟，司马懿装病回家，山涛立即警觉到将有重大事件发生，他不愿卷入权力斗争的旋涡，便立即抽身事外。《晋书》本传对此有一段精彩的记述：

（山涛）与石鉴共宿，涛夜起蹴鉴曰："今为何等时而眠也！知太傅卧何意？"鉴曰："宰相三叴、朝，与尺一令归第，卿何虑也！"涛曰："咄！石生无事马蹄间邪！"投传而去。未二年，果有曹爽之事（司马懿发动高平陵政变），遂隐身不交世务。

在高平陵政变中，曹爽集团被消灭殆尽，而当时作为河南从事的山涛则因隐入竹林而安然无恙。待到司马氏掌握了实权，山涛便不失时机地走出竹林，走向朝堂，利用与宣穆后的中表关系投身司马氏集团。《晋书》本传载：

与宣穆后有中表亲，是以见景帝。帝曰："吕望欲仕邪？"命司隶举秀才，除郎中。转骠骑将军王昶从事中郎。久之，拜赵国相。迁尚书吏部郎。

山涛进入了权力机构后，政治上表现得相当成熟，他灵活自如地周旋于两派政治力量之间，《晋书》本传说他先与尚书和友好，又与钟会、裴秀亲密相处。和迪与钟会、裴秀争权，山涛公平地斡旋其中，使两派力量各得其所而对他无所怨恨，由此深得文帝信任，迁大将军中事中郎。他受文帝信任表现在两件事上：一件是当钟会在蜀作乱时，文帝亲自挂帅西征，而当时曹魏政权诸王公都在邺。文帝对山涛说："西偏吾自了之，后事深以委卿。"《晋书·山涛传》命他为本官行军司马，给亲兵500人，镇守邺。山涛来自曹魏政权，现在让他带兵镇邺，监督曹魏的王公大臣，不受信任的人怎能担此重任！

还有一件是在他任相国左长史，典统别营时，巩固太子位的事。《晋书》本传载：

时帝以涛乡间宿望，命太子拜之。帝以齐王攸继景帝后，素又重攸，尝问裴秀曰："大将军开建未遂，吾但承奉后事耳。故立攸，将归功于兄，何如？"秀以为不可，又以问涛。涛对曰："废长立少，违礼不祥。国之安危，恒必由之。"太子位于是乃定。太子亲拜谢涛。

在立太子问题上，他老成持重，避免了因争太子位而可能会发生的厮杀，而他自己亦由此更受信任。所以当太子位定后，"太子亲拜谢涛"。后他因保护裴秀触犯了权臣，出为冀州刺史。

冀州风气不淳，无推荐人才的习惯。山涛作为冀州的地方长官，到处搜访贤才、隐士，被表彰、推荐的30多人，皆显名当时。从此，人人都尚贤、慕贤，风俗大变。山涛回朝后任选官10多年，每当有官缺要选人时，常常连提数人列成名单，等到他明白了皇帝的意向后，便顺着皇帝的意向选定一人上奏，故所选官常能称皇帝的心意。有时皇帝所满意的人在后选人名单中并非列在首位，而又被选中了，他人不了解情况，以为山涛选官缺乏原则，还有人为此上书皇帝弹劾山涛。皇帝亲自下诏告诫他："夫用人惟才，不遗疏远卑贱，天下便化矣。"山涛心中明白，仍依然故我。

山涛像

过了一年，众人也明白了用人的奥妙，便不再有意见。凡山涛所上奏选拔的人都各有品题，时人称为《山公启事》。其处事谨慎、认真由此可知。

山涛论事颇有远见卓识。平吴之后，皇帝下诏罢天下军役，以示海内大安，州郡撤除军队，大郡置武吏百人，小郡50人。皇帝在宣武场论武，山涛有病，皇帝下诏准他乘车前往。他与卢饮辩论用兵之道，认为州郡武备不宜撤除，以防不测，议论精当。时人以为山涛虽未学孙吴兵法，而其理论皆合。皇帝亦赞之为"天下名言也"。但并不采纳。永宁以后，各州郡时有动乱发生，都因无武备而不能控制，以致造成天下大乱，而这正是当初山涛所忧虑的。

山涛立朝亦颇能自律。陈郡袁毅为离令时，行为不端，贪污腐化而又贿赂公卿，以求虚誉。他亦送山涛100斤丝，山涛不愿接受，但又不想显示自己与众不同，就收下而藏之高阁。后袁毅劣迹败露，因于槛车送廷尉论处，官员中凡受贿的，都遭追究。山涛取出所藏丝交付有司，上有积年尘埃，印封如初。山涛的拒贿做得很策略，在贪污受贿成风的年代里，要坚决拒贿以示清白，反而会遭到攻击，受到孤立，所以他收而不用，束之高阁，到关键时刻便上交有关部门，既有助于案件的审理，又能证明自己的廉洁奉公。山涛出身贫寒，及位居台辅，身享荣贵时，仍保持贞慎俭约之风，虽爵同千乘，但家无媵媵。凡有赏赐，都资助亲故。魏晋名士，放达成风，纵饮酣醉誉为名士风流。山涛饮酒至八斗后方醉，皇帝想试验一下，就让山涛喝八斗酒，暗中又不断加酒，山涛却根据自己的酒量，喝到八斗即止。

山涛为官处世尚可称道。他有心机，但只用于保身，使自己身仕乱朝而不致被害，却从未用它去对付别人，他是属于保身而后利国的一类人。

王 戎

王戎（234—305年），字濬冲。琅琊临沂（今山东临沂白沙埠镇诸葛村）人。三国至西晋时期名士、官员，"竹林七贤"之一。

王戎出身琅琊王氏。长于清谈，以精辟的品评与识鉴而著称。最初袭父爵贞陵亭侯，被司马昭辟为掾属。累官豫州刺史、建威将军。后参与晋灭吴之战，吴国平定后，因功进封安丰县侯。在荆州拉拢士人，颇有成效。又被征召为侍中，迁任光禄勋。历任吏部尚书、太子太傅、中书令、尚书左仆射等职，并领吏部事务。元康七年（296 年），升任司徒。王戎认为天下将乱，于是不理世事，以山水游玩为乐。司马伦杀张华等，王戎因是裴頠的岳丈而被免。又起用为尚书令，再迁司徒。张方劫持惠帝入长安后，王戎逃奔陕县。永兴二年（305 年），王戎去世，享年 72 岁谥号"元"。

王戎亦是从竹林走向朝堂的，他位总鼎司，却当官不任职，遇事推诿，而把全部心思用在为自己谋划上。他遇事处世以自我得失为中心，以维护家族利益为准则，而置国家朝廷于不顾，可以说，他是开了西晋士人无操节的士风的。

但他少年时代是出类拔萃的。《晋书·王戎传》说他"幼而颖悟，神彩秀彻"。裴楷说他"眼烂烂如岩下电"。他幼年时卓然不群，确有惊人之处，史传说他六七岁时，与群童一起到宣武场看戏，关在槛中的猛兽大吼一声，山摇地动，众人闻之无不惊慌失措，四处奔突，唯有王戎神色自若，站立不动。坐在阁上的魏明帝见了，甚为赞赏。他又聪慧过人，善于思考，常有奇思。一次王戎与群小儿嬉戏道旁，

王戎像

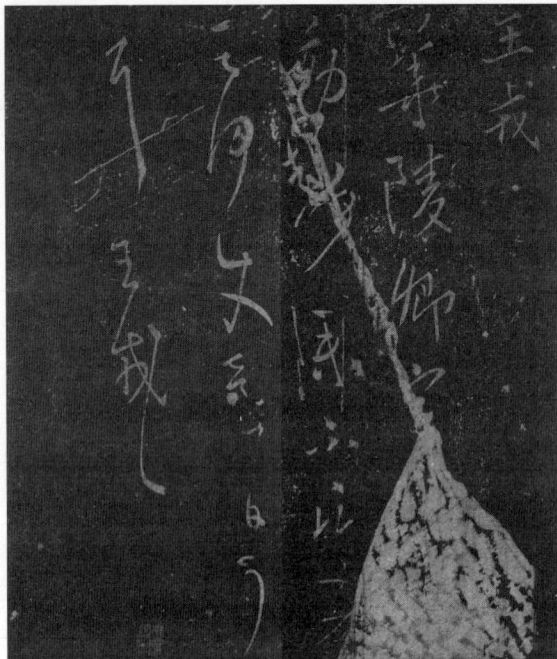

王戎像《华陵帖》

见路边李树果实累累，众小儿欢喜异常，争相攀树，独有王戎不去。人问其故，他说："树在道边，果实无人摘，味必苦。"此人不信，咬一口摘来的李子，果如所言。所以《世说新语·赏誉》注引王隐《晋书》曰："戎少清明晓悟。"

王戎少时卓异，进入官场后虽身居高位，俸禄丰厚，但他却以贪鄙吝啬，聚敛获讥于世。史载南郡太守刘肇向王戎贿赂简中（布名）细布五十端，被司隶纠劾，王戎因消息已走漏，便没有接受，故得不追求，为此朝中议论纷纷。皇帝为他开脱，对朝臣说："戎之为行，岂怀私苟得，正当不欲为异耳！"但皇帝越为他解释，他就越为人鄙视，名声亦由此大受损。他的聚敛、吝啬也是有名的，史传说他：性好兴利，广收入方园田水碓，周编天下。积实聚钱，不知纪极，每自执牙筹，昼夜算计，恒若不足。而又俭啬，不自奉养，天下人谓之膏肓之疾。《世说新语·俭啬》说他的侄儿结婚，王戎借给他一件单衣，事后就急着向他要回。王戎家有好李，自己舍不得吃，就卖了，又怕别人得了他家的李子种，就向买者要回李核，把它积攒起来。他的女儿嫁给裴颙，结婚时向他借了几万钱。女儿归宁时因没还钱，王戎不给他好脸色，女儿知道他的心思，急忙还钱，他才显得和悦些。王戎吝啬似乎是一种变态心理，而他聚敛的目的又"不自奉养"，亦不援助他人，甚至对至亲也锱铢必较，这是怎样的一种心理啊。孙盛《晋阳秋》曰："戎多殖财贿，常若不足。或谓戎故以此自晦也。"

《晋阳秋》是把王戎的聚敛当作韬晦三计的。载逮说：王戎晦默于危乱之际，获免忧祸，既明且哲，于是在矣。可见载逵也把聚敛看作王戎在乱世中忧祸获免的明哲手段。

我们认为求田问舍、聚敛财富，确是示人以胸无大志、无所作为的手段，但王戎不是属于这种情况，他的贪财、聚敛只能看作乱世之人出于朝不保夕的恐惧心理，所产生的一种对财富的强烈的占有欲，是一种没落的情绪。

谢 安

谢安（320—385 年），字安石，陈郡阳夏（今河南太康）人，与琅琊王氏同为东晋世族之首，世称"王谢"。其父祖辈均为朝廷重臣。谢安少以清谈知名，最初屡辞辟命，隐居会稽郡山阴县之东山，与王羲之、许询等游山玩水，并教育谢家子弟。后谢氏家族于朝中之人尽数逝去，他才东山再起，历任征西大将军司马、吴兴太守、侍中、吏部尚书、中护军等职。简文帝逝后，谢安与王坦之挫败桓温篡位意图。桓温死后，更与王彪之等共同辅政。在淝水之战中，谢安作为东晋一方的总指挥，以八万兵力打败了号称百万的前秦军队，为东晋赢得几十年的安静和平。战后因功名太盛而被孝武帝猜忌，被迫前往广陵避祸。太元十年（385 年）病逝，享年 66 岁，追赠太傅、庐陵郡公，谥号"文靖"。

谢安多才多艺，善行书，通音乐。性情雅温和，处事公允明断，不专权树私，不居功自傲，有宰相气度。他治国以儒、道互补；作为高门士族，能顾全大局，以谢氏家族利益服从于晋室利益。王俭称其为"江左风流宰相。"张舜徽赞其

谢安像

为"中国历史上有雅量有胆识的大政治家。孔毅列"与司马氏共天下的四大名士"，谢安即居其一，且以为"谢安在四大家族中最为成功，声誉也最高"。可以说谢安是中国历史上政治家中最为儒雅而潇洒者之一，其人格特质主要表现在以下几点。

1. 仕隐两潇洒

谢安之令时人与后人钦敬仰慕者，出仕与隐逸潇洒自由。谢安的仕与隐应该说主要出于自身意志。他少即受到王导等显贵称赏，名重于世，因此连续不断地接到朝廷或者显要的征聘，但是他爱好大自然，一一拒绝。晋穆帝与吏部尚书范汪等以再不应聘就禁锢终身的计策来逼谢安出仕，但是谢安似早有预料，在使者出发未到时候出游，携带歌女飘然山林，使者寻访不到谢安。有司就弹劾谢安，获"禁锢终身"之令，谢安对此却浑然处之，继续啸傲山水之间。

2. 无为而大为

史书记载，谢安与王羲之共登冶城，王对悠然不急于世务予以否定，而谢不以为然，曰："秦任商鞅，二世而亡，岂清言致患邪？""悠然遐想，有高世之志。"（《晋书》本传）王羲之的观点可谓勤奋政事派，而谢安的观点属于抓大放小的清简派。执政风格虽然不同，然而效果与目标一致。在特殊时期，或许清简的效果更好。东晋的政治局面相当复杂，各种势力此消彼长，为政者只有以"四两拨千斤"的大气大才与大能，方可处乱不惊，稳定大局。庾亮执政，急于事功，结果导致苏峻之乱，差点颠覆东晋王朝就是例证。正是这位一副无为之态的名士成了东晋王朝的中流砥柱。谢安在朝，悠然自处，吟啸不息，专注下棋，书亦特喜，大兵压境而无惊，身临生死而无惧，处理公务而不急。然而在他拖延时日之中，挫败了桓温的"九赐"图谋，在笑谈之中，遏制了桓温"周公故事"的欲念。在京师震恐的情景中，在号称百万雄兵临近之下，正是谢安的"夷然无惧色"，还安然围棋以赌别墅，稳定了军心民心，并以简要的指授，以数万精兵大败前秦百万之师，保卫了东晋。这不仅表现出他的大勇，更是显示出他的大智与大才。

3.矫情至自然

所谓矫情，就是对常情的抑制。就常人而言，喜怒哀乐一发则会形之于色，魏晋名士特别注意自我情绪的控制能力，谓之雅量或矫情。谢安的矫情特别出名。他的雅量出于大度："谢太傅于东船行，小人引船，或迟或速，或停或待，又放船纵横，撞人触岸。公初不呵谴，人谓公常无嗔喜。"（《世说新语·尤悔》）"常无嗔喜"，显然表现了谢安的大度，而下人工作的糟糕，一般非呵斥不可，如此处所说的，简直令人难以忍受，而谢安竟然毫无反应，足见其度量之特别。他的雅量更是其胆识与才智所致。

谢安像

4.博才而睿智

谢安博学多才，而且智慧出众。玄学是当时士人必需之学，谢安对此也有特别的才能。

谢安的人生所昭示的人格风范，仕则总揽朝政，安邦定国，隐则逍遥山河，王命无奈；文能吟诗泼墨，尽洒华美辞章，武能运筹帷幄，指挥若定。笑谈间败强敌固社稷，彬彬间挫权臣保江山，这真是历代文人的极致，成为后代骚人墨客不可企及的楷模，自然而然了。

王羲之

王羲之（303—361年，一作321—379年），字逸少。琅琊临沂（今山东临沂）人，后迁会稽山阴（今浙江绍兴），晚年隐居剡县金庭。历任秘书郎、宁远将军、江州刺史，后为会稽内史，领右将军。东晋时期著名书法家，有"书圣"之称。其书法兼善隶、草、楷、行各体，精研体势，心摹手追，博采众长，备精诸体，冶于一炉，摆脱了汉魏

王羲之像

笔风，自成一家，影响深远。风格平和自然，笔势委婉含蓄，遒美健秀。代表作《兰亭序》被誉为"天下第一行书"。在书法史上，与其子王献之合称为"二王"。

王羲之出身于一个书法世家的门庭，他的伯父王翼、王导；堂兄弟王恬、王洽等都是当时的书法名家。

王羲之7岁那年，拜女书法家卫铄为师学习书法。王羲之临摹卫书一直到12岁，虽已不错，但自己却总是觉得不满意。因常听老师讲历代书法家勤学苦练的故事，使他对东汉"草圣"张芝的书法产生了钦羡之情，并决心以张芝的"临池"故事来激励自己。

为了练好书法，他每到一个地方，总是跋山涉水四下钤拓历代碑刻，积累了大量的书法资料。他在书房内，院子里，大门边甚至厕所的外面，都摆着凳子，安放好笔、墨、纸、砚，每想到一个结构好的字，就马上写到纸上。他在练字时，凝眉苦思，以至废寝忘食。

他认为养鹅不仅可以陶冶情操，还能从鹅的某些体态姿势上领悟到书法执笔，运笔的道理。有一天清早，王羲之和儿子王献之乘一叶扁舟游历绍兴山水风光，船到县禳村附近，只见岸边有一群白鹅，摇摇摆摆的模样，磨磨蹭蹭的形态。王羲之看得出神，不觉对这群白鹅动了爱慕之情，便想把它买回家去。王羲之询问附近的道士，希望道士能把这群鹅卖给他。道士说："倘若右军大人想要，就请代我书写一部道家养生修炼的《黄庭经》吧！"王羲之求鹅心切，欣然答应了道士提出的条件。

20岁时，有个太尉郗鉴派人到王导家去选女婿。当时，人们讲究门第等级，门当户对。王导的儿子和侄儿听说太尉家将要来提亲，纷纷盛装打扮，希望被选中。只有王羲之，好像什么也没听到似的，躺在东边的竹榻上一手吃烧饼，一手笔画着衣服。来人回去后，把看到的情况禀报给郗太尉。当他知道东榻上还躺着一个不动声色的王羲之时，不禁拍手赞叹道：这正是我所要的女婿啊！于是郗鉴便把女儿郗浚嫁给了王羲之。

《兰亭集序》王羲之一生最好的书法，首推《兰亭集序》。那是他中年时候的作品。

东晋有一个风俗，在每年阴历的三月三日，人们必须去河边玩一玩，以消除不祥，这叫作"修禊"。永和九年的三月三日，王羲之和一些文人，共 41 位，到兰亭的河边修禊。大家一面喝酒，一面作诗。

作完了诗，大家把诗搜集起来，合成一本《兰亭集》，公推王羲之为《兰亭集》作一篇序文。这时王羲之已经喝醉了，他趁着酒意，拿起鼠须笔，在蚕茧纸上，挥起笔来。这篇序文，就是后来名震千古的《兰亭集序》。此帖为草稿，28 行，324 字。记述了当时文人雅集的情景。作者因当时兴致高涨，写得十分得意，据说后来再写已不能逮。其中有 20 多个"之"字，写法各不相同。宋代米芾称之为"天下行书第一"。传说唐太宗李世民对《兰亭集序》十分珍爱，死时将其殉葬昭陵。留下来的只是别人的摹本。今人所见，皆为《兰亭集序》临摹本。王羲之的书法作品很丰富，除《兰亭集序》外，著名的尚有《官奴帖》《十七帖》《二谢帖》《奉桔帖》《姨母帖》《快雪时晴帖》《乐毅论》《黄庭经》等。其书法主要特点是平和自然，笔势委婉含蓄，遒美健秀，后人评曰："飘若游云，矫若惊龙"，王羲之的书法是极美的。

王羲之既有洒脱漂亮的外在风貌，又有富赡的内心世界。晋代玄学盛行，崇尚老庄哲学，王羲之对人生、社会、自然的思考当然受其影响。王羲之辩才出众，再加上性格耿直、处世豁达，享有美誉。朝廷公卿看重王羲之的才气，屡次征召为侍中、吏部尚书等职，他都坚辞不受。后来，征西将军庾亮请他做参军，王羲之欣然应往，不久升为长史，进宁远将军、江州刺史，官至右军将军、会稽内史。

王羲之不喜欢当官，更喜欢清静。但是当他不得已而任官时，又决不尸位素餐。他在任职期间，曾对宰相谢安和参与朝政的殷浩等人发请过重要而切实的政见，还对饥民开仓赈济，这些都说明他不慕荣利为人正直的品格。晋室南渡之初，他见会稽山水俱佳，适合修身养性，便有终老之志。再加上与王述不和，王羲之称病去职，归隐会稽。

辞官归隐后，山川相映、万物交辉的大自然，使王羲之应接不暇。他泛舟大海、远采药石，心中多年积累的尘世之污逐渐被涤荡干净，用更宽广的胸怀、更大的热情、更纯真的感受去接受自然万物之美，发现宇宙的深奥微妙。这些体会又印证到书法上，使他在艺术境界上进一步得到提高、得到升华。正如王羲之在《书断》中所说："千变万化，得之神功，自非造化发灵，岂能登峰造极。"

以王羲之一生的作为与成就，我们可以看到一个多姿多彩的名士形象，其主要特征表现在以下四个方面。

1. 正直伟岸的人格追求

王羲之生前死后都受到人们的尊敬与高度评价。"庾公（庾亮）云：'逸少国举。'故庾倪（庾清）为碑文云：'拔萃国举。'"（《世说新语·赏誉》）可见当时已有定评，而此评价足以见出王羲之的人格之伟岸。殷浩也是当时名望甚高的名士，评之云："逸少清贵人。吾于之甚至，一时无所后。"（同上）时人评名士阮裕："骨气不及右军。"（同上）所谓"骨气"当指品格中的正直伟岸之气概，也就是《晋书》本传所言的"以骨鲠称"。王羲之"东床袒腹"而成为名士郗鉴的女婿，此一佳话一般以自然释之。其实，这是远远不够的。听到郗家来求女婿，其他王氏少年都有矜持之态，实际上表明他们的欲念驱使他们紧张，或曰努力要表现得"好"一些，内存私欲而行为难免作态。王羲之的袒腹，显然具有坦然正直的人格内涵，无私无欲，无欲则刚，无私则直。

王羲之的书风，也可见其人格。前人之评甚多，现略举一二："羲之书如壮士拔剑，壅水绝流。头上安点，如高峰坠石；作一横画，如千里阵云；捺一偃波，若风雷震骇；作一竖画，如万岁枯藤；立一倚竿，若虎卧凤阁；自上揭竿，如龙跃天门。""道耸雄迈，有威风翔霄，神骥追影之势。""羲之书，字势雄逸，如龙跳天门，虎卧凤阁，故历代宝之。"（以上均见马宗霍《书林藻鉴》卷六）我们不必再作具体分析，从这些品评之语可以看出，王羲之的书法风格具有万钧之力、排山之势，而其风格之由无疑是创作主体的正直伟岸之人格所致。

2. 爱民忧国的拳拳赤子

王羲之自己素无廊庙之志，喜欢清净的大自然，爱好平淡的家居生活，但是他系念于社稷苍生，救民忧国之心，也是相当炽烈的。他在会稽内史任上，冒着极大的风险，打开仓库，将百姓上交的赋税发放给灾民，真是为民父母，不计后果；他在名士风流、饮酒成风的东晋，看到因灾害与战争等原因导致严重的粮食紧张状况，断然下达禁酒之令，节约了谷物，缓解了粮食的紧张；他谏言朝廷复开漕运，以方便百姓，发展生产；他要求严惩贪官污吏，肃清吏治，解救百姓的苦难……

这些足以看出王羲之对社稷百姓的赤子之心，也可以看到东晋名士新的人格形象。明末张溥题其集曰："诚东晋君臣之良药，非同平原辩亡，令升论晋，此乃实为苍生之虑，而非为一家之情也。羲之忠怀，拳拳可感。"

3. 三家兼摄的宽广心胸

东晋是我国历史上儒、道、释三家开始并流的时代。王羲之生活于这样的时代，并以包容并蓄的心态吸收各家营养，成为三家兼摄的名士。著名学者商承祚先生说："羲之的思想不仅儒、道混合，还或多或少受佛家支遁思想的影响。支遁是'即色宗'的代表人物，羲之既然对他倾倒而与之交游，在思想感情上自有交融相通之处，因此，可以更确切地说，羲之的思想是儒、释、道三者的混合物。"王羲之出身于孝道之家，长于官宦之族，自小受儒家思

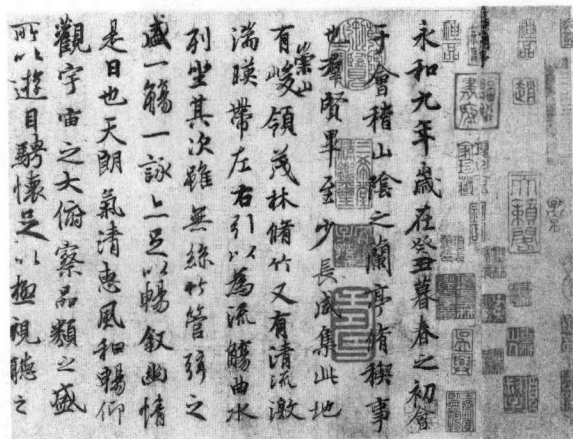

王羲之书法《兰亭集序》

明代陈洪绶《王右军像》

想的深刻影响。

在执政理念上，王羲之更赞成儒家的勤政爱民，对清谈务虚持否定态度。诸葛恢是崇尚儒家旧道的，其家风严守儒家之道。他生前无论如何不肯把女儿嫁给谢家，尽管当时谢家已经是东晋显贵。待其亡，还是与谢家结为婚姻，王羲之前往谢家看新妇："犹有恢之遗法，威仪端详，容服光整。王叹曰：'我在遣女裁得尔耳！'"（《世说新语·方正》）他对诸葛恢家的遗风深为感叹，可以想见其内心深处的儒家法度的情结。

道家思想对王羲之影响也是相当大的。他的家族世奉五斗米道，爱好服食养性，以为服食可以得道，可以延年益寿。到了晚年更是不远千里地到深山采集药石，服食从不间断。他还有巢父、许由之志："刘真长（刘惔）为丹阳尹，许玄度（许询）出都就刘宿。床帷新丽，饮食丰甘。许曰：'若保全此处，殊胜东山。'刘曰：'卿若知吉凶由人，吾安得不保此！'王逸少在坐曰：'令巢、许遇稷、契，当无此言。'二人并有愧色。"（《世说新语·言语》）显然，王羲之对两位名士的贪图物质享受甚为不满，而与轻物质重精神的上古贤士相通。他素无廊庙之志，更喜山水幽林。在自然中优游不倦，乐其所在。他自从辞官始，一直生活于乡间山林，告诉友人其乐无穷。这种彻底的自然之乐，只有老庄的意味相契。

王羲之接受释家思想影响当也有征。《世说新语·文学》有这样一段："王逸少作会稽，初至，支道林在焉。孙兴公谓王曰：'支道林拔新领异，胸怀所及乃自佳，卿欲见不？'王本自有一往隽气，殊自轻之。后孙与支共载往王许，王都领域，不与交言，须臾支退。后正值王当行，事已在门，支语王曰：'君未可去，贫道与君小语。'因论《庄子·逍遥游》。支作数千言，才藻新奇，花烂映发。王遂披襟解带，流连不能已。"支道林对《庄子》的阐释明显具有释家的意味与思维方式，这是为哲学史家所公认的。王羲之对这样的阐释，一改素日轻视的态度，立即披襟解带，甚至是情不自禁地"流连不能已"！这样的变化，不仅仅是因为支道林的文章辞采华茂，更重要的是他对以释阐玄的新理由衷地欣喜，可能深中其内心，可以说支理与其内在的佛性玄理高度地契合。自此以后，王羲之与支道林过从甚密，经常一起游处。

王羲之佛教的"色空"观无论逻辑的严密还是思辨的玄妙，都胜过道家。所以，他认为精于佛理，就会看到《庄子》理论的不足，以为"诞漫如下言"。他以自己理解的道教教意与佛理在根本上是一致的，只是有些小的差异，自然表明了这位信奉道教的教徒对佛教的基本态度。他对于佛教"诚心终日，常在于此"，并且旦而言："足下试观其终！"自己对佛教的虔敬之心早已昭然。这段文字虽然简洁，还不很详细，但是王羲之对佛教的深刻认识与虔诚信奉，已经非常清楚了。

4.倾心艺术的书画人生

王羲之的书法成就古今罕有其比。究其因，显然与时代的风气相关，更与他以艺术为生命的人生观念和人格理想有关。他的书法风格显示了人格完美时代的名士风度，我们可以从其书法思想中见出他的人格风范：充分表现出书法艺术的主体性。

王献之

《乌衣巷》是唐代大诗人刘禹锡写的一首著名的咏史诗，诗中有这么两句："旧时王谢堂前燕，飞入寻常百姓家。"所谓"王谢"是晋代两大豪门望族，其中"王"即是以"书圣"王羲之为代表的王氏家族。王献之是王羲之的第七子，因其精于书法，后世将他与父亲王羲之并称为"二王"。

王献之（344—386年），字子敬，因官至中书令，故又称"王大令"。东晋著名书法家、诗人、画家。建兴四年（公元316年），西晋愍帝司马业被俘，东晋南渡，琅琊王氏亦南迁至会稽山阴（今浙江绍兴）。至王献之出生时，王氏家族已经在山阴扎下了根基。琅琊王氏本来就是晋代的名门望族，王献之的祖父王旷曾任淮南太守，叔祖王导为元帝司马睿丞相，权倾一时。父亲王羲之是东晋时代的文学家和书法家，曾官至右军将军。几个哥哥也各有所长，自小便声名远播。生长在这样的家庭环境中，王献之得到了最好的教育和熏陶，加上天资聪颖和后天的勤奋，王献之在很小的时候就表现出过人的才华。

唐寅《王献之休郗道茂续娶新安公主图》

父亲王羲之名垂青史，源于他实现了草书与楷书的完美结合，开创了有晋一代的新书风。父亲写字时，王献之总喜欢在旁边观看，父亲行笔"飘若浮云，矫若惊龙"，写出来的字遒劲有力，流美自然，王献之多么希望自己将来也能像父亲那样成为一代书法大家，为此，他常常偷偷地溜进书房拿出父亲的作品临摹。长到七八岁，王献之便开始正式跟随父亲学习书法。王羲之认为掌握一定的书写技巧只是写好字的一个方面，关键还在于练习者不懈地努力。因此，他在讲解了一些书法理论和书写技巧之后，就把一大堆字帖摆在王献之面前，让他认真研读，反复练习。在这些字帖中，王献之最喜爱三国书法家钟繇和东汉书法家张芝的作品。张芝善草书，而钟繇则精于隶书、楷书、行书，王献之觉得，钟繇的字体势端整横扁，用笔显得沉着而遒劲，张芝的字则变化多端，华彩粲然，和父亲的字似乎有很大的不同，却又存在着千丝万缕的联系。王献之沉醉其中，经常一个人在书桌前边看边练，对外面发生的事情浑然不觉。

　　一天，王羲之送走客人，途经书房，透过窗户看见王献之正端端正正地坐在书桌前练习书法，便轻轻推开房门，蹑手蹑脚地走了进去。王献之正在临摹《笔阵图》，只见他表情严肃，眼神随着笔的走势而移动，王羲之推断，目前儿子所有的注意力都集中于笔端。虽然习字的时间不

王献之《廿九日帖》

太长，但字里行间已颇有乃父之风，王羲之不禁捻须而笑。习字讲究运笔，更看重笔力，王羲之想考察一下儿子这方面的功力，便伸出手，从王献之身后冷不防地抓住他的笔，猛地一抽，毛笔却被王献之牢牢地握在手中，不能拔出。事后，王羲之赞叹道："此儿后当复有大名！"意思是说，这孩子将来肯定又是一个出大名的人。

　　王献之善写草书、行书、楷书、隶书诸体，尤善草书。有一次，王献之和兄弟们在离家不远的地方玩耍，不知是谁提议，说要在墙上写字，看谁写得大，写得好。兄弟们互不相让，争相施展本领。结果，年龄最小的王献之独占鳌头，他写的字一丈见方，引来几百人围观。有精通书法的人评论说，这个字儿写得流畅奔放，乍看上去与王羲之

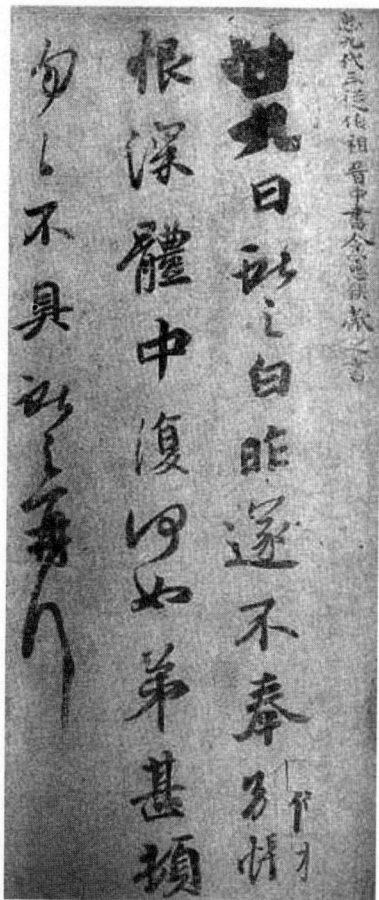

的字有几分神似，但精心玩味，又不尽相同，他已经改变了王羲之用笔含蓄回锋的内敛之法，应该说是在王羲之书风基础上的创新呀。

王献之不仅工于书法，亦擅长丹青。大将军桓温曾请王献之画幅扇面，一不小心，王献之误点了一笔，在场的人暗暗着急，大家紧张地注视着王献之，都替他捏一把汗。王献之不慌不忙，他静静地思忖一会儿，又提起笔来，因势象形。顷刻间，一只体色斑驳、筋骨强健的黑花母牛跃然纸上，它出神地凝视着远方，好像在期盼贪玩的小牛的出现，神态逼真，俨然人世间的慈母。

王献之书画的风格灵动地体现了其人格精神的神韵，也含蕴了魏晋时期艺术的自觉。他开创的"王献之一笔书"变以往的草书多字独立、不相连属，为上下一气呵成，对后代"狂草"的形成起到巨大的引领作用。

谢道韫

谢道韫（生卒不详），字令姜。东晋著名政治家、玄学家。宰相、诗人谢安的侄女。因为她聪慧有识，能清言，善属文，所以在魏晋文坛中占有一席之地，同时，她也是魏晋时期为数不多的女诗人之一。

有一次，谢安在众子弟聚集清谈的时候，问《毛诗》哪一句最佳。侄子谢玄说："昔我往矣，杨柳依依；今我来思，雨雪霏霏。"谢道韫则认为："吉甫称颂，穆如清风，仲山甫永快，以慰其心。"更有清新动人、沁人心脾的意境美。

还有一次，因天降大雪，谢安在家闲暇无事，就把晚辈们召来，围着火炉一起赏雪共论文义。望着天空中上下飞舞的雪花，谢安兴致勃勃，他环视了一下围坐在自己身边的子侄们，指着窗外的鹅毛大雪信口吟出："白雪纷纷何所似？"话音还未落地，侄儿谢朗便抢先和道："那自然是'撒盐空中差可拟'喽。"

"'撒盐空中差可拟'？胡儿（谢朗的乳名），你仔细看哪，雪花自空中飘然而至，它多么洁白，多么柔软，你居然把它比作硬得像石子一样的大盐粒，太没有诗意了吧！"谢朗刚坐下，便遭到哥哥们的抢白。谢朗的脸霎时变得通红，他争辩道："你们说我的'撒盐空中差可拟'不好，那你们对一句好的让我瞧瞧！"

一时间，大伙儿吵得不可开交。刚满七岁的谢道韫静静地坐在一旁默不作声，左手托腮凝神思索，过了一会儿，谢道韫缓缓站起身，朗声说道："我对'未若柳絮因风起'，大家看如何？"谢道韫将漫天飞舞的大雪与风吹柳絮满天飞相比，从形态上来看，空中飘扬的雪花与因风而起的柳絮极为相似，同时，把眼前的雪花比作春日的柳絮，给人创设了更为广阔的想象空间，使人们对明媚的春天充满无限的期待。

谢道韫像

谢安听罢哈哈大笑，连说："好，好，好啊！"不难看出，谢安非常欣赏侄女的才思。

从此，"未若柳絮因风起"的诗句便不胫而走，人们纷纷赞叹，称谢道韫是当世的"咏絮才女"。同时，"咏絮才女"也成为人们对工于吟咏的才女的赞词。

谢道韫的文学才能，目前仅仅能见到作品的，除了前面所引以外，那就只有一句了，然而正是这一句，使她的盛名至今不衰，凝固在历史的长河中，成为不朽的丰碑。

谢道韫的诗句之所以为优，一则是因为据实而描述，准确而又生动形象地描写了江南大雪的情形。二则是色泽与形态。谢朗所写，表面看来好像更准确地写出了雪的色泽、大小，而谢道韫的诗句将雪比作柳絮，色泽不似，形态也不甚像。但是，这是漫天飞舞的鹅毛大雪，只能看见天空一片混沌，而下鹅毛大雪时往往同时有不小的北风，其飞舞之姿，其混沌之态，与春天到处飞舞的柳絮真是神似。三则，因为柳絮因风而起的韵致，轻盈、飘逸；如盐巴撒向空中，过于实，让人联想的是沉重地掉向地面的粒粒白盐，缺乏雅致。所以，谢道韫的诗句会成为千古名句，即便没有任何其他作品传世，仅凭此句，足以不朽矣。

谢道韫出身于当时的名门望族——谢氏家族，王、谢是东晋时的大姓，按照世家通婚的惯例，谢道韫嫁给了王氏家族成员大书法家王羲之的儿子王凝之。

结婚以后，谢道韫发现王凝之除了字写得好一点之外，其余的方面都不是太突出。谢道韫认为王凝之的资质、才学同自己要求的条件相差太远，因此，回到娘家，见到以前朝夕相处的亲人，谢道韫也提不起精神来。她眉头紧锁，笑脸难开，伯父谢安看见了，非常不解，小声问谢道韫："王郎是王羲之的儿子，人不错，嫁给了他，你还有什么不高兴的？"谢道韫回答说："伯父，你看我谢家一门子弟都是人才，叔、父辈有阿大、中郎，堂兄弟又有封、胡、羯、末，个个才思敏捷，学识过人，和你们相处久了，我真不会想到天底下竟还有像王郎这样才疏学浅的人！"

谢道韫所说的"封"指的是谢韶，"胡"指谢朗，"羯"指谢玄，"末"指谢川，封、胡、羯、末是他们的小名。后来人们借用"封胡羯末"来称赞别人家的兄弟才华出众。安帝隆安三年（399年）孙恩破会稽，杀王凝之，后谢道韫寡居。

谢道韫早有才名，而且玄谈不逊男子，可以作为东晋名士中女界代表。

生活于东晋时代的谢道韫，适逢时代的风云际会，名士风流盛行江左，江左顶极世家的出身，风流宰相叔父的长期教育以及耳濡目染，都使她沐浴了名士的风泽，成为我国历史上最负盛名的名士才女。虽然因为史书记载的简洁，而且所撰文集三卷也早已散佚，目前仅存数篇留世，因此很难得其详情，但是我们只要仔细寻味，谢道韫的闺中名士风度，林下女豪韵致，还是可以得其大略的。

1.达人高致

在中国古代，父母之命，媒妁之言是青年男女解决婚姻问题的唯一途径，而且是绝不允许有异言异议的。但是生活于东晋的名士女性谢道韫敢于挑战这样的铁定规矩，其胆其识，就是上千年之后的人也望尘莫及，其"达"直通现代。

谢道韫的"达"还表现在有深厚的内在修养，并在气质、举止、神态等方面自然外显的超尘拔俗、飘逸玄远的神韵上。这里也有一则材料："谢遏（谢玄）绝重其姊，张玄常称其妹，欲以敌之。有济尼者，并游张、谢二家。人问其优劣，答曰：'王夫人神情散朗，故有林下风气。顾家妇（张玄妹）清心玉映，自是闺房之秀。'"（《世说新语·贤媛》）两个人的高下实际上是很难比较的。张玄不服也在情理之中。济尼的评价，道出了两者各自的特点，以社会上比较多样化的标准看，自然是"各有千秋"。"清心玉映""闺房之秀"无论外貌还是持家，都是一流新妇。但是在东晋这个社会普遍追求潇洒飘逸的名士风度的时代，济尼的评价中高下、优劣已经相当明确了。"神情散朗"正是名士的韵致，外貌毕竟次之，神采才是名士的要素。"林下风气"就是名士的标志："林下风气其实就是名士风流的神采、韵致，它倾向于追求自然放逸，注重内在气质与自身修养，重识鉴和才辩清谈等，比之'闺房之秀'更高出一筹，更受晋代士人的推崇。"余嘉锡

千秋绝艳图·谢道韫

先生于此也明确说："道韫以一女子而有林下风气，足见其为女中名士。至称顾家妇为闺房之秀，不过妇人中之秀出者而已。不言其优劣，而高下自见，此晋人措词妙处。"显然，谢道韫虽为女流，但是她的神采完全符合社会上盛行的名士风度，而且与一般名士相比，她还是胜人一筹的。

在东晋，要称为"达"，那必须精于玄理，长于清谈。谢道韫在这方面也是相当出色的。唐代陈子良注《辩证论》时引《晋录》云：道韫"清心玄旨，姿才秀远"。《晋书》本传载："凝之弟献之尝与宾客谈议，词理将屈，道韫遣婢白献之曰：'欲为小郎解围。'乃施青绫步障自蔽，申献之前议，客不能屈。"这件事充分说明谢道韫的清谈水平为一般名士所不及。虽然她作了人家媳妇之后，不能像原来那样比较自由地参加清谈了，但是她功底深厚，功力犹在。当她发现夫弟王献之与人谈而已露败象时，主动帮助并代他清谈。还是原来的题目和观点，最终敌手无法取胜。在这种场合，以这样的身份，敢于出来与谈客较量，不仅胆识出众，充满自信，凸显名士风范，而且最终取胜，更见其名士的才智不凡。不作"闺房之秀"，而成林下女豪。她这种风范，至老犹存。

2. 雅人深致

《晋书·列女传》谢道韫的本传载："叔父安尝问：'《毛诗》何句最佳？'道韫称：'吉甫作颂，穆如清风。仲山甫永怀，以慰其心。'安谓有雅人深致。"

《郑笺》云："大谋定命，谓正月始和，布政于邦国都鄙也。为天下远图庶事，则以岁时告施之。"这两句在艺术上并没有特别之处，对一般人来说也无特别值得欣赏之处，但是非常符合大政治家谢安的身份与心态，体现了一种深谋远虑、指挥若定、安定乾坤的情怀与才气，因此他认为也有"雅人深致"。而谢道韫欣赏的是《大雅·蒸民》中结尾的句子，言尹吉甫作工歌之诵，调和人的性情，如清风之化养万物一样，以此来送别仲山甫，因为他将前往齐地筑城，肯定会一直思念故乡，所以用来慰藉其心。这里既有调畅人情、抚慰人心之意趣，也有吉甫自我称颂其意的自赞，与道韫的名士情怀很是相符，而且其中"清风"穆穆，正是林下之韵，真雅人之深致也。道韫所赏，与汉代的经学相去甚远。对这首诗，经学家一般比较重视如"既明且哲，以保其身"等政治色彩较浓的句子，而对于表现人情与自我欣赏的内容不怎么感兴趣的，谢道韫则恰恰相反，这就是魏晋名士与经学、道学不同的趣味。

3. 恢宏气度

从《晋书》本传上记录的一件事，更可以看出谢道韫的青松姿态。孙恩攻破城池，杀了王凝之及其子女。她拿着刀出门，杀了几个乱兵，最终被俘。眼见外孙即将被害，她大义凛然地说："事在王门，何关他族！必其如此，宁先见杀。"连孙恩也不得不"改容"。作为妇人，在根本无理可通的乱兵面前，竟然有如此的胆气与魄力，确实是与东晋其他名士具备同样的人格特质。

4. 山水清韵

东晋后期也是我国山水诗的诞生期。谢道韫也写过山水诗《泰山吟》（《诗纪》作《登山》）："峨峨东岳高，秀极冲青天。岩中间虚宇，寂寞幽以玄。非工复非匠，云构发自然。气象尔何物，遂令我屡迁。逝将宅斯宇，可以尽天年。"这首诗虽然遗留了玄言诗的半写景、半议论的格局，但是写景部分很生动地描述了景象的特征，也具有寓情于景的风致。她的以动写静非常成功，将静态的泰山，以一个"冲"字写得具有生命的活力，从玄学思想角度看具备了经过佛教般若学浸染之后的辩证的审美意识与思维，也更加突出了泰山的不凡与峻峭的气势。对泰山细部的描写，非常明显地表现出"虚""幽"与"玄"的特点。这自然本来就是泰山自身的特点，而道韫之写也写出了清谈名士清淡、幽虚和玄远的神韵。后面的玄言议论，感叹大自然的鬼斧神工，尽申玄学家的"自然"之旨。最能体现其心志的就是"宅心"自然的心胸与理想，她发誓要"建宅"于其中，完全是"天地与我同根"的清远境界，是名士忘怀小我，与天地自然融为一体的高远韵致。这首诗通过写景与议论，表现出这位名士冲静玄远、旷逸自然的人格特质。

谢道韫不仅诗文写得很出色，而且她具有很高的思辩能力。魏晋时代，"人士竞谈玄理"（时人称道家的《老子》《庄子》和儒家的《易》为"三玄"），清谈成为一种风气。有的人甚至通过谈玄，"累居显职"。谢道韫虽然不想当官，对玄理却有很深的造诣，并善于言谈。据《晋书·王凝之妻谢氏》记载，有一天，王凝之的弟弟王献之在厅堂上与客人"谈议"，辩不过对方，此时身在自己房间的谢道韫听得一清二楚，很为小叔子着急，想帮他一下，遂派遣婢女告诉王献之要为他解围。然而，封建时代"男女授受不亲"的规矩又限制女人不能随便抛头露面。谢道韫就让婢女在门前挂上青布幔，遮住自己，然后就王献之刚才的议题与对方继续交锋，她旁征博引，论辩有力，最终客人理屈词穷。

左 思

左思（约250—305年），字泰冲，齐国临淄（今山东淄博）人。西晋著名文学家，其《三都赋》颇被当时称颂，造成"洛阳纸贵"。另外，其《咏史诗》《娇女诗》也很有名。其诗文语言质朴凝练。后人辑有《左太冲集》。

左思自幼其貌不扬却才华出众。晋武帝时，因其妹左棻被选入宫，举家迁居洛阳，任秘书郎。晋惠帝时，依附权贵贾谧，为文人集团"金谷二十四友"的重要成员。永康元年（300年），因贾谧被诛，遂退居宜春里，专心著述。后齐王司马冏召为记室督，不就。太安二年（303年），因张方进攻洛阳而移居冀州，不久病逝。

"洛阳纸贵"这个成语现在很多人都知道，但是它由来于哪里呢？原来，在西晋太康年间有一位很有名的文学家叫左思，他曾作了一篇《三都赋》在京城洛阳广为流传，人们啧啧称赞，竞相传抄，一下子使纸价昂贵了几倍。原来每刀千文的纸一下子涨到两千文、三千文，后来竟倾销一空；不少人只好到外地买纸，抄写这篇千古名赋。

然而，《三都赋》从创作到声名大噪却历经了很多曲折。

在左思小时候，他的父亲就一直不看好他。父亲左雍从一个小官吏一直做到御史，他见儿子身材矮小，貌不惊人，说话结巴，总显出一副痴痴呆呆的样子，就常常对外人说后悔生了这个儿子。直到左思成年，左雍还对朋友们说："左思虽然成年了，可是他掌握的知识和道理，还不如我小时候呢。"

好强的左思不甘心受到这种鄙视，便开始发愤学习。当他读到东汉班固写的《两

俞樾书《左思招隐诗》

都赋》和张衡写的《两京赋》时，虽然很佩服文章的宏大气魄，华丽的文辞，写出了东京洛阳和西京长安的皇城气派，可是也看出了其中虚而不实、大而无当的弊病。他决心依据事实和历史的发展，写一篇《三都赋》，把三国时期的魏都邺城、蜀都成都、吴都南京写入赋中。

为写作《三都赋》，左思开始收集大量的历史、地理、物产、风俗人情的资料，以使得笔笔有着落有根据。收集完成后，他便闭门谢客，开始一心创作。他在一个满是书纸的屋子里昼夜冥思苦想，常常好久才推敲出一个满意的句子。经过 10 年艰辛，这篇凝结着左思甘苦全心血的《三都赋》终于完成了！

可是，令左思没有想的的是，当他把这篇呕心沥血之作拿给别人看时，却受到了无情的打击。当时著名的文学家陆机也曾起过写了《三都赋》的念头，他听说名不见经传的左思在写了《三都赋》，就挖苦道："不知天高地厚的小子，竟想超过班固、张衡，太自不量力了！"陆机还给弟弟陆云写信说："京城里有位狂妄的家伙写了一篇《三都赋》，我看他写成的东西只配给我用来盖酒坛子！"

在当时的文学界，那些文人们一见作者是位无名小卒，就根本不予细看，摇头摆手，就把一篇《三都赋》说得一无是处。左思不甘心

自己的心血遭到埋没，便找到了著名文学家张华。

张华先是仔细阅读了《三都赋》，然后仔细询问了左思的创作动机和经过，当他再回头来体察句中的含义和韵味时，不由得为文中的辞赋深深打动了。他越读越爱，到后来竟不忍释手了。他称赞道："文章太好了！那些世俗文人只重名气不重文章，他们的话是不值一提的。皇甫谧先生很有名气，而且为人正直，就让我和他一起把你的文章推荐给世人吧！"

皇甫谧看过《三都赋》以后也是感慨万千，他对文章予以高度评价，并且欣然提笔为这篇文章写了序言。他还请来著作郎张载为《三都赋》中的魏都赋作注，请中书郎刘逵为蜀都赋和吴都赋作注。刘逵在说明中说道："世人常常重视古代的东西，而轻视新事物、新成就，这就是《三都赋》开始不传于世的原因啊！"

在这些名人的作序推荐下，《三都赋》很快风靡京都，文学界无一不对它称赞不已。甚至以前讥笑左思的陆机听说后，也在重新细细阅读一番后，点头称是，连声说："写得太好了，真想不到。"他断定若自己再写《三都赋》绝不会超过左思，便就此停笔。

我们可以看到，同是一篇文章，有人将它贬得一钱不值，有人使之名噪一时。这其中当然有鉴别力高低的区别，更重要的是反映了人们是否重视新生力量，能不能慧眼识英才的问题。

顾恺之

顾恺之（348—409年），字长康，小字虎头，晋陵无锡（今江苏无锡）人。顾恺之博学有才气，工诗赋、书法，尤善绘画。精于人像、佛像、禽兽、山水等，时人称之为三绝：画绝、文绝和痴绝。顾恺之与曹不兴、陆探微、张僧繇合称"六朝四大家"。顾恺之作画，意在传神，其"迁想妙得""以形写神"等论点，以及提出的"六法"，为中国传统绘画的发展奠定了基础。

顾恺之对一些世俗事物的率真、单纯、乐观、充满真性情的生活态度，就曾经在若干传说故事中被形容为"痴"。但也有一些是形容他的聪明的，所以曾有人说他身上"痴黠各半"。他不只是在绘画艺术方面表现出了卓绝的才能，也是一个擅长文学的人。他遗留下来的残章断句中，保存着形容浙东会稽山川之美的"千岩竞秀，万壑争流，草木蒙茏，若云兴霞蔚"的名句。他曾被当时人称为"才绝、画绝、痴绝"。

顾恺之《洛神赋图》（局部）

　　相传，有一年春天，他要出远门，于是就把自己满意的画作集中起来，放在一个柜子里，又用纸封好，题上字，交给一位叫桓玄的人代为保管。桓玄收到柜子后，竟偷偷地把柜子打开，一看里边都是精彩的画作，就把画全部取出，又把空柜子封好。两个月后，顾恺之回来了，桓玄把柜子还给顾恺之，并声明未动。等顾恺之把柜子拿回家，打开一看，一张画也没有了。顾恺之惊叹道："妙画有灵，变化而去，犹如人之羽化登仙，太妙了！太妙了！"

　　又有一次，还是他的那位"好朋友"桓玄，非常郑重地对他说："你看，我手中拿的这片树叶，是一片神叶，是蝉用来藏身的，人拿了它，贴在自己的额上，别人就立刻看不见你了。"顾恺之听了特别高兴，而且特别相信，随即把那片叶拿过来，贴在自己额头上。略过了一会儿，桓玄竟然在他面前撒起尿来，顾恺之不以为怪，反而相信桓玄看不见他了，所以才有如此动作。

　　义熙三年（407年），顾恺之做了散骑常侍，心里很高兴。一天晚上，在自家院子里，看着明月当空，诗兴大发，于是便高声吟起诗来，他的邻居谢瞻，与他同朝为官，听到他的吟咏，就隔着墙称赞了他几句。好，这一称赞不要紧，顾恺之一时兴奋，忘了疲倦，一首接一首，一句接一句，没完没了地吟起来。谢瞻隔着墙陪着折腾了一会儿感到累了，就想回屋睡觉，于是就找了一个下人代替他和隔墙的那一位继续折腾。人换了，调变了，顾恺之不知有变，就这样，一直吟咏到天亮才罢休。

《世说新语》说顾恺之吃甘蔗一反常态。别人从最甜的地方吃起，不甜了就扔掉，而顾恺之吃甘蔗从末梢吃起，越吃越甜，渐入佳境。顾恺之倒吃甘蔗节节甜蕴含了深厚的生活哲理，不能不说是人生的大智慧。

顾恺之的绘画在当时享有极高的声誉。我国古代东晋，在南京建造了一座佛教寺庙叫瓦棺寺，寺庙落成后，和尚请众人捐施。一天，有位年轻人来到寺庙，在捐款薄上写了个"百万"的数字，人们都有很惊讶，因为数日来，在众多捐施者当中，还没有一个人捐款超过十万的，大家以为这个小名叫"虎头"的穷年轻人吹牛乱写，所以和尚当即让他把写的数目涂掉，但是这位年轻人却十分有把握地说："别忙！你们先给我找一面空白墙壁。"于是，他就关起门来，在指定的空白墙壁上画了一幅独眼珠没有画像。

这时，年轻人对和尚说："第一天来看画的人，每人要捐十万钱给寺庙；第二天捐五万钱，以后，捐助数目由你们规定。"等这位青

《女史箴图》（局部）

年人当众点画眼珠时，寺门大开，如同神光显耀，满城轰动，人们争相来寺观画。纷纷称赞这幅画画得生动传神。看画的人络绎不绝。没有多久，百万数目就凑足了。

这就是顾恺之曾为南京瓦棺寺绘壁画募得巨款的故事，可见他的绘画之吸引力。

顾恺之的作品，据唐宋人的记载，除了一些政治上的名人肖像以外，还画有一些佛教的图像，这是当时流行的一部分题材。另外还有飞禽走兽，这种题材和汉代的绘画有联系。他也画了一些神仙的图像，因为那也是当时流行的信仰。而最值得注意的是他画了不少名士们的肖像。这就改变了汉代以宣扬礼教为主的风气，而反映了观察人物的新的方法和艺术表现的新的目的，即：离开礼教和政治而重视人物的言论丰采和才华。这表示绘画艺术视野的扩大，从而为人物画提出了新的要求——表现人的性格和精神特点。在顾恺之的著作言论中，反复强调描写人的神情和精神状态。

顾恺之在绘画理论上也有突出成就，今存有《魏晋胜流画赞》《论画》《画云台山记》三篇画论。提出了传神论、以形守神、迁想妙得等观点，主张绘画要表现人物的精神状态和性格特征，重视对象的体验、观察，通过迁想妙得来把握对象的内在本质，在形似的基础上以形写神。顾恺之的绘画及其理论，为中国传统绘画的发展奠定了基础。

陶渊明

陶渊明（365—427 年），字元亮，又名潜；私谥"静节"，故又称静节先生。浔阳柴桑（今江西九江）人。东晋田园诗人、辞赋家，开创了诗歌的创作领域和艺术境界，他的不事权贵、隐逸田园的隐士精神影响了中国历代文人。

陶渊明生于官宦之家。他的曾祖父陶侃是东晋的开国元勋，因军功显赫而官至大司马，总督八州军事。他的祖父也当过武昌太守。然而，到陶渊明出世的时候，他们陶家已经家道中落，无复当年了。少年时代，陶渊明好学深思，读了大量书籍，并从儒家学说那里接受了出仕思想，希望大济苍生。

陶渊明的一生中有好几次为官的经历，然而每一次都因为适应不了官场上虚伪的应酬拂袖而去。陶渊明在 29 岁那一年第一次出门做官。担任一个祭酒的官职，他的上司是王羲之的儿子，仗着贵族出身，没有什么真本事，还迷信一种奇怪的道教，整天忙着炼丹服药，想长生不老。陶渊明看到这样的情况，觉得这样的人不能管理国家大事，而在这种人的手上供职实在大挫雄心，于是没过多久他就提出了辞呈。

回家以后陶渊明潜心读书，并在自己住的房子前边栽了五棵柳树。他经常在柳荫下面读书。他读书的范围很广，诸子百家，诗词歌赋百读不厌。读到高兴的地方，连饭都忘了吃。他的院子的围墙残破，到处长着野草。可他精神总是那么愉快。在那段时间陶渊明写了一篇《五柳先生传》，把自己的生活和理想写得如天空中飞翔的鸟一样自由自在。

读书自然愉快，可因为没有经济来源，生活越来越贫困了。

一天，陶渊明的叔叔来看他，见他家境一贫如洗，五个子女都饿得骨瘦如柴。叔叔很心痛，语重心长地劝陶渊明，应该去谋个一官半职，好养家糊口。这不是为自己，而是为了妻子儿女谋生。

陶渊明叹了一口气，点点头。地方官知道了这一消息，就推荐他去彭泽县做县令。彭泽县在现在的江西省，距离他家很远。他把妻子儿女留在家里，自己背井离乡来到彭泽县。当时陶渊明已经 40 岁了。他怕家里妻子儿女生活艰难，就花钱雇了一个小伙子。到家里帮助做

陶渊明像

一些田里的农活。他望着跟自己长子一样大的小伙子，不由得生出同情怜爱之情，于是写了一封信，让小伙子带回家里。他在信里对他的长子说，你要像对待自己的亲兄弟一样对待这个小伙子，不可摆主人的架子，决不要欺负他。

这一次，陶渊明出外做了80天县令，但最终还是因为他厌恶官场的腐败生活而决心归隐。回到家里，妻子和孩子虽然非常高兴，但还是觉得很意外。他则为自己毅然辞官而自豪，于是提笔写了一首著名的诗篇《归去来兮》：归去来兮，田园将芜胡不归！实迷途其未远，觉今是而昨非。

他在这篇著名的诗篇中，表示决不再去做官，而要在农村住一辈子，好好种地。还有一首《归田园居》的诗，也表达了他热爱田园生活的思想。

他的作品表现了很高的气节，表现了作者对当时社会的不满以及对理想社会的追求。陶渊明热爱劳动，热爱乡村，常常陶醉在美丽的田园风光之中。和农民一样，心甘情愿地过着艰苦的生活。他在一首诗里写道：

种豆南山下，草盛豆苗稀；晨兴理荒秽，带月荷锄归。

道狭草木长，夕露沾我衣；衣沾不足惜，但使愿无违。

陶渊明流传于世最著名的作品是《桃花源记》，远离尘嚣的仙境般的村舍田园千百年来一直被人们所向往，文章中寄托了他对宁静淡泊的隐逸生活的向往和迷恋。

陶渊明是我国历史上著名的文学家和思想家。今存诗虽仅120多首，赋与文10多篇，但是开创我国田园诗派，而且其作品文显而意深，平淡而味浓。刘廷琛《陶靖节先生祠堂记》说他"虽妇人孺子，田夫野老，皆知爱慕"。萧统深爱其文，且敬其德，以为读其文者"驰竞之情遣，鄙吝之意祛，贪夫可以廉，懦夫可以立，岂止仁义可蹈，爵禄可辞"（《陶渊明集序》）。可以想见其人格的力量。确实，陶渊明的人格吸引着一代又一代人；其人格的魅力有如陈年佳酿，越久越醇。他的人格究竟有什么特别之处，以至具有如此久远而巨大的魅力呢？这是值得我们深究的。

陶渊明给人印象最深的是他的率意纯真。苏轼说："陶渊明欲仕则仕，不以求之为嫌；欲隐则隐，不以去之为高；饥则叩门而乞食，饱则鸡黍以延客。古今贤之，贵其真也。"仕与隐是士人一生之大节，一般人都会反复掂量，寻找时机，即使真的出仕还要再三推辞，然后正式弹冠相庆，走马上任。隐退也要寻找合适的理由，做到滴水不漏。而陶渊明则一任自己性情，真是率意之至，纯真之极，自然而然。陶渊明的真率自然在他的创作中就有很多的表现。没有苦心经营，不去字斟句酌，而是脱口而出。清代方东树说："读陶公诗，专取其真事、真景、真理，真不烦绳削而自合。"甚至有人说他："渊明随其所见，指点成诗，见花即道花，遇竹即说竹，更无一毫作为。"（施德操《北窗炙輠录》）这话是有道理的。陶渊明的诗作，都是道当前之景、当前之事、当前之理、当前之情。这些在诗中随处可见："有酒有酒，闲饮东窗。愿言怀人，舟车靡从。"（《停云》）"人亦有言，称心易足；挥兹一觞，陶然自乐。"（《时运》）"白发被两鬓，肌肤不复实。"（《责子》）我们读着，仿佛直接听着陶渊明就在身边自言自语，而不是什么专门"创作"出来的作品。全然是大白话，全然是口语，就是在韩愈等高唱反对雕琢，提倡"生活化"的作家的散文里也很难看到这样的白话。

在士人中崇尚自然而又真正能得自然真趣者，唯有陶渊明。当然他的这种人生追求以及理想的实现，是经历了一段曲折而又痛苦的心灵历程的。

作为文学史上最成功的隐逸诗人，陶渊明的诗文在当时并未引起人们的关心，直到南北朝时期的诗评家钟嵘在《诗品》中才读到他的作品，但是未得到应有的评价。

真正有价值的作品是不会被埋没的，陶渊明的作品到了唐朝，开始大放异彩，几乎所有的大诗人都对他的作品倾慕和崇拜，敬仰他那种超乎世俗凡尘，心归自然的洒脱与悠然自得。从此，他逐渐成了中国文学史上地位最为显赫，影响最深远的文学大家之一。

历史人物传奇系列

千古风流
纷繁事

中国历代

文人

群像

■ 李　楠
■ 张　蕊
——编著

中国文史出版社

CHINA CULTURAL AND HISTORICAL PRESS

第三节　南北朝时期的著名文士

谢灵运

谢灵运（385—433年），原名公义，字灵运，以字行于世，小名客儿，世称谢客。南北朝时期杰出的诗人、文学家、旅行家。

谢灵运出身陈郡谢氏，祖籍陈郡阳夏（今河南太康县），生于会稽始宁（今绍兴市嵊州市三界镇）。为东晋名将谢玄之孙、秘书郎谢瑛之子。东晋时世袭为康乐公，世称谢康乐。曾出任大司马行军参军、抚军将军记室参军、太尉参军等职。刘宋代晋后，降封康乐侯，历任永嘉太守、秘书监、临川内史，元嘉十年（433年）被宋文帝刘义隆以"叛逆"罪名杀害，享年49岁。

谢灵运少即好学，博览群书，工诗善文。其诗与颜延之齐名，并称"颜谢"，开创了中国文学史上的山水诗派。谢灵运所开创的山水诗，把自然界的美景引进诗中，使山水成为独立的审美对象。他的创作，不仅把诗歌从"淡乎寡味"的玄理中解放了出来，而且加强了诗歌的艺术技巧和表现力，并影响了一代诗风。他还兼通

谢灵运像

史学，擅书法、绘画，曾翻译外来佛经，并奉诏撰《晋书》。明人辑有《谢康乐集》。

谢灵运年轻时十分好学，他博览群书，写的文章非常优美。他的才情很为他的堂叔谢琨所赏识。

东晋末年，谢灵运历任名将刘毅的记室参军、秘书丞、中书侍郎、相国从事中郎等官，并且袭世爵做了康乐公。可是政局动荡不安，元熙二年（420年），宋武帝刘裕篡位建立了刘宋王朝。谢灵运便被降爵为康乐侯。从此，他在官场中越来越不得意。这大半是因为谢灵运个性偏激，多违"礼度"。宋武帝不重视他，他却认为自己才华过人，应该参与权要。因不被重用，他便益发地愤懑。

景平元年（423年），宋武帝驾崩，少帝继位，朝中大权落到了重臣的手里。对此，谢灵运十分不满，常常攻击权贵，因而被权贵们忌恨，被贬为永嘉太守。他对贬官极为不满，于是便不理政事，带人肆意游览名山大川。每到一地，他常常题诗吟咏。他的《登池上楼》一诗，写得清新隽永，是著名的山水诗，其中名句："池塘生春草，园柳变鸣禽。"成为千古流传的佳句，历来极为诗人们所推崇。

元嘉元年（424年），宋文帝继位，召谢灵运做秘书监。当时谢灵运隐居在会稽，不愿意出仕。他开始不肯就任，经光禄大夫范泰的催促，于元嘉二年（425年）就职，开始率人整理秘阁图书、补足旧文。在殷淳等目录学家的协助下，于当年冬编撰出《秘阁四部目录》，著录秘阁图书14582卷，另有佛经书籍438卷，分为1645帙。比东晋李充所编《晋元帝四部书目》著录更为宏富。之后又根据秘阁图书，撰《晋书》未成。以后，他又担任了侍中和临川内史等官职。元嘉十年（433年），有人向朝廷告发说他想谋反。朝廷派随州从事郑望生去抓他，他却把郑望生抓了起来，兴兵叛逃。他在官衙的壁上留了一首诗，写道：

> 韩亡子房奋，秦帝鲁连耻。
> 本自江海人，忠义感君子。

他在诗中表明他起兵是要替晋朝复仇。然而，他很快就失败了，被收捕入狱，流放南海（即广州）。后来，他在南海被杀，死时只有

49 岁。

也有人传说谢灵运是因为他的诗句遭人忌妒而被害的。这种说法没有什么史料根据。怕只是后人的杜撰，因此是不足信的。不过，这样的传说的形成,恐怕和他的诗流传颇广、艺术水平较高不无关系吧！

谢灵运出身名门，兼负才华，但仕途坎坷。为了摆脱自己的政治烦恼，谢灵运常常放浪山水，探奇览胜。谢灵运的歌大部分描绘了他所到之处，如永嘉、会稽、彭蠡等地的自然景物,山水名胜。其中有不少自然清新的佳句，如写春天"池塘生春草，园柳变鸣禽"（《登池上楼》）；写秋色"野旷沙岸净，天高秋月明"（《初去郡》）；写冬景"明月照积雪，朔风劲且哀"（《岁暮》），等等。从不同角度刻画自然景物，给人以美的享受。

谢灵运像

谢灵运的诗歌虽不乏名句，他的诗文大多是一半写景，一半谈玄，仍带有玄言诗的尾巴。但尽管如此，谢灵运以他的创作极大地丰富和开拓了诗的境界，使山水的描写从玄言诗中独立了出来，从而扭转了东晋以来的玄言诗风，确立了山水诗的地位。从此山水诗成为中国诗歌发展史上的一个流派。

谢灵运善于用富艳精工的语言记叙游赏经历、描绘自然景物，多有形象鲜明、意境优美的佳句，对唐代的诗歌发展有一定的影响。唐朝大诗人李白对谢灵运颇为推崇，曾有"吾人咏歌，独惭康乐"之句。

陶弘景

陶弘景（456—536 年），字通明，丹阳秣陵（今江苏南京）人。

陶弘景像

著名的医药家、炼丹家、文学家。作品有《本草经集注》《集金丹黄白方》《二牛图》等。

陶弘景出身江南士族家庭。4岁就能认字，9岁读遍儒家经典，16岁时，陶弘景不仅读书万余卷，而且善琴棋、工草隶，是江东有名的才子。

陶弘景的青少年时代都处在刘宋统治集团争权夺利的不断纷争之中，所以尽管才高八斗，仕途却并不顺利。他20岁步入仕途，却屡屡受挫，于是30岁左右拜陆修静的弟子孙游岳为师，正式步入道士行列。按陶弘景的想法，凭着自己的实力，到40岁时，应该能做到尚书郎。实际上，到了36岁才升到"奉朝请"这样的六品文官。这使陶弘景感到灰心丧气，对着友人发牢骚说："不如早去，免得以后自寻其辱啊！"于是辞了官职，回到句曲山（今江苏茅山），开始了后半生40余年的隐居修道生涯。由于他学识渊博，著述甚多，又是从官场隐退下来，所以齐梁两朝公卿大夫都尊敬他，纷纷从之学道。

陶弘景虽说归隐山林，不再出仕，实际上并不甘于寂寞，"身在山林，心存魏阙"，暗中仍注视着山外政局的发展。永元三年（501年），萧衍起兵，于次年代齐称帝，建立了梁朝，史称梁武帝（502—550年在位）。说起萧衍的称帝，这个山林中之人于此起了不小的作用。

陶弘景早年曾与萧衍有过交往。当他得知萧衍起兵，心中暗暗叫好，立即派弟子戴猛奉表前往表示拥戴。后来又假托神旨，令弟子将标有"梁"字和图画的"符命之书"（图谶）进献给萧衍，帮助萧衍选定国号，为萧衍夺取政权大造舆论。因此，萧衍登基后，对陶弘景格外恩宠，多次请他出山做官，但都被婉言谢绝。他说："圣上的恩宠贫道心领了。我已是归隐之人，以侍奉道祖为唯一宗旨，大道才是我最后的归宿。请圣上不必勉强。"

后来，陶弘景为了表明自己的心志，让使者给武帝带去了一幅图画。梁武帝打开看时，见纸上画有两头牛，其中一头无拘无束、逍遥自在，在水草丰美的田野上游荡；另一头虽然头戴金笼头，却被人牵着鼻子走。武帝看后，百般感慨地对百官说："陶先生真是超凡脱俗的神人啊！"从此对陶弘景越发敬重，绝不再提做官之事。当时，陶弘景得到神符秘诀，准备炼制金丹，但却"苦无药物"。梁武帝知道后，立即派人送去黄金、朱砂、曾青、雄黄等原料。金丹炼好后，看上去色如霜雪，武帝还亲自服用以试效果。

魏晋南北朝时，随着佛教的传入，佛道两教的斗争十分激烈，都想通过统治者削弱对方，扩张自己的势力。据民间传说当时有一个道士和一位名叫宝志的禅师同时看上舒州潜山（今安徽境内）一带的风景，都想以此作为修行的地点，结果发生争执，互不相让，于是找到梁武帝，请他裁决。

梁武帝见二位毫不相让，也觉得十分为难。于是让他们通过斗法比出高下，然后决定去留。两下约定：道士与和尚分别以白鹤和禅杖为法宝，在山上展开道、佛两门的较量。

比试当天，漫山遍野挤满了看热闹的人群。山坡上黄色的华盖迎风猎猎翻动，梁武帝端坐其下，黄衣黄袍，威风凛凛。但见道士抢先一步，跨上白鹤，嘶鸣着冲天而去，回过头朝着地下的和尚大喊："来、来，你同我比试比试。"和尚却不慌不忙，口中念念有词，突然，禅杖从地上跳起，"嗖、嗖"地朝着白鹤直扑过去。转眼间，就见白鹤与禅杖在蔚蓝的天空时分时合，上下翻滚、左右盘旋，直看得人眼花缭乱，"好！好！"之声震天动地。最后，随着耳中传来"嘣"的一声巨响，禅杖击中白鹤，白鹤被迫降落在地，而禅杖也被折成两截反弹到很远很远的地方。

梁武帝见状，抚掌大笑说："佛、道法力果然不相上下。朕的意思，

陶弘景像

各自法宝落地的地方，便是你们结庐修行之处，不必再争了。"

四年后，梁武帝虽然改信了佛教，但对陶弘景的宠信始终如一。国家每有吉凶征讨大事，还是要亲自向陶弘景请教，书信往来更是频繁。皇上如此，朝中文武百官对陶弘景更是敬重有加，因此，世人把陶弘景戏称为"山中宰相"。

陶弘景一生爱松，尤其喜欢听松涛。他闻松涛声如闻仙乐，有时仅一人进深山，专去山野谷壑听松涛，人们因而称他为"仙人"。陶弘景继承老庄哲理和葛洪的仙学思想，糅合进佛教观念，主张道、儒、释三教合流，并进一步整理道教经书，对道教颇有贡献。

陶弘景一生执迷道教的"神仙之术"，固不足取，然而陶弘景知识渊博，精通天文历法、山川地理、医术药物、棋琴书画乃至阴阳五行，在药物、冶炼、天文、地理、生物、数学等古代兵学、铸剑、经学、文学艺术、道教仪典科技多个方面都有一定贡献。而以对于药物学的贡献为最大，这和炼丹有关。陶弘景整理医籍，十分尊重原作，决不乱涂乱改，也不信口雌黄，即使有补充，也把自己的说法和原书的说法区分开来。如把搜集到的365种药加入《神农本草经》，他就用黑字写，有的就用红字写。所以，后人有"本草赤字""本草黑字"之称。赤字是本经正文，黑字是后来加入的。他开创的这种做法，后来的注释家就争相学习。

陶弘景为寻仙访药，常漫游于名山大川中。行至山幽水静的美景之处，陶弘景便坐卧其间，吟作赋，作有许多优美诗文。

鲍 照

鲍照（约415—466年），字明远。祖籍东海（治所在今山东郯城西南，辖区包括今江苏涟水，久居建康（今南京）。南朝宋文学家，与颜延之、谢灵运合称"元嘉三大家"。

鲍照的青少年时代，大约是在京口（今江苏镇江）一带度过的。元嘉期间（424—453年）被宋文帝刘义隆聘为国侍郎。孝武帝继位后，为大学博士兼中书舍人，出任魏陵（今南京市）令，转永嘉（今温州市）令，后任胸海王刘于项的前军参军、迁军刑狱参军，人称鲍参军。宋文帝元嘉十六年（439年），鲍照26岁，据史载，曾谒见临川王刘义庆，毛遂自荐，但没有得到重视。他不死心，准备献言志。有人劝阻他说："郎位尚卑，不可轻忤大王。"鲍照大怒："千载上有英才异士沉没而不可闻者，岂可数哉！大丈夫岂可遂蕴智能，使兰艾不辨，终日碌碌与燕雀相随乎？"之后，他终得赏识，获封临川国侍郎。

元嘉二十一年（444年），刘义庆病逝，他也随之失职，在家闲居了一段时间。后来，又做过一个时期始兴王刘浚的侍郎。

宋孝武帝刘骏起兵平定刘劭之乱后，他任海虞令，迁太学博士兼中书舍人，出为秣陵令，转永嘉令。孝武帝大明五年（461年），做了临海王刘子顼的幕僚，次年，子顼任荆州刺史，他随同前往江陵，为前军参军，刑狱参军等职，掌书记之任。孝武帝死后，太始二年（466年），江州（今九江市）

清代三十六诗仙图卷之鲍照

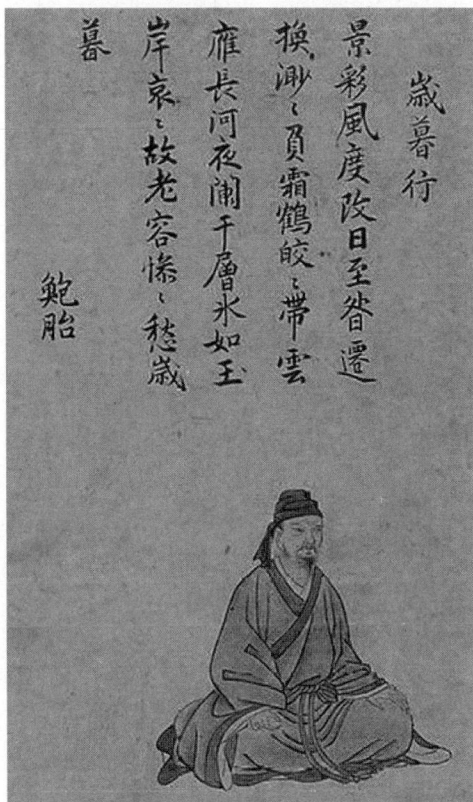

刺史刘子勋称帝，刘子顼响应，后刘于勋败，刘子顼被赐死，鲍照在荆州被乱军杀害。文帝十一子刘彧杀前废帝刘子业自立，是为明帝。子顼响应了晋安王刘子勋反对刘彧的斗争，结果子勋战败，子顼被赐死，鲍照亦为乱兵所害。

鲍照长于乐府诗，其七言诗对唐代诗歌的发展起了很重要的作用，今存诗204首。其中《拟行路难》18首，表现了为国建功立业的愿望、对门阀社会的不满、怀才不遇的痛苦、报国无门的愤懑和理想幻灭的悲哀，真实地反映了当时贫寒士人的生活状况。少部分诗描写了边塞战争和征戍生活，为唐代边塞诗的萌芽。

鲍照的艺术风格俊逸豪放，奇矫凌厉，直接继承了建安传统，对后世李白、岑参、高适、杜甫有较大影响。艺术形式上，大力学习和写作乐府诗，存80余首，有三言、五言、七言和杂言等多种形式。五言诗讲究骈俪，圆稳流利，内容丰富，感情饱满。七言诗变逐句用韵为隔句押韵，并可自由换韵，拓广了七言诗的创作道路。他的乐府诗突破了传统乐府格律而极富创造，思想深沉含蓄，意境清新幽邃，语言容量大，节奏变化多，辞藻华美流畅，抒情淋漓尽致，并具有民歌特色。沈德潜曰："明远乐府，如五丁凿山，开人世所未有。后太白往往效之"（《古诗源》卷十一）。《芜城赋》借广陵在汉代的繁荣和今时的荒凉来抒发怀古之幽情，被视为六朝抒情小赋代表作之一。散文基本上属于骈文。《登大雷岸与妹书》，抒情议论融合，文气跌宕，辞藻绚丽，兼有骈散之长。

江 淹

江淹（444—505年），字文通，宋州济阳考城（今河南省商丘市民权县程庄镇江集村）人。南朝著名政治家、文学家，历仕三朝。

江淹少时孤贫，聪颖好学，6岁能诗，文章华著。13岁丧父，20岁左右在新安王刘子鸾幕下任职，开始其政治生涯，齐高帝闻其才，召授尚书驾部郎，骠骑参军事；明帝时为御史中丞，先后弹劾中书令谢朏等人；武帝时任骠骑将军兼尚书左丞，历仕南朝宋、齐、梁三代。

　　江淹小的时候，家境贫寒，有时连纸、笔也买不起。但是不管环境多么恶劣，江淹始终不放弃自己的理想，他坚信只要努力，理想总会变为现实。每天晚上，当别人静静地享受睡眠时，江淹还在油灯下苦读。10年后，江淹以《别赋》《恨赋》等文章蜚声文坛，成为当时享誉大江南北的少年才子。

　　江淹在被权贵贬黜到浦城当县令时，相传有一天，他漫步浦城郊外，歇宿在一小山上。睡梦中，见神人授他一支闪着五彩的神笔，自此文思如涌，成了一代文章魁首，当时人称为"梦笔生花"。

　　可是，随着年龄的增长，江淹的文章越发文句枯涩、平淡无奇，特别是到了晚年几乎是才思渐退。白发江淹再也找不到年轻时那种文思如潮、下笔如有神助的感觉了。

　　这到底是怎么回事呢？据江淹自己说，他在任宣城太守时，被罢官归乡，途中停泊在禅灵寺岸边。夜晚梦见一个自称是张协的人，向他讨还一匹彩锦。江淹满脸困惑，向张协深深地作了一个揖，而后道："前辈，您去世时，我还没有出生，您怎么可能会有东西寄存在我这儿？"张协怒道："你这人好生奇怪，难道我会凭空讹诈你不成？"江淹见状，急忙在自己身上摸索，忽觉前襟凸出一块，探手入怀，果然取出几尺彩锦。霎时间，江淹脸涨得通红，张协笑道："你这后生不老实。"张协边说边接过江淹双手递还的彩锦，他顺着风势将彩锦一抖，七色的亮光晃得人睁不开眼，可惜，它尚余不足三尺。张协极为不满，厉声质问江淹："你怎么把它裁割得快没有了？"一回头看到当时著名的文学家丘迟站在不远处，张协顺手把彩锦递给丘迟，并且说："剩下的这几尺，我留着也没什么用，就送给你吧。"说完，把余下的彩锦硬塞到丘迟手中。从此，江淹写文章便常常阻塞不畅了。

　　还有一种说法是，有一次，江淹在冶亭休息，睡梦中迷迷糊糊看见一个身着蓝衫的人向他走来，那人自称是西晋著名的文学家郭璞。郭璞向他讨还彩笔，还说这支笔已经在江淹这儿放了好多年，如今应该归还了。江淹在怀中一阵摸索，果然在怀中取出一支五色彩笔，接过江淹交还的彩笔，郭璞便飘然而去。从此以后，江淹变得才思枯竭，

江淹像

所谓的妙笔生花似乎已经化作多年前的美好回忆。当时的人都惋惜地说："江郎才尽了！"

后来，人们就用"江郎才尽"来比喻才思衰退或才思枯竭。

江淹在仕途上早年不甚得志。泰始二年（466年），江淹转入建平王刘景素幕，江淹受广陵令郭彦文案牵连，被诬受贿入狱，在狱中上书陈情获释。刘景素密谋叛乱，江淹曾多次谏劝，刘景素不纳，贬江淹为建安吴兴县令。宋顺帝升明元年（477年），齐高帝萧道成执政，把江淹自吴兴召回，并任为尚书驾部郎、骠骑参军事，大受重用。江淹为官清正，不避权贵，直言敢谏。

宋后废帝刘昱继位"多失德"，刘景素又偏听偏信左右之言，政局岌岌可危。江淹从容直谏，刘景素怒而不纳，江淹赠十五首以讽谏。江淹任御史中丞时，弹劾中书令谢朏、司徒左长史王缋、护军长史庾仲远。也曾奏前益州刺史刘悛、梁州刺史阴智伯有赃物宝货成千上万，并拘捕了他们，交朝廷治罪。其他被检劾论治的违法官员更是不胜枚举。齐明帝曾当面称赞江淹："从宋代以来，不曾有严明的御史中丞，君今天可说近代独一无二了。"

江淹突出的文学成就表现在他的辞赋方面，他是南朝辞赋大家，与鲍照并称。南朝辞赋发展到"江、鲍"，达到了一个高峰。江淹的《恨赋》《别赋》与鲍照的《芜城赋》《舞鹤赋》可说是南朝辞赋的佳作。

江淹又是南朝骈文大家，是南朝骈文中最有成就的作家之一，与鲍照、刘峻、徐陵齐名。最为知名的当数他在狱中写给建平王刘景素的《诣建平王书》，文章辞气激扬，不卑不亢，真情实感流注于字里行间。刘景素看了江淹的这篇上书后，深受感动，立即释放了他。另外，江淹的《报袁叔明书》《与交友论隐书》等，均为当时名篇。江淹的作成就虽不及他的辞赋和骈文，但也不乏优秀之作，其特点是意趣深远，在齐梁诸家中尤为突出。善于拟古是江淹诗歌方面的突出特色，面貌酷似，几可乱真。

南朝文学批评家钟嵘在《诗品》中就说江淹"善于摹拟"。江淹努力学习古人的作品，确使他摆脱了一些绮丽之风，写出了不少在流丽中带有峭拔苍劲之气的诗篇。在江淹诗歌中，有一部分为乐府歌辞。江淹的乐府歌辞在南朝中虽不能技压群雄，也算得是上乘之作。

谢 朓

谢朓（464—499 年），字玄晖。汉族，陈郡阳夏（今河南太康县）人。南朝齐时著名的山水诗人，出身世家大族。谢朓与谢灵运同族，世称"小谢"。初任竟陵王萧子良功曹、文学，为"竟陵八友"之一。后官宣城太守，终尚书吏部郎，又称谢宣城、谢吏部。东昏侯永元初，遭始安王萧遥光诬陷，下狱死。曾与沈约等共创"永明体"。今存诗200 余首，多描写自然景物，间亦直抒怀抱，诗风清新秀丽，圆美流转，善于发端，时有佳句；又平仄协调，对偶工整，开启唐代律绝之先河。

谢朓家世既贵，少又好学，为南齐藩王所重。初为太尉豫章王萧嶷行参军，迁随王萧子隆东中郎府，转王俭卫军东阁祭酒，后为随王镇西功曹，转文学。永明九年（491 年），随王为荆州刺史，"亲府州事"，谢朓也跟着到了荆州，"以文才尤被赏爱"。后调还京都，任新安王中军记室，兼尚书殿中郎，又为骠骑咨议，领记室，掌霸府文笔，又掌中书诏诰。建武二年（495 年）出为宣城太守。建武四年（497 年），谢朓被任命为齐明帝萧鸾天生残废的长子萧宝义的镇北咨议、兼南东海太守。

当时，谢朓的岳父王敬则任会稽太守。因为他是齐武帝的心腹猛将，开国大臣，所以萧鸾对他很不放心，加重兵以监视。王敬则怖惧万状，深感大祸临头。他的第五个儿子王幼隆派人到南东海治所与谢朓密谈。

谢朓楼

谢朓生怕自己被卷入，扣住来人，径自告发。王敬则被灭族，谢朓因功升任尚书吏部郎。

然而谢朓还是没有逃脱政治浊浪的裹挟。同年初秋，萧鸾死去，他的儿子、荒淫无度的东昏侯萧宝卷登位。第二年，在始安王萧遥光，贵戚江祏、江祀、刘沨等合谋的又一起夺位阴谋中，因为谢朓拒绝了他们奉立萧遥光为帝的要求，终于受诬而死，时年 36 岁。

对于谢朓的死，前人颇有议论。今天看来，他的死能反映出齐代乱世的时代特点；谢朓的自我矛盾和畏祸心理，也是当时士大夫阶级的通病，我们不宜对他过于苛求。

谢朓青年时代即以文学知名，《南齐书》本传称其"少好学，有美名，文章清丽"，谢朓创作的主要成就是发展了山水诗。谢朓善草、隶书，长于五言诗，好奖掖人才。

谢朓的当然也不无缺点。譬如它们往往不能做到全篇尽善尽美；与篇首相比，结尾显得比较平踬。因而它们只能是向盛唐诗歌发展过程中的"中间"作品。然而正因为如此，它们在文学史上就愈有较高的研究价值。

唐代著名诗人李白，在《宣州谢朓楼饯别校书叔云》中吟道："蓬莱文章建安骨，中间小谢又清发。俱怀逸兴壮思飞，可上九天揽明月。"这是对谢朓诗歌的最恰当的评价。李白自己一生追求的便是像谢朓诗歌所体现的"清水出芙蓉，天然去雕饰"的清新自然的艺术风格。此外谢朓的诗歌，对盛唐诗佛"王维""诗圣"杜甫的影响也是显而易见的。这一切都充分说明了谢朓在我国诗歌艺术的发展史上，有着特殊的贡献。

第六章

隋唐五代时期的著名文士

第一节　隋代的著名文士

卢思道

卢思道（531—582年），字子行。范阳（今河北涿州）人。北朝隋之际诗人。年轻时师事"北朝三才"之一邢劭（字子才），以才学重于当时，仕于北齐。齐宣王卒，朝臣各作挽歌10首，择善者用之，思道十得其八，时称"八米卢郎"。北齐末待诏文林馆。北周灭齐后入长安，官至散骑侍郎。一生的主要文学活动在北朝。隋开皇元年去世。

北齐天保中（554年），卢思道20岁，由左仆射杨遵彦推荐给朝廷，入司空府，行参军事，兼员外散骑侍郎（伴随皇帝乘马乘车的近臣）。因泄漏机密事，被贬为丞相府西閤祭酒。后历任太子舍人、司徒府录事参军、京畿主簿、给事黄门侍郎，待诏文林馆。北周建德七年（577年）周武帝宇文邕灭齐，将他留任朝中，授予开府仪同三司（等同宰相一级）。四年后，北周隋国公杨坚称帝，以隋代周，卢思道自恃才高，结果反遭欺蔑，于是官途沦滞。虽然一年后复出，奉诏出使陈国，却又遇上母忧。再度复出，仍为散骑侍郎，行内史侍郎事。不久，卒于京师，时年52岁。

卢思道是"北朝三才"之一邢劭的学生，北齐天保年间即有文名。

卢思道像

其诗长于七言，善于用典，对仗工整，气势充沛，语言流畅，开初唐七言歌行先声，在北朝后期和隋初地位较高。代表作有《听鸣蝉篇》《从军行》。文以《劳生论》最有名，被誉为北朝文压卷之作。他还有《北齐兴亡论》《北周兴亡论》等史论。有集 30 卷，已佚。今传《卢武阳集》1 卷。《先秦汉魏晋南北朝诗》存其诗 27 首，《全隋文》存其文 10 余篇。

颜之推

颜之推（531—约591年），字介，祖籍琅琊临沂（今山东临沂），出生于建康郡（今江苏省南京市）的一个士族官僚之家，为南齐治书御史颜见远之孙、南梁咨议参军颜协之子。中国古代文学家、教育家，生活年代在南北朝至隋朝期间。

颜之推早传家业，12 岁时听讲老庄之学，因"虚谈非其所好，还习《礼》《传》"，生活上"好饮酒，多任纵，不修边幅"。他博览群书，为文辞情并茂，得南梁湘东王萧绎赏识，19 岁就被任为国左常侍。后投奔北齐，历 20 年，官至黄门侍郎。公元 577 年，北齐为北周所灭，他被征为御史上士。公元 581 年，隋代北周，他又于隋文帝开皇年间，被召为学士，不久因病去世。依他自述，"予一生而三化，备荼苦而蓼辛"，叹息"三为亡国之人"。

颜之推传世著作有《颜氏家训》《还冤志》《集灵记》等。《北齐书》本传所载《观我生赋》，亦为赋作名篇。

《颜氏家训》，是北朝后期重要散文作品，且在家庭教育发展史上有重要的影响。《颜氏家训》共20篇，是颜之推为了用儒家思想教训子孙，以保持自己家庭的传统与地位，而写出的一部系统完整的家庭教育教科书。这是他一生关于士大夫立身、治家、处事、为学的经验总结，在封建家庭教育发展史上有重要的影响。后世称此书为"家教规范"。

颜之推宣扬性三品说，他把人性分为三等，即上智之人，下愚之人和中庸之人。他说："上智不教而成，下愚虽教无益，中庸之人，不教不知也。"他认为上智之人是无须教育的，因为上智是天赋的英才，不学自知、不教自晓。其次，下愚之人"虽教无益"，尽管教他，都是无效果的，因为"下愚"是无法改变的。颜之推强调中庸之人必须受教育，因为不受教育就会无知识，陷于"不知"的愚昧状态。教育的作用就在于教育中庸之人，使之完善德行，增长知识。

关于教育的目的，颜之推指出："古之学者为人，行道以利世也；今之学者为己，修身以求进也。"行道的"道"自然是儒家之道，即儒家宣扬的那一套政治理想和道德修养的内容；"修身以求进"思想渊源于孔子的"修己以安人"，善于"为己"（有良好的道德修养）才能更有效地"利世也"（治国平天下）。从这一教育目的出发，颜之推批判

颜之推石刻像

当时士大夫教育的腐朽没落，严重脱离实际，培养出来的人庸碌无能，知识浅薄，缺乏任事的实际能力。他认为传统的儒学教育必须改革，培养的既不是难以应世经务的清谈家，也不是空疏无用的章句博士，而是于国家有实际效用的各方面的统治人才，它包括：朝廷之臣、文史之臣、军旅之臣、藩屏之臣、使命之臣、兴造之臣。从政治家到各种专门人才，都应培养。这些人才应专精一职，具有"应世任务"的能力，是国家实际有用的人才。颜之推的这种观点，冲破了传统儒家的培养比较抽象的君子、圣人的教育目标，而以各种实用人才的培养作为教育的重要目标。

为了培养"行道以利世"的实用人才，颜之推提倡"实学"的教育内容。他认为培养出来的人才必须"德艺同厚"。所谓"德"，即恢复儒家的传统道德教育，加强孝悌仁义的教育。所谓"艺"，即恢复儒家的经学教育并兼及"百家之书"，以及社会实际生活所需要的各种知识和技艺。

关于"艺"的教育，当然是以五经为主。他认为学习五经，主要是学习其中立身处世的道理，"夫圣贤之书，教人诚孝，慎言检迹，立身扬名，亦已备矣。"但读书不能只限于《五经》，还应博览群书，

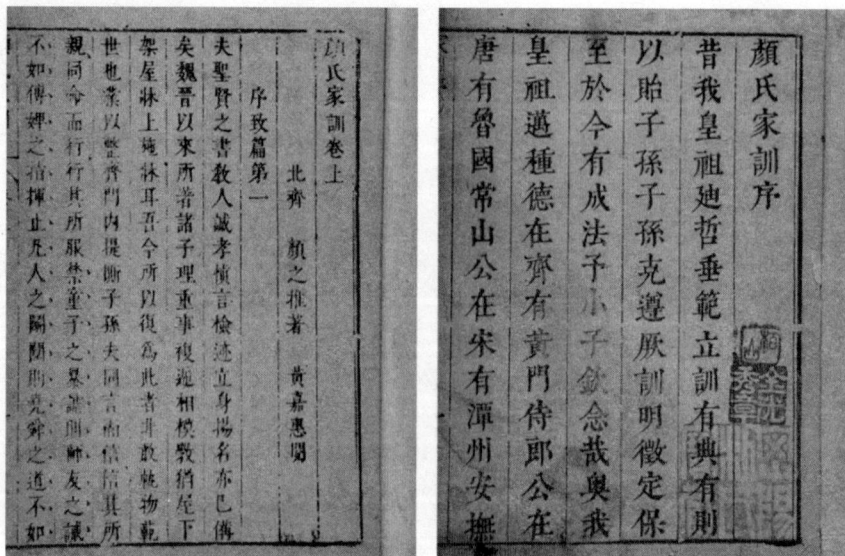

《颜氏家训》书影

通"百家之言"。此外，他还重视学习"杂艺"。他认为在社会动荡的非常时期，学习"杂艺"可以使人在战乱"无人庇荫"的情况下"得以自资"，保全个体的生存和士族的政治、经济地位。颜之推倡导的"杂艺"内容相当广泛，主要包括文章、书法、弹琴、博弈、绘画、算术、卜筮、医学、习射、投壶等，这些技艺在生活中有实用意义，也有个人保健、娱乐的价值。但这些"杂艺""可以兼明，不可以专业"。否则，不仅有劳身、智，而且易为更高一层的统治者所役使、所羞辱。颜之推的思想反映了当时士族地主阶级对技艺的歧视。

值得注意的是，颜之推强调士大夫子弟要"知稼穑之艰难"，学习一些农业生产知识。关于德育和艺教两者之间的关系，颜之推认为是相互联系的。

薛道衡

薛道衡（540—609 年），字玄卿河东汾阴（今山西万荣）人。隋代诗人、大臣。

薛道衡出身官僚家庭，六岁时父母双亡，成为孤儿。但他专精好学，13 岁时，读《春秋左氏传》，有感于子产相郑之功，作《国侨赞》一篇，辞藻华美，世时人称为奇才。由此以文才召世。北齐时，薛道衡待诏文林馆，兼主客郎，负责接待、应对北周及陈的使者，与当时文坛才子李德林、卢思道等常相过从。

北齐亡，周武帝用薛道衡为御史二命士，薛道衡自以为不受重用，便弃官归乡里。后来又入仕途为州主簿，不久又为司禄上土。

杨坚做相时，薛道衡效力于大将军梁睿府下，参与平定王谦之乱。后又从征突厥，还朝后，被任命为内史舍人，仕途上开始有起色。当时薛道衡还兼任聘陈主使，多次往还江东，对陈朝的腐败情况了解很深，所以多次上奏隋文帝，要求对陈"责以称藩"，也就是不承认陈朝和隋对等，实有灭陈、统一南方之意。

在隋文帝时，薛道衡备受信任，担任机要职务多年，当时名臣如高颖、杨素等，都很敬重他。因而他的名声大振，一时无双。皇太子及诸王都争相与之结交，引以为荣。这对薛道衡来说本来应该是值得荣耀的事，然而，他却因此得罪晋王杨广而罹祸。

薛道衡曾与晋王杨广一起伐陈，杨广对薛道衡的文才极其爱慕。隋文帝时，有一次，薛道衡被人弹劾在朝中结党，被除名，处以流放岭南。当时晋王杨广正坐镇扬州，听说这件事后，就秘密派人到长安通知薛道衡，让他取道扬州到岭南，等他到了扬州，就上奏皇帝，把他留在扬州幕府中。但薛道衡讨厌杨广的为人，就没有走扬州路，而走了江陵道。

杨广继位后，薛道衡从地方上回到京师。当时的隋炀帝对薛道衡尚有一丝爱慕之心，本打算委以秘书监显职，但薛道衡不识时务，写了一篇《高祖文皇帝颂》奏上。薛道衡高估了皇帝的心胸，最要命是高估了自己的分量。隋炀帝看了以后，大怒，对大臣苏威说："道衡至美先朝，此《鱼藻》之义也。"《鱼藻》是《诗经》中的一篇，据《诗序》讲，此诗通过歌颂周武王而讥刺周幽王。薛道衡是否有此意不得而知，但隋炀帝猜忌心很强，他岂能容忍别人把自己和周幽王联系在一起，由此便产生了杀害薛道衡之心。

当时，薛道衡的朋友司隶刺史房彦谦（唐初名臣房玄龄之父），觉察到隋炀帝对薛道衡的歹意，就劝薛道衡杜绝宾客，闭门自守，以求保全，但薛道衡却不以为然。有一次，朝臣们在一起

薛道衡像

讨论新令，争论不已，薛道衡就说："向使高颖不死，令决当久行。"薛道衡的文人气太重，出语尖刻，当下有人受不了，就密报了隋炀帝。高颖在杨广与杨勇争夺太子之位的斗争中站在杨勇一边。薛道衡公然讲崇敬高颖的话，隋炀帝岂能容忍。当时正好是大臣裴蕴担任御史大夫，他知道炀帝讨厌薛道衡，就上奏弹劾，说："道衡负才恃旧，有无君之心。见诏书每下，便腹非私议，推恶于国妄造祸端。论其罪名，似如隐昧，源其情意，深为悖逆。"这真是欲加之罪，何患无辞，隋炀帝览奏大喜，称赞裴蕴说："公论其逆，妙体本心。"下令将薛道衡逮捕审讯，最后逼令自尽。

薛道衡从少时就是一个用心于文章字句之间的人，他喜欢在沉静中构思，史称："道衡每至构文，必隐坐空斋，踢壁而卧，闻户外有人便怒，其沉思如此。"尤其长于诗作，比如他的《出塞诗》一首："绝漠三秋幕，穷阴万里生。寒夜哀笛曲，霜天断鸿声。"诗中有一种边地的悲论情调，而又弥漫着一股粗犷壮大之气，体现了北朝文风的特点。同时，薛道衡因多次出使江南陈朝，受南方文风的影响也较深，比如他的《昔昔盐》一诗，辞采绚丽，对仗工整，描写铺排，极为细腻，其中"暗牖悬蛛网，空梁落燕泥"一句，为千古吟诵的名句。当时，薛道衡的诗名就极著，《隋书》讲："江东雅好篇什，陈主犹爱雕虫，道衡每有所作，南人无不吟诵焉"。文风极盛的南方都很推崇道衡的诗作，可见其成就之高。

薛道衡和卢思道齐名，在隋代诗人中艺术成就最高。薛道衡死后，尚有文集七十卷行世，后散佚。明人辑有《薛司隶集》，从中还可略窥这位隋代大文豪的风采。

王　通

王通（584—617年），字仲淹，门人私谥"文中子"。隋绛州龙门（今山西河津市）祖籍太原祁邑，祖上于北魏孝文帝时迁居河汾。。隋代文人琴家。素有济世之志，而生不逢时，不为当时朝廷所重，故隐居于汾水之地，

　　王通出生在官宦世家，其父王隆，曾于隋开皇初，以国子博士待诏云龙门，向隋文帝奏《兴衰要论》七篇，"言六代之得失"，颇为隋文帝所称道。王氏家学渊源深厚，所以王通从小就受到儒学的熏染。《中说·立命篇》有"夫子十五为人师"的记载，可见王通少年时即精通儒学，学问极好。

　　据说在隋文帝仁寿三年（603年），王通曾经"西游长安，见隋文帝，奏太平十二策，尊王道，推霸略、稽今验古"。但没有受到重用。大约是由于同乡薛道衡的推荐，才被授以蜀郡司户书佐、蜀王侍郎。王通并不满意，所以不久就"弃官归，以著书讲学为业"。

　　王通弃官归乡后，便潜心钻研孔子的"六经"，据说曾经受书于东海李育、学诗于会稽夏典，问礼于河东关子明，正乐于北平霍汲，考易于族父仲华。经过潜心研究后，王通觉得学问有成，便模仿孔子，作《王氏六经》，或称《续六经》。同时开始在家乡的白牛溪聚徒讲学，"门人常以百数，唯河南董恒、南阳程元、中山贾琼、河东薛收、太山姚义、太原温彦博、京兆杜淹等10余人为俊颖，而以姚义慷慨，方之仲由；薛收理识，方之庄周。"这个记载大体是可信的。

　　王通常在汾亭鼓《南风》等曲，被钓者评为"有廊庙之志"，但"声存而操变矣"。于是，王通痛感时世不济，空有抱负，而作《汾亭操》，现存琴曲《古交行》相传就是他的作品。

王通像

《王氏六经》一书,至唐贞观年间,已有十分之六有录无篇,至唐末,仅存《中说》一书。据考证,《中说》为门人薛收、姚义搜集整理,经王通弟王凝、子福畤、孙王勃三代人增删而成。今通化村王氏族中尚存《中说》部分木刻版。

第二节　唐代的著名文士

陈子昂

陈子昂(661—702年),字伯玉,梓州射洪(今四川射洪县)人。唐代诗人,自幼具有豪侠浪漫的性格,是唐代诗歌革新运动的扛旗人。他那首脍炙人口的"前不见古人,后不见来者;念天地之悠悠,独怆然而涕下"的《登幽州台歌》,由于有着深邃的内涵,铿锵的韵律,使人百读不厌。

陈子昂青少年时轻财好施,慷慨任侠,24岁举进士,以上书论政得到女皇武则天重视,授麟台正字。后升右拾遗,直言敢谏,曾因"逆党"反对武后而株连下狱。在26岁、36岁时两次从军边塞,对边防颇有些远见。圣历元年(698年)38岁时,因父老解官回乡,不久父死。陈子昂居丧期间,权臣武三思指使射洪县令段简罗织罪名,加以迫害,冤死狱中。其存诗共100多首,其诗风骨峥嵘,寓意深远,苍劲有力。其中最有代表性的有组诗《感遇》38首,《蓟丘览古》七首和《登幽州台歌》《登泽州城北楼宴》等。

陈子昂与司马承祯、卢藏用、宋之问、王适、毕构、李白、孟浩然、王维、贺知章称为仙宗十友。在初唐到盛唐诗风发展转变的过程中,陈子昂起到了相当重要的作用,时人和后人都给了他很高的评价。

据说,陈子昂出身于富豪之家,慷慨任侠、机警过人,但在京城这陌生之地，一时还施展不开。开始，陈子昂也像其他人一样，把自己的得意之作不停地进献给文坛的名宿大佬。但总是石沉大海，没有回音，显然没有人愿意赏识他。为此，陈子昂常有英雄扼腕之叹。

一天，长安东市热闹的商业区里，来了一位外地人，手里拿着一把光亮照人、精美绝伦的胡琴，标价出售。卖主对每个讨价还价的人说的都是同一句话："100万就是100万，少一个子儿不卖。"一百万，在当时可是一大笔巨款啊！谁能够出这么大的价钱来买一把胡琴？这个消息几天便沸沸扬扬地传遍了长安城。好奇之心，人皆有之。每天从四面八方赶到东市来观看这把胡琴的人，络绎不绝。胡琴一时成了整个长安城各阶层人士关注的焦点。

善于思考的陈子昂决心借这把胡琴为自己引路，邀约了几个朋友一起来到东市。陈子昂拿起这把琴，上上下下打量一番，大声说："好琴，绝对是货真价实的好琴。"然后对卖主说："就依你这个价，这把琴我买了！"说得非常干脆。

围观者无不向陈子昂投以惊异、羡慕的目光，口中发出一片"啧啧"之声。同来的朋友对陈子昂说："你疯了不成。你也不想想这100万是多少钱！花这么高昂的价格购买一把胡琴，值得吗？你要干什么呢？"

陈子昂对朋友说："我喜爱音乐，精通琴艺，买回去，当然用它来演奏。我还没见到过这么好的琴，既然是好琴，多花点钱，也是值得的呀。"

这时人群中有人高声说："买琴的这位先生，既然你有高超的演奏技艺，买的又是一把天下无双的好琴，何不当众演奏一曲，让我们一饱耳福呢？"

陈子昂笑笑说："当然可以。不过弹琴要有一定的气氛，要有条件，比如，要焚上一炷香，要有琴童侍立，这样弹起琴来才会富于情趣。随随便便地奏一曲，岂不辜负了这把价值连城的好琴吗？"说着，他用手指指向不远处那一片鳞次栉比的房屋说："那里是宣阳里，我就住在那里。你们有雅兴听琴的话，欢迎明天上午到寒舍去。我恭候各位的大驾光临，也期待着所有才高名重的朋友一起莅临指教。"

于是，这样一个精通琴艺、慷慨好客的人立即成了长安城中街头巷尾议论的话题。

第二天上午，宣阳里的陈子昂家中热闹异常，一二百个嘉宾把家里挤得满满的，不少人只得站在院子里。这些人中三教九流，各色人物都有，其中以文士居多。陈子昂兴奋得脸上焕发出光彩，跑进跑出，指挥家人端茶递水，忙得不亦乐乎。

一个来客有些焦急了，对陈子昂说："我们慕名而来，是想听听先生演奏美妙琴声的。请快弹奏一曲吧！"

神采飞扬的陈子昂站在人群中间，大声说："感谢各位朋友的光临。"说着他抱拳向众人施礼致谢，继续说："我来自巴蜀之地，胸怀大志，腹有文才。我写的诗文，不敢说字字珠玑，但绝不是平庸之作。我曾把诗文投献给一些知名学者。然而，太遗憾了，他们却连看一看的时间都没有，这是因为他们还没来得及了解我。"陈子昂看到人们都在聚精会神地听着他的话，十分高兴，便伸手从书童手里接过琴，慷慨激昂地转了话题，"我会操琴演奏，而且技艺不凡，但我不想把时间耗费在弹琴上面，因为那是梨园弟子做的事。"话音未落，他便举起手中的琴，"嘭"的一声摔在地上，耗费百万的一把琴竟被他摔碎了。众宾客一时哗然，不知陈子昂的葫芦里到底装着什

陈子昂

么药。

陈子昂以十分自信的口气说："我要做的事就是写文章。你们看，我已写好了上百篇文章，我还会继续写下去的。今天，我请诸位来，就是想请诸位帮我鉴定一下文章的质量。如果不好，我马上放把火把它们烧了；如果还有一点价值的话，就请诸位多美言几句吧。"

这时只见小书童捧出一卷卷誊抄工整的文章，陈子昂依次送给每位来宾一卷。客人们恍然大悟：陈子昂是在借此机会宣传自己的文才。人们透过陈子昂的非常之举，进而真正认识了他。就在一天之内，陈子昂的名声传遍了帝京长安。他从一个无名之辈，一跃成为大众宣扬的新闻人物。从此，陈子昂的身价倍增，大街小巷到处都可以听到有人吟诵陈子昂诗篇和朗读陈子昂文章之声。

唐代初期歌，沿袭六朝余习，风格绮靡纤弱，陈子昂挺身而出，力图扭转这种倾向。陈子昂的诗歌，以其进步、充实的思想内容，质朴、刚健的语言风格，对整个唐代诗歌产生了巨大影响。陈子昂的文才的确属于上乘，他的文章刚劲质朴，有西汉文学家司马相如、扬雄的风格；他写的诗歌格调清新、明朗刚劲，有汉末"三曹"和"七子"的风骨。

陈子昂在散文革新上也是有功绩的。他文集中虽然也还有一些骈文，但那些对策、奏疏，都用的是比较朴实畅达的古代散文，这在唐代，也是开风气之先。所以唐代古文家萧颖士、梁肃、韩愈都对他这方面的努力有较高的评价。

骆宾王

骆宾王（约619—约687年）字观光，汉族，婺州义乌人（今浙江义乌）。唐初诗人，与王勃、杨炯、卢照邻合称"初唐四杰"；又与富嘉谟并称"富骆"。

骆宾王自幼聪慧，受过良好的教育。七岁时就作了有名的《咏鹅》诗："鹅、鹅、鹅，曲项向天歌。白毛浮绿水，红掌拨清波。"后来因父亲做了博昌县令，他便到那里求学。博昌古属齐地，因此他受齐、鲁学风影响颇深。

以骆宾王之才，博取个进士及第似乎应是没有问题的。但是，他却没有闯过这一关。后来好不容易在长安取得一官半职，过了几年颇为潇洒的生活。他在《畴昔篇》中对这几年的生活充满了温馨的回忆："九陌争驰千里马，三条竞骛七香车。掩映飞轩乘落照，参差丽障引朝霞。池中旧水如悬镜，屋里新妆不让花。"大概因为生活不甚检点吧，他被免了官。

后经人推荐，骆宾王到豫州做道王李元庆的幕僚。李元庆是高祖李渊诸子中较有作为的一个。他对骆宾王颇为器重。三年满了，按规定要考察工作成绩，以决定升降，道王采取新的做法，要他"自叙所能"，大概类似于今天作个自我鉴定。这在当时是破天荒的。古代考察官员的工作成绩，都是由上级单独进行的。唐太宗于贞观十三年（639年）曾提出让人自荐，以选择人才。魏征认为不可，因为会增长矜善伐能、浇薄竞争之风。此事便停止了。道王要下属"自叙所能"，和唐太宗让人自荐，性质虽然不同，精神却是相通的。应该说，这种突破传统的做法，是有利于士人发挥自己的能力，提高自己的地位的，是有利于增长士人的自觉意识和自主精神的。当然，也有其负面的作用，魏征所着眼的就是负面的作用。骆宾王受传统思想浸渐极深，对"自叙所能"

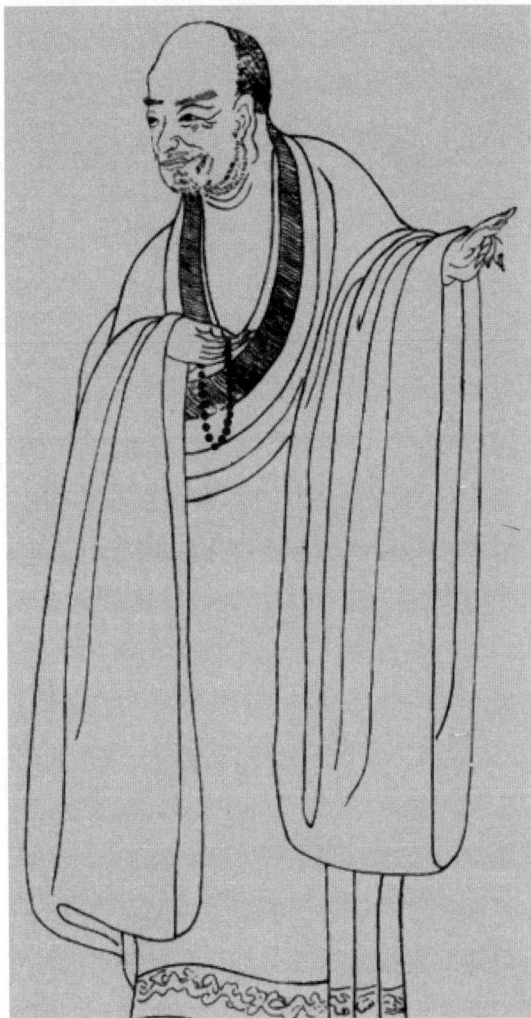

骆宾王像

抱着和魏征相似的看法；而他所处的位置却和魏征不同，魏征是和唐太宗讨论政策、措施，而他是被考察工作的对象。他贸然给道王上了《自叙状》，不是对自己的工作做个鉴定，而是大谈这种做法不对。

本来实事求是地评估一下自己的能力与业绩，让上级能够更全面地考察自己，是无可厚非的。骆宾王却一定要说这样做是让自己自卖自夸，玷污高节；而君本应有知臣之明，无须由臣自叙所能。这种做法，想来不会使道王高兴的。他在道王府又干了三年，以后便赋闲了。

一贯锐意获取功名的骆宾王，为什么这样反对"自叙所能"呢？早年他为取得乡贡资格以便进京参加进士考试时，曾"轻用自媒"，写信给瑕丘令韦某，自称"九流百氏，颇总缉其异端；万卷五车，亦研精其奥旨"（见《上瑕丘韦明府启》）。此次赋闲之后，也曾写信给以太常伯兼右相的刘详道，想借重他的名望，请他举荐以达到出仕的目的，深望"一顾之隆，骀足（指驽马）逾于仙鹿；片言之重，鱼目轶于灵蛇（指随珠）"。这些做法，和"自叙所能"有什么本质上的不同呢？从今天来看，恐怕很难说有根本性质的区别。但在唐代，请人举荐，是家常便饭；而自叙所能，却是士人所羞为。骆宾王不能跨越这个藩篱。他没有应时而动的勇决，便只有抒发怀才不遇的不平了。

垂拱年间，他任宣慰叶蕃使，辞行时，武后说："久闻尔名，谓为古人，乃至朝邪！境外事不足行，宜留待制。"即下诏入阁供奉，一直做到正谏大夫，兼右控鹤内供奉。但他认为古无所谓控鹤之官，而授任者都是浮狭青年，上书请罢，忤旨，左迁，后又出为刺史，复入弘文馆为学士，因武三思忌贤，再次出为刺史，所至孔化大行。他并不是阿谀之臣。

睿宗初，拜为太子右喻德，兼学文馆学士，累封至平原郡公。后来，骆宾王因事辞官隐居山野。

一段时间后，骆宾王再度求仕，经多番努力，重新入朝，当个职位极卑下的奉礼郎，后又兼东台详正学士。不知怎么搞的，不久他又蒙冤而罢去了详正学士的官职。这时，他决定从军了。他羡慕"剑匣胡霜影，弓开汉月轮。金方动秋色，铁骑拍风尘"（《咏怀古意上裴侍郎》）

那样的军营生活，甚至幻想"勒功思比宪（窦宪），决策暗欺陈（陈平）"（同上），以为顷刻便能建功立业。

　　他带着激越的浪漫情调和急切的立功心理从军西域，开始时他还意气风发，吟诗"壮志凌苍兕，精诚贯白虹。君恩如可报，龙剑有雌雄"（《边庭落日》）。接着便由于他对边庭的艰苦生活缺乏充分的思想准备而沮丧起来，他对自己的决定也后悔了。"行叹戎麾远，坐怜衣带赊。交河浮绝塞，弱水浸流沙。旅思徒漂梗，归期未及瓜。宁知心断绝，夜夜泣胡笳"。（《晚度天山有怀京邑》）"有志惭雕朽，无庸（同用）类散樗。关山暂（急速）超忽，形影叹艰虞。结网空知羡，图荣岂自诬"？（《久戍边城有怀京邑》）

　　多年的军旅生活结束后，他得到的仅是武功县主簿的职务，相当失意。不久，吏部侍郎裴行俭出为洮洲道左二军总管，裴举荐骆为军中书记。军中书记职务比县主簿高，这对骆来说是晋升的好机会。但骆为了奉养老母，以弥补多年奔走边关不能养亲的遗憾，推辞了。裴行俭也因情况变化没能成行。

　　骆宾王的母亲逝世之后，骆似乎得到某种解脱，他不必再委屈求全了。在他当侍御史期间，多次上书言事，得罪了武则天，结果是诬陷他任长安主簿时犯贪污罪，下狱。他真是悲愤欲绝，高声呐喊：

　　紫禁终难叫，朱门不易排（推开）。惊魂闻落叶，危魄逐轮埋（用后汉张纲埋轮洛阳都亭，弹劾大将军、河南尹之事）。霜威遥有厉，雪枉更无阶。含冤欲谁道，饮气独居怀。（《畴昔篇》）

　　传诵千古的《在狱咏蝉》就作于此诗，诗云：

　　西陆蝉声唱，南冠客思侵。那堪玄鬓影，未对白头吟。露重飞难进，风多响易沈。无人信高洁，谁为表予心。

　　仪凤三年（678年），相继调任武功主簿、长安主簿，又由长安主簿入朝为侍御史，武则天当政，骆多次上书讽刺，得罪入狱。骆《在狱咏蝉》，有云："露重飞难进，风多响易沉。无人信高洁，谁为表余心？"以抒悲愤。次年，遇赦得释。调露二年（680年），遇赦出狱，降职作临海丞。前面提到的《钓矶应诰文》就作于赴任路上。此时的骆宾王早已饱尝了被钓之苦，他期望自己能当一回钓鱼的太公。由于他对武则天的专权心怀不满，谢绝了程务挺的举荐，有"万里烟波，举目有江山之恨；百龄心事，劳生无暂刻之欢"（《与程将军书》）的感慨，参加徐敬业的武装反抗，也就成了题中应有之义了。

嗣圣元年（684年），武则天废中宗自立，这年9月，徐敬业（即李敬业）在扬州起兵反对。骆宾王为徐府属，被任为艺文令，掌管文书机要。他代徐敬业起草的讨伐武则天的檄文，可以说如江河奔涌，大气磅礴。如果不是胸中积满了巨大的愤怒，文才再高，也形成不了这样的文字。据说，武则天读这篇檄文，开头只是嬉笑，至"一抔之土未干，六尺之孤何托"时，矍然问道："是谁写的？"回答说是骆宾王，武则天说："宰相安得失此人！"可见此文的力量震惊了武则天。文末两句："试看今日之域中，竟是谁家之天下！"是千古振奋人心的雄文。

可是，这篇《代李敬业传檄天下文》（敬业本是徐姓，其祖徐世勋以功劳卓著赐姓李）恐怕是骆宾王文集中最后的辉煌了，也恐怕是徐敬业武装反抗事件中唯一的辉煌。这次武装反抗迅速失败，徐敬业被杀，骆宾王也不知所终，或谓客死南通，或谓终老义乌。

骆宾王和卢照邻都擅长七言歌行，"富有才情，兼深组织"，"得擅长什之誉"（胡震亨《唐音癸签》）。

他的长篇歌行《帝京篇》在当时就已被称为绝唱，《畴昔篇》《艳情代郭氏赠卢照邻》《代女道士王灵妃赠道士李荣》等也都具有时代意义，往往以□崎磊落的气息，驱使富艳瑰丽的词华，抒情叙事，间见杂出，形式非常灵活。这种诗体，从六朝小赋变化而来，它吸取了六朝乐府中辘轳辗转的结构形式以及正在发展中的今体诗的对仗和韵律，言辞整齐而流利，音节宛转而和谐，声情并茂，感染力强，易于上口成诵。明代何景明说初唐四子"音节往往可歌"（《明月篇序》），所指即此。在骆宾王稍后的刘希夷、张若虚以及盛唐的李颀、王维、高□、中唐的元稹、白居易，晚唐的郑□、韦庄，及至清代吴伟业等人的长篇歌行，都是沿着这条线索发展下来的。

骆宾王的五律也有不少佳作。如《在狱咏蝉》，托物寄兴，感慨深微，是脍炙人口的名篇；《送郑少府入辽》抒写立功报国的乐观战斗精神，格高韵美，词华朗耀，除了全首平仄声调还不协调，律体形式尚未成熟而外，比起杨炯的《从军行》《紫骝马》并无逊色。绝句小诗，如《于易水送人》《在军登城楼》，寥寥 20 字中，壮志豪情，激荡着风云之气，颇能见出诗人的个性风格，在初唐绝句中也是不多见的。

"四杰"齐名，原是诗文并称的。他们的骈文在才华艳发、辞采赡富之中，寓有一种清新俊逸的气息。无论抒情、说理或叙事，都能运笔如舌，挥洒自如，比起六朝后期堆花俪叶，一味追求形式之美的文风，有着明显的不同。

综观骆宾王的一生，他的正义感与求仕心缠绕在一起，使得他一次又一次浮沉于宦海之中，"势牵于人，道穷乎我"，成为他自己的写照。

王 勃

王勃（约 650—约 676 年），字子安，绛州龙门人（今山西河津）。唐代文学家，"初唐四杰"之一。

王勃出身于豪门望族，祖父王通是隋末大儒，号文中子；叔祖王绩是著名诗人；父亲王福畤历任太常博士、雍州司功等职。王勃从祖王绩，王绩的诗风直接影响了王勃的诗作。而王勃兄弟六人，都以诗文为人称道。王勃曾有过"海内存知己，天涯若比邻"的感叹。

王勃与杨炯、卢照邻、骆宾王齐名，称为"王杨卢骆"，世称"初唐四杰"。他们四人反对六朝以来颓废绮丽的风气，"思革其弊，用光志业"，致力于改革六朝文风，提出一些革新意见，开始把诗文从宫廷引向市井，从台阁移到江山和边塞，题材扩大了，风格也较清新刚健，对于革除齐梁余风、开创唐诗新气象，起了重要的作用。经过他与同时代的人的努力，"长风一振，众荫自偃，积年绮碎，一朝清廓"，以独具特色的文风，奠定了他在中国文学史上的地位。讲中国文学史，尤其是唐代文学史，没有不讲到"王杨卢骆"的。

王勃才华早露，未成年即被司刑太常伯刘祥道赞为神童，向朝廷

像公安子邸散朝唐

王勃像

表荐，对策高第，授朝散郎。《旧唐书》载："六岁解属文，构思无滞，词情英迈，与兄才藻相类，父友杜易简常称之曰：此王氏三株树也。"杨炯《王勃集序》上也说："九岁读颜氏汉书，撰指瑕十卷。十岁包综六经，成乎期月，悬然天得，自符音训。时师百年之学，旬日兼之，昔人千载之机，立谈可见。"麟德元年（664年），王勃上书右相刘祥道曰："所以慷慨于君侯者，有气存乎心耳。"刘祥道赞其为神童，向朝廷表荐，对策高第，授朝散郎。乾封元年（666年）为沛王李贤征为王府侍读，两年后，因戏

为《檄英王鸡》文，被高宗怒逐出府，随即出游巴蜀。咸亨三年（672年），补虢州参军，因擅杀官奴当诛，遇赦除名。其父亦受累贬为交趾令。

上元二年（675年）或三年（676年），王勃南下探亲，渡海溺水惊悸而亡，时年27岁，一说，26岁。

王勃7岁时就能作文章，14岁时，就能即席赋诗。龙朔三年（663年）九月，他去探望父亲，路过洪州时，参加了都督阎公的滕王阁宴，即席写下了《滕王阁序》和《滕王阁》诗，文惊四望，堪称千古美谈。

滕王阁是滕王元婴在洪州任都督时所建，故称为洪府滕王阁。因其雄峙在汉江边上，因而成为游览胜地。当时，现任洪州都督阎伯屿在阁内大宴宾客，邀请了许多知名人士出席。王勃路过此地，也应邀而来。他人小名气也不大，因而被安置在末座。阎伯屿早已命他的女婿孟学士作了一篇《滕王阁序》，打算在酒席宴前显露一手，夸耀于人，

也让他这做岳父的脸上有光。

宴会开始后,众宾客觥筹交错,互为恭贺,好不热闹。正在酒意酣畅之时,阎伯屿站了起来,得意扬扬地对众宾客说:"今日诸位在此阁上欢聚一堂,实是难得的盛会,不可无文章以记今日之盛。诸位都是当今名士,文采风流,尚望珠笔一挥,写赋为序,使高阁与妙文,同垂千古。"说完,就装模作样地遍请宾客作文。

宾客们早知其意,哪里肯写,不是谦称才疏学浅,不敢献丑,就是借口病体未愈。推来推去,最后轮到了王勃。王勃却不推辞,立即接过笔墨,站起身来,拱手说道:"不才探父路过洪州,有幸赴都督盛宴,不胜感激。都督盛情难却,不才斗胆试笔,尚望都督及诸位先生不吝赐教。"众宾客见这位三尺少年,一介书生意气毫不谦让,不由大吃一惊。阎伯屿满心不快,却又不便当众发作,只得强作笑颜,拱手道:"愿闻佳作,愿闻佳作!"

只见王勃凝神肃立了一会儿,忽地卷起袖口,用力握起笔管,饱蘸墨汁,奋笔疾书起来。众人见此情景,无不议论纷纷,有人说王勃不知天高地厚,敢与公子比试文才;有人却说此少年风度翩翩,不可小视。阎伯屿听到这些议论,心中更是不快,便索性走出宴所,站在阁外,凭栏眺望江景,以此消遣心中的烦闷。他暗嘱部下将王勃写的句子随时抄来,报与他知。

顷刻之间,一个部下跑来报告《滕王阁序》的开头两句:"南昌故郡,洪都新府"。阎伯屿一听,只冷冷一笑道:"只不过老生常谈耳!"话音刚落,又有人来报:"星分翼轸,地接衡庐。襟三江而带五湖,控蛮荆而引瓯越……"阎伯屿沉吟不语,心想:这小子开头写洪州地势雄阔,地处要冲,倒也可以。接下来又有人报告:"落霞与孤鹜齐飞,秋水共长天一色。"都督听罢,不禁霍然而起,叹曰:"此真奇才,当垂不朽矣!"说罢,他又吟咏再三,然后意味深长地称赞道:"落霞、孤鹜写动态,秋水、长天写静景,动静结合,妙语天然。秋日佳景,跃然纸上,宛然在目。眼前有景道不得,却被他一语道出,真乃神来之笔!"旁边一位老秀才也接着说:"这两句是从庾信的《马射赋》中'落花与芝盖齐飞，杨柳共春旗一色'化来的，却熔铸新意，点石成金，令人耳目一新，实属难得！"话音未了，部下已将完整的《滕王阁序》文从王勃手中拿了送来。都督看着这篇洋洋洒洒的序文，玩味再三，不住地赞叹："妙！妙！妙！"

过了一会儿，随从又把王勃一气呵成的《滕王阁》诗送了过来。阎伯屿接过来一看，是一首七言古诗。

　　　滕王高阁临江渚，佩玉鸣鸾罢歌舞。
　　　画栋朝飞南浦云，朱帘暮卷西山雨。
　　　闲云潭影日悠悠，物换星移几度秋。
　　　阁中帝子今何在，槛外长江空自流。

王勃雕像

阎伯屿一唱三叹地吟咏着这首诗，不由抚掌赞叹说："此诗虽写滕王阁，却直抒好景不长、年华易逝之慨，蕴含诗人进取向上之情。诗意新、格调高、气象伟、铸词精、用字炼，真可谓吊古之杰作，为当今所不多见呀！"此时的阎都督早已沉醉在王勃的诗情画意之中，开始时的那股怨气，早已丢到爪哇国去了。

这时，王勃走到都督面前，施礼说道："不才献丑了，万望都督赐教！"

阎伯屿高兴地说："贤君下笔如有神，字字珠玑，句句精彩，真乃当世奇才呀！"

孟学士见王勃文思敏捷、才华横溢，也自愧不如，羞愧地离去了。

阎伯屿马上召宾客重新入座开宴。宾客们把王勃尊为上宾，纷纷举杯祝贺。阎都督更是对他倍加赞赏。

宴会直延至深夜，极欢而罢。

　　从此，王勃和他的《滕王阁序》名震海内。只可惜王勃26岁时，渡海落水，惊悸而死。一代英才，英年早逝，不可不说是中国诗坛和文坛的一大损失。

　　王勃的文学主张崇尚实用。当时文坛盛行以上官仪为代表的诗风，"争构纤微，竞为雕刻"，"骨气都尽，刚健不闻"。王勃"思革其弊，用光志业"（杨炯《王勃集序》）。

　　他创作"壮而不虚，刚而能润，雕而不碎，按而弥坚"的诗文，对转变风气起了很大作用。王勃的诗今存80多首，赋和序、表、碑、颂等文，今存90多篇。

王　维

　　王维（701—761年），字摩诘，号摩诘居士。祖籍太原祁县（今山西祁县），其父迁家蒲州（今山西永济），遂为蒲人。唐朝诗人，有"诗佛"之称。他不但诗歌创作卓有成就，还善于绘画，精通音律，是中国文学史上一个多才多艺的诗人。

　　王维出身河东王氏，于开元十九年（731年）状元及第。历官右拾遗、监察御史、河西节度使判官。唐玄宗天宝年间，王维拜吏部郎中、给事中。安禄山攻陷长安时，王维被迫受伪职。长安收复后，被责授太子中允。唐肃宗乾元年间任尚书右丞，故世称"王右丞"。

　　王维参禅悟理，学庄信道，精通诗、书、画、音乐等，以诗名盛于开元、天宝间。尤长五言，多咏山水田园，与孟浩然合称"王孟"，有"诗佛"之称。书画特臻其妙，后人推其为南宗山水画之祖。王维多才多艺，他把绘画的精髓带进诗歌的天地，以灵性的语言，生花的妙笔为我们描绘出一幅幅或浪漫、或空灵、或淡远的传神之作，在诗坛树起了一面不倒的旗帜。苏轼评价其："味摩诘之诗，诗中有画；观摩诘之画，画中有诗。"存诗400余首，代表诗作有《相思》《山居秋暝》等。著作有《王右丞集》《画学秘诀》。

　　王维不仅才华出众，而且富有正义感。

一次，唐玄宗的哥哥宁王李宪，邀请了十几位有名的文人墨客来宁王府做客，王维也被邀请了。席间，宾客们有说有笑，唯独有位坐在宁王李宪身边娇艳多姿的年轻女子闷闷不乐。

王维看着这个充满忧愁的女子，悄悄地询问坐在他身边的一位好友说："这位女子是什么人，为什么这样忧愁？"他这位朋友轻声对王维说："她是宁王手下的人从宁王府左邻一个开烧饼铺的人那里抢来的。这个女子很有骨气，她不喜欢宁王府的荣华富贵，时刻想念着卖烧饼的丈夫。虽然宁王对她比对其他妻妾、歌妓都宠爱，但她从不和宁王说话，整天都是这样愁容满面。"王维知道这个女子的遭遇之后，非常同情她，但又想不出用什么办法可以帮助她解脱。

王维像

这时，雅兴正浓的宁王李宪，看到他新近霸占来的姜仍然闷闷不乐，就想当着众人的面戏弄她一番，于是问她："你放着荣华富贵不享，难道还想着你那个卖烧饼的穷汉子吗？"这女子仍旧眼泪汪汪，不肯说话。宁王又说："那个卖烧饼的穷汉子已得了我一大笔钱，早就另娶新欢，把你忘了。如果你不信，我现在就派人把他叫来给宴会送饼，叫你看看，这样你就会死了这条心了！"

一会儿，卖烧饼的汉子端着烧饼走进宴会厅，他的妻子马上站起来，跑了过去。夫妻两个你看看我，我看看你，相对无言、泪如雨下，在座的人都被这情景所感动。出现这个场面是宁王李宪万万没有料到的。他十分尴尬地站起来，请在场的文人墨客即事吟诗，以便为他解围。

王维第一个站起来，说："宁王，小人愿先来献丑。"宁王以为王维是要为他解围，脸上露出十分高兴的神色说："好！好！快快吟来。"

王维端起酒杯，饮了一口，说道："我这首即兴诗的题目是《息夫人》：莫以今时宠，能忘旧日恩。看花满眼泪，不共楚王言。"

宴席上所有宾客都知道，王维所说的息夫人，是春秋时代息国君主的妻子，楚王灭了息国后，将她据为己有，但她始终不对楚王说一句话。王维的诗，分明是借历史故事来批评宁王，同情这对患难夫妻。这对患难夫妻也听明白了王维这首诗的含义，他们抱头痛哭起来。

宁王的宾客听了王维的这首诗，又看到这对患难夫妻的悲恸场景，都难过得低下了头。他们当中没有一个人敢继王维之后再即事续诗，因为王维的这首《息夫人》已经达到了即事的最高境界。宁王这时连气带羞，脸色白一阵红一阵，无地自容。最后他出于无奈，只好对卖烧饼的夫妻说："以前那些事都是我手下人干的，我一点都不清楚。现在成全你们夫妻，你们可以走了。"王维写的《息夫人》，借古讽今，成全了一对患难夫妻，这个故事一直流传至今。

王维生当盛唐，这是他的幸运。他富于才华，21岁就顺利地考中了进士，解褐为太乐丞。可是就在这一年，因太乐署中伶人舞黄狮子事受到牵连，贬为济州司仓参军。这以后的数年间，他"穷边徇微禄"（《宿郑州》），自济州到淇上做他的小官。从他这段时间的诗作中看不出他有什么政绩，相反，却能看出他已有了归隐的倾向。他在《偶然作六首》之三中写道：

日夕见太行，沉吟未能去。问君何以然，世网婴我故。小妹日成长，兄弟未有娶。家贫禄既薄，储蓄非有素。几回欲奋飞，踟蹰复相顾。孙登长啸台，松竹有遗处。相去讵几许，故人在中路。爱染（《大般若经》于妙欲境，心不爱染）日已薄，禅寂日已固。忽乎吾将行，宁侯岁云暮。

看来他对做官并无多大兴趣，更无雄心壮志，只是因为小妹未长大，兄弟未成家，为维持生计，薄禄之官也得勉强为之。而心中摆脱爱染，向往禅寂之念已甚坚牢，很想早日付之实行。

据陈贻焮先生的考证，王维至迟于开元十七年（729年）回长安担任秘书省校书郎之职。但他对自己能回京师任职并不感到十分欢欣鼓舞。他回来后，急切做的一件事是到大荐福寺大德道光禅师座下学顿教。据《大荐福寺大德道光禅师塔铭》记载，道光禅师于开元二十七（739年）年涅槃，王维在其座下，"俯伏受教"达十年之久。这十年中，王维是身在朝堂而心存世外。另外，他的友人孟浩然于开元十六年（728年）到长安应进士试落第，十七年返襄阳前作诗《留别王维》有"寂寂竟何待，朝朝空自归。欲寻芳草去，惜与故人违"几句，王维写了《送孟六归襄阳》开导他说：

> 杜门不欲出，久与世情疏。
>
> 以此为长策，劝君归旧庐。
>
> 醉歌田舍酒，笑读古人书。
>
> 好是一生事，无劳献《子虚》。

对好友孟浩然的落第，王维不仅没有愤慨或同情的表示，反而还劝他"归旧庐"。《新唐书·孟浩然传》说：孟浩然在长安，被朋友王维私自邀至内署，恰逢玄宗皇帝来到，孟浩然躲在床下。玄宗知道后把他叫了出来，让他诵读他自己写的诗，这本是孟浩然仕进的好机会，孟浩然便念了那首《岁暮归南山》诗。玄宗听了，并不同情他的落魄不遇，也不能理解他的"永怀愁不寐"，而是极不高兴地说："卿不求仕，而朕未尝弃卿，奈何诬我！"于是孟浩然被放还襄阳。葛立方在《韵语阳秋》卷十八说："或谓维见其胜己，不肯荐于天子……使维诚有荐贤之心，当于此时力荐其美，以解明皇之愠，乃尔嘿嘿？"葛立方对王维的批评，是因为他不了解王维的思想。王维自己就并不热衷于仕途，恐怕不存在与人争胜之心。他不推荐孟浩然，大概是推己心而及于人吧。

开元二十三年（735年），贤相张九龄推荐王维为右拾遗，为此，他写了《献始兴公》一诗，诗云：

> 宁栖野树林，宁饮涧水流。
>
> 不用食粱肉，崎岖见王侯。
>
> 鄙哉匹夫节，布褐将白头。
>
> 任智诚则短，守仁固其优。
>
> 侧闻大君子，安问党与仇。
>
> 所不卖公器，动为苍生谋。
>
> 贱子跪自陈，可为帐下不。
>
> 感激有公议，曲私非所求。

他称赞张九龄的公心，愿意为他工作，而仍然表示自己有匹夫之节，以归山林为理想。但不久李林甫就凭着他的口蜜腹剑挑起皇室内部的纷争。乱中擅权，张九龄却被贬荆州。王维目睹了这一场邪恶压倒正义的宦海风波，十分后悔自己的"少年识事浅，强学干名利"（《赠从弟司库员外》），并激愤地表示："明时久不达，弃置与君同。天命无怨色，人生有素风……微物纵可采，其谁为至公？余亦从此去，归耕为老农。"（《送綦毋校书弃官回江东》）官场的黑暗，迫使王维得认真考虑一下今后的进退出处了。他敬仰居陋巷而安贫乐道的颜回，也神往陶渊明的田园生活，他在《田园乐七首》之五中说："一瓢颜回陋巷，五柳先生对门。"说得最多的还是陶渊明。《偶然作六首》之四中说："陶潜任天真，其性颇耽酒……奋衣野田中，今日嗟无负。兀傲迷东西，蓑笠不能守。倾倒强行之，酣歌归五柳。生事不曾问，肯愧家中妇。"

《早秋山中作》一诗云：

> 无才不敢累明时，思向东溪守故篱。
>
> 不厌尚平婚嫁早，却嫌陶令去官迟。

王维一再赞扬陶渊明弃官归隐的高士品格，并表示愿与他结邻而居，但他最终既未归耕田园，也未深居陋巷。诗人们写诗，常有兴到之笔，其实是不会真的去做的。王维害怕贫穷。他从来就把做官看作取得优裕生活的一种职业，他不想放弃这一职业，他决定走隐于朝堂之路。《漆园》一诗云：

古人非傲吏，自阙经世务。

偶寄一微官，婆娑数株树。

王维是深得"偶寄一微官，婆娑数株树"这一生存方式的妙处的。他的这一想法在《暮春太师左右丞相诸公于韦氏逍遥谷燕集序》中也有所表现，他说："不废大伦，存乎小隐，迹崆峒而身拖朱绂，朝承明而暮宿青霭，故可尚也。"此序写在开元二十四年（736年），李林甫擅权，张九龄、裴耀卿被排挤出京师。行前，他们在韦嗣立的山庄逍遥谷之燕宴。王维与会，写了此序。表面看来，写的是中宗朝黄门侍郎韦嗣立的事，据《新唐书·韦嗣立传》记载："韦嗣立有山庄在骊山鹦鹉谷，中宗幸之，封嗣立为逍遥公，谷为逍遥谷，中宗留诗，从臣属和，嗣之并于石，请张说为之序，薛稷书之"。张说序云："岚气入野，榛烟出谷。鱼潭竹岸，松斋药畹。虹泉电射，云木虚吟。恍惚凝梦，间关忘术。兹所谓丘壑夔龙，衣冠巢许也。"（《唐诗纪事》）

王维像

实际上，正表明王维对"丘壑夔龙，衣冠巢许"这种亦官亦隐的处世方式的认同。在他看来愤世嫉俗如庄子这样的人，尚且不拒绝漆园吏这一小官，而能婆娑于数株树之间自得其乐，何况他毕竟生活在盛唐。尽管亲历宦海风波，目睹官场黑暗，但总没有像陶渊明那样对官场充满厌恶之情，不必要与官场彻底决裂。所以他选择了亦官亦隐的生活方式，在不废君臣大义的前提下去充分享受青山暮霭的隐逸之趣。

亦官亦隐的生活方式在唐代是一种普遍的现象。早于王维的韦嗣立、宋之见就是这样。他们既在朝做官，又有自己的山庄别业。在朝是官，退朝后回到山庄便是隐士，自可享受山林之乐，写写隐逸诗篇，可以说这是唐代的一种风尚。宋之问有诗云："圣朝容隐逸，时得泳南熏。"（《题雷琴二首》之二）就是说的这种情况。鲁迅说过："中国是隐士和官僚最接近的。那时很有被聘的希望，一被聘，即谓之征君；开当铺，卖糖葫芦是不会被征的。"（《帮忙文学与帮闲文学》）鲁迅说的实际上就是所谓的"终南捷径"。但隐士和官僚的接近还有另一层含义，即只有做了官僚，拿了俸禄，建造了山庄别业，才可能真正地逍遥当隐士，这就是常说的："小隐隐林薮，大隐隐朝市"。

当然，同样是亦官亦隐，侧重面却各不相同。如韦嗣立，以做官为主，隐逸是官场生活的调剂和补充，因为他是热衷于做官的；而王维，从他写的大量山水田园诗来看，是以隐逸为主的，做官仅仅是为了取得隐逸生活的经济保障。所以在他的诗中很少有反映为政的篇章。

世有"李白是天才，杜甫是地才，王维是人才"之说，后人亦称王维为佛，此称谓不仅是言王维诗歌中的佛教意味和王维的宗教倾向，更表达了后人对王维在唐朝诗坛崇高地位的肯定。王维不仅是公认的诗佛，也是文人画的南山之宗（钱钟书称他为"盛唐画坛第一把交椅"），并且精通音律，善书法，篆的一手好刻印，是少有的全才。深湛的艺术修养，对于自然的爱好和长期山林生活的经历，使他对自然美具有敏锐独特而细致入微的感受，因而他笔下的山水景物特别富有神韵，常常是略事渲染，便表现出深长悠远的意境，耐人玩味。他的取景状物，极有画意，色彩映衬鲜明而优美，写景动静结合，尤善于细致地表现自然界的光色和音响变化。例如"声喧乱石中，色静深松里"（《青溪》）、"泉声咽危石，日色冷青松"（《过香积寺》）以及《鸟鸣涧》《鹿柴》《木兰柴》等诗，都有体物入微之作。并著有绘画理论著作《山水论》《山水诀》。

李 白

李白（701—762年），字太白，号青莲居士。祖籍陇西成纪（今甘肃秦安东），幼随父迁居绵州昌隆（今四川江油县）青莲乡。唐代大诗人，被后人称为"诗仙"。诗风雄奇豪放，富有浪漫主义精神，对后世影响很大。他善于从民歌、神话中吸取营养和素材，构成其特有的瑰丽绚烂的色彩，是屈原以来积极浪漫主义诗歌的新高峰。传世有《李太白集》。

李白年少时，好任侠，且喜纵横。昌隆所在的绵州地区，自汉末以来，便是道教活跃的地方。因此，李白常去戴天山寻找道观的道士谈论道经。

据说后来，他与一位号为东岩子的隐者隐居于岷山，潜心学习，多年不进城市。

当时有名的纵横家赵蕤也是李白的好友，此人于开元四年（716年）就著成了《长短经》十卷。那时的李白才16岁。赵蕤这部博考六经异同、分析天下形势、讲求兴亡治乱之道的著作引起了李白的极大兴趣。于是他以后一心要建功立业，喜谈王霸之道，也正是受到这部书的影响。

开元十三年（725年），李白离开蜀国，"仗剑去国，辞亲远游"。他乘舟沿江出峡，渐行渐远，家乡的山峦逐渐隐没无法辨认了，只有从三峡流出来的水仍跟随着他，推送着他的行舟，把他送到一个陌生而又遥远的城市中去。

李白到了江陵，他没有想到在江陵会有一次不平凡的会见，他居然见到了受三代皇帝崇敬的道士司马祯。

天台道士司马祯不仅学得一整套的道家法术，而且写得一手好篆，诗也飘逸如仙。玄宗对其非常尊敬，曾将他召至内殿，请教经法，还为他造了阳台观，并派胞妹玉真公主跟随其学道。

李白能见到这个备受恩宠的道士，心里自然十分开心，还送上了自己的诗文供其审阅。李白器宇轩昂，资质不凡，司马祯一见便已十分欣赏，等到看了他的诗文之后，更是惊叹不已，称赞其"有仙风道骨，可与神游八极之表"。因为他看到李白不仅仪表气度非凡，而且才情文章也超人一等，又不汲汲于当世的荣禄仕宦，这是他几十年来在朝野都没有见过的人才，所以他用道家最高的褒奖的话赞美他，说他有"仙根"，即有先天成仙的因素，与后来贺知章赞美他是"谪仙人"的意思差不多，都是把他看作非凡之人。这便是李白的风度和诗文的风格给予人的总的印象。

李白被司马祯如此高的评价之后欢欣鼓舞。他决心去追求"神游八极之表"这样一个永生的、不朽的世界。兴奋之余，他写成大赋《大鹏遇希有鸟赋》，以大鹏自喻，夸写大鹏的庞大迅猛。这是李白最早名扬天下的文章。

李白自江陵南下，途经岳阳，再向南去，便到了此行的目的地之一洞庭湖。可是正当泛舟洞庭时，发生了一件不幸的事情，李白自蜀同来的旅伴吴指南暴病身亡。李白悲痛万分，他伏在朋友的身边，号啕大哭，由于他哭得过于伤痛，路人听到了都为之伤心落泪。旅途中遇到这样的不幸，真是无可奈何，李白只好把吴指南暂时葬于洞庭湖边，自己继续东游，决定在东南之游结束后再来重新安葬朋友的尸骨。

李白来到庐山后，在此写下了脍炙人口的《望庐山瀑布》诗。此后，李白到了六代古都金陵。此地江山雄胜，虎踞龙盘，六朝宫阙历历在目。这既引起李白许多感慨，也引起了他对自己所处时代的自豪感。他认为昔日之都，已呈一片颓废之气，没有什么好观赏的了，根本不及当今皇帝垂拱而治、天

李白像

下呈现出的一片太平景象。

金陵的霸气虽已消亡，但金陵的儿女们却饱含深情地接待李白。当李白告别金陵时，金陵子弟殷勤相送，频频举杯劝饮，离别之情如东流的江水，流过了人们的心头，使人难以忘却。

李白告别金陵后，从江上乘船前往扬州。扬州是当时的一个国际大都市。李白从没有见过如此热闹的城市，与同游诸人盘桓了一些时日。到了盛夏，李白与一些年轻的朋友"系马垂杨下，衔杯大道边。天边看绿水，海上见青山"，好不自在。到了秋天，他在淮南病倒了。卧病他乡，思绪万千，既感叹自己建功立业的希望渺茫，又深深地思念家乡，唯一能给他一点安慰的，便是远方友人的书信。

李白在淮南病好之后，又到了姑苏。这里是当年吴王夫差与美女西施日夜酣歌醉舞的地方，李白怀古有感，写了一首咏史诗《乌栖曲》。这首诗后来得到了贺知章的赞赏，称其"可以泣鬼神矣"。由此可见，李白的乐府诗有时虽袭用旧题，却多别出新意。

李白自越西归，回到了荆门。

在荆门他一待就是三个月。虽然思乡心切，但事业没有一点成就，他自觉难于回转家园。最后，他决定再度云游。首先，他再次来到洞庭湖，把吴指南的尸骨移葬到江夏（今湖北武昌）。他在江夏结识了僧行融，又从他那里了解到孟浩然的为人，于是便去襄阳拜见孟浩然，由此写下了著名的五律诗《赠孟浩然》。

不久，李白来到安陆，在小寿山中的道观住了下来。然而，隐居于此并非长久之计，他仍想寻找机会，以求仕进。在隐居寿山时，李白以干谒游说的方式结交官吏，提高自己的声誉。

李白的文才得到了武后时宰相许圉师的赏识，便将其招为女婿。李白与夫人许氏在离许家较近的白兆山的桃花岩下过了一段幸福美满的婚姻生活。但是美好的夫妻生活并没有使李白外出漫游以图功业的心志有所减退。他以安州妻家为根据地，再次出游，并结识了一些官吏和贵公子，并于开元二十二年（734年），谒见荆州长史兼襄州刺史韩朝宗。

封建时期的帝王常在冬天狩猎。玄宗继位后，已有过多次狩猎，每次都带外国使臣同去，耀武扬威，以此来震慑邻国。开元二十三年（735年），玄宗又一次狩猎，正好李白也在西游，借此献上《大猎赋》，希望能博得玄宗的赏识和提拔。

他的《大猎赋》希图以"大道匡君，示物周博"，而"圣朝园池遐荒，殚穷六合"，幅员辽阔，境况与前代大不相同，夸耀本朝远胜汉朝，并在结尾处宣讲道教的玄理，以契合玄宗当时崇尚道教的心情。

李白此次西来的目的是献赋，另外，也趁此机会游览一下长安，领略这座"万国朝拜"的京都风光。他居住在终南山脚下，常登临终南山远眺。当他登上终南山的北峰时，眼前呈现出泱泱大国的风貌。他深感生在这样的国家是幸运的，因此颇有自豪之感。可一想到这发达的帝国内部已产生了腐朽的因素，他的情绪又受到打击。

李白自进长安后结识了卫尉张卿，并通过他向玉真公主献了诗，最后两句说"何时入少室，王母应相逢"，是祝她入道成仙。李白还在送张卿的诗中陈述了自己景况很苦，希望引荐，愿为朝廷效力。由此，他一步步地接近了统治者的上层。

李白这次在长安还结识了著名诗人贺知章，他早就拜读过贺老的诗，这次相遇，自然立刻上前拜见，并呈上袖中的诗本。贺知章颇为欣赏《蜀道难》和《乌栖曲》，兴奋地解下衣带上的金龟叫人出去换酒与李白共饮。李白瑰丽的诗歌和潇洒出尘的丰采令贺知章惊异万分，竟说："你是不是太白金星下凡到了人间？"

一年眼看即逝，李白仍然做客长安，没有机会出仕，心情便有些沮丧。好友诚意相邀，希望他同去嵩山之阳的别业幽居，但李白无意前往。这次去长安，抱着建功立业的理想，却毫无着落，这使李白感到失望并有点愤懑。向王公大人门前干谒求告，也极不得意，只有发出"行路难，归去来"的感叹，便离开了长安。

天宝元年（742年），由于玉真公主和贺知章的交口称赞，玄宗看了李白的诗赋之后，对其十分仰慕，便召其进宫。李白进宫朝见那天，玄宗降辇步迎，"以七宝床赐食于前，亲手调羹"。

玄宗问到一些当世事务，李白凭半生饱学及长期对社会的观察，胸有成竹，对答如流。玄宗大加赞赏，随即令李白供奉翰林，职务是草拟文告，陪侍皇帝左右。

玄宗每有宴飨或郊游，必命李白随从，利用他敏捷的诗才，赋诗纪实。虽非记功，也将其文字流传后世，以盛况向后人夸示。李白受到玄宗如此的宠信，同僚们不无羡慕，但也有人因此心怀嫉恨。

天宝初年，每年冬天玄宗都会带着酋长、使臣去温家狩猎，李白自然侍从同去，当场写赋赞美玄宗的盛德，歌颂朝廷威力，深得玄宗赏识。此时，玄宗宠爱杨玉环，每与她在宫中玩乐时，玄宗都要李白写些行乐词，谱入新曲歌唱。李白怀着"长揖蒙垂国士恩，壮士剖心酬知己"的心情，竭尽才思来写这些诗。

在长安时，李白除了供奉翰林、陪侍君王之外，也经常在长安市井上行走。他发现国家在繁荣昌盛的景象中，正蕴藏着深重的危机。那便是最能够接近皇帝的专横的宦官和骄纵的外戚。他们的所作所为给李白以强烈的压抑感。

与此同时，李白放浪形骸的行为又被翰林学士张珀所诽谤，两人之间产生了一些裂隙。宦官和外戚的受宠，使李白"大济苍生"的热情骤然凉了下来，自己虽在长安，但却没有施展自己管、晏之术的机会。

朝廷的腐败，同僚的诋毁，使李白万分感慨，他写了一首《翰林读书言怀呈集贤诸学士》，表示有意归隐。谁知就在此时，他被朝廷赐金放还，这似乎让李白感到非常意外。这次被赐金放还似乎是李白说了不合时宜的话。

天宝三年（744年）的夏天，李白到了东都洛阳。在这里，他遇到正在蹭蹬不遇的杜甫。中国文学史上最伟大的两位诗人相遇了。此时的李白已名扬全国，而杜甫则风华正茂，却困守洛城。李白比杜甫年长11岁，但他并没有以自己的名声在杜甫面前居功自傲；而"性豪业嗜酒""结交皆老苍"的杜甫，也没有在李白面前一味低头称颂。两人以平等的身份，建立了深厚的友谊。在洛阳时，他们约好下次在梁宋（今开封商丘一带）会面，共同访道求仙。

　　这年秋天，两人如约到了梁宋。两人在此抒怀遣兴，借古评今。他们还在这里遇到了诗人高适，而高适此时却还没有禄位。然而，三人各有大志，理想相同。三人畅游甚欢，评文论诗，纵谈天下大势，都为国家的隐患而担忧。此时的李杜都值壮年，此次两人在创作上的切磋对他们今后产生了积极的影响。

　　这年的秋冬之际，李杜又一次分手，各自寻找道教的师承去造真箓（道教的秘文）、授道箓去了。李白到齐州（今山东济南一带）紫极宫清道士高天师如贵授道箓，从此他算是正式履行道教仪式，成为道士。然后李白又赴德州安陵县，遇见这一带善写符箓的盖寰，为他造了真很小。此次的求仙访道，李白得到了完满的结果。

　　天宝四年（745年）秋天，李白与杜甫在东鲁第三次会见。短短一年多的时间，他们两次相约，三次见面，知交之情不断加深。他们曾经一起寻访隐士高人，也偕同去齐州拜访过当时驰名天下的文章家、书法家李邕。就在这年冬天，两人再次分手，李白准备重访江东。

　　李白离开东鲁之后，便从任城乘船，沿运河到了扬州。由于急着去会稽会见元丹丘，也就没有多滞留。到了会稽，李白首先去凭吊过世的贺知章。不久，孔巢文也到了会稽，于是李白和元丹丘、孔巢文畅游禹穴、兰亭等历史遗迹，泛舟静湖，往来剡溪等处，徜徉山水之中，即兴描写了这一带的秀丽景色。

　　在金陵，李白遇见了崔成甫。两人都是政治上的失意者，情怀更加相投。他们泛舟秦淮河，通宵达旦地唱歌，引得两岸游人不胜惊异，拍手为他们助兴。两人由于性格相投、遭遇相似，所以较之一般朋友更为默契，友谊更深厚，因而李白把崔成甫的诗系在衣服上，每当想念，便吟诵一番。

　　李白在吴越漫游了几年，漂泊不定。

　　到了幽燕之后，李白亲眼看到安禄山秣马厉兵，形势已很危急，自己却无能为力。在"安史之乱"前两三年，李白漫游于宣城、当涂、南陵、秋浦一带，仍然衣食依人，经常赋诗投赠地方官，以求帮助。

　　在此次漫游期间，李白因夫人许氏病亡，又娶宗氏。家庭多变，国家多事，李白一面求仙学道，一面企图为国建功，对于国家安危，仍很关切，虽在漫游，但已与过去有所不同。

天宝十四年（755年），"安史之乱"爆发，李白便避居庐山。那时，他的胸中始终有着退隐与济世两种矛盾的思想。永王李磷恰在此时出师东巡，李白应邀入幕。

李白入幕后，力劝永王勤王灭贼，而对于政治上的无远见，他也做过自我批评和检讨。同在江南的萧颖士、孔巢文、刘晏也曾被永王所邀但却拒不参加，以此免祸，李白在这点上显然不及他们。永王不久即败北，李白也因此被系浔阳狱。这时崔涣宣慰江南，收罗人才。李白上诗求救，夫人宗氏也为他啼泣求援。将吴兵三千驻扎在浔阳的宋若思，把李白从牢狱中解救出来，并让他加入了幕府。因此李白为宋若思的幕僚，为宋写过一些文表，并跟随他到了武昌。李白在宋若思幕下很受重用，并以宋的名义再次向朝廷推荐，希望再度能得到朝廷的任用。但不知什么原因，后来不但未见任用，反而被流放夜郎（今贵州梓潼），完全出乎意料。因为当时永王幕下的武将都得到了重用。事情之所以发生变故，可能与崔涣、张镐这批人的失势有关。

至德二年（757年）冬，李白由浔阳道前往流放之所——夜郎。因为此次所判的罪是长流，即将一去不返，而李白此时已近暮年，"夜郎万里道，西上令人老"，不由更觉忧伤。

由于李白当时在海内素负盛名，此行沿路受到地方官员的宴请，大家都很尊重他，并没有把他看作一个被流放的罪人。

乾元二年（759年），李白行至巫山，朝廷因关中遭遇大旱，宣布大赦，规定死者从流，流以下完全赦免。这样，李白经过长期的辗转流离，终于获得了自由。他随即顺着长江疾驶而下，而那首著名的《朝发白帝城》最能反映他当时的心情。

到了江夏，由于老友良宰正在当地做太守，李白便逗留了一阵。乾元二年（759年），李白应友人之邀，再次与被谪贬的贾至泛舟赏月于洞庭之上，发思古之幽情，赋诗抒怀。不久，又回到宣城、金陵旧游之地。差不多有两年的时间，他往来于两地之间，仍然依人为生。

李白《上阳台帖》

上元二年（761 年），已 60 出头的李白因病返回金陵。在金陵，他的生活相当窘迫，不得已只好投奔了在当涂做县令的族叔李阳冰。

上元三年（762 年），李白病重，在病榻上把手稿交给了李阳冰，赋《临终歌》而与世长辞，终年 62 岁。

李白是个真正的诗人。他才华横溢，热情奔放，豪气凌云。他生性耿直率真，疏狂高傲，酷爱自由。唯其如此，他可以做大诗人，却绝对做不成好官员。可悲的是，他并不了解自己，也不了解社会。他不能理智地根据自身的条件设计一条适合于自己的人生之路，而是从诗人的浪漫和幻想再加上儒家的事君之道和荣亲之义出发，为自己选择了一条不该属于他的人生之路：从政。

李白从政之心颇为迫切，而且对自己从政的才能也十分自负。他说："一生欲极主，百代期荣亲"（《赠张相镐》），"苟无济代心，独善亦何益"（《赠韦秘书子春》），他认为自己"文可以变风俗，学可以究天人"（《为宋中丞自荐表》），对当代皇帝，他有一颗赤子之心。他说："遥望长安日，不见长安人……一朝复一朝，发白心不改。"（《单父东楼秋夜送族弟沈之秦》）但李白这种强烈的从政之心、济世之情又时时受到道家思想的干扰，当他想积极入仕，去建立功业的时候，又常浮起世事无常的感慨。于是又有了"功名富贵若常在，汉水亦应西北流"（《江上吟》），"古来圣贤皆寂寞"（《将进酒》）以及"古来万事东流水"（《梦游天姥吟留别》）的低徊吟唱；这种强烈的空寂感，又推着李白走向学道求仙以及浪游、纵酒、归隐这一消极出世的方向。所以他的诗中就有"人生得意须尽欢，莫使金樽空对月"（《将进酒》）的豪饮；有"日暮醉酒归，白马骄且驰。意气人所仰，冶游方及时"（《咸阳二三月》古风第八）的纵马行乐；更有"荣华东流水，万事皆波澜。白日掩徂辉，浮云无定端。梧桐巢燕雀，枳棘栖鸳鸯"（《登高望四海》古风第三十九首）的世事无常的感慨。

这些思想又都与他积极进取、追求功名的愿望相对立。那么李白又如何从自身的矛盾中寻求一条既能建功立业，又能发展自我的人生之路呢？他是从幻想中而不是从现实中为自己安排了一条先从政、后引退的路。

他的功成身退的思想也与他对统治者的本质有清醒的认识有关，他在《行路难》三中说："吾观自古贤达人，功成不退皆殒身。子胥既弃吴江上，屈原终投湘水滨。陆机雄才岂自保，李斯税驾苦不早；华亭鹤泪讵可闻，上蔡苍鹰何足道？"看来他对君臣之间的微妙关系是深有感触的，对那种"狡兔死，走狗烹；高鸟尽，良弓藏；敌国破，谋臣亡"（《史记·淮阴侯列传》）的历史惨剧是有警觉的，因此他决不会贪禄恋栈。

只可惜李白第一次从政没有多长时间就被放还了。李白放还的原因，以君王的角度看，是因为他并无安邦定国之才，"上亦以非廊庙器，优诏罢遣之"（《本事诗·高逸》）；从同僚的角度看，是蒙受了毁谤之言，"丑正同列，害能成谤"（李阳冰《草堂集序》）；从他本人的性格看，是过于狂傲，"戏万乘若僚友，视俦列如草芥"（苏轼《李太白碑阴记》引夏侯湛《东方朔画赞》语）。

李白令高力士脱靴的故事，是其狂放倜傥的极致，在中国士人风采的审美史上，放射着永不暗淡的光芒。多少备尝屈辱的士人，也借这个故事得以在精神的领域暂得昂首伸眉之乐。这件事情可能是史实。

只是它却成了李白放还的导火线，并不如小说和戏剧那样充满了亮色。《旧唐书》本传说："（李白）尝沉醉殿上，引足令高力士脱靴，由是斥去。"《唐国史补》卷上也说："（李白）后对御，引足令高力士脱靴，上命小阉排出之。"

李白第一次从政就这样失败了。失败给他带来了深沉的痛苦。"未夸观涛作，空郁钓鳌心。举手谢东海，虚行归故林"（《赠薛校书》）"金樽清酒斗十千，玉盘珍羞直万钱。停杯投箸不能食，拔剑四顾心茫然"（《行路难》三首之一）"大道如青天，我独不得出……行路难，归去来"！（《行路难》三首之二）他把痛苦的呐喊熔炼成这些传诵千古的诗句。

李白很神往春秋战国时期的士，他们一席话便能得到君王的大信任，从而建立奇勋。"君不见，昔时燕家重郭隗，拥篲折节无嫌猜；剧辛乐毅感恩分，输肝剖胆效英才"。（《行路难》三首之二）他多么盼望再出现如燕昭王那样渴望人才的君王啊。作为诗人的李白，尽管有如江似海的文才，却缺少审视历史的睿智，他不明白，随着中央集权制的建立，尊士为师为友的燕昭王式的君王已永远不可能出现了。比郭隗才能高千万倍的人物，也永远不可能再享受郭隗所受到的尊崇了。李白从政的失败，与这种错误的认识有密切的关联。这种错误的认识，也使得他狂放的个性不能收敛。

作为诗人，他在从政失败之后，大概是很少诉诸理智做些反思的，他只是诉诸感情化成诗篇以作排遣。他仍然相信："长风破浪会有时，直挂云帆济沧海。"（《行路难》三首之一）据说，他离开长安时，是"高歌大笑出关去"（任华《寄李白》）的，意气仍然十分高昂。这时是天宝三年（744年），李白44岁，方当盛年，故仍存希望。

11年后，安禄山造反，生灵涂炭，李白的报国热情又一次升腾起来。他的《古风》五十九首之十九写得很有《离骚》的风味，开始是准备登仙而去：

要上莲花山，迢迢见明星。素手把芙蓉，虚步蹑太清。霓裳曳广带，飘拂升天行。邀我至云台，高揖卫叔卿（神仙名）。恍恍与之去，驾鸿凌紫冥。

这时，他突然看到人间的惨象：

俯视洛阳川，茫茫走胡兵。流血涂野草，豺狼尽冠缨。显然，叛军占领洛阳的消息使李白跌落到人间。

他在报国热情的驱动之下，未作理智上的认真权衡，便贸然参加永王李璘的幕府。这是至德二年（757年）正月的事。他是怀着"过江誓秋水，志在清中原"（《南奔书怀》）的宏愿从军的。天真浪漫的李白，把永王向东扩展个人的势力看作为平叛做准备，意气昂扬地写下11首《永王东巡歌》：

永王正月东出师，天子遥分龙虎旗。楼船一举风波静，江汉翻为雁鹜地。（其一）

他毫不怀疑永王东扩是奉天子之命而行事，他为自己能跟上这个战略部署而激动不已，幻想着在这场平叛的战争中能成为运筹帷幄的谢安石式的人物：

三川北虏乱如麻，四海南奔似永嘉。但用东山谢安石，为君谈笑静胡沙。（其二）

他期待着永王的部队迅速进攻河南，收复西京：

二帝（指玄宗、肃宗）巡避俱未回，五陵（指高祖、太宗、高宗、中宗、睿宗之陵）松柏使人哀。诸侯不救河南地，更喜贤王远道来。（其五）

就在李白沉浸于热情的幻想中的时候，肃宗已完成击溃他弟弟永王的部署。二月间，永王兵败被杀。仅仅在永王幕府任职一个月左右的李白，背上了永远放不下来的黑祸——附逆，他被判流放夜郎。这位58岁的老人步履蹒跚地行走于西南的险山疾水之中，历尽艰辛，至乾元一年（759年）因关中大旱赦还。遇赦虽然使他一阵狂喜，但附逆的黑祸还是坠着他走向穷困潦倒的老境。一直到千百年之后，任职永王幕府仍是他倜傥人生的一个疵点。李白的第二次从政，比第一次失败得更惨。

李白的一生，如天马行空，任气纵性。他驰骋着天真浪漫的幻想可以写出飘逸瑰丽的诗篇，却无法操作最讲实际、最用心术的政治。一个雄视千古飘逸狂放的诗坛巨人，是无法从事审时度势、查颜观色、绵密深藏的政治活动的。但是，传统的教育却使士人们都觉得自己有从政的能力，都认为从政才是正果。悲剧就这样铸成了。然而，这又使诗人的诗篇蒙上一层悲怆之美。

李白的乐府、歌行及绝句成就为最高。其歌行，完全打破诗歌创作的一切固有格式，空无依傍，笔法多端，达到了任随性之而变幻莫测、摇曳多姿的神奇境界。李白的绝句自然明快，飘逸潇洒，能以简洁明快的语言表达出无尽的情思。在盛唐诗人中，王维、孟浩然长于五绝，王昌龄等七绝写得很好，兼长五绝与七绝而且同臻极境的，只有李白一人。

李白的诗雄奇飘逸，艺术成就极高。他讴歌祖国山河与美丽的自然风光，风格雄奇奔放，俊逸清新，富有浪漫主义精神，达到了内容与艺术的完美统一。他被贺知章称为"谪仙人"，其诗大多为描写山水和抒发内心的情感为主。李白的诗具有"笔落惊风雨，诗成泣鬼神"的艺术魅力，这也是他的诗歌中最鲜明的艺术特色。李白的诗赋予自我表现的主观抒情色彩十分浓烈，感情的表达具有一种排山倒海、一泻千里的气势。他与杜甫并称为"大李杜"（李商隐与杜牧并称为"小李杜"）。

李白诗中常将想象、夸张、比喻、拟人等手法综合运用，从而造成神奇异彩、瑰丽动人的意境，这就是李白的浪漫主义诗作给人以豪迈奔放、飘逸若仙的原因所在。

李白的诗歌对后代产生了极为深远的影响。中唐的韩愈、孟郊、李贺，宋代的苏轼、陆游、辛弃疾，明清的高启、杨慎、龚自珍等著名诗人，都受到李白诗歌的巨大影响。

皮日休《李翰林》一诗称李白是"口吐天上文，迹作人间客"，可算是极妙极切的评价。

杜 甫

杜甫（712—770年），字子美。自号少陵野老。原籍湖北襄阳，后徙河南巩县。唐代伟大的现实主义诗人，与李白合称"大李杜"。

杜甫在中国古典诗歌中的影响非常深远，甫创作了《登高》《春望》《北征》《三吏》《三别》等名作，被后人称为"诗圣"，他的诗被称为"诗史"。后世称其杜拾遗、杜工部，也称他杜少陵、杜草堂。乾元二年（759年），杜甫弃官入川，虽然躲避了战乱，生活相对安定，但仍然心系苍生，胸怀国事。虽然杜甫是个现实主义诗人，但他也有狂放不羁的一面，从其名作《饮中八仙歌》不难看出杜甫的豪气干云。

杜甫的诗具有丰富的社会内容、强烈的时代色彩和鲜明的政治倾向，真实深刻地反映了"安史之乱"前后一个历史时代政治时事和广阔的社会生活画面，因而被称为一代"诗史"。杜甫的诗兼备众体，除五古、七古、五律、七律外，还写了不少排律、拗体，运用的艺术手法多种多样，是唐诗思想艺术的集大成者。杜甫继承了汉魏乐府"感于哀乐，缘事而发"的精神，摆脱乐府古题的束缚，创作了不少"即事名篇，无复依傍"的新题乐府，如著名的"三吏""三别"等。死后受到樊晃、韩愈、元稹、白居易等人的大力揄扬。杜诗对元白的"新乐府运动"的文艺思想及李商隐的近体讽喻时事诗影响甚深。但杜诗受到广泛重视，是在宋以后。王禹偁、王安石、苏轼、黄庭坚、等人对杜甫推崇备至，文天祥则更以杜诗为坚守民族气节的精神力量。杜诗的影响，从古到今，早已超出文艺的范围。

杜甫的思想核心是儒家的仁政思想，他有"致君尧舜上，再使风俗淳"的宏伟抱负。杜甫虽然在世时名声并不显赫，但后来声名远播，对中国文学和日本文学

杜甫像

都产生了深远的影响。杜甫共有约 1500 首诗歌被保留了下来，大多集于《杜工部集》。

杜甫出生于一个世代为官的官僚家族。先祖为晋代大将军杜预，也是著名的学问家。祖父杜审言为武则天朝的著名诗人，因此杜甫常自豪地说"诗是吾家事"。父亲杜闲历任兖州（今属山东）司马，奉天县（今陕西乾县）县令。富裕的家境为杜甫提供了良好的教育和优渥的成长环境。

在杜甫 2 岁多的时候，母亲就过世了。但是幼年的杜甫并不缺少母爱，忙着做官的父

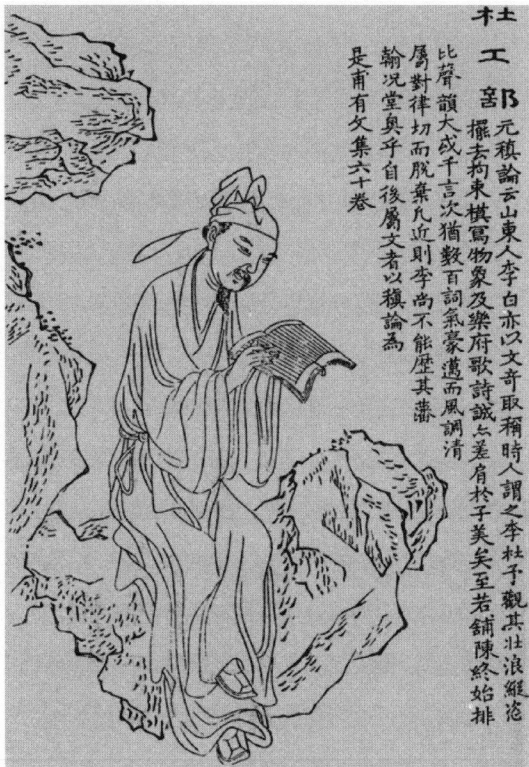

杜甫像

亲把他寄放在洛阳的姑母家，姑母待他胜过亲生。大约在杜甫 3 岁的时候，他和姑母的孩子同时染上了疫病，姑母尽量照料他，自己的儿子却丢了性命。长大后，杜甫与人谈起此事，常常泪流满面。

杜甫早慧，6 岁时跟随父亲观看过公孙大娘的剑器舞，令他印象深刻。公孙大娘是当时著名的舞蹈家，书法家张旭看过她的演出后，草书大进，后世尊称为"草圣"，而杜甫最后也被人称为"诗圣"。

杜甫 7 岁就会写诗，他曾在诗中自述："七龄思即壮，开口咏凤凰。"十四五岁的时候，他开始与文士及官员交往，出入翰墨场所，得到前辈褒扬。不过，那时的杜甫，可不只是一个会摇头晃脑背诗的"书呆子"。他自己在诗中说："忆年十五心尚孩，健如黄犊走复来。庭前八月梨枣熟，一日上树能千回。"可见，那时的他是多么地顽皮好动！

20 岁以后，杜甫过着漫游的生活，那是唐朝文人的风尚。他先是在南方吴越等地，后在山东、河南一带，结交名流，张扬声名。对自

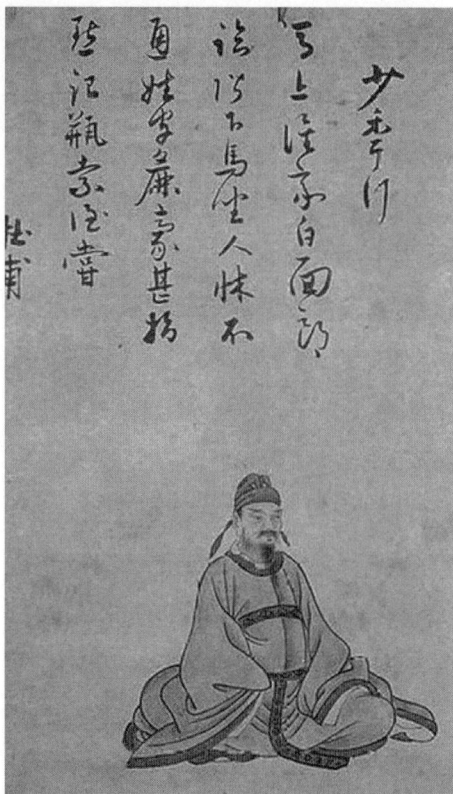

清代三十六诗仙图卷之杜甫

己的才能相当自信，自谓"饮酣视八极，俗物都茫茫"。此时，大唐社会欣欣向荣，年丰物足；年轻的杜甫雄心万丈，他登上泰山，写出了"会当凌绝顶，一览众山小"这样豪气万千的句子。

那时的杜甫，家底雄厚，虽然没做生意没做大官，但也不愁生计。他到了洛阳，在自家祖陵所在的首阳山下，建了一座庄园，一边读书一边与当地人士交往。

天宝三载（744年）四月，被唐玄宗赐金放还的李白经过洛阳，与杜甫相识。闻一多先生有一段非常诗意的论赞："我们该发三通擂鼓，然后提起笔来蘸饱了金墨，大书而特书。因为我们四千年的历史里，除了孔子见老子（假如他们是见过面的），没有比这两人的会面，更重大、更神圣、更可纪念的。"

其实，"李杜"并称是杜甫身后很多年的事情。实际情况是，李白当时已是名满天下的大诗人，比杜甫大11岁；杜甫只是名不见经传的后生小子，对李白十分仰慕。他追随李白一起漫游，访道士，登慈恩寺塔（今西安大雁塔）。后来，高适也来了，三五友人一起，追鹰逐兔，纵酒高歌。"性豪业嗜酒，嫉恶怀刚肠……放荡齐赵问，裘马颇清狂。春歌丛台上，冬猎青丘旁。"从他晚年这些回忆的诗里看，这段时间他过得相当轻松自在，好像都是在打猎和唱歌中度过的。

富裕闲适的生活中，爱情也如期降临。29岁时，杜甫娶了弘农县（今河南灵宝县）司农少卿杨怡19岁的女儿为妻。司农掌管钱粮，通俗地说，杜甫的岳父是县财政局副局长。杨氏的名字我们不得而知，但他们夫妻非常恩爱。

在中国古代男权专制的时代，男子纳妾是十分普遍的事，所谓忠贞不渝的爱情往往只是一时的甜蜜。杜甫却能做到与杨氏一人厮守一生，他们的爱情像潺潺的流水一样，虽然没有惊涛骇浪，称不上轰轰烈烈，却永无停息。

杜甫成婚之后没几年，他的父亲便过世了，经济来源一下子没了，生活日益穷苦。再后来，唐朝战乱，杜甫一家四处逃亡，贫穷、疾病、频繁的分别与担惊受怕成了这个家庭日常生活的主要内容。但再苦、再穷，杜甫都没有抛下过杨氏，杨氏也始终以娇弱的肩膀扛锄头种地、背行囊逃难，夫唱妇随。

杜甫没写过传唱千古的情诗，但在历代诗人中，作品里出现"妻"字频率最高的可能就是他。他为妻子所写的最著名和感人的诗歌当属《月夜》。756 年，杜甫在长安求官，将妻儿寄放在鄜州（今陕西富县）妻舅处。一天晚上，杜甫写下了《月夜》一诗，诗中后四句专门倾诉

杜甫书法《严公九日南山诗》拓本

对妻子的思念之情："香雾云鬟湿，清辉玉臂寒。何时倚虚幌，双照泪痕干？"当时的杜甫已经44岁了，成婚多年，诗句却如同新婚宴尔中的人写的。

乾元二年（759年），关中大旱，饥荒蔓延，正在同谷（今甘肃成县）落脚的杜甫一家陷入从未有过的饥寒交迫状态。他写了悲伤的诗句，催人泪下："岁拾橡栗随狙公，天寒日暮山谷里。"天寒地冻，为了妻儿，杜甫不得不捡拾橡树果子为食，或者去挖地里的野芋头。

还有一句，是杜甫晚年生活稍安定时所作："老妻画纸为棋局，稚子敲针作钓钩"，字字都是平淡的幸福。

在"朱门酒肉臭，路有冻死骨"这样悲天悯人的诗句中，人们往往忽略了杜甫是个极风趣的人。

家境困顿后，杜甫感到世态炎凉。他在长安有时靠亲友接济，有时要去买政府的低价救济粮，有时还会采草药去市场上卖。他受尽了冷遇与白眼，生活渐渐露出了残酷的本来面目。有时他甚至不得不乞讨："朝扣富儿门，暮随肥马尘。残杯与冷炙，到处潜悲辛。"

"安史之乱"后，杜甫带领家人逃难。他的坐骑被人抢走了，只能步行，不小心掉落到蒿草坑里。幸亏同行的表侄王砅走出去10余里后，发觉不对，转身相救。他把自己的坐骑让给杜甫，然后拿起大刀，护卫着杜甫脱离了险境。若干年后，杜甫在诗中回忆，如当初没有王砅舍命相救，他根本不可能活着逃出去。

经历过如此生死关头，杜甫好不容易才到成都，在友人的帮助下，于浣花溪畔修建茅屋居住。同时一无所有的他做了一件非常有趣的事——杜甫想在自己的茅屋边种植各种树木，又不想麻烦友人，就提笔给当地的那些官员、大户写诗，寻募花木。"奉乞桃栽一百根，春前为送浣花村。河阳县里虽无数，濯锦江边未满园。"——这首要桃树苗的诗，写给了一位叫萧实的县令；"华轩蔼蔼他年到，绵竹亭亭出县高。江上舍前无此物，幸分苍翠拂波涛。"——这首要竹子的诗，写给了绵竹县令韦续……明明是乞要树苗，却没有丝毫的低声下气，落落大方。

这段寓居浣花溪畔的时光，成为杜甫苦涩人生中的一抹阳光。他在《绝句三首》中幽默地写道："设道春来好！狂风大放颠，吹花随水去，翻却钓鱼船。"且想象一下那个有趣的画面——春日里他泛舟湖上，羞涩的花朵在水中映出美丽的影子。老头本想坐在钓鱼船上晒晒太阳，吹吹小风，看看风景，优哉游哉等鱼儿上钩。不想一阵狂风突如其来，花也落了，船也翻了，狼狈的老头恼羞成怒，跳着脚地说：别以为春天来了什么都好，还有狂风这种东西"放颠"呢！

在他最后漂泊西南的 11 年间，他虽过着"生涯似众人"的生活，但却写了《茅屋为秋风所破歌》《闻官军收河南河北》《秋兴》《岁晏行》等 1000 多首诗。

唐代宗大历五年（770 年），诗人病死在衡阳市湘江的一只小船中。

除诗歌外，杜甫在书法的创作观上也是非常成熟而有深度的。从记载来看，他的书体以楷隶行草兼工，整体以意行之，赞赏古而雄壮,注意书写中的速度、节奏、笔势、墨法等内容，在唐代也是很有深度的书家了。同时，他对于唐代隶书家的赞扬、对于曹霸、张旭的评价都足以使他在书法史上留下声名,而他的"书贵瘦硬说"更是奠定了杜甫在书法理论史上的重要地位。

说到底，杜甫成长于开元盛世，盛唐对他来说，有着不可磨灭的记忆。只要拿他的诗和中晚

成都杜甫草堂

唐的诗比较一下就会发现，杜诗在情调上、色彩上、信心和力量上仍然是一派盛唐气象。因此有学者说，杜甫是盛唐的最高峰，也是盛唐的谢幕。

白居易

白居易（772—846年），字乐天，号香山居士，又号醉吟先生。祖籍太谷，到其曾祖父时迁居下邽，生于河南新郑。唐代伟大的现实主义诗人，唐代三大诗人之一。白居易与元稹共同倡导新乐府运动，世称"元白"，与刘禹锡并称"刘白"。白居易的诗歌题材广泛，形式多样，语言平易通俗，有"诗魔"和"诗王"之称。有《白氏长庆集》传世，代表诗作有《长恨歌》《卖炭翁》《琵琶行》等。

唐代宗大历七年（772年）正月，白居易出生于河南新郑的一个"世敦儒业"的中小官僚家庭。白居易出生之后不久，家乡便发生了战争。藩镇李正己割据河南十余州，战火烧得民不聊生。白居易2岁时，任巩县令的祖父卒于长安，紧接他的祖母又病故。白居易的父亲白季庚先由宋州司户参军授徐州彭城县县令（780年），一年后因白季庚与徐州刺史李洧坚守徐州有功，升任徐州别驾，为躲避徐州战乱，他把家居送往宿州符离安居。白居易得以在宿州符离度过了童年时光。而白居易聪颖过人，读书十分刻苦，读得口都生出了疮，手都磨出了茧，年纪轻轻的，头发全都白了。

元和元年（806年），白居易罢校书郎。同年四月试才识兼茂明于体用科，及第，授盩厔县（今西安周至县）尉。元和二年（807年），任进士考官、集贤校理，授翰林学士。元和三年（808年）任左拾遗，迎娶杨虞卿从妹为妻。元和五年（810年）改任京兆府户部参军，元和六年（811年）母亲陈氏去世，离职丁忧，归下邽。元和九年（814年）回长安，授太子左赞善大夫。

任左拾遗时，白居易认为自己受到喜好文学的皇帝赏识提拔，故希望以尽言官之职责报答知遇之恩，因此频繁上书言事，并写大量的反映社会现实的诗歌，希望以此补察时政，乃至于当面指出皇帝的错误。

白居易上书言事多获接纳，然而他言事的直接，曾令唐宪宗感到不快而向李绛抱怨："白居易小子，是朕拔擢致名位，而无礼于朕，朕实难奈。"李绛认为这是白居易的一片忠心，而劝谏宪宗广开言路。

元和十年（815年），宰相武元衡遇刺身亡，白居易上表主张严缉凶手，被认为是越职言事。其后白居易又被诽谤：母亲看花而坠井去世，白居易却著有"赏花"及"新井"诗，有害名教。遂以此为理由贬为江州（今江西九江）司马。元和十三年（818年），白居易的弟弟白行简至江州与白居易相聚。当白居易被任命为忠州刺史时，白行简也一同与兄长溯江而上。途中与元稹相遇于黄牛峡，三人相游之处被称为三游洞。在忠州任职的时间，白居易在忠州城东的山坡上种花，并命名此地为"东坡"。同年冬，被任命为忠州（今重庆市忠县）刺史，元和十四年（819年）到任。元和十五年（820年）夏，被召回长安，任尚书司门员外郎。

白居易的母亲虽因看花坠井去世，然而白居易早有许多咏花之作，而依宋代的记录，新井诗作于元和元年左右（新井诗今已失传），可见此事不能构成罪名。他被贬谪的主因，很可能与他写讽喻作品而得罪当权者有关。贬谪江州是白居易一生的转折点：在此之前他以"兼济"为志，希望能做对国家人民有益的贡献；至此之后他的行事渐渐转向"独善其身"，虽仍有关怀人民的心，表现出的行动却已无过去的火花了。然而白居易在江州虽不得志，大体上仍能恬然自处，

白居易

曾在庐山香炉峰北建草堂，并与当地的僧人交游。

同年冬，转任主客郎中、知制诰。长庆元年（821年），加朝散大夫，始正式著五品绯色朝服，（绯色即朱色，为五品以上官员所用的服色）。转上柱国，又转中书舍人。长庆二年（822年），白居易上书论当时河北的军事，不被采用，于是请求到外地任职，七月被任命为杭州刺史，10月到任。任内有修筑西湖堤防、疏浚六井等政绩。长庆四年（824年）五月，任太子左庶子分司东都，秋天至洛阳，在洛阳履道里购宅。长庆五年（825年），被任命为苏州刺史，五月到任。长庆六年（826年）因病去职，后与刘禹锡相伴游览于扬州、楚州一带。

在杭州刺史任内，见杭州有六口古井因年久失修，便主持疏浚六井，以解决杭州人饮水问题。又见西湖淤塞农田干旱，因此修堤蓄积湖水，以利灌溉，舒缓旱灾所造成的危害，并作《钱塘湖石记》，将治理湖水的政策、方式与注意事项，刻石置于湖边，供后人知晓，对后来杭州的治理湖水有很大的影响。离任前，白居易将一笔官俸留在州库之中作为基金，以供后来治理杭州的官员公务上的周转，事后再补回原数。当这笔基金一直运作到黄巢之乱时，当黄巢抵达杭州，文书多焚烧散佚，这笔基金才不知去向。

西湖有白堤，两岸栽种有杨柳，后世误传这即是白居易所修筑的堤，而称之为白公堤。事实上这道"白堤"在白居易来杭州之前已存在，当时称为"白沙堤"，且见于白居易的诗作之中。

当白居易在杭州时，元稹亦从宰相转任浙东观察使，浙东、杭州相去并非太远，因而二人之间有许多往还的赠答诗篇。当白居易任满离开杭州时，元稹要求白居易交出全部的作品，编成《白氏长庆集》50卷。

在苏州刺史任内，白居易为了便利苏州水陆交通，开凿了一条长七里西起虎丘东至阊门的山塘河，山塘河河北修建道路，叫"七里山塘"，简称"山塘街"。

太和元年（827年），白居易至长安任秘书监，配紫金鱼袋，换穿紫色朝服（三品以上官员所用的服色）。太和二年（828年），转任刑

白居易访道图

部侍郎，封晋阳县男。太和三年（829年）春，因病改授与太子宾客分司，回洛阳履道里。太和四年（830年）十二月，任河南尹。太和五年（831年）七月元稹去世。太和七年（833年），为元稹撰写墓志铭，元家给白居易润笔的六七十万钱，白居易将全数布施于洛阳香山寺。同年，因病免河南尹，再任太子宾客分司。太和九年（835年），被任命为同州刺史，辞不赴任，后改任命为太子少傅分司东都，封冯翊县侯，仍留在洛阳。开成四年（839年）十月得风疾。开成五年（840年），罢太子少傅，停俸。会昌二年（842年），以刑部尚书致仕，领取半俸。

晚年白居易的生活，大多是以"闲适"的生活反映自己"穷则独善其身"的人生哲学。而会昌四年（844年），73岁的白居易出钱开挖龙门一带阻碍舟行的石滩，事成后作诗《开龙门八节石滩诗二首并序》留念，诗中仍反映出他"达则兼济天下"的人生观。

晚年的白居易大多在洛阳的履道里第度过，与刘禹锡唱和，时常游历于龙门一带。作《池上篇》《醉吟先生传》自况。会昌五年（845年），白居易74岁，尚在履道里第举行"七老会"，与会者有胡杲、吉皎、郑据、刘真、卢贞、张浑与白居易；同年夏，以七老合僧如满、李元爽，画成"九老图"。白居易晚年笃信佛教，号香山居士，为僧如满之弟子。

武宗会昌六年（846年）八月十四日（9月8日），白居易去世于洛阳，享年75岁。赠尚书右仆射，谥号"文"，葬于洛阳香山。白居易去世后，唐宣宗李忱写诗悼念他说：

> 缀玉联珠六十年，谁教冥路作诗仙？
>
> 浮云不系名居易，造化无为字乐天。
>
> 童子解吟《长恨》曲，胡儿能唱《琵琶》篇。
>
> 文章已满行人耳，一度思卿一怆然。

白居易是中唐时期影响极大的大诗人，他的诗歌主张和诗歌创作，以其对通俗性、写实性的突出强调和全力表现，在中国诗史上占有重要的地位。在《与元九书》中，他明确说："仆志在兼济，行在独善。奉而始终之则为道，言而发明之则为诗。谓之讽喻诗，兼济之志也；谓之闲适诗，独善之义也。"由此可以看出，在白居易自己所分的讽喻、闲适、感伤、杂律四类诗中，前二类体现着他"奉而始终之"的兼济、独善之道，所以最受重视。同时提出了自己的文学主张："文章合为时而著，歌诗合为事而作。"而他的诗歌主张，也主要是就早期的讽喻诗的创作而发的。

他的这种诗歌理论对于促使诗人正视现实，关心民生疾苦，是有进步意义的。对大历（766—779年）以来逐渐偏重形式的诗风，亦有针砭作用。但过分强调诗歌创作服从于现实政治的需要，则势必束缚诗歌的艺术创造和风格的多样化。

刘禹锡

刘禹锡（772—842年），字梦得，河南洛阳人。唐朝文学家、哲学家，有"诗豪"之称。刘禹锡贞元九年（793年），进士及第，初在淮南节度使杜佑幕府中任记室，为杜佑所器重，后从杜佑入朝，为监察御史。贞元末，与柳宗元、陈谏、韩晔等结交于王叔文，形成了一个以王叔文为首的政治集团。后历任朗州司马、连州刺史、夔州刺史、和州刺史、主客郎中、礼部郎中、苏州刺史等职。会昌时，加检校礼部尚书。

卒年 70 岁，赠户部尚书。

刘禹锡是中唐时期杰出的诗人，他在我国文学史上有着重要的地位。早在当时的诗坛上，刘禹锡就颇有影响了。白居易十分推崇刘禹锡的诗作，他曾赞叹地写道："彭城刘梦得，诗豪者也！"

给他冠以"诗豪"的称誉，刘禹锡是当之无愧的。他的豪情，反映在诗作中，正是他不屈不挠、敢于斗争的鲜明性格的写照。刘禹锡流传后世的诗有 800 多首，大部分是抒发对自己不幸遭遇的愤懑和痛苦，有些甚至直讽当朝权贵，表现了很高的反抗精神。

刘禹锡像

刘禹锡一生的仕途生活十分坎坷。唐顺宗李诵永贞元年（805 年），他参加了王叔文集团的政治革新活动。由于守旧派的反对，革新失败，同年，他被贬为连州刺史，从此便开始了他那长期的贬谪生活。对于这种生活，他一直表现得比较乐观，他始终坚持自己的政治主张不变，对当朝权贵的斗争精神不变，写了不少诗作表现他那种坚持真理和刚强昂扬的节操。

例如有一次他路经扬州遇到白居易，在饮宴中，白居易在微醉中写了一首诗《醉赠刘二八使君》，对他长期遭贬表示了深切的同情。刘禹锡回赠挚友一首《酬乐天扬州初逢席上见赠》，其中有两句："巴山蜀水凄凉地，二十三年弃置身。"表现了他虽被弃置在巴山楚水的荒凉地方，但初衷不改，仍坚持自己的理想、情操的高尚人格。

这种人格在刘禹锡两次往游玄都观的题诗中表现得格外明显，也

因这两首诗，刘禹锡再度被贬。

第一首是写的游玄都观看花诗，名曰《元和十年自朗州承召至京，戏赠看花诸君子》：

紫陌红尘拂面来，无人不道看花回。

玄都观里桃千树，尽是刘郎去后栽。

诗作名为游观盛景，实际是用"桃千树"影射权倾京师的新贵，言外之意是说他们的日子和轻薄易谢的桃花一样不会长久。这种语义双关、讽刺朝政又充满对新贵的鄙视之情的诗作，当权者当然也能品味出来，所以宰相武元衡等人看到这首诗很不高兴，就把刘禹锡贬去播州当刺史。

当时身为御史中丞的裴度念及刘禹锡家中有八旬老母，不忍让刘禹锡到远离长安的播州，无异致使母子诀别，于是他在皇帝面前求情说："这种处治和朝廷以孝治天下的精神是不相符的，请圣上考虑考虑，把他贬谪的地方往内地迁一下。"

皇帝说："像刘禹锡这样的人是不可赦免的。"裴度吓得不敢多说。不过后来皇帝怒容渐减，说："我还是不愿伤害刘禹锡的母亲的。"

刘禹锡被改贬到连州，后来又转徙到夔州、和州做刺史。

14年过去了，政治沧桑，人事更替，当时的权贵们老的老，死的死，有的则垮了台，

刘禹锡像

刘禹锡奉命回到长安。他睹今忆昔，心中感慨万千，特别是重游玄都观，他更有感触，于是赋诗言志，写了第二首游玄都观题诗《再游玄都观绝句》，作为前一首诗的续篇，全诗28字，却用了百多字的引言。这里，仅录其诗于下：

> 百亩庭中半是苔，桃花净尽菜花开，
>
> 种桃道士归何处？前度刘郎今又来！

玄都观的兴衰变化，被作者巧妙地用来嘲讽保守派权贵，"种桃道士"是比喻保守势力和权贵的，作者笑问他们"归何处"，宣告自己"今又来"，这中间流露的斗争胜利的喜悦是相当明显的。

保守派们当然不能放过他。刘禹锡从此被诽谤、责骂，不久，他就被外遣到苏州、汝州、同州等地任刺史。后来又奉命到东都洛阳担任太子宾客，直至病逝也未能回到长安。

刘禹锡临终之前写了《子刘子自传》，表现他始终如一的倔强正直，这种精神老而弥坚，老而弥笃。他写道："叔文实工言治道，能以口辩移人。既得用，自春至秋，其所施为，人不以为当非。"这是他公开为王叔文伸冤辩屈，同时也肯定了当年自己参加革新并没错，长期遭贬完全是受到不公平的处治。这种敢于肯定自己一生，是光明磊落的，实在是无人能及！他还在自传的铭文中悲叹："天与所长，不使施兮。人或加讪，心无疵兮。"期间怀才不遇的痛苦，受毁遭谗的愤懑，溢于言表。

刘禹锡是一位伟大的文学家，而这种伟大更出自于他人格的伟大，堪称一代"诗豪"。

刘禹锡及其风颇具独特性。他性格刚毅，饶有豪猛之气，在忧患相仍的谪居年月里，确实感到了沉重的心里苦闷，吟出了一曲曲孤臣的哀唱。但他始终不曾绝望，有着一个斗士的灵魂；写下《元和十年自朗州承召至京戏赠看花诸君子》《重游玄都观绝句》以及《百舌吟》《聚蚊谣》《飞鸢操》《华佗论》等诗文，屡屡讽刺、抨击政敌，由此导致一次次的政治压抑和打击，但这压抑打击却激起他更为强烈的愤懑和反抗，并从不同方面强化着他的诗人气质。他说："我本山东

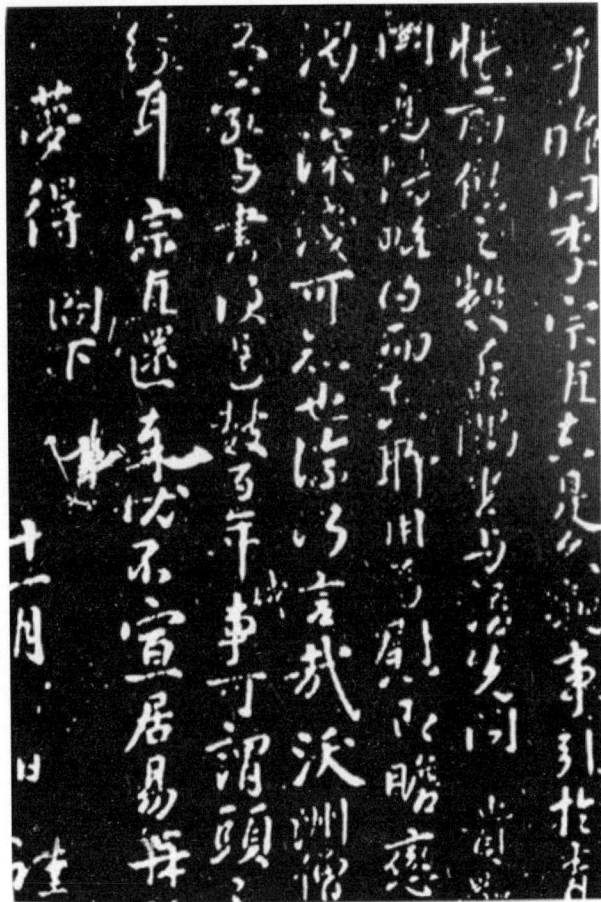

刘禹锡书法作品

人，平生多感慨"（《谒柱山会禅师》）。

刘禹锡的诗，无论短章长篇，大多简洁明快，风情俊爽，有一种哲人的睿智和诗人的挚情渗透其中，极富艺术张力和雄直气势。诸如"朔风悲老骥，秋霜动鸷禽。……不因感衰节，安能激壮心"（《学阮公体三首》其二）、"马思边草拳毛动，雕盼青云睡眼开。天地肃清堪四望，为君扶病上高台"（《始闻秋风》）这类诗句，写得昂扬高举，格调激越，具有一种振衰起废、催人向上的力量。至于其七言绝句，也是别具特色，如："莫道谗言如浪深，莫言迁客似沙沉。千淘万漉虽辛苦，吹尽狂沙始到金。"（《浪淘沙词九首》其八）"塞北梅花羌笛吹，淮南桂树小山词。请君莫奏前朝曲，听唱新翻《杨柳枝》。"（《杨柳枝词九首》其一）就诗意看，这两篇作品均简练爽利，晓畅易解，但透过一层看，便会领悟到一种傲视忧患、独立不移的气概和迎接苦难、超越苦难的情怀，一种奔腾流走的生命活力和弃旧图新面向未来的乐观精神，一种坚毅高洁的人格内蕴。再如他那首有名的《秋词》：自古逢秋悲寂寥，我言秋日胜春朝。晴空一鹤排云上，便引诗情到碧霄。全诗一反传统的悲秋观，颂秋赞秋，赋予秋一种导引生命的力量，表现了诗人对自由境界的无限向往之情。胸次特高，骨力甚健。

韩 愈

韩愈（768—824年），字退之，自称"郡望昌黎"，世称"韩昌黎""昌黎先生"。河南河阳（今河南省孟州市）人。唐代杰出的文学家、思想家、哲学家、政治家。

贞元八年（792年），韩愈登进士第，两任节度推官，累官监察御史。后因论事而被贬阳山，历都官员外郎、史馆修撰、中书舍人等职。元和十二年（817年），出任宰相裴度的行军司马，参与讨平"淮西之乱"。其后又因谏迎佛骨一事被贬至潮州。晚年官至吏部侍郎，人称"韩吏部"。长庆四年（824年），韩愈病逝，追赠礼部尚书，谥号"文"，故称"韩文公"。元丰元年（1078年），追封昌黎伯，并从祀孔庙。

韩愈是唐代古文运动的倡导者，被后人尊为"唐宋八大家"之首，与柳宗元并称"韩柳"，有"文章巨公"和"百代文宗"之名。后人将其与柳宗元、欧阳修和苏轼合称"千古文章四大家"。他提出的"文道合一""气盛言宜""务去陈言""文从字顺"等散文的写作理论，对后人很有指导意义。著有《韩昌黎集》等。

作为"古文运动"的倡导者，韩愈始终站在文体革新的最前沿，他在学习古人的散文体格的基础上，强调语言的创新和风

韩愈像

格的个性化，创作了不少在当时影响极大的散文，如《祭十二郎文》《送孟东野序》《师说》《原道》等，在实践上重新奠定了散体文在文学上的地位。

韩愈是一个个性张扬、自我表现欲极强的人。同时，在他的身上我们可以感受到强烈的积极维护封建专制和儒家"道统"的热情。韩愈提倡"古文运动"，其中心思想便是以"觚排异端，攘斥佛老"来重振"古道""古理"的。

韩愈塑像唐宪宗李纯原本也是一代开明务实的君主，可是到了晚年，却迷信起佛法来。朝中一帮阿谀逢迎的大臣不知道从哪里打探到，说凤翔的法门寺里有一座护国真身塔，塔里供奉着一颗舍利子，是佛祖释迦牟尼的一节指骨。宝塔每 30 年对外开放一次，让人们瞻仰礼拜。据说，叩拜佛骨，其诚心可以感动天地，能够求得风调雨顺、国泰民安。

唐宪宗笃信不疑，为给天下百姓祈福，也为了表明自己一心向佛，他特地选派了京城 30 个得道的高僧，隆重地把佛骨从法门寺迎到了长安。

佛骨一到长安，唐宪宗便沐浴更衣，恭恭敬敬地把佛骨请进佛堂。此后，他每日早起第一件事便是焚香跪拜，晚上休息前照例是在佛骨前打坐诵经。唐宪宗崇尚众生平等，他认为供奉佛骨不应该成为自己一个人的专利，一定要把到它送到寺里，让天下人瞻仰。朝中的一班王公大臣，眼见得皇帝这样虔诚，不由自主地陷入到对佛骨的顶礼膜拜中。官职高的人以能随皇帝自由出入寺门瞻仰佛骨为荣耀，官职低些的为了得到礼拜佛骨的机会而绞尽脑汁，有的人甚至不惜捐出自己的万贯家财。最苦的是那些没钱又没有门路的普通官员，可怜他们每日跪在庙门前，对着高高的宝塔叩头不止。

韩愈向来是不信佛的，更不要说要他主动去瞻仰佛骨了。韩愈认为治理国家要依据儒家的伦常教化，依靠人的内在道德修养和人格精神。他在《三器论》中曾这样写道："不务修其诚于内，而务其盛饰于外，匹夫之不可。"韩愈反复强调国家的兴盛要借助于社会中每一个人的自觉行为，要通过积极、健康的文学创作来引导社会风气的转变，来

重振"古道"与"古理"。单纯信
奉所谓的佛法是一种非常不明智的
行为，它不仅束缚了人的精神，于事、
于世无补还因大兴佛寺而劳民伤财，
于社会发展也十分不利。他对唐宪
宗如此铺张地迎接佛骨极为不满，
于是就上了一道奏章，说迎佛骨有
百害而无一益，劝谏唐宪宗不要再
做这种迷信的事。韩愈在奏章中说，
考察一下中国的历史，佛在古代根
本就是没有，佛的传入是近代的事。
佛学东渐后，历史上曾出现了多个
笃信佛法的君主，但大凡信佛的君
主也多是短命误国的君主，难道皇
帝也想重蹈前朝的覆辙吗？

　　在当时对皇帝说这些话是大逆
不道的，果然，唐宪宗看完奏章后，
龙颜大怒，叫宰相裴度立刻处死韩
愈。裴度忙问原因，唐宪宗说韩愈
诽谤朝廷，无视大唐礼法，不杀韩
愈不足以平民愤。

韩愈像

　　"不足以平民愤？不是吧，我看是不足以平君愤。"裴度微微一
笑，接着说道，"陛下，韩愈是一个忠臣，这点我们每个人都确信不疑。
他说您信佛过了头，只是他言辞过激。但是，陛下，从这份看来过于
偏激的奏章中，不正是可以感受到韩愈对皇上的一片忠心以及忧国忧
民之情吗？这份热诚，是多么难得呀！"

　　唐宪宗仔细一想，气就慢慢平了，过了半晌，方才说："其实，
他无论怎样说我，我都不生气；可他竟然说信佛的王朝个个短命，这
不是大逆不道吗？"

韩愈像

谁都看得出来，这是唐宪宗在给自己找台阶下。后来，唐宪宗虽然没有杀韩愈，还是把他贬谪到潮州当了刺史。

韩愈是古文运动的主要倡导者、实践者，是唐代后期儒学复兴运动的代表人物。

他有感于唐代士人一方面追逐于名利之途；另一方面热心于华词丽句的诗文，奋起而矫时风。这反映着唐代后期社会衰颓趋势对士人阶层所造成的严重刺激，反映着士人阶层主体精神和社会使命感的复现。但韩愈倡导的文化精神却如昙花一现，到了晚唐五代之时，士人阶层的进取精神又迅速萎缩下去，骈偶之文的复盛不过是这种精神萎缩在文学上的表现罢了。是宋代士人重新发现了韩愈，并且沿着韩愈开创的道路大大前进了。

他的古文运动到了欧、曾、王、苏等人手中才真正得以完成；他的儒学复兴运动，也只是在周、张、二程手中才真正获得成功。但是，韩愈毕竟为宋代士人树立了一面旗帜。作为先进思想资料的提供者，他对宋代士人的影响是不容置疑的。

柳宗元

柳宗元（773—819年），字子厚，汉族，河东（现山西运城永济一带）人。唐宋八大家之一，唐代文学家、哲学家、散文家和思想家。世称"柳河东""河东先生"，因官终柳州刺史，又称"柳柳州"。柳宗元与韩愈并称为"韩柳"，与刘禹锡并称"刘柳"，与王维、孟浩然、韦应物并称"王孟韦柳"。

柳宗元出身河东（今山西省永济市）柳氏，其家族是门阀贵族。早在北朝时期，黄河以东地区的柳氏，就与薛氏、裴氏一起，并称"河东三著姓"。唐朝立国后，柳氏也被皇室所倚重。唐高宗李治一朝（649—683年），柳家光在尚书省（相当于国务院）同时做官的就达20多人，权倾一时。

但也就是在高宗时期，柳家开始走向衰败。当时，柳宗元的高伯祖（与柳宗元之高祖子夏为兄弟）柳奭是高宗的宰相，高宗第一任皇后王皇后是柳奭的外甥女。在后宫斗争中，王皇后败于武则天，柳宰相也受到牵连，先是被贬，后来被诛杀。武则天上台主政后，打击旧姓，柳氏从皇亲国戚被降为普通百姓，仅剩下良好的家风绵延不断。

贞元五年（789年），柳宗元的父亲柳镇担任殿中侍御史，是个监察部门的小官员，因在审理案件时得罪了权倾一时的宰相窦参，被陷害而贬到夔州（今重庆市奉节县）。17岁的柳宗元为父亲送行，走了近百里，依依不舍，而刚强的父亲只对儿子说了一句"吾目无涕"，便踏上了远去的道路。

贞元八年（792年），陷害了柳镇的窦参获罪贬死，陆贽为相，气象更新，柳镇的冤案得以昭雪，柳宗元也在第二年中了进士。又过了五年，柳宗元考中博学鸿词科，被正式任命为集贤殿书院正字进，这一年他才26岁。

贞元十九年（803年），柳宗元刚满31岁，就被调任监察御史里行（相当于国家监察部高级官员助理），进入了朝廷的决策中心，好友刘禹锡等三人也同时被晋升。

这期间，柳宗元开始与王叔文结交。王叔文是越州山阴（今浙江省绍兴市）人，很有政治抱负。他棋艺精湛，因帮助太子在复杂的宫廷斗争里站稳脚跟而深受信任，经常在东宫陪当时还是太子的唐顺宗下棋。王叔文善于交际，到处为太子物色人才。柳宗元及其朋友们与王叔文政见相近，都成了他倚重的力量。

永贞元年（805 年），唐德宗驾崩，顺宗顺利登基，着手进行改革。柳宗元此年刚升任礼部员外郎（相当于文化部兼教育部高级官员），在王叔文的带领下，他们这批年轻官员迅速推行新政，惩办贪官酷吏，整顿财政，抑制藩镇，打击宦官，雷厉风行，据史书记载，这些新政让"百姓相聚欢呼大喜"。唐顺宗的年号是"永贞"，这场革新史称"永贞革新"。

然而，官场一旦腐朽，其衰亡就成为必然。大唐王

柳宗元像

朝已经无可挽回地走向没落，王叔文等人遇到的反弹力度便可想而知。受到打压的宦官、藩镇以及不满的朝臣，迅速集结成反对力量。太子李纯，逼迫顺宗禅让，自己继位，这就是历史上的宪宗。手中完全没有兵权的王叔文，面对这样的变局，也只能束手就擒。

宪宗刚一上台，就宣布把王叔文、柳宗元、刘禹锡等官员贬到地方去当司马。所谓的"司马"，是地方上编制之外不得参与处理政务的闲官，实际上相当于流放了。少年苦学的柳宗元，在意气风发的青年时期走进政治的最高核心，然而无情的政治，也在转瞬之间让他从巅峰跌落到谷底。

柳宗元被贬去的永州（今湖南省永州市），地处湘江上游，属于丘陵地带，在唐代是经济文化十分落后的地区。柳宗元到任后，没有住所，只能在永州城里龙兴寺的西厢房里安身。柳宗元在永州过得很孤独，很少与人往来。他十分希望能再回到长安，在永州待了五年以后，他就不断给京城的亲友旧交写信，盼望有人能对他施以援手，但人们

都无能为力。在宪宗统治下，时势已经平稳下来。但柳宗元却在绝望中一待就是 10 年，根本看不到任何出路。

有个朋友听说柳宗元很痛苦，便远道前来探望，看见他并没有悲涕不止，以为传说不实。柳宗元对他说："你知道吗？长歌之哀，过乎恸哭！我这已经没有眼泪的痛苦，要超过那悲涕不止 1000 倍啊。"

元和十年（815 年），事情似乎有了一线转机。当时的宰相韦贯之很同情柳宗元等人的遭遇，便将柳宗元、刘禹锡等五人召回了长安。

接到消息后，柳宗元十分兴奋，一个月后就回到了京城。刘禹锡还在兴奋之中写了《戏赠看花诸君子》一诗，诗中对长安的新贵充满讥讽。不愿看到柳、刘等人重归政坛的新贵们，抓住此诗大做文章，坚决反对他们返回朝廷。加之永贞那场政变的阴影，也没有在唐宪宗心里完全消退，反对意见立刻得到他的支持。柳宗元等人二月回到长安，三月十四日朝廷就宣布他们全部出任边远地方的刺史。柳宗元被任命为柳州（今广西柳州市）刺史，比永州还要远 2000 里。

在柳州，柳宗元尽自己的努力为政一方，取得了不小的政绩，深受当地百姓爱戴。但漂泊的愁苦，折磨着他病弱的身躯，内心的悲伤，一刻也没有缓解。

元和十四年（819 年），宪宗实行大赦，宪宗在裴度的说服下，敕召柳宗元回京。十一月初八，柳宗元在柳州因病去世，享年 47 岁。

痛苦对人的砥砺，是未曾经历苦难的人难以体会的。苏轼的弟弟苏辙曾经说："在我哥哥未贬黄州之前，我们的文章不相上下。但黄州之后，我却再也不能望到他的项背。"这种境遇同样发生在柳宗元身上。

早年在长安时，柳宗元就以文采名动一时。离开长安后，在长期几近绝望的贬谪生活里，他的文章日益褪去表面的浮华，追求文以明道，走向雄深雅健的深邃之境，其中《封建论》等理论长篇，《永州八记》等山水小品，以及《江雪》《捕蛇者说》等诗文，都成为后人学习的典范。这无疑是他思想日趋深沉、精神不断精进的结果。

在孤独的贬谪之地，柳宗元深刻地反思了自己大起大落的人生，认为早年仕途顺利，的确有些"年少好事，进而不能止"，加上"性又倨野"，无疑忤逆了权贵。但是，他却未因此变得圆滑起来。他到永州一年后，王叔文以"乱国"的罪名被赐死，舆论指责蜂拥而至。在此环境下，一般人即使不努力撇清自己与"罪人"的关系，也要保持沉默，但柳宗元在给友人的信中，还是如实地提到自己早年与王叔文的亲善，"交十年"。

政治上失意后，因为自己当初的锋芒与才华，柳宗元受尽倾轧与奚落，但他还是对那些在政治上庸碌无为、持明哲保身的态度的官员，给予了最大的抨击。他在一封写给岳父的信中明确提出：那种没棱角、唯唯诺诺、无所作为的老好人式的官吏，是政治的大害！

柳宗元去世后，他的灵柩终于返回了他日思夜想的长安。好友韩愈从遥远的袁州（今江西省宜春市）寄来了为他撰写的墓志铭，其中写到：如果柳宗元早年能像他后来当司马、刺史时那样老成一些，也许他就不会离开长安；贬斥以后，如果有人能拉他一把，也许他就不会沦落至此；然而，如果他不是那样绝望无助到极处，也许他的文章就不会像现在这样"必传于后"？

一个仕途显达的柳宗元，和一个官场失意、人生绝望却文章"传于后"的柳宗元，孰重孰轻呢？历史无法给出答案。

柳宗元的诗，共集中 140 余首，在大家辈出、百花争艳的唐代诗坛上，是存诗较少的一个，但却多有传世之作。他在自己独特的生活经历和思想感受的基础上，借鉴前人的艺术经验，发挥自己的创作才华，创造出一种独特的艺术风格，成为代表当时一个流派的杰出诗才。苏轼评价说："所贵乎枯淡者，谓其外枯而中膏，似淡而实美，渊明、子厚之流是也。"把柳宗元和陶渊明并列。现存柳宗元诗，绝大部分是贬官永州以后作品，题材广泛，体裁多样。他的叙事诗文笔质朴，描写生动，寓言诗形象鲜明，寓意深刻，抒情诗更善于用清新峻爽的文笔，委婉深曲地抒写自己的心情。不论何种体裁，都写得精工密致，韵味深长，在简淡的格调中表现极其沉厚的感情，呈现一种独特的面貌。因他是一位关心现实、同情人民的诗人，所以无论写什么题材，都能

柳宗元塑像

写出具有社会意义和艺术价值的诗篇。

宋人严羽说："唐人惟子厚深得骚学。"此论相当中肯。柳宗元的辞赋继承和发扬了屈原辞赋的传统。他的辞赋，不仅利用了传统的形式，而且继承了屈原的精神。这或者是因为两人虽隔千载，但无论是思想、遭遇，还是志向、品格，都有相通之处。《旧唐书》本传云柳宗元"既罹窜逐，涉履蛮瘴，崎岖堙（户乙）。蕴骚人之郁悼，写情叙事，动必以文，为骚文数十篇，览之者为之凄恻。"与屈原之作辞赋，何其相似。柳宗元的"九赋"和"十骚"，确为唐代赋体文学作品中的佳作，无论侧重于陈情，还是侧重于咏物，都感情真挚，内容充实。

柳宗元的散文，与韩愈齐名，韩柳二人与宋代的欧阳修、苏轼等并称为"唐宋八大家"，堪称我国历史上最杰出的散文家。唐中叶，柳宗元和韩愈在文坛上发起和领导了一场古文运动。他们提出了一系列思想理论和文学主张。在文章内容上，针对骈文不重内容、空洞无物的弊病，提出"文道合一""以文明道"。要求文章反映现实，"不平则鸣"，富于革除时弊的批判精神。文章形式上，提出要革新文体，突破骈文束缚，句式长短不拘，并要求革新语言"务去陈言""辞必己出"。

此外，还指出先"立行"再"立言"。这是一种进步的文学主张。韩柳二人在创作实践中身体力行，创作了许多内容丰富、技巧纯熟、语言精练生动的优秀散文。韩柳的古文运动对后世产生了深远的影响。

在游记、寓言等方面，柳宗元同样为后世留下了优秀的作品。《永州八记》已成为我国古代山水游记名作。这些优美的山水游记，生动表达了人对自然美的感受，丰富了古典散文反映生活的新领域，从而确立了山水记作为独立的文学体裁在文学史上的地位。因其艺术上的成就，被人们千古传诵、推崇备至。除寓言诗外，柳宗元还写了不少寓言故事，《黔之驴》《永某氏之鼠》等，也已成古代寓言名篇。"黔驴技穷"，已成成语，几乎尽人皆知。有的寓言篇幅虽短，但也同他的山水记一样，被千古传诵。

柳宗元一生留诗文作品达 600 余篇，其文的成就大于诗。骈文有近百篇，散文论说性强，笔锋犀利，讽刺辛辣。游记写景状物，多所寄托，有《河东先生集》，代表作有《溪居》《江雪》《渔翁》等。

李 贺

李贺（约 791—约 817 年），字长吉，唐代河南福昌（今河南洛阳宜阳县）人，家居福昌昌谷，后世称李昌谷。唐代宗室，唐高祖李渊的叔父李亮（大郑王）后裔。中唐的浪漫主义诗人，"长吉体"诗歌开创者。有"诗鬼"之称，是与"诗圣"杜甫、"诗仙"李白、"诗佛"王维相齐名的唐代著名诗人，与李白、李商隐称为唐代三李。有《雁门太守行》《李凭箜篌引》等名篇。著有《昌谷集》。

李贺为唐宗室郑王李亮的后裔，但系远支，与皇族关系已很疏远。其父晋肃官位很低，家境也不富裕。他"细瘦通眉，长指爪"，童年即能辞章，十五六岁时，已以工乐府诗与先辈李益齐名。元和三四年间，韩愈在洛阳，李贺往谒。据说，韩愈与皇甫湜曾一同回访，李贺写了有名的《高轩过》诗。李贺父名晋肃，"晋"与"进"同音，与李贺争名的人，就说他应避父讳不举进士，韩愈作《讳辩》鼓励李贺应试，无奈"阊阖未开逢獬犬，那知坚都相草草"，礼部官员昏庸草率，李贺虽应举赴京、却未能应试，遭馋落第。后来做了三年奉礼郎，旋即因病辞官，回归昌谷。后至潞州（今山西长治）依张彻一个时期。因仕途失意，李贺终生郁郁不得志，就把全部精力用在写诗上，诗歌创作充满了深沉的苦闷。他一生体弱多病，27岁时便去世了。

李贺是中唐到晚唐诗风转变期的一个代表者，是继屈原、李白之后，中国文学史上又一位颇享盛誉的浪漫主义诗人。他所写的诗大多是慨叹生不逢时和内心苦闷，抒发对理想、抱负的追求；对当时藩镇割据、宦官专权和人民所受的残酷剥削都有所反映。留下了"黑云压城城欲摧""雄鸡一声天下白""天若有情天亦老"等千古佳句。

李贺的诗作想象极为丰富，经常应用神话传说来托古寓今，所以后人常称他为"鬼才""诗鬼"，创作的诗文为"鬼仙之辞"，有"太白仙才，长吉鬼才"之说。

李贺因长期的抑郁感伤，焦思苦吟的生活方式，元和八年（813年）因病辞去奉礼郎回昌谷，27岁英年早逝。

李贺以他立意新奇、带有浓厚浪漫主义色彩的诗歌在我国古典诗坛上独树一帜，开拓了一个新的艺术境界。李贺是一位多才却很短命的诗人，他仅仅活了27岁，却为后世留下了200多首诗歌；其中不乏有名作佳篇，后人因此称他为"诗鬼"。

其实这位奇才并非天生禀赋，虽然他七岁时便能写诗，名动京城，

李贺像

但和他自幼的教育是分不开的。李贺是唐代初年郑王的后裔，但是家世早已没落，家庭生活困顿。但是身为一位低级小官的父亲李晋肃并没有忽视对李贺的家庭教育：在李贺四岁时，就教他识字念书；五岁时，给他讲解诗文。李贺聪明早慧，又肯认真学习，所以七岁就能写诗了。关于李贺七岁写诗，至今还流传一段佳话。

李贺七岁时作的诗因为笔力雄健，新奇瑰丽，一时在京城中传开了，甚至有不少人争着传抄他的诗。这些诗稿传到当时任京城吏部员外的著名文学家韩愈和文学家皇甫湜手里，他们也觉得他的诗气势雄浑，气宇不凡，不相信它出自一个七岁幼童之手。这天，他们打听到李贺的住所，便驾着马车去实地探察了。

李贺的父亲李晋肃听说韩愈和皇甫湜这两位名士登门相访，连忙出门迎接。待客人说明来意，李晋肃叫李贺上来拜见。

李贺头梳双髻，满脸稚气，跳跳蹦蹦地走上堂来，问过客人好后，一双聪慧的大眼睛瞪着客人，好似在询问来意。韩愈掏出传抄的诗稿递给李贺，问："这首诗是你写的吗？"

李贺看了看，点点头说："是的。"

皇甫湜走过来握住李贺的手说："可不可以当我俩的面再写一篇呢？"

李贺笑了，调皮地说："原来两位老伯来此是专门为考我的啊！请老伯赐题吧！"

韩愈略一思索，对李贺说："就以我和皇甫大人来访为题，作一首诗，行吗？"

李贺点点头，跑到一边的书桌上铺纸研墨，旁若无人地写起来，偶尔略略思索一下。

李晋肃不免有些担心。要知道，这身边的二位可是当代大文豪呀！他谦逊地对韩愈、皇甫湜说："小孩子只会胡乱涂抹，还望二位大人赐教。"

不一会儿，李贺的诗便写成了，他恭敬地呈给两位大人。韩愈、皇甫湜接过一看，立刻被这首气势雄浑的诗《高轩过》吸引住了：

华裾织翠青如葱，金环压辔摇玲珑。

马蹄隐耳声隆隆，入门下马气如虹。

云是东京才子，文章巨公。

二十八宿罗心胸，元精耿耿贯当中，

殿前作赋声摩垒，笔补造化天无功。

庞眉书客感秋蓬，谁知死草生华风。

我今垂翅附冥鸿，他日不羞蛇作龙。

这首诗头四句描绘了两位客人身穿华丽的衣服，驾着高头大马，车声隆隆前来拜望的情景，他俩入门时的确是豪气如虹。中六句，正面赞扬了这两位客人是"东京才子""文章巨公"。最后四句，小诗人表示了自己希望"附鸿作龙"，在两位才华横溢的前辈的提携下，实现自己理想的宏伟志愿。

韩愈和皇甫湜都被这首雄健奔放的诗吸引住了，他们赞扬这首诗情真意切，辞采华丽，连连叹道："名不虚传！名不虚传！"

在韩愈和皇甫湜的肯定下，李贺学写诗越来越勤奋，他把自己全部心力都倾注在诗歌创作上。韩愈教导他，写诗要切近生活，不能空泛，他便努力搜集创作素材。

到他长大些以后，他经常出门游历，骑上匹瘦马，背着一只旧锦囊，观察生活，每到触景生情，偶有所得，便立刻把所得的诗句记在纸条上，投入锦囊。往往一次游历回家，他背上的锦囊总装得鼓鼓的。晚上在油灯下，李贺再取出纸条，反复琢磨，精心构思，写成一篇篇瑰丽的诗句。

李贺的母亲不知道儿子天天忙些什么，等到有一天她取过锦囊倒出张张写有诗句的纸条才恍然大悟，不禁心痛地说："这孩子为写诗，是宁可把心呕出来才罢休啊！"

李贺以极大的热情写诗，他的一首《长歌续短歌》里便记载了他磨破了衣襟、愁白了少年头的辛勤劳动：

长歌破衣襟，短歌断白发。

由于李贺平时注意深入实际观察生活，认真积累素材，所以他的诗真实质朴，意象丰富，在绮丽的意境之中有很强的艺术感染力。其中有些诗，如《雁门太守行》《金铜仙人辞汉歌》至今后为人们反复传诵；其中一些名句，更是脍炙人口的好诗，例如："黑云压城城欲摧，甲光向日金鳞开。""衰兰送客咸阳道，天若有情天亦老。"这些诗都是很值得一读的。

李贺虽然一生抑郁不得志，而且寿命不长，但他留下的瑰丽诗篇却为他在文学史上留下了一席之地，他才华横溢的诗篇将会永远被世人传诵。

第三节　五代十国时期的著名文士

韦　庄

韦庄（约836—约910年），字端己，长安杜陵（今中国陕西省西安市附近）人。晚唐诗人、词人，五代时前蜀宰相。文昌右相韦待价七世孙、苏州刺史韦应物四世孙。

韦庄出身京兆韦氏东眷逍遥公房。早年屡试不第，直到乾宁元年（894年）年近六十时方考取进士，任校书郎。李询为两川宣瑜和协使时，召韦庄为判官，奉使入蜀，归朝后升任左补阙。

光化二年（899年），韦庄除左补阙。在此期间主要干了与政局无关，却与历史文化传承相关的两件事。其一，在历史文化遗存上，与兄弟韦蔼合作编著《又玄集》，集中收录了"才子一百五十人，名诗三百首。"其中有妇女诗19家，不但为诗集收录女子诗开了先例，也给妇女对中华文化事业的奉献作了充分的肯定；其二，是为虽未通过或参加科考，但其作品和能力都有一定社会影响的历史人物，如李贺、贾岛、温庭筠、陆龟蒙等10人奏请，追赠为进士名誉或赠官。在这个问题上的重要意义有三：首先是体现了韦庄对当时科举中重试卷，轻能力弊病的纠正；其次是将选才仅以评判试卷为标准，扩大到与文化人能力相关的作品（当然包括质量两方面）及社会影响上；其三，从选才目的上，由单方面为朝政负责，转向兼顾为考生个人发展着想。

天复元年（901年），韦庄入蜀为王建掌书记，自此终身仕蜀。天祐四年（907年），韦庄劝王建称帝，任左散骑常侍，判中书门下事，定开国制度，举荐张道古等忠直文人。官终吏部侍郎兼平章事（宰相），卒谥"文靖"。宋代张唐英撰《蜀梼杌》曾高度评价："不恃权，不行私，惟至公是守，此宰相之任也。"

韦庄工诗，与温庭筠同为"花间派"代表作家，并称"温韦"。其诗多以伤时、感旧、离情、怀古为主题；其律诗圆稳整赡、音调嘹亮，绝句情致深婉、包蕴丰厚，发人深思；其词多写自身的生活体验和上层社会之冶游享乐生活及离情别绪，善用白描手法，辞风清丽。有《浣花集》十卷，后人又辑其词作为《浣花词》。《全唐诗》录其诗316首。

韦庄的代表作是长篇叙事诗《秦妇吟》。此诗长达1666字，为现存唐诗中最长的一首。诗中通过一位从长安逃难出来的女子即"秦妇"的叙说，正面描写黄巢起义军攻占长安、称帝建国，与唐军反复争夺长安以及最后城中被围绝粮的情形。思想内容比较复杂，一方面对起义军的暴行多所暴露；另一方面在客观上也反映了义军掀天揭地的声威及统治阶级的仓皇失措和腐败无能；一方面揭露了唐军迫害人民的罪恶；另一方面

韦庄像

又夹杂着对他们剿贼不力的谴责。它选择典型的情节和场面，运用铺叙而有层次的手法，来反映重大历史事件的复杂矛盾，布局谨严，脉络分明，标志着中国诗歌叙事艺术的发展。韦庄因此诗而被称为"秦妇吟秀才"。由于某种忌讳，韦庄晚年严禁子孙提及此诗，也未收入《浣花集》，以致长期失传。20世纪初始在敦煌石窟发现。《秦妇吟》反映了战乱中妇女的不幸遭遇，在当时颇负盛名，与《孔雀东南飞》《木兰诗》并称"乐府三绝"。

荆 浩

荆浩（约850—？），字浩然，沁水（今山西沁水）人。博通经史，并长于文章。中国五代后梁最具影响的山水画家，擅画山水，常携笔摹写山中古松。自称兼得吴道子用笔及项容用墨之长，创造水晕墨章的表现技法。亦工佛像，曾在汴京（今河南开封）双林院作有壁画。是中国山水画发展过程中具有重要影响的画家之一。

荆浩生于唐朝末年，大约卒于五代后唐（923—936年）。士大夫出身，后梁时期因避战乱，曾隐居于太行山洪谷，故自号"洪谷子"。荆浩不仅创造了笔墨并重的北派山水画，被后世尊为北方山水画派之祖，还为后人留下著名的山水画理论《笔法记》，以假托在神镇山遇一老翁，在互相问答中提出了气、韵、思、景、笔、墨的所谓绘景"六要"，是古代山水画理论中的经典之作，比更早时期南齐谢赫的"六法论"有所发展，具有更高的理论价值。

荆浩创山水笔墨并重论，擅画"云中山顶"，早已提出山水画也必须"形神兼备""情景交融"，他的作品已被奉为宋画典范，只可惜留存于世的作品极少，且仅有的几幅画也尚存真伪之疑。

荆浩生平及早期绘画活动荆浩出生于河南济源。济源北倚太行，西望王屋两山，南临黄河，与古都洛阳相邻，历来文风颇盛。沁河由西北截太行而出，两岸峭壁如削，谷幽水长。荆浩故里位于今县城东北15里的谷堆头村，现存荆浩墓遗址。

荆浩字浩然，约生于唐大中四年至十年（850—856年）。早年"业儒，博通经史，善属文"，学识渊博。济源的风物景观多名人足迹，白居易有诗云："济源山水好，老尹知之久。……孔山刀剑立，沁水龙蛇走；危磴上悬泉，澄碧转枋口。"唐开元道教宗师司马承祯曾于王屋山创建阳台宫。少年时的荆浩常来此宫，受司马承祯影响，在晚年所著《笔法记》中，将其与王维、张璪并列，赞曰："白云尊师气象幽妙，俱得其元，动用逸常，深不可测。"荆浩还曾创作表现王屋山主峰的《天台图》，这些都与他早期生活经历有关。

唐乾符元年（874年）前后，荆浩由家乡来到开封，得同乡裴休的关照，曾为唐末小官。裴休任宰相五年，唐大中十年（856年）罢官，在开封遇到高僧圆绍，二人志同道合，圆绍就邀他居住在开封夷门仓垣水南寺。后圆绍名声日显，又扩建成横跨夷门山的巨院，由唐僖宗亲自题赐院额曰"双林院"。荆浩曾为双林院这一重要禅院绘制壁画，足见他当时的画名。"尝于京师双林院画宝陀落伽山观自在菩萨一壁"，但此画未能传留。根据他后来在水墨山水画上的创造精神，可以断定，那是一幅人物与山水结合的水墨画。

荆浩兼擅人物还有其他例证。现存他的《匡庐图》中，就有几个细小而动态极佳的点景人物。《宣和画谱》

荆浩《匡庐图》

中，也记载他曾画有人物繁多的《山阴宴兰亭图》三幅、《楚襄王遇神女图》四幅。清代李佐贤《书画鉴影》著录了荆浩的《钟离访道图》："山林墨笔，人物着色，兼工带写。"并记述画中钟离作举手问讯状，将士伫立状，对岸真人傍虎而行及童子回顾指示状等，描绘得十分生动。

荆浩在五代后梁时期，因政局多变，退隐不仕，开始了"隐于太行山之洪谷"的生涯，自号洪谷子。

洪谷位于开封之北 100 公里左右的林县。林县唐时名林虑县，太行山脉于县西绵亘 180 里，总称林虑山，由北向南依次叫黄华、天平、玉泉、洪谷、栖霞等山。山势雄伟壮丽，幽深奇瑰，历代多有隐逸者。北宋山水大家郭熙在《林泉高致》中指出："太行枕华夏，而面目者林虑。"认为林虑乃太行山脉最美之处。

荆浩在这样优美的环境中，躬耕自给，常画松树山水。他与外界交往甚少，但同邺都青莲寺却有较多联系，至少两次为该寺作画。

邺都在今河北省临漳县北，位于林县之东，三国时为曹魏都城。当时邺都青莲寺沙门（住持和尚）大愚，曾乞画于荆浩，寄诗以达其意。诗曰："六幅故牢建，知君恣笔踪。不求千涧水，止要两株松。树下留盘石，天边纵远峰。近岩幽湿处，惟藉墨烟浓。"可知他请荆浩画的是一幅松石图，以屹立于悬崖上的双松为主体，近处是水墨渲染的云烟，远处则群峰起伏。

不久荆浩果然画成赠大愚，并写了一首答诗："恣意纵横扫，峰峦次第成。笔尖寒树瘦，墨淡野云轻。岩石喷泉窄，山根到水平。禅房时一展，兼称苦空情。"显然对自己这幅水墨淋漓的作品相当满意，同时也反映出他退隐后的心境——"苦空情"。苦空为佛家语，认为世俗间一切皆苦皆空，这正是他厌恶乱世的情怀。

从两人相互赠答诗中，可以看出他们不同寻常的关系。大愚说："六幅故牢建，知君恣笔踪。"显然讲的是另一件事。"六幅"可解释为六张画，也可释为一张篇幅很大的画。按汉制，布帛广二尺二寸为幅，六幅就有一丈三尺二寸宽，也许是一件屏幛画。"故牢建"是说依然坚固地收藏着，保存完好。建，通"键"，锁藏。正因大愚以往曾得到过荆浩之画，所以才能说"知君"如何如何，且可以推断那六幅画作已是几年前的事了。

荆浩对中国山水画的发展做出过重要贡献，将唐代出现的"水晕墨章"画法进一步推向成熟。历代评论家对他的艺术成就极为推崇，元代汤垕在《画鉴》中将其称为"唐末之冠"。

欧阳炯

欧阳炯（896—971年），益州华阳（今属四川成都市）人。五代诗人、词人。

他生于唐末，一生经历了整个五代时期。在前蜀，仕至中书舍人，国亡入洛为后唐秦州从事。后蜀开国，拜中书舍人、翰林学士承旨，66岁时官至宰相。广政二十八年（965年）后蜀亡国，入宋为翰林学士、左散骑常侍，以本官分司西京卒，时年76岁。

欧阳炯性情坦率放诞，生活俭素自守。他颇多才艺，精音律，通绘画，能文善诗，尤工小词。今存文二篇，见《全唐文》《唐文拾遗》；诗五首，见《全唐诗》《全唐诗外编》《全唐诗续拾》；词47首，见《花间集》《尊前集》。

欧阳炯曾拟作白居易《讽谏》诗50篇上孟昶，惜已不传。其长篇古诗《贯休应梦罗汉画歌》和《题景焕画应天寺壁天王歌》，内容充实，笔力苍劲又具有浪漫色彩，都堪称五代诗中佳作。

欧阳炯的词也享有盛誉，影响广泛，《菩萨蛮》《更漏子》诸词都从巴蜀远播西北的敦煌。不过欧阳词的风貌却与

欧阳炯像

其诗有明显差异，多表现闺情，当其词笔一旦触及深有所感的内容时，还能写出《更漏子》"三十六宫秋夜永"那样的宫怨词和《江城子》"晚日金陵岸草平"那样旨在揭示荒淫亡国的咏史佳作。

欧阳炯作词上承温庭筠，尤擅长委婉含蓄地表达女子情怀，如《献衷心》：

见好花颜色，争笑东风。双脸上，晚妆同。闭小楼深阁，春景重重。三五夜，偏有恨，月明中。

情未已，信曾通，满衣犹自染檀红。恨不如双燕，飞舞帘栊。春欲暮，残絮尽，柳条空。

如此间景间情，曲曲折折、层层深入地揭示人物惜春怨别的内心感受，在五代词中并不多见。

欧阳炯重视歌词的形式，也重视歌词的内容，只是他认为，曲子词主要是为上层社会游乐歌唱"用资羽盖之欢"的，词是艳曲，而文人词又不同于民间词。因此在词的传统上，他特别肯定和推崇李白的《清平乐》和温庭筠的词，认为五代花间词正是这一传统的继承和发展。欧阳炯词论的这种主张有进步意义，也有局限，但它却代表着部分花间词人的看法，他们的创作实践也与此基本一致。

韩熙载

韩熙载（902—970年），字叔言，原籍南阳（今属河南），后迁居潍州北海（今山东潍坊）。五代十国南唐时名臣、文学家。

韩熙载为后唐同光四年（926年）进士。后南奔归吴，为校书郎，出为滁、和、常三州从事。南唐烈祖时，召为秘书郎。元宗嗣位，屡迁至中书舍人、户部侍郎。后主李煜时，改吏部侍郎，徙秘书监。后任兵部尚书，充勤政殿学士承旨。他目睹国势日蹙，且以北人南来，身处疑难，遂广蓄女乐，彻夜宴饮以排遣忧愤。坐托疾不朝，贬太子右庶子，分司东都。复召为秘书监、兵部尚书。官终中书侍郎、光政殿学士承旨。于开宝三年（970年）去世，年69岁，获赠右仆射、同平章事，谥号"文靖"。

　　韩熙载平生不惧权贵，性格诙谐，宋齐丘势盛时，自以为文章华美，盖世无双，好给人撰写碑志，而韩熙载因为八分书尤佳，所以每逢此类事，都由宋齐丘起草文字，而由韩熙载进行缮写。韩熙载每次承担此事时，都用纸塞住自己的鼻孔，有人询问何故？答曰："文辞秽且臭。"韩熙载还有一个长处，就是喜好奖掖后进之士，因此时常有人投文求教，当遇到那些文字低劣的文章时，他遂令女伎点艾熏之。当见到求教者时，故意批评说："怎么您的大作这么多艾气啊！"据载其出使中原时，有人问道："江南人为何不食剥皮羊？"韩熙载回答说："这是江南多产罗绮的缘故。"当时问者还没有弄懂其意，等到后来醒悟过来，韩熙载已经离去多日了。原来当时南吴国君主姓杨，北方后周君主姓郭，故后周人以"剥皮羊"为喻：你们南吴国为何不杀姓杨的国君？这和当时吴越国人以砍柳树隐喻"斫杨头"来咒骂南吴国君的行径如出一辙。

韩熙载以"罗纨"为喻，暗射"裹丝"两字，谐音"郭死"，刻骨而不露。

　　韩熙载因是北人，始终没有得到重用。李煜刚继位时，猜忌心很重，鸩杀了很多从北方来的大臣，韩熙载为逃避李煜猜疑而故意纵情声色。李煜对韩熙载的放荡行为很不满意，就派画家顾闳中潜入韩家，仔细观察韩的所作所为，然后画出来给他看。这幅画今天珍藏在故宫博物院，即名为《韩熙载夜宴图》。

　　画中的主要人物为韩熙载，画中的其他人物也大多

韩熙载像

真有其人，如状元郎粲、和尚德明等，都是韩熙载的常客。画卷里，韩熙载虽放浪形骸，但始终双眉紧锁，难掩忧心忡忡。桌案都比较低矮，正是由席地而坐到垂足高坐的过渡时期，琵琶箫鼓、绣墩床榻，室内的陈设器物无不体现了时代的特点。《夜宴图》采用了中国传统表现连续故事的手法，随着情节的进展而分段，以屏风为间隔，主要人物韩熙载在每段中出现。通过听乐、观舞、歇息、清吹、散宴等情节，叙事诗般描述了夜宴的全部情景。

韩熙载高才博学，又精音律，善书画。为文长于碑碣，颇有文名，当时求其为文章碑表者甚多。其所作制诰典雅，人称"有元和之风"。熙载所撰诗文颇多。《郡斋读书志》卷4中著录《韩熙载集》5卷，《直斋书录解题》卷10记其《格言》5卷，又有《拟议集》15卷、《定居集》2卷，均佚。《全唐诗》存诗5首，残句1首。《全唐诗外编》补收诗1首。《全唐文》录其文6篇。《唐文拾遗续拾》录有其文2篇。

李 煜

南唐后主李煜（937—987年），字重光，号钟隐，别号莲峰居士。他是亡国之君，也是词坛魁首。

赵匡胤夺取后周政权后，随即建立了宋王朝，一时国力强盛，直接威胁到了南唐小朝廷的存亡。而这时的南唐后主李煜，袭位于国政日非的多事之秋，他不但不思进取，不思重振国威，反而不理朝政，纵情酒色。南唐朝廷更加岌岌可危。

宋太祖开宝七年（974年），赵匡胤统军渡江，攻打金陵。及至大兵压境，李煜仍不知醒悟，依旧在宫中填写《临江仙》词。一时苦思冥想好半天，才写下"樱桃落尽春归去，蝶翻轻粉双飞"两句词，便听手下慌忙报告，城已被宋军攻破。不一会儿，宋朝官兵涌入后宫，活捉了李后主。李后主被俘以后，便开始了他"日夕只以眼泪洗面"的囚徒生涯。

宋太宗赵光义在位期间的一天，他问被宋朝俘虏的原南唐吏部尚书徐铉说："你见到过李煜没有？"徐铉说："没有。罪臣不敢私自

顾闳中绘《韩熙载夜宴图》

去见他。"太宗就说："你去看看他，就说是我要你去的。"徐铉被俘之后再也未曾见过李后主，一腔亡国之恨无处诉说。作为亡国之臣，除了一些思念之外，他没有更多的自由，他也是希望有朝一日能见见后主，一吐心声。如今，听宋太宗如此一说，他自然乐于前往。于是，整了衣冠急忙赶到李后主住处。徐铉见了李煜赶紧趋步上前，欲行君臣之礼，被李后主扶起。

旧日君臣相见，更是感慨万千。他们就这样默默地相对而坐。忽然李后主"哇"地一声大哭起来，声音十分悲切，哭了一阵之后，好容易才喘过气来，不觉又长叹一声，他说："悔不该偏信谗言，杀了潘佑和李平，当初真是糊涂。"

徐铉离去之后，李后主回想旧日欢乐，而今却为阶下之囚，这日又值七夕，痛切之下，填写了《虞美人》词一首，他在词中道：

春花秋月何时了，往事知多少。

小楼昨夜又东风，故国不堪回首月明中。

雕栏玉砌应犹在，只是朱颜改。

问君能有几多愁，恰似一江春水向东流。

词填好之后，被人吟唱，一时间传了出去，南唐旧臣听了，无不黯然神伤。

徐铉看过李后主之后，宋太宗问他："李煜都跟你说了些什么？"

徐铉也不敢隐瞒，于是把李煜后悔自己错杀潘佑、李平等忠臣的事全告诉了宋太宗。宋太宗听了，知道李煜仍在思念故国，没忘亡国之痛，就有了除掉他的意思；如今知道了他的这首《虞美人》之后，宋太宗不由大怒，于是赐毒药给他。李后主服毒自杀而死，时年41岁。

李煜精书法、工绘画、通音律，诗文均有一定造诣，尤以词的成就最高。李煜的词，继承了晚唐以来温庭筠、韦庄等花间派词人的传统，又受李璟、冯延巳等的影响，语言明快、形象生动、用情真挚，风格鲜明，其亡国后词作更是题材广阔，含意深沉，在晚唐五代词中别树一帜，对后世词坛影响深远。

李煜不仅擅长诗词，在书画方面也颇有造诣。李煜曾考证过拨镫法的渊源，并总结为"撅、押、钩、揭、抵、拒、导、送"八种技艺。李煜擅长行书，多以颤笔行文，线条遒劲，有如寒松霜竹，世称"金错刀"；又喜写大字，以卷帛为笔，挥洒如意，世称"撮襟书"。李煜曾出示南唐秘府所藏的书法作品，命徐铉刻成《升元帖》，周密评为"法帖之祖"。画作上，李煜的竹，一一勾勒而成，自根至梢极小，很有特点，被称为"铁钩锁"。他所绘的林石、飞鸟，也都意境高远，远超常人。

西蜀有韦庄、欧阳炯等人，他们的作品后来由赵崇祚等收入《花间集》；南唐有冯延巳、中主李璟、后主李煜

荆浩、关仝，南唐的董源、巨然、徐熙，后蜀的黄筌

第七章

宋元时期的著名文士

第一节　北宋时期的著名文士

柳　永

柳永（约 987—约 1053 年），原名三变，字景庄，后改名永，字耆卿，排行第七，又称柳七。崇安（今福建武夷山）人。北宋著名词人，婉约派创始人物。宋仁宗朝进士，官至屯田员外郎，故世称柳屯田。他自称"奉旨填词柳三变"，以毕生精力作词，并以"白衣卿相"自诩。其词多描绘城市风光和歌妓生活，尤长于抒写羁旅行役之情，创作慢词独多。铺叙刻画，情景交融，语言通俗，音律谐婉，在当时流传极其广泛，人称"凡有井水饮处，皆能歌柳词"，婉约派最具代表性的人物之一，对宋词的发展有重大影响。代表作《雨霖铃》《八声甘州》等。

柳永出身官宦世家，少时学习诗词，有功名用世之志。咸平五年（1002 年），柳永离开家乡，流寓杭州、苏州，沉醉于听歌买笑的浪漫生活之中。大中祥符元年（1008 年），柳永进京参加科举，屡试不中，遂一心填词。景祐元年（1034 年），柳永暮年及第，历任睦州团练推官、余杭县令、晓峰盐碱、泗州判官等职，以屯田员外郎致仕,故世称柳屯田。

柳永是第一位对宋词进行全面革新的词人，也是两宋词坛上创用词调最多的词人。柳永大力创作慢词，将敷陈其事的赋法移植于词，同时充分运用俚词俗语，以世俗的意象、淋漓尽致的铺叙、平淡无华的白描等独特的艺术个性，对宋词的发展产生了深远影响。

史载，柳永作新乐府，为时人传诵；仁宗洞晓音律，早年亦颇好其词。但柳永好作艳词，仁宗继位后留意儒雅，对此颇为不满。及进士放榜时，仁宗就引用柳永词"忍把浮名，换了浅斟低唱"（《鹤冲天·黄金榜上》）说："既然想要'浅斟低唱'，何必在意虚名"，遂刻意划去柳永之名。

宋人严有翼亦载有此事，说有人向仁宗推荐柳永，仁宗回复"且去填词"，并说自此后柳永不得志，遂出入娼馆酒楼，自号"奉圣旨填词柳三变"。

柳永词大量描写市民阶层男女之间的感情，词中的女主人公，多数是沦入青楼的不幸女子。柳永的这类词，不仅表现了世俗女性大胆而泼辣的爱情意识，还写出了被遗弃的或失恋的平民女子的痛苦心声。在词史上，柳永第一次笔端伸向平民妇女的内心世界，为她们诉说心中的苦闷忧怨。正是基于这样的原因，柳永的词才走向平民化、大众化，使词获得了新的发展趋势。

柳永词多方面展现了北宋繁华富裕的都市生活和丰富多彩的市井风情。柳永长期生活在都市里，对都市生活有着丰富的体验，他用彩笔一一描绘过

柳永像

当时汴京、洛阳、益州、扬州、会稽、金陵、杭州等城市的繁荣景象和市民的游乐情景。这些都市风情画，前所未有地展现出当时社会的太平气象。

柳永多次科举失利后，为了生计，不得不到处宦游干谒，以期能谋取一官半职。柳永工于羁旅行役词，正是基于他一生宦游沉浮、浪迹江湖的切身感受。《乐章集》中60多首羁旅行役词，比较全面地展现出柳永一生中的追求、挫折、矛盾、苦闷、辛酸、失意等复杂心态。在这类词中，柳永写其行踪所至，自抒漂泊生活中的离别相思之情，背景远比五代以及宋初词人所写思乡念远词阔大，意境也更苍凉，特别真切感人。

柳永还写过不少歌颂帝王、达官贵人的词，也写过一些自叙怀抱，自叹平生遭际的词，例如其《戚氏》一篇，是《乐章集》中最长的一首词，他在词中对自己的生平作了回顾，字里行间颇多感触，唱出了天涯沦落的不遇之士的悲音，被誉为《离骚》的遗风。

柳永生在一个典型的奉儒守官之家，自小深受儒家思想的系统训练，养成功名用世之志，然而，他一旦出入"秦楼楚馆"，接触到"竞赌新声"，浪漫而放荡不羁的性格便显露出来，因此，青楼成了他常去之处。科举落第后，柳永沉溺烟花巷陌，都市的繁华、歌伎的多情，使柳永仿佛找到了真正的自由生活。

在宋代，歌伎以歌舞表演为生，其表演效果的好坏，直接关系到她们的生活处境。演出效果取决于演技和所演唱的词，演技靠个人的勤奋练习，而词则靠词人填写。歌伎为了使自己的演唱吸引观众，往往主动向词人乞词，希望不断获得词人的新词作，使自己成为新作的演唱者，以给听众留下全新的印象，同时也希望通过词人在词中对自己的赞赏来提升名气。柳永落第后，频繁地与歌伎交往，教坊乐工和歌伎填词，供她们在酒肆歌楼里演唱，常常会得到她们的经济资助，柳永也因此可以流连于坊曲，不至于有太多的衣食之虞。

歌伎是柳永词的演唱者和主要歌咏对象，存世柳词中涉及歌伎情感方面的约150首，歌伎激发了柳永的创作热情，满足了他的情感追求，促成了他的创作风格，也奠定了他的文学地位。

柳永年轻时应试科举，屡屡落第；即暮年及第，又转官落魄，终官不过屯田员外郎。由于仕途坎坷、生活潦倒，柳永由追求功名转而厌倦官场，沉溺于旖旎繁华的都市生活，以毕生精力作词，并在词中以"白衣卿相"自诩。表面上看，柳永对功名利禄不无鄙视，但骨子里还是忘不了功名，希望走上一条通达于仕途的道路。柳永是矛盾的，他想做一个文人雅士，却永远摆脱不掉对俗世生活和情爱的眷恋和依赖；而醉里眠花柳的时候，他却又在时时挂念自己的功名。然而，仕途上的不幸，反倒使他的艺术天赋在词的创作领域得到充分的发挥。

据传，柳永晚年穷愁潦倒，死时一贫如洗，无亲人祭奠。歌伎念他的才学和痴情，凑钱替其安葬。每年清明节，又相约赴其坟地祭扫，并相沿成习，称之"吊柳七"或"吊柳会"，这种风俗一直持续到宋室南渡。

作为第一位对宋词进行全面革新的大词人，柳永对后来词人影响

柳永纪念馆塑像

甚大。南北宋之交的王灼即说"今少年""十有八九不学柳耆卿,则学曹元宠";又说沈唐、李甲、孔夷、孔榘、晁端礼、万俟咏六人"皆在佳句","源流从柳氏来"。即使是苏轼、黄庭坚、秦观、周邦彦等著名词人,也无不受惠于柳永。

柳词在词调的创用、章法的铺叙、景物的描写、意象的组合和题材的开拓上都给苏轼以启示,故苏轼作词,一方面力求在"柳七郎风味"之外自成一家;另一方面,又充分吸取了柳词的表现方法和革新精神,从而开创出词的一代新风。黄庭坚和秦观的俗词与柳词更是一脉相承,秦观的雅词长调,其铺叙点染之法,也是从柳词变化而出;周邦彦慢词的章法结构,同样是从柳词脱胎。

范仲淹

在我国古代文学宝库中,《岳阳楼记》堪称一篇艺术性与思想性俱佳的精品散文,其中"先天下之忧而忧,后天下之乐而乐"是后世人们传诵的不朽警句。它激励着无数有识之士时刻不忘国家和人民,要把自己理想的实现建构在国家稳定、百姓生活安康的基础之上。《岳阳楼记》一文的作者,是我国北宋时期著名的政治家、军事家、文学家范仲淹,他也是具有如此宽阔胸襟和远大政治抱负的人。

范仲淹(989—1052年),字希文,苏州吴县人。他出生于一个破落的名门之家。两岁时,父亲因病去世。因为家境艰难,母亲被迫带着他改嫁到一个姓朱的人家。范仲淹从小酷爱读书,他经常劝导朱氏兄弟要一心向学,将来做一个对社会有用的人。范仲淹10余岁时得知自己的身世,他便带着满满一箱书离开朱家,住进长山醴泉寺的僧房,决心通过知识来改变自己的命运。

为了集中精力读书,也为了尽可能地节省母亲给他的生活费,范仲淹每天天刚蒙蒙亮就起身,到庙里的灶间煮一盅稀粥,等到稀粥冷却凝结后,范仲淹用刀子把粥划成四块,早上吃两块,余下的两块留到晚上再吃。这就是《断齑划粥》典故的由来。

这样,范仲淹在醴泉寺一住就是三年。三年中,范仲淹读懂了《诗经》

《论语》，读透了儒学大家们的名篇佳作，小小年纪已可以出口成章，而且章章句句都是儒家先贤的至理名言。范仲淹深深地沉迷于中国古典文学博大精深的世界里。

但是，欲博古通今仅仅读懂、读透手头的这些书籍是远远不够的。为了开阔眼界、广泛汲取知识，年仅 19 岁的范仲淹辞别醴泉寺老住持，踏上了寻访名师的道路。他听说应天府有一所全国最知名的学府，叫作南都学舍。学术界最有名望的前辈在那里设坛讲学，各地学子闻风而至，学习风气浓厚。于是，范仲淹一路风餐露宿，千里迢迢赶奔应天府。一进南都学舍，范仲淹的整个身心便被吸引了，书房里摆放着整架的书籍，充斥于整个房间的是挥之不去的书卷气和埋头苦读的身影。范仲淹收拾好行李，很快地融入到这种氛围之中。

他如饥似渴地阅读，甚至忘记了时间。连续地刻苦攻读使得范仲淹异常疲倦，有时候读到三更天，范仲淹实在倦得睁不开眼睛，就硬撑着身子到房外取来一盆冷水，以冷水敷面，等倦意消失了，再继续攻读。

范仲淹像

在这里，范仲淹依然像从前一样，每天靠吃粥度日。到了后来，连一日两餐都保证不了，但仍然不改其志。大家都很赞赏范仲淹的刻苦求学精神，同时对他的困难处境也十分同情。同学中有个官宦人家的子弟，将范仲淹的遭遇禀告了父亲，父亲听了非常感动，告诫儿子，生于忧患，死于安乐。贫穷和暂时的困难并不是什么耻辱，历史上凡是成就一番大业的人，必然是经受过一番磨砺之苦的人。作为富贵人家的子弟千万不能歧视范仲淹，而应该想方设法去帮助他。此后，这个同学每次从家里回来，都带回大包小包好吃的东西送给范仲淹，并且嘱咐他要好好保重，不能因为学习而搞垮了身体。过了一段时间，这个同学到范仲淹宿舍去请教问题，意外地发现他前几次送给范仲淹的吃食竟然原封未动。这个同学十分不解，他生气地责问范仲淹："我的父亲听说你昼夜读书，怕你饿了肚子，所以才让我给你带来一些食物，难道吃了我们家的东西会玷污了你美好的品德吗？"

范仲淹笑道："那倒不是，令尊托你捎来那么多好吃的东西，我感激还来不及呢，怎么会产生那种不近情理的想法？只是我长久以来吃粥已经习惯了，你让我吃这样的美味，下一顿再吃粥，我还能吃得下去吗？"

经过10多年的苦读，范仲淹终于金榜题名，他先后在朝中担任右司谏、吏部员外郎、知州、枢密副使等职，曾主持实施"庆历新政"。由于朝中保守势力的反对，新政只推行了10个多月就被迫全部废止。范仲淹受了很大打击，但是他并不因为个人的遭遇感到懊恼。时隔一年，他的一位在岳州做官的老朋友滕宗谅，修建了当地的名胜岳阳楼，请范仲淹写篇纪念文章。范仲淹挥笔写下了《岳阳楼记》。在文中，范仲淹说，一个有远大政治抱负的人，他的思想感情应该是"先天下之忧而忧，后天下之乐而乐"。

范仲淹是北宋著名的政治家，同时，他更是一位了不起的文学家。

康定元年（1040年），西夏元昊称帝后举兵进攻延州，宋王朝与西夏开始交兵。这年七月，范仲淹和韩琦同时被任命为陕西经略安抚使兼知延州，来到西北前线，后又以各种身份，与韩琦分管陕甘军政大事。作为一名大将，范仲淹与西夏寸土必争，人们说："小范老子胸中有数万甲兵"，西夏也因他不敢轻易进犯。

可是，远离家园的滋味毕竟是难受的，无论是兵士和将领都不免有些思念家乡。尤其时值塞外九月时，秋风乍起了，那塞外特有的边声——秋风呼啸，驼马长嘶，草木繁响，就会使人越发感到凄凉。兵士们吟唱着一支悠长的曲子，仰望雁儿南归，心中的愁情越发难以言诉。远处群山层叠，似笼罩着茫茫烟雾，当太阳西沉时，这里仿佛只剩下一座孤城。在这紧闭的城门里，一杯浊酒如何挡得住寒冷孤寂？悠悠羌管，皑皑白霜，谁能安然入梦？可是战争的烽火时时燃烧，若不完成抗敌大功，家园不会安宁，将士们谁又忍心回去呢？

所有能够做的，也不过是将军梳理一下头发，战士拭拭思乡泪罢了……

范仲淹像

作为一名主帅，他深深体验到了边防生活的艰苦和战士们矛盾复杂的情绪，他为此感动着，终于，他挥笔写下了《渔家傲》词：

塞下秋来风景异，衡阳雁去无留意。

四面边声连角起。千嶂里，长烟落日孤城闭。

浊酒一杯家万里，燕然未勒归无计。

羌管悠悠霜满地。人不寐，将军白发征夫泪。

这是一幅十分沉郁而苍凉的图景，在边声号角、长烟落日的壮阔雄伟的背景下，戍边战士立功报国的壮志和离家后难以名状的忧思，如同洪水击石一样冲击着人们的心灵，让人在感知那一份无尽苍凉的同时也肃然起敬。

可是，范仲淹不仅仅是一

位面目严峻、神态凛然的带兵将帅，他有着一颗豪情万丈、正气凌云的心；他还是一位文人，很多时候，他也有文人的多情善愁的一面。例如在《苏幕遮·怀旧》里，他柔肠宛转，缠绵悱恻地写道：

碧云天，黄叶地。秋色连波，波上寒烟翠。山映斜阳天接水。芳草无情，更在斜阳外。

黯乡魂，追旅思。夜夜除非，好梦留人睡。明月楼高休独倚。酒入愁肠，化作相思泪。

这也是向人们展示一幅动人的秋景，但这秋景，不是在塞外，而是在一个秋色连波的美丽的地方，同样也有乡思，却少了一份豪情，多了一腔柔情似水、绵绵不绝的深情。

范仲淹文学素养很高，留下了众多脍炙人口的词作，如《渔家傲》《苏幕遮》，苍凉豪放、感情强烈，为历代传诵。欧阳修曾称《渔家傲》为"穷塞主词"。著作为《范文正公集》。范纯仁是他的次子，父子都当过宰相。

景祐三年（1036年），因范仲淹多次因谏被贬谪，梅尧臣作文《灵乌赋》力劝范仲淹要少说话，少管闲事，自己逍遥就行。范仲淹所作的同名答文中写道："彼希声之凤皇，亦见讥于楚狂；彼不世之麒麟，亦见伤于鲁人。凤岂以讥而不灵，麟岂以伤而不仁？故割而可卷，孰为神兵；焚而可变，孰为英琼。宁鸣而死，不默而生。"其中强调的"宁鸣而死，不默而生"，更是彰显了古代士大夫为民请命的凛然大节。

范仲淹一生作词很少，但就凭他这两首风格迥异、却同样感人的词，奠定了他在词坛上的一席地位。怪不得人们称赞他的词"字字珠玉、掷地有声"呢。

欧阳修

欧阳修（1007—1072年），字永叔，号醉翁，晚号"六一居士"。吉州永丰（今江西省永丰县）人，因吉州原属庐陵郡，以"庐陵欧阳修"自居。谥号文忠，世称欧阳文忠公。北宋政治家、文学家、史学家。与韩愈、柳宗元、王安石、苏洵、苏轼、苏辙、曾巩合称"唐宋八大家"；

后人又将其与韩愈、柳宗元和苏轼合称"千古文章四大家"。欧阳修一生著述繁复，成绩斐然。他曾参与合修《新唐书》，并独撰《新五代史》，又编《集古录》，有《欧阳文忠集》传世。

欧阳修在其父欧阳观任绵州推官时出生于四川绵州（今四川绵阳），四岁丧父，随叔父欧阳晔在湖北随州长大。幼年家贫无资，母亲郑氏用芦苇在沙地上写字、画画，还教他识字。

欧阳修自幼喜爱读书，常从城南李家借书抄读，他天资聪颖，又刻苦勤奋，往往书不待抄完，已能成诵；少年习作赋文章，文笔老练，有如成人。其叔由此看到了家族振兴的希望，曾对欧阳修的母亲说："嫂无以家贫子幼为念，此奇儿也！不唯起家以大吾门，他日必名重当世。"10岁时，欧阳修从李家得唐《昌黎先生文集》六卷，甚爱其文，手不释卷，这为日后北宋诗文革新运动播下了种子。

欧阳修像

仁宗天圣八年（1030年），中进士。次年任西京（今洛阳）留守推官，与梅尧臣、尹洙结为至交，互相切磋诗文。景佑元年（1034年），召试学士院，授任宣德郎，充馆阁校勘。景佑三年（1036年），范仲淹因上章批评时政，被贬饶州，欧阳修为他辩护，被贬为夷陵（今湖北宜昌）县令。康定元年（1040年），欧阳修被召回京，复任馆阁校勘，后知谏院。庆历三年（1043年），范仲淹、韩琦、富弼等人推行"庆历新政"，欧阳修参与革新，提出了改革吏治、军事、贡举法等主张。庆历五年（1045 年），范、韩、富等相继被贬，欧阳修也被贬为滁州（今安徽滁州）太守。以后，又知扬州、颖州（今安徽阜阳）、应天府（今河南商丘）。至和元年（1054 年）八月，奉诏入京，与宋祁同修《新唐书》，又自修《五代史记》（即《新五代史》）。嘉祐二年（1057 年）二月，欧阳修以翰林学士身份主持进士考试，提倡平实的文风，录取了苏轼、苏辙、曾巩等人。这对北宋文风的转变很有影响。嘉祐五年（1060 年），欧阳修拜枢密副使。次年任参知政事。以后，又相继任刑部尚书、兵部尚书等职。英宗治平二年（1065 年），上表请求外任，不准。此后两三年间，因被蒋之奇等诬谤，多次辞职，都未允准。神宗熙宁二年（1069 年），王安石实行新法。欧阳修对青苗法曾表异议，且未执行。熙宁三年（1070 年），除检校太保宣徽南院使等职，坚持不受，改知蔡州（今河南汝南县）。这一年，他改号"六一居士"。熙宁四年（1071 年）六月，行兵部尚书、上柱国、乐安郡开国公、食邑 4300 户、食实封 1200 户，以太子少师的身份辞职，居颖州。熙宁五年（1072 年）闰七月二十三日，欧阳修卒于家，谥文忠。

欧阳修前期的政治思想，反映了中小地主阶级的利益，对当时经济、政治和军事等方面的严重危机，保持了较清醒的认识。主张除积弊、行宽简、务农节用，与范仲淹等共谋革新。晚年随着社会地位的提高，思想渐趋保守，对王安石部分新法有所抵制和讥评；但比较实事求是，和司马光等人的态度是不尽相同的。

欧阳修在我国文学史上有着重要的地位。作为宋代诗文革新运动的领袖人物，他的文论和创作实绩，对当时以及后代都有很大影响。宋初，在暂时承平的社会环境里，贵族文人集团提倡的西昆体诗赋充斥文坛，浮华纂组，并无社会意义，却曾风靡一时。为了矫正西昆体的流弊，欧阳修大力提倡古文。他自幼爱读韩愈文集，出仕后亲自校订韩文，刊行天下。他在文学观点上师承韩愈，主张明道致用。他强调道对文的决定作用，以"道"为内容，为本质，以"文"为形式，为工具。但他又假正了韩愈的某些偏颇。在对"道"的解释上，他把现实中的"事"，看作"道"的具体内容，反对"弃百事不关于心"，反对"务高言而鲜事实"。在对待"道"与"文"的关系上，主张既要重"道"，又要重"文"，认为"文"固然要服从于"道"，但并非"有德者必有言"。列举了许多例子说明"自诗、书史记所传，其人岂必能言之士哉"。指出："言以载事，而文以饰言。事信言文，乃能表见于世。"所谓"事信言文"，就是内容要真实，语言要有文采，做到内容和形式的统一。后来，知贡举（主管考试进士）时，又鼓励考生写作质朴晓畅的古文，凡内容空洞，华而不实，或以奇诡取胜之作，概在摒黜之列。与此同时，他又提拔、培养了王安石、曾巩、苏轼、苏辙等一代新进作家。

苏轼评其文时说："论大道似韩愈，论本似陆贽，纪事似司马迁，诗赋似李白。"但欧阳修虽素慕韩文的深厚雄博，汪洋恣肆，但并不亦步亦趋。

欧阳修一生写了500余篇散文，有政论文、史论文、记事文、抒情文和笔记文等，各体兼备。他的散文大多内容充实，气势旺盛，具有平易自然、流畅婉转的艺术风格。叙事既得委婉之妙，又简括有法；议论纡徐有致，却富有内在的逻辑力量。章法结构既能曲折变化而又十分严密。《朋党论》《新五代史·伶官传序》《与高司谏书》《醉翁亭记》《丰

欧阳修像

乐亭记》《泷冈阡表》等，都是历代传诵的佳作。欧阳修还开了宋代笔记文创作的先声，其《归田录》《笔说》《试笔》等都很有名。欧阳修的赋也很有特色，著名的《秋声赋》运用各种比喻，把无形的秋声描摹得非常生动形象，使人仿佛可闻。这篇赋变唐代以来的"律体"为"散体"，对于赋的发展具有开拓意义。欧阳修的诗歌创作成就不及散文，但也很有特色，其中不少诗反映了人民疾苦，揭露了社会的黑暗；他还在诗中议论时事，抨击了腐败政治。但他写得更多、也更成功的是那些抒写个人情怀和山水景物的诗。他的诗在艺术上主要受韩愈影响。总的来看，风格是多样的。欧阳修还善于论诗，在《梅圣俞诗集序》中提出诗"穷者而后工"的论点，发展了杜甫、白居易的诗歌理论，对当时和后世的诗歌创作产生过很大影响。他的《六一诗话》是中国文学史上第一部诗话，以随便亲切的漫谈方式评叙诗歌，成为一种论诗的新形式。欧阳修也擅长写词，主要内容仍是恋情相思、酣饮醉歌、惜春、赏花之类，尤善以清新疏淡的笔触写景抒情。还有一些艳词，虽写男女约会，也朴实生动。欧阳修在中国文学史上有重要的地位，他大力倡导诗文革新运动，改革了唐末到宋初的形式主义文风和诗风，取得了显著成绩。由于他在政治上的地位和散文创作上的巨大成就，使他在宋代的地位有似于唐代的韩愈。

欧阳修对有真才实学的后生极尽赞美，竭力推荐，使一大批当时还默默无闻的青年才俊脱颖而出，名垂后世，堪称千古伯乐。不但包括苏轼、苏辙、曾巩等文坛巨匠，还包括张载、程颢、吕大钧等旷世大儒的出名与欧阳的学识、眼光和胸怀密不可分。他一生桃李满天下，包拯、韩琦、文彦博、司马光，都得到过他的激赏与推荐。"唐宋八大家"，宋代五人均出自他的门下，而且都是以布衣之身被他相中、提携而名扬天下。他的平易文风，还一直影响到元、明、清各代。

欧阳修是杰出的应用文章家，不仅应用文写作颇有建树，而且对应用文理论贡献也很大。欧阳修创立应用文概念，构筑了应用文理论的大体框架。他认为应用文的特点有三：一是真实；二是简洁质朴；三是得体。欧阳修主张应用文应合大体、文体、语体，其理论已相当精深。欧阳修对公文的贡献很大。他写有公文 1102 篇，公文理论也很系统。公文内容"必须合於物议，下悦民情"；形式"取便於宣读"，采用"四六"的语言形式（《内制集序》），开苏轼改革骈文之先河。他自责其公文有"无以发明""意思零落""非工之作""拘牵常格"的毛病，主张内容要完整出新，有条有理；形式既要规范，又要创新。

欧阳修一生著述繁复，成绩斐然。除文学外，经学研究《春秋》，能不拘守前人之说，有独到见解；金石学为开辟之功，编辑和整理了周代至隋唐的金石器物、铭文碑刻上千，并撰写成《集古录跋尾》十卷 400 多篇，简称《集古录》，是今存最早的金石学著作；史学成就尤伟，除了参加修定《新唐书》250 卷外，又自撰《五代史记》（《新五代史》），总结五代的历史经验，意在引为鉴戒。欧阳修书法亦著称于世，其书法受颜真卿影响较深。朱熹说："欧阳公作字如其为人，外若优游，中实刚劲。"

与晏殊词相比，欧阳修虽然也主要是走五代词人的老路，但新变的成分要多些。尽管他作词是以余力而作，固守着词传统的创作观念，

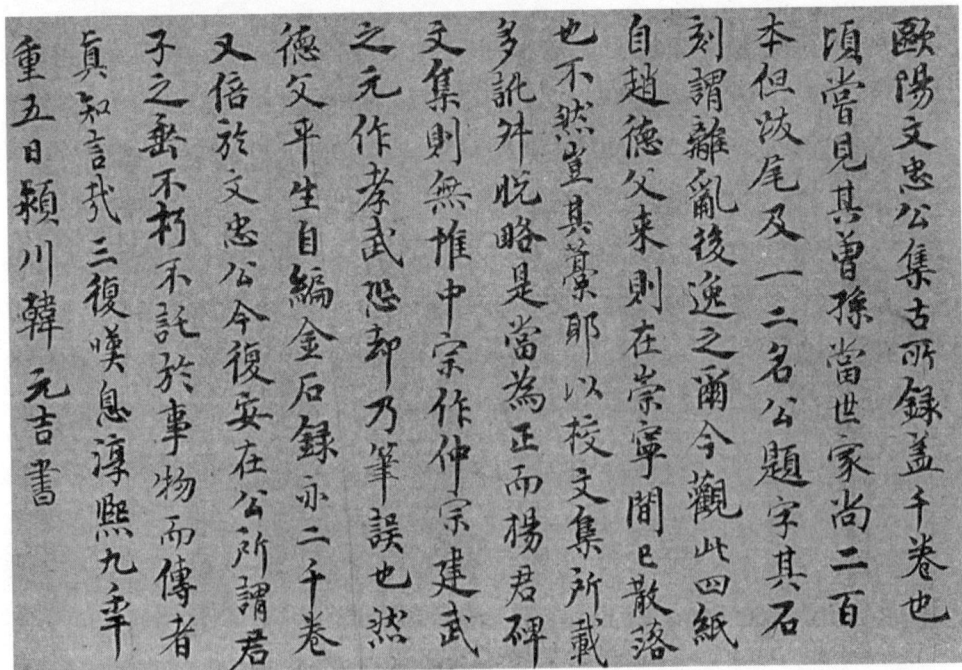

欧阳修《集古录跋》

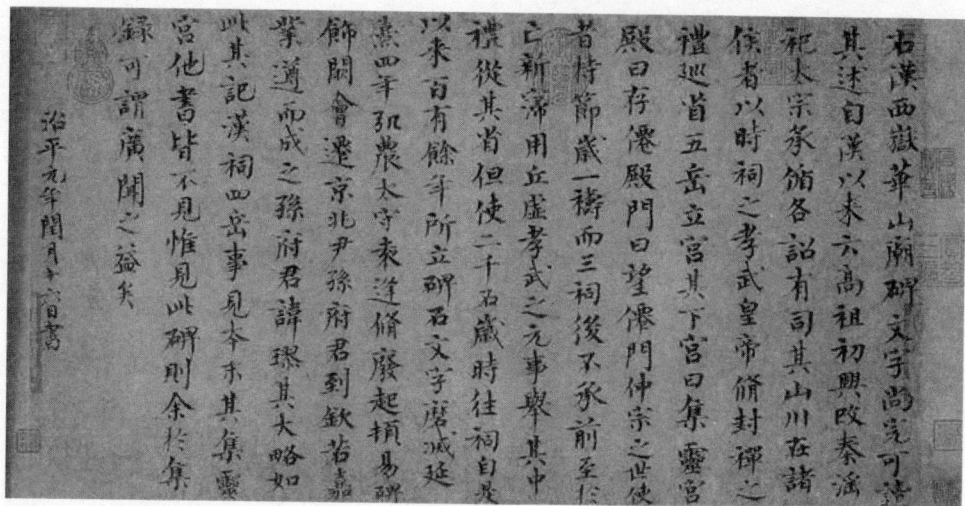

欧阳修书法

但作为开创风气的一代文宗，他对词作也有所革新。这主要体现在两个方面：一是扩大了词的抒情功能，沿着李煜词所开辟的方向，进一步用词抒发自我的人生感受；二是改变了词的审美趣味，朝着通俗化的方向开拓，而与柳永词相互呼应。

欧阳修在变革文风的同时，也对诗风进行了革新。他重视韩愈诗歌的特点，并提出了"诗穷而后工"的诗歌理论。相对于西昆诗人的主张，欧阳修的诗论无疑含有重视生活内容的精神。欧阳修诗歌创作正是以扭转西昆体脱离现实的不良倾向为指导思想的，这体现了宋代诗人对矫正晚唐五代诗风的最初自觉。

史学方面，欧阳修史学成就较高，除了参加修定《新唐书》250 卷外，又自撰《五代史记》（《新五代史》），总结五代的历史经验，意在引为鉴戒。欧阳修书法亦著称于世，其书法受颜真卿影响较深。朱熹说："欧阳公作字如其为人，外若优游，中实刚劲"。1034 年，欧阳修亲睹"洛阳之俗，大抵好花，春时，城中无贵贱皆插花，虽负担者亦然。花开时，士庶竞为遨游"，于是遍访民间，将洛阳牡丹的栽培历史、种植技术、品种、花期以及赏花习俗等作了详尽的考察和总结，撰写了《洛阳牡丹记》一书，包括《花品序》《花释名》《风俗记》三篇。书中列举牡丹品种 24 种，是历史上第一部具有重要学术价值的牡丹专著。

谱学方面，欧阳修开创了民间家谱学之先河，著有《欧阳氏谱图序》，该文中详细说明了欧阳修先世的迁移图，即其先大禹到越国王族的脉络，也描写了八王之乱后，欧阳氏再度南迁江南，在南方各地族衍发展的历程。欧阳修一生不仅喜欢弹琴、听琴、藏琴，而且喜欢写琴文，以记琴声与琴事、以论琴意与琴理，深得琴中趣。从欧阳修现存的诗文中，我们不仅可以看到一个作为琴人的欧阳修，而且可以看到一个作为琴论家的欧阳修。

欧阳修任滁州太守时，写下了他的名篇《醉翁亭记》。欧阳修喜好酒，他的诗文中亦有不少关于酒的描写。一首《渔家傲》中采莲姑娘用荷叶当杯，划船饮酒，写尽了酒给人们生活带来的美好。欧阳修任扬州太守时，每年夏天，都携客到平山堂中，派人采来荷花，插到盆中，叫歌妓取荷花相传，传到谁，谁就摘掉一片花瓣，摘到最后一片时，就饮酒一杯。晚年的欧阳修，自称有藏书一万卷，琴一张，棋一盘，酒一壶，陶醉其间，怡然自乐。可见欧阳修与酒须臾不离。

苏 轼

苏轼（1037—1101年），字子瞻，又字和仲，号铁冠道人、东坡居士，世称苏东坡、苏仙。眉州眉山（今属四川省眉山市）人，祖籍河北栾城。北宋文学家、书法家、画家。苏轼是北宋中期的文坛领袖，在诗、词、散文、书、画等方面取得了很高的成就。其文纵横恣肆；其诗题材广阔，清新豪健，善用夸张比喻，独具风格，与黄庭坚并称"苏黄"；其词开豪放一派，与辛弃疾同是豪放派代表，并称"苏辛"；其散文著述宏富，豪放自如，与欧阳修并称"欧苏"，为"唐宋八大家"之一，与父苏洵、弟苏辙合称"三苏"。苏轼亦善书，为"宋四家"之一；工于画，尤擅墨竹、怪石、枯木等。有《东坡七集》《东坡易传》《东坡乐府》等传世。

苏轼生于北宋中期，母亲程氏是大理寺丞（相当于最高法院院长）程文应的女儿，书香门第出身，因从小耳濡目染，故品德、学识都非常好，苏轼有这样的母亲是幸运的，因此他能够受到良好的家教。三年后其弟苏辙也来到人世了。

苏轼的父亲苏洵志在科举，然而他开始做学问的时间太晚了，大约是在苏轼出生后的时期，他已经过了而立之年，结果是屡试不中，只能感叹自己怀才不遇，因此他对苏轼、苏辙两兄弟的期望很高。苏轼出生后不久，苏洵便到京都去游学，所以苏轼一直到八岁都没有受到过父亲的言传身教。他最早由母亲启蒙，后来因其母程氏深信道教，便命他拜天庆观道士张易简为老师，与镇上的百余名幼童一起学习。苏轼和其后来成为当地小吏的陈太初经常受到私塾先生的褒奖。当时中国官宦人家的子弟通常是聘请家庭教师在家传授学业，苏轼与镇上的孩童并坐读书的道观私塾则是非常平凡的庶民教育场所。在私塾里就读的孩童都是商人和农民子弟，苏轼在私塾里度过了童年，这培养了他的庶民性格，对他日后的为官做人有很大的益处。

苏轼在天庆观的私塾里读了三年，10岁时母亲教他念《后汉书》，读到《范滂传》时，他感慨很深。不自觉地就叹息起来，并对母亲说："做儿子的如果也像范滂，母亲高兴不高兴？"程氏说："你如果真能像范滂一样，我难道不能像范滂的母亲一样感到光荣吗？"由于苏轼从小天资聪颖，因

苏轼像

此他在母亲的教导下进步得非常快。

　　苏轼在二十岁前一直在故乡眉山专心学习。仁宗嘉祐元年（1056年），他同其弟苏辙在父亲的陪伴下初次离开眉山，并赶赴京城参加科举考试。这一年顺利考上预备考试的两兄弟，又一起参加了第二年春季的科举，苏轼一举进士及第。此次科举考试的知贡举（监考官）是当时著名的文坛领袖欧阳修及梅尧臣，欧阳修一心倡导古文，以挽救当时文坛浮华不实的流弊，当他读到苏轼的《刑赏忠厚之至论》的文章时，十分吃惊，以为是自己的学生曾巩的作品，本来想取第一名的，考虑了很久，为了避偏袒之嫌，最终考取了第二名（后来原先应是第二的曾巩，反倒成了第一），苏轼的春秋对义则考了第一。殿试（皇帝亲自口试）时，他献上 25 篇进策，甚得仁宗皇帝的欣赏，于是将苏轼评为翰林学士。欧阳修当时对人说："吾当避此人，出一头地。"意即"我要避开他，好让他出人头地"，可见欧阳修当时拔擢后进的爱心。后来，苏轼及苏辙均拜欧阳修为师。

苏轼像

　　东坡在赴京考试以前，已经在家乡完了婚事。苏轼母亲程氏，在嘉祐二年四月生病去世，苏家嘉祐四年，丧期已满，父子三人再度搭船渡泯江、长江水路赴京都。嘉祐六年，苏轼、苏辙二人在恩师欧阳修推荐下参加制科考试，这一年举行的是贤良方正能直言谏科的考试。苏轼、苏辙分别以三等、四等的成绩分别考中入选。制科的成绩分为五等考核，在宋朝年间尚无以一等、二等的成绩考中之例，通常都是以三等为最高分。相传当时仁宗曾喜悦地向皇后曹氏说道："朕为子孙得两宰相。"仁宗所说的两人就是指苏轼和苏辙。

嘉祐六年十一月十九日，苏轼出任签书凤翔府判官事，也就是知府的助理官，相当于副知府。去上任时，苏辙一路送到京都外城通往西边的郑新门才依依不舍地与兄长分手道别。后来苏轼把当时所作的一首《留别诗》收集在自编《东坡集》四十卷的卷首，表示这首诗是自己的处女作。

他在凤翔府判官任内的第二年春天，由于长时间不下雨，严重的旱灾使百姓们生活极度困难。后来奉上级命令到太白山上求雨。后来果然下雨了，于是就在官舍的北边筑了一个亭子，名叫"喜雨亭"，他因此有感而发的为这件事作了《喜雨亭记》，并以轻盈的笔调抒发了久旱逢甘露的喜悦心情。

英宗继位以后，韩琦做了山陵使，他表面上爱护苏轼，其实有点妒忌他的才华，所以苏轼办事分外小心。为了应付山陵的需要，他编了不少木筏、竹筏，想顺渭水东下，可是水太浅，木筏便停滞住了，他非常着急，花了整整五个月的时间才设法运出。后来又碰上西夏入侵，边境的老百姓非常恐慌，他日夜奔波，供应军民粮食，十分的辛苦。

除了疲于工作，苏轼还不得不应付官场上的种种关系。由于之前所学的圣贤教诲与政治现实相差甚远，作为一位初任官职的热血青年，他感到无比的忧虑。英宗治平二年（1065 年）冬，凤翔的任期届满后，苏轼迫不及待地回了父亲及弟弟居住的都城开封。不料翌年他深爱的妻子王弗死了，不到一年时间，父亲也跟着去世了。苏轼带着非常沉重的心情，乘船运送父亲及妻子的灵柩回到了故乡眉山。

熙宁元年（1068 年），神宗继位，服满了丧期的苏轼离开故乡。第二年，出任监官诰院（掌管官吏辞令书的官）。此时，政治上已有了新的变化，神宗为挽救面临困境的国家财政，任用王安石为相，并推行其新法。苏轼的政治思想较为保守，他虽不满当时的社会现状，但也不完全支持王安石的改革思想，他认为问题的关键不在于法制，而在于吏治，他希望能以较缓和的方式进行改革，若要变法，也应逐步进行，并不是像王安石的变法那样急于求利。所以他不断上书神宗，呈奏《议学校与贡举札子》《谏买浙灯状》，后又上《上皇帝书》及《万言书》，但都未被神宗接受。苏轼因而成为当时反对王安石等新法派中的旧法派的一员，在政治上受到了排挤。甚至还有人诬告苏轼贩卖私盐。

熙宁四年（1071年），36岁的苏轼见变法大局已定，反对也无济于事，并且他也不愿意陷入宗派斗争的旋涡之中，便请调杭州（今浙江省杭州市），但心中不免有些难过和挫败感。

杭州是个风景秀丽之地，苏轼在闲暇之时，便四处游玩，以解烦忧。他在此地不但结识了许多知交，而且作了不少的诗歌，如著名的《饮湖上初晴后雨》《六月二十七日于望湖楼醉书》等。政治上的挫折反而使东坡以诗人的身份体验了更丰富的人生，从此开拓了一片更为广阔的文学领域。

熙宁七年（1074年），苏轼自愿调任密州（今山东省诸城县），那儿离苏辙任职的济南很近。他在密州也作了许多脍炙人口的文学名作，如《超然台记》《水调歌头·中秋怀子由》《江城子·密州出猎》等。

苏轼后来被调任到徐州（今江苏省铜山县）、湖州（今浙江省吴兴县）。神宗元丰二年（1079年），在他调任湖州的第三个月，有一天，突然闯进一位朝廷钦差，不容分说便把他捉拿进京，原来是一帮和苏轼有嫌隙的御史，为了讨好王安石，便称他在诗文中歪曲事实，中伤朝廷，并请皇上下令司法官员判他的罪。不久，苏轼就被送入狱中，这就是著名的"乌台诗案"。

苏轼在杭州作通判时的确作了不少诗词讽刺新法，譬如《山村五绝》的第四首："杖藜裹饭去匆匆，过眼青钱转手空。赢得儿童语音好，一年强半在城中。"这首诗就是讽刺青苗法的执行不力，官吏强迫农民借贷，然后又在当地开设赌场、妓院等，把钱捞回来的丑恶行径。但这毕竟是诗，不应该构成罪状，但是围绕新法所进行的严肃的政治斗争已演变成争权夺利的宗派斗争，苏轼的诗得罪了那些青云直上的新法人物，就难免获罪。

对苏轼的审讯进行了100多天，苏轼的政敌李定等人，千方百计罗织罪名，妄图把苏轼置于死地，他们的卑鄙行为引起了当时很多人的不满。

除湖州、杭州等地的老百姓请和尚念经为苏轼祈福外，前太子少师（太子的老师）张方平、前吏部侍郎（相当铨叙部次长）范镇也替他上书求情，于是情势缓和下来。再加上神宗本来就喜爱他的诗词，又有生病的曹太后（神宗祖母）为他说情，最后只定了苏轼"讥讽政事"之罪。是年十二月二十八日，神宗皇帝判他流放黄州（今湖北省黄冈县），苏轼终于免于一死。

元丰三年（1080年），苏轼被贬为黄州团练副使。刚到黄州，生活困难、没有薪俸，连住的地方都成问题。后来，只好暂居定惠院里，天天和僧人一起吃饭，一家大小靠仅剩的钱节俭过活。老友马正卿实在看不过去，替他请得可城东营防废地数十亩，让他耕种、造屋。他汗流浃背地在东坡上辛勤耕作，妻子王氏则在一旁打下手，夫妻二人同甘共苦。

由于苏轼亲自在东坡开荒种地，所以便对这个曾经长满荒草的地方产生了深厚的感情，他赞扬这东坡如同山石般坎坷坚硬的道路，要求自己也必须不避艰险、乐观地在人生坎坷的道路上前行。他把东坡看作自己个性的象征。辛勤劳作了一年后，苏轼在东坡旁建了一间书斋，命名为"东坡雪堂"，从此自号"东坡居士"。

苏轼在经过了此次的文字狱冲击后，胸中郁积着无数要说的话，他虽然一直压抑着自己的激情，不想再写诗惹祸，但创作的激情岂是能压抑住的？他一面在诗中倾诉自己的冤屈与不平；一面又在日常的茶饭活中寻找淡泊自得的喜悦，以保持心理的宁静。一有空，他就到处寻幽访胜，悠闲度日。这段时期对苏轼而言，是他文学创作的一个高峰。

在这些年中，他刻苦读书，因此在知识方面有了新的拓展。由于"乌台诗案"给他打击很大，从而他深深地体会到自己在做人方面有些欠缺，因而写了不少与修养有关的文章，如《前赤壁赋》，即在探讨人生的变与不变的道理。除《前赤壁赋》外，他还作了如《念奴娇·赤壁怀古》《后赤壁赋》等作品，来阐述自己旷达的人生态度。此时的苏轼，不

苏轼像

仅在文学艺术的造诣上达到了顶峰，而且在做人的原则上也达到了极高的境界。苏轼的文章汪洋恣肆，明白畅达，其诗清新豪健，善于运用夸张比喻，在艺术表现方面独具风格。词开豪放一派，对后代文学很有影响。擅长行书、楷书，取法李邕、徐浩、颜真卿、杨凝式而能自创新意，用笔丰腴跌宕，有天真烂漫之趣。

元丰七年（1084年），神宗下令苏轼离开黄州，改授汝州（今河南省汝南县）团练副使。路过金陵（今南京市）时，遇到当年政敌王安石，两人谈得相当投机，这时的东坡对王安石仍不客气，亲切地责备王安石不该连年在西方用兵，又在东南造成大刑狱，而违背了祖宗仁厚的作风。这时的王安石已经历尽沧桑，胸襟也开阔多了，不但不见怪，反而对别人说："真不知道再过几百年，才能出现像东坡这样的人物！"

同年，宋神宗为他恢复了名誉，并任他为登州（今山东省蓬莱）知事；仅十余天，又受朝廷之召出任礼部郎中。这年腊月调回京都开封，任起居舍人。元丰八年（1085年）三月，大力推行新法的神宗在位19年后崩逝，年仅10岁的哲宗继位，高太后垂帘，极力提拔旧派人物，东坡奉召还朝，太后命坐赐茶，又撤御前金莲烛台送他回院。由于太后废除新法，政局的形势开始逆转，原为政权中枢的新法派众臣被排斥。司马光等昔日的重臣们又得以重新执政。后世史家称之为"元祐更化"，旧法派继续当权执政。

元丰九年（1086年），苏轼晋升为中书舍人、翰林学士、知制诰，同时兼任侍读。苏轼进京后不到一年的时间，就连升了三次官，但此时的苏轼已对做官没有兴趣了。入京以后，苏轼发现实施了十几年的新制度，有一部分已经有相当的成果，司马光上台后，却不分青红皂白地完全废止，他有点不以为然。东坡本来也是反对新政的大臣之一，但是他的言行和主张，是对事不对人的，现在他和王安石又有了进一步的交情，对新政也有了一定的了解，他的态度自然有所改变。他认为新政中的"免役法"尤为出色，功在当代，利在千秋，力劝司马光采用，但司马光坚决不肯。这样一来，保守派的人便说他是王安石的人了。可是新法派的人也并不把他当作自己人，所以东坡便成为中间人物，两面都不讨好。

这年九月，旧法派的领袖司马光去世，使得旧法派四分五裂，陷入了丑陋的派阀之争。集宋朝理学之大成的程颐领导的洛党和苏轼等人的蜀党势不两立，朔党夹杂其间，也纠缠不清，派阀之争愈演愈烈，甚至涉及对私事的诽谤。

元祐四年（1089年），苏轼想离开这个是非之地，便请调任杭州知事，上任时，杭州人焚香列队欢迎，不料苏轼刚到任就遇到严重的天灾和病害。后来，他在此修建了我国第一所公立医院。苏轼在知事任内修筑了与白居易的白堤齐名的西湖苏堤。元祐六年又奉召出任翰林学士承旨，并兼任侍读，但是遭到作风激进的朔党的排斥，不到几个月又被调任颖洲（今安徽省阜阳市）知事而离开京都，次年又转任扬州（江苏省扬州市）知事。元祐七年（1092年）九月，苏轼又被召回朝廷，出任兵部尚书，十一月晋升为礼部尚书，这是苏轼从政以来的最高职位。

苏轼的职位越升越高，而对立的党派对他的政治攻击也愈演愈烈，甚至有人对其以前的文字狱（即乌台诗案）大做文章。郁郁寡欢的苏轼请奏调任江南之地，但未获批准。元祐八年九月，苏轼出任定州（今河北省定州）知事。同月，高太后崩逝，"元祐更化"也随之结束了。

元祐八年（1093年）九月，18岁的哲宗开始亲政，重新推行其父神宗所主张的新法。政权又转移到了吕惠卿等新法派人士的手里，于是又对旧法派展开了严酷的弹劾。绍圣元年（1094）四月，59岁的苏轼又被指称诽谤朝廷，贬为岭外英州（广东省英德县）知事，六月，在转任英州的途中又受命流放惠州（今广东省惠州市）。在惠州的两年中，苏轼生活窘困，有时连酿酒的米也没有，吃菜也得自己种。可是苏轼这一辈子对磨难早就习惯了，他对这一切安之若素。他有两句诗写道："为报先生春睡足，道人轻打五更钟。"即使身处遭人唾弃的岭外之地，也不因此而丧志，仍旧悠然地过着不料京城朝廷的奸人仍不肯就此罢休，再度以莫须有的罪名加害于他。这次苏轼竟被流放到有天涯海角之称的儋州。儋州在海南岛，是一个人迹罕至，瘴疠丛生之地。而苏辙当时则被贬至雷州，两地隔着海峡，两人要分手时，苏轼还打趣说"莫嫌琼雷隔云海，圣恩尚许遥相望。"

到了儋州，苏轼一贫如洗，为了糊口，他连酒器都卖掉了。可是他没忘读书，这段时间他最爱读柳宗元和陶渊明的诗。他还常常带上个大酒瓢，在田野里边唱边走，作诗自娱。他还结交了不少平民朋友，闲了就去串门，跟野老饮酒聊天，还常常给乡邻看病开方。苏轼晚年流放海外的岁月虽然很艰苦，但他仍超然洒脱，并自得其乐。

元符三年（1100年）正月，哲宗崩逝，徽宗继位，大赦天下，皇太后向氏摄政，试图促成新旧两派的和解。五月，苏轼被赦免了流放海外之罪，并被提举为成都玉局观。在自惠州后七年的流放生活中，苏轼一家先后死了九口人，虽然生活对他如此残酷，垂暮之年的他依然乐观开朗、富有朝气。苏轼六月渡过琼州海峡返北，月夜在浔江边时，他吟诵道："我心本如此，月满江不湍。"

百姓并没有忘记这位大诗人。苏轼北归，经过润州、前往常州时，运河两岸拥满了成千上万的百姓，他们随船前行，争着要看看这位久经磨难的大诗人的风采。然而，此时的苏轼因旅途劳顿早已染病在身。建中靖国元年（1101 年）六月，苏轼卧病常州，七月二十八日，苏轼逝世，一代文豪就此陨落，死时 66 岁。

苏轼在词的创作上取得了非凡的成就，就一种文体自身的发展而言，苏词的历史性贡献又超过了苏文和苏诗。苏轼继柳永之后，对词体进行了全面的改革，最终突破了词为"艳科"的传统格局，提高了词的文学地位，使词从音乐的附属品转变为一种独立的抒情诗体，从根本上改变了词史的发展方向。在两宋词风转变过程中，苏轼是关键人物。王灼《碧鸡漫志》说："东坡先生非心醉于音律者，偶尔作歌，指出向上一路，新天下耳目，弄笔者始知自振。"强化词的文学性，弱化词对音乐的依附性，是苏轼为后代词人所指出的"向上一路"。后来的南渡词人和辛派词人就是沿着此路而进一步开拓发展的。

苏轼对社会的看法和对人生的思考都毫无掩饰地表现在其文学作品中，其中又以诗歌最为淋漓酣畅。在 2700 多首苏诗中，干预社会现实和思考人生的题材十分突出。苏轼对社会现实中种种不合理的现象抱着"一肚皮不入时宜"的态度，始终把批判现实作为诗歌的重要主题。更可贵的是，苏轼对社会的批判并未局限于新政，也未局限于眼前，他对封建社会中由来已久的弊政、陋习进行抨击，体现出更深沉的批判意识。苏轼学博才高，对诗歌艺术技巧的掌握达到了得心应手的纯熟境界，并以翻新出奇的精神对待艺术规范，纵意所如，触手成春。而且苏诗的表现能力是惊人的，在苏轼笔下几乎没有不能入诗的题材。

苏轼的散文呈现出多姿多彩的艺术风貌。他广泛地从前代的作品中汲取艺术营养，其中最重要的渊源是孟子和战国纵横家的雄放气势、庄子的丰富联想和自然恣肆的行文风格。苏轼确实具有极高的表现力，在他笔下几乎没有不能表现的客观事物或内心情思。苏文的风格则随着表现对象的不同而变化自如，像行云流水一样的自然、畅达。韩愈的古文依靠雄辩和布局、蓄势等手段来取得气势的雄放，而苏文却依靠挥洒如意、思绪泉涌的方式达到了同样的目的。苏文气势雄放，语言却平易自然，这正是宋文昇于唐文的特征之一。苏轼的散文在宋代与欧阳修、王安石齐名，但如果单从文学的角度来看，则苏文无疑是宋文中成就最高的一家。

苏轼还擅长写行书、楷书，与黄庭坚、米芾、蔡襄并称为"宋四家"。他曾经遍学晋、唐、五代的各位名家之长，再将王僧虔、徐浩、李邕、颜真卿、杨凝式等名家的创作风格融会贯通后自成一家。他曾自称："我书造意本无法""自出新意，不践古人"。黄庭坚称他："早年用笔精到，不及老大渐近自然。"这说明苏轼一生屡经坎坷，致使他的书法风格跌宕。存世作品有《赤壁赋》《黄州寒食诗》和《祭黄几道文》等帖。

此外，苏轼还擅长画墨竹，且绘画重视神似，主张画外有情，画要有寄托，反对形似，反对程序的束缚，提倡"诗画本一律，天工与清新"，而且明确地提出了"士人画"的概念，对以后"文人画"的发展奠定了一定的理论基础。其作品有《古木怪石图卷》《潇湘竹石图卷》等。

在宋代士人中，苏轼堪称思想最为通达，向往精神自由，气度极为潇洒的文学家；他那随缘自适的生活态度和才情高逸的艺术人格，常为人们所称道。但他在许多文学作品中透露出来的人生空漠、无所寄托之感却又是那么强烈，旷达中隐含着悲凉。虽可在寄情山水的审美创作中寻求解脱，也毕竟只是如梦般的幻美，并不足以完全化解其超然出世之心对社会政治的厌倦，对封建伦理道德行为规范的怀疑。

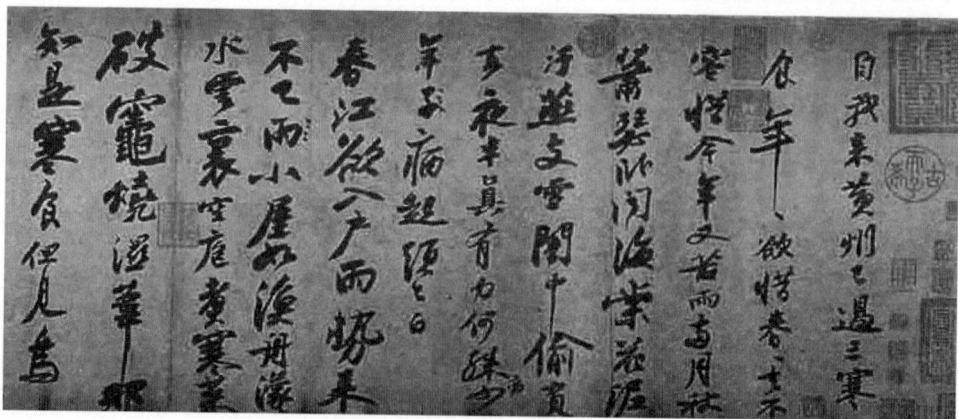

《黄州寒食诗帖》

正是由于看到了苏轼的人生态度及其创作思想中所潜藏的这种离经叛道的危险，目光敏锐严正的朱熹才会对苏轼的为人和为学表示出极大的不满。可他所精心构造的理学大厦，那种大公无私的道心，那种对被称为天理的社会道德律令的内心敬畏，又能在解决现实人生问题中发挥多大作用呢？何以也会有一种说到无言处时的惆怅？

苏轼一生，给我们留下了2700多首诗，200首词，还有大量的散文作品，在宋代文人中属高产作家。他说："某平生无快意事，惟作文章，意之所到，则笔力曲折，无不尽意，自谓世间乐事无逾此矣。"（《春渚纪闻》）之所以如此，在于他那强烈的个性意识和生命情调，难以在现实社会政治生活中舒展开来，只有在自由的精神创造活动中才能得到完满的体现，尽情地表现自我、超越自我，在无差别的审美境界中求得心灵的慰藉和愉悦。

圆满的生活从来没有创造过真正的艺术，作家经历过死的考验，才懂得生的可爱，体验到了痛苦，才知道什么是幸福。苏轼文学创作的两次高峰都是在他仕途失意、生活环境极为艰难的情况下形成的。他现存的词作里，有约四分之一写于贬谪黄州期间，故感情的表达有一种遍被华林的悲怆。如《西江月》："世事一场大梦，人生几度秋凉，夜来风叶已鸣廊，看取眉头鬓上。"《采桑子》："多情多感仍多病，多景楼中，樽酒相逢，乐事回头一笑空。"尽管人生多不如人意，生活也充满了艰辛，但只要具有审美情趣，就能体验到生活的乐趣。如苏轼被贬逐到惠州时有首诗云："为报先生春睡美，道人轻打五更钟。"据说诗传到京城后，他的政敌没料到他还如此快活，于是"遂再贬儋耳"（《艇斋诗话》），将苏轼流放到更远的瘴疠之乡。但这又能怎么样呢？苏轼在《独觉》诗中说：

> 瘴雾三年恬不怪，反畏北风生体疥。
>
> 朝来缩颈似寒鸦，焰火生薪聊一快。
>
> 红波翻屋春风起，先生默坐春风里。
>
> 浮空眼缬散云霞，无数心花发桃李。
>
> 倏然独觉午窗明，欲觉犹闻醉鼾声。

回首向来萧瑟处，也无风雨也无晴。

把谪居荒凉之地生火取暖的日常生活，写得如此富有诗意，如此生意盎然，意趣高远而超凡脱俗。充分说明人在孤独、寂寞和艰苦的环境中仍能保持美感，是其精神强大的标志。这样不仅能维护自己人格的独立、个性的完整，也能保持心灵的自由和适意，在生活中显得恬淡、从容和洒脱。由于审美，人的生活可以更多、更丰富。

这就是苏轼感受到作文之乐胜过世间其他乐事的主要原因。

在宋代时期的文人眼中，苏轼的那种独具风骚的旷达潇洒的气度与情怀，足以称得上是最具超越感的风流人物了。他是个非常看重感情的人，所以他的感情生活丰富多彩；同时，由于深受老庄思想和禅学的影响，他又是一个具有超越于生死、物我之上而洞悉宇宙人生底蕴的敏锐感觉能力的人。他对于生活，有一种超乎有限的具体事物之上的妙赏能力，具有"物我无别""物我为一"的感觉，这是苏轼看重情感的风流精神的精髓之所在。对于诗人而言，这种感觉显得尤为重要。如《江城子·乙卯正月二十日夜记梦》：

十年生死两茫茫，不思量，自难忘。千里孤坟，无处话凄凉。纵使相逢应不识，尘满面，鬓如霜。

夜来幽梦忽还乡，小轩窗，正梳妆。相顾无言，惟有泪千行。料得年年断肠处，明月夜，短松岗。

这是苏轼为悼念亡妻王弗而作，属于写男女恋情的作品。情可以使人死，也可以使人生，尽管妻子已去世10年了，苏轼犹能在梦中与她相会。时光的流逝使诗人感觉到自己的衰老，担心相逢时妻子会不认识自己，此乃情痴之语。如此一往情深，使诗人入于如梦如幻之境，其感觉已突破了生与死的界限，似乎在梦中还能去与妻子相会，两人相对潸然泪下，无言诉说彼此的思念。写情至此，可谓至真至美至纯，道出了人间男女倾心相爱、至死不渝的真实感受和内心秘密，足以引发普遍的共鸣。可诗人把这种由个人恋情触发的感觉，置于生死两茫茫的人生空漠的叹喟之中，其超越的意味就更为深远，一直坠入宇宙人生变化迷离的无穷境地，令人体味不尽。

杭州苏东坡纪念馆

苏轼是在自己的生命体验和至性真情里发掘人生的意义的。一般说来，情感丰富的人，对痛苦的感觉就更深微，要求解脱的愿望也就更强烈一些。只有把自己个人的感觉从私欲和实用的观念中解放出来，进入"忘我"的心与物冥的审美体验中，纵身大化，与物推移，方能感觉到生命精神的自由和快乐。所以苏轼主要是在能充分体现其真情实感的文学创作活动中展示生命流行的价值，把人生意义问题转化为生命存在本身的问题。而生命存在的体验依赖于人的感觉，没有感觉的存在，是虚幻的存在。但只有在审美感觉中，生命存在的生动性和丰富性才能自由充分地表现出来。

朱 熹

朱熹（1130—1200 年），行 52，小名沈郎，小字季延，字元晦，一字仲晦，号晦庵，晚称晦翁，又称紫阳先生、考亭先生、沧州病叟、云谷老人、沧州病叟、逆翁。谥文，又称朱文公。祖籍南宋江南东路徽州府婺源县（今江西省婺源），出生于南剑州尤溪（今属福建三明市）。

南宋著名的理学家、思想家、哲学家、教育家、诗人，闽学派的代表人物，世称朱子，是孔子、孟子以来最杰出的弘扬儒学的大师。

朱熹19岁考中进士，曾任江西南康、福建漳州知府、浙东巡抚，做官清正有为，振举书院建设。官拜焕章阁侍制兼侍讲，为宋宁宗皇帝讲学。

朱熹一生著述甚多，有《四书章句集注》《太极图说解》《通书解说》《周易读本》《楚辞集注》，后人辑有《朱子大全》《朱子集语象》等。其中《四书章句集注》成为钦定的教科书和科举考试的标准。

朱熹对待经书的态度严肃认真。在明确自己生平学问的宗旨后，朱熹有感于"作文害道"，于是毅然放弃做文学家与诗人的念头，立下志愿做一名读书穷理的大儒。因此，朱熹声称自己的文字在他20岁以前就已经成型，以后也没有多少长进。与此相关，他读书的范围也由早年的博览群书集中到儒家经典"四书""五经"上来。据说朱熹将儒家经典反复阅读、领会，推敲字句，十分辛苦。他反对将只读过一遍的书束之高阁的游谈无根，也反对只凭兴趣读书而讲求自在。他说："读书须是仔细，思之弗得弗措，辨之弗弗明措也，如此方是。今江西人皆是要翛然自在，才读书便要求个乐处，这便不是了。某说读书寻到那苦涩处方解有醒悟。"（《语类》卷119）

朱熹像

也就是说，读书不是乐事，而是苦事，须下苦功夫。因为朱熹所讲的读书并非一般学习知识意义上的读书明理，而是一种思想改造活动。

当然，如果思想通过读书学习就能改造好，使自己与圣人的心思更加贴近，也是能够代替圣人立言的，例如朱熹作《四书集注》就是如此。这是另外一种意义上的思想改造，就是指根据读书人本人所处的时代需要，对圣人思想中的"微言大义"作出详细地诠释或阐明，使其更加符合现实中的社会政治文化。不过，朱熹认为这必须严格地按照圣人所著经典的真实含义接着讲，最好是如同孔子那样"述而不作，信而好古"，就是指陈述原本发生过的事迹，那么其效果比重新写作更加重要。所以朱熹的许多著作全部采取为经典注疏的方式，首先认真地玩味经文，最好熟记于心，之后再逐句逐段地作出自己的注释，不敢贸然立论，以免解错了文义。

朱熹穷其一生都是在读书改造思想中度过，例如他少年时期就下定决心苦读"四书""五经"，从此一发不可收拾，直到他溘然长逝的那一刻为止。有传闻称，朱熹在临死之前，还在孜孜不倦地修订《大学章句》里的"诚意"章，总是认为自己的解说还有不贴切的地方。在宋代儒者中，朱熹是知识学问最丰富的大儒或通儒，因此，他的思想改造也就不限于本身，更多地体现在"代圣人立言"、为经书作注解方面，他在此方面所获取的成就举世公认。

在读书明理方面，朱熹推崇二程，把他们视为儒家圣人之道的当然传人，是新道统的奠基者，可是在文章写作方面却又肯定了欧、苏等人。他说："文字到欧、曾、苏，道理到二程，方是畅。"（《语类》卷139）有要各取所长而合二为一的意思，这对中国封建社会后期士人的精神生活影响极大。大约从南宋末期开始，随着程朱理学为官方统治者所认可，学宗程、朱而文慕欧、苏，以古文家的文法阐述理学家的义理，有余力而顾及辞章，就成为一般应举士子奉行的读书作文的原则。明清两代，朱熹所作的《四书集注》是士人探求圣人之道的必读书，是他们科举考试时代圣人立言的根据，而考试时的八股文的起承转合，则是模范唐宋八大家的文法，即朱熹所讲的"天生成的腔子"。到了清末民初，演变为桐城派的"义法"。故"五四"新文学运动扫荡桐城妖孽时，是

朱熹像

要把程朱理学和唐宋八大家一齐打倒的。想不到原本精神旨趣完全不同或对立的文学家的作文与理学家的读书明理，竟阴错阳差地被绑在一起。

如果不考虑程朱理学在封建专制社会政治中的实际作用，忘掉历史上曾有过的以理杀人的残忍，仅从理论上来看待朱熹的思想学说的话，未尝没有迷人之处。如朱熹所讲的克己复礼功夫，大公无私的"道心"，刚理性主宰支配个人的感性活动，保持内心对道德律令的敬畏等，确实能使从事道德履践的人树立伦理主体的庄重严肃，消除唯利是图、物欲横流给社会带来的动荡和道德沦丧。因此，发端于 20 世纪初的中国现代新儒家，鉴于西方两次世界大战所造成的社会动乱和血腥污秽，认为西方资本主义虽有科学技术发达造成的高度的物质文明，但西方人只追求物欲而道德式微，战乱屡起。要讲精神文明，则包括程朱理学在内的中华本土的儒家传统文化自处于优越的地位，主张继承传统，对儒家文化作同情的理解。

朱熹的哲学体系中含有艺术美的理论。他认为美是给人以美感的形式和道德善的统一。基于美是外在形式的美和内在道德的善相统一的观点，朱熹探讨了文与质、文与道的问题。认为文与质、文与道和谐统一才是完美的。朱熹还多次谈到乐的问题。他把乐与礼联系起来，贯穿了他把乐纳入礼以维护统治秩序的理学根本精神。朱熹对"文""道"

关系的解决，在哲学思辨的深度上超过了前人。他对《经》与《楚辞》的研究，也经常表现出敏锐的审美洞察力。

朱熹的长期从事讲学活动，精心编撰了《四书集注》等多种教材，培养了众多人才。他的教育思想博大精深，其中最值得关注的，一是论述"小学"和"大学"教育；二是关于"朱子读书法"。

朱熹在总结前人教育经验和自己教育实践的基础上，基于对人的生理和心理特征的初步认识，把一个人的教育分成"小学"和"大学"两个既有区别又有联系的阶段，并提出了两者不同的教育任务、内容和方法。朱熹认为8—15岁为小学教育阶段，其任务是培养"圣贤坯璞"。鉴于小学儿童"智识未开"，思维能力薄弱，因此他提出小学教育的内容是"学其事"，主张儿童在日常生活中，通过具体行事，懂得基本的伦理道德规范，养成一定的行为习惯，学习初步的文化知识技能。在教育方法上，朱熹强调先入为主，及早施教；要力求形象、生动，能激发兴趣；以《须知》《学规》的形式培养儿童道德行为习惯。朱熹认为15岁以后大学教育，其任务是在"坯璞"的基础上再"加光饰"，把他们培养成为国家所需要的人才。朱熹认为，与重在"教事"的小学教育不同，大学教育内容的重点是"教理"，即重在探究"事物之所以然"。对于大学教育方法，朱熹一是重视自学；二是提倡不同学术观点之间的

明代画家郭诩绘《朱子像》

相互交流。朱熹关于小学教育和大学教育的见解，为中国古代教育思想增添了新鲜的内容。

"朱子读书法"六条，即循序渐进、熟读精思、虚心涵泳、切己体察、着紧用力、居敬持志。这是由朱熹的弟子对朱熹读书法所作的集中概括。其中循序渐进，包括三层意思：一是读书应该按照一定次序，前后不要颠倒；二是"量力所至而谨守之"；三是不可囫囵吞枣，急于求成。熟读精思即是读书既要熟读成诵，又要精于思考。虚心涵泳中的"虚心"，是指读书时要反复咀嚼，细心玩味。切己体察强调读书必须要见之于自己的实际行动，要身体力行。着紧用力包含两方面的意义：一是读书必须抓紧时间，发愤忘食，反对悠悠然；二是必须精神抖擞，勇猛奋发，反对松松垮垮。居敬持志中的"居敬"，强调读书必须精神专注，注意力高度集中。所谓"持志"，就是要树立远大志向，并以顽强的毅力长期坚守。

"朱子读书法"比较集中地反映了我国古代对于读书方法的研究成果，其中不乏合理的内容，值得我们借鉴。

朱熹是中国历史上著名的思想家，又是一位著名的教育家。他一生热心于教育事业，孜孜不倦地授徒讲学，无论在教育思想或教育实践上，都取得了重大的成就。朱熹在世之时，曾经整顿了一些县学、州学，又亲手创办了同安县学、武夷精舍、考亭书院，重建了白鹿洞书院和岳麓书院，并且还亲自制定了学规，编撰了"小

朝鲜王朝末期画家蔡龙臣绘制的朱熹画像

学"和"大学"的教材。为封建国家培养了一大批知识分子，其中包括不少著名的学者，形成了自己的学派。

朱熹词意境稍觉理性有余，感性不足，盖因其注重理学的哲学思想故也。代表作有《菩萨蛮》《水调歌头》《南乡子》《忆秦娥》等。其中以《菩萨蛮》（一）最有特色，该词运用回文，每两句互为颠倒，八句共四对，十分自然和谐，毫不牵强，而且颇有意境，构思之精巧极矣，足见晦庵对语言的驾驭能力。除词外，还善作，《春日》和《观书有感》是他最脍炙人口的诗作。其词结有《晦庵词》。

朱熹是刘子翚学生，他父亲朱松文才也很好。也许由于父、师的影响，他在道学中对文学的评价是比较公正的，也写出过一些富于生活气息的好诗。如这两首当然是说理之作，前一首以池塘要不断地有活水注入才能清澈，比喻思想要不断有所发展提高才能活跃，免得停滞和僵化。后一首写人的修养往往有一个由量变到质变的阶段。一旦水到渠成，自然表里澄澈，无拘无束，自由自在。这两首诗以鲜明的形象表达自己在学习中悟出的道理，即具有启发性，也并不缺乏诗味，所以陈衍评为"寓物说理而不腐"。

朱熹也善书法，名重一时。明陶宗仪《书史会要》云："朱子继续道统、优入圣域、而于翰墨亦工。善行草，尤善大字，下笔即沉着典雅，虽片缣寸楮，人争珍秘。"

第二节 南宋时期的著名文士

李清照

李清照（1084—约1155年），号易安居士，齐州济南（今山东省济南市章丘区）人。宋代女词人，婉约词派代表，有"千古第一才女"

李清照像

之称。

李清照出身于书香门第，早期生活优裕，其父李格非藏书甚富，她小时候就在良好的家庭环境中打下文学基础。出嫁后与夫赵明诚共同致力于书画金石的搜集整理。金兵入据中原时，流寓南方，境遇孤苦。所作词，前期多写其悠闲生活，后期多悲叹身世，情调感伤。形式上善用白描手法，自辟途径，语言清丽。论词强调协律，崇尚典雅，提出词"别是一家"之说，反对以作诗文之法作词。能诗，留存不多，部分篇章感时咏史，情辞慷慨，与其词风不同。

有《易安居士文集》《易安词》，已散佚。后人有《漱玉词》辑本。今有《李清照集校注》。

在我国封建社会的文坛女性中，李清照显得格外灼亮夺目。李清照的词的风格一般被人们分为两个时期，前期主要词作都写在她与赵明诚婚后，格调活泼明快；后期自从赵明诚去世，李清照南渡后，她的词作格调才转向沉郁忧伤。由此可见，与夫婿赵明诚的幸福生活深深地影响了李清照的创作。

李清照是在宋徽宗建中靖国元年（1101年）。她18岁时嫁给太学生赵明诚，此后他们共同度过了近30年志同道合、亲密相处、相濡以沫的幸福生活，直至赵明诚病故。关于两人的结合，词史上流传着一段"昼寝梦读"的故事。

赵明诚年轻尚未婚娶时，曾在白天做了个梦，梦中读书入神，醒来只记得三句："言与司合，安上已脱，芝芙草拔"，他把这个梦告诉了他父亲。他父亲解释道："你将来会娶到一位能写文填词的妻子。'言与司合'是'词'字，'安上已脱'是'女'字，'芝芙草拔'是'之夫'二字，这难道不是说你是词女的丈夫吗？"后来赵明诚娶李清照时才知道，李清照自幼爱好文学，很小的时候就在父亲母亲的培养熏陶下进行文学创作，尤以诗词见长。

这段饶有情趣的故事，给李清照、赵明诚的美满婚姻增添了一个富丽光彩的光环。两人婚后，在墨香芳馥的家中，过起了一种含英咀华、怡乐无涯的生活——他们两人志趣相投，都喜爱唱和诗词，搜集、鉴赏金石字画。公事之暇，赵明诚对金石书画收集颇有研究，妻子成为他称意的学友；后来赵明诚写了一本《金石录》，李清照为之写序《金石录后序》，十分生动地记录了他们的家庭生活。

李清照写到，在故乡诸诚10余年的乡居生活中，他们生活安定，"仰取俯拾，衣食有余"。他们搜集金石刻辞、古物和字画，每得到一种珍品，就"摩玩舒卷，指摘疵病"，每夜都要到一支蜡烛燃尽才罢休。这些搜集来的书画等物收藏在归来堂，在他们的归来堂里，各种书画"罗列枕籍"。每到吃罢晚饭，他俩就玩一种"翻书赌茶"的游戏，他们一边烹茶，一边指点着堆积的古书，说某事在某书某卷第几页第几行，以说对与否来决定胜负，谁先胜谁先饮茶。李清照资质聪颖，往往是"中即举杯大笑，至茶倾覆怀中，反不得饮而起"。从这些描述中，我们看出，李清照的性格是多么活泼爽朗！

在这种夫唱妇和的日子里，李清照写词的艺术才华慢慢展露出来。她的才华是胜赵明诚一筹的，常常是李清照逞才吟哦，赵明诚苦思为难，对此，赵明诚也不讳言。每到降雪的时候，夫妻便联袂踏雪，豪情雅兴颇高。李清照头戴斗笠，身披蓑衣，和赵明诚一起绕城而行，时时极目眺望远方，从大自然的美好雪景中孕育创作灵感。每次李清照作一首词，都要邀请夫婿相和，赵明诚对此常常叫苦不迭。

一年重阳节，李清照非常思念出仕不归的丈夫，加上天气转凉，更觉凄清，于是填了一首《醉花阴》寄给丈夫，词曰：

李清照纪念堂

薄雾浓云愁永昼，瑞脑销金兽。佳节又重阳，玉枕纱橱，半夜凉初透。

东篱把酒黄昏后，有暗香盈袖，莫道不销魂，帘卷西风，人比黄花瘦。

这首词用菊花比人的瘦来说明相思之苦，情之深、意之切，难以名状，而委婉含蓄之中又充分地表达了自己对丈夫的一片深情。

赵明诚读后感慨万分，但同时也自愧不如。但在好胜心的驱使下，他还是要同妻子比一比高低。他闭门谢客，废寝忘食地写了三天三夜，一口气写出50首词。他把这50首词同李清照的《醉花阴》夹在一起，请他的好友、颇有诗词素养的陆德夫鉴赏、评定。陆德夫在反复吟咏、再三揣摩之后，以他的慧眼挑出三句："只三句绝佳。"赵明诚忙问哪三句，德夫答道："莫道不销魂，帘卷西风，人比黄花瘦。"这三句正是李清照所作。

赵明诚的和词，我们今天是不能亲睹了，但是李清照的这首《醉花阴》却一直流传下来，以它温柔蕴藉的美打动了无数的人，人们评它"黄花比瘦，可谓雅畅"，"此语亦妇人所难测。"《醉花阴》词和赵明诚的"赓和逸事"相得益彰，一时成为词苑美谈。

李清照的才情在当时便得到了许多人的称赞，她的词脍炙一时。王灼写道："易安居士自少年便有诗名，才力华赡，逼近前辈，在士大夫中已不多得。若本朝妇人，当推文采第一。"到了清朝，李调元更是推崇李清照，他说："易安在宋诸媛中，自卓然一家。"又说："不徒俯视巾帼，直欲压倒须眉。"由此可见，李清照的艺术成就，不仅仅胜过和她同时的闺怨诗人以及她的丈夫、词才并不出色的赵明诚，就是相对于那些负一代词名的男性词人秦少游、黄山谷等人，她也足够与之分庭抗礼。

陆 游

陆游（1125—1210年），字务观，号放翁。越州山阴（今浙江绍兴）人，南宋著名诗人。少时受家庭爱国思想熏陶，高宗时应礼部试，为秦桧所黜。孝宗时赐进士出身。中年入蜀，投身军旅生活，官至宝章阁待制。晚年退居家乡。创作诗歌今存9000多首，内容极为丰富。著有《剑南诗稿》《渭南文集》《放翁词》《渭南词》《南唐书》《老学庵笔记》等。陆游的著作有一卷，二卷。《南唐书》《老学庵笔记》。

陆游自幼好学不倦，12岁即能诗文。他在饱经沧桑的生活感受中受到深刻的爱国主义教育。20岁时与唐琬成亲，后被其母强行拆散，且唐琬后来早逝，导致这种感情伤痛终其一生，《钗头凤》、《沈园》等名作即是为此。

绍兴二十三年（1153年）赴临安应试进士，取为第一，而秦桧的孙子秦埙居其次，秦桧大怒，欲

陆游像

降罪主考。绍兴二十四年（1154 年）参加礼部考试，主考官再次将陆游排在秦埙之前，竟被秦桧除名。

绍兴二十八年（1158 年），秦桧已死，陆游出任福州宁德县主簿。隆兴元年（1163 年）孝宗继位后，以陆游善辞章，熟悉典故，赐其进士出身。历任枢密院编修官兼编类圣政所检讨官、通判、安抚使、参议官、知州等职。淳熙二年（1175 年），范成大镇蜀，邀陆游至其幕中任参议官。

淳熙五年（1178 年），陆游诗名日盛，受到孝宗召见，但并未真正得到重用，孝宗只派他到福州、江西去做了两任提举常平茶盐公事。淳熙六年（1179 年）秋，陆游从提举福建常平茶盐公事，改任朝请郎提举江南西路常平茶盐公事，十二月到抚州任所。他一方面用大量精力处理因茶盐官卖后，茶盐户破产，被迫采取私贩和闹事进行反抗而引发的各种纠纷和诉讼；另一方面上书朝廷，主张严惩不法官吏向茶盐户收纳高额茶盐税，趁机大量搜刮民脂民膏的行为。

淳熙七年（1180 年）春，抚州大旱。五月大雨，山洪暴发，淹没大片田地和村庄，洪水冲到抚州城门口，百姓饥困潦倒。陆游密切关注灾情发展，写下"嘉禾如焚稗草青，沉忧耿耿欲忘生。钧天九奏箫韶乐，未抵虚檐泻雨声的义仓粮至灾区赈济，使灾民免于饥饿之苦，然后奏请拨粮和给江西地方官下令发粮，并到崇仁、丰城、高安等地视察灾情。这一举措有损朝廷利益，十一月，被召返京待命。行前，从宦游四方所搜集到的 100 多个药方中，精选成《陆氏续集验方》，刻印成书，留给江西人民，表达他的为民之心。途中又遭给事中赵汝遇所劾，竟以"擅权"罪名罢职还乡。

陆游在家闲居六年后，淳熙十三年（1186 年）春，以朝请大夫知严州（今浙江建德县梅城镇）。官至宝谟阁待制、晋封渭南伯，后被劾去封号，又以"擅权"之罪罢其官职还乡。

淳熙十五年（1188 年），陆游在严州任满，卸职还乡。不久，被召赴临安任军器少监。次年（1189 年），光宗继位，改任朝议大夫礼部郎中。于是他连上奏章，谏劝朝廷减轻赋税，结果反遭弹劾，以"嘲咏风月"的罪名再度罢官。此后，陆游长期蛰居农村，于嘉定二年十二月二十九日（1210 年 1 月 26 日）与世长辞。

陆游现存诗 9300 余首，内容极为丰富，大致可以分为三个时期：

第一期是从少年到中年（46 岁）入蜀以前。这一时期存诗仅 200 首左右，作品主要偏于文字形式，尚未得到生活的充实。

第二期是入蜀以后，到他 64 岁罢官东归，前后近 20 年，存诗 2400 余首。这一时期是他充满战斗气息及爱国激情的时期，也是其诗歌创作的成熟期。

第三期是长期蛰居故乡山阴一直到逝世，亦有 20 年，现存诗约近 6500 首。诗中表现了一种清旷淡远的田园风味，并不时流露着苍凉的人生感慨。"诗到无人爱处工"，可算是道出了他此时的心情和所向往的艺术境界。另外，在这一时期的诗中，也表现出趋向质朴而沉实的创作风格。

在陆游三个时期的诗中，始终贯穿着炽热的爱国主义精神，中年入蜀以后表现尤为明显，不仅在同时代的诗人中显得很突出，在中国文学史上也是罕见的。陆游的诗可谓各体兼备，无论是古体、律诗、绝句都有出色之作，其中尤以七律写得又多又好。在这方面，陆游继承了前人的经验，同时又富有自己的创作，所以有人称他和杜甫、李商隐完成七律创作上的"三变"（舒位《瓶水斋诗话》），又称他的七律当时无与伦比。在陆游的七律中，确是名章俊句层见叠出，每为人所传诵，如"江声不尽

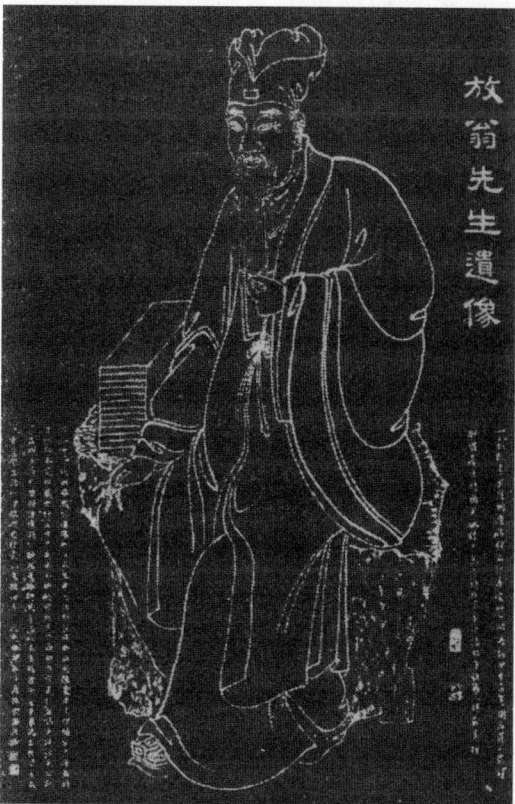
陆游西安石刻像

英雄恨，天意无私草木秋"（《黄州》）；"万里关河孤枕梦，五更风雨四山秋"（《枕上作》）等。这些佳作佳句，或壮阔雄浑，或清新如画，不仅对仗工稳，而且流走生动，不落纤巧。除七律外，陆游在诗歌创作上的成就当推绝句。陆游的诗虽然呈现着多彩多姿的风格，但从总的创作倾向看，还是以现实主义为主。他继承了屈原等前代诗人忧国忧民的优良传统，并立足于自己的时代而作了出色的发挥。

陆游的许多诗篇抒写了抗金杀敌的豪情和对敌人、卖国贼的仇恨，风格雄奇奔放，沉郁悲壮，洋溢着强烈的爱国主义激情，在思想上、艺术上取得了卓越成就，在生前即有"小李白"之称，不仅成为南宋一代诗坛领袖，而且在中国文学史上享有崇高地位。

陆游不仅工诗，还兼长词。词作量不如诗篇巨大，但和诗同样贯穿了气吞残虏的爱国主义精神。由于他对这种诗体不甚注重，所以词作不多，现存词共有130首。他的词也风格多样并有自己的特色。有不少词写得清丽缠绵，与宋词中的婉约派比较接近，如有名的《钗头凤》即属此类。而有些词常常抒发着深沉的人生感受，或寄寓着高超的襟怀，如《卜算子·驿外断桥边》《双头莲·华鬓星星》等，或苍远，或寓意深刻，这类词又和苏轼比较接近。但是最能体现陆游的身世经历和个性特色的，还是他的那些写得慷慨雄浑、荡漾着爱国激情的词作，如《汉宫春·箭箭雕弓》《谢池春·壮岁从戎》《诉衷情·当年万里

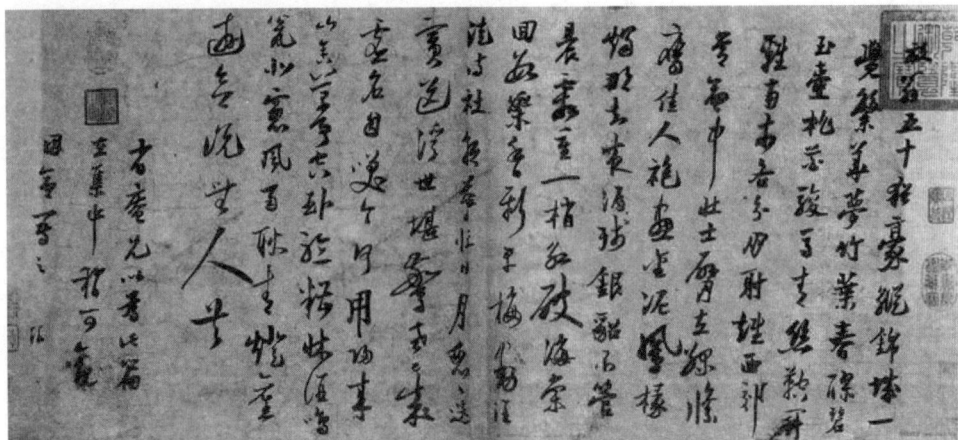

陆游书法

觅封侯》《夜游宫·雪晓清笳乱起》等，都是着一片报国热忱的雄健
之作。这类词与辛弃疾比较接近。

陆游在散文上也著述甚丰，而且颇有造诣。其中记铭序跋之类，
或叙述生活经历，或抒发思想感情，或论文说诗，最能体现陆游散文
的成就。同时也如在诗中一样，不时地表现着爱国主义的情怀，比如《静
镇堂记》《铜壶阁记》《书渭桥事》等。

陆游书名为诗名所掩。陆游亦工书翰，精行草和楷书。他自称"草
书学张颠（张旭），行书学杨风（凝式）"。他的书法简札，信手拈来，
飘逸潇洒，秀润挺拔，晚年笔力遒健奔放。朱熹称其笔札精妙，遒
严飘逸，意致高远。遗留书作不多，书论有《论学二王书》，传世之作有《苦寒帖》
《怀成都诗帖》等。

辛弃疾

辛弃疾（1140—1207 年），原字坦夫，后改字幼安，号稼轩，山
东东路济南府历城县（今济南市历城区遥墙镇四凤闸村）人。南宋豪
放派词人、将领，有"词中之龙"之称。与苏轼合称"苏辛"，与李
清照并称"济南二安"。

辛弃疾是南宋时期一位"凛然有节操"的爱国志士，22 岁时，便
参加了抗金领袖耿京领导的义军。义军被叛徒张安国出卖而溃败，辛
弃疾率 50 人冲进五万人的金营，生擒张安国，震撼了南宋朝廷。南归
后，他又连续给孝宗皇帝上书，力主抗金复国方略。可是，南宋统治
集团是主和派掌权，辛弃疾的爱国主张始终未能实现，只能远离前线
去做地方官，还不断受到臣僚排挤和打击。他一再被弹劾罢官，前后
被迫隐居长达 20 年之久。辛弃疾将自己的爱国理想、襟怀、抱负以及
对国家、民族命运的关注寄托于词。开禧三年（1207 年），辛弃疾病逝，
享年 68 岁。后赠少师，谥号"忠敏"。现存词 600 多首，有词集《稼
轩长短句》等传世。

辛弃疾每次宴会，辛弃疾总要叫随侍歌妓演唱所作之词，他特别
喜欢听唱《贺新郎》，还自己吟诵其中的警句："我见青山多妩媚，

料青山见我应如是。"还有："不恨古人吾不见，恨古人不见吾狂耳。"每次吟诵到这里，辛弃疾就忍不住拍腿大笑，并且询问在座的客人觉得怎么样，客人们都异口同声地赞叹。

后来，辛弃疾又作了一首《永遇乐》词，讲述孙权北伐与宋军抗金的事情。全篇如下：

千古江山，英雄无觅，孙仲谋处。舞榭歌台，风流总被，雨打风吹去。斜阳草树，寻常巷陌，人道寄奴曾住。想当年，金戈铁马，气吞万里如虎。

辛弃疾像

元嘉草草，封狼居胥，赢得仓皇北顾。四十三年，望中犹记，烽火扬州路。可堪回首，佛狸祠下，一片神鸦社鼓。凭谁问：廉颇老矣，尚能饭否？

词写好以后，辛弃疾特意设宴召来几位客人，让歌妓轮流歌唱这首词，亲自敲击乐器加以伴奏。歌毕，他一一询问客人，一定要大家指出这首词的毛病来。大家大多谦逊地说指不出，客人中也有人讲了一两句，却又不合辛弃疾的心意，辛弃疾就不予理会。他摇着羽扇继续四面寻找。这时，岳飞的孙子岳珂入席刚刚坐定，辛弃疾想起前不久岳珂来拜访自己时，曾呈献《通名启》，文章简洁明快，颇有见地。更何况岳珂年轻，敢于讲真话，何不叫他谈谈呢？

岳珂推辞不下，就爽快地作了回应："先生的词作，确实像众位大人说的那样已脱尽古今习套，无人可敌，我是晚辈，年纪又小，本来懂得的就不多，怎么敢对您的词作妄加议论呢？但是，如果您一定要像范仲淹那样，出千金为他写的《严先生祠堂记》求一字之改，我这个做晚辈的私下里还真有一点疑问想向您请教。"辛弃疾听了以后非常高兴，他拖了把椅子坐在岳珂身边，催促他快说。岳珂说："先生的《贺新郎》写得豪放，非世人能及，只是前后两阕的警句用语有些相似；《永遇乐》一篇，典故的使用稍微多了些。"辛弃疾连连点头，他边给岳珂倒酒，边对客人们说："岳珂确实说中了我的毛病。"于是就吟咏修改词句，一天改了几十次，几个月还没修改完。由此可窥辛弃疾作词认真之一斑。

辛弃疾一生以恢复为志，以功业自诩，却命运多舛、备受排挤、壮志难酬。但他恢复中原的爱国信念始终没有动摇，而是把满腔激情和对国家兴亡、民族命运的关切、忧虑，全部寄寓于词作之中。其词艺术风格多样，以豪放为主，风格沉雄豪迈又不乏细腻柔媚之处。其词题材广阔又善化用典故入词，抒写力图恢复国家统一的爱国热情，倾诉壮志难酬的悲愤，对当时执政者的屈辱求和颇多谴责；也有不少吟咏祖国河山的作品。现存词600多首，有词集《稼轩长短句》等传世。

辛词以其内容上的爱国思想，艺术上有创新精神，在文学史上产生了巨大影响。与辛弃疾以词唱和的陈亮、刘过等，或稍后的刘克庄、刘辰翁等，都与他的创作倾向相近，形成了南宋中叶以后声势浩大的爱国词派。后世每当国家、民族危急之时，不少作家从辛词中汲取精神上的鼓舞力量。

辛弃疾在词史上的一个重大贡献，就在于内容的扩大，题材的拓宽。他现存的600多首词作，

辛弃疾像

写政治，写哲理，写朋友之情、恋人之情，写田园风光、民俗人情，写日常生活、读书感受，可以说，凡当时能写入其他任何文学样式的东西，他都写入词中，范围比苏词还要广泛得多。

辛词现存600多首，是两宋存词最多的作家。其词多以国家、民族的现实问题为题材，抒发慷慨激昂的爱国之情。如《水龙吟·渡江天马南来》《水调歌头·千里渥洼种》《满江红·鹏翼垂空》等，表现了恢复祖国统一的豪情壮志；《贺新郎·细把君诗说》《菩萨蛮·郁孤台下清江水》《破阵子·醉里挑灯看剑》等，表现对北方地区的怀念和对抗金斗争的赞扬。《水龙吟·楚天千里清秋》《摸鱼儿·更能消几番风雨》《贺新郎·老大那堪说》《鹧鸪天·壮岁旌旗拥万夫》《永遇乐·千古江山》等，表现对南宋朝廷屈辱苟安的不满和壮志难酬的忧愤。这些作品大多基调昂扬，热情奔放。

此外，其描写农村景物和反映农家生活的作品，如《清平乐·茅檐低小》《西江月·明月别枝惊鹊》《玉楼春·三三两两谁家女》等，都富有生活气息，给人以清新之感。其抒情小词，如《丑奴儿·少年不识愁滋味》《青玉案·东风夜放花千树》等，写得储蓄蕴藉，言短意长。辛词继承了苏轼豪放词风和南宋初期爱国词人的战斗传统，进一步开拓了词的境界，扩大了词的题材，几乎达到无事无意不可入词的地步，又创造性地融汇了诗歌、散文、辞赋等各种文学形式的优点，丰富了词的表现手法，形成了辛词的独特风格。

辛词以豪放为主，但又不拘一格，沈郁、明快、激励、妩媚，兼而有之。他善于运用比兴手法和奇特想象，对自然界的山、水、风、月、草、木都赋予情感和性格，并有所寄托。他还善于吸收民间口语入词，尤其善于用典、用事和引用前人诗句、文句，往往稍加改造而别出新意。但也有些作品因用典、议论过多而显得晦涩、呆滞。《四库全书总目提要》说："其词慷慨纵横，有不可一世之概，于倚声家为变调，而异军突起，能于剪红刻翠之外，屹然别立一宗。"吴衡照《莲子居词话》说：辛稼轩别开天地，横绝古今，论、孟、诗小序、左氏春秋、南华、离骚、史、汉、世说、选学、李、杜诗，拉杂运用，弥见其笔力之峭。

词之外，辛弃疾的文也值得称道。他的政论文与词一样，笔势磅礴，充满豪情。他能用形象的比喻，有力的证据，严密的论证，和鞭辟入里的分析，使他的文章具有不容置疑的说服力。因此，后人视他为南宋时期政论文的大手笔，只是为词名所掩，不为人熟知。

文天祥

文天祥（1236—1283年），初名云孙，字宋瑞，一字履善。道号浮休道人、文山。江西吉州庐陵（今江西省吉安市青原区富田镇）人，南宋末政治家、文学家，爱国诗人，抗元名臣、民族英雄，与陆秀夫、张世杰并称为"宋末三杰"。宋理宗宝祐四年（1256年）进士，历任校书、刑部郎官、右丞相等职。著有《过零丁洋》《文山诗集》《指南录》《指南后录》《正气歌》等作品。

文天祥生活的年代正是民族矛盾日益尖锐的时期。北方的蒙古族被称为"马背上的民族"，他们骁勇善战，征服欲望强烈，到南宋咸淳六年（1270年）前后，他们已经将北方的大片土地圈入了自己的版图。然而，蒙古族统治者认为，仅仅在长城以北活动是远远不够的，他们的野心是要占有南部广大地区。为此，他们做的第一件事便是改国号为"元"，紧接着就组织了大批兵力，大举南侵。南宋王朝偏安一隅，无力抵抗，中原的大好山河便沦于元兵的铁蹄之下。

文天祥始终坚持保国抗敌，他曾亲自组建了一支五万余人的抗元武装队伍，挥戈跃马，奋勇杀敌。文天祥谆谆告诫兵士们，现在国家正处在危亡时刻，大家应该倾其

文天祥像

所能报效国家，收复失土，即使以身殉国，也在所不惜。因此，文天祥的军队所向披靡，元军节节败退，闻风而逃。为了遏制文天祥强大的攻势，元世祖忽必烈采取了一系列措施迫使南宋王朝投降议和。孤军作战的文天祥由于得不到充足的给养和援助，祥兴元年（1278年）十二月，终于兵败被俘。

元军主帅张弘范为了尽快消灭南宋的军队，命人押解文天祥直扑崖山，企图逼迫文天祥说服劝降当时镇守在崖山的南宋爱国将领张世杰，以达到邀功请赏的目的。

当船驶过零丁洋（今广东中山县南）时，文天祥思潮翻滚，回想几年来南征北战的生活，文天祥感触颇深。自己从小便立下报国之志，可惜世事难料，报国之志难酬。如今国难当头，自己也不幸身陷囹圄，遭遇人生的最低谷，但是，和那些死难的将士相比，自己的被俘受虐又算得了什么呢？人的一生，谁能够做到可以永远不直面死亡？其实，死，并不可怕，可怕的是失掉民族气节，做一个屠戮人民的元军帮凶。

次日，船至崖山。元军见宋军严阵以待，不敢轻易进攻。张弘范命令部将李恒前去规劝文天祥，李恒原是文天祥麾下的一员大将，后兵败被俘，降于元军。文天祥历数李恒降元的错误，并对李恒所犯错误痛心疾首。他挥笔泼墨，在囚室的板壁上写下流传千古的名篇《过零丁洋》：

> 辛苦遭逢起一经，干戈寥落四周星。
> 山河破碎风飘絮，身世浮沉雨打萍。
> 惶恐滩头说惶恐，零丁洋里叹零丁。
> 人生自古谁无死，留取丹心照汗青。

这是一篇饱含着强烈爱国激情的战斗檄文，集中体现了文天祥的爱国主义精神和大无畏的英雄气概。文天祥虽然衣衫褴褛，披枷戴锁，目光中却分明透露出坚毅与从容。李恒看罢，悄悄地退了出去。

文天祥在狱中曾收到女儿柳娘的来信，得知妻子和两个女儿都在宫中为奴，过着囚徒般的生活。文天祥明白：只要投降，家人即可团聚。但文天祥不愿因妻子和女儿而丧失气节。他在写给自己妹妹的信中说：

"收柳女信，痛割肠胃。人谁无妻儿骨肉之情？但今日事到这里，于义当死，乃是命也。奈何？奈何！……可令柳女、环女做好人，爹爹管不得。泪下哽咽哽咽。"

文天祥被俘三年，一直拒不投降。元世祖忽必烈佩服他的忠君报国之心，曾亲自会见文天祥，愿委以丞相之职，但文天祥傲然挺立，道："愿一死足矣！"元至元十九年十二月的一天（1283 年 1 月 9 日），文天祥被押解到柴市口刑场的那天。监斩官问他："丞相还有什么话要说？回奏还能免死。"文天祥喝道："死就死，还有什么可说的！"他又问监斩官："哪边是南方？"有人给他指了方向，文天祥向南方跪拜，说："我的事情完结了，心中无愧了！"文天祥死于元军的屠刀之下，终年 47 岁。

文天祥殉难后，汉族人民以各种方式纪念他。曾经参加义军的王炎午写了《望祭文丞相文》，赞扬文天祥像岁寒的松柏一样坚贞。他的死，使"山河顿即改色，日月为之韬光"。元至治三年（1323 年），在文天祥家乡吉州的郡学里，他的遗像挂在先贤堂，与欧阳修、杨邦乂、胡铨等并列祭祀。明洪武九年（1376 年），北京教忠坊建立了"文丞相祠"，后来，他的家乡吉州庐陵也建立了"文丞相忠烈祠"。文天祥的文集、传记在民间流传很广，历久不衰，激励着民族的正气。

文天祥在文学研究上除了《御试策一道》这篇哲学专著外，再无其他专题研究或专著，这是由于当时的环境不允许他坐下来进行专题研究所致，除对策、封事等外，他在百忙中不却友人之所托，写了大量的文稿，其中包括序言、墓志铭，

文天祥像

443

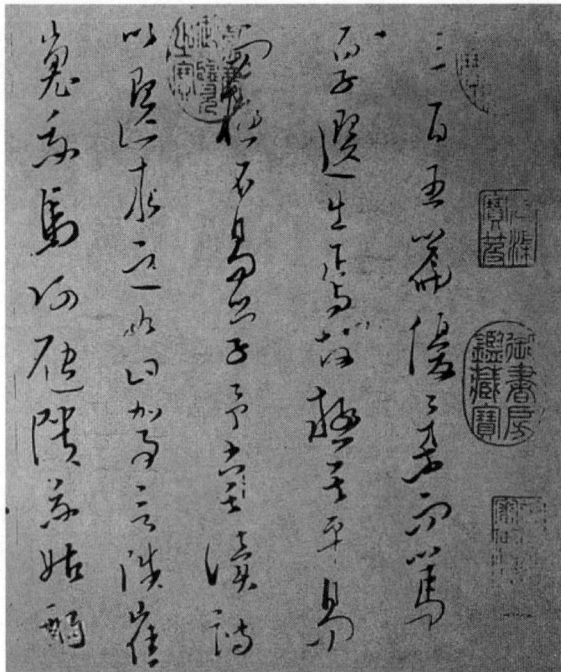

文天祥奏表

寿序、赞、颂、祝词、书、启、跋等各种不同形式的文体。此外，诗、词最多，除了《指南录》和《指南后录》和《吟啸集》外，还有《集杜诗》200首以及《十八拍》和少量的词等。这是最有价值的著作，称之为史诗。此外还有在抗元前的部分诗稿。

文天祥在文学创作尤其是对诗词的创作上，有两个显著特色，这两个特色即分为前期和后期两个阶段。所谓前期指的是赣州奉诏勤王开始至夜走真州这个阶段。当时虽然南宋小朝廷处于多难之秋，朝内执政者又是昏庸利禄之辈，但文天祥自己积聚了兵丁，他们是自己"乃裹饿粮"来到军营中的，是一支爱憎分明、具有战斗力的队伍。因此在文天祥的心目中，复兴南宋和收复失地有望，这一时期写的诗歌的特点是清新、明快、豪放，感情特别丰富浓郁，常以饱满的战斗精神勉励自己，使人读之如饮郁香的葡萄美酒，沁人肺腑，如《赴阙》一诗。从这些诗章中可以看出文天祥的眼里似乎已经看到前途已呈现光明，复兴有望。后来李庭芝暗示苗再成要将文天祥杀掉，以绝后顾之忧。苗再成通过与文天祥共议复兴大志，觉得李的说法不妥，但又不敢明目张胆违抗，便设"看城子"之计，将文天祥引出城外，然后拒而不纳。文天祥再一次受挫，但他并未气馁，而是斗志昂扬接新的战斗。他写了《高沙道中》这首长诗，运用了平易流畅的散文化的语言，按照时间顺序，周详而不零碎地将他出真州城后身历险境的经过和盘托出，使人读之如身临其境。全诗每句五言，隔句押韵，长达80多韵，一韵到底，读后大有浑灏流转的感觉。难怪后人读此诗后，觉得可与杜甫写的《北征》相媲美。这段时间，文天祥写的诗篇较多，内容大多振奋人心，可以说是两个特色时期的中间时期，亦即过渡时期。

到了福安之后，情况起了根本性的变化。皇帝仍被陈宜中等人把持，虽然文天祥由行朝给了官职，但是不允许在行朝工作，连要求开府于永嘉（温州）也不允许，最后决定让其开府于南剑（福建南平县），不久已移开府于汀州再至漳州。于此可知文天祥这个枢密使、都督诸路军马这个职衔，不过是一个形同虚设的官衔名称而已。这一时期，文天祥在诗词写作上，开始显露出后期阶段的特色，大多有对人生旅途多"险阻艰难"未尽人意的感叹。

特别是在祥兴二年（1279 年）二月六日，张弘范集中军力破崖山，强制文天祥与之随船前去。文天祥坐在另一舟中看到宋军被元军打败的惨景，心中犹如刀割，深恨竖子大不争气，致有此败，造成行朝覆灭。乃作长诗以哀之，诗题为《二月六日，海上大战，国事不济，孤臣天祥，坐在舟中，向南恸哭，为之诗》，表达了当时文天祥的心情是何等的沉痛，对贾似道、陈宜中之流所造成的恶果无比痛恨。文天祥这一阶段写的诗词，既悲壮、沉痛，又秀腴、典雅。

第三节　元代的著名文士

耶律楚材

耶律楚材（1190—1244 年），字晋卿，号玉泉老人，法号湛然居士。契丹族，蒙古名吾图撒合里。蒙古帝国时期杰出的政治家、宰相，金国尚书右丞耶律履之子，他的九世祖为辽国的建立者、一代雄主耶律阿保机。

耶律楚材像

耶律楚材从小就很有名气，17岁就考中了举人。他博览群书，历法、医学，无不精通，特别是儒家思想对他的影响更是浸入血脉。作为叱咤风云的契丹皇族之后，耶律楚材内心充满了自豪感，曾写诗称"赫赫东丹王，让位如伯夷。藏书万卷堂，丹青成画癖。四世皆太师，名德超今昔"。

南宋贞祐二年（1214年），蒙古军大举伐金，金国的国君金宣宗却早已仓皇逃出中都（今北京），向南迁都。年轻的耶律楚材刚刚经历了蒙古围困金中都"绝粒六十日，守职如恒"的艰辛，目睹金国君臣不战而逃的腐败无能。深深的失望中，他遁入佛门禅修冥思三年。之后不久，就接到了成吉思汗的召唤，南宋嘉定十一年（1218年）七月，耶律楚材到达怯绿连河（今克鲁伦河）畔的成吉思汗大帐。此时正值仲夏，目之所及是一望无际的碧草蓝天、气势磅礴的山河、雄伟庞大的车帐军营、骁勇善战的游牧铁骑……他用这样的词句形容："山川相缪，郁乎苍苍，车帐如云，将士如雨，马牛被野，兵甲赫天，烟火相望，连营万里，千古之盛，未尝有也。"

从南宋嘉定十一年（1218年）成吉思汗召见耶律楚材，到南宋宝庆三年（1227年）成吉思汗去世，耶律楚材追随成吉思汗整整10年。有人说，这10年是耶律楚材生命力最旺盛的10年，也是他最清闲的10年；是他怀有许多希望的10年，也是他思想最为苦闷的10年；是他在轰轰烈烈的成吉思汗西征军中生活最有色彩的10年，也是他内心最孤寂落寞的10年。原因在于，耶律楚材并没有像他最初想象的那样被成吉思汗重用,而只是被成吉思汗当作判断吉凶的巫师和汉文秘书。

南宋宝庆三年(1227年)秋,成吉思汗的去世给了耶律楚材很大的打击,但同时也给他带来了新的转机。

成吉思汗的第三子窝阔台被指定为继承人,由于他远在新疆,于是由成吉思汗的四子拖雷监国,代行汗职,直到南宋绍定二年(1229年)窝阔台回来。

拖雷监国的两年里,曾两次派耶律楚材去北京搜索经籍,还与耶律楚材议定窝阔台继位的吉日、礼仪制度等,对耶律楚材相当倚重。

窝阔台登基后耶律楚材开始全面参与国家治理,施展他的治国才干。

当时的蒙古贵胄认为汉人汉地没什么用,不如把汉人赶尽杀绝,将汉地改成牧场。耶律楚材则认为"天下虽马上得之,不可以马上治",应该用汉人之法集四海之富。于是他主持设立了十路征收课税所,一年之后,收上来的赋税使得窝阔台大喜过望:"你一直陪在我身边,是用什么方法收来赋税充实国库的呢?南朝那边,也有像你那么能干的臣子吗?"耶律楚材半开玩笑说:"那边比我能干的人多了,我因为不够能干才留下为您效劳。"这些成效对窝阔台产生很大影响,他下旨任命耶律楚材为宰相,默许了耶律楚材以汉法治汉地的方针。

其后,耶律楚材又主持科举,聚集4300多名儒生参加考试,恢复尊孔,保护人才和中原文化,准备实现建构以汉法为主体,以"大一统"

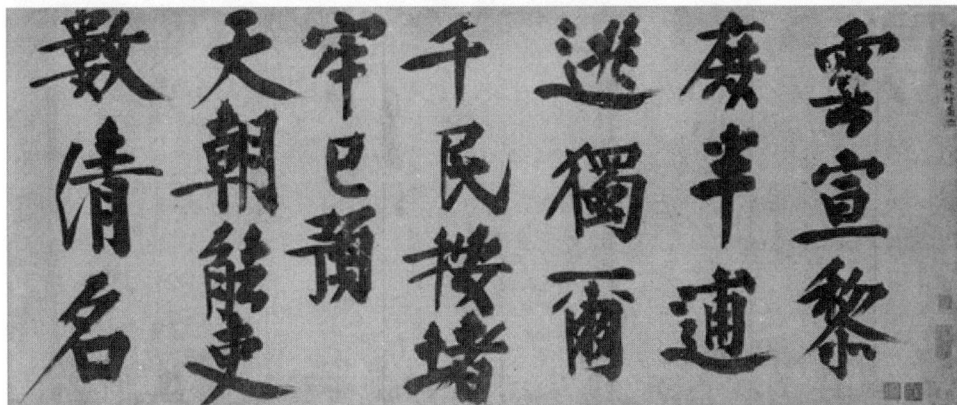

耶律楚材《送刘满诗卷》局部图

为主旨的封建王朝。但耶律楚材没来得及培育这些人才。由于他的做法触犯了其他蒙古贵族的利益，他成为众矢之的。

南宋淳祐元年（1241年）冬，窝阔台去世，乃马真皇后专政，亲信一个叫奥都剌合蛮的西域人，耶律楚材逐渐失去了权势。

耶律楚材只比窝阔台多活了两年半。在这两年半里，他活得非常艰难，因为偌大一个国家，有多个民族，言语不通，文化不同，他以一介书生孤立在尚武的游牧民族庙堂之上，想运用自己所学，是件多么难的事啊。南宋淳祐四年五月十四日（1244年6月20日），耶律楚材悲愤而死。"砥柱中流断，藏舟半夜移"，消息传出，倾国悲哀，许多蒙古人都痛哭，如同失去自己的亲人。汉族的士大夫更是流着眼泪凭吊这位功勋卓著的契丹族政治家，他们的良师益友。蒙古国数日内不闻乐声。正如其同时代人暮之谦在《中书耶律公挽词》中所言："忽报台星折，仍结薤露新，斯民感天极，洒泪叫苍旻。"

作为一个"楚材晋用"的异国臣子，耶律楚材辅佐过成吉思汗、拖雷、窝阔台、乃马真皇后，任丞相多年，影响巨大。耶律楚材所创立的规章奠定了有元一代的制度，但直到忽必烈时期才得以真正实现。元世祖中统二年（1261年），忽必烈遵耶律楚材的遗愿，将他的遗骸移葬

耶律楚材读书堂

于故乡玉泉以东的瓮山，即今北京颐和园的万寿山。耶律楚材去世90年后，至顺元年（1330年），被追封为广宁王，赠太师，谥文正。"文正"是古代文官最高级别的谥号，最近一个得此谥号的是清朝的中兴名臣曾国藩。

作为一个文人，耶律楚材留下了众多优美的诗歌，他的《湛然居士集》中收录了600余首诗。尤其是随军出征时写的景色诗，风骨雄健豪放，情调苍凉。耶律楚材也能填词，除此之外，现存篇幅最长的契丹语诗篇《醉义歌》就是由耶律楚材译为汉文，并保存下来的。仅就文化上的贡献而言，耶律楚材已是一个足以彪炳史册的巨人。

刘秉忠

刘秉忠（1216—1274年），字种晦，初名侃，为僧时法名子聪，自号藏春散人。邢州（今河北邢台）人。草定元初典章礼乐规模制作，官至中书参知政事。元朝大臣，科学家、文学家。著有《藏春集》10卷，仅传诗作六卷。

刘秉忠出生在金王朝统治下的邢州（今河北邢台市）。刘秉忠的祖先本是瑞州（今江西高安县）刘李村人，由于世代仕于辽王朝，遂为官宦之家。金灭辽以后，刘秉忠的祖先效命于金王朝，由于其曾祖父被任命为邢州节度副使，刘氏便定居于邢州，从此刘氏一家便成了邢州人。

刘秉忠虽然生于战乱的年代，可是他生而风骨异秀，志气英爽不霸。八岁那年始入学，由于其天资颖悟、卓尔不凡，小小年纪便能日诵数百言。13岁之时，由于其父刘润为蒙古国录事，便被作为质子送往元帅府。在为质子时期，刘秉忠立志为学，诗文字画，与日俱进，同辈之人，莫可望其项背。17岁那年，刘秉忠由于家贫，更为了奉养其亲，便不得不去充当邢台节度使府令史。在担任令史时，刘秉忠精明干练，诸老吏皆服其能。但对刘秉忠来说，一个小小的节度使府令史，难以满足他那颗高傲的心，因此刘秉忠常常郁郁寡欢，唉声叹气。终于有一天，刘秉忠提笔叹道："我家累世官宦，而今我却泊没于刀笔之间。

刘秉忠像

大丈夫才不遇世，当隐居以求其志耳！"于是，刘秉忠即弃官而去，隐居于武安山（今河北省邢台市西南太行山的一部分），与全真道士一同居住。

全真道，是当时的北方地区道教的三派之一，另两派为真大道、太一道，其中以全真道最盛，在北方的势力也最强。全真道是咸阳人王重阳于南宋绍兴二十三年（1153年）所创，光大于金末元初。南宋嘉定十五年（1222年），成吉思汗西征到达阿姆河畔，在那里安营扎帐，会见了来自远方的莱州（今山东掖县）全真道道士，这个道士便是长春真人丘处机。这次会见是成吉思汗预先安排好的，他于南宋嘉定十二年（1219年）在西征途中就派遣工匠出身的汉族官员刘仲禄去莱州，邀请丘处机来讲授长生之术。丘处机作为全真道的领袖，也作为金朝汉人地主的代表，于南宋嘉定十四年（1221年）跋涉来到了蒙古军刚刚占领的撒马尔罕城（今乌兹别克撒马尔罕）下，与成吉思汗会见。南宋嘉定十五年（1222年）三月，成吉思汗与丘处机第一次在阿姆河畔的营帐相见。十月，成吉思汗又一次召见丘处机，论道三日，由契丹人耶律阿海做翻译。当成吉思汗向丘处机寻问长生不老之术时，丘处机诚恳地告诉成吉思汗："世上本无什么长生不老之术，只有养生之法。"丘处机还针对当时蒙古军队的屠杀和掠夺政策，一再阐述自己的封建政治观点，要求成吉思汗治应以敬天爱民为本，长生之道以清心寡欲为要。这次会见之后，成吉思汗指令耶律阿海把丘处机的谈话记录下来，说是要传给他的子孙，并赐给丘处机一纸诏书，下令免除道士的赋税、差发。

这次会见还有一个意外的收获，那就是使全真道的地位大大提高了，在佛、道两教并重的蒙古贵族统治初期，道教的地位开始高于佛教。

刘秉忠隐居武安山之时，正值全真道的盛期，他与全真道道士居于一处是有深刻的历史根源的。与全真道道士相处的这段日子，极大地影响了刘秉忠的生活，以至他后来自号藏春散人，甚至连他自己的文集也名之为《藏春集》。这一切无不深刻地打下了道教的烙印。

南宋嘉熙二年（1238年），有名的大法师虚照禅师主持天宁寺，当他听闻刘秉忠行高节端、才高于世，便派遣弟子颜仲夏招其为僧。因为刘秉忠擅长文辞，虚照禅师便让其任了书记一职，刘秉忠本人也取法号子聪，后人称他为僧子聪。后来，刘秉忠跟随虚照禅师云游，来到云中（今山西大同市），留在南堂寺修行。在这段时间里，刘秉忠尽其所能，博览群书，特别精通《易经》及邵氏《经世书》，对于天文、地理、律历、三式六壬奇门遁甲之类，也无不精通。除潜心读书之外，刘秉忠的诗赋、书法、音乐等方面的天赋也得到充分的发挥。刘秉忠所作的诗章乐府，都是脍炙人口，他的书法效法颜真卿的正楷、二王的草书，有口皆碑，当时人把他的音乐才能誉为"得琴阮徽外之遗音"，声声皆妙。刘秉忠在出家隐居期间中，获得意想不到的收获，成为当时群儒为之翘首的学者。

刘秉忠在出家隐居期间对于道教有一定的研究；后又入寺为僧，对于佛教更是精通；加之他原有的儒家文化功底。使得他年纪轻轻便成为学兼儒、佛、道三家的学者。由于他也多才多艺自然而然将他推上了学术领袖的位置。

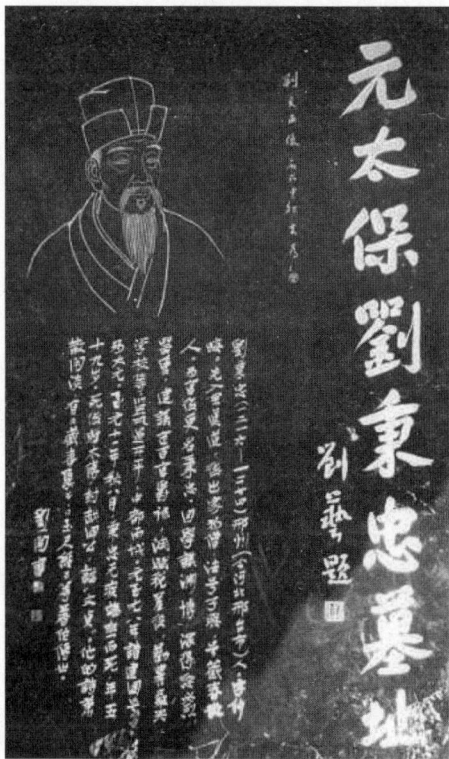

刘秉忠墓碑刻像

赵孟頫

赵孟頫（1254—1322年），字子昂，号松雪、松雪道人，又号水晶宫道人、鸥波，中年曾作孟俯。湖州（今浙江吴兴）人。元代著名画家，与欧阳询、颜真卿、柳公权共称"楷书四大家"。赵孟頫博学多才，能诗善文，懂经济，工书法，精绘艺，擅金石，通律吕，解鉴赏。特别是书法和绘画成就最高，开创元代新画风，被称为"元人冠冕"。他也善篆、隶、真、行、草书，尤以楷、行书著称于世。

赵孟頫像

赵孟頫的青少年时期是在坎坷忧患中度过的。他虽为贵胄，但生不逢时，南宋王朝其时已如大厦将倾，朝不保夕。他的父亲赵与告官至户部侍郎兼知临安府浙西安抚使，善诗文，富收藏，给赵孟頫以很好的文化熏陶。但赵孟頫11岁时父亲便去世了，家境每况愈下，度日维艰。23岁正值壮志凌云之际，他却闲居里中，无所事事。

在其母亲的激励下，赵孟頫向当地名儒敖继学习经史，向钱选学习画法，经过10年的发奋努力，学问大进，成为"吴兴八俊"之一，声闻遐迩，达于朝廷。

当时民族矛盾与阶级矛盾相当尖锐，尤其江南为南宋故地，知识分子反元情绪异常炽烈。元世祖忽必烈接受御史程文海的建议，让他到江南搜访有名望的知识分子，委以官职，借此笼络江南汉族知识分子，缓和矛盾，稳定民心。赵孟頫这个有学问的宋室后裔自然成为元廷笼络的重点对象。他盛情难却，而且此时他已闲居里中多年，常为生活所困，亦有施展抱负之愿。于是在半推半就中告别妻小，踏上北去的旅途。

元贞元年（1295年），因元世祖去世，成宗需修《世祖实录》，赵孟頫乃被召回京城。可是元廷内部矛盾重重，他能否进入史馆亦成是非之争。为此，有自知之明的赵孟頫便借病乞归，夏秋之交时，终于得准返回阔别多年的故乡吴兴。

赵孟頫在江南闲居四年，无官一身轻，闲情逸致寄于山水、诗文、书画，颇感自在。他时常到山清水秀、人文荟萃的杭州活动，与鲜于枢、仇远、戴表元、邓文原等四方才士聚于西子湖畔，谈艺论道，挥毫遣兴。有时则隐居于管夫人家乡德清，在东衡山麓的"阳林堂"静心欣赏文物书画，阅读前人佳篇，朝起听鸟鸣，日落观暮霭，过着与世无争的宁静生活。

这四年赵孟頫在暂时摆脱宦海风波后，艺术修养、书画技艺却与日俱增。他以唐人、北宋古画为楷模，为友人写山水、绘人物、作花鸟、画鞍马，抒发胸中纵横逸气，妙趣蔼然；他为佛寺道观书篆、书隶、书楷、书行、书草，行楷多王羲之笔意，如花舞风中，云生眼底，潇洒遒劲；他还考订编辑了《书今古文集注》，并将自己历年诗文辑成《松雪斋诗文集》。戴表元评之曰："古赋凌厉顿迅，在楚、汉之间；古诗沉涵鲍、谢；自余诸作，犹傲睨高适、李翱云。"虽然朝廷曾任命他为太原

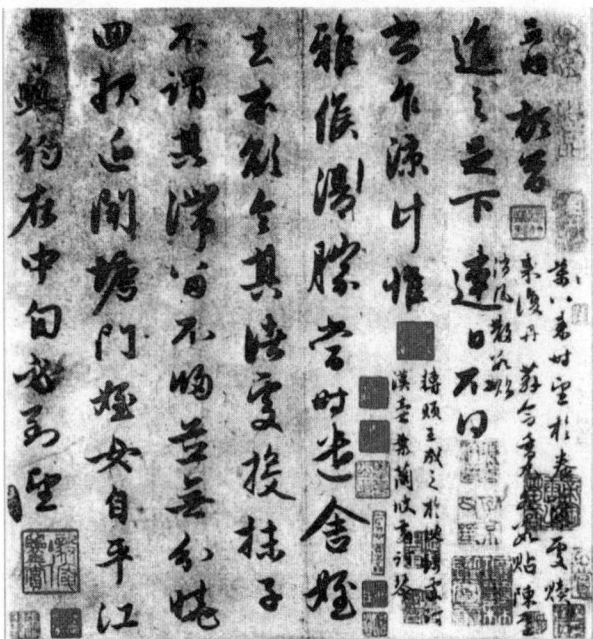

赵孟頫书札

路汾州知州，但赵孟頫对此离乡背井的官职毫无兴趣，托人说情后，没有去上任。只是应召一度赴京书写《藏经》，完成任务后又力辞翰苑之任，悄然南返。

大德三年（1299年），赵孟頫被任命为集贤直学士行江浙等处儒学提举，官位虽无升迁，但此职无须离开江南，与文化界联系密切，相对儒雅而闲适，比较适合赵孟頫的旨趣，他干了11年。

在江浙当文化官员，无疑为赵孟頫书画诗文技艺的发展增添了许多更为优越的条件。他利用公务之暇，广交文人学士、书画家和文物收藏家，遍游江浙佳山秀水，心摹手追，创作进入旺盛时期。他在江南文化人中的声望也随着"儒学提举"之职而更为隆盛，许多人依附其门下，求教问艺，赵孟頫俨然成为江南文人首领。尽管元廷没有重用他，多年不见升迁，但赵孟頫乐此不疲，为三教人士作画书碑，兴儒学，跋古画，访文物，诗酒雅集，兴味盎然。四方文士来浙者，亦以能登门造访、结识赵孟頫为荣。

延祐三年（1316年），元仁宗将赵孟頫晋升为翰林学士承旨、荣禄大夫，官居从一品，"推恩三代"；管夫人也被加封为"魏国夫人"。赵孟頫虽官居一品，但仍须经常奉敕亲自撰写大量的志、表、经卷、墓志、碑文、颂词等，还要忙于日常书画应酬，忙忙碌碌，几无闲暇。他对自己的双重处境颇有感慨，扪心自问，不禁悲从中来，曾写下《自警》诗曰："齿豁童头六十三，一生事事总堪惭。唯余笔砚情犹在，留与人间作笑谈。"

赵孟頫认为，自己因出身亡宋宗室，政治上受元廷摆布，成为"花瓶"，做了一些没有选择余地的违心事，或许也不为同代人所理解，心情矛盾而惭愧；但是在艺术上，他通过自己辛勤努力，诗文书画作品却可流传后代，颇堪自慰。管道升也认为丈夫这种忙忙碌碌、受人使役的处境没有意思，曾填《渔父词》数首，劝其归去。其一曰："人生贵极是王侯，浮名浮利不自由。争得似，一扁舟，吟风弄月归去休！"

延祐五年（1318年）五月中旬，途经山东临清，管夫人病逝舟中。赵孟頫悲痛万分，相濡以沫的管夫人撒手西去，给了赵孟頫很大的打击，

赵孟𬗊《枯木竹石图卷》

他对官场的虚名，也因此彻底看破。英宗至治二年（1322 年）六月，他逝于吴兴。临死还观书作字，谈笑如常，享年 69 岁。

作为一位变革转型时期承前启后的大家，赵孟𬗊有以下几方面突出的成就为前人所不及：

一是他提出"作画贵有古意"的口号，扭转了北宋以来古风渐湮的画坛颓势，使绘画从工艳琐细之风转向质朴自然；

二是他提出以"云山为师"的口号，强调了画家的写实基本功与实践技巧，克服"墨戏"的陋习；

三是他提出"书画本来同"的口号，以书法入画，使绘画的文人气质更为浓烈，韵味变化增强；

四是他提出"不假丹青笔，何以写远愁"的口号，以画寄意，使绘画的内在功能得到深化，涵盖更为广泛；

五是他在人物、山水、花鸟、马兽诸画科皆有成就，画艺全面，并有创新；

六是他的绘画兼有诗、书、印之美，相得益彰；

七是他在南北统一、蒙古族入主中原的政治形势下，吸收南北绘画之长，复兴中原传统画艺，维持并延续了其发展；

八是他能团结包括高克恭、康里子山等在内的少数民族美术家，共同繁荣中华文化。

综观赵孟𬗊的画迹，并结合其相关论述，可以知道，赵氏通过批评"近世"、倡导"古意"，确立了元代绘画艺术思维的审美标准。这个标准不仅体现在绘画上，而且也广泛地渗透于诗文、书法、篆刻等领域中。传世画迹有大德七年（1303）作《重江叠嶂图》卷、元贞元年（1295）作《鹊华秋色》卷，图录于《故宫名画三百种》；皇庆元年（1312）作《秋郊饮马》卷，现藏故宫博物院。著有《松雪斋文集》十卷（附外集一卷）。

赵孟𫖯是元代初期很有影响的书法家，赞誉很高。据明人宋濂讲，赵氏书法早岁学"妙悟八法，留神古雅"的思陵（即宋高宗赵构）书，中年学"钟繇及羲献诸家"，晚年师法李北海。王世懋称："文敏书多从二王（羲之、献之）中来，其体势紧密，则得之右军；姿态朗逸，则得之大令；至书碑则酷仿李北海《岳麓》《娑罗》体。"此外，他还临抚过元魏的定鼎碑及唐虞世南、褚遂良等人；于篆书，他学石鼓文、诅楚文；隶书学梁鹄、钟繇；行草书学羲献，能在继承传统上下苦功夫。诚如文嘉所说："魏公于古人书法之佳者，无不仿学"。虞集称他："楷法深得《洛神赋》，而揽其标。行书诣《圣教序》，而入其室。至于草书，饱《十七帖》而度其形。"他是集晋、唐书法之大成的很有成就的书法家。

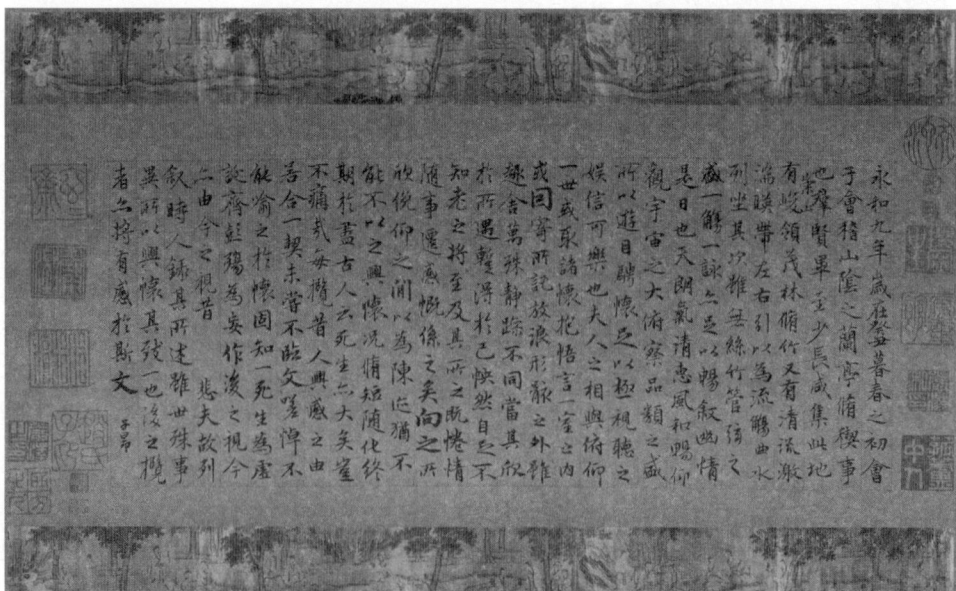

赵孟𫖯临兰亭序并图

同时代的书家对他十分推崇，后世有人将其列入楷书四大家："颜、柳、欧、赵"。明代书画家董其昌认为他的书法直接晋人。赵氏能在书法上获得如此成就，是和他善于吸取别人的长处分不开的。尤为可贵的是宋元时代的书法家多数只擅长行、草体，而赵孟頫却能精究各体。后世学赵孟頫书法的极多，赵孟頫的字在朝鲜、日本非常风行。传世书迹较多，有《洛神赋》《道德经》《胆巴碑》《玄妙观重修三门记》《临黄庭经》、独孤本《兰亭十一跋》《四体千字文》等。

赵孟頫在中国书法艺术史上有着不可忽视的重要作用和深远的影响力。他在书法上的贡献，不仅在他的书法作品，还在于他的书论。他有不少关于书法的精到见解。他认为："学书有二：一曰笔法、二曰字形。笔法弗精，虽善犹恶；字形弗妙，虽熟犹生。学书能解此，始可以语书也。""学书在玩味古人法帖，悉知其用笔之意，乃为有益。"在临写古人法帖上，他指出了颇有意义的事实："昔人得古刻数行，专心而学之，便可名世。况兰亭是右军得意书，学之不已，何患不过人耶。"这些都可以给我们重要的启示。

关汉卿

关汉卿（1234—1300 年），号已斋叟。解州（今山西省运城）人，另有籍贯大都（今北京市）和祁州（今河北省安国市）等说。元杂剧奠基人，是我国文学史上最早的伟大戏剧家。与马致远、白朴、郑光祖合称"元曲四大家"，并位居其首。

关汉卿一生"不屑仕进"，生活在底层人民中间，多才多艺、能写会演、风流倜傥、豪爽侠义，是当时杂剧界的领袖人物。

关汉卿著有杂剧 60 部，现仅存 18 部，其中曲白俱全者 15 部。所作大曲 10 余套，小令 50 余首。他的戏曲作品题材广泛，大多揭露了封建统治的黑暗腐败，表现了古代人民特别是青年妇女的苦难遭遇和反抗斗争，人物性格鲜明，结构完整，情节生动，语言本色而精练，对元杂剧和后来戏曲的发展产生了很大影响。其作品主要有《窦娥冤》《救风尘》《望江亭》《单刀会》等。

关汉卿像

关汉卿的前半生，是在血与火交织的动荡不安的年代中度过的。作为封建时代的知识分子，关汉卿熟读儒家经典，深受儒家思想影响。所以，在他的作品中，常把《周易》《尚书》等典籍的句子信手拈来，运用自如。不过，他又生活在仕进之路长期堵塞的元代，科举废止、士子地位的下降，使他和这一代的许多知识分子一样，处于一种进则无门、退则不甘的难堪境地。和一些消沉颓唐的儒生相比，关汉卿在困境中较能够调适自己的心态。他生性开朗通达，放下士子的清高，转而以开阔的胸襟，"偶娼优而不辞"。他的散曲《南吕·一枝花》套数，自称"我是个蒸不烂、煮不熟、捶不扁、炒不爆响当当一粒铜豌豆"，宣称"则除是阎王亲自唤，神鬼自来勾，三魂归地府，七魄丧冥幽；天哪，那其间才不向烟花路儿上走。"这既是对封建价值观念的挑战，也是狂傲倔强、幽默睿智性格的自白。由于关汉卿面向下层、流连市井，受到了生生不息杂然并陈的民间文化的滋养，因而写杂剧，撰散曲，能够左右逢源、得心应手地运用民间俗众的白话，三教九流的行话。而作品中那些弱小人物的悲欢离合，也在流露着下层社会的生活气息与思想情态。

元朝，是儒家思想依然笼罩朝野而下层民众日益觉醒、反抗意识日益昂扬的年代。在文坛，雅文学虽然逐渐失去往日的辉煌，但它毕竟浸入肌肤，余风尚炽，而俗文学则风起云涌，走向繁盛。这两股浪潮碰撞交融，缔造出奇妙的文化景观。关汉卿生活在这种特定的历史阶段，他的戏剧创作及其艺术风貌便呈现出鲜明而驳杂的物色。一方面，他对民生疾苦十分关切，对大众文化十分热爱；另一方面，在建立社会秩序的问题上他认同儒家的仁政学说，甚至还流露出对仕进生活的向往。他一方面血泪交织地写出感天动地的《窦娥冤》；另一方面又以憧憬的心态编写了充满富贵气息的《陈母教子》。就其全部文学创作的总体风格而言，既不全俗，又不全雅，而是俗不脱雅、雅不离俗。就创作的态度而言，他既贴近下层社会，敢于为人民大声疾呼，又是一位倜傥不羁的浪子，还往往流露出在现实中碰壁之后解脱自嘲、狂逸自雄的心态。总之，这多层面的矛盾，是社会文化思潮来回激荡的产物。唯其如此，关汉卿才成为文学史上一位说不尽的人物。

民间传说，元代的关汉卿因为编演《窦娥冤》，得罪了统治者，官府要捉拿他治罪。关汉卿得知消息后，连夜逃走。途中，他遇到几位捕快。

班头问："你是干什么的？"关汉卿顺口答道："三五步走遍天下，六七人统领千军。"班头明白了："原来你是唱戏的。"关汉卿又吟道："或为君子小人，或为才子佳人，登台便见；有时欢天喜地，有时惊天动地，转眼皆空。"班头见他如此伶俐，出口成章，便问道："你是关……"关汉卿笑道："看我非我，我看我，我亦非我；装谁像谁，谁装谁，谁就像谁。"

班头本来爱看戏，特别爱看关汉卿编演的戏。知道眼前这人便是关汉卿。捉他吧，于心不忍，不捉吧，500两赏银便没了。关汉卿看透了他的心理，便顺口吟道："台头莫逞强，纵得到厚禄高官，得意无非俄顷事；眼下何足算，到头来抛盔卸甲，下场还是普通人。"可能是这首诗打动了班头，他便对另几名捕快说："放他走吧，这是个疯子。"关汉卿就这样脱了险。

关汉卿的杂剧是中国古典戏曲艺术的一个高峰。他娴熟地运用元代杂剧的形式，在塑造人物形象、处理戏剧冲突、运用戏曲语言诸方面均有杰出的成就。

首先，关汉卿的剧作把塑造正面主人公放在首要的地位。在中国文学史上，还没有一个戏曲家像关汉卿那样塑造出如此众多而又鲜明的艺术形象。如同是妓女，赵盼儿、宋引章、杜蕊娘、谢天香等各具不同的个性

其次，在处理戏剧冲突方面，关汉卿善于提炼激动人心的戏剧情节。有善良无辜的寡妇被屈斩而天地变色的奇迹；有单枪匹马慑服敌人的英雄业绩；有忍痛送妻子去让权豪霸占的丈夫；有让亲生儿子偿命而保存前妻儿子的母亲；有被所爱的人抛弃而被迫为他去说亲的婢女。这些情节看来既富有传奇色彩，又都是扎根在深厚的现实土壤里的。关剧的戏剧冲突还表现在它的过场戏简洁，戏剧场面随步换形，富于变化。这样处理戏剧场面，摇曳多姿，变化莫测，出观众意想之外，又在人物情理之中，效果十分强烈。

最后，关汉卿是一位杰出的语言艺术大师，他汲取大量民间生动的语言，熔铸精美的古典诗词，创造出一种生动流畅、本色当行的语言风格。他是元曲中本色派的杰出代表，真正做到了"人习其方言，事肖其本色。境无旁溢，语无外假"。

关汉卿是一位熟悉舞台艺术的戏曲家，他的戏曲语言既本色又当行，具有"入耳消融"的特点，没有艰深晦涩的毛病。不像明清时期有些文人剧作，搬弄典故、

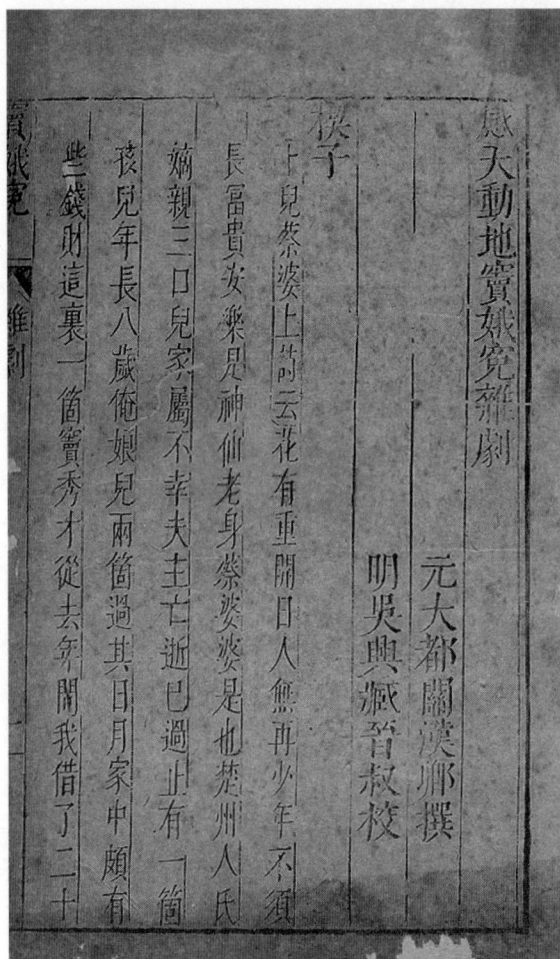

《感天动地窦娥冤》书影

爱掉书袋。关剧在词曲念白的安排上也恰到好处，曲白相生，自然熨贴，不愧是当时戏曲家中一位"总编修师首"的人物。

关汉卿散曲，今存约49首（一说57首），描绘都市的繁华与艺人的生活，羁旅行役与离愁别绪，以及自抒抱负的述志遣兴。其内容丰富多彩，格调清新刚劲，具有很高的艺术价值。写男女恋情的作品最多，对妇女心理的刻画细致入微，写离愁别恨则真切动人；风格豪放，曲词泼辣风趣；语言通俗而口语化，生动自然，很能表现曲的本色；喜用白描手法，善于写景，所用比喻，形象生动。

白 朴

白朴（1226—1307年），原名恒，字仁甫，又字太素，号兰谷先生，奥州（今陕西河曲县）人。自幼聪慧、满腹才学。其父白华任金朝枢密院判官，金哀宗天兴二年（1233年），蒙古军攻南京（今开封），白华随哀宗奔归德，白朴则与母留南京。次年金将崔立叛降，南京失陷。崔立掳王公大臣妻女送往蒙古军中，白朴母亲也在其内。这时白朴尚年幼，由他父亲的好友元好问带领，渡河至山东聊城，又迁居山西忻州，元好问视他如亲子。数年后白华北归，白朴随父依元名将史天泽，客居真定。元世祖中统初，史天泽曾将他推荐给朝廷，白朴再三辞谢。后师巨源又荐他从政，也没答应，历宋元两朝终身未仕。期间还写了一首《沁园春·监察师巨源将辟予为政，因读嵇康与》，以表明自己的心迹：

自古贤能，壮岁飞腾，老来退闲。念一身九患，天教寂寞，百年孤愤，日就衰残。麋鹿难驯，金镳纵好，志在长林丰草间。唐虞世，也曾闻巢许，遁迹箕山。

越人无用殷冠。怕机事缠头不耐烦。对诗书满架，子孙可教，琴樽一室，亲旧相欢。况属清时，得延残喘，鱼鸟溪山任往还。还知否，有绝交书在，细与君看。

传说白朴自幼聪颖，善于默记。他通诗赋，精度曲，经纶满腹，由于对现实生活感到失望，始终不仕朝廷。虽有人再三举荐，依然辞却。

他的才华与精力大多投入在杂剧的创作上。

其杂剧代表作《梧桐雨》，全名《唐明皇秋夜梧桐雨》，取材于唐人陈鸿《长恨歌传》，题目取自白居易《长恨歌》"秋雨梧桐叶落时"诗句。本剧主要写唐明皇李隆基与杨贵妃的故事。其情节是：幽州节度使裨将安禄山失机当斩，解送京师。唐明皇反加宠爱，安遂与杨贵妃私通。因与杨国忠不睦，又出任范阳节度使。安禄山反，明皇仓皇逃出长安去蜀。至马嵬驿，大军不前，兵谏请诛杨国忠兄妹。明皇无奈，命贵妃于佛堂中自缢。后李隆基返长安，在西宫悬贵妃像，朝夕相对。一夕，梦中相见，为梧桐雨声惊醒，追思往事，倍添惆怅。全剧以李、杨爱情为主线，反映了"安史之乱"这一重大历史事件及唐王朝由盛至衰的过程。全剧结构层次井然，曲词华美典雅，诗意浓厚。末折以闻雨打梧桐声作结，渲染悲剧气氛，衬托李隆基凄凉的内心世界，尤见成功。此剧对清人洪昇的传奇戏曲《长生殿》影响很大。

《墙头马上》全名《裴少俊墙头马上》，所写故事取材于白居易新乐府《井底引银瓶》。剧中写裴少俊奉父命由长安去洛阳选买奇花异卉，骑马过李世杰花园，和李世杰之女李千金隔墙以诗赠答。当晚私约后园，为李家乳妪撞见，二人遂私奔到长

白朴像

安，居裴家后花园七年之久，生一子一女。后被少俊父裴行俭发现，强令少俊休妻而留下子女。千金归洛阳，父母亡故，在家守节。少俊中进士后，与李千金正式完婚。李千金形象有别于其他杂剧中的大家闺秀，她敢于蔑视封建礼教而私奔，还敢于为自己的行为辩护，有民间市井女子的性格特征。

白朴的词流传至今 100 余首，大致为怀古、闲适、咏物与应酬。他的怀古词，如《沁园春·金陵凤凰台眺望》《水调歌头·初至金陵》等篇，寄托了故国之思，感慨很深："长江不管兴亡，谩流尽英雄泪万行。问乌衣旧宅，谁家做主？白头老子，今日还乡……"这是由于他经历过改朝换代的乱世，遭受了父母离散的痛苦，因此有"山川满目之叹"。白朴还有不少"闲适"词，表现了消极避世的生活态度。他与不少元代作家一样，倾慕那浪迹山林的生活，如《西江月·渔父》等词即是。他的词风颇受宋词豪放派的影响。

白朴散曲内容大抵是叹世、咏景和闺怨之作。这也是元代散曲家经常表现的题材。艺术上以清丽见长。他的"叹世""写景"之作，如《沉醉东风·渔夫》《天净沙·春、夏、秋、冬》等曲，俊爽高远，以情写景，情景交融；闺情作品以《仙吕·点绛唇》散套为其代表作，文辞秀丽工整。还有一些小令吸收民间情歌特点，显得清新活泼。

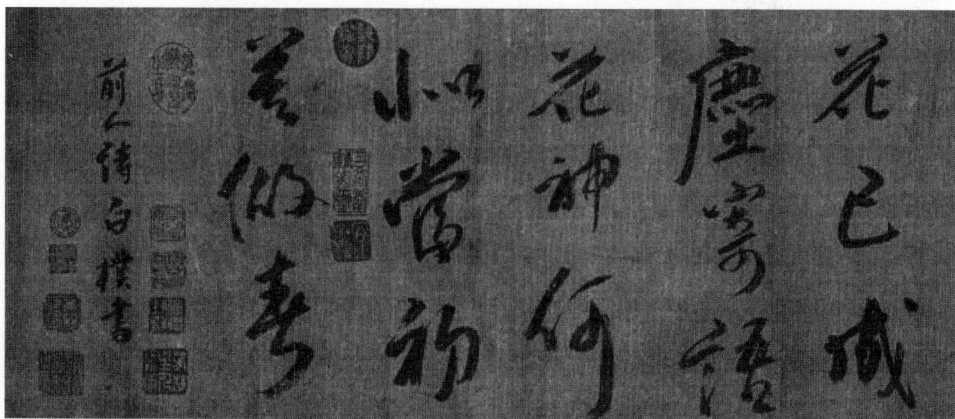

白朴书法

马致远

马致远（1250—1321 年），大都（今北京）人，晚号"东篱"。元代著名的杂剧家。他创作的杂剧有 16 种，现存世的有《江州司马青衫泪》《破幽梦孤雁汉宫》《吕洞宾三醉岳阳楼》等七种。其散曲作品也极负盛名，小令《天净沙》成为流传千古、脍炙人口的佳篇。

马致远为"元曲四大家"之一。传说他在对历史不平的愤慨中，将抑郁和苦闷诉于笔端，从而发出豪放的心声。他和元初其他一些有才华的作家一样，把自己的艺术才智献给了杂剧创作事业，成为"梨园"中一个知名的人物。马致远创作活动的前期处于元世祖时期。他在这一时期的代表作品是《汉宫秋》。它是以王昭君的故事为题材改编而成。公元前 33 年，汉元帝的宫妃昭君出塞并嫁入匈奴，并与呼韩邪生有一子。呼韩邪死后，根据匈奴习俗，王昭君又嫁给了新立的单于，又生二女。马致远在《汉宫秋》里突出了昭君出塞是在匈奴武力胁迫下进行的构想，把王昭君与汉元帝之间的关系写成了爱情关系。在故事的结局处理上，他写王昭君未入匈奴境内而投江自杀，从而表现出昭君对祖国和故土的情感和眷恋。戏中把王昭君出塞的目的描述成了汉室江山而和蕃，并借王昭君之口表现出她勇于承担大任的无私品质，赋予了王昭君以新的形象，歌颂了那种在民族矛盾中保持崇高气节的精神。

《荐福碑》是马致远前期创作的另一部重要作品。剧本通过主人公的不幸遭遇，抨击了当时的社会现实中贤愚不分、是非颠倒的丑恶现象，间接地表达了作者怀才不遇的思想感情。他在剧本中借主人公之口，讽刺和诅咒了当时的社会："这壁拦住贤路，那壁又挡住仕途。如今这越聪明越受聪明苦，越痴呆越享了痴呆福，越糊涂越有了糊涂富。"

马致远在他的一些文学作品里也体现了这一思想。套曲《般涉调·哨遍》中说："半世逢场作戏，险些误了终焉计。白发劝东篱，西村最好幽栖。"

马致远于元成宗（1295—1307 年在位）继位前后回到了大都，与艺人花李郎、红字李二及李时中合撰《黄粱梦》，标志着他的创作进入了后期。这一时期他所写的剧本都是演述全真教的度脱故事。

这一时期马致远的散曲大多直接表露了他对历史上的是非和现实社会的态度。如散曲《秋思》中说："百岁光阴一梦蝶，重回首往事堪嗟"；"想秦宫汉阙，都做了衰草牛羊野——纵荒坟横断碑，不辨龙蛇"；"投至孤踪与兔穴，多少豪杰！鼎足虽坚关腰里斩，魏耶？晋耶？"表面上，

马致远像

这套散曲包含着虚无思想。但是，这正说明了马致远对历史不平的愤慨。

马致远的作品中也反映了封建社会时期文人的郁闷心情。这种思想和元代绘画中某些作品的意境是相同的。在小令《秋思》中，马致远描写了一个天涯过客的秋思，意境萧瑟悲凉："枯藤老树昏鸦，小桥流水人家，古道西风瘦马，夕阳西下，断肠人在天涯。"

总的来说，马致远在作品中更侧重现实的批判，如《汉宫秋》中斥责统治集团里的文武百官是"忘思咬主贼禽兽"；《汉宫梁梦》抨击了当时的险恶的世风："如今人宜假不宜真，则敬衣衫不敬人"。

马致远的思想在当时具有一定的代表性，对后世也有深远的影响。他对于现实社会感到愤慨甚至苦闷和绝望，但他的愤慨之情却在悲凉的思绪中激扬回荡，具有一股豪放的气势。

马致远的艺术才能得到了后人很高的评价，元代后期的周德清尊

《汉宫秋》插图

马致远为四家之一，明代的朱权更将马致远列于元曲家之首。总的来说，马致远擅长悲剧性的抒情，情调凄凉、悲愤，曲词老健、宏丽，是一位独具艺术特色的杂剧作家。

郑光祖

郑光祖（1264—？），字德辉，平阳襄陵（今山西襄汾县）人。元代著名的杂剧家和散曲家，与关汉卿、马致远、白朴齐名，号称"元代四大杂剧家"之一。

传说郑光祖早年以习儒为业，后来补授杭州路为吏，因而南居。他为人方直，不善与达官贵人相交往，因此官场上不少人都歧视和瞧不起他。可以想见，其官场生活是很艰难的。他把身怀感触大多寄托在了杂剧的创作上。

据文学戏剧界的学者考证，郑光祖一生写过18种杂剧剧本，全部保留至今的，有《迷青琐倩女离魂》《㑏梅香骗翰林风月》《醉思乡王粲登楼》《辅成王周公摄政》《虎牢关三战吕布》等。

以描写青年男女爱情故事为主题的剧本中,《迷青琐倩女离魂》是他的代表作。剧本以唐朝陈玄佑的《离魂记》小说为素材,其大致情节是:秀才王文举与倩女指腹为婚,王文举不幸父母早亡,倩女之母遂有悔约的打算,借口只有王文举得了进士之后才能成婚,想赖掉这门婚事。不料倩女却十分忠诚于爱情,就在王文举赴京应试,与倩女柳亭相别之后,由于思念王文举,倩女的魂魄便离了原身,追随王文举一起奔赴京城。而王文举却不知是倩女的魂魄与他在一起,还以为倩女本人同他一起赴京。因此,当状元及第三年后,他准备从京城启程赴官,顺便打道去探望岳母,便先修书一封告知倩女的父母。王文举偕同倩女魂魄来到了倩女身边,魂魄与身体又合一,一对恩爱夫妻得到团圆。

全剧集中刻画了倩女追求婚姻自主,忠贞于爱情的形象和性格。在婚姻上,表现了她对封建礼教的反抗和鄙视。

郑光祖在《倩女离魂》一剧中,成功地塑造了一个对爱情忠贞不渝,感情真挚热烈的少女形象,因而使这一剧堪与《西厢记》相媲美。

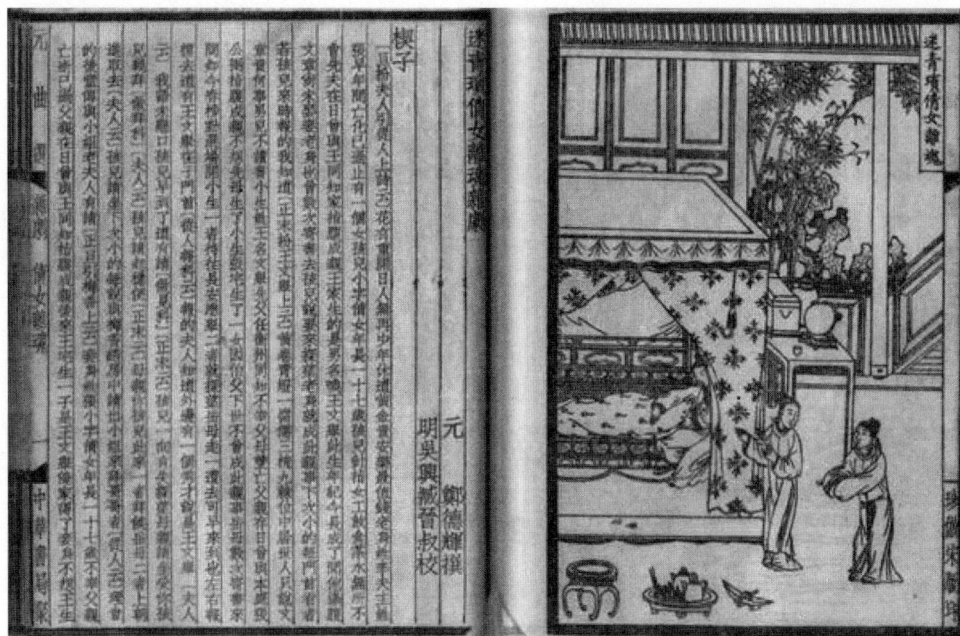

《离魂记》书影与插图

也正因此，使郑光祖"名誉天下，声振闺阁"。郑光祖的历史剧，似乎不及他的爱情剧引人入胜，但是，他在描写人物内心活动方面，还是独具一格。

《王粲登楼》虽然在剧情、结构方面无甚可取，但词曲工丽，对人物心境的描写却颇具匠心。明人何良俊认为，郑光祖的元曲当在关汉卿、马致远、白朴之上，他说："王粲登楼第二折，摹写羁怀壮志，语多慷慨，而气亦爽烈，至后《尧民歌》《十二月》，托物寓意，尤为妙绝。岂作脂弄粉语者，可得窥其堂庑哉。"刘大杰也说，这些曲词"表现的是思乡之情和怀才不遇的愤慨，情感的真挚，意象的高远，语言的俊朗，能与人物当时的心境相映衬。"

郑光祖一生从事于杂剧的创作，把他的全部才华贡献于这一民间艺术，在当时的艺术界享有很高的声誉。伶人都尊称他为郑老先生，他的作品通过众多伶人的传播，在民间产生了广泛的影响。

第八章

明清时期的著名文士

第一节　明代的著名文士

陶宗仪

陶宗仪（1329—约1412年），字九成，号南村，浙江黄岩人。我国元末明初著名的学者、文学家，曾著有《南村辍耕录》三十卷。

陶宗仪自幼刻苦攻读，广览群书，因而学识渊博，工诗文，善书画，成语"积叶成书"讲述的便是他的故事。

陶宗仪十六七岁时，家中的藏书已经读得差不多了。但这时的陶宗仪，读书多在死记硬背上下功夫，只要有人提起某书某章，陶宗仪不仅可以告诉那人此书的作者，还能够顺畅地将人家指定的章节一字不差地背诵下来，可惜说到文章主旨、用典等细节性问题，陶宗仪竟然是一问三不知。

陶宗仪突然意识到，其实自己的功底相当不扎实，单纯靠死记硬背得来的知识，就如同地表的水，虽然也可以暂时缓解地面的干涸，但很快就会被太阳蒸发掉。只有戒除浮躁，坐得了冷板凳，才能使学问大进。从此，陶宗仪躲进书屋，潜心钻研，读尽手头可以找到的各种古籍，遂成为当地远近闻名的青年学者。登门求教、请赐诗文的人

陶宗仪像

挤破门槛。但陶宗仪并没有被一时的成功冲昏头脑，他认为学无止境，一个真正有学问有修养的人是应该而且必须耐得住寂寞的。

很快，陶宗仪便把家从繁华的都市迁到江苏松江（今属上海）一个叫南村的偏僻小村庄。他一面教书，一面利用课余时间，亲身从事耕种。每次扛着锄头下地，陶宗仪都不忘把笔墨带在身边。陶宗仪从未干过体力活，虽然又倦又累，可感觉酣畅淋漓，这是一种全新的感受。陶宗仪感到，自己终于捕捉到了生活的真实。于是，他迅速拿起纸笔将它记录了下来。

由此，陶宗仪得到启发，他可以充分利用休息时间，把那些耳闻目睹的奇闻逸事、风土人情和自己阅读前人著作的心得，以及近年来对社会现象的思考随时记录下来，写在哪儿呢？陶宗仪环顾四周，这儿到处绿树成荫，树叶是随手可摘，方便，轻巧，既便于书写，又利于贮存。陶宗仪把心得体会写在树叶上，等叶子上的墨迹干了，再把它小心翼翼地放在平日用来盛水的瓦瓮里。每天收工回家，陶宗仪要做的第一件工作，便是整理一天来存放在瓦瓮中的树叶。这样的生活，陶宗仪坚持了整整 10 年。

陶宗仪 10 年中积存亲笔记录的树叶，有十几缸。后来，陶宗仪把这些树叶全部倒出来，与门人一起对上面所记录的内容加以分类整理、编辑、修订，终于编成了一部涉及天文、地理、社会等多个领域的鸿篇巨制。为了纪念自己的这段治学经历，陶宗仪为这本书取名《南村

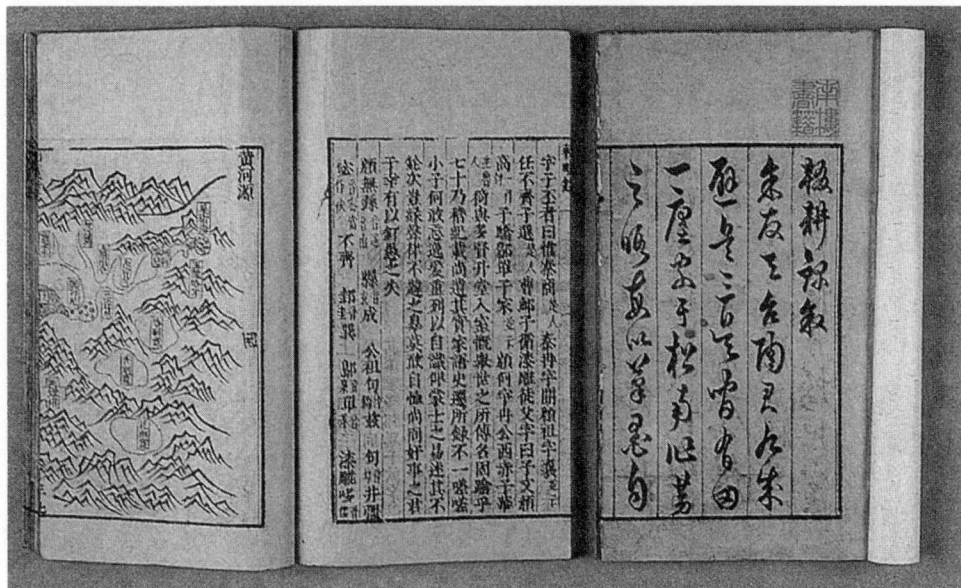

《南村辍耕录》书影

辍耕录》。

《南村辍耕录》共 30 卷，580 余条。该书的史料价值和学术价值都很高。作者对元代掌故、典章制度十分熟悉，尤其对元末东南地区农民起义状况，多为耳闻目睹，因而所记内容较为真实。

除《南村辍耕录》外，陶宗仪还著有《南村诗集》（4 卷）、《国风尊经》（1 卷）、《沧浪棹歌》（1 卷）、《书史会要》（9 卷）、《四书备遗》（2 卷）、《印章考》（1 卷）、《淳化帖考》（1 卷）、《兰亭帖目》（1 卷）等多种。他还将前人的笔记、小说辑录为《说郛》（100 卷）传于世。

陶宗仪还是元末明初著名藏书家。晚年好藏书，广搜古籍，尤多精抄本，筑室名"南村草堂"。尤多精抄本。

于　谦

于谦（1398—1457 年），字廷益，号节庵，杭州府钱塘县（今浙江省杭州市上城区）人。明朝名臣、民族英雄。

于谦一生廉洁奉公，刚直不阿，事事以国事为重，是明代著名的民族英雄。同时，他也是一位小有成就的诗人，在他的诗中，比较生动形象地反映了他的气节和高尚的品质，关于他作诗作对子，流传着不少的小故事。

于谦 10 岁时的新春佳节，他被父亲派到江干亲戚家拜年。他身穿一件圆领大红袍，骑着一匹白色骏马，高高兴兴地从凝海巷直向新宫桥大街奔去。一路上他四处打量，看家家张灯结彩，庆贺新春，好不快活。

不料，正逢新任浙江的张巡抚到新宫桥游春，他乘坐着八人大轿，前呼后拥地过新宫桥而来。于谦正左顾右盼，哪注意太多，当他一马从小巷里冲出时，因为躲避不及，径直冲入巡抚的旌旗仪仗队中，直到轿前才将马收住。顿时仪仗队大乱，衙役们闪避一旁，轿夫们也慌忙把轿子放下。张巡抚见游春队伍大乱，轿子也停了下来，连忙掀开轿帘察看。只见一个小孩子正端坐在马上，左右衙役们正恶狠狠地揪住他的马，要将他治罪。张巡抚连忙制止手下，自己亲自下轿走到小孩马前，问道："小小孩童，你怎敢冲撞我的节导？"

于谦小小年纪，端坐马上，神色自若，毫不惊慌畏惧，随口回答巡抚："大人，良骥奔于千里，正展望前程，一时难收啊！"

张巡抚见小小孩童，语出不凡，心中已有几分赞许，于是又问："听你说话，看你容貌，好像是个读书的人。"

于谦很谦逊地答："读是读过，不过才读得几行！"

张巡抚想看看他的才学，故意为难道："读过书的人不知礼仪，故意来闯本大人的道，实在该罚；不过念你年幼，我出一对子给你，你若对得好，重重有赏；若是对不出，本大人就要惩罚你。"

于谦双手一拱，朗声回答："请大人出题。"

张巡抚见于谦身着红色衣袍，便出了上联：红衣儿骑马过桥。

于谦毫不思索，马上对出下联：赤帝子斩蛇当道。张巡抚一听大喜，对他才思敏捷、对答如流十分满意，便邀请于谦到新宫桥凤凰台上去玩。他拉着于谦的小手说：今朝同登凤凰台。

于谦昂首应声道：他年独占麒麟阁。

张巡抚呵呵大笑："好！好！人小志高，将来一定会有出息。"

于是问左右："这是谁家之子？"下人们答："这就是太平理于主事的孙子于谦，是杭州有名的神童啊！"

张巡抚听说后更加喜爱于谦，他叫仆人们取出十两银子作为他读书之资，同时推荐于谦到浙江提学道那里应试，录取入学。于是，于谦成了杭州有名的"童子秀才"。

于谦在求学时期，曾写了一首七言诗，表明他为人的态度和高远的志向：

千锤万凿出深山，烈火焚烧若等闲。

粉骨碎身全不怕，要留清白在人间。

他后来做了官，也一直恪守他的诺言，决不改变。他在山西、河南做巡抚时，朝廷里由宦官王振专权，每逢朝会，各地官吏们为了讨好王振，纷纷向他进献金银财宝。可是于谦却不理会这一套趋炎附势的做法，每次进京，他都是"空囊以入"，一点礼品也不带。有的同僚对他说："你不攀权附贵的作风令我佩服，不过，你多少得带点河南的土特产，例如蘑菇、手帕之类，送点人情吧！"于谦笑了笑，举起自己的两袖说："我唯有清风而已。"为此，他又写了一首诗，来表明他要保持清白的决心：

手帕蘑菇与线香，不资民用反为殃。

清风两袖朝天去，免得闾阎话短长。

如今，我们读于谦的诗，的确可以从他那种"要留清白在人间"的精神中得到不少启迪和教益。

陈子龙

陈子龙（1608—1647年），字人中，明末松江华亭人。他是明末著名的政治家、文学家，也是少年英雄夏完淳的老师。

陈子龙在崇祯十年，被朝廷任命为绍兴推官，后又任命为兵科给事中。谁知他正准备赴任，清兵已攻破了京师。他出于拳拳报国之心，便投奔了南京福王。哪知福王腐败昏庸，他屡次进谏，均不被采纳。陈子龙便以乞养祖母为名离去，居嘉禾水月庵为僧，更名信衷，字瓢粟。

祖母死后，他扶柩回到了松江。

清军攻破南京之后，他迫于爱国义愤，与夏完淳之父夏允彝等人在松江起兵，称监军，抗击清军，转战于江、浙一带。

一天，正值春暖花开时节，一片万紫千红，景色迷人。陈子龙特地邀请几位朋友，一起饮酒赏春。谁知次日天气变了，忽然间，春风春雨交加；昨天还是春光明媚，今天却变得风雨凄迷，着实令人叹息。春花无以遮掩。只得任凭风雨摧残，几番风雨之后，便"落红无数"，此情此景，怎不叫人伤感？

陈子龙触景生情，离家之苦，亡国之痛，顿时袭上心头。此时，南京已被清兵攻占，杭州也落入敌手，明潞王也率众出降。从此，国家好比这一片大好春光，横遭风雨的摧残，复国已不可能，唯有千古沉思、万世哀叹了！于是，他愤然写下了一首《点绛唇·春日风雨有感》词：

满眼韶华，东风惯是吹红去。几番烟雾，只有花难护。

梦里相思，故国王孙路。春无主，杜鹃啼处，泪染胭脂雨。

他借花怀人，在词中悲痛地嗟叹亡国之哀与复国的不易。

次日清明，陈子龙感念亡国之情，又作了一首词，调为《二郎神·清明感旧》，词云：

韶光有几？催遍莺歌燕舞。酝酿一番春，秾李夭桃娇妒。东君无主。多少红颜天上落，总添了数抔黄土。最恨是年年芳草，不管江山如许。

何处，当年此日，柳堤花墅。内家妆，搴帷生一笑，驰宝马汉家陵墓。玉雁金鱼谁借问，定令我伤今吊古。叹绣岭宫前，野老吞声，漫天风雨。

词人借词嗟叹明朝的覆没，十分沉痛。这以后，陈子龙积极从事反清活动。后来联结太湖兵起事。不幸事泄，在苏州被清兵所获，在解往南京途中，他投水自尽而亡。死时尚不足40岁。

陈子龙的诗、词都有很高的造诣，多取法魏晋，作品多拟古人。抗清失败后，他的诗文呈慷慨激昂、雄浑苍凉的风格。他的词在缠绵宛转中寄托了爱国深情，在明末文坛上，颇享有一定的声誉。

陈子龙的骈文也有佳作，《明史》称其"骈体尤精妙"。陈子龙的奏疏与策论都有很深厚的功底，也很有成就。陈子龙的小品文自成一格，《三慨》等作品真切感人又寄托自己缠绵忠厚之情。此外，陈子龙还是明末著名的编辑，曾主编巨著《皇明经世文编》，删改徐光启《农政全书》并定稿，这两部巨著具有很重要的史学价值。

文徵明

文徵明（1470—1559年），原名壁，字徵明。42岁起以字行，更字徵仲。号稀奇山、停云生。因先世为衡山人，故号衡山居士，世称"文衡山"，私谥贞献先生。江苏长州（今江苏苏州）人。文天祥后裔。斋名停云馆。以岁贡生试吏部，授翰林院待诏，人称"文待诏"。诗宗白居易、苏轼，文受业于吴宽，学书于李应祯，学画于沈周。在诗文上，与祝允明、唐寅、徐祯卿并称"吴中四才子"。在画史上与沈周、唐寅、仇英合称"吴门四家"。

文徵明出身于官宦世家，早期考取功名仕途不太顺利。明清时代，凡经过各级考试，取入府、州、县学的，通称"生江南春图员"，亦即所谓的"秀才"。文徵明在生员岁考时，一直考到嘉靖元年（1522年）53岁，一直未能考取，白了少年头。54岁那年，受工部尚书李充嗣的推荐到

文徵明像

了京城朝廷，经过吏部考核，被授职低俸微的翰林院待诏的职位。这时他的书画已负盛名，求其书画的很多，由此受到翰林院同僚的嫉妒和排挤，文徵明心中悒悒不乐，自到京第二年起上书请求辞职回家，三年中打了三次辞职报告才获批准，57岁辞归出京，放舟南下，回苏州定居，自此致力于文书画，不再求仕进，以戏墨弄翰自遣。晚年声誉卓著，号称"文笔遍天下"，购求他的书画者踏破门坎，说他"海宇钦慕，缣素山积"。

文徵明幼时聪而不慧，大巧若拙，虽然精神明朗，但是七岁才会站立，11岁才会说话，童年生活的各个环节都比同龄人要晚很多，他的内敛性格和这种成长经历不无关联。文徵明的思想比较中庸平和，可以说既无六朝人的超脱玄奥，也无唐代人的豪迈奔放，既无宋代人的悲愤激烈，也无元代人的苦闷悲观。他自始至终是个极为淡泊的人，作为画家、诗人、学者、名士的他，勤奋、忠厚、正直、善良、随和、鲜怒、少怨，为时人楷范，笔下也鲜有悲愤激昂，大多淡泊静雅。

文徵明像

文徵明多才艺，书画造诣极为全面，其诗、书、画、印无一不精，人称是"四绝"的全才。诗宗白居易、苏轼，文受业于吴宽，在诗文上，与祝允明、唐寅、徐祯卿并称"吴中四才子"（或"江南四大才子"）。学书从苏（轼）字入手的，后从李应祯（祝枝山的岳父），再学宋元，又上溯晋、唐，博取精华，为集古之大成者。楷、行、草、隶诸体皆佳，尤精小楷，人称有"二王"风骨。
明陶宗仪《书史会要》说：
"待诏小楷、行草，深得智
永笔法，大书仿涪翁尤佳，
如凤舞琼花，泉鸣竹洞"。
在书法上，与祝允明、王宠
并称"吴中三子"。学画于
沈周，但仍具有自己的风格。
他一专多能，能青绿，亦能
水墨，能工笔，亦能写意。
山水、人物、花卉、兰竹等
无一不工。学生甚多，形成
吴门画派，在画史上与沈周、
唐寅、仇英合称"吴门四家"

文徵明《携琴访友图》（二）

（或"吴门四杰"）。晚年与老师沈周并驾齐驱，继沈周之后成为吴
门派领袖。从正德到嘉靖年间，据《吴门画史》一书统计，吴派画家
共有 876 人，人才济济，但在当时，出类拔萃，声名显赫，唯有沈周、
文徵明等人，人称"沈文"。所刻印章，虽不能法秦、汉，然雅而不俗，
清而有神，得六朝陈、隋之意，苍茫古朴，略有不逮。有《莆田集》
等行世。

晚年声誉卓著，号称"文笔遍天下"，购求他的书画者踏破门坎，
说他"海宇钦慕，缣素山积"。文徵明活了 90 岁，是"吴门四才子"
中最长寿的一位。他年近 90 岁时，还孜孜不倦，为人书墓志铭，未待
写完，"便置笔端坐而逝"。其子彭、嘉，侄名伯仁，皆能世其家学，
有名于时。

文徵明传世作品颇多，画兰的有《兰竹图》《墨兰卷》。其中《兰
竹图》，在画风上显得分外秀逸自然，潇洒清新，用笔流畅而秀挺，
简朴而纤美。所画兰草，叶叶飞舞，生动有姿，兰叶用笔，刚柔相济，
苍润劲挺，笔笔有功力，疏密有节奏。其他作品有《湘君湘夫人图》

轴、《东园图》卷、《江南春图》卷、《绿荫清话图》轴等，现藏北京故宫博物院；《霜柯竹石图》轴藏上海博物馆；《古木寒泉图》轴藏台北故宫博物院；《真赏斋图》卷藏中国历史博物馆；《古木苍烟图》轴、《万壑争流图》轴藏南京博物院；《五湖清胜图》卷藏上海博物馆；《五月江深图》轴、《五湖图》卷藏苏州市博物馆；《符溪草堂图》卷藏辽宁省博物馆；《清秋访友图》轴藏吉林省博物馆；《剑浦春云图》卷藏天津市艺术博物馆。《绝壑鸣琴图》轴藏美国克里夫兰美术馆；另有《晚春高树图》藏台北故宫博物院；《灌水寒泉图》藏美国高居翰景元斋等。

祝允明

祝允明（1460—1527年）字希哲，号枝山，因右手有六指，自号"枝指生"，又署枝山老樵、枝指山人等。长洲（今江苏苏州）人。与唐寅、

祝允明像

文徵明、徐祯卿齐名，明历称其为"吴中四才子"之一。他家学渊源，能诗文，工书法，特别是其狂草颇受世人赞誉，流传有"唐伯虎的画，祝枝山的字"之说。祝允明的著作有《怀星堂集》30卷、《苏材小纂》6卷、《祝子罪知》7卷、《浮物》1卷、《野记》4卷、《前闻记》1卷、《志怪录》5卷、《读书笔记》1卷。

祝允明的科举仕途颇为坎坷，19岁中秀才，五次参加乡试，才于明弘治五年（1492年）中举，后七次参加会试不第。甚至其子祝续也在前一科中进士，于是祝允明绝了科举念头，以举人选官，

在正德九年（1514年），授为广东兴宁县知县，嘉靖元年（1522年），转任为应天（今南京）府通判，不久称病还乡。

祝允明擅诗文，尤工书法，名动海内。他与唐寅、文徵明、徐祯卿并称"吴中四才子"；又与文徵明、王宠同为明中期书家之代表。楷书早年精谨，师法赵孟頫、褚遂良，并从欧、虞而直追"二王"。草书师法李邕、黄庭坚、米芾，功力深厚，晚年尤重变化，风骨烂漫。其代表作有《太湖诗卷》《箜篌引》《赤壁赋》等。所书"六体书诗赋卷""草书杜甫诗卷""古诗十九首""草书唐人诗卷"及"草书诗翰卷"等皆为传世墨宝。

祝允明书法主张是"性"与"功"并重超然出神采，祝允明的书艺思想以"神采"为最终归宿。而要达到这个目标，他认为必须"性""功"并重。"性"是指人的精神，"功"是指书法创作的能力和功夫。他认为只有功力而无精神境界，神采就没有，而有了高尚的精神境界，如果没有表达的功夫，那么神采就不能实在地显露。两者不可缺一，必须兼备，在他的代表作《闲居秋日》《致元和手札》《燕喜亭记》《乐志论》《饭苓赋》《云江记》等就秉承了他所倡导的"性""功"并重的原则。祝允明对于"性"没有很多的论述。他提倡"起雅去俗"，显然是指以学识和修养来陶冶性情、净化心灵，从而达到较高的精神境界。

祝允明书法史上最巨大的影响莫过于其重新倡导北宋尚意书风，

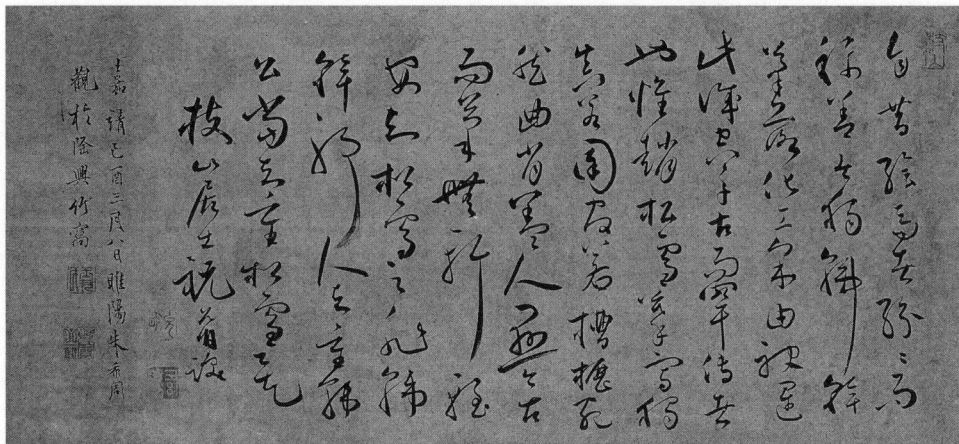

祝允明行草《靖节先生饮酒诗》

并上承唐人狂草之路，使唐宋后狂草一脉的没落的局面有所改观，使得狂草重新出现在书法史的畛域里。他将黄庭坚草书与唐颠张醉素的草书通过自己的整合而成为一种新式的草书图样出现在明代书坛，并使之成为明代草书的典范，开此风气之先河。为之后的徐渭、黄道周、倪元璐、张瑞图、王铎的草书崛起起了引领作用。

自祝允明以后的书家显然不满足于元代赵孟頫帖学仿古、拟古的书学思想与审美观念。因此，祝允明草书审美风格的确立开创了明代浪漫主义风格，同时也为后代的书家将这种风格推向高潮埋下了一颗种子。

唐 寅

经济繁荣、文化发达的江南名城苏州，自南宋以来便不断产生堪称重量级的文人。在明代文坛里，唐伯虎、祝允明、文徵明、徐祯卿被人们合称为"吴中四才子"；画坛上，唐伯虎、沈周、文徵明、仇英并号"明四家"。

唐寅（1470—1524 年），字伯虎，后改字子畏，号六如居士、桃花庵主、鲁国唐生、逃禅仙吏等，南直隶苏州府吴县人。明代著名画家、书法家、诗人。

唐寅的父亲唐广德是大商人，家资雄厚。按中国古代的历法算，他的出生时辰正巧是寅年寅月寅日寅时，因此得了"寅"这个名字。寅年在中国传统纪年中是虎年，他又是家中长子，因此又以"伯虎"为字。后来人们提到他时，干脆就不称其名而只称其字，于是满世界都称他为唐伯虎了。

唐伯虎是明代市民士人中的一员。他出身于商人家庭，从曾祖父起就在苏州皋桥经商。苏州在明代就已经是一个繁华的商业城市，他家所住的阊门更是闹市区，他在《阊门即事》一诗中描写了当地的繁华景象：

> 世间乐土是吴中，中有阊门更擅雄。
>
> 翠袖三千楼上下，黄金百万水西东。
>
> 五更市卖何曾绝，四远方言总不同。

若使画师描作画，画师应道画难工。

唐家的商店就设在这样的一闹市区，自然是生意兴隆，财源不断，生活相当富裕。

但"万般皆下品，唯有读书高"的传统思想几乎已成了中国人的共同思想，即使是在已经有了资本主义萌芽的明代，人们仍然认为唯有读书高，商人再有钱，仍被人瞧不起。为了改变低下的社会地位，唐伯虎的父亲唐广德不惜重金聘请先生教育唐伯虎，希望儿子能通过科举获得一官半职。唐伯虎天资聪颖，接受能力很强，在短短的几年中读完了四书五

唐寅像

经，还读了大量的史书。16岁那年参加秀才考试便得了第一名，成了苏州府学生员。这是一件大喜事，亲朋好友都向他祝贺，唐伯虎年少气盛，对科举之路充满了信心。

但不幸的是，他在会试中被牵涉到科场舞弊案中，金榜题名固然成了泡影，他还被诬下狱，革了功名，从此后科举之路便与他绝缘了。事后，他在《与文徵明书》中满怀怨愤地谈到这件事，他说："墙高基下，遂为祸的。侧目在旁，而仆不知，从容晏笑，已在虎口。庭无繁桑，贝锦百匹；谗舌百丈，飞章交加。至于天子震赫，召捕诏狱。身贯三木，卒吏如虎，举头抢地，涕泗横集。"这完全是一场冤狱。据《明史·程敏政传》云："或言敏政之狱，傅瀚欲夺其位，令昶奏之，事秘莫能明也。"程敏政是此次会试的主考官，他职位并不高，不过是礼部右侍郎，但因兼管内阁詹事府，要替皇帝起草诰敕，权力相当大，因此

唐寅苏州石刻像

他的职位就成了朝官争夺的目标，"傅瀚欲夺其位"酿成了一场冤案。这一场冤案完全是朝官们权力斗争的产物，而唐伯虎则成了权力斗争的牺牲品。

唐伯虎受此屈辱，心中满含悲愤，他感到天道不明，世道不公，他来到伍子胥庙前，怀古伤今，题诗一首：

> 白马曾骑踏海潮，
> 由来吴地说前朝。
> 眼前多少不平事，
> 愿与将军借宝刀。

但这也不过是泄愤而已，他一介书生有什么能力，又凭借什么去铲尽人间不平事？眼前的家庭生活问题他都感到难以应付。由于父母亡故，他不善于经营，生活越来越困顿。原指望读书做官，现在此路已绝。怎么办？他歧路彷徨，不知何去何从。正在他嗟叹"百无一用是书生"时，他的好友文徵明一语提醒了他，他说："大丈夫处世，不能成功，也要成名。你成功之路已绝，但成名之路却在你脚下。"

后来，唐伯虎用卖画积蓄起来的钱在桃花坞建了一所别墅；其中竹篱茅舍，流水曲栏，芍药几丛，修竹横窗，虽无官宦之家的楼榭池馆，却有清逸的山野之趣。他在这里吟诗作画，流连光景。每逢良辰美景，邀来几个相知的诗朋酒友，在这里置酒设宴，即兴唱和，过起了真名士自风流的生活。他的一首桃花庵歌，吟唱的就是这种逍遥自在的神仙生活，诗云：

桃花坞里桃花庵，桃花庵里桃花仙。

桃花仙人种桃树，又摘桃花换酒钱。

酒醒只在花前坐，酒醉还来花下眠。

半醒半醉日复日，花落花开年复年。

但愿老死花酒间，不愿鞠躬车马前。

车尘马足贵者趣，酒盏花枝贫者缘。

若将富贵比贫者，一在平地一在天。

若将贫贱比车马，他得驱驰我得闲。

别人笑我忒疯癫，我笑他人看不穿。

不见五陵豪杰墓，无花无酒锄作田。

唐伯虎的"不愿鞠躬车马前"是有牢实的经济基础作后盾的，已经不是清高的议论，而是市民士人爱自由的呼声。另外，由于读书做官理想的破灭，他又滋生出一种万事由天定的宿命论来。他的《叹世诗》说：

富贵荣华莫强求，

强求不出反成羞。

有伸脚处须伸脚，

得缩头时且缩头。

地宅方圆人不在，

儿孙长大我难留。

皇天老早安排定，

不用忧煎不用愁。

可见科场冤案给他造成的心灵创伤是难以愈合的。他一面过着诗画自娱、自食其力的生活；一面对自己的不幸遭遇又常自怨自艾。他

唐寅《春山伴侣图》

时时咀嚼自己的痛苦，正说明他做官之心不死。所以当江西宁王朱宸濠派人以重金聘请唐伯虎到他刚建成的阳春书院去做幕宾时，他未多加考虑就同意了。他认为这也许是进入仕途的机会，只要得到宁王赏识，过去所追求的也许可以获得。再说，外传宁王朱宸濠十分爱才。于是他怀着极大的希冀来到江西南昌宁王府。

他这次的江西之行真正应了他的"强求不出反成羞"的诗句了。到了南昌，他住在阳春书院，招待极周，却无事可做。经多方了解，这个书院其实是招降纳叛之地，朱宸濠网罗人才并非为学术，而是另有企图，一旦羽翼丰满，便要起兵反叛朝廷。当唐伯虎明白了这一切时，他心惊肉跳，后悔莫及。如不早日逃离虎口，他将会走上一条灭族的绝路。但不能公开辞职。他只能佯狂，成天喝酒胡闹，有时宁王要与他商量事情，他便以"是非满目纷纷事，问我如何总不知"推托。在宁王府闹了六个月，宁王虽然觉得他不过是个落拓文人，不可大用，却还没赶他走的意思。他就变本加厉，做出种种疯狂的举动，一次他在雪白的粉墙上涂诗一首：

> 碧桃花树下，大脚黑婆娘。
>
> 未说铜钱起，先铺芦席床。
>
> 三杯浑白酒，几句话衷肠。
>
> 何时归故里，和她笑一场。

宁王风闻此事，顿生厌恶之情，派人去察看动静，回来报告道：唐伯虎疯了，他赤身裸体，满身污垢，喝酒骂人，砸杯摔盘。宁王听了，一气之下，便大骂唐伯虎是狂生，说："让他滚回家，去见他的大脚黑婆娘去吧！"唐伯虎终于逃离虎口，返回姑苏城。五年以后，朱宸濠果真起兵谋反，不久即全军覆没。

江西之行彻底熄灭了唐伯虎的希望之光，他的生命之舟搁浅在读书做官这一死港中，灵感不再闪光，诗思不再涌动，他全部的思想只凝固于科场上。他常常呆呆地坐在"蛱蝶斋"中，心情忧郁。有天晚上，他对还在灯下缝缝补补的妻子说："我又梦到下科场啦！"感慨一番，吟诗一首：

二十余年别帝乡，夜来忽梦下科场。

鸡虫得失心尤悸，笔砚飘零业已荒。

自分已无三品料，若为空惹一番忙。

钟声敲破邯郸梦，依旧残灯照半床。

"鸡虫得失"出自杜甫新《缚鸡行》，诗云："小奴缚鸡向市卖，鸡被缚急相喧争。家中厌鸡食虫蚁，不知鸡卖还遭烹。虫鸡于人何厚薄，吾叱奴人解其缚。鸡虫得失无了时，注目寒江倚山阁。"本意谓事物有失即有得，难以尽如人意。以后用来比喻细微之得失。唐伯虎对科场之冤总不能释然于怀，虽然极力想把它缩小为"鸡虫得失"，但心灵深处常为它而震撼。"鸡虫得失心尤悸"真实地显示了唐伯虎的矛盾心态。他无法摆脱这种心态带来的阴暗情绪。朋友的慰问、妻子的苦劝，都不能使他振作起来。他笔砚飘零，柴米告罄，生活更加困顿了。

为了激起唐伯虎的兴趣，一个朋友请他看一幅苏东坡的真迹，写的是一首《满庭芳》，那书法已到了炉火纯青的地步。如在以往，酷爱书法艺术的唐伯虎看到这真迹，一定会在赞叹之余再临摹一番。可现在，他看着读着，忽然黯然神伤，老泪纵横。原来《满庭芳》这首词中"百年强半，来日苦无多"两句深深触动了他。他自感贫病交加，来日真的不多了。想到苏东坡被贬黄州，后来还召回朝廷，受到重用，而自己却一生蹉跎，一事无成，不禁悲从中来，精神疲惫，跌坐在椅子上。从此后他一病不起，嘉靖二年（1523年），这个才华横溢的吴中才子，天才艺术家带着深深的遗憾离开了人世，潇洒地走完了自己的人生之路！看来读书做官这一观念已渗透到中国士人的每一个细胞，它对人们的制约力是任何其他力量都无法比拟的。

唐伯虎之死使人扼腕，也使人深思。他本来已经凭自己的技艺开辟了市民士人的生活道路，他的画受到广泛欢迎，说明他的价值已得到社会的普遍承认，他的名气比许多入仕的士人高得多。但他仍然以为读书做官才是正道，此路不通成了他的最大痛苦。这种痛苦摧毁了他的创作欲望和才能。他完全没有意识到他的价值——他作为著名画家将辉照着中国美术史。

民间并不理会他的痛苦，却给了他许多热爱，把他想象成活泼幽默、多才多艺（这点是确实的）、颇有点爱情至上主义的美男子，让他去"三戏秋香"，以满足市民的审美需要。民间塑造的唐伯虎形象，可能是唐伯虎的另一种生活愿望吧。

唐伯虎并非从小就像后世编故事者所认定的那样"不思功名"，他与当时的所有读书人一样，也曾满腔热情地在"学而优则仕"的路上努力奔跑了好多年。出身商贾之家的他，从小喜爱文艺，天资聪颖，才华早露。15岁时，唐伯虎在秀才考试中得了第一名，轰动了整个苏州城。其文章、诗词、书法、绘画为世人所佩服，声名传播于江南。18岁时，唐伯虎娶了苏州女子徐氏为妻，婚姻幸福美满。正值少年得意时，家中却开始屡遭不幸。几年时间内，父母、妻子、妹妹相继亡故，家境也败落下来。

唐伯虎《孟蜀宫妓图》明孝宗弘治十一年（1498年），28岁的唐伯虎赴应天府（今江苏省南京市）参加乡试，又得了第一名，实现了他早年立下的"闭户经年，取解首（乡试第一名）如反掌耳"的宏愿。一条坦荡的仕进之路在唐伯虎的面前铺展开来了。不料，接下来发生的变故，一下子把他打得晕晕乎乎。

明孝宗弘治十二年（1499年），唐伯虎奉命前往北京参加会试。途中与江苏江阴富人子弟徐经相遇，相谈甚欢，成为莫逆之交。据说那次会试的试题很偏，独唐伯虎与徐经二人文采飞扬，在一众考生中脱颖而出，眼看着要名满天下了，却有人告发说徐经考前买了试题。唐伯虎也受此牵连，被关进了皇家大牢！

据历史记载，他在牢里被百般拷打，受尽折磨。案子审了一年多，虽没有判定唐伯虎为主犯，但朝廷却认为他难逃干系，将来不能为官，只能为吏，于是把他释放出狱，贬为浙江藩司小吏（浙江地方政府中的小办事员）。唐伯虎受不了这种轻视和耻辱，毅然不去浙江就任吏职，而是放浪远游，仿效太史公司马迁游历名山大川，足迹至于衡山、庐山、武夷山、洞庭湖等地，然后回到家乡苏州。

归乡之后，唐伯虎爱上了佛教，开始念经拜佛，自称"六如居士"。

不过，他更爱的仍是诗词丹青。宋代词人柳永曾打着"奉圣旨填词柳三变"的招牌，到处搞文艺创作，唐伯虎则用一个石图章，刻上"江南第一风流才子"的字样，作为"名片"，以饮酒、作诗、卖文、作画度日，想以此了却残生。

当时社会的政治文化环境并不允许唐伯虎这样天真烂漫地快活下去，总有政治势力会盯上他，笼络他。

志在夺取皇权自己坐天下的宁王朱宸濠看上了唐伯虎，以重金相聘，把他网罗到了自己门下。唐伯虎到了宁王府后，凭他的聪明，很快察觉此人似乎有做皇帝的"异志"。为了避祸，他只好装疯——"佯狂使酒，露其丑秽"，以此引起宁王的厌恶和反感。果然，唐伯虎在宁王府一天到晚疯疯癫癫、臭气熏天的，宁王受不了了，只好把他放还苏州。

不久宁王谋反，被镇压下去。唐伯虎虽然回到了家乡，但仍然整天担心受牵连，内心压抑无法放松，只能纵酒度日。

唐伯虎不但自己沉湎酒色，而且还拉他的好朋友一起去狎妓饮酒，同做"风流文人"。他的好友文徵明本是一个品质素有"端方"之誉的正经人，不喜欢这一套，唐伯虎却想方设法要拖他"下水"。

一次，唐伯虎约了文徵明同游苏州竹堂寺，事先安排了一个美貌妓女藏在寺里等候。唐伯虎与文徵明走进寺门后，这位妓女突然现身，拉住文徵明，又吻又抱。文徵明吓坏了，一把推开女子，一溜烟跑出寺院，唐伯虎在寺门口鼓掌大笑……

这次没有成功，唐伯虎又策划了一次：他约了其他朋友，坐船游于湖上。先把几个妓女藏在船中，然后邀请文徵明同游。文徵明刚来时没有察觉船中藏有女人，待到船远离岸边，酒已半酣，唐伯虎突然高声唱歌，呼唤妓女们出来敬酒。文徵明十分惊诧，赶紧辞别。女子们把文徵明团团围住，不让他走。文徵明急得大喊大叫，几乎要跳水。这时恰巧附近有船驶来，文徵明急急忙忙地跳上去，逃走了。

唐伯虎晚年在苏州，与另一个青年狂生、书画艺术家同时又是酒徒的张灵结伴纵酒。他们俩究竟一共喝了多少次酒？喝了多少斤酒？

唐寅《事茗图》长卷

谁也不知道，当时的苏州人只知道这二人天天都在猛喝狂饮。一次，清明节刚过，唐伯虎通宵痛饮之后，头脑尚觉清醒，突然照照镜子，这才发觉自己已是两鬓花白。于是长叹几声，作了一首《山坡羊》来描写自己的衰老之状，其中感叹道："滔滔滔滔醉一宵，萧萧萧萧已二毛。"

一代风流才子终被酒、色两把板斧所伤，明世宗嘉靖二年（1523年），唐伯虎刚过53岁，就黯然辞世了。

唐寅的绘画宗法李唐、刘松年，融汇南北画派，笔墨细秀，布局疏朗，风格秀逸清俊。唐寅作画很少注明年份，且画风变化不很有规律，很难推测作画时间，也难以按照时间来划分他的画风变化进程，单就题材来看，唐寅的画作主要有山水画、人物画、花鸟写意画等。人物画师承唐代传统，色彩艳丽清雅，体态优美，造型准确；亦工写意人物，笔简意赅，饶有意趣。其花鸟画长于水墨写意，洒脱秀逸。

唐寅的书法奇峭俊秀，取法赵孟頫，风格丰润灵活，俊逸秀拔，代表作《落花诗册》。

唐寅诗文以才情取胜。其诗多纪游、题画、感怀之作。早年作品工整妍丽，有六朝骈文气息。泄题案之后，多为伤世之作，不拘成法，大量采用口语，意境清新，常含傲岸不平之气，情真意挚。著有《六如居士集》，清人辑有《六如居士全集》。诗作有《百忍歌》《上吴天官书》《江南四季歌》《桃花庵歌》《一年歌》《闲中歌》等600余首。诗集中有为歌妓而作者，如《花酒》《寄妓》《哭妓徐素》《代妓者和人见寄》《玉芝为王丽人作》等。

除诗文外，唐寅也尝作曲，多采用民歌形式，由于多方面深厚的文学艺术修养，经历坎坷，见闻广博，对人生、社会的理解较深，雅俗共赏，声名远扬。

文画双绝的唐伯虎，折损于仕途，不得已而放浪一生，真是令人可惜可叹！

徐 渭

徐渭（1521—1593年），初字文清，后改字文长，号青藤老人、青藤道士、天池生、天池山人、天池渔隐、金垒、金回山人、山阴布衣、白鹇山人、鹅鼻山侬、田丹水、田水月（一作水田月）。绍兴府山阴（今浙江绍兴）人。明代著名文学家、书画家、戏曲家、军事家。

徐渭曾担任胡宗宪幕僚，助其擒徐海、诱汪直。胡宗宪被下狱后，徐渭在忧惧发狂之下自杀九次却不死。后因杀继妻被下狱论死，被囚七年后，得张元忭等好友救免。此后南游金陵，北走上谷，纵观边塞阨塞，常慷慨悲歌。晚年贫病交加，藏书数千卷也被变卖殆尽，他自称"南腔北调人"，于万历二十一年（1593年）去世，享年73岁。

徐渭多才多艺，在诗文、戏剧、书画等各方面都独树一帜，与解缙、杨慎并称"明代三才子"。他是中国"泼墨大写意画派"创始人、"青藤画派"之鼻祖，其画能吸取前人精华而脱胎换骨，不求形似求神似，山水、人物、花鸟、竹石无所不工，以花卉最为出色，开创了一代画风，对后

徐渭像

世画坛（如八大山人、石涛、扬州八怪等）影响极大。书善行草，写过大量诗文，被誉为"有明一代才人"。能操琴，谙音律，爱戏曲，所著《南词叙录》为中国第一部关于南戏的理论专著，另有杂剧《四声猿》《歌代啸》及文集传世。

徐渭是明朝嘉靖中期到万历前期的一个有着强烈的异端色彩而又难以摆脱传统束缚的市民士人。他是浙江山阴人，门第不高。在他父辈以前，只是个普通的平民家庭，到父辈曾上升到中下层官僚的地位，但不久即家道中落。大他20多岁的长兄走的是经商之路，到徐渭出生时，他家已是个商人之家了。徐文长是婢女所生，到他10岁时，生母就被赶出了徐家大门。他从小就受歧视，所以他特别敏感、偏激。好在他的嫡母苗夫人还很关心他，并按传统观念，给他安排了一条读书——科举——做官的路。

徐渭启蒙教育的第一课就是读杜甫、岑参、王维与贾至唱和的《早朝大明宫》。启蒙教育的管先生是科场中的失败者，他挣扎了半辈子也没能中举，于是他把希望和憧憬寄托在这些幼童身上。他给孩子们描绘他想象中大明宫的金碧辉煌，模仿着他想象中文武大臣们的雍容肃穆，他绘声绘色地讲解，给孩子们留下了深刻的印象。徐渭到了73岁的高龄，还在《畸谱》中记下了这启蒙教育的第一课："初学于管先生，即读'鸡鸣紫陌曙光寒'"（岑参一诗的第一句），而这也就成了徐文长苦苦奋斗一辈子的人生大目标。

徐渭像

　　徐渭虽坚持走读书做官之路，但他并不单纯地死啃经书，他有广泛的爱好。和唐伯虎一样，他学过很多技艺，他学琴、学制谱、学绘画，读书面很广。他在《上提学副使张公书》中自述："渭（文长名）少嗜读书，志颇闳博，自有书契以来，务在通其概焉。"他的《自为墓志铭》亦说："生九岁已能习为干禄文字，旷弃者十余年。及悔学，又志迂阔、务博综，取经史诸家，虽琐至稗小，妄意穷极，每一思废寝食，览则图谱满席间。"从中可以看出，徐渭学习勤奋，涉猎颇宽，而对经书、八股颇不大在意。他的读书学技艺，更多的是为自娱自适，这与他有叛逆精神的个性一致。他所以坚持走读书做官之路，从根本来说，是为了提高自己的社会地位。但他第一次考秀才就失败了。嘉靖十九年（1540年）他再次应试，再次失败。为此，他那经商的长兄要他弃学经商，兄弟间还发生了激烈的冲突。他在情绪激愤之下写信给浙江提学副使张和，要求复试。这是科举史上从未有过的事。这篇《上提学副使张公书》洋洋洒洒数千言，铺张扬厉，引起了张和的注意。信一开头就以身世的孤苦、哥哥的煎逼等种种困难以博取张和的同情：

　　（渭）五尺之躯，百事攸苹，志虽英锐，而业因事牵。家本伶仃就衰，而渭号托艺苑，不复生产作业。再试有司，辄以不合规寸，摈斥于时。业坠绪危，有若棋卵，学无效验，遂不信于父兄。而况骨肉煎逼，其豆相燃，日夜旋顾，惟身与影！

　　而后提出要求：

　　请假晷刻，试其短长，指掌之间，万言可就。或者才有可观，物非终弃，则愿挈之枯涸，置以清波。……不过期月，则书生之学可通；假以三年，则道理之堂可造。语文章则跨制两汉，语尽性则驾逸四儒，此亦学者之志愿能事，岂敢夸张虚说，以炫耀人人哉！……明公岂靳毫发之劳，使才士沉沦朽没，不得仰首信（读伸）眉，激昂当世也！

　　最后他表示了破釜沉舟的决心：

　　万一因其昏愚，加以摈斥，则有负石投渊，入坑自焚耳！与能俯首匍匐，苟活偷生，为学士之废弃、儒行之瑕摘乎？惟明公其生死之！

　　他说出了急取功名的心声，暴露了扬才露己的毛病，也显露了引人注目的才华。大概是他的处境和决心使张和不得不认真考虑，终于同意复试，徐文长成为山阴县学生员。

而后他连续八次参加乡试，连续八次都失败了。他在一次又一次的希望和失望的交替中挣扎、扑腾，身心交瘁，苦不堪言。

为了维持生计，他曾在几间茅屋中招收学童，教书糊口。但他并不甘心就此埋没于闾巷，他要再次入科场，他的内心始终因未能做官而痛苦不安。

为了平息内心的动荡不安，他曾追随季本、王畿探究王阳明学说。他在《畸谱》中说："廿七八岁，始师事季先生，稍觉有进。前此空过二十年，悔无及矣。"可见王阳明的学说对他思想影响之大。王学的一个重要命题是"致良知"，即强调一切道德修养、学问功夫，都是为了在内心体认人与生俱来的最高精神观念——良知，而徐文长又用他的市民思想进一步改造王学，把王学的"良知"改造为"制人"，他在《论中》之三中说：

自上古至今，圣人者不少矣，必多矣。自君四海、主亿兆，琐至治一曲之艺，凡利人者，皆圣人也。（庄）周新谓道在瓦砾，在屎溺，意岂引且触于斯耶？故马医、酱师、治尺棰、洒寸铁而初之者，皆圣人也。吾且以治者举：人出一思也，人创一事也，又人累千百人也，年累千万年也，而后天下之治具始大以明备。

王阳明认为人一旦恢复了"良

徐渭《菊竹图》

知"，便能成为圣人，而徐渭则从他的市民思想出发，认为凡是对人有利的，即使是马医、酱师、治尺棰、洒寸铁之流都是圣人，社会的进步、历史的前进就是由上至君王，下至百姓，千万个这样的圣人共同推进的。这实际上是把广大的普通民众抬到与圣人同样高的地位。这是徐渭思想的闪光之处。

明代的诗坛，由于前七子与后七子的提倡，出现了一股拟古的风潮。这种拟古的风气，在一定意义上有碍于诗歌艺术的发展。徐渭对此深致不满，并作了尖锐的批评。他说："鸟学人言，本性还是鸟；写诗如果一意模拟前人，学得再像，也不过是鸟学人言而已，毫无真实的价值。"徐渭自己的诗歌创作，注重表达个人对社会生活的实际情感，风格略近李贺，问学盛唐，并杂取南朝，出入宋元，而终不失其为自我。这个倾向为稍后主张抒发性灵的公安派所继承，对改变晚明诗风具有重要意义。公安派的代表人物袁宏道对徐渭的诗有一段精彩的评述："文长既不得志于有司，遂乃放浪曲蘖，恣情山水……其所见山奔海立。如寡妇之夜泣，羁人之寒起。当其放意，平畴千里；偶

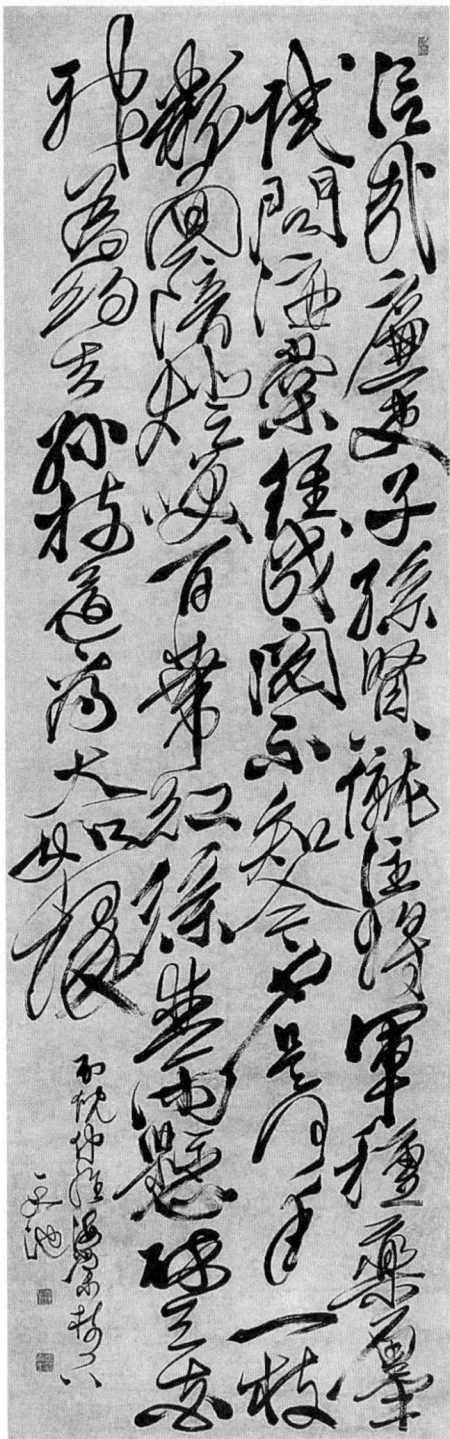

徐渭书法

尔幽峭，鬼语秋愤。"

徐渭的散文，以《自为墓志铭》一篇最为出色。此外，许多尺牍也很有特色，泼辣机智，幽默多趣，文风远启金圣叹一流。但总的来说，徐渭散文方面的成就不及诗歌。

徐渭的书法和明代早期书坛沉闷的气氛对比显得格外突出，他最擅长气势磅礴的狂草，但一般人很难看懂，用笔狼藉，他对自己的书法极为喜欢，自认为"书法第一，诗第二，文第三，画第四"。

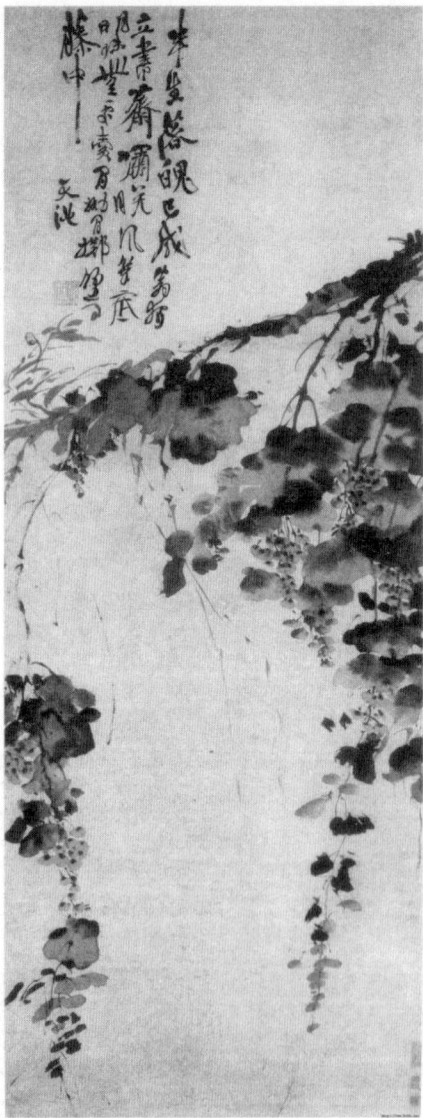

徐渭《墨葡萄》

徐渭超越了时代，打破了以"台阁体"为主导的明代书坛的寂寞，开启和引领了晚明"尚态"书风，把明代书法引向了新的高峰。陶望龄曾说过其书法"称为奇绝，谓有明一人"。袁宏道则称："予不能书，而谬谓文长书决在王雅宜、文征仲之上，不论书法而论书神，先生者诚八法之散圣，字林之侠客矣！"

徐渭的书法及书法观的产生，与明朝中、晚期的思想、文化、审美观念巨大变迁相吻合。他的书法也是从吴门书派主张唐法的反叛中出发，继而吸取北宋苏轼、黄庭坚、米芾追求艺术个性化的积极因素中走来。

明代的水墨写意画迅速发展，以徐渭为代表的泼墨大写意画非常流行。徐渭凭借自己特有的才华，成为当时最有成就的写意画大师。他的写意水墨花鸟画，气势纵横奔放，不拘小节，笔简意赅，用墨多用泼墨，很少着色，层次分明，虚实相生，水墨淋漓，生动无比。他又融劲健的笔法于画中，书与画相得益彰，给人以丰富的想象。

徐渭的绘画主观感情色彩强烈，笔墨挥洒放纵，从而把中国写意花鸟画推向了书写强烈思想情感的最高境界，把在生宣纸上随意控制笔墨以表现情感的写意花鸟画技巧提高到了前所未有的高度。成为中国写意花鸟画发展中的里程碑，开创了中国大写意画派的先河，为文人画的发展提供了广阔的空间。其画风对清代的八大山人、石涛、扬州八怪以及近现代的吴昌硕、齐白石等都产生了深远影响。

徐渭既采用北杂剧的形式，又吸收南曲的自然格律，创作有杂剧集《四声猿》，其中包括《狂鼓史渔阳三弄》《玉禅师翠乡一梦》《雌木兰替父从军》《女状元辞凰得凤》四个独立的戏。

在戏剧理论方面，徐渭主张"本色"，即戏剧语言应当符合人物的身份，应当使用口语和俗语，以保证人物的真实性，而反对典雅的骈语，过度的修饰，这些看法都颇有见地。

徐渭传世著作有《徐文长集》《徐文长三集》《路史分释》《徐文长逸稿》《南词叙录》及杂剧《四声猿》等，杂剧《歌代啸》、小说《云合奇纵》（即《英烈传》）等，据传也是徐渭所作。今人辑有《徐渭集》。

徐渭传世著名作品有《墨葡萄图》轴、《山水人物花鸟》册（均藏故宫博物院）、《牡丹蕉石图》轴，以及《墨花》九段卷（现藏故宫博物院）《青藤书屋图》《骑驴图》等。

徐渭与解缙、杨慎并称"明代三大才子"。郑板桥对徐文长非常敬服，曾刻一印，自称"青藤门下走狗"。文学家、艺术家木心评其为"十足的天才"。他能谋善断，几乎一己之力尽破多年的倭寇之患，晚年悉心培养名将李如松，使其建立不朽功勋。徐渭的诗，被袁宏道尊为"明代第一"；他的戏剧，受到汤显祖的极力推崇。至于绘画，他更是中国艺术史上成就最为突出的人物之一。

徐渭的文艺创作所涉及的领域很广，但它们共同的特征是：艺术上绝不依傍他人，喜好独创一格，具有强烈的个性，风格豪迈而放逸，而且常常表现出对民间文学的爱好。

第二节　清代的著名文士

张　岱

张岱（1597—1679 年），又名维城，字宗子，又字石公，号陶庵、天孙，别号蝶庵居士，晚号六休居士。山阴（今浙江绍兴）人，寓居杭州。明亡后不仕，入山著书以终。张岱为明末清初文学家、史学家，其最擅长散文，著有《琅嬛文集》《陶庵梦忆》《西湖梦寻》《三不朽图赞》《夜航船》等文学名著。

张岱出身仕宦家庭，早岁生活优裕，久居杭州。明亡，避居剡溪山，悲愤之情悉注于文字之中，晚年避居山中，穷愁潦倒坚持著述。一生落拓不羁，淡泊功名，具有广泛的爱好和审美情趣。他喜游历山水，深谙园林布置之法；懂音乐，能弹琴制曲；善品茗，茶道功夫颇深；好收藏，具备非凡的鉴赏水平；精戏曲，编导评论追求至善至美。

前人评价说："吾越有明一代，才人称徐文长、张陶庵，徐以奇警胜，先生以雄浑胜。其文学创作以小品文见长，文笔清新，饶有情趣，风格独特，"其小品文声誉尤高，多描写江南山水风光、民风和对过去生活的回忆，文笔丰神绰约，富有诗意，有"小品圣手"之誉。

张岱自称："少为纨绔子弟，极爱繁华。好精舍，好美婢，好娈童，好鲜衣，好美食，好骏马，好华灯，好烟火，好梨园，好鼓吹，好古董，好花鸟。"（出自《自为墓志铭》）可谓纨绔子弟的豪奢享乐习气和晚明名士文人纵欲玩世的颓废作风兼而有之。张岱博洽多通，经史子集，无不该悉；天文地理，靡不涉猎。虽无缘功名，却有志撰述。一生笔耕不辍，老而不衰。所著除《自为墓志铭》中所列 15 种之外，还有《王郎集》《有明于越三不朽图赞》《石匮书后集》《奇字问》《老饕集》《陶庵肘后方》《茶史》《桃源历》《历书眼》《宿朗乞巧录》《柱铭对》《夜

航船》、杂剧《乔坐衙》、传奇《冰
山记》等共30余种。其中《夜
航船》一书，内容殆同百科全书，
包罗万象，共计20大类，4000
多条目。他的著作主要分为史
学著作、经学著作、散文著作、
诗歌等几类，其中尤以散文创作
闻名，享有"小品圣手"之誉。
张岱涉猎之广泛，著述之宏富，
用力之勤奋，于此可见。而他与
一般玩物之纨绔、玩世之名士的
畛域，也于此分界。

张岱像

　　张岱对于自己的才高命蹇，
是不胜其愤的，并将其愤世嫉俗
之情，寓于山水："以绍兴府治，大如蚕筐。其中所有之山，磊磊落落，
灿若列眉，尚于八山之外，犹遗黄琢。则郡城之外，万壑千岩，人迹
不到之处，名山胜景，弃置道旁，为村人俗子所埋没者，不知凡几矣。"
（出自《黄琢山》）"余因想世间珍异之物，为庸人埋没者，不可胜记。
而尤恨此山生在城市，坐落人烟凑集之中，仅隔一垣，使世人不得一
识其面目，反举几下顽石以相诡溷。何山之不幸，一至于此。"（出
自《峨眉山》）

　　这两段文字，一则言名山胜景被埋没之多；另一则言其被埋没之
易。在反复回环的议论感叹之中，发泄了他不遇的憾恨和对世俗的鄙薄，
深得柳宗元《永州八记》的骚体之精髓。但宗子毕竟不同于宗元："山
果有灵，焉能久困？余为山计，欲脱樊篱，断须飞去。"（出自《峨眉山》）
他比宗元多了一分自信，多了一分诙谐。

　　张岱的小品，萃于《两梦》和《文集》中，《文集》的文体，则传、记、
序、跋、书、檄、铭、赞均有；内容则以传人、论、品文、评史为主，
集中体现了张岱的诗文创作原则和主张，反映了他的审美理想和追求。

金圣叹

金圣叹（1608—1661 年），原名采，字若采。明亡后改名人瑞，字圣叹，自称泐庵法师。江南苏州府长洲县（今江苏省苏州市境内）人。清朝时期著名的文学家与文学批评家。金圣叹的最大贡献，在于最早提高小说与戏曲的应有地位，是最早和最有影响力的通俗文学提倡者，并开创了细读文本的文学批评方法，成为中国史上最有创意的文学批评家之一，在小说批评的领域更是首屈一指。金圣叹的主要成就在于文学批评，他的评点很注重思想内容的阐发，往往借题发挥，议论政事，其社会观和人生观灼然可见。

金圣叹吸收了明代士人评点古文、史书，尤其是八股文的手法。除了《水浒传》《西厢记》和唐诗，他也评点过八股文。明代古文与小说戏曲的评点，大多只是在文章妙处打圈点，提醒读者注意，加上简单批语。金圣叹扩充旧有评点之法，绵密有如经书注释，并勇于改动原文，以"奇""妙"等评语自我喝彩，甚至自夸点评无与伦比。他期待读者透过其评点，学会怎样阅读其他文学作品。他自视为权威，了解甚至超越原作者的思想世界，文学评点的目的不是去寻觅古人意

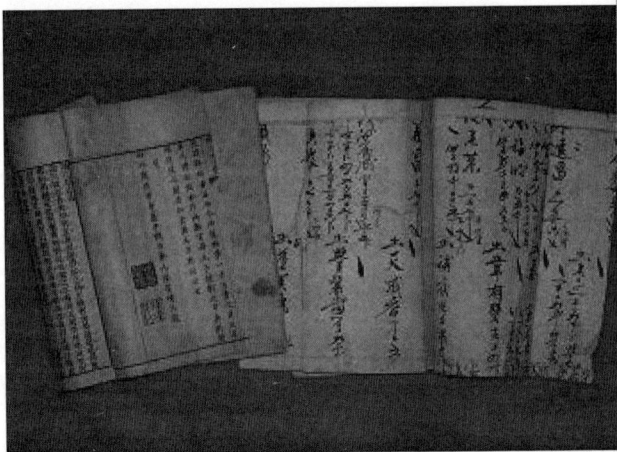

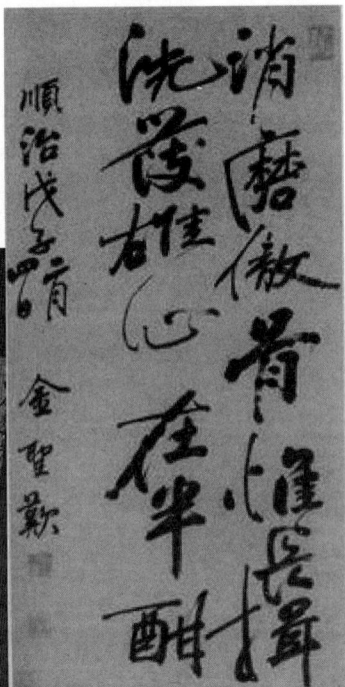

《金圣叹批三国》题字

思，而是为了与后人交往，对作品的解读，无须与作者原意相同。

据说金圣叹出生于 1608 年农历的二月初三，这个时间正是民间传说中的文昌君（中国古代主管考试、保佑读书撰文的神仙）出生的日期，自然，聪颖过人的他便有了"文昌君下凡"的美称。

据说金圣叹在 12 岁的时候，就开始不分昼夜地手抄《水浒传》，还在其中的某些语句下写些评点注释。据金圣叹自己说，他仅花费了五个月时间，就把《水浒传》全部评点完成。

金圣叹自负才华，但是，他不该反复将科举考试视作儿戏，只是一味地在考卷上尽情讽刺。又恰逢朝代交替，江山易主的多事之秋，致使金圣叹一生未曾出仕做官。例如金圣叹参加乡试的时候，考题为"西子来矣"，实际上要求考生对西施出使吴国的史料作出自己的评论。当大多数人还在冥想苦思之际，金圣叹就大笔一挥开始写道："开东城，西子不来；开南城，西子不来；开北城，西子不来；开西城，则西子来矣！西子来矣！"当时的主考官也是一个很有幽默感的人，于是在他的试卷上批道："秀才去矣！秀才去矣！"于是，金圣叹就这样名落孙山。

又例如，当他参加岁试（明代生员每年必须参加的考试）时，考官以"如此则动心否"为题要考生作文。他则在文章的末尾写道："空山穷谷之中，黄金万两。露白葭苍之外，有美一人。试问夫子动心否，曰动动动……动动动。"一连用了 39 个"动"字，直到把试卷填满为止！如此把功名视作儿戏，肆意地嘲笑圣人夫子，实在令人大跌眼镜。也正是由于这篇怪诞文章，他被革除了功名。

金圣叹在改名后又

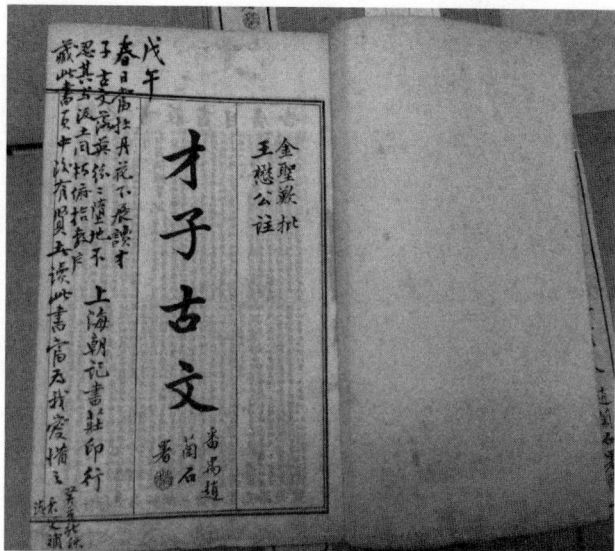

金圣叹王懋公批注《才子古文》

去参加科举考试，结果荣登榜首。但是，他打心底里瞧不起科举考试，明朝末年政治腐败、官僚不作为的现实再一次击碎了他入仕为官的梦想。明朝灭亡以后，身边的至交好友或选择自尽殉明，或选择反清被杀，这种翻天覆地般的变化对他的心灵产生了强烈冲击，让他一度想要归隐山林。后来，他又在佛、道思想的影响下，经常产生人生虚妄和无常的念头。著书立说成了他主要的消遣，他这样说过："生死迅疾，人命无常。富贵难求，从吾所好，则不著书，其又何以为活也。"

但是，就是在写作这一层面上，金圣叹的选择也与寻常人不太一样。他一生最著名的著作就是对《西厢记》《水浒传》等不是那些经世大道的古代戏曲及小说的点评。他的观点新颖，常常出人意料，给人一种别开生面之感，吸引人读下去。在《水浒传》第一回中，金圣叹就批注道："盖不写高俅便写一百八人，则乱自下生出；不写一百八人，先写高俅，则是乱自上作也。"以"乱自上作"这个样的词汇作评语，在那个时代，就是大逆不道的言论，一般人是没有胆量说的。

不过，金圣叹确实是一个令人很难捉摸与理解的人，他的行为处处透露出矛盾。清朝首次天子顺治帝读过他的书后曾赞叹地说："此是古文高手，莫以时文眼看他。"金圣叹听闻皇上对他如此青眼有加，"感而泪下""北向叩首敬赋"，写下非常肉麻的自捧诗句"何人窗下无佳作，几个曾经御笔评""一江春水好行船，二月春风便到天"，希望获得帝王的赏识，并能够被破格提拔，以便飞黄腾达。

金圣叹与朋友之间的交往，其行为怪诞至极，很不靠谱。在众多朋友里，他与王斫山相交甚笃。王斫山经常行侠仗义，为人幽默诙谐。有一天，他交给金圣叹一笔多达"千金"的钱财，并对他说："你用这些钱作为本钱赚取利息吧。日后本钱仍归我，利息则归你。"金圣叹口头上应允了，只是，才几个月的时间就将本钱花得一干二净，还不忘揶揄王斫山："钱放在你家，不过让你有了'守财奴'之称，我已经帮你把它们都花掉了。"这样一番滑稽的话弄得好脾气又重情义的王斫山只能一笑置之。

顺治十七年（1660 年），担任吴县（今江苏省苏州市吴中区）县令的人名叫任维初，传闻他为官暴戾，常用重刑催逼乡民缴纳钱粮，倘若有不从的乡民，就会无情地被棍棒打死。同时，他监守自盗，擅自贩卖3000石仓米，致使民怨沸腾，当时的有关文献记载说："三尺童子皆愤恨不平。"次年，吴县的众多士人按捺不住，聚集了100多人冲入文庙大声哭泣，鸣钟伐鼓，大闹官府，一致要求罢免任维初县令一职，跟随到来的人多达上千人。但是，当时主管苏州的朱国治和任维初是很好的朋友，一心为他开脱，称任维初是由于催征兵饷才招致无辜诽谤，许多士人目无朝廷、聚众闹事，于是下令逮捕。这便是清初江南三大案件之一的"哭庙案"（另两案为"奏销案""通海案"）。

　　金圣叹被当作主犯之一被抓获。有人说他是"哭庙活动"的领头者；也有人说他是"哭庙文"的撰稿人。金圣叹究竟在"哭庙案"中起到怎样的作用，至今已经不可考，不过，他曾在评点《水浒传》时强烈控诉贪官酷吏对百姓的残暴行为，对达官贵人一向以嬉笑怒骂为生平最大的快事。他这样站在官府的对立面的典型，如今出了"哭庙案"，刚好可被当权者当作把柄，恨不得立马除去他这个"眼中钉，肉中刺"。

　　金圣叹在被审讯的时候，他一直口呼"先帝"（顺治），审判者抓住这句话不放，怒声斥责道："皇上（康熙）刚刚继位，你为什么高呼先帝？分明是想着法儿诅咒当今皇上！"从而使他的罪名坐实，后来，他被作为首要人犯冠以"摇动人心倡乱，殊于国法"的重大罪名，

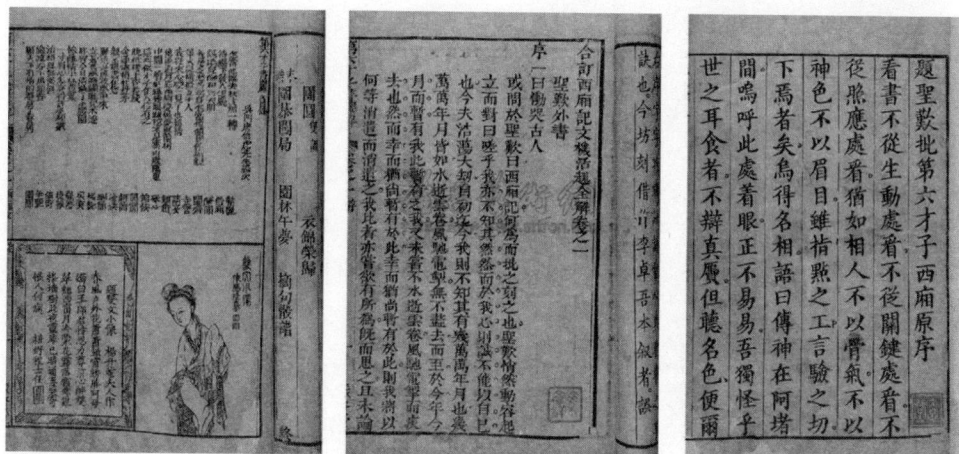

金圣叹批第六才子书《西厢记》

被判斩首的刑罚。

古时候的律法规定，斩首的刑罚都在秋后施行。但是，那一年的农历七月十三，还没有等到立秋时节，所有案犯一并被处决。这一天，一共有121人分五处行刑，其中28人遭受凌迟的刑罚，89人遭受斩首的刑罚，四人遭受惨无人道的绞刑刑罚。金圣叹等人被问斩的时候，士卒密集地围成一圈，不允许亲人或旁观者靠近。违令者用枪柄、刀背乱砍。后来，只听一声炮响，人头纷纷落地。死难者的骸骨尽管有亲友收敛，但为了躲避当局稽查，并不敢将之带回去葬在家乡。金圣叹的骸骨暂由弟子沈永启寄放在沈家的家庙，等到风波平息后，才埋葬在吴县五峰山下。

尽管在贪官污吏的严酷镇压下，民众不敢正面反抗官府，但是，在这之后流传的许多佳话却充分反映了民心向背。金圣叹在被处以斩首的刑罚之前表现出的幽默更为文人们所津津乐道。据说，他请求狱卒带信给家人，狱卒为了讨好官员，于是先打了小报告。官员怀疑信中可能有辱骂官府的语言，于是自己打开信看，结果发现上面写道："字付大儿看：盐菜与黄豆同吃，大有胡桃滋味。此法一传，吾无遗恨矣。"官员看后哈哈大笑着说："金先生临死还不忘开玩笑。"

还有的故事版本是这样的。据说金圣叹将要被杀头的时候，向行刑的刽子手要求最先斩杀自己。刽子手说："你一个将死之人，我为何要听你的话？"金圣叹说："我身上揣着两张银票，倘若你肯先杀我，银票就归你所有。"刽子手因而相信了他

金圣叹对联书法

的话，在行刑的时候第一个杀了他。等到人头落地后，刽子手果然找到两张纸条，开心地打开一看，却是一张写着"好"，一张写着"疼"。

另外，还传说金圣叹在临死之前留下了一副流传千古的对联——"莲子心中苦，梨儿腹内酸"。据说对联有着这样的来历：金圣叹有两个儿子，一个取名为莲子，一个取名为梨儿，眼睁睁看着父亲很快就会丧命于大刀之下，忍不住泪如泉涌，泣不成声。尽管金圣叹很心疼他们，却依然保持镇定，反而为了安慰自己的儿子们故意给他们出对联。他随口说出上联"莲子心中苦"，"莲"和"怜"同音，意思是"看到你们悲切哭泣的样子，我深感可怜"。两个孩子在生离死别之际，自然回答不出，金圣叹于是自己对出下联："梨儿腹内酸"。"梨"与"离"同音，意思是"自己即将与儿子永别，内心感到酸楚难忍"。表面看来只是对"莲子""梨儿"的据实描写，暗中却蕴含了一位父亲对儿子的不舍之情。

还有一个版本称，金圣叹在临刑前说道："砍头最是苦事，不意于无意中得之。"这句话原本是对他自己无端惹来杀身之祸的感叹之语。没想到在口耳相传中，这句话却衍变为他的英雄事迹之一：他在临刑前泰然自若地向监斩官索要酒酣然畅饮，一边饮酒一边说："割头，痛事也；饮酒，快事也；割头而先饮酒，痛快痛快！"金圣叹这个人物形象，就这样在人们的想象中更加具有高大伟岸的英雄气概。

金圣叹死时已经53岁，当时他的手稿尚未完成，就这样草率而又无奈地结束了他不同寻常的一生，只留给后世之人一个日渐远去、模糊的身影。他那复杂多变的思想内涵，辛辣狂傲的独特个性都让世人充满了好奇之心。值得庆幸的是，这位才子的一生终究为后人留下了诸多文字，百年之后，如果仔细品读他的这些令人拍案叫绝的文字，或许能让我们更进一步地了解金圣叹的真实想法。

周亮工

周亮工（1612—1672年），江西省金溪县合市乡人，原籍河南祥符（今开封）人，后移居金陵（今江苏南京）。字元亮，有陶庵、减斋、缄斋、

周亮工像

适园、栎园等别号，学者称栎园先生、栎下先生。明末清初文学家、篆刻家、收藏家。崇祯年进士，官至浙江道监察御史。入清后历仕盐法道、兵备道、布政使、左副都御史、户部右侍郎等，一生饱经宦海沉浮，曾两次下狱，被劾论死，后遇赦免。生平博极群书，爱好绘画篆刻，工诗文，著有《赖古堂集》《读画录》等。

　　周亮工出身书香门第，父周文炜，国子监监生，曾任浙江诸暨县主簿。周亮工年少随父出游，广交朋友。明崇祯十三年（1640年）中进士。次年（1641年）进入仕途，为山东潍县令，守城有功，"举天下廉卓，行取入京师"。崇祯十七年（16442），迁浙江道监察御史。李自成破京师，投缳自杀，为家人所救。顺治二年（1645年），"豫亲王多铎兵下江南，亮工诣军门降"。以御史职为清军招抚两淮，后改任两淮盐运使。

　　顺治三年（16462），擢升淮扬海防兵备道参政。顺治四年（1647年）擢为福建按察使，兼摄兵备、督学、海防三职。参与镇压福建反清起义，并兴建诗话楼，祀宋严沧浪其上，召邑诸生能诗者益日与倡和。顺治六年（1649年），周亮工升任福建右布政使。当时两广未定，清廷拟调其前往广东，有人认为周亮工"治闽久，得闽人心；闽未大定，未可去闽"，遂留任。顺治七年（1650年）七月，周亮工代理建南道，招抚农民军首领曾省，瓦解汀州反清武装。顺治八年（1651年）秋，赴延平，代理延建道。为平叛乱，周亮工单骑入邵武叛兵营，招降首领耿虎；随后，又镇压建宁陈和尚、延平吴赛娘的抗清队伍。顺治九年（1652 年），郑成功部围攻漳州，城内绝粮，周亮工临危受命，代理漳巡道，从戈戟林中破围入漳，协助守城。漳州解围后，城厢内外尸骸狼藉，周亮工捐资收埋遗骸 10 余万具，发粮煮粥供应饥民，并赎回被清军掳掠的良家子女千余人。顺治十年（1653 年），调署兴泉道。当时，福建总督刘清泰因兴泉沿海 14 寨接济郑成功，准备发兵剿灭。周亮工极力劝止，使百姓免遭涂炭。同年夏天，周亮工升为福建左布政使，为清初汉人受左布政使职之第一人。上任后，即在衙堂上大书："收银不用火耗，发银即是原封"；"批到即收银，收完即领批"。

顺治十一年（1654 年）正月，周亮工奉调入京，任都察院左副都御史；六月，升户部总督钱法右侍郎；不久，又擢为吏部左侍郎。针对福建军事形势，周亮工奏陈六项策略，要求协调浙江、广东、福建三省对郑成功的军事部署；增设水师，驻防海口；停止招抚郑成功，斩郑芝龙等。其意见与福建总督所行政策相左，郑芝龙对之恨之入骨。顺治十二年（16552）七月，福建总督佟代上章弹劾周亮工在镇压南社、西社、兰社一案时"滥杀无辜"，并贪污四万余两银子。奏上，周亮工被解职回闽候审。对质时，所谓"贪污"皆属子虚，而福建吏民为周亮工诉冤者，"日以百千计"。顺治十三年（1656 年）秋，郑成功大军奇袭福州，"城中疲卒不盈千，军储无十日饷"。巡抚宜永贵急从狱中请出周亮工，命防守城防要冲射乌楼。周亮工"亲发巨炮"，

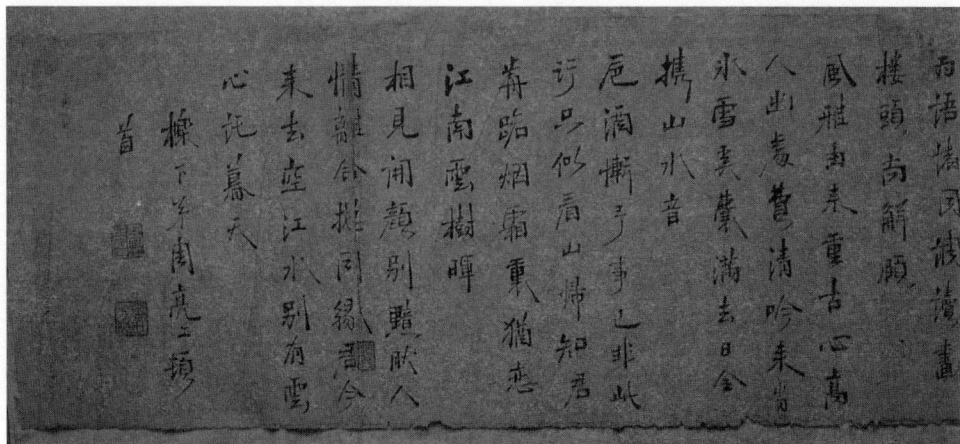

周亮工书法长卷

拼死抵挡郑军进攻；又向宜永贵献计，抄后路夜袭郑军。结果，郑军退屯闽安，福州之围遂解。由于周亮工戴罪立功，且所参罪状皆无实据，在宜永贵默许下，主审人田缉馨等六人拟为之翻案。然而，继任巡抚刘汉祚以为田缉馨等有受贿嫌疑，维持原议，报刑部复审。顺治十七年（1660年），周亮工被定罪，原定"立斩籍没"，后减等改徙宁古塔，结果又遇赦获释。

康熙元年（1662年）十月，以佥事起用补山东青州海防道。康熙五年（1666年）调江南江安粮道，康熙六年（1667年），代理安徽布政使；不久，转江宁粮署。康熙八年（1669年）漕运总督帅颜保劾亮工纵役侵扣诸款，得旨革职逮问论绞，康熙九年（1670年）复遇赦得释。康熙十一年（1672年）六月二十三日，卒于南京。《清史列传》列入"贰臣传"。

周亮工博学多才，文、金石、书画皆有很深造诣。古文宗法唐宋八大家，推崇严羽诗论。魏禧称："博及群书而未尝好征引故实以自侈其富……每命一文，必深思力索，夏夏乎务去其陈言习见而皆衷于理义，无诡僻矫激之辞以惊世骇俗，其正也如是。"钱谦益称其诗文："情深而文明，言近而旨远，包涵雅故，荡涤尘俗，卓然以古人为指归，而不复坠于昔人之兔径与近世之鼠穴。"周亮工在福建任职多年，足迹遍闽疆，所到之处，都奖掖后进，规复文化；公事之余，好与同僚谈论古今掌故，探究方物土产。所著《闽小记》，"凡夫全闽之逸事旧闻，方物土产，大而人文之盛，微而工使之巧，幽而洞壑之奇，细而物类之伙"，莫不备载，是研究福建古代社会的重要文献。此外，还有《全潍纪略》《赖古堂集》《书影》《字触》《同书》《读画楼画人传》《印人传》《赖古堂文集》《读画录》《赖古堂藏印》《赖古堂印谱》等。传世墨迹有《行书诗轴》《七

周亮工印

言绝句诗轴》《五言诗轴》等十数种著述传世。

周亮工与明末清初的许多篆刻家交往甚密，嗜印成癖，曾云："生平嗜此，不啻南宫爱石。"其为篆刻家立传，保存了大量的印学资料。在《赖古堂书画跋》一书中，收有 29 则，对研究明清书画史有一定的参考价值。其关于印章美学的论述，主要集中在《尺牍新钞》中，提出了"印章之妙，原不一趣"的观点："仆常合诸家所论而折中之，谓斯制之妙，原不一趣。有其全，偏者亦粹；守其正，奇者也醇。故尝略近今而裁伪体，惟以秦汉为师，非以秦汉为金科玉律也，师其变动不拘已耳。"（《与济叔论印章》）

在这段论述里，周亮工提出了印章求变的观点，对历代印人能革新者推崇有加。这种观点与晚明时期提倡个性解放的思潮有关，正如文学家李贽《焚书·杂说》所言："蓄极积久，势不可遏，一旦见景生情，触目兴叹，夺他人之酒杯，浇自己之块垒，诉心中之不平，感数奇于千载。"

这种观点不仅对晚明的文坛有重大的影响，对当时的书画篆刻也有冲击。周亮工认为透过印人的作品，同样可以评价印人的本色胸次。他在《又与济叔论印章》中说："绝去甜俗蹊径，是济叔本色，空夷浩渺，更可见济叔胸次。只有改革，才有生气，有生气则动人，动人则佳。世人所以不可传者无他，坐使人无所动耳。"除印章美学的贡献外，其在书画研究方面也有贡献。

周亮工精于鉴赏，好故图书字画，于古今之书无所不览，知名之士无不交，游宦所至，访求故籍不遗余力，福建藏书家谢在杭的旧藏，尽归于他。家有"赖古堂""因树屋""藏密庵"等，藏印篆、古书、字画极富。

李 渔

李渔（1611—1680 年），初名仙侣，后改名渔，字谪凡，号笠翁。浙江金华兰溪夏李村人。明末清初文学家、戏剧家、戏剧理论家、美学家。自幼聪颖，素有才子之誉，世称"李十郎"，曾家设戏班，至各地演出，

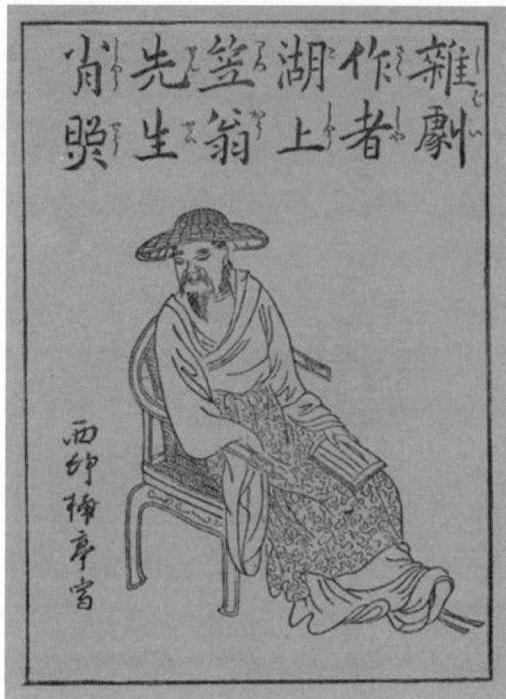

李渔像

从而积累了丰富的戏曲创作、演出经验，提出了较为完善的戏剧理论体系，被后世誉为"中国戏剧理论始祖""世界喜剧大师""东方莎士比亚"，是休闲文化的倡导者、文化产业的先行者，被列入世界文化名人之一。一生著述丰富，著有《笠翁十种曲》（含《风筝误》）、《无声戏》（又名《连城璧》）、《十二楼》《闲情偶寄》《笠翁一家言》等500多万字，还批阅《三国志》，改定《金瓶梅》，倡编《芥子园画谱》等，是中国文化史上不可多得的一位艺术天才。

李渔出生时，由于其祖辈在如皋创业已久，此时"家素饶，其园亭罗绮甲邑内"，故他一出生就享受了富足生活。其后由于在科举中失利，使肩负以仕途腾达为家庭光耀门户重任的李渔放弃了这一追求，毅然改走"人间大隐"之道。康熙五年（1666年）和康熙六年（1667年）先后获得乔、王二姬，李渔在对其进行细心调教后组建了以二姬为台柱的家庭戏班，常年巡回于各地为达官贵人作娱情之乐，收入颇丰。这也是李渔一生中生活得最得意的一个阶段，同时也是李渔文学创作中最丰产的一个时期，《闲情偶寄》一书就是在这一段内完成并付梓的。康熙十一年（1672年）、康熙十二年（1673年），随着乔、王二姬的先后离世，支撑李渔富足生活的家庭戏班也土崩瓦解了，李渔的生活从此转入了捉襟见肘的困顿之中，经常靠举贷度日。康熙十九年（1680年），古稀之年的李渔于贫病交加中泯然于世。

李渔56岁时应邀远游西北，得平阳（今山西临汾）地方官赠予他乔姬，虽年仅13岁，但聪慧过人，具有非常高的艺术天分，经教唱演习，成为李氏家班的有名的旦角。乔姬学唱，记忆惊人，领悟极快，师授三遍，便能自歌。老师说是他授曲30年从未见过如此聪敏之人。仅一月余，乔姬便学会了老师的所有，且青出于蓝而胜于蓝了。每有客来访，乔姬隔屏清唱，客人听得食肉忘味。几个月后，李渔途经甘肃兰州，得贵人赠予王姬，也是13岁。王姬的长相在女伴中虽不出众，一旦易妆换服，却与美少年无异，令人惊叹。李渔便让乔姬教她学戏，扮演生角。从此李渔建起了自己的家班，而且乔、王二姬的舞态歌容超群脱俗，能体贴文心，只需李渔略加指点，便能心领神会，触类旁通，创造性地表演剧本内容，常常是"朝脱稿，暮登场"，效率很高。所以家班创办不多久，便红遍了大半个中国。

李渔是个风流才人，他有一妻数妾，还有客中买来的几个婢姬，然而李渔又是一个非常重情的才人，"予，情士也"，他认为"男女相交，全在一个'情'字"。乔、王二姬原本是秦、晋民女，归李渔后，经李渔调教便很快脱颖而出，成为一代艺术天才。她们不仅聪敏颖悟，演技卓绝，扮生演旦，珠联璧合，令李渔叹为旷代奇观，而且对李渔体贴入微，曲尽妇道。她们跟随李渔常年在外巡回演出，朝夕相处，其相互之间早已忘记了年龄上的差距，而将友情、艺情、爱情融合在了一起。

但乔、王二姬由于长年在外演出，劳累成疾，仅历七年便先后早逝。李渔老泪纵横，悲恸欲绝，写下了《断肠二十首哭亡姬乔氏》《重过江州，悼亡姬，呈江念鞠太守》《自乔姬亡后，不忍听歌者半载。舟中无事，侍儿

兰溪芥子园

清理旧曲，颇有肖其声者，抚今追昔，不觉泫然，遂成四首》《后断肠诗十首》等诗作哭悼乔、王二姬，挥泪为二人写了一篇《乔复生王再来二姬合传》，希望二姬能复生、再来，情深绵绵，催人泪下。李渔之悲痛，不仅因为二姬在家班里是不可或缺的主角，更因为在生活上是这位年过六旬的老人形影不离的伴侣，在艺术上是最能领悟李渔文心并可以与之促膝交流、切磋的红颜知己。

李渔在 60 岁前后，开始系统地总结他的经验，使其上升为理论。康熙十年（1671 年），《笠翁秘书第一种》即《闲情偶寄》（又叫《笠翁偶集》）问世，这是李渔一生艺术、生活经验的结晶。《闲情偶寄》分为词曲、演习、声容、居室、器玩、饮馔、种植、颐养八部，共有234 个小题，堪称生活艺术大全、休闲百科全书，是中国第一部倡导休闲文化的专著。

其中，《词曲部》谈论戏剧的结构、辞采、音律、宾白、科诨、格局；《演习部》谈论选剧、变调、授曲、教白、脱套；《声容部》中的《习技》详述教女子读书、写、学习歌舞和演奏乐器的方法，都和戏剧有关。后人曾把《词曲》《演习》两部抽出来，独立印成一书，名《李笠翁曲话》。其中从创作、导演、表演、教习，直到语言、音乐、服装，都一一作了论述。

李渔在汲取前人的理论成果基础上，结合自己的艺术实践经验，对中国古代戏曲理论进行了全面的总结，从而形成了一套内容丰富、自成体系、具有民族特色的戏剧理论体系，它比法国著名文学家狄德罗的戏剧理论体系早出一百年；他的《闲情偶寄》是中国历史上第一部系统的戏剧理论著作，是中国古典戏剧理论集大成之作，是中国戏剧美学史上的一座里程碑，其中关于导演的论述，更比苏联戏剧家斯坦尼斯拉夫斯基早出两个世纪，是世界戏剧史上第一部真正的导演学著作。

《闲情偶寄》的后六部主要谈娱乐养生之道和美化生活，内容丰富，切合实用，同时也为我们全景式地提供了 17 世纪中国人们日常生活和世俗风情的图像：从亭台楼阁、池沼门窗的布局，界壁的分隔，到花草虫鱼，鼎铛玉石的摆设；从妇女的妆阁、修容、首饰、脂粉点染到穷人与富人的颐养之方，等等，无不涉猎，表现了作者广泛的艺术领悟力和无限的生活情趣。这六部的写法，和一般生活知识读物不同，往往结合抒情和说理。他希望人们读了他的书对美化生活有新的认识，能让生活更加丰富多彩。他还希望通过草木虫鱼、摄生养性知识的论述，旁引曲譬，有助于规正风俗，警惕人心。

据说此书新出，一位友人借去看，此人对戏剧理论不感兴趣，翻了 10 来页都是这些东西，便觉乏味，把书退回。李渔得知写了一首诗回赠："读书不得法，开卷意先阑。此物同甘蔗，如何不倒餐？"甘蔗根部最甜，《闲情偶寄》对一般读者来说，也是最后面这六部更能引起一般读者的兴趣。这位友人如果跳过前两部去阅读，就不会感到乏味了。

李渔不仅是高产多能的作家，还是一位卓有成就的出版家。早在居杭期间，他就编辑出版过自己创作的戏曲、小说等通俗文学作品。寓居金陵后，为了防止别人私自翻刻他的著作，成立了芥子园书铺，他的编辑出版事业由此进入了新的发展阶段。他写的大部分书都是在这里印行的。书铺同时还印行、销售他自己精心设计的各种笺帖，以及其他文化用品。

作为出版商李渔，他那灵活的经营策略与经营理念，使他能牢牢把握住商机，左右开弓，把芥子园书铺经营得红红火火。

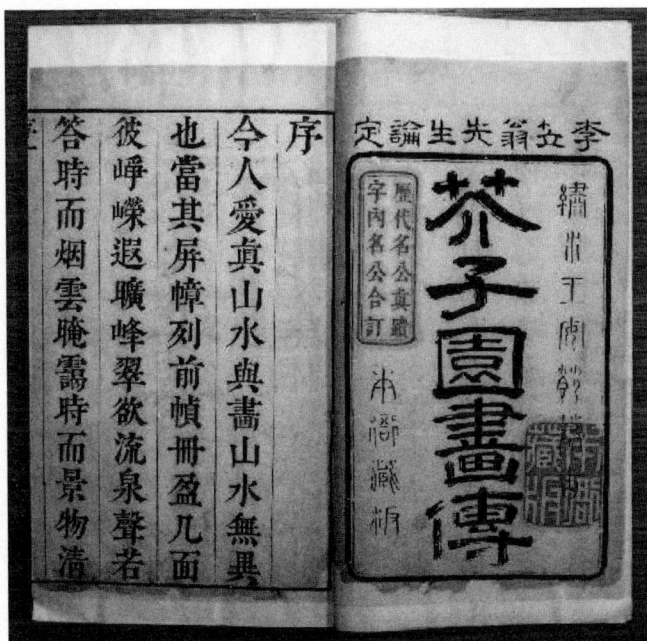

《芥子园画传》

他根据读者的心理和需要，除了出版自己创作的作品，还编辑出版了大量的通俗文学作品，如被他称之为"四大奇书"的《三国演义》《水浒全传》《西游记》《金瓶梅》等；编辑出版了诸如《古今史略》《尺牍初征》《资治新书》《千古奇闻》等一大批读者想看而买不到的书；由他倡编并亲自作序、女婿沈因伯搜集整理、在中国美术界影响颇广、一直被誉为中国画临摹范本的《芥子园画传（谱）》也是在芥子园印行的。由于芥子园印行的出版物工精价廉，重信誉，加之广告意识强，多年来市场销路好，受到人们的欢迎。

后来李渔迁回杭州，芥子园屡换主人，但一直保持李渔优良的经营作风，成为清代著名的百年老店之一。书以人传，店以人名，随着岁月流逝，芥子园虽数易其主，但芥子园书铺仍然在不断营运，有资料表明，直至清咸丰七年（1857 年）年，芥子园还刊印过《情梦桥》等小说。可以说，芥子园书铺不仅是清代为数极少的具有 200 多年历史的老店，也是中国出版史上为数不多的历史悠久的"百年书铺"。

郑板桥

郑板桥（1693—1765 年），原名郑燮，字克柔，号理庵，又号板桥，人称板桥先生。江苏兴化人，祖籍苏州。康熙五十二年（1713 年）秀才，雍正十年（1732 年）举人，乾隆元年（1736 年）进士。官山东范县、潍县县令，政绩显著。后客居扬州，以卖画为生。"扬州八怪"重要代表人物。

郑板桥一生只画兰、竹、石，自称"四时不谢之兰，百节长青之竹，万古不败之石，千秋不变之人"。其诗书画，世称"三绝"，是清代比较有代表性的文人画家。代表作品有《修竹新篁图》《清光留照图》《兰竹芳馨图》《甘谷菊泉图》《丛兰荆棘图》等，著有《郑板桥集》。

郑板桥的一生，经历了坎坷，饱尝了酸甜苦辣，看透了世态炎凉，他敢于把这一切都糅进他的作品中。

封建社会中，士大夫自以为清高、坚贞、虚心，往往在画图中、题画诗中表露其意，但由于历史的、社会的多方面因素，这些士大夫

郑燮《行书自作唐多令词扇》上海博物馆藏

对人生的挫折、社会的不公往往多采取远离生活，逃避现实，隐遁山林，寄情于自然丘壑的态度，作品大多是以闲情寄兴、自娱娱人的为多，即使有感而发的诗题也是泛泛而谈，有它的局限性。

而清代扬州八怪中的郑板桥的题画诗却有所不同，他已摆脱传统单纯的以诗就画或以画就诗的窠臼，他每画必题以诗，有题必佳，达到"画状画之像""诗发难画之意"，诗画映照，无限拓展画面的广度，郑板桥的题画诗是关注现实生活的，有着深刻的思想内容，他以如枪似剑的文字，针砭时弊，正如他在《兰竹石图》中云："要有掀天揭地之文，震电惊雷之字，呵神骂鬼之谈，无古无今之画，固不在寻常蹊径中也。"

郑板桥的作品突破了传统花鸟画藩篱，他的作品不是自然景物的"再现"，不是前人艺术的翻版，也不是远离生活的笔墨游戏，是有着独特个性，有创新精神的。因而，自它的作品问世以来一直深受国内外人们的欢迎。

板桥的"怪"，"怪"在画得怪、文章怪、性情怪、行为怪，"怪"中总含几分真诚、几分幽默、几分酸辣。每当他看到贪官奸民被游街示众时，便画一幅梅兰竹石，挂在犯人身上作为围屏，以此吸引观众，借以警世醒民。

当他无官一身轻，再回到扬州卖字画时，身价已与前大不相同，求之者多，收入颇有可观。但他最厌恶那些附庸风雅的暴发户，就像扬州一些脑满肠肥的盐商之类，纵出高价，他也不加理会。高兴时马上动笔，不高兴时，不允还要骂人。他这种怪脾气，自难为世俗所理解。有一次为朋友作画时，他特地题字以作坦率的自供："终日作字作画，不得休息，便要骂人。三日不动笔，又想一幅纸来，以舒其沉闷之气，此亦吾曹之贱相也。索我画，偏不画，不索我画，偏要画，极是不可解处。然解人于此，但笑而听之。"

写字画画，斤斤计较于酬金，自是俗不可耐。但板桥毫不隐讳，而且明定出一则可笑的怪润例：

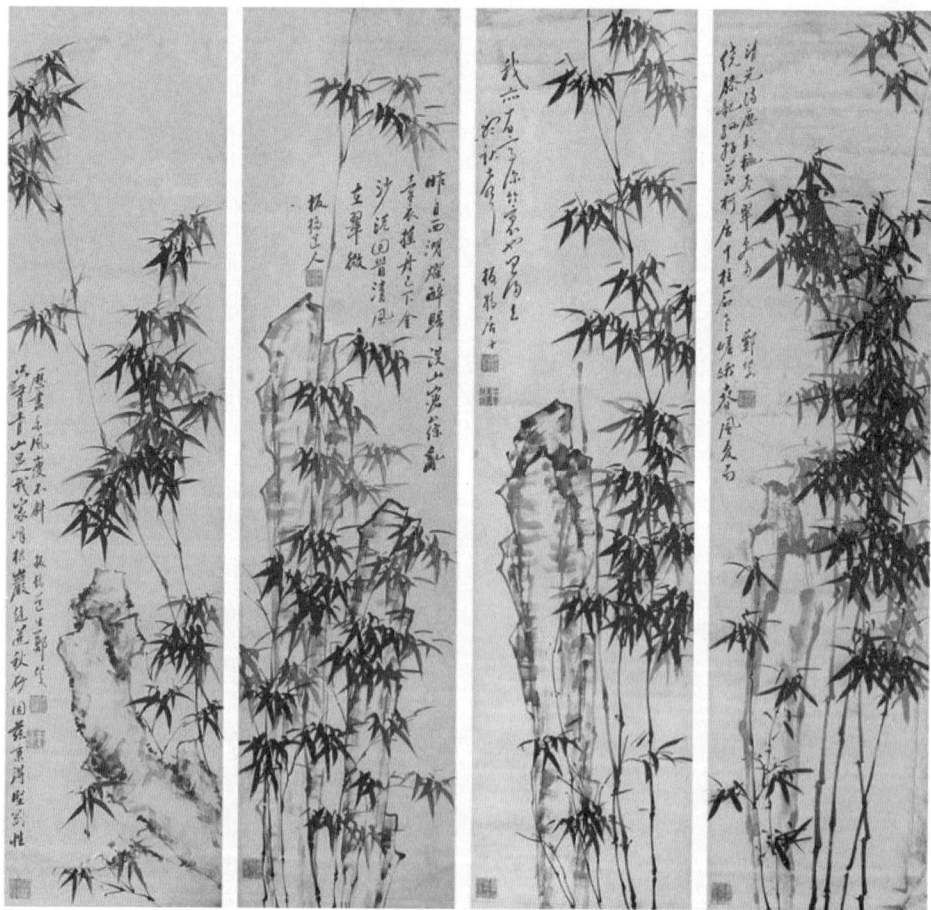

郑板桥《墨竹图》

"大幅六两，中幅四两，书条对联一两，扇子斗方五钱。凡送礼物食物，总不如白银为妙。盖公之所陕，未必弟之所好也。若送现银，则中心喜悦，书画皆佳。礼物既属纠缠，赊欠犹恐赖账。年老神疲，不能陪诸君子作无益语言也。"

"画竹多于买竹钱，纸高六尺价三千；任渠话旧论交接，只当春风过耳边。"明明是俗不可耐的事，但出诸板桥，转觉其俗得分外可爱，正因他是出于率真。

郑板桥好吃狗肉，将狗肉划为四等：一黑、二黄、三花、四白，誉之为"人间珍肴"。板桥定润格，规定凡求其书画者，应先付定金，并作润例，颇为风趣。当时，许多豪门巨绅，厅堂点缀，常以得到板桥书画为荣。但板桥不慕名利，不畏权势，生平最不喜为那些官宦劣绅们作书画，这在他老人家的润格里是不便声明的。有一次，一帮豪绅为得其书画，运用计谋，设下陷阱。他们了解到板桥爱吃狗肉，就在他偕友外出交游的必经之路上，借村民的茅舍，烹煮了一锅香喷喷的狗肉，待板桥经过时；主人笑脸相迎，并以狗肉好酒相待。板桥不疑，开怀畅饮，连赞酒美肴不止。饭罢，主人端出文房四宝，言请大人留联以作纪念。板桥深觉今有口福，便立刻应诺，随即起身提笔，并询问主人大名，署款以酬雅意。书毕，尽兴而归。后来，在一次宴席上，他偶然发现自己的书画作品挂在那里，方知自己受骗，十分后悔。

赵 翼

赵翼（1727—1814 年），字云崧，一字耘崧，号瓯北，又号裘萼，晚号三半老人。江苏阳湖（今江苏省常州市）人。清代文学家、史学家。长于史学，考据精赅。论诗主"独创"，反对摹拟。五言、七言古诗中有些作品嘲讽理学，隐喻对时政的不满之情，与袁枚、张问陶并称清代"性灵派三大家"。所著《廿二史札记》与王鸣盛《十七史商榷》、钱大昕《二十二史考异》合称"清代三大史学名著"。

赵翼的先祖是宋代宗室，到了他的祖父尚且为官儒林郎，后家道开始中落。他的父亲赵惟宽，以设塾授业为生。赵翼自六岁起即随父亲就读于外。12岁为制举文，一日能成七艺，人皆奇之。乾隆六年（1741年）他的父亲在一家姓杭的大户家教书时去世，赵翼孤苦伶仃，无以养弟妹。杭家怜悯他，遂留他继承父业，继续教书。当时他仅15岁。19岁入府学，成为秀才。在此后的数年中，他一直应聘为富家课徒。

乾隆十四年（1749年），私塾职被解雇，饥寒驱迫他离家北上，投奔作幕于京城的亲戚。抵京后，赵翼以其文才受知于刑部尚书兼翰林院掌院学士刘统勋。刘文正公将其延至家中，纂修《国朝宫史》36卷。该书后来在乾隆三十五年（1770年）完稿出版。

翌年秋，他在顺天乡试中一举克捷，中北榜举人，又考中明通榜。由于主考官汪由敦的器重，自同年冬起，赵翼在结束《国朝宫史》的编写之后，又被聘入汪氏幕署。汪氏家中富于藏书，加以汪由敦本人深于文学，又极爱赵才。积以日月，赵翼的文修养不觉大进。在此期间，赵翼虽在会试中败北，但仍然以文理畅通而先后考取礼部教习、内阁中书。

乾隆二十一年（1756年），入值军机。此时正值清廷兴兵征讨西北准噶尔，军事文书往返频繁，为赵翼崭露头角提供了良机。尹文端、傅文忠都很倚重，他其扈从行在，或伏地草奏，下笔千言，文不加点，一切应奉文字，几非

赵翼像

赵翼泥金书法扇面

君不办。

乾隆二十六年（1761年）考中进士，殿试拟第一，高宗改取第三，授翰林院编修，担任方略馆纂修官撰文，修《通鉴辑览》。京察一等后，记名以备用为道员知府。乾隆二十七年（1762年），在顺天府乡试任同考官。乾隆二十八年（1763年），赵翼出任会试同考官。乾隆三十年（1765年），出任顺天武举主考官。

乾隆三十一年（1766年）冬，出任广西镇安知府。到任后，他视察全境。当时因购马补济滇军，有关部门改用大筐代替旧小筐收敛粮食，百姓怨声载道。赵翼允许改回旧筐纳粮，改变了常平仓谷出轻入重的弊端；同时对横征暴敛的监仓奴和书吏严加惩处，制定了各种利民的改革措施，镇安百姓感激涕零。后奉特旨，赴滇筹划与缅甸的战事。乾隆三十四年（1769年），重返广西镇安府原任。

乾隆三十五年（1770年），调守广州知府。获海盗108人，按律皆当死，乃条别其轻重，戮其魁，余多遣戍。乾隆三十六年（1771年），经调部引见，赵翼任贵州贵西兵备道道员.任上他查处两铅厂谋私利造成亏空的大小官员，改任贵西道经历，他又除掉短缺工资运费的多种弊端。

乾隆三十七年（1772年），上司知道他在云南参与过缅甸之役的军务，略次建功之际，在广州平海盗处理的谳大狱旧案事发，赵翼受弹劾被交部议而降级。乾隆三十八年（1773年），奉旨被吏部引见时，他以老母年事高为由，告假回乡，不再复出为官，朝廷准允辞官。

乾隆四十五年（1780年）五月，他取道山东赴京，打算在宦海竞渡中再决雌雄。行至台儿庄，忽患风疾，双臂不能自主，他只好向命运屈服，掉头南归。从此开始了长达30余年的归隐生涯。

乾隆五十二年（1787年），台湾发生林爽文事件，闽督李侍尧征台湾，路经常州，邀请赵翼入幕商研。赵翼出谋划策，指出：靠省钱成功晚，反不如多花费用，给足军需，早些攻克成功，反而省钱。李侍尧依此而行，台湾林爽文起义因而被镇压平息。李侍尧奏明皇上，想要启用赵翼。赵翼坚决辞官，既归，复以著述自娱，主讲安定书院。往来常苏间，所至名流倾倒，传写诗篇，江左纸贵。与钱塘袁枚、铅山蒋士铨齐名，合称"江右三大家"。

家居数十年，手不释卷。所撰《廿二史札记》36卷，钩稽同异，属辞比事。又撰《陔馀丛考》43卷、《檐曝杂记》6卷、《皇朝武功纪盛》4卷。所为诗，无不如人意所欲出，不拘唐宋格律，自成一家。有诗集53卷、《唐宋十家诗话》（又名《瓯北诗话》）12卷。

嘉庆十五年（1810年），重赴鹿鸣宴，赐三品冠服。嘉庆十九年（1814年）去世，享年86岁。

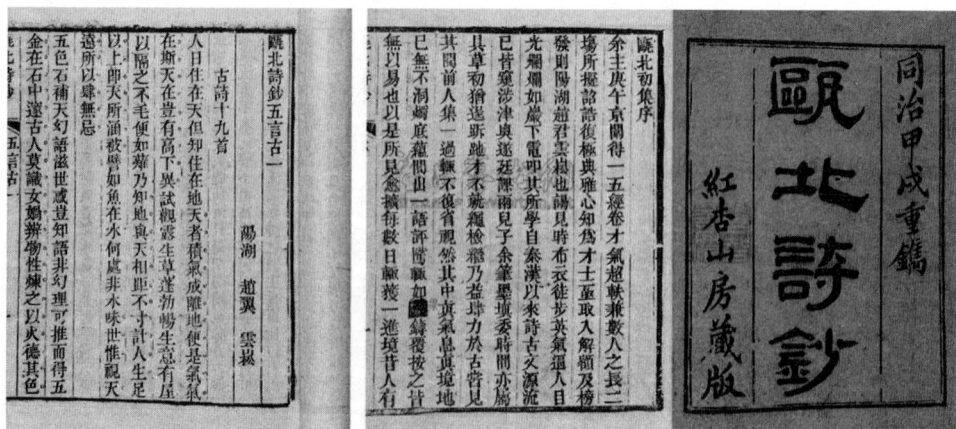

赵翼撰《瓯北诗钞》书影

他为文重"性灵",主创新,与袁枚接近。他反对明代前、后七子的复古倾向,也不满王士禛、沈德潜的"神韵说"与"格调说"。他说:"力欲争上游,性灵乃其要。"(《闲居读书作六首》之五)"李杜诗篇万口传,至今已觉不新鲜。江山代有才人出,各领风骚数百年。"(《论诗》)所著《瓯北诗话》,系统地评论李白、杜甫、韩愈、白居易、苏轼、陆游、元好问、高启、吴伟业、查慎行十家诗,重视诗家的创新,立论比较全面、允当。赵翼存诗4800多首,以五言古诗最有特色,亦为"毗陵七子"之一;与袁枚、张问陶(船山)合称"乾嘉性灵派三大家"。如《古诗十九首》《闲居读书六首》《杂题八首》《偶得十一首》《后园居诗》等,或嘲讽理学,或隐喻对社会的批评,或阐述一些生活哲理,颇有新颖思想。七古如《将至朗州作》《忧旱》《五人墓》,七律如《过文信国祠同舫庵作》《黄天荡怀古》《赤壁》等,都独具特色,并在造句、对仗方面见出功力。另外,造语浅近流畅,也是一大优点。其诗的缺点,是有时议论过多,过于散文化,形象性较差。

赵翼史学著作有《二十二史札记》《陔余丛考》《檐曝杂记》《皇朝武功纪盛》等。由于《二十二史札记》把《旧唐书》《旧五代史》罗织在内,实际为二十四史。他单披阅二十四史就达3200卷,加上正文和夹注中引用的稗史笔记4000多种,工作量浩瀚。赵翼从40多岁动笔,到嘉庆元年(1796年)方完成,成书时他已经是七旬老翁了。《二十二史札记》一书考证史籍著述体例的演变和历史事实的真相,显示出特有的经世意识和对大量历史问题的深刻见解,堪称是乾嘉朴学时代创造性思维的出色成果。赵翼生前史学著作因与时风不同而未受重视。死后多年,却声名大涨,梁启超以为赵翼"用归纳法比较研究,以观盛衰治乱之原"。

第九章
古代文士的生活百态

第一节　古代文士的生活状况

顺时适天，各有其乐

中国文人们的乐，或以儒家要义为主，或以佛老经典为旨，或儒道互补、儒释互补，甚至儒、道、佛三位一体，中国文人们都会根据自己境遇的不同，而各取所需。

如果说儒家的乐更偏重于人在社会生活中伦理价值、自我价值的实现，佛家的乐更注重人的内在精神的心理满足；那么，老庄或道家的乐则更强调其无拘无束、无所依凭的自在，更关注人的个体生命的永恒与快活。

儒家之乐带有道德伦理色彩，是家常生活、国之义理秩序中的充盈大和与兼善之乐。这种道德义理之乐与"忧"构成相辅相成、相互对立又相互统一的要素。

佛禅的乐具有了色空内敛的气质，是打坐静修、磨炼意志后得到的内心静寂之乐。这种内心静寂之乐摒弃了尘世之执、之障，心如止水。

道家的乐超道德、超历史，是与自然万象、宇宙万物相契合的清虚恬然之乐。这种崇尚自然之乐是随心所之，无为无谓的乐。

后两种乐是中国文人终极性价值意向，一旦"忧"的意识或兼善之乐受到阻碍，后两种乐总归是一个绝对的保障。

如果说儒家的乐是隐藏在人的意识深层的"欲"在社会理想的升华转化中获得的，佛家的乐是在压抑、灭空这种"欲"后得到的内心慰藉和宽怀；那么，老庄、道家的乐则或是将这种"欲"无限自然化，以致成为无欲之乐，或是这种欲在虚幻中得到满足、在宣泄中得到平息后获得的心理快感。故李谧的《神士赋歌》总结道：

> 周礼重儒教，庄老贵无为。
>
> 二途虽如异，一是买声儿。
>
> 生乎意不惬，死名何用施。
>
> 可心聊自乐，终不为人移。

说明这种乐各取所需、各有所乐，注重的是主体自身的愉悦感觉，并不在乎一"事"一"教"。

如果说儒家的乐主要使中国诗学精神更强调其社会功能而充满了政治伦理色彩，佛家的乐使中国诗学精神具有了静寂的意境和空灵的气象的话；那么，老庄或道家的乐给中国诗学精神注入了丁点自由的意识和恢宏恣肆的气势，贯注了更丰富的想象力和神奇瑰丽的浪漫。

它们三者也有共同之处，个体自足心态的盈盈快乐的精神意向在儒、释、道这里，都超越了外部事物的限制。而转向主体心态本身。家国义理也好，自然山水、宇宙万物也好，都不过是个体心身获取快乐的媒介，个体心态的快乐是最终目的。

因而，在儒、释、道这里，"乐"成为了终极性价值信念体系。

儒、道、佛"乐"的意识与中国传统诗学精神相互交融，各个时代有其鲜明的特色。

魏晋南北朝的文学思想中的这种乐具有反叛意义，有逸乐也有心乐，却少了一份儒家的"兼善天下"的情怀。

有唐一代，国力强盛，文化繁荣，文士们的乐观、浪漫精神得到极大发挥。陈子昂不但在诗风上提倡"骨气端详，光英朗练"（《与东方左史》）的神采飞扬、刚健向上的精神，而且在行动上、创作上表现了"匈奴犹未灭，勿使燕然上，独有汉将功"建功立业的豪气。

李白虽然一直追求"一生傲岸苦不谐，恩疏媒劳志多乖。严陵高敬揖汉天子，何必长剑拄颐事玉阶。达亦不足贵，穷亦不足悲"（《答王十二寒夜独酌有怀》）的超迈之乐。但是，"庄、屈实二，不可以并，并之以为心，自白始；儒、仙、侠实三，不可以合，合之以为气，又自白始也"（龚自珍《最录李白集》），思想复杂浑一的他念念不忘的仍是"愿将腰下剑，直为斩楼兰"（《塞下曲》其一）的兼济之乐，一旦有此机会，内心的喜悦便溢于言表："仰天大笑出门去，我辈岂是蓬蒿人。"（《南陵别儿童入京》）

宋代范仲淹似乎更强调孔子的"忧"："先天下之忧而忧，后天下之乐而乐"，乐在"天下"之中，明显的是儒家的道德义理、兼善天下之乐，但是，因缺失而产生的"忧"，并没有取代自足的"乐"，只是以"忧"的意向为优先，是时间的先后问题。

范仲淹像

大文豪苏轼在儒、道、释中，各取所需，游刃有余。得志时，修苏堤、行王道，有儒家的合群之乐；不得志时，啖荔枝，游赤壁，有佛老的旷达之乐。

宋代大儒兼诗人二程、朱熹，喜欢追问和解释孔子的"沂水之乐""曾点之乐"，所乐何处？并常常于日常生活中阐发深不可测的理、道之乐。

总之，"乐"在中国传统诗学精神中，包容儒、道、释的乐的精粹，是文人们精神、心态本身"无待于外"的自足表现。

名士名妓两相宜

自古以来，美人与两种人最相配：一是英雄，二是名士。英雄难觅，如项羽那样"力拔山兮气盖世"的英雄，更是千古罕见。名士却多如过江之鲫，例如在有些时期，会饮酒、会清谈、会读《离骚》，就可跻身名士之列。因此，历史上英雄与美人的故事屈指可数，名士与美人的艳事却层出不穷——石崇和绿珠、白居易和樊素小蛮、元稹和薛涛、苏东坡和王朝云、秦少游和长沙妓、周邦彦和李师师、冒襄和董小宛、钱谦益和柳如是……这是一个非常值得探究的社会现象：为什么与这些一流名士相配的居然是青楼名妓？不仅如此，千百年来，名士名妓的风流韵事流布于诗词、戏剧、小说及其他艺术作品中，蔚为中国文化史上的洋洋大观。

名士名妓两相宜，是古典青楼文化最主要的特征。或者说，名士名妓是古典青楼文化的创造者与体现者。名士名妓的互相吸引和爱悦，是文化与女性美的邂逅和结合，从而孕育了爱情与璀璨的文学艺术之花。

中国古代的娼妓制度，给士大夫文人提供了欣赏和享受女性美的极大便利，随之，表现女性美也成为文学艺术家审美活动的一个"热点"。士大夫文人携妓遨游，青山绿水之间，点缀着窈窕佳人，真是一幅情趣盎然的绝妙图画。饮酒赋诗，有红巾翠袖侍立一旁，说不定真会文思泉涌。当然，不必指望文人"微闻香泽"之际会写出"出神入鬼、惊天动地"的鸿文。佳人在侧，文人写出来的多半是香艳侬软的绮语。

名士才子与青楼名妓的诗赋酬唱，是古典青楼文学繁盛的重要原因。士大夫文人与美人之间的文字往来，多了异性的美妙气息，还可以产生缠绵的爱情，这与文人之间的酬唱相比有迥然不同的趣味。在中国古代，名门闺秀擅诗赋者不乏其人，但碍于礼制，文人很难与她们诗笺传情。央红娘传书，曲折且难于尽情。踰墙幽会，披"色贼"之恶名，稍一不慎，还会折肱断股。而与青楼才妓诗赋酬唱，却不犯法，不违礼，还可借诗文以通殷勤之意。另外，青楼丽人并非笼中之鸟式

秦淮八艳

的大家闺秀，她们的职责便是侍奉士大夫。在古代的女性中，只有她们几乎独占了与名士文人交往酬唱的便利。所以，名士名妓的会合，投赠酬唱，犹如风水相激，伴随性的愉悦而来的，必然是艳诗艳词的腾涌。

中国文学史上究竟出现过多少咏唱歌妓的作品？这绝对是个惊人的大数目。以南齐钱塘名娟苏小小为例即可看出，有关她的诗词、小说之多可以编成多卷的专集。唐代著名诗人白居易、刘禹锡、张祜、李贺、温庭筠，都曾吟唱苏小小的非常出色的诗篇。到宋明时，苏小小的真面目已经非常模糊了，名声却越来越大。在笔记和小说中，作家根据久远的传闻再加上艺术想象，于是苏小小的形象被仙化或鬼化，在文学的创造活动中，苏小小具有无限丰富的美感特征：她有时哀伤、有时热烈、有时妩媚、有时冷艳、有时化作一缕香魂、有时成了莫测的神女……她出入三世，来往三界，完全超越了时空，像一首永远唱不完的美丽长诗，具有无限丰富的美感特征。无数有关苏小小的文学作品有力表明：美人是作家灵感的源泉之一，青楼名妓是文人最喜欢表现的题材之一。

换句话说，美人给了文人灵感，文人给了美人永恒。于是，历史上一流名妓的美色与才情，被一代又一代的文人描写和歌唱着。美人色、美人情、美人字、美人画、美人冢……无论是真实还是虚构，清晰还是朦胧，似是而非还是无中生有。总之，有关美人的一切，都会引起文人的激奋或伤怀。遍观中国古代文学中灿烂夺目的女性形象，青楼歌妓不在少数。时至今日，仍有好事者不断将她们搬上舞台和银幕，让众人倾之倒之。

翻开中国文学史，马上就会发现：歌唱和描写美人的篇章灿若繁星，而其中相当数量是为娼妓而写的。美妓，用她们的形体之美和才情之美，将文学艺术家俘虏了。于是，无数骚人墨客用细腻的诗笔，为青楼佳人传神写照。

唐朝是中国封建社会的鼎盛时期，它的博大气象，是那些小家子气的没落王朝无法比拟的。在开疆拓土、建功立业成为时代主旋律的同时，追求爱情、享受青春也似一股大潮，带着诱惑与放荡、欢乐和悲伤，席卷着广袤的大地。唐人气魄的宏伟、感情的热烈、情调的浪漫，甚至在狎妓这件事上也表现得同样充分。面对色艺俱佳的青楼美女，如果说南朝名士更多地表现为轻薄与色情，那么，唐代文人更多地表现为风流与追求。美妓开始成为名士的感情寄托，甚至成为名士竭力追求的爱情之源。从唐代开始，美妓作为审美对象，才真正完成了外在与内在、肉体和精神的统一：咏妓诗既礼赞美色，也歌唱爱情；既旖旎缠绵，也热情爽朗；既描绘美人的形态，也刻画她们的心灵，表现出与南朝咏妓诗极不相同的情调与气派。

初唐诗人卢照邻的《长安古意》，用一连串清辞丽句再现了当年长安城的繁华多姿以及娼家的风流冶荡：

片片行云著蝉翼，纤纤初月上鸦黄。

鸦黄粉白车中去，含娇含情情非一。

妖童宝马铁连钱，娼妇盘龙金屈膝。

挟弹飞鹰杜陵北，探丸借客渭桥西。

俱邀侠客芙蓉剑，共宿娼家桃李蹊。

娼家日暮紫罗裙，清歌一啭口氛氲。

北堂夜夜人如月，南陌朝朝骑似云。

南陌北堂连北里，五剧三条控三市。

> 弱柳青槐拂地垂，佳气红尘暗天起。
>
> 汉代金吾千骑来，翡翠屠苏鹦鹉杯。

罗襦宝带为君解，燕歌赵舞为君开……好一幅"太平盛世冶游图"！特别是诗中"得成比目何辞死，愿作鸳鸯不羡仙"二句，多么充分地写出了唐人追求爱情的浪漫情调！唐人也热衷羽化登仙，但他们更爱美女，更向往比目、鸳鸯似的爱情。南朝的名士可曾有过这般的热情与浪漫？

初唐另一位诗人刘希夷的《公子行》，也用悠扬的声调，唱着锦绣公子与青楼美女之间的缠绵爱情：

> 此日遨游邀美女，此时歌舞入娼家。
>
> 娼家美女郁金香，飞来飞去公子傍。
>
> 的的珠帘白日映，娥娥玉颜红粉妆。
>
> 花际裴回双蛱蝶，池边顾步两鸳鸯。
>
> 倾国倾城汉武帝，为云为雨楚襄王。

古代文人青楼听曲图

古来容光人所美，况复今日遥相见。

愿作轻罗著细腰，愿为明镜分娇面。

与君相向转相亲，与君双栖共一身。

愿作贞松千岁古，谁论芳槿一朝新。

百年同斜西山日，千秋万古北邙尘。锦绣公子和娼家美女，多像花际双蛱蝶，池边二鸳鸯。公子愿作轻罗系住美女的细腰，愿为明镜照见美女的娇面，愿爱情如贞松千岁，愿百年同归丘山。在六朝咏妓艳诗中，我们只看到名士对美妓轻薄的挑逗，而在《公子行》中，则看到了唐人对美女的激情和对爱情的热烈追求。

《长安古意》中说到的北里，实指平康里，坐落在长安城北门内，故名北里。它是娼妓聚居之处，时人称为"风流薮泽"，后遂用作青楼妓家的代名词。这里几乎天天演绎着爱情的悲喜剧，产生着诗与歌。

唐代大诗人中与青楼娼妓交往最密切者，莫过于李白、白居易、元稹、杜牧和温庭筠了。唐代数百年间的狎妓冶游的时代风气，在这几个文人身上体现得极其鲜明充分。

李白的诗是盛唐诗歌最伟大的代表。他的思想、性格和行为同样是盛唐人追求青春、自由、欢乐的典型代表。葡萄美酒，燕歌赵舞，吴姬越女，成了他生活的蜜液。他常常挟妓遨游，艳日下观红粉，花枝旁看舞袖，那浪漫的行为，一如他的诗，意气风发，热情洋溢，摆脱一切拘束。"葡萄酒，金叵罗，吴姬十五细马驮。青黛画眉红锦靴，道字不正娇唱歌。玳瑁筵中怀里醉，芙蓉帐里奈君何。"（《对酒》）他

两性相悦

不像后世某些文人，带着种种伦理道德的束缚走向歌台舞榭，他是彻底的尽兴与放开。要说狎妓时的李白脑筋中也存什么理念，那只有四个字：及时行乐。他携妓游梁孝王栖霞山孟氏桃园，感叹"梁王已去明月在"，不由生出"莫惜醉卧桃园来"的感慨（李白《携妓游梁王栖霞山孟氏桃园》）。他在邯郸南亭观妓时，一边欣赏着歌妓的红颜清曲；一边滋生了古人不可见的悲哀，于是说："我辈不作乐，但为后世悲。"（李白《邯郸南亭观妓》）由乐生悲，由悲转乐。及时行乐的人生观如同一颗种子，本来生命力就极强，如今落到了丰沃的土地上，受到时代雨露的滋润，便迅速发芽生长。

如果说李白是盛唐文人携妓遨游的代表，那么，白居易便是中唐文人风流自放的典型。白居易携妓遨游，以女乐自适的生活方式，在中国文人生活史上具有远比李白更重要的意义。李白纵情歌舞声色，大体可用"及时行乐"的人生观加以阐释。李白狎妓是那样的热情豪放，而白居易的享受女乐已失去初盛唐人追求青春、爱情与自由的情调，更多地表现为高贵、华丽和"闲适"。在白居易看来，女乐与诗酒、参禅一样，也有怡情适意的效用，甚至认为妓乐远胜于西方极乐世界。他在《与牛家妓乐雨夜合宴》诗里说："歌脸有情凝睇久，舞腰无力转裙迟。人间欢乐无过此，上界西方即不如。"中唐是中国封建社会由盛转衰的关键时期，白居易正是这个时期的典型人物。如果把初唐文人的狎妓之习比作热情的青年，那么，中唐以后它就像成熟的中年人。从白居易开始，妓乐在中国文人的生活和人生哲学里，不仅意味着性和情欲，而且有深厚的文化意蕴。偎红依翠，既是士大夫文人仕途得意之时的享受，也是经历仕宦风波之后的自放，或是处于仕隐矛盾之时的消遣。总之，妓乐可以满足肉欲，可以安顿情性，可以疗治心理的创伤。白居易有许多诗写歌舞声色之乐，充分表达了他对狎妓行为的"独有体会"，是历代风流文人中的一位大家，就好比禅宗的"一世达摩"，对于中国文人的生活方式和人生哲学有深远影响。

杜牧的狎妓冶游，在晚唐文人中当推第一。他那豪放浪漫的个性与李白相似，因此他的狎妓正如他的诗，表现出"豪纵"的特征，而与白居易的自放与闲适不同，他那首有名的绝句："落魄江湖载酒行，楚腰纤细掌中轻。十年一觉扬州梦，赢得青楼薄幸名。"（《自遣》）便能刻画他纵情青楼的豪纵。他的"赢得青楼薄幸名"，在中国文人生活史上留下了长久的影响。

要想考量中国古代士人的生活，还要从他们与青楼女子的交往说起。古代的青楼女子，就是指娼妓。青楼一词最初源于阀阅之家，曹植《美女篇》："青楼临大路，高门结重关。"唐代以后，"青楼"逐渐广泛地用指妓女所居。元人夏庭芝的《青楼集》，便是为妓女立传的著作。

在中国古代社会，妓女包括官妓、营妓、私妓以及家妓等各种类型。有传说称，春秋时期的齐相管仲开设"女闾"，"女闾"就是中国历史上最早的官妓。闾，即门之意，在宫中设置门市，让女子居住在其中，这就成了官营娼妓行业的最早形式。汉武帝时期，开始设置营妓，所谓营妓，就是指军妓，"以侍军士之无妻室者"。（吴自牧《梦粱录》卷二十）唐宋以后，官营娼妓极为昌盛，到了元明两代依旧荣盛至极，一直到了清代才被革除。至于私妓，大多数认为在唐代之前就已经出现。唐人孙棨所著记载长安妓女的《北里志》中就有关于私妓的内容。如"王团儿"条记王"己为假母，有女儿数人"，这些"女儿"中有的就是王团儿所调养的私妓。宋代，私妓有了进一步发展。周密《武林旧事》记南宋杭州熙春楼等18家酒楼皆有私妓招徕客人："每处各有私名妓数十辈，皆时妆家庭袨服，巧笑争妍。夏月茉莉盈头，春满绮陌。凭槛招邀，谓之'卖客'。"

中国古代士人的狎妓之风之所以盛行，就是因为多种类型妓女的合法存在。士人和妓女之间的交往也往往被视为风流佳话传颂一时。古代士人不管是宴游集会，还是外出游玩，大多喜欢携带妓女随从助兴。例如东晋名士谢安就曾经携带妓女去东山游玩，后世的士人还常常对此事津津乐道，将之看作心旷神怡的一大乐事。如李白写道："谢公自有东山妓，金屏笑坐如花人。""我今携谢妓，长啸绝人群。"李白还有一首《江上吟》，诗曰："木兰之枻沙棠舟，玉箫金管坐两头。美酒樽中置千斛。载妓随波任去留。"

古代艳情小说《云影花阴》插图

在古代诗词歌赋中，以妓女为题材的数不胜数。据统计，《全唐诗》共收诗 49403 首，其中有关妓女内容就占了 2000 余首。《全唐诗》还收录妓女作者 21 人，共 136 首诗。

应该指出的是，古代士人狎妓并非都是后来的那种以性交为主要内容的活动，而常常是一种富有感情色彩的交往。唐以前，娼妓亦写作"倡伎"，并非专指女性卖淫。《说文解字》释"倡"："倡，乐也，从人，昌声。"伎的本意是伴侣的意思，《广韵·纸韵》："伎，侣也。"故倡伎是指以出卖声色为主兼及卖身的人。古代妓女，尤其是官妓和一些高级妓女，不仅姿色出众，还多才多艺，有一定的文化修养，或能歌善舞，或长于辞令。如唐代长安的妓女："多能谈吐，颇有知书言语者。"（《北里志·序》）因此，古代大多数士人与妓女交往主要是观看她们唱歌跳舞，或与她们喝酒、聊天、调情、外出游览。比如，唐代参加科举考试中第者除了在慈恩寺塔上题名，参加欢宴庆典外，还可以到平康里一游，平康里即唐代长安妓女聚集之所。《开元天宝遗事》记载：长安有平康坊，妓女所居之地，京都侠少萃集于此，兼每年新进士，以红笺或笺名纸游谒其中，时人谓此为风流薮泽。长安进士郑愚、刘参、郭宝衡、王冲、张道隐等十数辈，不拘礼节，旁若无人。每春时，选妖妓三五人，乘小犊车，指名园曲沼，借草裸形，去其巾帽，叫笑喧呼，自谓之"颠隐"。

从古代士人与妓女的交往看，越是有较高文化修养而精神世界丰富的男性，他同女子交往中就越少肉欲的成分，他会更看重友谊和感情的交流。清朱锡绶说："真好色者必不淫，真爱色者必不滥。"（《幽梦续影》）古代不少士人在与妓女交往中结下友谊，有的还由互相爱慕而结为终身之好。《太平御览》卷274记载了欧阳詹与太原妓生死不渝的故事。

欧阳詹于唐德宗贞元年间中进士，中举后，游太原，与一青楼女子相识，"情甚相得"，将离去时，与妓盟誓，表示待他回到京都，安排停当后，即迎娶她。欧阳詹回京师后，任国子监四门助教。这位女子"思之不已"，竟一病不起。病危中，她强撑起身体，剪下一绺头发放入匣中，对女伴说："吾且死矣，苟欧阳生使至，可以是为信。"又遗诗一首："自从别后减容光，半是思郎半恨郎，欲识旧时云髻样，为奴开聚缕金箱。"不久，欧阳詹派人迎接这位女子，女伴将情况告诉了来人，来人携匣归京，"具白其事，（欧阳）詹启函阅之，观其诗，一恸而卒"。

宋代文坛上的"苏门四学士"即黄庭坚、秦观、晁补之、张末，文、词俱佳，也都酷爱声妓，浪迹青楼。如黄庭坚，是著名的"江西诗派"的开创者。他的词有格调高雅的佳作，也有一些描写妓女生活的香词艳语。李昌龄《乐善录》说："黄鲁直好作艳语，诗词一出，人争传之。"有一次，他路经衡阳，遇营妓陈湘，喜其善歌舞; 知诗书，特赠《阮郎归》一首：

> 盈盈娇女似罗敷，湘江明月珠。
> 起来绾髻又重梳，弄妆似学书。
> 歌调态，舞功夫，湖南都不如。
> 它年末厌白髭须，同舟归五湖。

黄庭坚在词中表达了与陈湘结百年之好的意愿。后黄庭坚至宜州又寄《蓦山溪》一阕表达心意：

> 江上一帆秋，梦犹寻，歌梁舞地。
>
> 如今对酒，不似那回时，
>
> 漫书写，梦来空，只有相思是。

士人与青楼女子虽然萍水相逢，但有时也会撞激出爱情的火花。然而，士人若真想娶妓女为妻妾，也并非易事，家庭的责难和社会的非议使他们不敢贸然行事，只得将与妓女交往的风流韵事深深埋藏在心中，留下无穷的回味和深深的思念，这是古代诗词中相思的内容特别多的原因之一。

"苏门四学士"中的秦观就写下了不少羁愁别绪、伤感凄迷的相思词篇。秦观字太虚，后改字少游，号淮海居士，文名甚著。在人们心目中，秦观是一位风流多情的才子，在话本中有秦观与苏小妹的爱情故事，而《红楼梦》中写贾宝玉"神游太虚境"时，在秦可卿房中看到的则是"宋学士秦太虚写的一副对联"。在秦观的词中，写相思最有名的是《鹊桥仙》：

> 纤云巧弄，飞星传恨，银汉迢迢暗度，
>
> 金风玉露一相逢，便胜却人间无数。
>
> 柔情似水，佳期如梦，忍顾鹊桥归路。
>
> 两情若是久长时，又岂在朝朝暮暮。

作者把人间的爱情搬到了天上，从星汉迢迢联系到爱情的天长地久，再想象牛郎织女七夕相会，难舍难分。最后又向生活在现实的人们提出了一个严肃的问题：人生有限，人情易变，如何才能永葆两情的缱绻和长久？对此，作者用反问的句式作了回答："两情若是久长时，又岂在朝朝暮暮？"两情的久长与否并不在朝暮相会。这首词热情地歌颂了专一、真挚的爱情，又暗中流露了自己与恋人不能相会的痛苦心情。

明清易代之际，政治斗争激烈，民族矛盾突出，社党名流十分活跃，他们讽议朝政、裁量人物、彪炳气节、震惊朝野。一些识忠奸、明大义的青楼女子乐于结纳清流名士，由钦慕名士风采，进而以身相许。

明末名士陈贞慧，字定生，江苏宜兴人。其父为东林党人，因触怒魏忠贤而被免官。陈贞慧正直刚烈，疾恶如仇。崇祯六年（1633年），他到南京参加会试，结识秦淮名妓李贞丽，成为红尘知己。李贞丽虽为烟花女子，但颇有豪侠之气，她崇敬东林、复社人士，对陈贞慧亦早有耳闻，十分仰慕。二人相见后，倾诉衷肠，大有相见恨晚之感，经友人撮合，定下终身。

柳如是像

明清之际的著名文人钱谦益对秦淮名妓柳如是一往情深，结为伉俪后，二人共同探求学问，相得益彰。柳如是还代钱谦益接待甚至造访友人。一代名士钱谦益与名妓柳如是的结合，是因其思想、情趣、识见、抱负多有契合之处，且相互敬重、平等相待，这在古代是难能可贵的。

第二节 古代文人雅士的生活情趣

古代士人的生活品位

考察中国古代士人的生活会发现，古代士人的生活方式既受到社会制度和社会环境的制约，也与士人的品格和处境有直接的关系。

中国古代士人以天下为己任，具有强烈的参与意识和社会责任感，

华嵒绘《七贤图》

为实现理想和抱负，必须不断提高自己的知识水平，因此，古代士人几乎都有刻苦读书的经历。读书在士人生活中占有重要位置。当然，大多数士人是为入仕而读书，具有强烈的功利性。但是，他们刻苦学习、锲而不舍的精神一直鼓舞后人努力奋进、不断攀登。

在生活观念上，中国古代许多士人奉行"贵适意"的生活观。"贵适意"，即考虑问题、决定事情从是否符合自己的心愿出发，一旦不合己意，便毫不迟疑地另作打算。"贵适意"的生活观流行于魏晋时期。此时，社会动荡，政治斗争尖锐，社会现实的变化，促使士人个体意识觉醒，他们对儒家名教思想的认同感减弱，而信奉老庄自然无为思想，以"崇无"为特色的玄学风行一时，在生活上的表现便是"贵适意"。

"贵适意"生活观的特征是，儒家传统外在事功的追求让位于个体内在欲求的自足，生命价值取向偏向了自我。魏晋士人喜欢任心适志的个性化生活方式，如和峤有"钱癖"，王济有"马癖"；杜预有"《左传》癖"；桓冲有"旧衣癖"等。此外，王羲之爱养鹅；张湛喜在房前种松柏、养鸲鹆。这种种癖好，实际上都体现了我行我素的人生原则。魏晋士人有些举动在常人看来不那么合乎情理，可他们却习以为常，就是因为适意。如孙统喜欢游山玩水，每到一地，非玩痛快不可，有时在回来的路上突然感到游兴未尽，便折返回去再欣赏一番。他们交友也是如此，"嵇康与吕安善，每一相思，千里命驾"。

　　"贵适意"的生活观对古代士人的生活方式影响很大，许多士人注重生活情趣，讲究生活品位，使生活个性化、多样化。比如，古代士人喜欢饮酒，酒增添士人的生活乐趣，可以调节情绪，畅快地宣泄情感，酒还可以消愁解忧；在特定条件下，酒还能使人躲避祸灾。酒有时还能激发创作灵感，酒后赋诗、写字、作画是士人生活的一大雅兴。"贵适意"的生活观在士人饮酒中得到了生动的体现。游历山川也是古代士人生活中最惬意的事。士人通过观赏祖国秀丽的自然风光，调适身心，陶冶情操。他们写下了大量的游记和山水诗，至今为人们吟咏。琴棋书画是古代士人生活中的四件雅事。悠闲地抚琴，紧张地对弈，闲适潇洒地写字、作画，是士人高雅的精神享受，士人在琴棋书画中尽展自己的才华和智慧，士人与琴棋书画的逸闻趣事，至今为人们津津乐道。

　　观古代士人的生活，不能不提他们与青楼女子的交往。青楼女，即妓女，古代士人狎妓并非全是金钱与肉体的色情交易。古代的部分妓女不仅有姿色而且有才艺，她们绰约的风姿、俊爽的谈吐、超人的才艺对士人有很强的吸引力，甚至与士人浪漫理想中的异性伴侣暗合。古代士人中越是有较高文化教养而感情丰富的男子，与女子交往的肉欲成分就越少，他们喜欢的是友谊、知心、调情，他们与妓女之间的关系是一种感情的共鸣和互悦，文人与妓女交往常常会表现出一种超越理性的自由，绝非仅是床笫之事。

　　中国古代士人在生活中比较注重精神自由和文化品位的追求，所以他们的生活情趣多样、高雅、充实而且有意义。不过也应看到古代士人生活并非全是无忧无虑的"闲适之乐"。不少士人生活并不如意，他们或因仕途不畅，或因在政治上遭受排挤、或因对社会现实不满，在这样的处境下，他们既不能实现政治抱负，又不甘心就此沉沦、自暴自弃，于是只好寻找生活中的乐趣。在士人潇洒、旷达、高雅生活的背后，往往是失意、愤懑和无奈。看看阮籍之饮，谢灵运之游，柳永之词，八大山人之画，会深刻地感受到古代士人内心世界的复杂。对于失意的文人而言，所谓"闲适之乐"不过是"带泪的微笑"。

文人雅士与琴

在中国古代社会，琴几乎是文人雅士人手必备的乐器之一，琴，也泛指音乐。在士人的日常生活中，抚琴听曲可谓是极为美妙的精神盛宴，也是表达思想感情的重要方式之一。早在春秋战国时期，人们就被乐器的表现力所深深吸引。荀子在《乐论》中说道："君子以钟鼓道志，以琴瑟乐心。"钟鼓能发出金石碰撞的声音，其声雄浑优美，适合表达自己的意志；琴瑟则更加平淡温和，不追求声音有多么响亮，不追求技巧有多么高超，适用于静养身心。悠扬的琴声能将人带入神奇美妙的意境当中去，使精神世界获得满足。

许多古人都赞美过琴，西汉刘向在《琴说》中写道："凡鼓琴，有七利：一曰明道德；二曰感鬼神；三曰美风俗；四曰妙心察；五曰制声调；六曰流文雅；七曰善传授。"

桓谭在《新论》中说："八音之中，唯弦为最，而琴为之首。"宋代朱长文《琴史》中说："天地之和，其先于乐。乐之趣，莫过于琴。"

古代士人中有许多善弹琴的高手，他们以琴交友、以琴传情、以琴励志，充分展示了音乐的魅力。相传春秋时俞伯牙善弹琴，钟子期则善于听琴，当俞伯牙弹奏表现高山的乐曲时，钟子期便赞美说："善哉，峨峨兮若泰山！"当伯牙弹奏表现流水的乐曲时，钟子期又赞扬道：

古人抚琴图

"善哉，洋洋兮若江河！"通过琴声，俞伯牙和钟子期结成知心好友。钟子期死后，俞伯牙无比悲伤，"破琴绝弦，终身不复鼓琴，以为世无足复为鼓琴者"。这就是流传久远的俞伯牙摔琴谢知音的故事。

伯牙抚琴

西汉人司马相如长于辞赋，善于弹琴。在临邛，他以优美的琴声赢得了才貌双全的卓文君的爱慕。二人私奔成都，卓文君不嫌相如"家徒四壁"，一贫如洗，借资开一小酒馆，沽酒当垆。东汉人马融，"性好音乐，善鼓琴吹笛，笛声一发，感得蜻蜓出吟，有如相和"。东汉末年的蔡邕，博学多才，经史、书法、琴艺无所不通，尤善弹琴，曾创作著名琴曲《游春》《渌水》《幽居》《坐愁》《秋思》，合称"蔡氏五弄"。还撰著《琴赋》等论述琴乐的文章。蔡邕深谙乐器制作之道。一次他在南方听到吴人烧饭时一块木材爆裂之声不同寻常，当即将其抢救出来，制作成琴，音质果然优美动听，因为琴尾部尚留饮火烧焦的痕迹，故称"焦尾琴"。蔡邕的女儿蔡琰也极富音乐才华，"博学而有才辩，又妙于音律"。

魏晋是音乐理论和音乐演奏全面兴盛的时期。在音乐理论上，嵇康提出了《声无哀乐论》，对传统的儒家音乐观提出了挑战。

在中国古代，儒家一向强调音乐的政教功能，认为音乐中寓含着人民对政治得失的感受之情。《礼记·乐记》说："治世之音安以乐，其政和；乱世之音怨以怒，其政乖；亡国之音哀以思，其民困。声音之道，与政通矣。"儒家认为，统治者可以根据音乐中所反映的人民情绪来调节统治方法："是故审声以知音，审音以知乐，审乐以知政，而治道备矣。"这种审乐知政的音乐观，后来被进一步夸大，认为圣人能够从音乐声中推测出吉凶祸福等信息。儒家的音乐观对音乐赋予了过多的政治伦理内容，不利于人们用音乐表达"自然之音"，抒发真实感情。这种音乐观对人有很强的束缚作用。以嵇康为代表的士人则反对儒家的音乐观。

文人雅士与棋

围棋和琴一样，也是中国古代士人生活中一项重要的精神文化活动。琴是通过美妙动听的乐曲打动人心，使人获得精神上的享受；棋则是通过静默和沉思以调节情绪，并汲取生活智慧。

围棋也称"弈"，相传尧舜时期便有围棋了。西晋张华所著《博物志》云："尧造围棋以教子丹朱，或曰舜以子商均愚，故作围棋以教之。"此传说虽无可靠根据，但说明自古以来下围棋不仅是娱乐，还具有教育功能。孔子曾对学生说过："饱食终日，无所用心，难矣哉！不有博弈乎？为之犹贤乎已。"（《论语·阳货》）孟子也曾以下棋作比喻教育学生。有个棋艺高超的棋手叫弈秋，他教两个学生下棋，其中一个专心致志；另一个虽然听讲，心里却想着窗外将有大雁飞过，如何用箭射下来。两人虽然都跟弈秋学习，但效果却天差地别。

围棋所表现的是军事方面的智力游戏，不仅具有刺激性和挑战性，还包含着极丰富的艺术性和创造性的因素。东汉人马融在《围棋赋》中说："略观围棋，法于用兵，三尺之局，为战斗场。陈聚士卒，两敌相当，怯者无功，贪者先亡。"围棋以其巨大魅力深为古代文人士大夫所喜爱。

唐代，围棋活动更为普及。唐朝皇帝中有不少喜欢围棋的。唐玄宗时，特设棋待诏官职，官阶九品，与画待诏、书待诏同

古人弈棋图

属翰林院。棋待诏虽然官品不高，但这一制度却确立了围棋在中国古代文化史中的地位。

唐代著名的棋待诏有王积薪、顾师言、王叔文等人。王积薪棋艺高超。开元初，围棋高手冯汪号称天下无敌，在太原尉陈九言府邸"金谷园"摆下擂台，连续击败各路名将，王积薪也来应战，他与冯汪大战九局，最终取得胜利。王积薪把这九局棋都记录下来并加以评注，名为《金谷园九局谱》，这部棋谱在唐代棋界影响很大，宋代后亡佚。唐末诗人韩偓在一首诗中写道："手风慵写八行书，眼暗休看九局棋。"可见这九盘棋棋势复杂。王积薪还著有《棋势图》《凤池图》《棋诀》等棋书。他精深的棋艺来自于平日的勤奋，每次出游总是带着围棋，一路上以棋会友，即使平民百姓与他对弈，他也不推辞。由于他手不离棋，勤于思考，棋艺不断提高，为唐时第一人。

宋代围棋更加普及。许多政治家、文学家、科学家都是围棋爱好者。欧阳修喜欢下围棋，晚年尤甚。他自号六一居士，其中就有一局棋，说明围棋是他生活中不可缺少的内容。他的《梦中作》曰：

> 夜凉吹笛千山月，路暗迷人百种花。
>
> 棋罢不知人换世，酒阑无奈客思家。

欧阳修最钟情的五件事是琴、棋、书、酒和金石遗文，这五样给他带来了艺术享受和精神愉悦，对此，他深有感触地说："吾之乐可胜道哉！方其得意于五物也，泰山在前而不见，疾雷破柱而不惊，虽响九奏于洞庭之野，阅大战于涿鹿之原，未足喻其乐且适也。"（《六一居士传》）

宋代著名的政治家和文学家王安石将下棋作为一种休息方式，以此调适自己的情绪，他在《棋》诗中写道：

> 莫将戏事扰真情，且可随缘道我赢。
>
> 战罢两奁收黑白，一枰何处有亏成。

在王安石看来，下棋最终的结果还是要将棋子放回原来的盒子中，因此，胜负并无得失，大可不必"扰真情"。透过王安石对围棋的看法，不难发现作者旷达通脱的人生态度。宋代著名诗人黄庭坚也是一个围棋迷，他有《弈棋两首呈任公渐》（其一），诗曰：

> 偶无公事负朝暄，三百枯棋共一樽。
>
> 坐隐不知岩穴乐，手谈胜与俗人言。
>
> 薄书堆积尘生案，车马淹留客在门。
>
> 战胜将骄疑必败，果然终取敌兵翻。

从此诗可见诗人着迷围棋到何等程度，公文上已积满了灰尘，车马在门外滞留已久，可是他全然不顾，定要在棋盘上拼个高低。在此诗其二，黄庭坚写道：

> 偶无公事客休时，席上谈兵校两棋。
>
> 心似蛛丝游碧落，身如蜩甲化枯枝。

这里表现了诗人下棋意志集中，已达到忘我境界，若不精通围棋，是不会有此体验的。

陆游也酷爱围棋，他写下了许多咏棋的优美诗句。如"畦地闲栽药，留僧静对棋"。（《用短》）"午枕为儿哦旧句，晚窗留客算残棋"。（《闲中书事》）"消日剧棋疏竹下，送春烂醉乱花中"。（《书怀》）"懒爱举杯成美睡，静嫌对弈动机心"。（《幽居》）透过这些诗句，可以看到下棋为陆游的生活增添了许多乐趣。

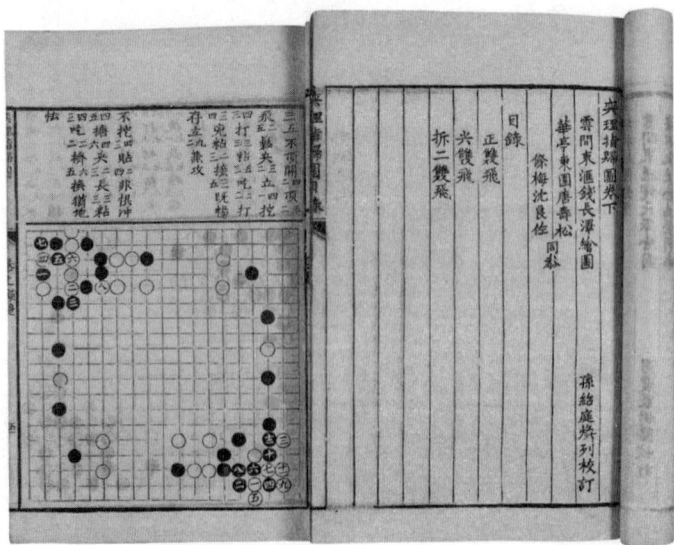

古棋谱

明清时期，由于商品经济的发展，城市日益繁荣，商人和市民阶层发展壮大，围棋也进入了市民文化，受到了他们的喜爱。而文人士大夫阶层擅长下围棋的人更是不可胜数。弈棋、观棋、评棋成为士人生活的重要内容，是表现他们才智的重要方式。

清代是中国围棋史上的鼎盛时期。此时，新老棋手交相竞逐，围棋高手不断涌现，继过百龄之后，黄龙士又成为一代新棋王。黄龙士，名虬，又名霞，字月天，江苏泰县人。自幼天资过人，16岁便成为国手。他可称天才棋手，曾与誉满棋坛的围棋高手盛大有鏖战七局，连战皆捷，震惊棋坛。后又战胜各路高手，威震棋坛，可惜英年早逝，是棋界的一大损失。

文人雅士与酒

一般讲，中国古代士人在日常生活中对饮食不那么讲究。孔子云："君子谋道不谋食。"提倡"食无求饱，居无求安"。追求的是高尚的精神境界和道德的完善。但是，士人对酒却情有独钟。没有酒，便没有诗；没有酒，士人的生活将毫无生气，一片苍白。

中国人饮酒的历史可谓源远流长，相传黄帝时就有了酒。在距今五千年左右的龙山文化遗址中曾发现不少陶制酒器。据《战国策·魏策二》记载，大禹时"仪狄作酒而美，进之禹，禹饮而甘之"，称为"旨酒"。古代还传说"杜康造酒"。据《世本》及《说文解字》记载，杜康造酒里杜康即少康，是夏代国君，曾将一度失去的政权重新恢复，史称"少康中兴"。后来人们把黄帝、仪狄、杜康视为酒的创始人，杜康也成为酒的代称。

酒是人们生活中不可缺少的一部分。《汉书·食货志下》载："酒者，天之美禄。帝王所以颐养天下，享祀祈福，扶衰养疾，百礼之会，非酒不行。"对于古代士人来说，酒还有许多妙用。由于饮酒后可麻痹中枢神经，使人身心放松，暂时忘却忧愁烦恼，并可以尽情宣泄内

韩熙载夜宴图

心的喜怒哀乐，于是饮酒便成了士人解脱忧愁和烦恼的最好办法。

士人饮酒之风盛行于汉末魏晋时期。此时，战争频频，社会动荡，疾疫流行，人口大量死亡。残酷的现实使人们感到生命短暂易逝，加之此时道家思想抬头而带来的对生命的悲观的思想，于是忧生成为一种社会思潮，在诗文中处处可见。

如何才能解脱这无尽的忧愁，充分享受短暂的人生呢？人们不禁想到了酒，酒无疑是解忧浇愁的最好饮品了。

的确，面对时光飘忽，生命无法把握的残酷现实，人是束手无策的。要消除对死的恐惧，恐怕也只有从酒中获得暂时的快感和享乐了。汉末魏晋时期，许多士人都将饮酒视为生活中高于一切的事。如建安七子之一的孔融说："坐上客恒满，樽中酒不空，吾无忧矣！"（《后汉书·孔融传》）

促成此时饮酒成风的另一个原因是这时政治斗争尖锐复杂，卷入政治旋涡的士人稍有不慎便会丢掉性命，尤其在魏晋嬗代之际，司马氏为夺取政权，对士人实行高压政策，顺者昌，逆者亡，使士人感到万分恐惧，他们进退维谷，如履薄冰，为保全自己，便拼命喝酒，以酒解愁，以酒避祸。著名的竹林七贤个个都是饮酒的高手。性格刚烈的嵇康不愿与司马氏合作，声称"浊酒一杯，弹琴一曲，志愿毕矣"。

酒有优劣之分，君子亦有真伪之别。魏晋时期，有识之士常用酒解忧避祸，而那些放荡之士则借酒遮丑，一味享乐，二者不可同日而语。正如晋代隐士戴逵所说："竹林之为放，有疾而为颦者也，元康之为放，

古人饮酒图

无德而折巾者也。"

古代士人中真正能领略到饮酒之乐的是陶渊明。他弃官隐居后，终日以酒做伴。恬静闲散的乡村生活。使他得以从品味酒的甘苦中来感悟人生。在宁静的夜晚，陶渊明常常看着墙上自己的影子独自斟酌，醉酒后便作诗抒怀，酒在陶诗中几乎处处可见。饮酒使陶渊明的心境更加平和、自然，体验到人生的乐趣。

唐宋以后，酿酒技术较前有所提高，各地都有名酒，士人饮酒之风更盛。为了喝到适合自己口味的酒，唐代有的士人在家自己酿酒。如诗人王绩雇人"春秋酿酒"。(《新唐书·王绩传》)他还向善酿酒的焦革学习酿酒法。唐太宗时的名臣魏征向西域胡人学习酿酒法，酿成的美酒用金瓮贮盛10年，味道醇美。唐太宗在魏征家饮用此酒，十分欣赏，写诗称赞道："千日醉不醒，十年味不败。"宋代大文豪苏轼也喜欢自己酿酒。他能根据不同地方的不同原料来酿酒。谪居黄州时，他自酿蜜酒招待客人，在定州时，酿松酒，在惠州做桂酒、真一酒等。苏轼对桂酒特别欣赏，在诗、赋、颂、尺牍中多处提到桂酒。桂酒是用桂皮酿成的酒，"酿成玉色，香味超然"。常饮桂酒可以抗瘴毒，养生延寿。苏轼还作《桂酒颂》，称赞桂酒的妙用："甘终不坏醉不醒，辅安五神伐三彭。肌肤渥丹身毛轻，泠然风水罡水行。"

苏轼性情豪爽，是至性之人，不善饮却喜饮，不能饮却喜见人饮，可见他的情感之真，胸怀之广，他喝酒喝的是一份性情。苏轼还写过一篇《醉乡记》，描绘了他在醉中向往的胜地。那里土地"旷然无涯，无丘陵阪险，其气和平一揆，无晦明寒暑；其俗大同，无邑居聚落；其人甚精，无爱憎喜怒。吸风饮露，不食五谷。其寝于于，其行徐徐。鸟兽龟鳖杂居，不知有舟车器械之用"。苏轼的醉乡游，不仅是酒后的幻觉，更是他的理想的追求。如果说苏轼的(《醉乡游》)对饮酒之趣的描绘似乎有些缥缈，而善豪饮的李白在《醉吟诗》中对酒中之趣就说得明白透彻了：

天若不爱酒，酒星不在天。

地若不爱酒，地应无酒泉。

> 天地既爱酒，爱酒不愧天。
>
> 已闻清比圣，复道浊如贤。
>
> 圣贤既已饮，何必求神仙？
>
> 三杯通大道，一斗合自然。
>
> 但得酒中趣，勿为醒者传。

在李白看来，酒中之趣在于通大道合自然，这是只能意会不能言传的。宋代文学家欧阳修也是爱酒之人，号称"醉翁"。他也和苏轼相似，不善酒，"饮少辄醉"。但深知饮酒之趣，即爱酒之心实在酒外，"醉翁之意不在酒，在乎山水之间也。山水之乐，得之心而寓之酒也"。（《醉翁亭记》）

士人酒量大小各异，但饮酒后所感受到的精神愉悦则是相同的。正如元好问在《后饮酒》中所说：

> 酒中有胜地，名流所同归。
>
> 人若不解饮，俗病从何医？

元好问所说的饮酒能免"俗病"，不与世俗合流，是指饮酒微醉时，可以暂时摆脱现实的束缚，返璞归真，求得身心的放松和精神的自由，这是士人饮酒的最大乐趣所在。饮酒后，人常有直率、自然的表现，能展示真实的自我。

苏轼认为，即使生活贫寒，有一瓢酒也不愿自己享用，因为独饮缺乏趣味。如常言所说，"茶宜静，酒宜喧"。"喧"即指饮酒应有一定气氛，许多士人都愿与好友、家人相聚而饮，谈笑风生，其乐融融，会感到无比的畅快。白居易有一首《问刘十九》，便是诗人向好朋友刘十九发出的热情邀请：

> 绿蚁新醅酒，红泥小火炉。
>
> 晚来天欲雪，能饮一杯无？

绿蚁指新酿的酒。酒在未滤清时，上面浮起酒渣，色微绿细如蚁，故称"绿蚁"。在欲雪的寒天，与好友坐在通红的小火炉旁，共饮一壶好酒，推心置腹地交谈，无拘无束，暖意融融，这充满生活情趣的场面，多么惬意！

唐代，长安的士人还喜欢到有胡姬的酒肆聚会畅饮。唐代时期，对外贸易发达，长安城内居住着许多胡商，在胡人开设的店肆中，有不少酒肆，酒肆中的侍者多是擅长歌舞的胡女，故称胡姬酒肆。胡姬酒肆具有独特的异国情调，文人墨客大多喜欢到这里饮酒聚会。李白在《少年行》中写道：

五陵少年金市东，银鞍白马度春风。

落花踏尽游何处？笑入胡姬酒肆中。

士人爱到胡姬酒肆聚饮，一是因为这里的酒都是西域名酒，味道醇美；二是胡姬容貌靓丽，打扮入时，善解人意。李白对胡姬酒肆兴趣浓厚，经常前去饮酒，"细雨春风花落时，挥鞭直就胡姬饮"。边饮酒，边欣赏胡姬歌舞，无比畅快，乐不思归。李白还有诗云："胡姬貌如花，当垆笑春风。笑春风，舞罗衣，君今不醉将安归！"（《前有樽酒行》）李白生于西域，可能对西域风情有一种天然的亲近感吧！

古代士人饮酒，无论是独饮还是对酌，无论是在花前月下还是在山林老泉，追求的是"酒中趣"。只要知趣，便悠然自得。

中国古代士人喜欢酒后作诗，酒助诗兴，于是有人认为作出好诗须饮好酒，这有一定的道理。因为酒后似醉非醉之时，身心放松之下，外在的束缚几乎不存在了，思路愈显敏捷，灵感容易闪现，于是佳句常常信手拈来。正如清人张潮在《幽梦影》中说："有青山方有绿水，水唯借色于山；有美酒便有佳诗，诗亦乞灵于酒。"陶渊明常常在饮酒后写诗，酒不仅使陶渊明远离了尘世的烦恼，还激发了他的创作灵感，写下许多篇佳作。正如梁萧统所说："有疑陶渊明诗，篇篇有酒。"

美酒点燃了灵感的

古人饮酒图

火花，文才又借美酒发挥得淋漓尽致。有人向阮籍求文，阮籍就醉挥笔而就，不加稍饰，"时人以为神笔"（《世说新语·文学》）；杜甫自己不仅有"醉里从为客，诗成觉有神"（《独酌成诗》）的体验，对李白诗创作与酒之关系也有较深刻的认识："李白斗酒诗百篇，长安市上酒家眠。"（《饮中八仙》）杜甫认为，许多时候是美酒激发了李白浪漫豪迈的激情。李白有大量的诗篇是以酒为题或与酒有关的，激情奔涌，热烈飞动，让人充分体会到了酒所释放的巨大能量。

在宋代，有许多诗人谈到自己真切体验到的、在酒激发下难以抑止的创作冲动。刘克庄的"酒酣耳热说文章，惊倒邻墙，推倒胡床。旁观拍手笑疏狂，疏又何妨，狂又何妨"（《一剪梅》），是写他与朋友在酒酣耳热之时，谈古论今，评说文章，手舞足蹈，雄放恣肆，大有不可一世之慨。对诗酒关系感受最真切、表述得也十分形象生动的要推南宋诗人华岳的"酒入诗肠句不寒"（《酒楼秋望》）了，酒熨热了满腹的诗情，诗人俯仰今古，激情涌动，禁不住慷慨高歌，出口之言自然是句句炽热、字字滚烫。与李白一样，苏东坡在酒中醉中也写下了许多诗篇，"醉书""醉题"字样屡屡出现在其诗题中，如《六月二十七日望湖楼醉书》（五首）中的"我本无家更安往，故乡无此好湖山"，便表现了他不畏贬谪，在人生的风浪中寻找快意、抒发豪情壮志。陆游亦是如此："饮如长鲸赴汤海，诗成放笔千觞空。"（《凌云醉归作》）气势磅礴，急斟豪饮，诗成酒尽。陆游在酒中吟诗，也在醉中疾书："今朝醉眼烂岩电，提笔四顾天地窄。忽然挥扫不自知，风云入怀天借力。神龙战野昏雾腥，奇思摧山太阴黑。"（《草书歌》）诗人醉中提笔，双目灿然如电，天地因此狭窄，奋笔疾书之时，又仿佛大自然借力给他，那种淋漓酣畅，那种狂放奔越，大有"草圣"张旭之风。

如此看来，酒在某种程度上确实可以起到助文思、长灵感的作用。但是，如世上任何东西都不是万能的一样，酒自然也不是万能的，酒能伤神，亦能乱性，诗人要得力于酒，就应是酒的主人，而不是酒的奴仆。如嗜酒无度，不加节制，不仅对创作无益，还会导致料想不到的悲剧性后果。历代不乏纵酒身亡者，魏晋名士王忱就是因纵酒过度而身亡；清代戏剧家洪升也因在船中饮酒大醉，失足坠水而死。

中国古代文人与酒之关系，有鲜明的时代特点，时代带给他们的无论是活力还是压抑的痛苦，酒都是不可缺少的催化剂或缓解剂。没有催化，不足以成其狂放豪宕之气；没有缓解，内心的压抑痛苦就会将他们推向绝境，推向不堪忍受的死亡的边缘。酒的或催化或缓解的奇妙作用，调节了他们与时代与社会的弹性距离，也调节了他们自我心理的空间，使他们能够比较从容地走完自己的人生之旅。

文人雅士与茶

茶与酒一样，也是中国古代士人生活中的重要饮品。中国是茶的故乡，中国人饮茶的历史可上溯到上古黄帝时期。炎帝也叫神农氏，相传他教人们播种五谷，又教人们识别各种植物，茶也是他发现的。《神农本草经》载："神农尝百草，日遇七十二毒，得茶而解之。""茶"与"茶"字通。《尔雅·释木》："槚，苦荼也。"东晋郭璞《尔雅注》认为"荼"即为茶树，"树小如栀子。冬生叶，可煮作羹饮。今呼早采者为茶，晚取者为茗"。中国古代茶有多种称呼。唐代茶圣陆羽在《茶经》中总结茶的名称，说："其名，一曰茶、二曰槚、三曰蔎、四曰茗、五曰荈。"一般认为，唐代定型为茶。

最初，茶是作为药物为人利用的。从神农尝百草的传说中可知，早期人们饮茶主要用来解毒。同时茶还具有醒脑、提神的作用。《神农本草经》说："茶叶苦，饮之使人益思、少卧，轻身明目。"晋人杜育在《荈赋》中说，茶可以"调神和内，倦解慵除"。《神农食经》："茶茗宜久服，令人有力、悦志。"悦志，指神情爽快。

中国最早种植茶树的地区是巴、蜀、滇。《华阳国志·巴志》记载："自西汉至晋，二百年间，涪陵、什邡、南安、武阳、皆出名茶。"汉代茶已进入民众的日常生活中。汉宣帝时，王褒给童仆规定的日常杂役中就有"武都买茶""烹茶尽具"两项。说明当时已有茶的买卖。魏晋时期饮茶的范围逐步扩大，上至官府，下至民间都有饮茶习惯。《三

古人饮茶图

国志·吴书·韦曜传》记载，东吴皇帝孙皓每与大臣宴饮，竟日不息。他让大臣每次至少喝七升酒，否则予以处罚。韦曜不善饮酒，孙皓照顾他，便密赐以茶水，允许他以茶代酒。

中国古代对茶文化贡献最大的是陆羽。陆羽，字鸿渐，生于唐玄宗开元年间，他是个弃儿，自幼被龙盖寺和尚积公大师收养。积公为唐代名僧，陆羽得其教诲，深明佛理。积公好茶，陆羽专为他煮茶，时间一长，他就学到了高超的采制、煮饮茶叶的手艺。后来，陆羽游遍各地古刹，结识了不少善烹茶叶高僧。他不断总结经验，吸收前人的成果，著成《茶经》一书。《茶经》是我国第一部关于茶叶的源流、生产技术、饮茶技艺和茶道原理的综合性论著。《茶经》对中国茶文化的发展及饮食文化都产生了巨大的影响。《新唐书·陆羽传》说："羽嗜茶，著《经》三篇，言茶之源、之法、之具尤备，天下益知茶矣。时鬻茶者，至（制）陶羽形置汤突间，祀为茶神……其后尚茶成风。"陆羽被后人称为"茶圣"。

佛教禅宗仪规对中国古代饮茶风尚的流行也起了重要作用。隋唐时期，佛教得到很大发展，尤其佛教中的禅宗，以其仪规简便深受信佛者的欢迎。禅宗主张佛在内心，提倡静心、自悟，所以要"坐禅"。

坐禅不仅要专注一境，还要求坐姿端正，"不动不摇，不委不倚"。长时间打坐容易使人困倦，而饮茶解渴，有醒脑提神、消除疲劳的作用，因此，茶便成为佛教徒的理想饮品。唐代，士人常常以茶点会友，称"茶会""茶宴""汤社"。唐"大历十才子"之一钱起，与好友赵莒相聚饮茶，他写下著名的《与赵莒茶宴》，诗曰：

竹下忘言对紫茶，全胜羽客醉流霞。

尘心洗尽兴难尽，一树蝉声片影斜。

诗人以清新的笔调描述了饮茶的环境、气氛，表达了以茶会友的雅兴。诗中"竹下忘言"，比喻朋友之间的亲密友好。此典出自《晋书·山涛传》："山涛与嵇康、吕安善，后遇阮籍，便结为竹林之交，著忘言之契。"

当时家庭日常生活中饮茶也为常事。晋代诗人左思的《娇女诗》就记述其女儿急于喝茶，"心为茶荈剧"便对着煮茶的锅鼎吹火。这时在市场上也可以买到茶。晋惠帝时太子司马通指使属下贩卖茶、菜等物，大臣江流曾上书予以劝谏。《南齐书·武帝记》载：南齐武帝萧赜临终前遗诏，说："我灵上慎勿以牲为祭，唯设饼、茶饮、干饭、酒脯而已。"可见江南饮茶风气之盛。这时北方还不习惯饮茶，他们喜欢酪浆，即经过加工的牛羊奶。《洛阳伽蓝记》卷三记载，南齐时，秘书丞王肃投奔北魏后，不习惯北方饮食，"不食羊肉及酪浆等物"，吃饭时常以鲫鱼羹为菜，渴了便喝"茗汁"，而且"一饮一斗"。洛阳士人很惊讶，称他为"漏卮"。

在北魏贾思勰所著《齐民要术》中，将茶列入"非中国物篇"，即不是北方所产。说茶以浮陵所产为最佳。"浮陵，可能是音同形似的涪陵，三国设涪陵郡，治所在今四川彭水县，其地与湖北、湖南接壤"。（见缪启愉《齐民要术校释》，农业出版社，1982年版）东晋初，一些南渡的士大夫尚不习惯饮茶，《世说新语·纰漏》还记载了晋室南渡之初，北方文士任瞻过江，在一次宴会上，主人请他喝茶，他问："这是茶还是茗？"在坐者一听这外行的提问，都感到诧异，任瞻看到大家的神情不对，连忙改口说："我刚才问的是，喝的是冷的还是热的。"

由此可见不懂喝茶，在士人圈子里是会被人看不起的。

五代宋以后，士人聚会饮茶更为普遍。五代时，和凝与朝官共同组织"汤社""递日以茶相饮"，即轮流做东，请同僚饮茶。并规定"味劣者有罚"。从此"汤社"成为士人聚会饮茶的一种形式，开了宋代斗茶的先河。

宋代，士人相聚饮茶，流行斗茶。斗茶也称"茗战"，是士人集体品评茶优劣的游戏。宋人唐庚在《斗茶记》中说："政和二年三月壬戌，二三君子相与斗茶于寄傲斋，予为取龙塘水烹之第其品，以某为上，某次之。"斗茶强调的是"斗"即品评，茶之色、味俱佳，方能成为胜利者。

宋代士人斗茶之风提高了品茶技艺，也促进了制茶工艺的改进，为士人生活增添了许多乐趣。

宋代士人也喜欢到茶肆饮茶。茶肆也叫茶坊、茶铺、茶屋。北宋汴梁有许多茶肆，特别是在商店集中的潘家楼和马行街，茶肆最兴盛。南宋临安商业发达，饮茶处甚多，据吴自牧《梦粱录》载：士人常去的茶肆有车二儿茶肆、蒋检阅茶肆等。《萍州可谈》记载"太学生每

古人饮茶图

略有茶会，轮日于讲堂集茶，无不毕至者"。

明清时期，茶肆称茶馆，士人饮茶注重雅兴，常常到那些干净整洁的茶馆饮茶。著名的"吴中四杰"，即文徵明、祝枝山、唐伯虎、徐祯卿，多才多艺，琴棋书画无所不能，他们都喜爱饮茶。文徵明、唐伯虎有多幅茶画流行于世。文徵明是明代山水画的宗师，他的茶画有《惠山茶会记》《陆羽烹茶图》《品茶图》等。唐寅的茶画有《烹茶画卷》《品茶图》《琴士图卷》《事茗图》等。这些画多以自然山水为背景，体现了饮茶人对自然脱俗生活的向往。

明代士人还写了大量的茶书。明太祖朱元璋的儿子朱权，自幼聪慧，精于史学，对佛道教也有研究。但一生经历并不顺利，他与明成祖朱棣关系不好，后隐居南方，时常饮茶释怀，以茶明志。他曾著《茶谱》，说饮茶可以使"鸾俦鹤侣，骚人羽客，皆能去绝尘境，栖神物外，不伍于世流，不污于时俗，或会于泉石之间，或处于松林之下，或对皓月清风，或坐明窗净牖，乃与客清淡款话，探虚玄而参造化，清心神而出尘表"。可见，朱权饮茶是要让自己"栖神物外""清心神而出尘表"，获得精神上的解脱。除朱权外，明代有名的茶书还有顾元庆的《茶谱》、田艺衡的《煮茶小品》、徐献忠的《水品全秩》等。这些著作是对自陆羽《茶记》以来历代茶学的总结，极大地丰富了古代的茶文化。

清王朝建立之初，封建统治者加强了对士人的控制，许多士人失去了对社会的信心和理想，只能以茶寄托情思，显示雅趣。他们特别讲究茶汤之美，并喜欢在室内静静地品茶。文震亨在《长物志》中说，他于居室之旁构一斗室，相傍书斋，内设茶具，教一童专主茶役，以供长日清谈，寒夜独坐。清代士人饮茶，希望人越少越好，陆树声在《茶寮记》中说："独饮得神、二客为胜、三四为趣、五六日泛、七八人一起饮茶便是讨施舍了。"

清代士人饮茶不像明代士人那样喜欢到山间清泉之侧鸣琴烹茶，追求与大自然的契合，而喜欢独自静饮，这一转变反映了他们在严酷的政治时局面前心灵世界的封闭和对理想追求的放弃。

第十章

古代文士的逸事与典故

第一节　求学问道

孔子设计劝学

传说，在孔子办学的时候，有一个十分聪明的弟子深得他的喜爱，这个弟子叫颜琛。有一天，颜琛来找孔子请教问题。他刚走到窗前，就听到里面有人正在谈论他。仔细一听，原来是孔子和他的一个好朋友——东门长老在叙谈。

东门长老说："您不是说过，颜琛很聪明吗？"

"是有点聪明，不过，他没有苦学精神。"

"噢！那么他将来会有什么造就呢？"

孔子低声说道："他不愿苦学，我从来就没有指望他能成大才。"

"啊？"颜琛觉得大脑"嗡"的一声，就再也听不下去了。他扭头跑回卧室，用竹简留下句"三年以后再回来"，便卷起铺盖回家了。

他回到家后，什么也没和家人说，就自己动手拾掇起书房来。从此以后，他就专心读书，发愤苦学。他心里一直憋着一口气：三年后，再让你孔老先生瞧瞧到底是谁不苦学？谁不能成才？

一年后，孔子来找颜琛。颜琛还在生气，让家人向孔子撒谎说他不在家。孔子没说什么，扭头走了。

颜琛拒见孔子后，更加发愤了，吃饭时，也盯着书简，睡梦里，也喃喃吟诗。

眨眼之间，又是一年过去了，孔子又来找颜琛。颜琛听了，仍然没有搁笔，让家人向孔子撒谎说自己病了。孔子笑了笑，还是那句"改日再来"。

第三年的这一天，颜琛早早地起了床，刚到书房，就听见孔子又来了。颜琛"噔噔噔"跑向大门外，急忙行跪拜行礼，然后，亲自把孔子迎了进来，请到了上座。与孔子同路而来的还有东门长老。

孔子刚落座，就喜滋滋地拿出一块竹简，递到了颜琛面前。颜琛一看，是他当年写的"三年以后再回来"。

孔子说："我按时来了。"颜琛急忙站起身说："我刚要收拾一下去见恩师，没想到您倒先来了。"说完，他抱过一大抱卷简往孔子面前一放，说："恩师请您考吧！"

"好！"孔子答应了一声，便考问了起来。他专拣书中最难的问题提问，颜琛呢，不慌不忙，对答如流。

考了半天，孔子把书"啪"地一放，站起身，一把拉住颜琛的手说："好！好！有志气呀！"接着，又转身对东门长老说："在我的这三千弟子之中，颜琛可谓独占鳌头了。"

孔子论孝图

颜琛急忙向孔子深深施了一礼，诚心诚意地说："三年前，我不辞而别，还望恩师恕罪呀。"

孔子笑道："你是听到我们二人说你的坏话了吧！"

颜琛忙说："不是坏话，是激励我苦学三年的宝贵之言呀！"

"你今天总算明白了！"东门长老对颜琛说。孔子接过话茬说："这样一来，不仅使你克服了不愿自学的毛病，同时也使你在三千弟子中终于夺得了魁首！"

陶渊明授学有方

陶渊明退归田园隐居后，有不少读书少年向他求教。一天，他家里来了位少年，这少年行礼之后非常诚恳地说："小辈非常敬仰先生的知识，有心向先生讨教读书妙法，望先生指教。"

陶渊明一听这话便皱了眉头，他想责备少年幼稚可笑，在做学问时竟想找捷径。转念一想：少年是虚心讨教的，对晚辈应当循循善诱嘛！于是他严肃地说："年轻人，常言说'书山有路勤为径'，你可理解其中的含义？"

陶渊明像

少年听了似懂非懂，不很明白。陶渊明拉着他走到一块稻田边，指着一棵尺把高的禾苗说："你聚精会神地瞧一瞧，看禾苗是不是在长高？"少年目不转睛地看了半天，眼睛都酸了，那禾苗却仍然和原来一样不见长高。他失望地对陶渊明说："没见长呀！"

陶渊明又把少年带到溪边的大磨石前问道："你看看那块石头，那磨损的马鞍一样的凹面，它是在哪一天被磨损成这样的呢？"少年想一想，说："不曾见过。"

陶渊明耐心地启发诱导说："要你看禾苗，是想让你知道，虽然眼睛观察不到，但禾苗的确是每时每刻都在生长的。如同我们做学问，知识的增长也来自平时一点一滴的积累，我们自己也没有觉察到。但是只要持之以恒，就可以见成效。所以人们说'勤学如春起之苗，不见其增，日有所长'。"

少年点点头，说："我明白了，这磨损的刀石是年复一年地磨损才成马鞍形的，不是一天之功。先生，我说的是不是？"

陶渊明赞许地点点头，接着说："从这磨石，我们可以悟出另一个道理，'辍学如磨刀之石，不见其损，日有所亏'。学习一旦中断，所学的知识会在不知不觉中忘掉。"

少年一下子豁然开朗，叩首拜谢道："多谢先生，小辈明白了'勤学则进，辍学则退'的道理，从此再不妄想学习妙法了。"

陶渊明高兴地对少年说："我给你题个字吧。"挥起大笔写道：

勤学如春起之苗，不见其增，日有所长。

辍学如磨刀之石，不见其损，日有所亏。

少年恭恭敬敬地接过字幅，一直把它当作对自己勤学苦练的告诫。

一字之师

唐朝时有个叫齐己（863—937 年）的和尚，是当时著名的诗僧，每天登门求诗的人络绎不绝。

一天，天降大雪。望着漫天飞舞的雪花，齐己忽然来了兴致，他决定出去踏雪赏梅。站在村外一处土丘上，齐己举目远眺，只见远远近近、高高低低都是雪，小村庄在雪的怀抱中显得那么安静、祥和。齐己心中不禁油然而生出一份感动、一份惊异，他惊异于造物主的神奇。忽然，不远处的一点红色吸引了齐己的注意，原来，村头不知是谁家种了一株梅树，那伸出墙外的几枝梅花已经开放。在这白茫茫的世界里，它们显得那么鲜艳，那么耀眼！分明是在向人们昭告：春天就要来了！

很自然地，齐己的笔端流淌出这样的诗句：

郑谷像

万木冻欲折，孤根暖独回。

前村深雪里，昨夜数枝开。

风递幽香出，禽窥素艳来。

明年如应律，先发望春台。

齐己斟酌再三，将这首诗的题目定为《早梅》。

齐己认为，这是迄今为止他最满意的一首诗。按捺不住激动的心情，第二天，他起了个大早，拿着诗卷急匆匆地赶到袁州见好朋友郑谷，请他给新诗提意见。

郑谷（约851—约910年）也是唐代有名的诗人，因写《鹧鸪诗》而诗名远播，人称郑鹧鸪。

郑谷从齐己手中接过诗卷，反复读了几遍后，笑着对齐己说："既然你写的是早梅，就应该在诗中突出一个'早'字。数枝梅花竞相怒放，虽然很美，也报道了春到的消息，但不够贴切，感觉它还算不上最'早'。要是把它改为'前村深雪里，昨夜一枝开'似乎更好些，你说呢？"

"画龙点睛之笔啊！"齐己听了，非常佩服，不觉下拜道："您可真称得上是我的一字之师呀！"

这则故事被作为称许炼字炼句的典型范例。后来，人们把给别人诗文改动一个字，又改得非常好的人称为"一字之师"。有时，作者尊称给自己的诗文改妥一字的人为"一字师"。

不畏先生嗔，却怕后生笑

欧阳修是宋代著名的政治家与文学家，他一生著作甚丰，但因忙于公务，一直没能腾出手来把自己的文章、诗作加以整理。欧阳修曾对好友说，平生最大的愿望就是想重新校勘自己的诗文，结集刊印，让后辈们评鉴。

　　到了晚年，欧阳修辞去官职专心编定平生所写文字。因为诗文皆是早年所作，尤其是那些作于"三上"（即马上、枕上、厕上）的文章，在欧阳修看来可以说是相当粗糙。为了让它们早日面世，欧阳修不断加快修改的进度。欧阳修深知，修改校勘的进度可以加快，但诗文的质量却丝毫马虎不得。为此，欧阳修把文章抄录下来，把它们张贴在书房的墙壁上、门板上、窗户上、书柜上，总之，凡是房中比较显眼的地方都被贴满了文稿，欧阳修利用茶余饭后等一切可以利用的时间来校对修改文稿。他边读边改，一直改到满意为止。有的文章与改前相比，面目全非，有的甚至是全部重写。如我们大家熟知的那篇《醉翁亭记》就是欧阳修反复修改锤炼的结果，首句"环滁皆山也"，起初用了十几个字，他嫌冗长累赘，多次删减，最后只保留上面五个字。

　　好友来访时，夫人时常抱怨，说欧阳修书房里的灯晃得人眼睛发胀，总也睡不好觉。还说有时早上等欧阳修吃饭，好长时间都等不到人，推开书房的门，才看见欧阳修不知什么时候已趴在书桌上睡着了，睡梦中还在斟酌字句。

　　欧阳修知道，其实夫人是心疼他年老多病的身体，希望他不要过分操劳。记得有一次，夫人曾开玩笑似的劝阻欧阳修说："您的文章即使不改也比现在的年轻人写得好，何必自讨苦吃，和自己的老命较劲，难道您还怕先生责怪吗？"欧阳修笑着说："倒不是怕先生责怪，我怕的是文章词不达意，惹后生们耻笑啊！"

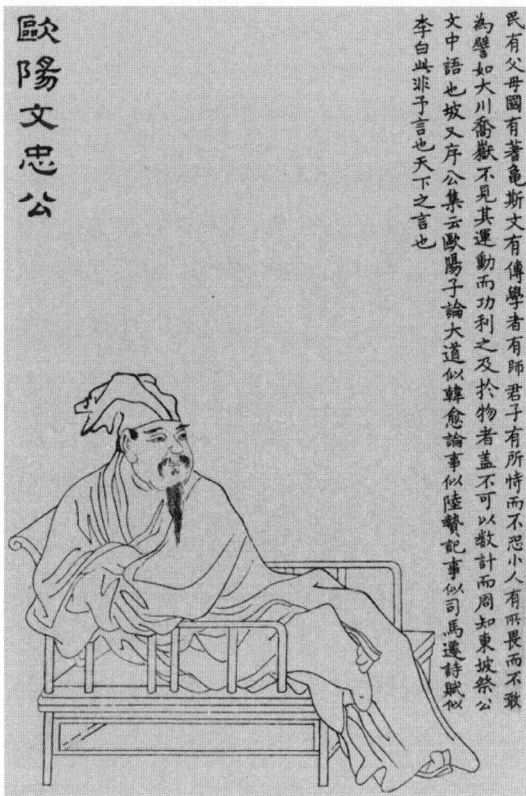

欧阳修像

苏洵焚稿

苏洵（1009—1066年），字明允，自号老泉。眉州眉山（今属四川眉山）人。北宋文学家，与其子苏轼、苏辙并以文学著称于世，世称"三苏"，均被列入"唐宋八大家"。

苏洵27岁那年的一天，他正像往常一样随手翻书阅览，无意中发现一篇关于古人爱惜时间、刻苦攻读的故事。他认真地读了一遍，感到这故事很生动，又读了一遍，更加感到有意义，于是他反复读了好几遍，每读一遍，就有一次收获。他觉得这故事好像是专为自己写的一样，不由得心中发出感叹："时光无情地飞逝，我已经快到而立之年了，自己虽然写过一些文章，却都是些平庸之作，没有什么大的建树。"他想：现在不努力，还要等到什么时候啊！从这时起，苏洵又开始发愤苦读。经过一年多时间，他觉得自己在学习上有了长进，就急急忙忙地参加录取秀才和进士的两场考试，但两次考试都落了榜。这件事对他的打击很大，不过，他没有灰心丧气，决心重新振作起来，因此他陷入沉思，但也没有理出头绪，不知从哪儿做起。

有一天，苏洵正在书房里整理他以前写的书稿。面对这些书稿，他发现了自己的不足，他想既然他对自己的书稿也感到不满意，又怎能让它们在世上流传呢？于是他将这数百篇书稿统统抱出屋去，放在一个空地上，点上一把火，化为灰烬。他之所以这样做，正是为了坚定自己从头做起的决心。焚稿后，他如同放下一个沉重的包

苏洵像

袄，更加轻松愉快地刻苦学习了。苏洵有时在家闭门苦读，有时奔走四方，求师访友，一年到头忙个不停，以致后来他两个儿子的学习都要靠他妻子教导。

经过20多年的努力奋斗，苏洵已经阅读了大量的书籍，既精通《五经》和诸子百家学说，同时又对古今是非成败的道理进行探讨，使自己具有了渊博的知识和惊人的才智，再写起文章来，往往到了"下笔顷刻数千言"的程度。他写了许多有研究价值的论文，受到了家乡学者的倾慕，他自己也真正体会到了成功的乐趣。此时他的大儿子苏轼、二儿子苏辙也都长大成人，而且在他的影响下也同样才华出众。他就带着自己写的论文和两个儿子到京城游学。当时，文坛领袖欧阳修担任翰林学士，他看了苏洵的论文后很赏识，认为这是当今最好的文笔。欧阳修平时非常器重有才华的学者，这次更不例外，于是他将苏洵的22篇文章推荐给朝廷，希望引起朝廷的重视。一时间，朝廷上下震惊，京城内外的学者传阅他的文章都赞不绝口，并且争相效仿苏洵的文章写作方法。苏洵这位晚学成才的散文家，也从此闻名于世。直到很久以后。还广泛流传着赞誉苏洵文章的民谣："苏文熟，吃羊肉；苏文生，吃菜羹。"

成功来自于勤奋，不经历风雨怎么见彩虹。唯有不息进取、永不满足方可达到更高的境界。

王安石改诗

　　　　京口瓜洲一水间，钟山只隔数重山。
　　　　春风又绿江南岸，明月何时照我还？

这是宋代大诗人王安石（1021—1086年）的一首脍炙人口的七言绝句诗，诗名《泊船瓜洲》。这首诗作于北宋熙宁八年（1075年），是诗人途经瓜洲，怀念金陵寓所的怀旧之作。然而，这首诗之所以出名，并不完全在于诗本身的意境之美，而出于人们对诗人炼字功夫的褒扬。

翻阅吴中一位读书人家收藏的王安石诗草稿，可以看到，第三句最初写的是"春风又到江南岸"，后圈去"到"字，旁边批注"不好"，

王安石像

改为"过"。后又圈去，改"过"为"人"，再后来又圈去"人"改为"满"字，一共修改了十多字，最后才定为"绿"字。从这一记载，不难想象，诗人在词句的锤炼上花费了多大工夫。当年，为了找到这个"绿"字，王安石殚精竭虑，仔细斟酌了多少个夜晚！

"绿"，本来是表示颜色的名词，在这里却被用作动词，译作"使……变绿"，透过它，我们可以感受到一股扑面而来的春天的气息。相对"绿"字，"春风又到江南岸"，或者"春风又过江南岸"等句就显得逊色得多。若用"人"字，语法上似乎讲不通，我们通常说"入江南"，即进入江南，而不说"入江南岸"，即进入江南岸。"满"字也不好，春风是时刻充溢于大地空间的，无所谓"满"或"不满"。可以说，"绿"字的使用显然是诗人最佳也是最明智的选择。一个"绿"字，写尽了江南春色满园的灵动色彩，写活了杨柳春风的神奇力量。它自然地引发出下一句，天上的明月呀，你什么时候才能带我回到梦魂牵绕的金陵呢！

晏殊惜才得佳句

"无可奈何花落去，似曾相识燕归来"，一吟起这句词，我们就不得不赞赏它的作者晏殊文才出众，与众不同。然而，你可知道，这句词的由来吗？

晏殊（991—1055年），字同叔，抚州临川人。北宋著名文学家、政治家。晏殊是一位少年得志的宰相，也是著名的词人。他虽居高官，却很注重选用人才。

一日，他路经扬州大明寺，看到庙中墙壁上有许多游人所题的诗篇。古时爱写诗的人往往在自己游经的地方题上几句诗，或表明自己游览时的感触，或显示自己的诗才，而这种诗大多庸俗平常。所以晏殊只是微闭双眼，慢慢地踱着，命跟随的人将寺中的题诗一一念来，但不要念姓名，以免自己"先入为主"，因诗的作者的名气大小来品评诗。而他认为名家的作品不一定都是名作。一会儿，他听到手下人念到一首诗：

> 水调隋宫曲，当年亦九成。
> 哀音已亡国，废沼尚留春。
> 仪凤终陈迹，鸣蛙底沸声。
> 凄凉不可问，落日下芜城。

晏殊听后，觉得这首诗别具一格，与众不同，诗意清新，词句深沉，便忙问这首诗系何人所作。手下人回答："江都县尉王琪。"这不过是一个毫无名气的小官，若不是先读诗后看作者，恐怕没有人会读这首诗了。晏殊却觉得此人一定有学问，不妨请来一试。便派人到江都县把王琪请来。两人共饮，谈得很是投机。时值春末夏初，花园荷花满池。晏殊有心当面考考王琪，就说道："我很喜欢作诗，每逢想到好的句子，就写在墙壁上，等有了好句，再补续上。我曾写过这样一句诗：'无可奈何花落去'，自己十分喜爱，谁知一过几年我也想不上一句好诗对上，您看……"

王琪沉吟片刻，就

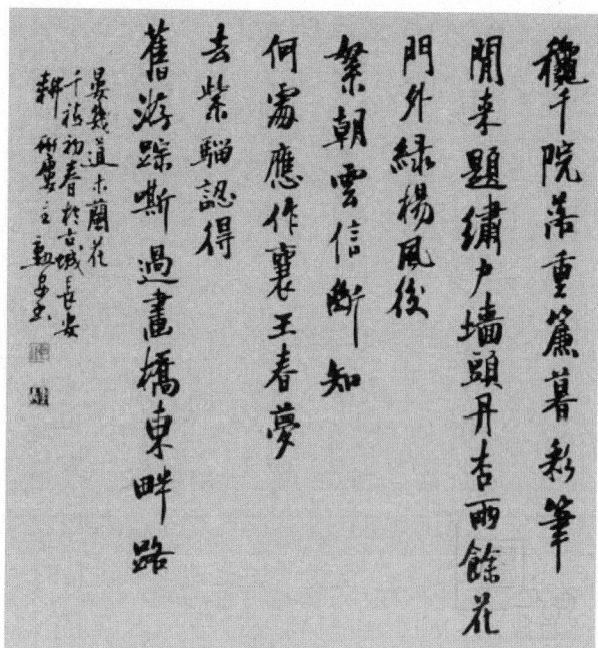

晏殊书法

561

说道：“何不对以‘似曾相识燕归来’！”

晏殊听后，大喜过望，赞不绝口。他认为王琪确有真才实学，就大力举荐，两人从此成了知交。

后来，晏殊又以此联为基础，写了一首七律诗，题为《示张寺丞·王校勘》

> 元已清明假未开，小园幽径独徘徊。
>
> 春寒不定斑斑雨，宿醉难禁滟滟杯。
>
> 无可奈何花落去，似曾相识燕归来。
>
> 梁园赋客多风味，莫惜青钱万选才。

因为晏殊特别喜爱这一联，所以他又以此联填了一首《浣溪沙》词：

> 一曲新词酒一杯，去年天气旧亭台。夕阳西下几时回。
>
> 无可奈何花落去，似曾相识燕归来。小园香径独徘徊。

相比之下，这首词更为出名。后人多以为，诗不如词。因而现在的人们，大多只知道有这首词，却不知还有一首诗了。

王国维治学三境界

王国维（1877—1927 年），初名国桢，字静安，亦字伯隅，初号礼堂，晚号观堂，又号永观，谥忠悫。浙江省海宁人。王国维是中国近、现代相交时期一位享有国际声誉的著名学者。

王国维出身于书香门第，三岁丧母，六岁入塾读书，很快便展现出奇才。王国维在思想上是时时梦想复辟清朝，甘心做臣仆的人。作为清朝遗老，他是保守又顽固的；但是在“治学”上，他却很有才华。王国维以博学著称于世，很有盛名。因此，经常有人登门请教。

一天，有人到王国维府上请教“治学之道”，说起做学问的方法和途径，王国维的心得是很多的，因此，他略略思考了片刻，便侃侃而道：“古今凡是成就了大事业、大学问的人，都要经过三种境界：‘昨夜西风凋碧树，独上高楼，望尽天涯路’，这是第一种境界；‘衣带渐宽终不悔，为伊消得人憔悴’，这是第二种境界；‘众里寻他千百度，

王国维

蓦然回首，那人却在灯火阑珊处'，这是第三种境界。"

　　那位求教的人听过王国维这一番话，觉得豁然开朗了，从这三句话中，他悟到了不少东西，于是千恩万谢地走了。

　　王国维这三句话都出自宋词，原意多指男女离别相思之情，但是被王国维巧妙地一转用，却能形象而深刻地说明治学过程的三个阶段。

　　第一种境界，出自晏殊《蝶恋花》：

　　槛菊愁烟兰泣露，罗幕轻寒，燕子双飞去。明月不谙离恨苦，斜光到晓穿朱户。

　　昨夜西风凋碧树，独上高楼，望尽天涯路。欲寄彩笺兼尺素，山长水阔知何处！

　　第二种境界，出自柳永《蝶恋花》：

　　伫倚危楼风细细，望极春愁，黯黯生天际。草色烟光残照里，无言谁会凭栏意？

　　拟把疏狂图一醉，对酒当歌，强乐还无味。衣带渐宽终不悔，为伊消得人憔悴。

　　第三种境界，出自辛弃疾《青玉案》：

　　东风夜放花千树，更吹落，星如雨。宝马雕车香满路，凤箫声动，玉壶光转，一夜鱼龙舞。

蛾儿雪柳黄金缕，笑语盈盈暗香去。众里寻他千百度，蓦然回首，那人却在灯火阑珊处。

这里的第一种境界，是说古今中外在事业上、治学上有成就的人都必然高瞻远瞩，志向远大，敢于有独到见解，独辟蹊径，自成一家；倘若胸无大志，是不会成功的。

第二种境界，是说为了达到目标，必须呕心沥血，艰苦奋斗，即使为之消瘦憔悴也不后悔，在所不惜；贪图安逸舒服是达不到目标的。

第三种境界，已是成功阶段了，"治学"的极致，是"蓦然"发现自己所求，得来轻松自如，颇含有意外，但是没有第二种境界的辛苦，纵然如何"寻他千百度"也是求不到的。

王国维的"三种境界"得到了许许多多人的赞同，很多人因它而寻到治学的门径，也有很多人以这三种境界自勉，得益匪浅。后来王国维的《人间词话》中收录了这段故事，一时成为佳话。

第二节　文坛情话

卓文君的数字诗

西汉著名的辞赋家司马相如，曾因写出《子虚赋》《上林赋》这样的好文章，深得汉武帝的赏识。司马相如被重用后，顿觉身价倍增，连原来的妻子卓文君也觉得配不上自己了。但是，他又觉得不好直言休妻，于是写给妻子一封信，投石问路，试探一下。

卓文君在家天天想，日日盼，过了整整五年才接到丈夫的这封信，真是如获至宝，她拆开一看，信上只有 13 个数字：

一二三四五六七八九十百千万

卓文君不是个等闲女子，这个绝顶聪明的才女读这 13 个数字的信，对别人来说，疑如天书，而卓文君很快就琢磨出它的奥秘：13 个数字，从小到大，唯独少了一个"亿"字，而"亿"字与"意"音同，无"亿"不就是要割断夫妻关系的意思吗？

卓文君看到丈夫的这种数字游戏，婉转着心思要与自己离异，真是伤心极了，她思绪绵绵，感情起伏激荡，并马上写了一封回信：

文君井

"一别之后，两地相悬，说是三四月，却谁知五六年，七弦琴无心弹，八行书无可传，九连环从中折断，十里长亭望眼欲穿，百般想，千般念，万般无奈把郎怨。万语千言说不完。百无聊赖十依栏，重九登高看孤燕，八月中秋月不圆。七月半烧香秉烛问苍天，六月伏天人人摇扇我心寒，五月石榴如火偏遇阵阵冷雨浇花端。四月枇杷未黄我欲对镜心意乱，忽匆匆，三月桃花随水转，飘零零，二月风筝线儿断。噫！郎呀郎，巴不得下一世你为女来我做男！"

卓文君根据司马相如来信中的数字，巧妙地连缀成文，把盼夫之心、怨夫之情写得感人肺腑。司马相如阅后愧疚不已，回忆文君与之私奔之情，遂回心转意，把文君接到长安，夫妻恩爱如初，直到百年。

章台柳

韩翃（生卒不详），字君平，南阳（今河南南阳）人。唐代诗人。"大历十才子"之一。

韩翃年轻时，就以才学渊博，而有名望。他曾写过《寒食》诗，其中"春城无处不飞花，寒食东风御柳斜"是脍炙人口的佳句。韩翃性格沉稳，不爱高谈阔论，当时知名人士都喜欢和他来往。淄青节度使侯希逸十分欣赏他，向皇帝推荐他做淄青的从事。但因为时势混乱，韩翃赴任时，不敢带家姬柳氏同往，就把她安置在京城里，约定等时局稳定些再来接她。一晃三年过去了，韩翃却始终没有来。

柳氏在家里日也盼，夜也盼，总算盼来了韩翃的消息。韩翃托人给柳氏捎来了一个白丝囊，里面盛有黄金和一首诗。柳氏打开诗稿，上面写道：

章台柳，章台柳，往日青青今在否？

纵使长条似旧垂，亦应攀折他人手。

诗的大意是：

柳氏啊，柳氏，你还像过去那样姿态依旧吗？即便如此，恐怕也早被别人将你摘走了吧。韩翃写诗的目的很简单，就是想试探柳氏是否改嫁。

《吴中先贤谱》中的韩翃像

柳氏看后，随即复诗一首：

杨柳枝，芳菲节，可恨年年赠离别，

一叶随风忽报秋，纵使君来岂堪折。

意思是说，我像杨柳的叶子有着芬芳可贵的节操，可惜每年都要互赠离别，一片片柳叶随风飘落向人们报告秋的消息，如果到那时你再来找我，我就像那秋天的杨柳枝一样不值得攀折了，以此来披露内心的痴情和幽怨。

此后，柳氏一直独居京城，

历尽几番周折才得以与韩翃团聚。虽然时间已经过去了 1000 多年，但他们传奇的爱情故事却流传下来，"章台柳"成为文坛佳话。

画眉深浅入时无

朱庆馀（生卒年不详），名可久，字庆馀，以字行，越州（今浙江绍兴）人，唐代诗人，喜老庄之道。

唐代应进士科举的士子有向名人行卷的风气，目的无非是希望以此得到名人的肯定和奖掖，进而引荐给主持考试的礼部侍郎。毕竟，科举考试是唐代选拔人才的重要方式之一，作为读书人，有谁不想"一举成名天下知"呢？朱庆馀就是这千千万万个读书人中的一员。

经同乡前辈介绍，朱庆馀带着诗稿来拜谒水部郎中张籍，希望能得到他的赏识和举荐。张籍当时以擅长文学而又乐于奖掖后进与韩愈齐名。他看了朱庆馀的诗作，十分欣赏，让朱庆馀把他新近所写的诗稿都拿来。经过张籍的吟诵、删改、润色，最后留下 26 篇。

此后，张籍每次遇到亲朋好友就向他们推荐朱庆馀的诗。京城里的官员、名士震于张籍的诗名，都来誉录朱庆馀的诗篇，日常讽咏。不久，朱庆馀便成了京城一个小有名气的诗人。

朱庆馀虽然中了进士，却始终拿不准自己的文章是否真的受欢迎，便写了《闺意》诗献给张籍，诗中写道：

> 洞房昨夜停红烛，
> 待晓堂前拜舅姑。
> 妆罢低声问夫婿：

张籍像

画眉深浅入时无？

大意是，昨晚刚举行婚礼进入洞房，次日一早便去拜见公婆。妆扮已毕的新娘悄声询问丈夫："我画的眉毛，其颜色深浅合乎当今流行的式样吗？"这首诗的寓意相当深刻，诗人以新娘自比，而把张籍比作新郎，其目的就是借描绘新婚夫妇的闺房乐趣，委婉地征求张籍对自己诗作的看法。

张籍明白他的意思，随后和诗一首：

越女新妆出镜心，自知明艳更沉吟。

齐纨未足人间贵，一曲菱歌抵万金。

张籍用诗称赞他文章出众。张籍说，你就像刚刚梳完妆揽镜自赏的越国美女，虽然明知道自己出落得娇艳动人，却仍显得踌躇不定。其实，你根本没有必要担心什么，即使是穿着细绢的齐地美女也并不值得珍贵，你唱了一曲菱歌才真是抵得上万金啊！张籍和诗的目的在于，暗示朱庆馀不必为诗文是否合时担心。朱庆馀的赠诗写得好，张籍回赠诗答得也妙，他们两人之间的唱和成为诗坛的一段佳话。

杜牧的十年之约

杜牧（803—852年），京兆万年人（陕西西安），字牧之，号樊川，晚唐时期文学家。他与同时的李商隐齐名，有"小李杜"之称。至今留有《樊川文集》。

杜牧在宣州幕下任书记时，听说湖州美女如云，便到湖州游玩。湖州刺史崔君素知杜牧诗名，盛情款待。

崔把本州所有名妓唤来，供杜挑选。可杜牧看了又看，有些遗憾地说："美是很美啊！但还不够尽善尽美。"又说："我希望能在江边举行一次竞渡的娱乐活动，让全湖州的人都来观看。到时候我就在人群中慢慢地走着，细细地寻找，希望或许能找到我看中的人。"湖州刺史按照杜牧的意愿，举行了这样一次竞渡活动。那天，两岸围观的人密密麻麻，可杜牧挑了一天，直至傍晚，竟没有找到一个合意的。眼看就要收船靠岸，在人群中，有一位乡村老妇人，带领一个女孩子，大约十几岁。杜牧看了好一会，激动地说："这个女孩子真是天姿国色，先前的那些真等于虚有其人啊！"就将这母女俩接到船上来谈话。这母女俩都很害怕。杜牧说："不是马上就娶她，只是要订下迎娶的日期。"老妇人说："将来若是违约失信，又应当怎么办呢？"杜牧说："不到十年，我必然来这里做郡守。如果 10 年不来，就按照你们的意思嫁给别人吧。"女孩的母亲同意。杜牧便给了贵重的聘礼。

分别后，杜牧一直想念着湖州，想念着这位女孩子。可杜牧官职较低，不能提出调任湖州的请求。后来杜牧出任黄州、池州和睦州刺史，都不是

唐修
进撰
士牧
累之
官公
史道
锦像

杜牧像

杜牧的本意。等到杜牧的好朋友周墀出任宰相，杜牧便接连写了三封信，请求出任湖州刺史。大中三年，杜牧 47 岁，获得湖州刺史的职位。此时距离与当年那母女俩约定的时间，已经过去了 14 年。那位女孩子已经出嫁三年，生了三个孩子。杜牧将女孩的母亲叫来。这老妇人带了外孙来见杜牧。杜牧责问说："从前你已经答应将女儿许配给我，为什么要违背诺言呢？"老妇人说："原来的约定是 10 年，可你 10 年过了，没有来。这才出嫁的。"杜牧取出盟约看了看，想了想，说："她讲得很有道理。若是强迫她，是会闹出祸事来的。"便送给老妇人很多礼物，让她走了。为着这件伤心事，杜牧写下了《叹花》。

老夫少妻风流事

宋代词人张先（990—1078 年），字子野，与柳永齐名。其词多以爱情为题材，情味深婉。因有"心中事、眼中泪、意中人"的名句，被人称为"张三中"；又因名句"云破月来花弄影""娇柔懒起，帘

幕卷花影""柳径无人，堕絮飞无影"三句都有"影"字，所以又被人称为"张三影"。

"云破月来花弄影"句出自《天仙子》：水调数声持酒听，午醉醒来愁未醒。送春春去几时回？临晚镜，伤流景，往事后期空记省。沙上并禽池上暝，云破月来花弄影。重重帘幕密遮灯，风不定，人初静，明日落红应满径。这是张先的代表作，也是北宋词坛的名篇。意思是，词人喝酒，听那《水调》声声，醉酒醒了，愁还没醒。送走了春天，春天何时再回来？临近傍晚照镜，感伤逝去的年景，如烟往事，空自让人沉吟。鸳鸯在池边并眠，花枝在月光下舞弄倩影。帘幕遮住灯光，风没停，人安静了，明日落花定然会铺满园中小径。"云破月来花弄影"一句，犹如时空里一簇火花，在哀愁中透露出片刻芬芳。难怪王国维在《人间词话》中评论说：着一"弄"字而境界全出。

这一名句，还有一段颇为有趣的美谈。时任工部尚书宋祁，慕名拜访张先，令人通报："尚书欲见'云破月来花弄影'朗中"，张先回答说："得非'红杏枝头春意闹'尚书耶！"两个文人各以得意之作称呼，可谓惺惺相惜。

张先张三影的趣事，为人津津乐道的当属老夫少妻风流韵事了。

张先老而不衰，在80岁耄耋之年，竟然娶了18岁的少女为妾。苏轼和朋友们前去拜访，并赞叹张老前辈得了如此美娘子。问起体会，他毫无尴尬之态，出口成章："我年八十卿十八，卿是红颜我白发，与卿颠倒本同庚，只隔中间一花甲。"苏轼听后，连声叫好，也和诗一首："十八新娘八十郎，苍苍白发对红妆。鸳鸯被里成双夜，

张先像

一树梨花压海棠。"苏轼以梨花比喻苍苍白发，以海棠比喻少女红颜，既有欺凌之势，也有娇羞之美，这明是调侃张先"老牛吃嫩草"，好在他人虽风流，心却豁达，不以为耻，反而哈哈大笑。

更令人瞠目的是，张先又以85岁高龄再次纳妾，震惊整个北宋文坛。苏轼又赠诗曰："诗人老去莺莺在，公子归来燕燕忙。"言外之意，老张你这年龄，眼看就要见上帝了，等你老死了，小媳妇照样嫁年少公子哥儿，总不能让人家年轻轻就守寡吧！张先不但不生气，还和了一首诗，并跟东坡说，"我也就是找个做伴的！"是啊，张先风流归风流，但这良好平和的心态，颇值得我们点赞。

张先自己快活，还帮别人快活。相传，宰相晏殊非常欣赏张先的才华，每每置酒招待，都令侍妾陪酒，演唱张先的词曲。久而久之，大老婆不干了，差人把侍女撵走了。从此，晏殊觉得生活没了情趣。一天，张先来做客，填了一首《碧牡丹·晏同叔出姬》，以侍女的口吻写自己憔悴的心情，晏殊令官妓演唱，当唱到结尾"望极蓝桥，但暮云千里。几重山，几重水"时，晏殊深情悲切，不禁感叹"人生行乐耳，何自苦如此！"随即赎回侍女。张先就是这样以快活之心推己及人，以情动情，帮别人追求自己的快活，管他大老婆高不高兴哩。

宋祁妙词得佳偶

宋祁（998—1061年），是北宋初年著名的文学家。他曾经和欧阳修等人一起修《新唐书》，诗词都写得非常好。

宋祁曾和他的哥哥宋郊（后改名庠）游学安州。他把自己得意之作呈给安州太守夏竦，希望得到他的引荐。夏竦曾约请他到府中相见，酒席宴前，宋祁赋《落花诗》一首，从此便在宋初文坛崭露头角。这首诗写道：

> 堕素翻红各自伤，春楼烟雨忍相忘？
> 将飞更作回风舞，已落犹成半面妆。
> 沧海客归珠迸泪，章台人去骨遗香。
> 可怜无意传双蝶，尽付芳心与蜜房。

宋祁像

夏竦看后，果然不同凡响，连连称道，预言宋祁"必中甲科"。

夏竦果然识才。宋仁宗天圣二年（1024 年），26 岁的宋祁和哥哥宋庠同举进士，都以辞赋高第，宋祁尤为突出，被封为工部尚书、翰林学士承旨，顿时名震京城。人们都称他们兄弟为"大、小宋"。从此，两兄弟顺利地登上了仕途。

一天，宋祁路过繁台街，正逢皇帝出行，宋祁慌忙闪过一旁，让车驾先过。这时一辆车中有位妙龄宫女，正悄悄掀起车帘一角，偷看街景，不想正看见站在一旁的宋祁。宫女认得这位就是名震京城的宋祁，无意地自言道："风流才子小宋也！"哪知这句话被宋祁听到了，顿时在他心中掀起波澜，他心神不定地揣测道："这女子定已钟情于我，而我却不知！天啊，有情人总该成眷属！"回到家里，他仍念念不忘这位宫女，便提笔写下了一首《鹧鸪天》。词云：

> 画毂雕鞍狭路逢，一声肠断绣帘中。
> 身无彩凤双飞翼，心有灵犀一点通。
> 金做屋，玉为笼，车如流水马如龙。
> 刘郎已恨蓬山远，更隔蓬山几万重。

谁料这首词，一时间被竞相传唱，竟传到了宫中，仁宗皇帝也知道了这件事。他觉得这件事十分有趣，也真以为宫女对宋祁有意，就想成全这一对有情人。于是万岁爷下旨到后宫，命那天在街上直呼"小宋"的宫女，将姓名呈上。那宫女不敢欺瞒，只得将情况一一上奏。仁宗便命开御宴，宣召翰林学士宋祁进宫，做主将那宫女许配给他。宋祁喜得俯伏金阶，叩谢圣恩。仁宗皇帝风趣地说："蓬山不远矣！"

一首词换来美好姻缘，真不愧为文坛一段佳话！

沈园遗恨

陆游，是南宋时期杰出的文学家。据史料记载，陆游20岁时，跟舅父的女儿唐婉结婚。唐婉年轻貌美，温柔多情，婚后夫妻感情极好。但陆游的母亲却不喜欢唐婉，认为小两口情投意合，终日嬉笑无间，会误了儿子的前途。所以她强迫唐婉与陆游离异。陆游不敢违抗母命，只得忍痛休妻。这在陆游的一生中留下了无法弥合的创伤，使得他抱憾终生。此后，唐婉改嫁赵士程，陆游也迫于母命再娶王氏为妻。

宋高宗绍兴二十五年（1155年），31岁的陆游已经是三个孩子的父亲了。一日，他到山阴城东南的沈园游玩，不期遇见了魂牵梦萦数载的前妻唐婉。两人在一座小桥上猝然相逢，都有千言万语想要倾诉，但表妹的身后跟着她的丈夫赵士程，因而两人只好默默无语，擦身而过，如同陌路。但千种离情别绪、万般哀怨愁苦，却一齐涌上心头。试问，即使可以交谈，又能说些什么呢？一切如醒似梦，叫人断肠！

唐婉也不胜悲戚，她不便和表兄交谈，只有命仆人致送酒菜，却再也无从互通情愫了。陆游举杯在手，肝肠寸断，悲痛难禁。于是挥笔在沈园的粉墙上题了一首《钗头凤》：

红酥手，黄滕酒，满城春色宫墙柳。东风恶，欢情薄。一杯愁绪，几年离索。错，错，错！

春如旧，人空瘦，泪

陆游像

痕红浥鲛绡透。桃花落，闲池阁。山盟虽在，锦书难托。莫，莫，莫！

不久，唐婉见到了这首词，悲痛欲绝，在陆游的《钗头凤》旁边也题了一首词：

世情薄，人情恶，雨送黄昏花易落。晓风干，泪痕残。欲笺心事，独语斜阑。难！难！难！

人成各，今非昨，病魂常似秋千索。角声寒，夜阑珊。怕人寻问，咽泪装欢。瞒！瞒！瞒！

不久，唐婉就抑郁而死。

陆游却一直没有忘记唐婉，没有忘记他们在沈园的那次偶遇。宁宗庆元五年，75岁的陆游，独自重游沈园。他漫步来到40年前与表妹最后会面的小桥上。回首往事，感慨万端。写下了两首《沈园》诗，记述此番重游的悲切心情。诗云：

城上斜阳画角哀，沈园非复旧池台。

伤心桥下春波绿，曾是惊鸿照影来。

梦断香消四十年，沈园柳老不吹绵。

此身行作稽山土，犹吊遗踪一泫然！

在他81岁那年，已是白发苍苍、老态龙钟的陆游，仍不忘长眠于九泉之下的唐婉，写了两首怀念她的诗《十二月二日梦游沈氏园亭》：

路近城南已怕行，沈家园里更伤情。

香穿客袖梅花在，绿蘸寺桥春水生。

城南小陌又逢春，只见梅花不见人。

玉骨久成泉下土，墨痕犹锁壁间尘。

陆游对唐婉真可谓是一往情深，即便是相隔40多年之久，他仍然无法忘记沈园相会的一幕，连睡梦中也不能忘怀。怎不叫人痛彻肺腑！

唐伯虎点秋香

喜欢探究历史掌故的读者常常会问：风流韵事似乎是唐伯虎生活中的重要内容，那么几百年来盛传于中国民间的"唐伯虎点秋香"的故事，究竟有没有一点历史依据？

我们知道，从魏晋南北朝开始，古人就喜欢以笔记小说这种文体记载文人士大夫的趣闻逸事。所记内容，有的确有其事，有的则是半真半假的民间传说。明人所叙述的关于唐伯虎的故事，多半属后一种。当时有一部笔记小说集《蕉窗杂录》，记述了唐伯虎的浪漫故事。

唐伯虎被朝廷放逐回苏州以后，有一天看见一艘大船，船舱里面有一个娇媚的女郎，看着他笑，并以眉目传情。他就雇了一条小船尾随着大船。船到湖州，才知道那是一个仕宦官僚之家。于是他装成落魄书生，天天到这家大门口来，请求当这家两个公子的"佣书"（受雇为人抄书）。主人受了感动，把他收容下来，教两个儿子读书作文。

唐寅《云岫清居图》

唐伯虎"工作"一段时间之后，这家的两个儿子文章越写越漂亮，主人一家都十分欢喜。唐伯虎想回家了，他提出要主人把府上那个对他笑过的美貌女子嫁给他。两个公子不愿意他回去，说是家中婢女任他挑选，但他不能走。唐伯虎就答应了。主人于是叫家中婢女全到厅里来排队，任他挑选。唐伯虎一眼认出了其中的一人就是在苏州对他笑的那个美人，问其名字知道叫秋香。

主人在自己家为他们举行了婚礼。新婚之夜，秋香问道："你就

是我在苏州看见的那位先生吗？"唐伯虎说："就是！就是！"秋香说："你是个读书人，为什么要自轻自贱，到这里来当佣人？"唐伯虎回答："你那天看着我笑，我因此不能忘情！好女子，你能在风尘中识别名士，我以后一定要好好对待你！"两人在洞房里谈得越来越欢洽。唐伯虎就在这家留了下来。

有一天，贵客临门，主人命令他出来待客。酒席宴上，客人注目唐伯虎，暗暗吃惊，拉他到一边小声问道："你的相貌怎么这么像苏州的唐伯虎呀？"唐伯虎坦然说道："我就是唐伯虎，因为爱慕主人家的一位女子才来这里的。"客人把情况告诉了主人，主人大惊，第二天特地为唐伯虎置办了价值百金的行李，雇船把他与秋香双双送归苏州。

由于唐伯虎名气本来就很大，加上他早就在诗歌里坦承自己"好色"，所以这个故事传开之后，成了江南民间乃至全国最为人艳羡的一段风流佳话，再经过文人们一番捕风捉影地加工，就演变成了"唐伯虎点秋香"的故事，明朝末年就已被收进冯梦龙编的《情史》和《警世通言》。后来的历朝历代中，这个故事不断地被改编成戏剧、弹词乃至现代的电影、电视剧，经久不衰。唐伯虎成了古代文人在世俗社会里知名度最高的一位"超级明星"。

《唐伯虎点秋香》的故事其实算不上特别精彩，却流传了近500年，一方面说明人们普遍都对封建伪道德心怀不满，对唐伯虎这样的风流才子十分羡慕；另一方面也说明，唐伯虎对封建伪道德的反抗，采取的只是一种温和的甚至有点庸俗的方式，所以在当时和后世都很容易被世俗社会接受和认可。这个故事，对于读者和观众来说，当然是一出挺好玩的喜剧，但对于丧失自己人格尊严和文化品位去讨好官僚之门的文艺家唐伯虎来说，不如说是人生的一大悲剧。

铮铮侠骨李香君

李香君（1624—1653年），又名李香，号"香扇坠"，原姓吴，江苏苏州人。"秦淮八艳"之一。她为人豪爽，有侠骨义胆，自小聪颖过人，13岁时跟随苏州人周如松学唱歌曲，一年后便能传神地演绎汤显祖所作的传奇《牡丹亭》《紫钗记》《南柯记》《邯郸记》。除了演唱，李香君还精通各种乐器，尤其善于弹琵琶。宴会上，李香君的自弹自唱往往是压轴戏，常常博得满堂彩。后来，少年即负有才名的侯方域（1618—1655 年）来到南京，参加复社，广泛结交东南名士，诸如方以智、冒襄、陈贞慧等，他们经常在一起聚会，讨论学问，谈论时事，当时的人习惯地把他们称为"四公子"。一个春日的傍晚，"四公子"相约秦淮泛舟。这次宴游，侯方域结识了李香君。交往一段时间之后，侯方域发现李香君不仅美貌聪慧，而且品行高洁。她虽然结交社会各色人等，但明识大义，重视气节，不为财利所动，不惧权势所迫，像洁白的莲花出污泥而不染。因此，两人很快成为知心好友。

奸臣阮大铖很早就想通过结识侯方域，进而达到罗致东南名士的目的。终于，在朋友的介绍下，阮大铖在一家酒楼宴请了侯方域。李香君知道此事后，极力阻止侯方域与阮大铖来往。后来，侯方域因事被迫离开南京，某贵公子花费重金邀请李香君前去，李香君坚辞不允，说："小妾不敢有负于侯公子。"

南明弘光皇帝朝中，马士英、阮大铖当政。因为记恨侯方域当初不与自己来往，阮大铖罗织各种罪名想杀掉他，幸得李香君相助，侯方域才安全逃脱，致使阮大铖的阴谋没能得逞。

后来，孔尚任有感于李香君的豪侠之气，以及

侯方域像

她与侯方域缠绵的爱情，遂创作了《桃花扇》。

第三节　吟诗妙对

归隐的骆宾王

骆宾王归隐灵隐之后，在外人眼里，他早已杳无踪迹。不想，数年之后，又出了一位才子，叫宋之问。

这宋之问，才子之名，不亚于骆宾王。但这时武则天已主持朝政，逞纵淫欲。别的不说，只说朝臣中一个张昌宗，一个张易之，这二人最受其宠幸。那时，宋之问年少才高，也动了个得到皇帝宠幸的念头，便赋了一首明河篇以寓己意。武后见了，微笑着说："诗意虽美，然而这个小子有口臭的毛病。"于是不诏用。宋之问不胜愤忌，于是辞官浪游四方去了，以诗酒自娱。一天，游到杭州西湖之上，南北两山，细看了一遍；因爱灵隐寺飞来峰的形胜，泉石的秀美，便借住于寺中，日夜观玩其妙。

灵隐后山最高，这后山被称之为"鹫岭"，从下而上，殊费攀跻。而山上有泉，转流而下，不烦众僧去取汲，它自动流入厨灶间，供众僧饮用。岭面朝东，而日出正照钱塘之潮，隔城而望，如在眼前。这宋之问见了，非常欢喜，心里想赋诗一首，以记录灵隐之美。无奈境界雄的雄，幽的幽，尽可以入诗，真不知从何处吟起。一时苦思冥想，却未得佳句。时值秋天，这夜月光皎洁，松筠与泉石互相辉映，宋之问不想立即去睡，因而绕廊而行。只觉树影婆娑可爱，但秋气逼人，微有些寒，不觉信口说：

岭边树色含风冷

一句即出，本想寻个下句，不想再也对不出下联，便在殿前走来走去，忽见殿上琉璃灯下，蒲团之上，坐着一个老僧。见了宋之问，也不起身。见他在眼前苦吟徘徊，便问："这位少年，既要吟诗，风景只在口头，何用如此苦思冥想？"宋之问听了，不觉暗自吃惊，心想："除了卢、骆、王、杨，我也算得上当今一大才子，怎么这老和尚一开口便这般轻视起我来？"想要训斥他，又见他说话虽然戏侮，但风景只在口头之言自有其意，不觉问他说："师父莫非也会吟诗？"老僧说："老僧虽不会吟诗，但这一句早已替郎君对好了。"宋之问听见他说对好了，便问他说："既对好了，何不念出来让我听听？"老僧便念道：

骆宾王雕像

> 石上泉声带雨秋

宋之问听了，不觉大为惊喜，说："老师父原来是个诗人，弟子失敬了，请让我表示敬意。"行礼完后，他又问："老师父既然出口成诗，想你胸中定然头头是道。弟子见灵隐泉石秀美，想赋诗纪胜。虽说只在口头，一时却也做不出来，只做得前面两句在此。请问老师父能否可为我再续一联？"老僧说："请说前两句。"宋之问念道：

> 鹫岭郁苍嶤，龙宫锁寂寥。

老僧听完，随口应道：

> 楼观沧海日，门对浙江潮。

宋之问听后不由拍手叫好，于是非常敬服地对老僧说："老师父真是雄才，晚辈不及一二。老师父既然说了这些句，何不把他续完，以记灵隐之胜？"老僧听他如此请求，也不推辞，高兴地续道：

> 桂子月中落，天香云外飘。

> 扪萝登塔远，刳木取泉遥。
>
> 霜薄花更发，冰轻叶渐凋。
>
> 夙龄尚返异，搜对涤尘嚣。
>
> 待入天台路，看予渡石桥。

这下可把宋之问听得傻了，内心佩服不已。他说："老师父的大作，声调雄浑，描写曲折尽情，一定是诗坛名宿。卢、骆、王、杨之辈，绝不是在隐逸中偶然得诗的人。不知你为什么要遁入空门？"老僧见问，只微微叹息，并不回答。宋之问想肯定会有他的原因，不好再问。此后，便朝夕与他在寺中相聚，真诚相交，暗中观察，才知他就是四人才子之一的骆宾王。心想挑明了问他，知道他一定不会承认，于是跟他详细地说起武则天近日狂淫之事，说："只可惜徐敬业举事未成，带累骆侍御'千古诛心'的一道檄文空做了，岂不令人遗憾！"老僧听了，不由蹙眉说："这是过去的事了，居士还说它做什么？"

到了第二天，宋之问再寻那老僧闲聊时，已不见了那老僧，更不知他的去向。

后来，宋之问离开灵隐之后，那老僧才又回到寺中。这时，寺中众僧因为他有"天香云外飘"之句，而盖了一座房子，起名为香院，请那老僧居住。

多年以后的一天，他无病而终，都传说他得了正果。

贺知章金龟换美酒

唐玄宗天宝元年（742 年），李白到各地漫游之后，来到京城长安。尽管李白的诗写得好，名气大，但因他性格孤傲，不愿寄身权贵，所以孤身一人住在小客店里。

一天，他去著名的道观紫极宫游览，碰见了著名的诗人贺知章（约659—约 744 年）。

贺知章自号"四明狂客"，是个三品大官。他任过皇家图书和出版机构秘书监，此时担任"太子宾客"的官职。他虽然与李白素昧平生，但早就读过李白的诗，极为敬慕。这次邂逅，两人一见如故，便亲切地攀谈起来。

李白仪表堂堂，很得贺知章的赏识。他向李白索读新作。当他读完《蜀道难》时，惊讶地对李白说："听说天上的文星被贬谪到人间了，看来这谪仙就是你呀！"

天色将晚，贺知章邀李白去饮酒，到酒店刚坐下，才想起没有带钱来，他毫不犹豫地把悬在腰间的金饰龟袋解下来，作为酒资。李白阻止说："这是皇家表示品级的服饰，怎好拿来换酒呢？"贺知章仰面大笑说："这算什么？我记得你的诗句，'人生得意须尽欢，莫使金樽空对月'。"

贺知章像

两人皆能豪饮，尽兴而别。接着贺知章在皇帝面前推荐李白，唐玄宗也久闻李白的大名，于是就任命李白为翰林学士。

李白重游长安时，贺知章已经逝世，他触景生情，写了一首《对酒忆贺监》的诗，悲悼亡友。诗中写道：四明有狂客，风流贺季真。长安忆相见，呼我谪仙人。昔日杯中物，今为松下尘。金龟换酒处，却忆泪沾巾。

贺知章举荐李白以及金龟换美酒，表现出了他赏识人才、珍惜人才，以及珍视友情的美好情感。

三次撞驾的贾岛

唐朝著名诗人贾岛（779—843年），一生经历坎坷，其中他曾撞驾三次，不同程度不同方式地影响了他的事业和人生道路。

贾岛出身穷困，由于喜好诗文，曾多次赶考；不料赶考不中，他倒反而更加穷得叮当响了。贾岛想："反正与仕途无缘，还不如遁入空门，清清净净的，做一辈子诗文呢！"于是他跑进寺庙，剃度当了和尚，取名无本。

出家为僧的贾岛，对诗文更加着迷地喜爱起来，他努力想在文学上有所成就。他常常闭门读书，琢磨诗句，每到全神贯注时都不免轻轻点头，一副自得其乐的样子，如同进入无人之境。但是贾岛也知道要想作出真正的好诗，是不能够离开人间的生活的，因此他时常牵着他的小毛驴到长安城里逛一圈，体味一下人间的生活。

一次，他牵着他的小毛驴走在长安街上，于满城秋色中酝酿诗句，不觉沉浸在诗情画意的艺术境界里。他看到纷纷飘落的秋叶洒在大街小巷，诗情大发，涌出一句"落叶满长安"。得了这妙句，贾岛心中十分欢喜。可是，找一个什么句子与之相对呢？贾岛冥思苦想开了，过了好久才构思出"秋风生渭水，落叶满长安"的句子。贾岛把这两句诗反复吟咏，正在自我陶醉之际，耳边突然传来一声怒喝，将之惊醒："什么人，胆敢撞京兆尹老爷的大驾！"贾岛一看，原来是自己的小毛驴差点撞倒了京兆老爷刘栖楚的轿子，忙道歉，可是京兆老爷的仆从哪能由他分说，涌上来捆绑住贾岛，抢走驴子，把他关押审讯了一夜。后问明贾岛不过是个爱作诗的穷和尚，撞驾的事绝非对京兆老爷有所恶意，才在第二天放了贾岛。

贾岛并不因此改了他的习

贾岛像

惯，他仍然经常在街上吟诗，直到如醉如痴。于是又有一次，他酝酿着一首描写古寺月色的五言诗，得出一句"鸟宿池边树，僧推月下门"，意境清朗别致，但是贾岛不太满意那个"推"字，想换一个更好的。他想到一个"敲"字，又很犹豫，觉得难以酌定。他骑着小毛驴，细细地斟酌，还不时用手比画着"推"和"敲"的姿势，已忘记了身边的一切。突然，耳边马声长嘶，贾岛如梦方醒，待他看到自己又撞了一位大人的驾，吓得几乎不知所措。这一回，他撞的是新的京兆尹韩愈。

"这僧人，不好好看路，口里叨叨个什么！"韩愈在车上问道，声音洪亮，却很亲切，丝毫没有那种为官的盛气凌人。

贾岛一听放下心来，他双手合十作揖解释道："僧人无本，喜好作诗，刚才在街上偶得一句'鸟宿池边树，僧推月下门'。因不知用'推'好还是用'敲'好，反复斟酌之时神游象外，惊动大驾，望大人恕罪！"

韩愈听了，哈哈大笑，他既欣赏那两句诗，更由衷地佩服贾岛认真的态度，于是帮贾岛参谋道："还是'敲'好，更有韵味！"然后，韩愈把贾岛邀回府上，两人畅谈作诗之道，兴味相投终成莫逆之交。

在韩愈的劝说下，贾岛蓄发还俗，参加科举，考中了进士。做官后，贾岛作诗越发不可收拾，他的诗有自己独特的风格，一些精辟的佳句中"长江人钓月，旷野火烧风""流星透疏木，走月逆行云"十分脍炙人口。

韩愈认为贾岛继承并发扬了诗人孟郊的诗风，对贾岛的诗推崇备至，他写诗赞扬贾岛的成就道：

> 孟郊死葬北邙山，日月风云顿觉闲，
>
> 天恐文章浑断绝，再生贾岛在人间。

就在贾岛的生活刚刚步入顺境时，很不幸，他第三次撞驾，竟冒犯了皇帝。

有一天，贾岛同几个朋友一起到寺里游玩，吟诗作乐，写下了不少佳句。那天，恰逢唐宣宗微服私访，来到此地。他听到楼上有人吟诗，就跑去观看。宣宗随手翻看着桌上贾岛的诗卷。贾岛一看，心头不满，他并不认识当朝的皇帝，何况皇帝穿着普通百姓的衣服。贾岛一把夺过卷稿，说："这位客人，你哪里懂这个！"这下大事不好，皇帝龙颜大怒，一气之下把贾岛贬斥到遂州任长江主簿，那是个无权又极少俸禄的官。贾岛上任后一直郁郁不乐，不久忧郁成疾，就病死了。

三次撞驾，三次不同的后果：撞韩愈的一次，留下了"推敲"一段佳话；撞刘老爷和皇帝，贾岛却得到了不幸的结局。可见，一个社会的统治者阶级能否惜怜帮助人才是多么的重要；由对待人才的不同态度，我们可以看出政治是否清明。我们看到，唯独韩愈是位伯乐，而宣宗与刘栖楚，不过是专横跋扈和不学无术的庸才而已！

王十朋与拦诗巷

王十朋（1112—1171年），字龟龄，南宋温州乐清（今浙江温州乐清县）人。曾经担任秘书郎、侍御史等职务，官至龙图阁学士，能诗文，他著有《梅溪集》，流传至今。

王十朋早在县城私塾里念书的时候就已经才华横溢，后来考中了状元，誉满乐清了。他还写得一手好字，不少人都想请他写对、题诗，但他绝不轻易为权势者留赠墨迹。

县城里有一条无名小巷，巷里住着一个名叫钱百享的财主官儿。此人肚里只有几滴墨水，却喜欢和诗人墨客结交，常常拉一些名人到家里饮酒吃饭，酒后乘兴叫他们留赠墨迹，借以装点门面，抬高自己的声誉。他多次备酒菜请王十朋，都被婉言谢绝，心里很不是滋味。

有一天钱百享的一个走差，得知王十朋非常尊敬书院里教书的老先生，两人常常形影不离。每当年高体弱、行

王十朋像

动不便的老先生出门访友时，王十朋总是陪伴护送。因此，这个走差向钱百享献计说："老爷选择一个吉利日子，请王十朋和教书先生一同来喝酒，王十朋总会上门来。他一上门，老爷就可以拦他题诗了。"钱百享听了，连连点头。

这一天，钱百享准备了一席山珍海味，发了请帖。王十朋果然扶着老先生来了，但一到钱家门口，就要辞别。钱百享早已安排家丁们在路口拦住。王十朋无法脱身，不得不硬着头皮跨进钱家，陪着老先生坐到酒席上。

吃罢酒饭，王十朋扶着老先生就要致谢告别。钱百享连忙叫家丁拦住，自己双手递上早已准备好的文房四宝，毕恭毕敬地说："老弟出口成诗，下笔成章，给鄙人题诗留念吧！请，请……"

王十朋见蚂蟥叮住鸳鸯脚，无法脱身，便接过笔墨，问道："我这个穷书生是写不出好诗的呀！不知老爷出什么题目？"

钱百享想：只要我出个好题目，限个严格的条件，他总会写出为我歌功颂德的好诗来，就满脸堆笑说："嘿嘿嘿，诗的题目，就叫《钱百享升》，今天是个吉庆好日，想讨个彩。请把'钱''百''享''升'这四个字分别用在每句诗的开头吧！"

王十朋稍皱一下眉头，提笔一挥、一气呵成，写下了一首打油诗：

> 钱家鱼肉满箩筐，百姓糠菜填饥肠；
>
> 享福毋忘造福人，升官莫成殃民郎。

老先生边看边称赞："好诗，好诗！"钱百享却哑巴吃黄连，有口难言。此后，他再也不敢叫王十朋题诗了。后来，人们为了纪念王十朋，就把这条无名巷取名为"拦诗巷"。这条拦诗巷流至今还在。

苏轼宴席斥群丑

传说宋朝元祐年间，苏东坡受哲宗委托，微服轻装到浙江暗察民情。

一天傍晚，他来到了处州府，听人说，处州知府杨贵和县令王笔都到当地富豪留山虎家里去吃寿酒了。苏东坡一想，好啊，官绅勾结、鱼肉百姓，早就有人告到朝廷，今日我就亲赴寿宴，当面见识一番。于是，他备了一份"寿礼"，向东门留山虎家走去。

留山虎，家有良田千亩、森林万顷，庄客上百，人称"处州霸王"。这天夫妻双双做寿，一府七县的大小官员都已到场。就在这时，留家总管禀报："客人到！"留山虎斜眼一瞄，是个年约50岁的过路人，风尘仆仆。总管送上礼单，上面只写着"清风锁一盒"，他想这一定是什么宝贝，就小心翼翼地接过檀香木制的盒子，问客人尊姓大名。客人却笑了笑说："少刻便知。"

入席了，寿堂第一桌的首位没有人坐。杨贵、王笔同其他几个县令，故意让来让去。留山虎假作客气地说："谁坐首位都行，不要谦让了。"苏东坡趁机说："主人说得对，恭敬不如从命，我来吧。"便大模大样地坐了上去。王笔一看不对，便借故道："人说，诗助酒兴，我们还是来赋诗，凭诗的好坏轮流坐首位，诸位看怎么样？"众人齐声赞同。只有苏东坡笑而不答，王笔料定他不会作诗，于是领头吟了起来：

一个朋字两个月，一样颜色霜和雪；
不知哪个月下霜，不知哪个月下雪。

另一个知县接说：

一个出字两重山，一样颜色煤和炭；
不知哪座山出煤，不知哪座山出炭。

随后，杨贵也吟道：

一个吕字两个口，一样颜色茶和酒；
不知哪张口喝茶，不知哪张口喝酒。

最后，轮到苏东坡。只见他从容吟道：

东坡图

一个二字两个一，一样颜色龟和鳖；

不知哪一个是龟，不知哪一个是鳖。

东坡吟毕，寿堂内立即喧哗了。因为"龟"和"贵"同音，"鳖"和"笔"同音，这不是分明在骂知府大人和县令王笔吗？当下王笔大怒："大胆，今天留老爷和夫人寿庆，你不祝贺，反而侮辱他们是'龟'和'鳖'，真是岂有此理。"

苏东坡厉声说道："无知小人！要说骂，霜雪见不得阳光，煤炭遇火化成灰，茶酒进肚变成尿，这才叫骂。只有龟鳖是长寿的标志。古人有'寿龟'之说，难道你连这个都不懂吗？"一席话说得他们无话可对。知府杨贵这才知道来者绝非常人，于是改口问道："请问贵客高姓大名？"

"我乃苏东坡！"苏东坡答道。

众人一听，如雷贯耳，天哪！他就是京城里的大官苏东坡！一时寿堂上100多人"唰唰"地向苏东坡下跪。知府、县令哀求道："恕小的们有眼不识泰山。"

寿宴散后，留山虎打开苏东坡送的礼盒，想看看"清风锁"到底是什么模样。可是里面什么也没有，只有一张纸，上面写着一首诗：

老弟无钱远道来，身边只有一枝梅；

借得一盒清风锁，送汝成仙上玉台。

留山虎想，"成仙"是离开人间之意，"玉"与"狱"同音，即是"地狱"，难道我的所作所为他都知道了……他吓得汗落如雨瘫倒在地上。

果然，苏东坡后来回到京城，向皇上奏明这三人鱼肉百姓的罪行，将他们处刑判狱，处州人民无不拍手称快！

秦观以诗易食

秦观（1049—1100年），字少游，是北宋著名的词人，与黄庭坚、晁补之、张耒并称"苏门四学士"。

秦观一生坎坷。六岁时，他的父亲因慕汴京太学中王观的才学，将他的名字取为"观"，希望他以后能像王观那样满腹经纶。父亲去世，

秦观像

秦观与母亲随祖父、叔父在大家庭中生活。特殊的生活环境，形成了秦观沉默寡言、不爱与人交往的个性。19岁时，秦观与潭州宁乡主簿徐成甫的大女儿成婚，婚后，秦观一家守着百余亩薄田度日，即使是风调雨顺的好年成，也仅能满足全家的衣食所需。要改变这种窘迫的境况，只能借助于"求仕"。然而，求取功名也不是容易的事情。秦观屡屡碰壁，直到元丰八年（1085年），秦观年近40才得以跻身仕途。

秦观在任黄本校勘时，与时任户部侍郎的钱勰（字穆父）相识。两人因为都住在东华门的堆垛场，所以平常见面的机会较多，交往也随之频繁起来。

黄本校勘，是个小官，俸银很少。秦观又是爱书之人，一天到晚只知读书、习文，根本不懂得钻营之术。时间久了，生活便越来越拮据。到了后来，家里连下锅的米都买不起了，只能每天吃粥，最后，粥都吃不上了。

秦观思来想去，决定求助于钱勰，但又碍于情面不好意思张口。于是，就写了一首诗给钱勰，诗云：

> 三年京国鬓如丝，又见新花发故枝。
>
> 日典春衣非为酒，家贫食粥已多时。

意思是说，时间过得真快，转眼我来京城已经三年了。又是一年春来早，别人见我每天出入当铺典当春衣，其实这不是为了喝酒，家中贫穷，全家人已吃粥多日了。言下之意，现在我已经穷得揭不开锅了，您赶紧来救助我吧。钱勰知道秦观的性情，收到秦观托人捎来的诗，即刻亲自给秦观送去二石米。

苏小妹妙对

苏小妹相传为苏轼妹妹，是当时出了名的才女，有人说苏小妹并非真人，但根据三苏祠的记载，历史中确有其人，且有一些趣事在民间流传。

传说苏东坡与苏小妹有调侃对方的打油诗。兄妹二人长相各有特点，借此相互戏谑。苏小妹凸额凹眼，苏轼相阔络须。于是苏东坡作诗戏妹曰：

> 未出庭前三五步，额头先到画堂前。
>
> 几回拭泪深难到，留得汪汪两道泉。

很夸张地形容其妹额头之凸，眼眶之凹。苏小妹也不示弱，作诗二首反唇相讥：

> 一丛衰草出唇间，须发连鬓耳杳然。
>
> 口角几回无觅处，忽闻毛里有声传。

此首笑其兄满脸络腮大胡须，连耳朵和嘴巴都找不到了。然意犹未尽，又作一首讽其兄扁额马脸，眉间一尺：

> 天平地阔路三千，遥望双眉云汉间。
>
> 去年一滴相思泪，至今流不到腮边。

北宋年间，著名词人秦少游拜访苏轼，被聪明可爱的苏小妹吸引。秦少游对苏小妹一见钟情，二人最终喜结良缘。洞房花烛之夜，苏小

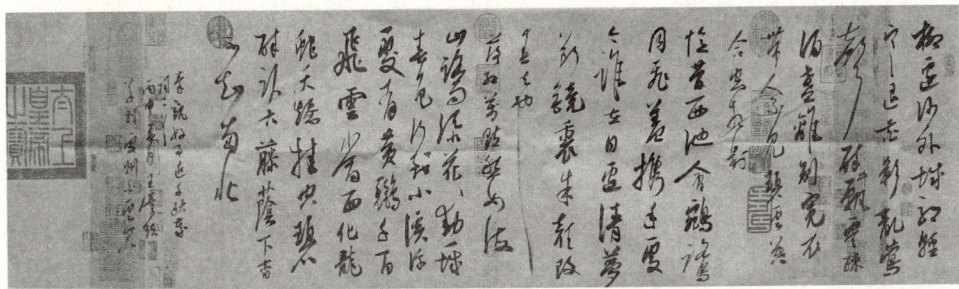

秦观《千秋岁·水边沙外》书法

妹有心试试相公的才华，便命丫鬟将秦少游锁在门外，让他对对联：

　　东厢房，西厢房，旧房新人入洞房，终生伴郎。

秦少游被苏小妹的深情打动，脱口而出：

　　南求学，北求学，小学大试授太学，方娶新娘。

苏小妹知道这道题没有难住情郎，于是亲自开了门。喝完交杯酒，两人四目相对，苏小妹却含羞说道：红帏帐前，与郎执手，若要同寝，再对一联。上联是：

　　小妹虽小，小手小脚小嘴，

　　小巧但不小气，你要小心。

秦少游这下可犯了难，来回踱步冥思苦想。苏小妹见状不禁心生悔意，只是用温情的目光看着秦少游。秦少游见苏小妹粉面含羞，不由心动，这才对出了下联：

　　少游年少，少家少室少妻，

　　少见且又少有，愿娶少女。

李调元嬉笑怒骂

清代乾隆年间，四川出了个很有名的才子叫李调元。李调元（1734—1803年），字羹堂，号雨村，别署童山蠢翁，四川罗江县（今四川省德阳市罗江县调元镇）人。清代四川戏曲理论家、诗人。李调元与张问陶（张船山）、彭端淑合称"清代蜀中三才子"。他学识渊博，才华出众，人称奇才，人们对他十分钦佩。李调元有两大特长，一是应声作对；二是随口吟诗，由于这个，引出了不少趣谈。

一次是在大比之年，李调元上京赴考。他先乘船出了三峡，然后换马北上。一天他到了一个州城，正碰上当地州官大设酒宴，请了当地名人学士在传经书院里为上京赴试的举人们饯行。李听此消息也兴冲冲地赶去传经书院，希望能拜望几位名士。

到了书院，那里已聚集了不少人。他们衣着讲究，三三两两聚在一起高谈阔论，谈的自然是些诗文，但谈吐间大有你炫我耀之意。李调元不愿参与这种讨论，静静地在一边浏览。只见书院的正厅上高悬

李调元塑像

一块匾额，上书"起凤来龙"四字；右厢房题名"大块"，里面陈列着当地名士的文章；左厢房题的是"玉珠"，陈列着当地墨客的诗词。李调元正细细品味之际，酒宴开始，仪表不俗的他被人们强留下来，他也推辞不得，于是在末座坐下。

饮酒之际，名士们更是旁若无人地自我炫耀起来，个个喝得酒酣耳热，唾沫乱溅地自夸，大有"天下奇才尽此州，此州奇才唯独我"的气概。席间有人提到了四川的李白、三苏，表示很敬重他们，却不料有人随口吟了句诗："白也诗无敌，我看也平平。"另外一个人接着吟道："三苏文薄浅，不如《三字经》。"众人一听拍掌称好，形貌十分轻狂。又有人说道："听说四川又出了个李调元，人称才子，诗文写得很不错。"首席里马上有人反驳道："他的诗文我看过，文章通篇胡说，诗也写得有如放屁。"众人又哄堂大笑起来。李调元对眼前一群人的目中无人十分不满，但他不动声色，只顾埋头饮酒。

酒过三巡，气氛已很热闹了。州官请众人作对，展露自己的鸿才，不过有规定，上联右厢房的"大块"作起句，正厅匾额上所写的"起凤"的"起"字落末字；下联左厢房的"玉珠"作起句，正厅匾额上"来龙"

的"来"字落末字。众人一听，开始搜肠刮肚地想起来，他们都想显露一下自己，无奈才气有限，始终想不出来，个个急得抓耳挠腮。

这时，李调元站了起来，他走到桌边，铺开文房四宝，挽袖提笔，立即写成一联：

> 大块投河，方知文从胡说起，
>
> 玉珠击鼓，始信诗由放屁来。

众人一看，便知道自己被嘲讽了，于是满肚懊恼却又奈何不得他，只好硬着头皮请教来客的姓名。李调元并不作声，挥起大笔写成一首七绝：

> 李白诗名高千古，调奇律雅格尤高。
>
> 元盼多少风骚客，也为斯人尽折腰。

写罢将笔一掷，飘然离去。

众人很惊讶，面面相觑，不知这首诗大赞李白用意何在。忽然有一人猛然醒悟，他一拍头失声叫道："我的天，他就是李调元！"众人经指点，才发现诗头的"李调元也"四个字。

大家回头看他的对联，对"大块投河"与"玉珠击鼓"两句很不理解，不知典故取自哪里。书院看门的老头插话道："这很好懂呀！投河、击鼓所出的声响都是'不通'，李调元是在说你们这些'大块'与'玉珠'都不通呢！"众人听了，个个把脸羞得通红，无言以对。

从这以后，李调元的名气就大了起来。后来他应试得中，不久被皇帝任命为两江主考。人们都知道两江之地、苏杭一带是才子如云的地方，除非有非凡的才华，否则不能够使那些自恃才高的才子们真心佩服。

一日夜晚，两江名噪一时的六位才子邀李调元同游西湖，话虽如此，但是他们实际上是想找个机会难倒李调元。李调元并不介意，他望着月明波静、湖阔岸远的西湖，欣然同意了。他们坐着船，在湖心饮酒作诗，赏月听歌，兴致很高。

一边喝着，六位才子互相递起眼色来，其中一个清瘦无须的才子首先向李调元发难了："今夜游西湖，主考官佳作连篇，我等非常佩服，只是大人作的诗中，没有一首出现过数目字。当然，有的人认为写诗要避讳数目字出现，否则诗意顿无。但是我们不这样认为，我们觉得只要独具匠心，把数字巧妙地融入诗中，也能得到一种意想不到的情趣。这有贺知章的《咏柳》诗为证：

碧玉妆成一树高，万条垂下绿丝绦。

不知细叶谁裁出，二月春风似剪刀。

"这里，首句一个'一'，次句一个'万'，末句一个'二'，不是很有意思吗？李白所作的《望天门山》诗句'两岸青山相对出，孤帆一片日边来'，更是绝妙的例子。只可惜前人没有在绝诗中将数字从一至十化入的先例。今夜，就请号称当今奇才的主考官大人开先例，吟咏一首有关两江事物的诗助兴吧！"

李调元听罢微微一笑，他饮尽手中一杯酒，说道："以数字入诗，不过是雕虫小技罢了！"随口而出一首诗：

一名大乔二小乔，三寸金莲四寸腰。

买得五六七包粉，打扮八九十分娇。

李调元反应如此迅速，当即令六位才子哑口无言，他们本欲为难李调元，却不料给了李调元一个展露才智的机会。此诗不但数字齐全，咏诵的是两江的大乔小乔，完全合乎要求；更难得的是仅仅 28 个字，活脱脱地再现两位少妇的娇态，更是令人惊叹！苏杭六才子也不免叫起好来，赶紧为李调元斟酒。

但是六位才子仍不服气，他们还想看看李调元的真功夫，于是又在一起嘀咕了半天。

这时李调元在众人的劝酒下已经半酣了，他倒在椅子上东一句西一句地吟诗。六才子认为时机已到，于是一个尖嗓子的才子对醉醺醺的李调元道："主考大人文思敏捷，我等佩服不已。不过，大人是否还能作一首吟咏此时此地情景的诗呢？数字的排列顺序要与前一首相反。如果吟成，我等今夜也算不虚此行了。"

其他五个才子在一边帮腔，有人起哄，有人激将："主考大人此刻诗兴正浓，让我们开开眼界吧！""不行了，四川才子已沉醉于西湖美景，我们还是等到他酒醒之后再请教吧！"

李调元虽然醉了，但是还是有些清醒。在眼前这吵闹的气氛之中，他抬眼便望到了天上一轮明月，俯视看到月映在水中的倒影，心中有了底。他望着眼前笑话他的六位才子，大声喝问道："今日十几？"六位才子被吓了一跳，忙答道："十八，大人！""到底十几？"李调元不耐烦了。"此时已过半夜，我想，该算作十九了！"其中一位才子答道。

"嗯。"李调元满意了，他大呼道，"这就有了！"于是高声吟道：

十九月亮八分圆，七个才子六个癫。

五更四点鸡三唱，怀抱二月一枕眠。

吟罢，哈哈大笑起来，复又趴在酒案上沉沉地睡了过去。

六位才子见李调元吟诗如同信手拈来，嬉笑怒骂皆成文章，不禁对他的惊人才智佩服得五体投地。从此，他们对这个名副其实的才子是真心仰慕了。

纪晓岚智对故事

纪昀（1724—1805年），字晓岚，一字春帆，直隶献县人，清朝时期的著名学者、文学家。乾隆进士，官至礼部尚书、协办大学士，曾任四库全书馆总纂官，纂定《四库全书总目提要》。有《纪文达公遗集》《阅微草堂笔记》等传世。

1. 留诗惊才子

传说有一次，纪晓岚赴江南主考，到了武昌，便在街上随便溜达。他抬头见一座酒楼上，有不少才子会集一处在谈文论诗，准备应试。他看到这个情景，便匆匆上楼，凑到近前坐下。众才子见来了一个素不相识的老头，招呼也不打，就毫不客气地坐下，甚是稀罕。其中一才子对纪晓岚说："明日就要应考，我等会聚一堂，以文会友，入座者不可无诗，请老先生献章。"原来，这才子心想，你作不成诗，不用我们撵你自己就走了。这伙才子可万万没想到面前这位是他们的主考大人。

纪晓岚干咳了一声，低声说："哦，作诗，我多少也懂一点点，不妨试试。"才子们也想看个笑话，便去取来文房四宝。纪晓岚也不客气，提笔就写，头一句写的是：

一上上到楼上头

土气得很，这哪里像诗？逗得大家哄堂大笑。才子们心里想，不知从哪里来了个疯魔，便调侃地催他再写下去。

十二栏杆接斗牛

嗯，多少有点诗味，于是才子们又催着他写。纪晓岚故意作戏，恳求说："不才生来胆小，临场胆怯，请诸位暂且回避一下，不知行不行？"众才子说："当然可以。"纪晓岚见众人离开，挥笔疾书，写完，放下笔，扭头就走，匆匆下楼。众人阻拦不住，都道："疯子，十足的疯子，让他走吧！"

众才子回到屋里一看诗句，大惊道："哎呀，咱们有眼不识泰山，不知主考大人到此，如此失礼，得罪了他，这还了得？"大家面对诗文呆若木鸡，但见上面写的是：

纪郎不愿留诗句，恐压江南十二州。

纪晓岚从此成为才子们十分尊敬的人物。

2. 智对乾隆

有一年，乾隆下江南，纪晓岚也同皇上一道来到了杭州城。一天，纪晓岚陪同乾隆逛街，一行人路过一家杂货店。乾隆见门前高挂着一块黑漆嵌金字的招牌，佯作不知地问："这是什么？"他想为难一下纪晓岚——因为纪晓岚如果直接回答说是招牌，那等于说堂堂的大清天子连招牌都不识，便有讥笑皇上之嫌。

纪晓岚抬头一看，原来上面写的是"黄

纪晓岚像

杨木梳"。他马上猜透了乾隆的心思，灵机一动，故意说："这是对联。""对联哪有成单之理？"乾隆乘机反诘。纪晓岚说："陛下也许还不熟悉此暗藏着各种巧对。有上句必有下句，全靠学生留神观察，心领神会。""那它的下联在哪儿呢？"乾隆又问。

这样，君臣二人你一言我一语，已走过了几家店门。纪晓岚笑着指了指前面的一块招牌说："陛下请看，这就是下联。"原来那招牌上写的是"白莲藕粉"四个字。乾隆一琢磨，和"黄杨木梳"合在一起的确对仗工整，浑然天成。

乾隆明明知道这是纪晓岚在信口开河，但说得却像真有此事，无懈可击。不过，不驳倒纪晓岚，乾隆总觉得不甘心。这时两人正好走进一家裱画铺。乾隆一见心中大喜，他对纪晓岚说："按你方才的说法。这'精裱唐宋元明历代名人书画'，难道也能算是上联吗？"纪晓岚点点头说："不错不错，它的下联就在刚才来过的那家药店内，这里还能看见。"

乾隆回头一看，顿时语塞，真是太巧了，只见那边一家店铺的招牌上写着"采办川广云贵各省地道药材"。

蒲松龄巧对对联

蒲松龄（1640—1715 年），字留仙，一字剑臣，别号柳泉居士，世称聊斋先生，自称异史氏。山东省淄博市淄川区洪山镇蒲家庄人。

蒲松龄出生于一个逐渐败落的中小地主兼商人家庭。19 岁应童子试，接连考取县、府、道三个第一，名震一时。补博士弟子员。以后屡试不第，直至 71 岁时才成岁贡生。为生活所迫，他除了应同邑人宝应县知县孙蕙之请，为其做幕宾数年之外，主要是在本县西铺村毕际友家做塾师，舌耕笔耘，近 42 年，直至康熙四十八年（1709 年）方撤帐归家。康熙五十四年（1715 年）正月病逝，享年 76 岁。创作出著名的文言文短篇小说集《聊斋志异》。

有一年，在蒲松龄的故乡，淄川新来了一位县官，姓乌。他年轻为官，十分骄矜，听说当地名士蒲松龄学问过人，很不服气。

有一次，他邀请一批乡绅叙饮，并邀蒲松龄同去。这时蒲松龄已经年老，本不想去，后听说此人颇有才名，心想去见一见也好，他如好来，我也好去，他如有意刁难，我也有办法对付，于是前去赴宴。

席上，乌县令乘着酒兴，出了一个上联要蒲松龄对：

　　二人土上坐

蒲松龄知道这联难对，因"坐"字拆开是两个"人"字和一个"土"字，不过难不倒他，当即对了下联道：

　　一月日边明

接着乌县令又出上联：

　　八刀分米粉

这联更难了，"八刀"相拼为分，"分"和"米"再相合是"粉"，下联也势必要相拼相合。众人都望着蒲松龄，看他怎么对法。然而，蒲松龄只略一思索，不紧不慢地答道：

　　千里重金锺

乌县令听了，也暗暗佩服蒲松龄对得好，但见没难倒他，还不罢休。他说："这次我再出一联，对不出要罚酒三杯。"蒲松龄笑道："如果对出又怎么样呢？"乌县令说："罚我三杯酒。"于是又出上联：

　　笑指深林，一犬眠竹下

蒲松龄应声对道：

　　闲看幽户，孤木立门中

乌县令无奈，只得罚酒三杯。本来事情这样结束，也恰到好处。可偏偏乌县令负气不认输，定要压倒蒲松龄。正好此时，门外一个麻子佣人踏雪送酒进来，因他脚穿钉鞋，雪上留下一个个圆点，

蒲松龄像

好像麻点。乌县令便不顾身份，即景出一上联：

钉鞋踏雪变麻子

蒲松龄听了，很替那个佣人抱不平，心想：你出对为难我无妨，去侮辱佣人，实不应该。既然这样，我也要替这佣人出出气了。他抬头看见乌县令年纪轻轻，身穿大狐裘，扬扬得意地自斟自饮，就随口对道：

皮袄披身装畜生

蒲松龄下联一出口，满座一阵哄笑，乌县令下不了台，于是恼羞成怒。这时，正巧一只老鼠穿堂而过。乌县令急中生智，忙走到蒲松龄跟前说："蒲老先生，我再出一联给老先生对对。"随后念道：

鼠无大小皆称老

蒲松龄一听就知道他不怀好意，心想，你身为县令，既然不知自爱，那我就不能给你留面子了。于是他一拱手赔笑道："乌县令，我斗胆对下联了。"这时众乡绅见他们刀来枪去，实在坐不住了，但又不好意思走掉。只见蒲松龄对道：

龟有雄雌总姓乌

至此，乌县令满脸羞惭，无言以答，只好假装酒醉，拂袖退席。

第三节　妙词解颐

李白妙词惊贵妃

唐玄宗非常欣赏大诗人李白的诗才，特意召李白进京，任命他为翰林供奉。这时的唐玄宗已由励精图治的英明君主，变成了骄奢淫逸、只图享乐的皇帝，整天贪恋酒色，不务朝政。他召李白进京，只是想利用李白的诗章，为他自己歌功颂德、粉饰太平，增加宫廷生活的乐趣，

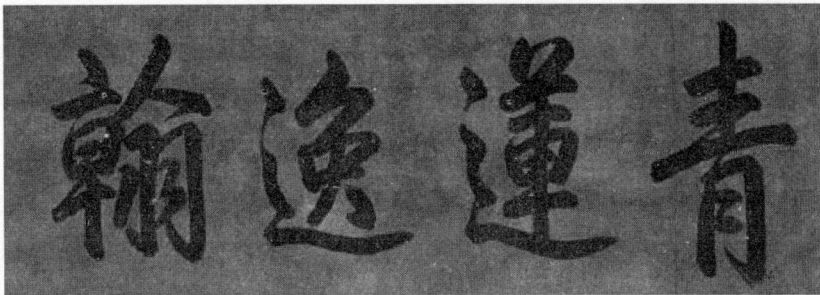

李白书法

并不想让李白参与朝政。

李白虽任翰林供奉，但只是一个虚衔，并无实权。尽管李白的诗才得到了唐玄宗的欣赏和宠爱，但由于政治抱负得不到施展，他的满腔热血、一片肝胆无处倾诉，一身才智无所用处，因此他常常闷闷不乐，借酒消愁。

一天，正当李白独自在宫廷外一处酒楼上闷闷饮酒时，唐玄宗和杨贵妃正在宫中对酒赏花，连夜欢筵。因为这一天是杨贵妃的生日，唐玄宗便命梨园供奉李龟年等人请李白进宫，将今天赏心乐事写成诗歌，以为永久纪念。李龟年一行数人找遍了翰林院所有角落，也没有见到李白的影子，便亲自带人到闹市上的所有酒家查寻。他们找了几个酒店，还是没有见到李白的影子，着急之际，忽然听到一家酒楼上有人引吭高歌：

三杯通大道，一斗合自然。

但得酒中趣，莫为醒者传。

李龟年一听就知道是李白的声音，急忙奔到楼上去请。谁知李白已烂醉如泥，伏在酒桌上睡着了。李龟年无奈，只好差人将李白扶下楼去，用马将他驮到金銮殿。玄宗见李白醉成这个样子，急忙令人在自己身边给李白铺了一块毯子，并叫贴身宫女口含清水给李白喷面。不多时，李白渐渐醒来，当他看清在自己身旁坐的是玄宗皇帝和杨贵妃时，不禁大吃一惊，急忙起身下跪请罪。唐玄宗不仅没有怪罪他，反而让人端来已准备好的醒酒汤。玄宗亲自给他调温，赐给他喝下。李白喝了醒酒汤，神志清醒多了，只见眼前一片火红、粉红、紫、黄和雪白的木芍药花，在皎洁的月光和灯火照耀下，争奇斗艳，栩栩飘香。玄宗皇帝见李白已清醒了，便对李白说："贤卿，今日是贵妃的生日，又正好赶上牡丹盛开，我和贵妃前来观赏，特召你作首新词，以助雅兴。"

李白谢过万岁，命人拿起笔来，抬头看了看争奇斗艳的牡丹花，又看了看含情脉脉、满脸红晕的杨贵妃，便乘酒后的余兴，铺纸挥笔，一口气写了三首著名的《清平调》：

> 云想衣裳花想容，春风拂槛露华浓。
>
> 若非群玉山头见，会向瑶台月下逢。
>
> 一枝红艳露凝香，云雨巫山枉断肠。
>
> 借问汉宫谁得似，可怜飞燕倚新妆。
>
> 名花倾国两相欢，常得君王带笑看。
>
> 解释春风无限恨，沉香亭北倚栏杆。

李白写完，李龟年立即将李白写好的新词献给唐玄宗。唐玄宗将新词置于御案，从头至尾细细读了一遍。他见李白醉中写出的新词仍然笔墨酣畅、文采盎然、隽永别致，不禁高兴地用手拍着御案，点头连称："好，好，好啊，爱妃诞辰喜日，贤卿为朕写出这样绝妙好诗来，足以光灿千古了！日月不能掩其精华，流年不能减其光彩。"说完，忙将新词转给杨贵妃，贵妃接过新词，见字字喷珠涌玉，笔笔牵心动人，读着读着心都要醉了。她欣喜不禁地将新词交给梨园供奉李龟年，命他立即率乐工、歌妓，在筵席前演唱。

李龟年率众歌妓在欢快的《清平调》旋律中，唱起了李白为杨贵妃写的新词。

在欢快的音调中，杨贵妃心花怒放，禁不住迈开轻盈的脚步，在花前月下飞舞起来。半醉了的唐玄宗，痴痴地望着杨贵妃的舞姿，也高兴地让身边宫女取来一支玉笛，随着《清平调》乐曲的节拍，兴致勃勃地吹起了玉笛。

杨贵妃舞完一曲，端起七宝盏，亲自斟上一杯西域酿造的葡萄酒，赏给李白。李白谢过贵妃，双手接过这杯美酒，一饮而尽，不久便昏昏然地沉睡过去了。

奉旨填词柳三变

宋代大柳永的词大多反映市井俚俗的生活，是中国历史上第一个专业的市民文学作家。他的词在当时就广为流传，"凡有井水处皆唱柳词"。他称自己是"奉旨填词"，这是怎么回事呢？

其实，柳永也像封建时代的大多数知识分子一样，把从政作为自己人生的第一目标，哪知他的仕途充满坎坷。他于天禧元年（1017 年）赴京赶考，没考上。他轻轻一笑，填词道："富贵岂由人，时会高志须酬。"等了五年，第二次开科又没考上。他便写了一首《鹤冲天》：

黄金榜上，偶失龙头望。明代暂遗贤，如何向？未遂风云便，争不恣狂荡？何须论得志。才子词人，自是白衣卿相。

烟花巷陌，依约丹青屏障。幸有意中人，堪寻访。且恁偎红翠，风流事，平生畅。青春都一晌。忍把浮名，换了浅斟低唱。

这是一首发牢骚的词，说我没考上有什么关系呢？只要我有才，也一样会被社会承认，我是一个没有穿官服的官。要那些浮名有什么用？还不如把它换来喝酒唱歌。但是那美丽的词句和优美的音律却征服了所有的歌迷（词在当时是配上音乐来唱的），覆盖了所有的官家和民间的歌舞晚会，最后还传到了宫里。当时的皇帝宋仁宗一听大为恼火。

又过了三年，柳永再次参加考

柳永塑像

试，终于以他出众的才华通过了。但临到皇帝圈点放榜时，宋仁宗看到柳永的名字，想起了他那首《鹤冲天》，就在旁批道："且去浅斟低吟，何要浮名？"又把他的名字钩掉了。

皇上的轻轻一笔，彻底地把柳永推到市民堆去写他的歌词。柳永只好自我解嘲说："我是奉旨填词。"从此他终日流连在歌馆妓楼，瓦肆勾栏，他身上的文学才华和艺术天赋与这里的喧闹的生活气息、优美的丝竹管弦、多情婀娜的女子发生共鸣。仕途上的失意并不妨碍他艺术上的创造，可以说，正是这种失意造就了独特的词人柳永，造就了独特的"俚俗词派"

雁邱问情伤乱世

元好问（1190—1257 年），字裕之，号遗山，世称遗山先生。太原秀容（今山西忻州）人。金元之际著名文学家、历史学家。他作的诗名震京师，被称为"元才子"。

金宜宗贞祐元年（1213 年），蒙古军队沿太行山南下，侵犯山西全境，元好问的家乡惨遭蹂躏。贞祐二年（1214 年）三月，蒙古军队又在忻县城实行大屠杀，元好问的哥哥也在这次屠杀中遇害。贞祐四年（1215 年）五月，在兵荒马乱之际，元好问带着母亲和一部分心爱的藏书，冒着酷暑，奔走几千里，逃难到河南。然而元好问刚到这里，蒙古大军又进攻潼关，使得他几乎没有安身之地。

眼看着家破人亡，百姓受苦，元好问对蒙古贵族的穷兵黩武十分痛恨，对百姓产生了强烈的同情。

八月的一天，元好问在去并州的途中，见到一位猎人捕到两只雁，一只当场被击死，一只逃脱。那只逃走的孤雁在空中盘旋而飞，发出阵阵哀鸣，最后也投地而死。此情此景，不禁使诗人联想到战乱中百姓背井离乡、亲人失散、倒毙他乡的惨景。于是，他买下了这两只雁，亲自将它们埋葬，并垒石做记号，称为雁邱，同时，写了一首《摸鱼儿》词：

问世间情是何物，直教生死相许？天南地北双飞客，老翅几回寒暑。欢乐趣，离别苦，就中更有痴儿女。君应有语，渺万里层云，千山暮雪，只影向谁去？

横汾路，寂寞当年箫鼓，荒烟依旧平楚。招魂楚些何嗟及，山鬼暗啼风雨。天也妒，未信与，莺儿燕子俱黄土。千秋万古，为留待骚人，狂欢痛饮，来访雁邱处。

据说，蒲溪杨正卿曾作过和词，词云：

恨千年雁飞汾水，秋风依旧兰渚。罔罗惊破双栖梦，孤影乱翻波素。还碎羽。算古往今来，只有相思苦。朝朝暮暮。想塞北风沙。江南烟月，争忍自来去。

埋恨处。依旧并州旧路。一邱寂寞寒雨。世间多少风流事，天也有心相妒。休说与。还却怕，有情多被无情误。一杯会举。待细续悲歌，满倾清泪。为尔酹黄土。

另外，栾城李仁卿也和词，云：

雁双双正分汾水，回头生死殊路。

元好问像

天长地久相思债，何事眼前俱去。催劲羽。倘万一幽冥，却有重逢处。诗翁感遇。把江北江南，风嗥月唳，并付一邱土。

仍为汝。小草幽兰丽句。声声字字酸楚。拍江秋影今何在，宰木欲迷芳树。霜魂苦。算犹胜、王嫱青冢真娘墓。凭谁说与。对鸟道长空，龙艘古渡，马耳泪如雨。

他们的词，虽都是写雁，"满倾清泪"，说不尽相思苦。而实际上，却都是以雁喻人，抒发了战乱中的万千感慨之情。元好问的慷慨悲歌，杨、李二位的应和之词，都揭露了贵族统治阶级的穷兵黩武给百姓带来的深重灾难。借物喻人，感情真切，故而被后世广为传扬，经久不衰。

解缙与《凉州词》

解缙（1369—1415 年），字大绅，一字缙绅，号春雨、喜易，明朝时吉水（今江西吉水）人。洪武二十一年（1388 年）中进士，官至内阁首辅、右春坊大学士，参与机要事务。解缙因为才学高而好直言被忌惮，屡遭贬黜，最终以"无人臣礼"下狱，永乐十三年（1415 年）冬被埋入雪堆冻死。成化元年（1465 年）赠朝议大夫，谥文毅。

解缙自幼颖悟绝人，他写的文章雅劲奇古，诗豪宕丰赡，书法小楷精绝，行、草皆佳，尤其擅长狂草，与徐渭、杨慎一起被称为明朝三大才子，著有《解学士集》《天潢玉牒》等；总裁《太祖实录》《古今列女传》；主持编纂《永乐大典》；墨迹有《自书诗卷》《书唐人诗》《宋赵恒殿试佚事》等。

有一天，永乐皇帝向解缙展示一柄折扇说："此扇是外国进贡来的珍品，可惜上面只有画而无题字，实为美中不足。所以今天召你进宫，是想补写诗词于扇上。"解缙听完后，即请皇帝命题，皇帝说："扇上的画就是题。不管你抄录别人的也好，你自己作的也好，只要符合画意，就可以。"解缙接过折扇一看，原来这幅画是按唐人《凉州词》的诗意画的。这首诗是：

> 黄河远上白云间，一片孤城万仞山。
>
> 羌笛何须怨杨柳，春风不度玉门关。

解缙当场就在扇上写下这首诗，呈给了皇帝。

皇帝见诗，心中大喜，当着满朝文武官员夸赞解缙笔走龙蛇，诗

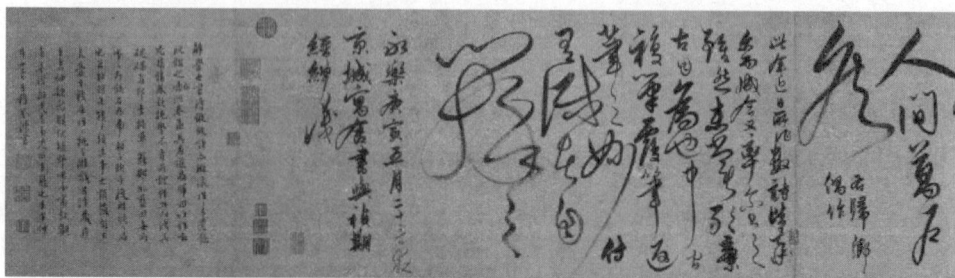

解缙《草书自书诗卷》

切画意。王侯大臣，也都争相欣赏解缙的书法。

谁知解缙在写诗的时候由于一时疏忽，竟把诗中的"间"字漏写了。当时他自己没发觉，皇帝也没发觉，王侯大臣中有发觉的，也闷在心里不说，暗为解缙担忧。因为古时给皇帝办事，不允许有丝毫差错，否则就是对皇帝不忠，可囚可杀。解缙掉字这事，当然非同小可：有意写掉是"欺君""戏君"；大意写掉是"轻君""慢君"。不管怎么说，罪责难逃。

偏偏冤家遇着了对头，汉王朱高煦也发现了这事。朱高煦因立太子之事，深恨解缙，总想伺机把他除掉，今遇此事，心中高兴极了。第二天早朝时，朱高煦故意当着文武百官，向皇帝奏道："解缙自恃其才、目无君主，竟敢乘写扇之机，漏字戏君欺主，如此狂乱之徒，今不杀之，后必酿成大患！"皇帝听罢高煦的话，细看折扇，诗中果然掉一"间"字，心中大怒，立即宣解缙上殿。解缙上得殿来，皇帝怒目而视，大声斥责道："胆大的解缙，朕如此器重于你，任用你为翰林学士，在朝伴随朕左右。你竟敢乘写扇之机，漏字戏君欺主！该当何罪？"解缙一听，忙跪地言道："臣为圣上办事，一向忠心耿耿，尽心竭力，戏君欺主之事，不知从何说起？""你看，"皇帝将折扇扔在解缙面前说，"铁证如山，岂容抵赖！"解缙双手将折扇捧起一看，大惊失色，心中暗道：

"我怎么漏写了一个'间'字呢……"

"来人呐！"皇帝话一出口，高煦就赶紧带着四名武士，钢刀出鞘，杀气腾腾地将解缙揪住。皇帝接着说："如此狂乱之徒，今不杀之，后必酿成大患。推出去斩了！"高煦等人正要将解缙推出午门斩首，文武百官惊恐万状，解缙却哈哈大笑起来。皇帝一挥袍袖，将武士挡住问道："解缙，你笑什么？"

解缙说："我当为了何事，原来是……"他向高煦望了一眼，接着说道："原来是有人向万岁进了谗言，闹出一场误会。""什么误会？"皇帝说，"明明是你漏写一个字，怎能说是他人乱进谗言？"解缙道："圣上请息怒，听为臣慢慢讲来。"他从从容容地拾起地上的折扇，说："这是我现作的一首《凉州词》，与唐代诗人王之涣的《凉州词》仅一字之别。不想与我有宿怨之人，竟妄想借此蒙蔽圣上，置我解缙于死地。"说完，他展开折扇，指着扇面说："王之涣的《凉州词》实为诗而不是词，所以有个'间'字。我作的这个《凉州词》，实为词而不是诗，当然没有'间'字。"皇帝说："既然如此，你就在这大殿之上，当着文武百官读读你的《凉州词》吧。只要大家听了以后，都称赞是你的作品，孤王不但不问罪，而且还会重重有赏。其若不然，立即斩首。""谢万岁！"解缙叩头起身，双手捧扇，当众念道：

> 黄河远上，白云一片，孤城万仞山。
>
> 羌笛何须怨，杨柳春风，不度玉门关。

解缙念得有声有色，君臣赞不绝口，高煦一言不发，只呆呆地望着解缙。

解缙凭着自己的聪明才智，逢凶化吉，领赏而去。灵活的思维是解决复杂问题的关键。可以说再大的风险也能在机智中化解，但机智来源于你的才学。

第四节　文坛趣事

东方朔上书自荐

东方朔（公元前154—前93年），字曼倩，平原厌次（今山东惠民东北）人。武帝继位，征招四方有识之士，他上书自荐，诏拜为郎。后任常侍郎，太中大夫等职。性情诙谐幽默、善于辞赋、巧于词令，是汉武帝身边受宠的智囊人物。

传说汉武帝继位初年，征召天下贤良方正之士和有文学才能的人。各地士人、儒生纷纷上书应聘。东方朔也给汉武帝上书，他上书用了

3000 片竹简，两个人扛才扛得起，武帝花了整整两个月的时间，才将它读完。他在自我推荐书中说："我东方朔少年时就失去了父母，依靠兄嫂抚养长大成人。我 13 岁才读书，勤学刻苦，三个冬天读的文史书籍就已够用了。15 岁学击剑，16 岁学《诗》《书》，读了 22 万字。19 岁学孙吴兵法和战阵的摆布，懂得各种兵器的用法，以及作战时士兵进退的钲鼓。这方面的书也读了 22 万字，总共 44 万字。如今我已 20 岁，身高九尺三寸。双目炯炯有神，像明亮的珠子，牙齿洁白整齐，像编排的贝壳，勇敢像孟贲，敏捷像庆忌，廉俭像鲍叔，信义像尾生。我就是这样的人，够得上做天子的大臣吧！臣东方朔冒了死罪，再拜向上奏告。"

武帝读后，哈哈大笑，但赞赏他的气概，于是命令他待诏在公车署中，但俸禄不多，他也得不到武帝的召见。东方朔本来以为来到公车署中，武帝很快就会召见他的，谁知过了很长时间，也没有受武帝召见的迹象。东方朔心想：莫非是皇上将我彻底地忘记了？这可不行，得想个办法尽快见到皇上才是。

一天，东方朔出游都中，见到一群侏儒，他顿时心生一计，走到侏儒面前，恐吓他们道："你们的死期要到了！"侏儒连忙问他为何，他说："像你们这样矮小的人，活在世上无益，力不能耕作，也不能做官治理百姓，更不要说拿兵器到前方去作战了。像你们这样的人，无益于国家，只是活在世上糟蹋粮食，所以如今皇上一律要杀掉你

东方朔像

们。"侏儒听后，抱头大哭起来。东方朔又安慰他们道："你们先不要哭，我有一个办法能救你们。你们守在这里，等到皇上从这里经过，你们就过去叩头谢罪。皇上便会赦免你们。"

侏儒们每天都守在那里，焦急地等待武帝出现。一天，汉武帝乘辇过来，侏儒们拦在辇前，哭泣叩首。武帝感到很惊讶，问侏儒们："你们为何而哭？"侏儒说："东方朔说皇上对我们这些矮小的人，统统都要杀掉！"汉武帝叫人马上将东方朔找来，问他为什么要如此说。东方朔回答道："臣东方朔活着要说，死了也要说这些话。那矮子身长只有三尺多，却有一袋米的俸禄，还有钱二百四十。我身高九尺多，也只拿到一袋米的俸禄，钱二百四十。那矮子饱得要死，我饿得发慌。陛下广求人才，您认为我讲的话对的，是个人才，就重用我；不是人才，就罢退我，不要让我在这里浪费粮食。"皇上听了哈哈大笑，觉得此人确实聪明过人，任命他为待诏金马门。这样，东方朔以后见到皇帝的机会就多了。

赵壹哭吊

东汉后期的文士赵壹，则是集激诡之行与自觉意识于一身。他"体貌魁梧，身长九尺，美须豪眉，望之甚伟"。但是他"恃才倨傲，为乡党所摈"，只好另外寻找机会露一手。

光和元年（178年），他作为郡的上计吏赴京昭，当时是司徒袁逢接受计出。计吏数百人都拜伏庭中，没有人敢仰视，只有赵壹长揖而已。袁逢望见觉得奇怪，让左右去责备他说："下郡计吏而揖三公，何也？"他回答说："昔郦食其长揖汉王，今揖三公，何遽怪哉？"袁逢便敛衽下望，握着他的手，请他坐上坐。问西方的事务，他的回答使袁逢大为高兴，便回头对在座的人介绍说："此人汉阳赵元叔也，朝臣莫有过之者，吾请为诸君分座。"座中的人都注视他。

出来后，赵壹去见河南尹羊陟，不能见到。他认为公卿中除了羊陟之外无人足以令其成名，于是日日到羊陟大门前。羊陟勉强同意见他，但尚卧床未起。赵壹迳入，上前大声哭吊，说："窃伏西州（赵壹自指），承高风旧（读久）矣。乃今方遇而忽然（指死），奈何命也！"门下人大惊，都跑进来。羊陟知道此人不平常，就起床，请他来谈话，以为是个奇才，让他先回去。第二天早晨，羊陟带着一大批随从拿着名片去见赵壹。当时上计吏都把车马帷幕装饰得很漂亮，只有赵壹是柴车草屏，露宿在其旁。赵壹邀请羊陟坐在车下，旁人无不惊愕。羊陟和他谈了许多，一直到傍晚，极欢而去。临走时拉着赵壹的手说："良璞不割，必有泣血以相明者矣（用卞和得玉璞事）！"羊陟和袁逢共同称赞推荐他，使得他名动京师，世人都想一瞻风采。

赵壹雕像

施耐庵著书赠女

施耐庵（约1296—约1370年），原名彦端，字肇瑞，号子安，别号耐庵。泰州兴化人，四大名著之一的《水浒传》的作者。

施耐庵一生都很穷，没有什么家产。有一年，他的女儿要出嫁了，可是他办不起嫁妆，于是就把一部书稿送给女儿，并且对女儿说："孩子，为父一生穷困，不能给你置办嫁妆，只有这部稿子送给你。要是将来生活贫困，就把它拿到书坊去卖吧。"

不料他的女儿后来的确生活艰难、难以为继。就把书稿拿到书坊去卖。书坊老板看完稿子，暗暗惊叹这是一部好书，就想把它骗来，于是就对施耐庵之女说："大嫂，我们老板不在家，你这部稿子我也看不出好是不好，做不了主。你先放在这里，等我们老板回来看了再

焦　鲍　李　时　戴　郁保
挺　旭　逵　迁　宗　四

《水浒传》插图

说吧。"施耐庵的女儿不知是计，便把稿子放在书坊里。过了三天，她又去打听。这时老板已经把稿子全部抄去，便对她说："大嫂，你这部稿子我全部看过了，没啥稀奇，别人早已写过了。这一部我们不打算再要了。"当下就把稿子退给了她。

日子过不下去，书稿又卖不掉，施耐庵的女儿很是伤心，埋怨父亲不该哄骗她，便一路哭回娘家去。施耐庵见了忙问缘故。女儿气冲冲地说："都是您骗我！"这一来，施耐庵越发不知从何说起，连忙说："孩子，到底什么事，你给为父说清楚了再责备我！别说为父不曾欺骗过你，别说是自家女儿，就是三岁孩童也不曾骗过啊！"女儿听父亲这么一说，便把卖书稿的情形一五一十地告诉了父亲。施耐庵一听，知道女儿受了书坊老板的骗，心里也很生气，却哈哈大笑道："孩子，你上了书坊老板的当了。这部书稿是我在江阴做的，名叫《水浒传》。书坊老板一定是见它是部好书，就先把它抄去了，再把稿子退给你。"女儿知道自己受了骗又错怪了父亲，一时悔恨，哭得更加伤心了。施耐庵连忙安慰她说："孩子，别难过，为父自有法子对付他。我那部稿子只写了三十六天罡星，才六十回，还算不得一部完整的书。现在既然被他骗去了，那我就再写六十回，把七十二地煞星也写进去，写成一部完整的书，他骗去的稿子就毫无用处了。"

女儿听了父亲的话，转悲为喜。施耐庵也真的又写了六十回，编成了一百二十回的《水浒传》。

曹雪芹钟情水芹

曹雪芹（1724—1764 年），名霑，字梦阮，号雪芹、芹圃、芹溪，满洲正白旗包衣；清代杰出的小说家，所著《石头记》（即《红楼梦》）是我国古典小说中伟大的现实主义作品。他既能诗，又善画，但作品流传绝少。

曹雪芹故居门楼《红楼梦》的作者曹雪芹有三个号：雪芹、芹圃、芹溪，都有"芹"字。这绝不是因他江郎才尽，想不出更好的名字，而是缘于他对一种叫"水芹"的植物情有独钟，并用它治好了不少疑难杂症。

相传曹雪芹被抄家后，流落到京郊西山脚下的正白旗村，过着"举家食粥酒常赊"的穷苦生活。在他常赊酒喝的酒馆里有个年过半百的老伙计叫马青，见曹雪芹满腹学问，便不时地接济他。一来二去，两人就成了推心置腹的好朋友。

有一回，曹雪芹一连三天未见马青露面，一打听，才知马青病得不轻，便大步流星地跑到他家，却见马青昏昏沉沉地躺在炕上呻吟。曹雪芹走近炕前，为马青号了脉后，便胸有成竹地跑到村头的池塘边，

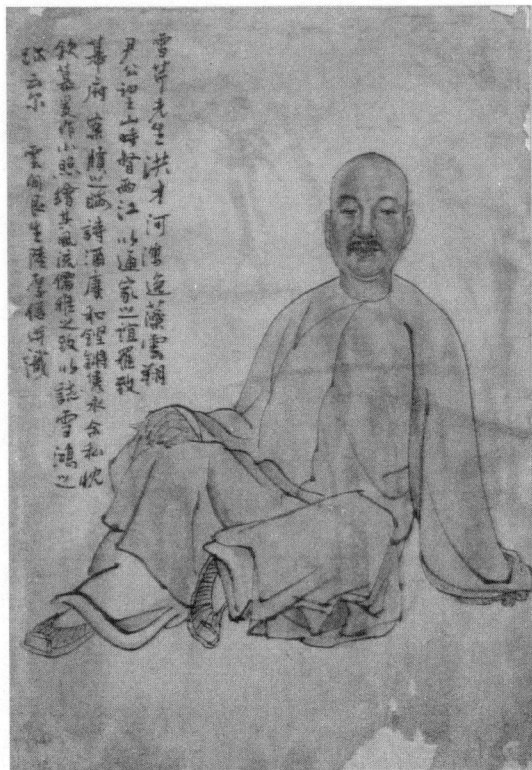
曹雪芹画像与题记

割下一把野生的水芹，熬成汤，给马青喝下。药到病除，不到三天，马青就恢复了健康。从此，曹雪芹的名声大振，前来求医的村民络绎不绝。他也因此就地取材，以水芹和从山中采来的草药为主，为当地群众治病，分文不收。老百姓都说他是华佗再世。为了表达自己的志向，他便给自己起了个叫"雪芹"的号，意思是说愿做乡间的一棵野芹，为饥者充饥，为病者治病。以后又起了"芹圃""芹溪"两个号，以反映他矢志为民的意愿。

第五节　文坛典故

东道主

春秋时期，晋国公子重耳曾逃亡国外。途经郑国时，郑国国君嫌弃他是逃亡者，没有给他应得的礼遇。重耳深以为耻，发誓有机会一定要报仇雪恨。19年后，重耳终于迎来了转机，他回到祖国并且做了晋国的国君，史称晋文公。同年，他联合秦国攻打郑国。

兵临城下，情势十分危急。郑国大夫佚之孤向郑文公进谏，说可以请烛之武劝说秦穆公退兵，如果办法行得通，定可解郑国之围。郑文公听说，即刻派人去请烛之武，并趁着天黑，用一根粗绳将烛之武从城头上吊送出城。

烛之武出城后直奔秦军营，他乔装改扮，神不知鬼不觉地溜进了秦军的营寨。一见到秦穆公，烛之武就说："秦晋联军的力量很强，郑国兵少将寡，一旦打起来，郑国肯定不是对手。我们来分析一下，郑国紧挨着晋国，晋国又与秦国相邻，很显然在地理位置上，晋国处于郑国和秦国的中间地带。这样，郑国灭亡后，土地一定会被晋国据为己有，而秦国只能望洋兴叹。如此一来，晋国的国势势必要略强于

晋文公重耳复国图

秦国呀！晋国这次得手，您能保证他不去攻打秦国吗？您是一位具有远见卓识的圣明国君，难道您愿意做对自己毫无益处的事情吗？假使您让郑国来做东道主，那么秦使者每次经过郑国，郑国一定尽地主之谊，盛情地款待上宾，这对您、对郑国都没有什么不好呀！"秦穆公听了烛之武的话，连连点头，当晚就拔寨撤兵。

由于郑国位于秦国以东，所以烛之武就称郑国在接待秦使者时为"东道主"。以后，人们用"东道主"一词泛指接待宾客的主人，也称为"东道主人"。

屈原与濯缨泉

战国时楚国的三闾大夫屈原，由于主张联齐抗秦、改革政治，遭坏人诬陷被革职流放到江南。10年来，他过着四海为家的生活，直到他姐姐找到他，两人决定重返故乡。

一天，他俩走在长江三峡的一条古栈道上，沿路地势险恶，人烟稀少，这姐弟俩已经粮尽水绝一天了；过度的饥渴和疲劳使得他们步履艰难，望着不远处的家乡，他们多希望有一掬清泉解渴啊！

这时，随着一股清凉的山风，他俩仿佛听到了若隐若现的流水声，这流水声清冽动听，姐弟二人连忙互相搀扶着向小路前方赶去。

走了不远，前面果然有一条山涧，涧里水声欢快，如同热情的家乡人迎接归来的游子一般。屈原多激动啊！他赶到涧边，双手捧起泉水，要喝个痛快，要用这泉水洗去满身的尘土。

"这是浑泉，喝不得呀！"山上一位妇人冲屈原大叫。屈原和他姐姐都十分奇怪，他们往山上望去，半山腰上飘下一位妇人，身着淡青长裙，如同一朵云霞般穿过青山绿树，不急不缓地落在他们身边，如同仙子降临。

妇人上前施礼，亲切地对屈原姐弟说："过路的君子，这泉水含泥带沙，不可饮用，二位还是到寒舍以淡茶解渴吧！"

屈原仔细一看手中捧起的泉水，啊，的确是"石水斗沙"！屈原很吃惊，忙对妇人拜一拜问："大嫂，我平素听说三峡一带有水皆清泉，这股山泉为什么这样污浊不堪？"

陈洪绶《屈子行吟图》

妇人一听这话，眼中流出了泪水，她叹口气，诉说起浑泉的由来："人说一方水土养一方人，我们这块山清水秀的地方就出了位刚正贤良的忠臣，楚国人人皆知的屈原大夫。他帮助国君把楚国振兴起来，然而不幸遭朝廷里小人诬陷，而国君也糊涂，竟把他流放了。哎，他离开京城郢都的那一天，这股龙泉就混浊了。人们都说是世道乱了，忠良远离，小人当道，加上连年战乱，清泉也变浊泉，甘泉也变苦泉了。如今，这苦泉只能用来洗脚了。"

说到这里，这位妇人再次请屈原姐弟到家中喝茶，屈原却为她的话深深感动了。他怀着敬佩的感情走到浑泉边，叹道："这世界全都黑白颠倒了，唯有她还清醒，还知道我屈原的一片赤诚啊！"

妇人一听才知道，这就是离家40余年的屈原啊！她倒地拜道："先生，您为百姓为国家操尽了心，却遭流放，百姓都记住您。您留下来和您的姊妹兄弟住一块吧！"

屈原摇头拒绝，妇人一着急，竟把屈原未结缨的切云冠碰到水中，妇人面带愧色地说："夫子的切云冠一尘不染，怎么能落入浑泉中呢？"屈原的姐姐忙去捡，但屈原却说："我只要一身洁白足矣！"

话刚说完，眼前的滚滚浊流顿时化作了清亮的山泉，原来泉水有情，也为屈原的高洁品质所感动呢！妇人细心地在清泉中清洗了帽缨给屈原系上："这才是不容半点泥污呢！"

相传此泉从此以后一直清冽，叫作"濯缨泉"。

青白眼

阮籍是三国魏时的诗人、散文家、玄学家。他平生任性不羁，喜好饮酒，善于弹琴，与嵇康、刘伶等人来往密切，他们时常在一起清谈酣饮，时称"竹林七贤"。

一天，阮籍正和人下棋，家人报知他的母亲突然去世，阮籍放声大哭。他的朋友听说了，纷纷前来吊唁。第一个到的是嵇喜，嵇喜以儒学为宗，做事循规蹈矩，不尚放诞，被吕安视为"凡鸟"。嵇喜进门后，又是哭泣，又是行礼，阮籍很看不惯。当嵇喜行完礼过来安慰阮籍时，阮籍斜眼露白，作"白眼"状，嵇喜心里直犯嘀咕："他的母亲过世，我来吊唁，一来缅怀死者，二来抚慰生者，以尽朋友之谊，这于情于礼都没错呀！"嵇喜愣愣地在原地站了半天没有回过神，钟会看见了，把他拉到一旁，悄声对他说："你是不知道，阮籍善于作青白眼，对他欣赏的人就正眼相看，谓之'青眼'；见到守礼从俗的人呢，便用白眼相对，他刚才是斜着眼露出眼白瞧你的吧，这摆明了是不喜欢你。"嵇喜听了，非常不高兴，给主事人打了个招呼便悻悻地离开了。

禹之鼎《竹林七贤图》

嵇喜走了没多久，他的弟弟嵇康带着酒挟着琴就来了。阮籍一见嵇康，大喜，露出了青眼。他一边让嵇康进屋，一边对嵇康说："你来就来，还带什么酒？不过也好，今天我们就再陪着老母亲吃一次酒吧！"阮籍命人摆上酒菜，跟嵇康谈起母亲生前及身后的事情。那天，阮籍吃了一块蒸肉，喝了二斗酒。醉酒后，阮籍放声大哭，吐血数升。

后来，阮籍的"青眼"演变为垂青，青睐，青眼有加，表达人们对美好事物的喜爱。

相煎何太急

曹丕、曹植是三国时著名政治家、军事家、文学家曹操的儿子，同为卞后所生。曹植从小就聪明伶俐，擅长诗文，深得曹操喜爱。曹操死后，哥哥曹丕在左中郎将李伏、太史丞华歆等人帮助下接受汉献帝的禅位请求，正式登基称帝，改国号为魏，是为魏文帝。

曹丕早就忌妒曹植的才华，做了皇帝后仍然对弟弟很猜忌，他把曹植视为自己的心腹大患。因此，想方设法也要除掉曹植。曹丕深知，对曹植直接下杀手有悖伦理纲常，不要说在大臣兄弟们面前说不过去，就是对母亲也没有办法交代。怎么办呢？有人献计，可以先斩杀丁仪，翦除曹植的党羽，再将曹植逐出京城。

回到封地临淄，曹植十分郁闷，相交多年的密友被曹丕无情杀害，自己又被朝廷派来的监管官吏管制得毫无人身自由，于是心灰意冷，每日借酒浇愁。曹植的嗜酒疏狂让曹丕抓到了把柄，他派人将曹植擒到京城，打算治曹植的罪。

一天，曹丕命人把曹植带到便殿，对他说："大家都说你的诗写得好，连父亲当年都很器重你，今天我倒要看看你的才华到底怎么样。这样吧，你如果能在七步之内作出一首诗来，我就饶你不死；如若不然，便处以极刑。"曹植看看狠毒的哥哥，极其悲愤，他强忍住眼中的泪水，道："请皇上出题。"

曹丕想了想，说："虽说我们是君臣，但论情分我们还是兄弟，今天你就以此为题，但诗中不能涉及任何'兄弟'字样。"说完，得意地笑出声来。

曹植抬起头，泪眼蒙眬中，哥哥的脸变得似乎格外的狰狞可怕，回想 20 多年前兄弟俩在一起嬉戏打闹的情景，曹植不禁悲从中来，他边走边吟道：

煮豆持作羹，漉菽以为汁。

萁在釜下燃，豆在釜中泣。

本是同根生，相煎何太急。

这首诗的意思是说，把豆子煮了做成汤，把豆子压榨做成豆汁。豆萁在锅底下燃烧，豆子在锅里哭泣，为什么要紧急地逼迫残害呢？曹丕听了，知道曹植这是在讽刺批评自己，感到非常惭愧，母亲卞太后从殿堂后走出来说："你们兄弟情深，为何如此苦苦相逼

曹丕像

呢？"曹植在母亲的庇护下，以其过人的才华逃过一次劫难。虽然勉强保住了性命，但最终忧郁而死。

旗亭画壁

唐玄宗开元年间，大诗人王昌龄、高适、王之涣齐名。三人都未做官，处境十分相似。有一天，长安城内雪花纷飞，寒气袭人，三人结伴来到旗亭酒楼，饮酒论诗。酒酣情畅之际，看见几个梨园弟子走上酒楼来。三人便离开坐席，围着火炉假装取暖，私下约定："平日我们的诗不分高下，今天他们奏乐歌唱，谁的诗被唱得最多，谁就是最有名的诗人。"

第一个歌女手执拍板唱道：

寒雨连江夜入吴，平明送客楚山孤。

洛阳亲友如相问，一片冰心在玉壶。

王昌龄伸手在墙上画了一道线，说："这是我的一首绝句。"另一个艺人边歌边舞：

开箧泪沾臆，见君前日书。

夜台何寂寞，犹是子云居。

唱得是曲调哀婉，情意绵绵。高适也伸手在墙上一画，说："这是我的。"

王昌龄像

不久，一歌妓又唱了王昌龄的一首《出塞》，王昌龄又在墙上一画，说："二首。"

这时，王之涣有些坐不住了，他自信地指着最美的一位歌女说："此辈都是潦倒歌手，所唱乃下里巴人之词，碌碌之辈焉敢演唱阳春白雪。喏，你们看，那位姑娘如果下面演唱的不是我的诗,我甘愿认输;如是我的诗,你们可得拜我为师。"

三人一边说说笑笑,一边等待着歌女上台。约莫一盏茶的工夫,一个打扮极本色的女子方才登台,唱的果然是王之涣的《凉州词》:

> 黄河远上白云间,一片孤城万仞山。
>
> 羌笛何须怨杨柳,春风不度玉门关。

歌声起处,使人宛如置身于荒凉的边关孤城,戍边的将士们吹着悠扬的《折杨柳》笛子曲,他们思念着故乡,怨恨这杨柳枝迟迟不萌发绿芽,故乡的春风啊,什么时候才能吹到这遥远的边关?

酒楼上鸦雀无声,大家都沉浸在这无尽的思绪中。王之涣碰了碰身边的王昌龄,笑道:"如何?"三人相视,开怀大笑。那些乐工、歌女不知缘由,上前询问。王昌龄一把把王之涣推到台前:"这位就是《凉州词》的作者。"歌女们听闻纷纷下拜。后来,此事演变为明清杂剧、传奇多种。

长安居大不易

白居易是与李白、杜甫齐名的唐代三大诗人之一。白居易一生创作了大量的诗篇,语言平白如话,妇孺皆知。然而,他的诗名远播与大学问家顾况却不无关系。

据说,白居易初次赴举是在贞元四年,当时他只有十六七岁。白居易知道,要想在京城长安站稳脚跟,必须得到朝中有名望的官员提携。可是,自己在京城举目无亲,不要说请人举荐,就是要找一个落脚之处,也是相当困难的事情,怎么办呢?

一天,白居易正在买书,忽然听旁边的人说,著作郎顾况的车仗马上就要从此处经过。"顾况?这个名字好熟悉呀。"白居易绞尽脑汁想了很久,就是不曾想起在哪里听说过。带着这份好奇,他向周围的人打听起顾况的情况。人们告诉他,顾况关心民生疾苦,敢于替老百姓说话,是个好官;顾况不畏权贵,喜欢奖掖后辈,是个好人;顾况才气横溢,擅长作诗绘画,是个才子。白居易豁然开朗,既然顾况人品、文品俱佳,自己为何不去拜谒呢?他丢下手里的书,撒腿就往

顾况像

客店跑，回到房间，白居易来不及细想什么，夹起近日写的诗卷直奔顾况府邸而去。

直到站在顾况对面时，白居易还在呼呼地喘着粗气。看着这个初出茅庐的年轻人，顾况的脸上露出一丝不易觉察的微笑，这个看上去十分鲁莽的小伙子，和自己年轻时多么地相似呀！

接过白居易恭恭敬敬呈上来的诗卷，顾况终于忍不住了，他没有想到，这世上居然会有人叫作"居易"。顾况又仔细打量了一下白居易，笑着说："白居易呀白居易，这长安城米价正贵，白居确实不易呀！"白居易再次躬身施礼道："学生不才，让大人见笑了。"

顾况打开诗卷首页，第一首诗是《赋得古原草送别》："离离原上草，一岁一枯荣。野火烧不尽，春风吹又生。"顾况手执诗卷，边捻须边吟诵，连声赞叹："好诗！好诗！能写出这样的妙句，在长安居住下去就相当容易了。"

第二天一下朝，顾况便拿出白居易的诗给同僚们看，同僚们都知道顾况治学很严谨，从不轻易夸赞别人，既然得到了顾况的首肯，这个人定然是不一般。于是，顾况称许白居易的消息很快便传开了。白居易和他的诗不胫而走，传遍了整个长安城。一时间，白居易声名大振。

难得糊涂

"扬州八怪"之一的郑板桥的名气很大，他的诗怪、字怪、画怪，人更怪，晚清曾有人作诗这样形容郑板桥："狂狷真名士，孑孓怪县令。画法参书法，竹情见人情。断狱坦寒士，求赈怀大公。怒掷乌纱去，一笑两袖清。"其实，"板桥"只是他的号，他的名字叫郑燮。由于他在为别人作画、题字时常署名为"板桥"，人们才习惯地叫他郑板桥。

郑板桥一生经历了很多磨难。在刚满三岁时，他的母亲就死了，在"时缺一升半升米""布食单薄如空橐"的境遇中，郑板桥度过了他的童年时代。30岁那年，他的父亲去世，其后家境更加贫寒。为了养家，郑板桥开设私塾以赚取微薄的俸银，其辛酸常人难以体会。40岁时，郑板桥终于中举，44岁时考中进士，49岁时被任命为山东范县县令，五年后，调任潍县知县。

郑板桥作品郑板桥爱憎分明，疾恶如仇。他在做官期间，做了许多有利于老百姓的事情。为了救济贫苦的老百姓，他常常无偿将字画送给他们。如果索画的是当地的达官贵人，郑板桥不但不给，还要冷言相讽。熟悉郑板桥的人都说，郑板桥是性情中人，性格率真耿直，看到自己看不惯的人与事，就随口批评议论。这种不顾场合，不合时宜的做法却是官场中的大忌。这一点，郑板桥坦言，确实如此。但一进入情境，郑板桥便又忍不住口无遮拦起来。因此，郑板桥得罪了不少人。

一天晚上，郑板桥在书房里踱了几圈儿后，突然叫妻子进来帮他研墨。凭经验，妻子知道郑板桥灵感来了，这次研墨不是写字、作诗，便是作画。妻子往砚上舀水后，一边熟练地研磨，一边轻声地问郑板

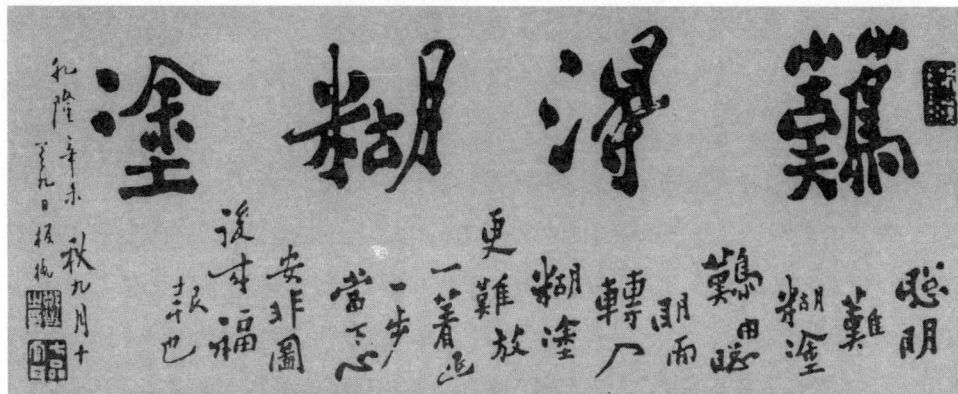

郑板桥《难得糊涂》

桥打算写些什么。

郑板桥并不作答，手执毛笔，目光直直地看着前方，似乎若有所思。妻子不再作声，静静地做着手中的工作。一圈一圈，妻子在砚台上划着美丽的弧线。时间便也在这有规律地运行中悄然滑逝。渐渐地，妻子发现，郑板桥的目光开始发亮，蓦地，他举起饱蘸浓墨的笔，挥毫写下四个大字："难得糊涂"，笔力雄浑，力透纸背。其后，郑板桥又在大字下面，加了几行小字："聪明难，糊涂难；由聪明而转糊涂更难。放一着，退一步，当下心安，非图后来福也！"

此后，郑板桥一直把"难得糊涂"作为座右铭。不难看出，郑板桥所追求的"糊涂"是一种超拔的解脱，是存在于世俗压迫和人格自由夹缝中的一种中间状态，是对个性、对自由的执着追求。